中國歷史文集叢刊

陸贄集

上

〔唐〕陸贄撰
王素點校

中華書局

圖書在版編目(CIP)數據

陸贄集/(唐)陸贄撰；—北京：中華書局，2006.2
(2024.3 重印)
(中國歷史文集叢刊)
ISBN 978-7-101-04275-7

Ⅰ.陸… Ⅱ.陸… Ⅲ.陸贄(754~805)-文集
Ⅳ.Z424.2

中國版本圖書館 CIP 數據核字(2004)第 136314 號

責任編輯：柳　憲
責任印製：管　斌

中國歷史文集叢刊
陸　贄　集
(全二册)
〔唐〕陸　贄 撰
王　素 點校
*
中華書局出版發行
(北京市豐臺區太平橋西里 38 號　100073)
http://www.zhbc.com.cn
E-mail:zhbc@zhbc.com.cn
三河市鑫金馬印裝有限公司印刷
*
850×1168 毫米 1/32・27¾印張・4 插頁・750 千字
2006 年 2 月第 1 版　2024 年 3 月第 5 次印刷
印數:6801-7400 册　定價:108.00 元

ISBN 978-7-101-04275-7

點校説明

唐德宗前期，是唐朝歷史上繼安史之亂後又一個非常動亂的時期。建中二至三年（七八一——七八二年），河北藩鎮田悦、李納、朱滔、王武俊，淮西藩鎮李希烈，相繼叛亂，朝廷出軍平叛，關中空虛。建中四年（七八三年）十月，涇原士兵奉詔討淮西，經長安時突然譁變，擁罷官家居的太尉朱泚爲主，德宗亡命奉天。朔方節度使李懷光擊敗朱泚，解了奉天之圍，却因受奸臣盧杞猜忌而不安，又於興元元年（七八四年）二月倒戈，德宗再從奉天亡命山南。直到同年七月，形勢稍稍好轉，流亡將近一年的德宗才得以重歸長安。在此動亂之際，主要替德宗運籌帷幄，使國家轉危爲安的人，就是本書的作者，著名政治家陸贄。

陸贄（七五四——八〇五年）字敬輿，蘇州嘉興（今屬浙江）人。十八歲舉進士。初仕爲鄭縣尉，後改渭南縣尉（一作「主簿」），遷監察御史。德宗在東宫，聞其精於吏治，即位，召爲翰林學士。動亂時期，他隨德宗顛沛流徙，獻策出謀，匡失正誤，號稱「内相」。翰林學士職掌草擬機要詔令，他草擬的恤軍安民的詔令，以大局爲重，以情理折人，「雖武人悍卒，無不揮涕感激」（韓愈順宗實録）。動亂之後，大臣李抱真曾對德宗説：「陛下在奉天、山南時,赦令至山東,士卒聞者皆感泣思奮,臣知賊不足平。」(新唐書一五七陸贄傳)指的就是陸贄草擬的赦令。然而德宗性猜忌,不肯輕信於人,重歸長安之後,僅讓陸贄另兼中書舍人,没有予以應有的重用。陸贄也小心謹慎,很少發表政見。貞元三年(七八七年)冬,母喪,陸贄赴洛營葬兼守孝,四方賻遺一概不受。貞元六年(七九〇年)正月,服除,始回長安。當時天下均以贄將爲宰相,然而,德宗聽信讒言,又僅讓他權兵部侍郎。貞元七年(七九一年)知禮部貢舉,獨具慧眼,取韓愈、王涯、元結、崔群、李絳、馮宿、庾承宣、歐陽詹等精英二十餘人,時稱「龍虎榜」(新唐書二〇三歐陽詹傳)。直到貞元八年(七九二年)四月,宰相竇參以弄權得罪,他才被起用,正式拜爲宰相。史稱:「贄久爲邪黨所擠,困而得位,意在不負恩獎,以天下事爲己任。」(舊唐書一三九本傳)在當宰相期間,他提出了一系列有關治國安民的重大建議,但因詞鋒尖鋭,德宗及一幫倖臣都不喜歡。有人勸他稍加抑制,他説:「吾上不負天子,下不負吾所學,不恤其他。」(權德輿陸宣公集序)貞元十年(七九四年)十二月,他終被倖臣裴延齡等構陷,罷爲太子賓客。翌年四月,德宗又聽信裴延齡的讒言,欲殺之而後快,賴群臣救免,貶爲忠州(今四川忠縣)别駕。永貞元年(八〇五年),順宗即位,有詔徵還。然而陸贄度過十年寂寞的流放生活,未待詔至已鬱鬱而卒,享年僅五十二歲。

陸贄於被貶之後，「避謗不著書」，著作不算很多，除本書外，約有以下五種：

（一）遣使録一卷。見新唐書藝文二雜傳記類、錢繹等崇文總目輯釋二。此書帶有傳記性質，當是陸贄於興元元年初出使李懷光軍之後記出使經過所作。大約南宋以後失傳。

（二）玄宗編遺録二卷。見宋史藝文二傳記類。此書係記玄宗遺事。陸贄在奉天，曾舉玄宗置瓊林、大盈二庫奉私藏却最終致禍事以諫德宗，證明陸贄對玄宗遺事十分熟悉。此書當撰於奉天。大約元以後失傳。

（三）備舉文言二十卷。見新唐書藝文三類書類、崇文總目輯釋三、晁公武郡齋讀書後志二。尤袤遂初堂書目類書類亦載，但未記卷數。趙士煒中興館閣書目輯考四、宋史藝文六作三十卷。中興書目稱「摘經史爲偶對事，共四百五十二門」。郡齋志稱「總四百五十餘門，議者謂大類六帖而文辭過焉」。總之是一部類書。當是貞元元年至貞元七年陸贄在閑居和守孝時聊以排愁解憂的著作。大約元以後失傳。今敦煌所出唐代類書，如伯二五〇二號、伯二五二四號等，以偶儷類事，頗似白氏六帖，與此書體例亦相近，但是否此書，尚難遽斷。

（四）別集十五卷。見權德輿陸宣公集序，原文爲：「公之文集有詩、文、賦，集表、狀爲別集十五卷。」陳振孫直齋書録解題一六云：「（權）序又稱別集文、賦、表、狀十五卷，今不傳。」即此書南宋以後已經失傳。今僅存賦七篇、詩三首、殘詩二句，見全唐文和全唐詩。

（五）陸氏集驗方五十卷。見權德輿陸宣公集序、韓愈順宗實録、舊唐書本傳。新唐書本傳作「今古集驗方五十篇」。同書藝文三醫術類作「十五卷」。郡齋讀書志五作「陸宣公經驗方二卷」，云：「山陰陸游所跋也。」此書係陸贄在謫貶期間，不能醫國，祇好轉而醫人的力作。可惜元以後失傳。

本書作爲陸贄唯一幸存的著作，曾受到封建統治階級的高度重視。這不僅因爲陸贄「才本王佐，學爲帝師」，所撰奏議可爲「治亂之龜鑑」（蘇軾進呈奏議劄子），而且因爲，陸贄奏議有關治國安民的政治思想，完全符合儒家政治思想規範，可稱爲「仁義百篇，唐孟子」（吴傑奏請從祀疏引陸九淵語）。陸贄奏議自北宋便列入皇帝進讀之書，陸贄本人也於清代被詔准從祀文廟。由於這個緣故，本書自唐以後，屢經翻刻，版本亦繁多。

本書分爲三部分：第一部分爲陸贄任翰林學士期間草擬的詔令，稱爲制誥集或翰苑集。第二部分爲陸贄當宰相前撰寫的奏議，稱爲奏草或議論集。第三部分爲陸贄當宰相時期撰寫的奏議，稱爲牓子集或中書奏議。後二部分性質相同，且曾使唐朝中興，後人又合稱爲奏議或中興奏議。版本大概可分四個系統：

一是二十四卷綜合本系統。此系統的祖本當是唐權德輿的整理本。權德輿小陸贄五歲，官左補闕時，曾彈劾裴延齡，在政治上與陸贄係同道。權序稱陸贄有制誥集十卷，奏草七卷，中書奏議七卷，〔二〕「雖已流行，多謬編次，今以類相從，冠於編首」。明嘉靖二十七年沈伯咸西清書舍刻本、明萬曆三十五年吳道南刻本，明崇禎元年湯賓尹評本，等等，均屬此系統。

二是二十二卷綜合本系統。此系統的祖本當是唐韋處厚的編輯本。韋處厚小陸贄十九歲，仕憲、穆、敬、文四朝，以敢於諫諍聞名；奏事每舉建中、興元爲鑑，并曾撰德宗實録，對陸贄生平應十分熟悉，對陸贄性格應十分欽佩。新唐書藝文四別集類云：「陸贄論議表疏集十二卷，又翰苑集十卷，韋處厚纂。」論議表疏集十二卷，分開即是奏草、中書奏議各六卷。宋大字本、宋小字本、元至大四年王子中刻本、明永樂十四年齊政刻本、明宣德三年胡元節刻本、明天順元年延詳刻本、明弘治十五年于世和刻本、明萬曆九年葉逢春刻本、清四庫全書本，等等，均屬此系統。

三是奏議單行本系統。此系統又分爲十二卷本、十五卷本、十八卷本和二十卷本四個分系統。十二卷本分系統，據崇文總目輯釋五載「論議表疏集十二卷」來看，祖本似應本於韋處厚的同名編輯本。但郡齋讀書志四「陸贄奏議十二卷」條云：「舊有牓子集五卷，議論集三卷，翰苑集十卷，元祐中蘇子瞻乞校正進呈，改從今名，疑是裒諸集成此書。」則似認爲奏議十二卷本分系統始於蘇軾的校正進呈本。此分系統宋以後鮮見流傳。十五卷本分系統，祖本當是南宋郎曄的編註本。默泉精舍仿宋鈔本、元至正翠巖精舍刻本、明嘉靖三十四年刻本、清十萬卷樓叢書本，等等，均屬此分系統。十八卷本分系統僅見於邵懿辰撰、邵章續録之增訂四庫簡明目録標註一五，爲明萬曆九年葉逢春刻本。〔二〕二十卷本分系統，始見於直齋書録解題二二，云：「陸宣公奏議二十卷，（中略）又名牓子集。」〔三〕錢謙益絳雲樓書目三作「陸宣公集議論表疏二十卷」。宋史藝文七別集類所載「陸贄集二十卷」，亦當屬此分系統。〔四〕此分系統現在少見。

四是詔令單行本系統。主要爲十卷本，似本於韋處厚的編輯本。如絳雲樓書目云：「翰苑集五册十卷，韋處厚纂。」邵氏標註引天禄閣書目有元版陸宣公集十卷，云：「即單行之翰苑集。」此系統現在亦少見，多與十五卷奏議單行本合併，成爲二十五卷本流行。

讓陸贄的政治思想深入人心，僅僅翻刻本書是不够的。譬如：版本繁多，文字反生歧異。陸贄爲文，喜歡用典舉事，精藴較難理解。而諷諫忌諱直言，綱要更難掌握等等。因此，前人還爲本書做了大量校、註、批、評的工作。

關於校：權德輿、韋處厚、蘇軾的本子實際都是校勘本。元至大四年王子中刻本是「校訂本」。明萬曆丁未陸基忠刻本是「校刊本」。明六安徐必進刻本是「校刊大本」。清雍正元年年羹堯刻本是凡經二十年才完成的精校本。稍後的耆英刻本又是根據年本重新校訂的更精之本。四部備要本係據耆英本再校勘而成，本書的版本校至此可謂已臻完善。

關於註：最早爲南宋郎曄的奏議註。元鍾士益在郎註的基礎上，爲奏議又作了補註。清張佩芳和日本石川安貞則對本書作了全註。還有選註，如近周養初著陸贄文選註。

關於批：如南宋謝枋得對奏議作過批點。謝氏爲南宋進士，宋亡不仕，後絶食而死。他稱陸贄奏議爲「中興奏議」，所作批點，頗多寄托。

關於評：南宋劉辰翁最早爲奏議作過評點。劉氏爲南宋進士，宋亡隱居不仕，所作評點，亦多寄托。晚明國家不治，評的人最多，計有唐順之、茅坤、湯賓尹、鍾惺、孫鑛、陳仁錫、陳子龍、沈九如、鍾之衣、葉羙等多家評。清代蔡方炳、馬傳庚亦有評本傳世。

前人爲本書做的工作，絶大部分即使在現在也都是有價值的。因爲，本書不僅是陸贄唯一幸存的著作，也是唐人所編當代詔令、奏議專集中唯一幸存的專集，〔五〕對於我們現在研究唐史，具有相當高的史料價值。譬如論關中事宜狀關於折衝府數及其分佈的文字，請罷瓊林大盈二庫狀關於瓊林、大盈二庫設置時代的文字，是研究唐代折衝府與内庫最原始的史料之一。慰問四鎮北庭將吏敕書是其他史籍均未記載的重要官府檔案，對於研究德宗前期中原與西域的關係有很大的參考價值。請減京東水運收脚價於緣邊州鎮儲蓄軍糧事宜狀是研究唐代漕運、倉制及邊備的極可貴的經濟、軍備史料等等。前人爲本書做的工作，對於我們深入、全面理解這些史料是有幫助的。

我們這次整理本書，考慮到應該吸收前人的工作成果，特别選用一九四一年儀宣閣刊董士恩匯註、匯評、增輯、校勘陸宣公全集二十六卷本爲底本。兹將底本及整理情況分述如下：

一、關於底本

董士恩原名陸洪恩，係陸贄第四十世孫，嗣於舅氏董凱臣後才改今名。作爲陸贄的後裔，董氏對於整理本書頗爲竭力，因而董本具有與别本不盡相同的四個特點：一是校勘更精。董本正文爲二十二卷，屬二十二卷綜合本系統。據序及凡例，係以清年羹堯刻本爲底本，以清淮南書局重刻元至正郎註本、明刊本、清耆英刻本、清希音堂刊張註本、清留餘堂刊佚名註本、清會稽馬氏讀本、日本刊石川安貞註本、日本翻刻蜀刊本爲校本，經若干年始完成。可以説是一部更精的校勘本。二是匯註較全。董本序稱匯有南宋郎曄、清張佩芳、日本石川安貞三家註，凡例稱「其相同者，量爲節省」。可以説是一部較全的匯註本。三是匯評較多。董本凡例稱「留餘堂本及會稽馬氏本於每篇之後多有評語，今併録入」。

計有鍾惺、孫鑛、鍾之衣、沈九如、蔡方炳（九霞）、馬傳庚等多人。可以説是一部較多的匯評本。四是增輯較富。董本在耆英本增輯二卷的基礎上，廣爲爬梳，共增輯四卷：補遺一卷，爲原屬陸贄别集的賦七篇、詩三首、殘詩二句；附録三卷，爲有關陸贄及本書的資料，如年譜、傳記、論贊、序跋、詩文等。可以説是一部較富的增輯本。

當然，董本也還存在一些不足和問題。如凡例云：「留餘堂本註釋不載姓氏，然與郎曄所註幾乎全同，故不重録，惟題下之註間有郎本無者，則爲補入。」不知此題下之註應爲元鍾士益的增註。〔六〕本書舊有不標姓氏的原註及董氏自註，此鍾氏註亦不標姓氏，三者没有區别，不妥。凡例又云：「各本頂批、旁批不復録，以省煩瑣。」其實，有些批語是很有價值的，一概摒棄，難免令人遺憾。匯評雖多，遺漏更不少，即如二鍾、孫、沈、蔡、馬之評也未盡收。增輯四卷，補遺暫且不論，附録顯得十分雜亂，不少序跋、詩文没有什麽意義，真正有意義的序跋、詩文又多未收入。還有註釋節省不當、體例稍欠統一、編目不盡合理等等問題。但是，限於目前的條件，對於這些不足和問題，我們也不能全部予以解決。我們僅將原置於卷首的權序、蘇劄子、董序及凡例、四庫全書提要移入附録，對原附録所收序跋、詩文略作删減（參閲書後附録説明），對註釋節省不當、體例稍欠統一之處略作補充、調整（參閲校例），此外祇好一仍其舊了。

二、關於版本校

如前所述，本書的版本校歷代做了很多，清年羹堯本是費時二十年的精校本，董本是以年本爲底本重新校勘而成。因此，可以説，版本校已很難校出什麽問題來了。儘管如此，我們仍用以下六種本子進行通校：

（一）四部叢刊影印宋刻二十二卷本，簡稱「宋本」。

（二）北京圖書館藏張元濟校並跋元刻本（此本卷一三、一七、一八、一九、二二原缺，配清鈔本），簡稱「元本」。

（三）四部叢刊影印明不負堂刻二十四卷本，簡稱「明本」。

（四）清復元至正翠巖精舍刻郎曄註二十五卷本（十五卷奏議，十卷制誥附），簡稱「郎本」。

（五）清乾隆戊子希音堂刻張佩芳註二十四卷本，簡稱「張本」。

（六）日本寬政二年刻石川安貞註二十四卷本，簡稱「石川本」。

前三種本子，董本没有校過，是我們版本校的重點。後三種本子，董本均校過，我們取校，目的有二：一是瞭解董本正文的改從情況，二是瞭解董本匯註的節省情況。

三、關於他書校

四庫全書提要説：「新唐書例不録排偶之作，獨取贄文十餘篇，以爲後世法。司馬光作資治通鑑，尤重贄議論，採奏議三十九篇。」陸贄的文章，唐以後史籍多予引録，因此，他書校是我們的重點。南宋周必大等曾以當時的陸贄集、登科記、兩唐書、唐文粹、唐大詔令集等書校文苑英華所收陸贄的文章。張本曾以文獻通考校，但僅一條。石川本曾以舊唐書、唐文粹、登科記考、文苑英華、資治通鑑、唐大詔令集等書校，也很不全面。我們則主要用以下十一種書進行他書校：

(一)舊唐書(後晉劉昫等撰)，中華書局一九七五年版。

(二)新唐書(宋歐陽修、宋祁撰)，中華書局一九七五年版。

(三)資治通鑑(宋司馬光撰)，中華書局一九五六年版。

(四)文苑英華(宋李昉等編)，中華書局一九六六年版。

(五)册府元龜(宋王欽若等編)，中華書局一九六〇年版。

(六)唐大詔令集(宋宋敏求編)，商務印書館一九五九年版。

(七)唐文粹(宋姚鉉編)，清光緒庚寅許氏榆園校刊本。

（八）唐會要（宋王溥撰），中華書局一九五五年版。

（九）文獻通考（元馬端臨撰），商務印書館萬有文庫本。

（一〇）全唐文（清董浩等編），中華書局一九八三年版。

（一一）登科記考（清徐松撰），中華書局一九八四年版。

附帶説一下，唐大詔令集載陸贄文，存在誤將二篇合併爲一篇的現象。如一一六安撫淮西歸順將士百姓制，後半是招諭淮西將吏詔；一一八招諭河中敕，後半是安撫淮西歸順將士百姓敕；同卷招諭淮西將吏敕，後半是平淮西後宴賞諸軍將士放歸本道詔。〔七〕册府元龜也存在這種現象。對此，我們衹好分開取校，以存其真。

四、關於補遺

如前所述，除本書外，陸贄的其他五種著作均已失傳。本書原附補遺一卷，凡收原屬陸贄别集的賦七篇、詩三首、殘詩二句，係據全唐文和全唐詩補入的，董本没有做過輯佚的工作。我們的重點是做本書的輯佚工作。因爲，本書所收陸贄撰寫的詔令和奏議實際是很不完全的。如舊唐書一一七崔寧傳載：寧爲宰相，朱泚之亂，寧歸責於盧杞，杞惡之。會朱泚行反間，杞遂誣奏寧與朱泚通謀，德宗竟誅寧。在誅寧前，「命翰林學士陸贄草誅寧制」，贄求寧與泚書，將以狀生之」，復亂言云，其書已失。寧既得罪，籍没其家。中外稱其冤。」新唐書一四四崔寧傳「將以狀生之」作「將坐其事」，餘同。總之，陸贄似乎草過誅崔寧制，但此制本書没有。舊唐書一三七于公異傳載：「公異初應進士時，與舉人陸贄不協」，「及貞元中陸贄爲宰相，奏公異無素行，黜之。」於是，「人惜其才，惡贄之褊急焉。」新唐書二〇三于公異傳所載略同。但此奏本書没有。新唐書一四五吴通玄傳載：通玄兄弟爲翰林學士，與同僚陸贄爭寵。「贄自恃勁正，屢短通玄於帝前，欲斥遠之，即建言」云云，「請罷學士。帝不許。」舊唐書一九〇吴通玄傳所載略同。但此奏本書也没有。這類作品可能還有不少。〔八〕我們僅輯了奏議四篇，并擬了題目，附在原補遺卷詩、賦之前。

五、關於吸收前人校勘成果

前人有價值的校勘成果，我們盡量吸收。如南宋周必大等校文苑英華中的陸贄文，所引陸贄集、登科記、唐大詔令集，文字與現在常見版本不同者，我們酌情照録。石川安貞註本校引他書情况與此同者，以及校引明陳子龍本、陸基忠本、葉逢春本、吴繼武本、湯賓尹本（原分别簡稱爲陳本、陸本、葉本、吴本、湯本）文字與本書歧異者，我們亦酌情照録。明不負堂本、郎曄註本、張佩芳註本以及全唐文、資治通鑑載陸贄文，所附校註，我們亦酌情吸收。唯張元濟的元本校多爲異體、異文校，價值不大，我們吸收甚少。

六、校　例

甲、正文（包括補遺）校例

（一）版本校從嚴，與底本區别不太大者，一般不出校。他書校從寬，與底本歧異，且稍礙文義者，均出校。但他書轉載有意節省導致歧異者，一般不出校。

（二）底本不誤，他本他書誤（包括後世避當朝諱改字），不出校。異體字、不規範字及明顯的點畫之訛，逕改不出校。原避諱改字不出校，後人改回則出校。又，避諱缺筆補全者不出校。〔九〕

（三）校勘記一般先引版本，後引他書。同篇引他書，第一次出現均註明卷數，以後則省略；同書他書多卷散見者，則每次出現均註明卷數。

乙、註文（包括附録）校例

（一）凡衍脱誤倒經覈實須删補改正者，所删文字外加（　），補改文字外加〔　〕，唯所正文字不作標識，均不出校。註者避當朝諱改引文而須回改者，從以上删改例，亦不出校。

（二）凡引文有意節省，以及與通行本稍異但意義可通者，均不補改，亦不出校。註釋有誤，以及引文與正文不符，由於不屬校勘問題，旁標＊號，在正文與校勘記間加註指出。

（三）註釋中的校勘文字，可分出者均移入校勘記；其不可分出者仍舊，校勘記中一般亦不重複。

（四）各註徵引書名，或繁或簡，體例本不統一。董本匯録，或删或增，做過統一工作，惜遺漏尚多。我們續做這項工作，但衹增不删，增字外加〔　〕作爲標識。

本書原係中華書局委托陳仲安先生主持，由我協助的古籍整理項目。後來，由於主要工作均須在京進行，陳先生遠在武漢，身體又欠佳，就改而由我點校，由陳先生審訂了。但實際上，我的點校工作一直是在陳先生的指導下進行的。陳先生於整理古籍甚有心得，匡謬正訛，於我裨益匪淺。在此謹致謝忱。

王素　一九八八年二月於北京沙灘紅樓

附註

〔一〕錢大昕十駕齋養新録一四陸宣公集條「疑轉寫訛六爲七」，恐誤。

〔二〕按：我們所見明萬曆九年葉逢春刻本均爲二十二卷綜合本（北京圖書館善本書庫藏有此書），葉氏是否同時又刻有十八卷奏議單行本，尚無他證。又按：明崇禎刻陳子龍評選十八卷本不屬此分系統。

〔三〕按：此「牓子集」并非專指中書奏議，實爲奏草與中書奏議的合稱。

〔四〕周中孚鄭堂讀書記二一疑宋志應作二十二卷，「脱去二字也」，恐誤。又，邵氏標註云：「劉翰臣藏宋本，分二十卷，與元本不同。存卷十至二十，標題爲經進新註陸宣公奏議。次行列郎曄上進名。」是郎曄編註本亦有二十卷本分系統者。但現在所見郎本均爲十五卷本分系統，是否存在二十卷本分系統，尚無他證。

〔五〕如新唐書藝文二載薛克構聖朝詔集、費氏唐舊制編録、佚名唐德音録、太平内制、明皇制詔録、元和制集等，崇文總目輯釋五載吳兢唐名臣奏、趙元唐諫諍集、馬總名臣奏議、張易大唐直臣諫奏等，今均失傳。唐人所編當代詔令、奏議專集，僅本書得以流傳下來。

〔六〕元吳澄草廬吳文正公文集一一陸宣公奏議增註序云：「廬陵鍾士益博綜群書，喜讀奏議，各疏事迹始末於每篇之下，其所援據，亦皆附載，繼之以諸儒之評，廣之以一己之説，因郎氏舊註而加詳焉。」

〔七〕上引三條合併例證，每條前爲唐大詔令集原篇名，後爲本書原篇名，因而篇題或作制，或作敕，或作詔，不盡相同。

〔八〕唐會要一七緣廟裁制上云：「貞元元年十一月，有事於郊廟，太常博士陸贄奏，請準禮用祝板，祭畢焚之。」按：此奏本書也没有。但陸贄從未任過太常博士，疑爲「陸質」之誤。舊唐書一八九陸質傳載，質於德宗時曾任太常博士，貞元二十一年卒。

〔九〕按：筆者曾校敦煌、吐魯番所出唐人寫本論語集解、論語鄭氏注，發現其中避「民」字，經文多缺筆作「巳」，注文多改作「人」，有所區别。本書避「民」字，一般情況下均改作「人」，特定情況下（如引文等）則仍作「民」，當亦由這種區别所致。即原缺筆作「巳」，後人補全作「民」，并非本未避諱。這類情況不便出校。

目録

卷五

卷六

卷七

卷八

卷九

卷十

附録卷三

陸贄集卷一

制　誥　敕宥上

奉天改元大赦制〔一〕

平朱泚後，改建中五年爲興元元年。*【張註】通鑑：興元元年春正月癸酉朔，赦天下，改元。唐書百官志：凡王言之制有七，二曰制書，大賞罰、赦宥慮囚、大除授則用之。【石川註】興元元年正月赦書也。舊唐書本傳：李抱真入朝，奏曰：「陛下幸奉天、山南時，赦書至山東，宣諭之時，士卒無不感泣。臣見人情如此，知賊不足平也。」此等書是也。

門下：【張註】唐書百官志分註：龍朔二年，改門下省曰東臺；武后垂拱元年，改門下省曰鸞臺；開元元年曰黄門省。通典：門下省，後漢謂之侍中寺。晉志曰：給事黄門侍郎與侍中俱管門下衆事，或謂之門下省。楊慎丹鉛録：晉詔首稱「綱紀」，唐詔首稱「門下」。

致理興化，〔二〕必在推誠；忘己濟人，不吝改過。朕嗣守丕構，【張註】通鑑本註：丕，大也。構，立屋也。書大誥曰：「若考作室，既底法，厥子乃弗肯堂，矧肯構？」丕構之語本諸此。君臨萬方，失守宗祧，

【張註】通鑑本註：宗者，百世不毀之廟。遠廟爲祧。越在草莽。【石川註】左傳定四年：越在草莽。不念率德，【石川註】書蔡仲之命：率德改行。誠莫追於既往，永言思咎，期有復於將來。明徵厥初，〔三〕以示天下。【張註】明徵厥初，通鑑作明徵其義。本註：徵，證也。明徵其義，言無所掩覆也。

惟我烈祖，【張註】詩：衎我烈祖。傳：湯，有功烈之祖，故稱焉。邁德庇人，【張註】書：皋陶邁種德。致俗化於和平，拯生靈於塗炭，【張註】書：民墜塗炭。重熙積慶，【張註】兩都賦：至於永平之際，重熙而累洽。陳太廟凱容舞辭：道遥積慶。【石川註】詩傳：熙，光明也。易文言：積善之家，必有餘慶。垂二百年。伊爾卿尹庶官，洎億兆之衆，代受亭育，【張註】老子：亭之毒之。註：亭謂品其形，毒謂成其質。毒，今作育。以迄于今，功存于人，澤垂于後。肆予小子，獲纘鴻業，懼德不嗣，【張註】通鑑本註：懼己德弗能嗣承先業。罔敢怠荒。然以長于深宫之中，【張註】通鑑本註：用禮記魯哀公之言。暗于經國之務。積習易溺，居安忘危。不知稼穡之艱難，【張註】通鑑本註：書無逸周公告成王之語。不察征戍之勞苦。澤靡下究，〔四〕【張註】前漢鼂錯傳：盛德不及，究于天下。註：究，竟也。情不上通，事既壅隔，人懷疑阻。【張註】潘岳文：腹心庭争，爪牙疑阻。猶昧省己，遂用興戎。徵師四方，【張註】通鑑：時內自關中，西暨蜀、漢，南盡江、淮、閩、越，北至太原，所在出兵。轉餉千里。賦車籍馬，遠近騷然，行齎居送，【張註】史記平準書：行者齎，居者送，中外騷擾而相奉。衆庶勞止。【石川註】詩民勞：民亦勞止，汔可小康。或一日屢交鋒刃，或連年不解甲冑。祀奠乏主，【石川註】左傳僖十年：且民何罪，失刑乏祀。室家靡依，生死流離，【石川註】詩邶風：瑣兮尾兮，流離之子。註：流離，漂散也。怨氣凝結。力役不息，田萊多荒。【張註】詩楚茨序：田萊多荒。傳：田萊多荒，棘茨不除也。通鑑註誤以毛爲鄭，又引陸氏釋文「田廢生草曰萊」。按周禮大司徒都鄙制：不易之地，家百畮；一易之地，家二百畮；再易之地，家三百畮。鄭司農註：不易之地，歲種之地，美，故家百畮；一易之地，休一歲乃復種地，薄，故二百畮；再易之地，休二歲乃復種，故三百畮。又，遂人：頒田里，上地夫一廛，田百畮，萊五十畮；中地夫一廛，田百畮，萊百畮；下地夫一廛，田百畮，萊二百畮。康成註：萊謂休不耕者。六遂之民，雖上地猶有萊，皆所以饒遠也。是遂人之所謂萊，即大司徒所謂一易、再易之地矣。楚茨序之「田萊」，義正同彼。其「田廢生草曰萊」，乃所謂田卒污萊者也。陸氏以之釋楚茨序「多荒」二字，不爲贅乎？亦誤也。暴命峻於誅求，疲甿空於杼軸。【張註】通鑑本註：詩：小東大東，杼軸其空。杼，持緯器。布帛已織成者，以機軸卷之。轉死溝壑，【石川註】孟子：老弱轉乎溝壑。離去鄉閭，邑里丘墟，【張註】綱目集覽：邱墟，空城也。【石川註】左思吴都賦：喪亂之邱墟。人煙斷絶。【張註】曹植詩：中原何蕭條，千里無人煙。天譴於上而朕不悟，【張註】唐書天文志：建中元年十一月，月食，歲星在秦分。占曰：「其國亡。」是月，歲星食天尸。天尸，輿鬼中星。占曰：「有妖言，小人在位，君王失樞，死者大半。」建中二年六月，熒惑、太白鬬于東井。四年六月，熒惑、太白復鬬于東井。京師分也。金、火罰星鬬者，戰象也。人怨於下而朕不知。馴致亂階，變興都邑。【張註】通鑑本註：馴，從也，言從此而致亂也。賊臣乘釁，肆逆滔天，【張註】通鑑：上發涇原諸道兵救襄城。冬十月丙午，涇原節度使姚令言將兵五千至京師。軍士冒雨，寒甚，多攜子弟而來，冀得厚賜遺其家，既至，一無所賜。丁未，發至滻水，詔京兆尹王翃犒師，惟糲食菜餤；衆怒，蹴〔而〕覆之，因揚言曰：「吾輩將死于敵，而食且不飽，安能以微命拒白刃邪！聞瓊林、大盈二庫，金帛盈溢，不如相與取之。」乃擐甲張旗鼓譟，還趣京城。令言入辭，尚在禁中，聞之，馳至長樂阪，遇之，軍士射令言，令言抱馬鬣突入亂兵，呼曰：「諸君失計！東征立功，何患不富貴，乃爲族滅之計乎！」軍士不聽，以兵擁令言而西。上遽命賜帛，人二匹；衆益怒，射中使。又命中使宣慰，賊已至通化門外，中使出門，賊殺之。又命出金帛二十車賜之；賊已入城，喧聲浩浩，不復可遏。上召禁兵以禦賊，竟無一人至者。賊已斬關而入，上乃與王貴妃、韋淑妃、太子、諸王、唐安公主自苑北門出，後宮諸王、公主不及從者什七八。姚令言與亂兵謀曰：「今衆無主，不能持久，朱太尉閒居私第，請相與奉之。」衆許諾。乃遣數百騎迎泚于晉昌里第。夜半，泚按轡列炬，傳呼入宮，居含元殿，設警嚴，自稱權知六軍。戊申旦，泚徙居白華殿。百官出見泚，或勸迎乘輿，泚不悦。壬子，朱泚自白華殿入宣政殿，自稱大秦皇帝，改元應天。**曾莫愧畏，敢行淩逼。**【張註】唐書朱泚傳：泚自將逼奉天，以令言爲上將，光晟副之，忠臣留守。于是瑊率韓游瓌禦泚，泚大敗，死者萬計，退三里而舍。修攻具，毁廬室爲樓車百尺，下覘城中。會杜希全以兵敗漠谷，賊益張。又劉德信、高秉哲自汝州取沙苑馬五百壁昭應，戰思子陵西，三敗賊，次東渭橋，出遊弈軍以逼都城。忠臣兵數衂請救，泚乃急攻城，驅民填塹，造雲梁，令壯士居上，將傅堞，守者震駭。渾瑊乃使侯仲莊、韓澄穴地道，梁陷，縱火焚之，城上揮膏流數百步，衆亂而囂，城中兵出，皇太子督戰，賊大敗。然賊負其衆，遂長圍，以百弮弩射城中，不及幄坐者三步。城益急，帝召羣臣曰：「朕負宗廟，宜固守。公等家在賊，可先降，以完親族。」衆泣下曰：「臣等死無貳。」帝亦太息歔欷。城圍凡三旬有六日。**萬品失序，九廟震驚。**【張註】通鑑本註：歐陽修曰：書云：七世之廟，可以觀德，而禮家之説世數不同。然自禮記王制、祭法、禮器，大儒荀卿、劉歆、班固、王肅之徒，以爲七廟者多。蓋自漢、魏以來，創業之君特起，其上世又微，無功德以備祖宗，故其初皆不能立七廟。唐武德元年，始立四廟。高祖崩，朱子奢請立七廟，虛太祖之室以待。尚書八座議禮曰：天子三昭三穆，與太祖之廟而七。晉、宋、齊、梁皆立親廟六，此故事也。于是宣簡公、懿王、景、元二帝四廟，更祔弘農府君及高祖爲六室。太宗崩，弘農以世遠毀而祔太宗。高宗崩，又遷宣簡而祔高宗，皆爲六室。中宗神龍初，以景帝爲始祖，而元帝不遷，而祔孝敬帝，由是爲七室。中宗崩，孝敬別立廟而祔中宗，遂爲七室。至睿宗崩，中宗立別廟而祔睿宗。開元十年，詔宣皇帝復祔正室，謚曰獻祖，并謚光帝爲懿祖，又以中宗還祔太廟，于是太廟爲九室。寶應二年，祧獻、懿而祔玄宗、肅宗。代宗崩，又遷元皇帝而祔代宗。自是常爲九室。上辱于祖宗，下負於黎庶。痛心靦貌，【張註】通鑑本註：靦，慙恧也。罪實在予。永言愧悼，若墜深谷。〔五〕賴天地降祐，【張註】宋書禮志：皇天降祐，思奉揚休德。神人叶謀，將相竭誠，爪牙宣力，【張註】詩：祈父予王之爪牙。屏逐大盜，載張皇維。【張註】宋書：闢我皇維，綈我宋宇。將弘永圖，【張註】書：惟懷永圖。必布新令。

朕晨興夕惕，惟念前非。乃者公卿百寮，累抗章疏，猥以徽號，加于朕躬。〔六〕固辭不獲，俯遂輿議。昨因內省，良用矍然！【張註】兩都賦：西都賓矍然失容。【石川註】説文徐曰：矍，左右驚顧也。體陰陽不測之謂「神」，【石川註】易繫辭：陰陽不測之謂神。與天地合德之謂「聖」，【石川註】白虎通：德合天地者稱帝。顧惟淺昧，非所宜當。〔七〕「文」者所以化成，「武」者所以定亂，今化之不被，亂是用興，豈可更徇羣情，苟膺虛美，〔八〕重余不德，祇益懷慙！自今以後，中外所上書奏，不得更稱「聖神文武」之號。【張註】唐書德宗紀：建中元年正月丁卯，改元，羣臣上尊號曰「聖神文武皇帝」。夫人情不常，繫于時化，天道既隱，亂獄滋豐。【張註】左傳：亂獄滋豐，賄賂並行。朕既不能弘德導人，又不能一法齊衆，苟設密網，【張註】史記高祖功臣年表序：罔亦少密焉。謹按：罔、網古今字。以羅非辜，爲之父母，實增愧悼！今上元統曆，【張註】唐書曆志：治曆之本，必推上元，日月如合璧，五星如連珠，夜半、甲子、朔旦、冬至。自此七曜散行，不復餘分普盡，總會如初。又，德宗詔司天徐承嗣與夏官正楊景風等，雜麟德、大衍之旨治新曆。上元七曜，起赤道虛四度。建中四年曆成，名曰正元。詔起五年正月行新曆。會朱泚之亂，改元興元，自是頒用。北史袁翻傳：乘乾統曆，得一御宸。【石川註】漢書兒寬傳：上元甲子，肅邕永享。註：上元甲子，太初元年甲子、朔日、冬至也。獻歲發生，【張註】楚辭招魂：獻歲發春兮，汩吾南征。王逸註：言歲始來進，春氣奮揚也。宜革紀年之號，式敷在宥之澤，【張註】莊子在宥篇：聞在宥天下，不聞治天下也。在之者，恐天下之淫其性也；宥之者，恐天下之遷其德也。與人更始，【張註】前漢紀荀悅曰：漢承兵革之後，比屋可封，故申以大赦之文，滌蕩穢流，與人更始。以答天休。【石川註】書君奭：天休滋至。傳：休，美也。可大赦天下，改建中五年爲興元元年。自正月一日昧爽以前，【張註】書：時甲子昧爽。傳：昧爽，早旦。大辟罪已下，罪無輕重，咸赦除之。〔九〕【張註】唐書刑法志：用刑有五，五曰死，乃古大辟之刑也。自隋以前，死刑有五；曰罄、絞、斬、梟、裂。而流、徒之刑，鞭、笞兼用，數皆踰百。至隋始定爲：笞刑五，自十至于五十；杖刑五，自六十至于百；徒刑五，自一年至于三年；流刑三，自一千里至于二千里；死刑二，絞、斬。唐皆因之。文獻通考：唐制：赦日宣制，放其赦書：，頒諸州，用絹寫行下。律曰：會赦及降者，盜者準枉法，猶徵正贓，餘贓非見在及收贖之物，限內未送者，並從赦降原。諸赦前當罪不斷者，若處輕爲重，宜改從輕；處重爲輕，即依輕法。李希烈、田悦、王武俊、李納等，【張註】唐書李希烈傳：李希烈，燕州遼西人。德宗立，拜節度使，名其軍曰淮寧。藩鎮列傳：田悦，承嗣從子，自中軍兵馬使、府左司馬擢留後，俄爲節度使。王武俊，本出契丹怒皆部，授檢校秘書監，兼御史大夫，恒冀觀察使。李納，正己子，正己署爲淄、青二州刺史，又爲行軍司馬，濮、徐、兖、沂、海留後。有以忠勞，任膺將相；有以勳舊，繼守藩維。朕撫馭乖方，信誠靡著，致令疑懼，不自保安。兵興累年，海內騷擾，〔一〇〕皆由上失其道，【石川註】論語：上失其道，民散久矣。下罹其災，〔一一〕朕實不君，【石川註】左傳宣二年：靈公不君。註：失君道也。人則何罪？【張註】通鑑本註：此等言語，强藩悍將聞之，宜其感服易心。屈己弘物，【張註】後漢鄭興傳：疏曰：願陛下上師唐、虞，下覽齊、晉，以成屈己從衆之德。【石川註】荀子：聖王屈己以申天下之樂。予何愛焉！庶懷引慝之誠，【張註】書：負罪引慝。以洽好生之德。【張註】書：好生之德，洽于民心。其李希烈、田悦、王武俊、李納及所管將士、官吏等，一切並與洗滌，各復爵位，待之如初。仍即遣使，分道宣諭。【張註】通鑑考異：燕南記(曰)，十二月二十四日前已云赦武俊等罪，而實録明年正月改元乃赦武俊等。蓋上先已諭旨赦罪，及赦書出，始明言之耳。朱滔雖與賊泚連坐，【張註】史記商君傳：鞅令民爲什伍，而相收司連坐。註：收司，謂相糾發也。唐書朱滔傳：朱滔，朱泚弟。刑法志：反逆者，祖孫與兄弟緣坐，皆配没。惡言犯法者，兄弟配流。路遠未必同謀，〔一二〕朕方推以至誠，〔一三〕務欲弘貸，【張註】通鑑本註：弘，大也。如能效順，亦與惟新。其河南、北諸軍兵馬，〔一四〕並宜各於本道【張註】通典：貞觀初，并省州縣，始於山河形便，分爲十道：一曰關内道，二曰河南道，三曰河東道，四曰河北道，五曰山南道，六曰隴右道，七曰淮南道，八曰江(西)〔南〕道，九曰劍南道，十曰嶺南道。開元二十一年，分爲十五道，置採訪使以檢察非法。京畿(治)〔理〕西京城内，都畿(治)〔理〕東都，關内多以京官遥領，河南(治)〔理〕陳留郡，河東(治)〔理〕河東郡，河北(治)〔理〕魏郡，隴右(治)〔理〕西平郡，山南東(治)〔理〕襄陽郡，山南西(治)〔理〕漢中郡，劍南理蜀郡，淮南理廣陵郡，江南東理吴郡，江南西(治)〔理〕豫章郡，黔中(治)〔理〕黔中郡，嶺南(治)〔理〕南海郡。自固封疆，勿相侵軼。【張註】古今註：封疆，封土爲臺，以表識疆境也。左傳：懼其侵軼我也。註：軼，突也。

朱泚大爲不道，棄義蔑恩，反易天常，【張註】通鑑本註：君臣上下，天秩有典之常也。【石川註】左傳哀六年：夏書曰：惟彼陶唐，帥彼天常。家語註：天之常道。盜竊名器，【石川註】左傳成二年：孔子曰：唯器與名，不可以假人，君之所司也。暴犯陵寢，【張註】綱目集覽：古者宗廟，前制廟，後制寢。至秦始出寢，起於墓側，故陵上稱寢殿，有衣冠几杖象生之具，以薦新物。唐書朱泚傳：帝使高重傑屯梁山禦賊，賊將李日月殺之。泚既勝，則令都人曰：「奉天殘黨，不終日當平。」日月鋭甚，自謂無前，乃燒陵廟，鹵御物。所不忍言，獲罪祖宗，朕不敢赦。【張註】通鑑本註：此等言語，可與誥、誓相表裏。其應被朱泚脅從將士、官吏、百姓及諸色人等，【張註】書：殲厥渠魁，脅從罔治。有遭其扇誘，【張註】南史王藻傳：諸主聚集，更相扇誘。有迫以兇威，苟能自新，理可矜宥。但官軍未到京城以前，能去逆效順，及散歸本道者，〔一五〕並從赦例原免，一切不問。【張註】通鑑本註：所以攜從逆之黨。

天下左降官即與量移近處，已量移者，〔一六〕更與量移。【張註】舊唐書明皇紀：二十七年，大赦天下，左降官量移近處。綱目集覽：移，徙也；謂得罪遠斥者，遇赦則量徙近地。流人配隷，及藩鎮效力，〔一七〕【張註】唐書刑法志：用刑有五，四曰流。書云：「流宥五刑」，謂不忍刑殺，宥之于遠也。又，玄宗詔：「徒非重刑，而役者寒暑不釋械繫。杖，古以代肉刑也，或犯非巨蠹而捶以至死。其皆免，以配諸軍自效。」并緣罪犯與諸使驅使官，兼別敕諸州縣安置，及得罪人家口未得歸者，一切放還。應先有痕累禁錮，【張註】前漢武帝紀：諸禁錮及有過者，得免減罪。綱目集覽：禁錮，禁止錮塞其仕進之路。及反逆緣坐，【張註】書：予則孥戮汝。疏：夏啟承舜、禹之後，刑罰尚寬；殷、周以後，其罪或相緣坐。承前恩赦所不該者，【張註】通典：隋初置十惡之條：一曰謀反，二曰謀大逆，三曰謀叛，四曰惡逆，五曰不道，六曰大不敬，七曰不孝，八曰不睦，九曰不義，十曰內亂。十惡及故殺人獄成者，雖會赦，猶除名。並宜洗雪。亡官失爵，放歸勿齒者，量加收叙。〔一八〕人之行業，或未必兼。構大厦者，方集於羣材；【張註】淮南子：大夏增加，擬於崑崙。註：高誘曰：大夏，大屋也。庾信連珠：羣材既聚，故能成鄧林。建奇功者，不限於常檢。苟在適用，則無棄人。況黜免之人，沈鬱既久，朝過夕改，仁何遠哉！【石川註】論語：仁遠乎哉！流移降黜、亡官失爵、配隷人等，〔一九〕有材能著聞者，特加録用，勿拘常例。

諸軍使諸道赴奉天及進收京城將士等，〔二〇〕或百戰摧敵，或萬里勤王，【張註】左傳：狐偃言於晉侯曰：「求諸侯莫如勤王。」註：勤納王也。扞固全城，〔二〕驅除大憝。【張註】史記秦楚之際月表：鄉秦之禁，適足以資賢者爲驅除難耳。書：元惡大憝。濟危難者其節著，復社稷者其業崇。我圖爾功，特加彝典，【張註】北史蘇綽傳：勿愆勿忘，一乎三代之彝典。錫名疇賦，【張註】前漢宣帝紀：疇其爵邑。註：律，非始封，十減二。疇者，等也，言不復減也。永永無窮。【石川註】漢書霍光傳：世疇其爵邑。應劭曰：疇，等也。後漢書註：言功臣死後，子孫襲封，世世與先人等。宜並賜名「奉天定難功臣」。【張註】通鑑本註：所以作勤王之心。身有過犯，遞減罪三等；子孫有過犯，遞減罪二等；當户應有差科使役，一切蠲免。其功臣已後，雖衰老疾患，不任軍旅，當分糧賜，並宜全給。身死之後，十年内仍回給家口。其有食實封者，【張註】唐書百官志：凡封户，三丁以上爲率，歲租三之一入於朝廷。食實封者，得真户，分食諸州。【石川註】唐六典：封户户邑率多虚名，其言實封者，乃得真户。子孫相繼，代代無絶。其餘叙録及功賞條件，待收京日，〔三〕並準去年十月十七日、十一月十四日敕處分。【張註】謹按：去年，謂建中四年也。諸道諸軍將士等，久勤扞禦，累著功勳，方鎮克寧，【張註】唐書兵志：府兵法壞，而方鎮盛矣。夫所謂方鎮者，節度使之兵也，其始起於邊將之屯防者。惟爾之力。其應在行營者，【張註】通鑑：唐自禄山反，邊兵之精鋭者，皆徵發入援，謂之行營。並超三資與官，【張註】唐書百官志：凡酬功之等：見任、前資、常選，曰上資；文武散官、衛官、勳官五品以上，曰次資，五品以上子孫，上柱國、柱國子，勳官六品以下，曰下資；白丁、衛士，曰無資。跳盪人，上資加二階，次資、下資、無資以次降。仍賜勳五轉。【張註】唐書百官志：司勳掌官吏勳級。凡十有二轉爲上柱國，視正二品；十有一轉爲柱國，視從二品；十轉爲上護軍，視正三品；九轉爲護軍，視從三品；八轉爲上輕車都尉，視正四品；七轉爲輕車都尉，視從四品；六轉爲上騎都尉，視正五品；五轉爲騎都尉，視從五品；四轉爲驍騎尉，視正六品；三轉爲飛騎尉，視從六品；二轉爲雲騎尉，視正七品；一轉爲武騎尉，視從七品。凡以功授者，覆實然後奏擬。不離鎮者，依資與官，賜勳三轉。其累加勳爵，仍許回授周親。【張註】唐書百官志：勳至上柱國有餘，則授周以上親，無者賜物。【石川註】書泰誓：雖有周親，不如仁人。傳：周，至也。＊＊內外文武官，三品已上，賜爵一級，【張註】唐書百官志：凡爵九等：一曰王，食邑萬户，正一品；二曰嗣王、郡王，食邑五千户，從一品；三曰國公，食邑三千户，從一品；四曰開國郡公，食邑二千户，正二品；五曰開國縣公，食邑千五百户，從二品；六曰開國縣侯，食邑千户，從三品；七曰開國縣伯，食邑七百户，正四品上；八曰開國縣子，食邑五百户，正五品上；九曰開國縣男，食邑三百户，從五品上。四品已上，〔三〕各加一階，【張註】唐書百官志：凡文散階二十九：從一品曰開府儀同三司，正二品曰特進，從二品曰光禄大夫，正三品曰金紫光禄大夫，從三品曰銀青光禄大夫，正四品上曰正議大夫，正四品下曰通議大夫，從四品上曰大中大夫，從四品下曰中大夫，正五品上曰中散大夫，正五品下曰朝議大夫，從五品上曰朝請大夫，從五品下曰朝散大夫，正六品上曰朝議郎，正六品下曰承議郎，從六品上曰奉議郎，從六品下曰通直郎，正七品上曰朝請郎，正七品下曰宣德郎，從七品上曰朝散郎，從七品下曰宣議郎，正八品上曰給事郎，正八品下曰徵事郎，從八品上曰承奉郎，從八品下曰承務郎，正九品上曰儒林郎，正九品下曰登仕郎，從九品上曰文林郎，從九品下曰將仕郎。武散階四十有五：從一品曰驃騎大將軍，正二品曰輔國大將軍，從二品曰鎮軍大將軍，正三品上曰冠軍大將軍、懷化大將軍，正三品下曰懷化將軍，從三品上曰雲麾將軍、歸德大將軍，從三品下曰歸德將軍，正四品上曰忠武將軍，正四品下曰壯武將軍、懷化中郎將，從四品上曰宣威將軍，從四品下曰明威將軍、歸德中郎將，正五品上曰定遠將軍，正五品下曰寧遠將軍、懷化郎將，從五品上曰游騎將軍，從五品下曰游擊將軍、歸德郎將，正六品上曰昭武校尉，正六品下曰昭武副尉、懷化司階，從六品上曰振威校尉，從六品下曰振威副尉、歸德司階，正七品上曰致果校尉，正七品下曰致果副尉、懷化中候，從七品上曰翊麾校尉，從七品下曰翊麾副尉、歸德中候，正八品上曰宣節校尉，正八品下曰宣節副尉、懷化司戈，從八品上曰禦侮校尉，從八品下曰禦侮副尉、歸德司戈，正九品上曰仁勇校尉，正九品下曰仁勇副尉、懷化執戟長上，從九品上曰陪戎校尉，從九品下曰陪戎副尉、歸德執戟長上。仍並賜勳兩轉。

見危致命，【石川註】論語：見危致命。先哲攸貴；掩骼薶胔，禮典所先。【張註】禮記：孟春之月，掩骼薶胔。註：骨枯曰骼，肉腐曰胔。雖效用而或殊，在惻隱而何閒？諸道將士有死王事者，各委所在州縣給遞送歸，本管官爲葬祭。其有因戰陣殺戮，及擒獲伏辜、暴骨原野者，亦委所在逐近便收葬。應緣流貶及犯罪未葬者，並許其家各據本官品以禮收葬。

自頃軍旅所給，賦役繁興，吏因爲姦，人不堪命，咨嗟怨嘆，〔三四〕道路無聊，汔可小康，【張註】詩：民亦勞止，汔可小康。與之休息。其墊陌及稅間架、【張註】通鑑：建中四年六月庚戌，初行稅間架、除陌錢法。舊制，諸道軍出境，皆仰給度支；上優恤士卒，每出境，加給酒肉，本道糧仍給其家，一人兼三人之給，故將士利之。各出軍纔逾境而止，月費錢百三十餘萬緡，常賦不能供。判度支趙贊乃奏行二法：所謂稅間架者，每屋兩架爲間，上屋稅錢二千，中稅千，下稅五百，吏執筆握算，入人室廬計其數。或有宅屋多而無他資者，出錢動數百緡。敢匿一間，杖六十，賞告者錢五十緡。所謂除陌錢者，公私給與及賣買，每緡官留五十錢，給他物及相貿易者，約錢爲率。敢隱錢百，杖六十，罰錢二千，賞告者錢十緡，其賞錢皆出坐事之家。于是愁怨之聲，盈于遠近。竹、木、茶、漆、榷鐵等【張註】文獻通考：唐德宗建中元年，納户部侍郎趙贊議，稅天下茶、漆、竹、木，十取一，以爲常平本錢。時軍用廣，常賦不足，所稅亦隨盡，亦莫能充本儲。及出奉天，乃悼悔，下詔亟罷之。唐書食貨志：凡銀、銅、鐵、錫之冶一百六十八。陝、宣、潤、饒、衢、信五州，銀冶五十八，銅冶九十六，鐵山五，錫山二，鉛山四。汾州礬山七。麟德二年，廢陝州銅冶四十八。開元十五年，初稅伊陽五重山銀、錫。德宗時，户部侍郎韓洄建議，山澤之利宜歸王者，自是皆隸鹽鐵使。諸色名目，【石川註】集覽：墊即除也；上文所謂抽貫是也。唐書德宗紀：建中三年九月，初稅茶、漆、竹、木。悉宜停罷。〔三五〕【張註】通鑑本註：所以順人情之欲惡。京畿之内，【張註】通鑑本註：京畿，西京畿也。唐以雍、同、華、商、岐、邠爲京畿，洛、汝爲都畿。屬此寇戎，攻劫焚燒，靡有寧室，王師仰給，人以重勞，特宜減放今年夏稅之半。【張註】唐書食貨志：自代宗時，始以畝定稅，而斂以夏、秋。至德宗相楊炎，遂作兩稅法，夏輸無過六月，秋輸無過十一月。置兩稅使以總之。朕以兇醜犯闕，遽用于征，爰度近郊，息駕茲邑，軍儲克辦，師旅攸寧，式當褒旌，以志吾過。其奉天宜升爲赤縣，【張註】通典：唐縣有赤、畿、望、緊、上、中、下〔六〕〔七〕等之差。京都所治爲赤縣，京之旁邑爲畿縣，其餘則以户口多少、資地美惡爲差。百姓並給復五年。

尚德者，教化之所先；求賢者，邦家之大本。永言茲道，夢想勞懷。而澆薄之風，趨競不息，幽棲之士，寂寞無聞。蓋誠所未孚，故求之未至。天下有隱居行義、才德高遠、晦跡丘園、【石川註】易賁卦：六五，賁于丘園。疏：丘園，質素之處。不求聞達者，〔二六〕【張註】謹按：唐制科名目有高蹈丘園科。【石川註】諸葛亮出師表：不求聞達於諸侯。委所在長吏，具姓名聞奏，當備禮邀致。〔二七〕諸色人中，有賢良方正，能直言極諫，及博通墳典【石川註】書孔傳序：伏羲、神農、黄帝之書，謂之三墳，言大道也；少昊、顓頊、高辛、唐、虞之書，謂之五典，言常道也。疏：墳，大也。左傳昭十二年：左史倚相能讀三墳五典。達於教化，並洞識韜鈐堪任將帥者，【張註】唐書選舉志：天子自詔者，曰制舉。四方德行、才能、文學之士，或高蹈幽隱與其不能自達者，下至軍謀將略、翹關拔山、絶藝奇技，莫不兼取。其爲名目，隨其人主臨時所欲，而列爲定科者，如賢良方正，直言極諫、博通墳典達于教化、軍謀弘遠堪任將帥、詳明政術可以理人之類，其名最著。委常參官【張註】通鑑音註：常參官，常朝日常赴朝參者也。唐制：文官五品以上，及兩省供奉官、監察御史、員外郎、太常博士，日參，號常參官。武官三品以上，三日一朝，號九參官；五品以上，及新行常番者，五日一朝，號六參官。弘文、崇文館、國子監學生，四時參。凡諸王入朝，及以恩追至者，日參。其文武官職事九品以上，及二王後，則朝朔望而已。及所在長吏聞薦。天下孤老鰥寡惸獨不能自活者，〔二八〕【石川註】詩正月：哀此惸獨。並委州縣長吏量事優恤。其有年九十已上者，刺史、【張註】唐書百官志：上州刺史一人，從三品，職同牧尹；中州刺史一人，正四品下；下州刺史一人，正四品下。縣令【張註】唐書百官志：京縣令各一人，正五品上；畿縣令各一人，正六品上；上縣令一人，從六品上；中縣令一人，正七品上；中下縣令一人，從七品上；下縣令一人，從七品下。縣令掌導風化，察冤滯，聽獄訟。通典：唐縣凡一千五百七十三，縣令各一人。就門存問。義夫、節婦、孝子、順孫，旌表門閭，終身勿事。【張註】前漢高帝紀：七大夫以下，皆復其身及户，勿事。註：復其身及一户之内，皆不傜役也。【石川註】六典：孝子、順孫、義夫、節婦，志行聞於鄉閭者，州縣申省奏聞，表其門閭，同籍悉免課役；有精誠致應者，則加優賞焉。

大兵之後，内外耗竭，貶食省用，宜自朕躬。當節乘輿之服御，〔二九〕絶宫室之華飾，率己師儉，爲天下先。諸道貢獻，【張註】通鑑：代宗之世，每元日、冬至、端午、生日，州府于常賦之外，競爲貢獻。貢獻多者則悦之。武將、姦吏緣此侵漁下民。自非供宗廟軍國之用，一切並停。應内外官有冗員，及百司有不急之費，委中書門下【張註】通典：梁、陳時，凡國之政事，並由中書省。省有中書舍人五人，領主書十人，書吏二百人，分掌二十一局事，各當尚書諸曹，並爲上司，總國内機要，而尚書唯聽受而已。隋初，改爲内史省。唐武德三年，復中書省。唐書百官志：初，三省長官議事于門下省之政事堂。其後裴炎自侍中遷中書令，乃徙政事堂于中書省。開元中，張説爲相，又改政事堂號中書門下，列五房于其後：一曰吏房，二曰樞機房，三曰兵房，四曰户房，五曰刑、禮房，以主衆務焉。即商量條件，停減聞奏。

布澤行賞，仰惟舊章。〔三〇〕今以餘孽未平，帑藏空竭，【張註】説文：帑，金幣所藏也。後漢鄭弘傳：人食不足，而帑藏殷積。有乖慶賜，深愧于懷。

赦書有所未該者，委所司類例條件聞奏。敢以赦前事相言告者，以其罪罪之。【張註】

通典：諸以赦前事相告言者，以其罪罪之。官司受而爲理者，以故入人罪論。至死者，各加役流。若事須追究者，不用此律。亡命山澤，【張註】通典：亡命山澤，不從追喚者，以謀叛論。【石川註】後漢書註：名，命也。謂脱其名籍而逃亡。挾藏軍器，【張註】通典：諸私有禁兵器者，徒一年半；弩一張，加二等；甲一領及弩三張，流二千里；甲三領及弩五張，絞。私造者，各加一等；造未成者，減二等。即私有甲、弩，非全成者，杖一百；餘非全成者，勿論。百日不首，【石川註】正字通：有咎自陳曰首。復罪如初。【張註】通典：諸犯罪未發而自首者，原其罪。赦書日行五百里，布告遐邇，咸使聞知。【張註】通鑑：赦下，四方人心大悦。

馬傳庚曰：罪己以收人心，赦過以安天下。曠典備舉，闓澤覃敷。大哉王言，規模宏遠矣！

*按：此註始見於宋本。然平朱泚在興元元年六月，改元在是年正月。此註云云，疑有誤。

**按：正文「周親」，本應作「朞親」，避玄宗諱改「朞」爲「周」。張註引新志「授周以上親」，「周」本亦應作「朞」，歐陽修等襲而未改。據此，石川註引書泰誓及傳云云，以釋「周親」，恐不符。

校勘記

〔一〕奉天改元大赦制　詔令五作「奉天改興元元年赦」，文粹三一作「唐德宗神武皇帝奉天改元大赦文」。

〔二〕致理興化　「致理」，舊紀作「立政」。

〔三〕明徵厥初　「厥初」，舊紀、册府八九、通鑑二二九作「其義」。

〔四〕澤靡下究　此句之上，舊紀多一「致」字。

〔五〕若墜深谷　「深」，舊紀、詔令、通鑑作「泉」，册府八九作「淵」。通鑑本註云：「唐避高祖諱，改『淵』爲『泉』。」張本註云：「一本作『泉谷』，『泉谷』即『淵谷』，唐人避諱改之。」

〔六〕累抗章疏猥以徽號加于朕躬　舊紀、册府八九作「用加虛美，以聖神文武之號，被蒙闇寡昧之躬」。

〔七〕顧惟淺昧非所宜當　册府八九作「豈伊淺劣，所敢當仁」。

〔八〕苟膺虛美　册府八九作「猥當徽號」。

〔九〕咸赦除之　此句之上，文苑四二二多「已發覺未發覺，已結正未結正，繫囚見徒，常赦所不原者」二十二字。

〔一〇〕兵興累年海内騷擾　册府八九作「失於懷柔，黷此威武」。

〔一一〕下罹其災　此句之上，通鑑多一「而」字。

〔一二〕路遠未必同謀　「未必」，舊紀、册府八九、通鑑作「必不」。

〔一三〕朕方推以至誠　「推以至誠」，舊紀作「永念勳舊」，通鑑作「念其勳舊」。

〔一四〕其河南北諸軍兵馬　「北」上，文苑、詔令多一「河」字。

〔一五〕及散歸本道者　「本道」上，文苑、全唐四六〇多「本軍」二字。通鑑亦多「本軍」二字，但在「本道」下。

〔一六〕已量移者　「已」下，文苑多一「經」字。石川本註以爲有「經」字「近是」。

〔一七〕及藩鎮效力　「及」下，文苑多一「罰」字。「藩」，册府八九、詔令作「罰」。宋本、元本、明本、郎本、張本、石川本於「效」下注「一作罰」。

〔一八〕量加收叙　此句之下，郎本、册府八九、文苑、全唐多「未復資者，更與進叙」八字。詔令同，唯「叙」作「取」。

〔一九〕流移降黜亡官失爵配隷人等　「人」上，文苑多一「流」字。按：前云「流人配隷」，此處有二「流」字，正可與之呼應。疑有「流」字是。

〔二〇〕諸軍使諸道赴奉天及進收京城將士等　「使」上，文苑、會要四五、九〇多一「諸」字。「赴」上，通鑑、會要四五、九〇多二「應」字。

〔二一〕扞固全城　「固」，會要九〇作「國」。「全」，册府五〇六、文粹、詔令作「金」。

〔二二〕待收京日　「收」，石川本註云：「陳本作『回』。」

〔二三〕四品已上　「上」，文苑、册府五〇六、詔令、全唐作「下」。按：前云「三品已上」，則此處作「下」

疑是。

〔二四〕咨嗟怨嘆　「嘆」，宋本、元本、張本、文苑、全唐作「苦」。

〔二五〕其墊陌及税間架竹木茶漆榷鐵等諸色名目悉宜停罷　「其」下，册府五〇六、通鑑多「所加」二字。「墊陌」下，册府五〇六、通鑑多一「錢」字。全句，舊紀作「先税除陌、間架等錢，竹、木、茶、漆等税，并停」。

〔二六〕天下有隱居行義才德高遠晦跡丘園不求聞達者　「才」，文苑注云：「集作『道』。」

〔二七〕當備禮邀致　此句之上，文苑多一「朕」字。

〔二八〕天下孤老鰥寡惸獨不能自活者　「孤」，文苑注云：「集作『耆』。」

〔二九〕當節乘輿之服御　此句之上，文苑多一「朕」字。

〔三〇〕仰惟舊章　「仰」，元本、文苑作「抑」。

平朱泚後車駕還京大赦制〔一〕【張註】唐書德宗紀：興元元年六月甲辰，朱泚伏誅。

七月丙子，次鳳翔；壬午，至自興元；辛卯，大赦。

門下：

致理之體，先德後刑。禮義興行，故人知耻格。【石川註】論語：道之以德，齊之以禮，有耻且格。註：格，正也。教令明當，則俗致和平。然後姦慝不萌，暴亂不作。古先哲后，莫不由斯。

國家受命百七十載，【張註】謹按：文獻通考：唐高祖在位九年，太宗在位二十三年，高宗在位三十四年，中宗在位五年，睿宗在位二年，玄宗在位四十四年，肅宗在位七年，代宗在位十八年，内武氏二十一年，自高祖武德元年至德宗興元改元，凡一百六十八年。八聖儲慶，【石川註】唐自高祖至代宗，八帝也。敷佑下人，邁種寬大之德，累蠲苛酷之令，蓋仁之所積者厚，故澤之所流者深。〔二〕茲予小子，〔三〕獲主重器，【張註】史記伯夷傳：示天下重器。索隱曰：〔言〕天下者〔是〕王者之重器，〔故〕莊子〔云〕「天下（之）大器」是也。懵於理亂之本，【張註】説文：懵，不明也。溺於因習之安，授任不明，賞罰乖當。〔四〕立法以齊衆，而犯命愈甚；興戎以除害，而長亂益繁。賊臣蓄姦，〔五〕乘釁竊發，九廟乏祀，兆人靡依。猰貐肆其吞噬，【張註】爾雅：猰貐，類貙，虎爪，食人，迅走。淮南子：堯之時，猰貐爲民害。孫綽喻道論：吞噬之甚，過於豺虎。豺狼穴於宫闕。歲未云半，載罹播遷。【張註】唐書德宗紀：建中四年十月，涇原節度使姚令言反，犯京師；戊申，如奉天。興元元年二月甲子，李懷光反；丁卯，如梁州。仰慚穹昊，俯愧臣庶，敢愛霣越，【石川註】左傳僖九年：恐霣越于下。註：霣越，顛墜也。苟全眇躬。【石川註】書顧命：眇眇予末小子。誠懼益縱寇讎，重辱宗社，忍耻誓志，庶補前羞。賴億兆宅心，【石川註】書立政：惟克厥宅心。傳：宅，居也。不忘先德，諸帥戮力，【石川註】書湯誥：與之戮力。疏：勉力也。左傳昭二十五年：戮力壹心。恭行天罰，〔六〕【石川註】書泰誓：恭行天罰。俾余寡昧，再膺多祐。〔七〕總乾綱於既紊，【張註】范甯春秋穀梁傳序：昔周道衰陵，乾綱絶紐。【石川註】晉書華譚傳：聖人之臨天下也，祖乾綱以流化順。復天柱於將傾，【張註】水經註：張華叙東方朔神異經曰：崑崙有銅柱焉，其高入天，謂之天柱也。【石川註】列子：共工氏與顓頊爭爲帝，怒而觸不周之山，折地維，絶天柱。言旋鎬京，【張註】鎬京，地名。説文：武王所都，在長安西上林苑中。通典：周自武王尅殷，都于酆、鎬，豐邑在豐水，鎬京在豐水之東，並在今長安縣界。不改舊物。【張註】左傳：祀夏配天，不失舊物。宗祧有序，朝享有期，〔八〕責重慶多，〔九〕深增感惕！

嗚呼！君者，所以撫人也，君苟失位，人將安仰？朕既不德，〔一〇〕致寇興禍，使生靈無告，受制兇威，苟全性命，【石川註】諸葛亮出師表：苟全性命於亂世。急何能擇？【石川註】左傳文十七年：鋌而走險，急何能擇？或虧廢名節，或貪冒貨利，陷於法網，事匪一端，究其所由，自我而致！〔一一〕不能撫人以道，乃欲繩之以刑，豈所謂恤人罪己之誠，〔一二〕【石川註】左傳莊十一年：禹、湯罪己，其興也悖焉。含垢布和之義？【張註】易林：宣時布和，無所不通。顔延之曲水詩序：皇祗發生之始，后王布和之辰。【石川註】周禮冢宰：正月之吉，始和，布治於邦國都鄙。滌清污俗，咸與更新，可大赦天下。自興元元年七月二十三日昧爽已前，〔一三〕大辟罪已下，已發覺未發覺，已結正未結正，見繫囚徒，【張註】通鑑音註：繫囚，逮捕在獄者；徒，坐徒罪居作者。常赦所不原者，咸赦除之。【張註】文獻通考：常赦所不免，謂雖會大赦，猶處死及流。今年五月二十八日已前，【張註】謹按：德宗以七月壬午還京，辛卯大赦，前云「七月二十三日昧爽已前」，以放赦書之日爲言也。此云「五月二十八日已前」，當指復京師之日。唐書德宗紀：興元元年五月壬辰，尚可孤及朱泚戰于藍田之西，敗之；乙未，李晟又敗之于苑北；戊戌，又敗之于白華，復京師。是五月已復京師，而還京大赦，則在七月也。左降官即與量移，未復資者，更與移近處。流人及犯配隸藩鎮效力，〔一四〕【張註】綱目集覽：唐自安禄山、史思明之亂，肅宗幸長安，分河北地付授叛將，後遂效戰國肱髀相依，以土地傳子孫，謂之藩鎮。並即放還。亡官失爵，放歸不齒者，量加收叙；未復資者，〔一五〕更與進改。其黜免人等，有素著行能，傍連譴累，〔一六〕特加録用，勿以爲負。

不有忠者，誰復社稷；不有勞者，誰從巡狩。【石川註】左傳僖二十八年：不有居者，誰守社稷；不有行者，誰扞牧圉。文所據也。連帥之重，所以殿邦禦侮也。【張註】禮記：千里之外設方伯，五國以爲屬，屬有長；十國以爲連，連有帥。註：屬、連，猶聚也。伯、帥，亦長也。詩：殿天子之邦。毛傳：殿，鎮也。詩：予曰有禦侮。毛傳：武臣折衝曰禦侮。二千石之任，所以分憂共理也。【張註】前漢百官公卿表：郡守，秦官，掌治其郡，秩二千石。景帝中二年，更名太守。師古註：二千石者，月百二十斛。循吏傳：宣帝常稱曰：「庶民所以安其田里，而亡太息愁恨之心者，政平訟理也。與我共此者，其唯良二千石乎！」註：謂郡守、諸侯相。謹按：唐太守或稱刺史，即漢郡守也，故曰二千石。方鎮將校，【張註】後漢順帝紀：詔大將軍、三公選武猛試用有效驗任爲將校者各一人。綱目集覽：校，本營壘之稱，故謂軍之一師爲一校。勤奉戎役，中外寮吏，恪居官次，【張註】左傳：敬共期夕，恪居官次。註：次，舍也。國有大慶，所宜同之。内外文武及致仕官，【張註】白虎通：致仕者，致其事于君」，君不使自去者，尊賢者也。故曲禮「大夫七十而致(仕)〔事〕」。王制曰：七十致政。三品已上，賜爵一級，四品已上，〔一七〕加一階，仍並賜勳兩轉。

司徒兼中書令晟：【張註】唐書百官志：太師、太傅、太保各一人，太尉、司徒、司空各一人，是爲三公，皆正一品。又，中書省中書令二人，正二品，掌佐天子執大政，而總判省事。李晟傳：李晟字良器，洮州臨潭人。初爲右神策都將，朱泚平，拜司徒，兼中書令，實封千户。英特傑立，〔一八〕光輔中興，【張註】春秋序：紹開中興。註：中，丁仲反。【石川註】左傳襄二十七年：光輔五君。再定皇都，一匡天下，【張註】唐書李晟傳：帝進狩梁州，遣晟將張少宏口詔進晟尚書左僕射、同中書門下平章事。晟受命，拜且泣曰：「京師，天下本，若皆執覊靮，誰將復之！」乃繕甲兵，治陴隍，以圖收復。于是，駱元光以華州之衆守潼關，尚可孤以神策兵保七盤，皆受晟節度，戴休顔舉奉天，韓游瓌悉邠寧軍從晟。乃引兵叩都門，賊不敢出，振旅而還。明日，會諸將圖所向，衆對先拔外城，然後清宫。晟曰：「外城有里閈之隘，若設伏格戰，居人囂潰，非計也。賊重兵精甲聚苑中，今直擊之，是披其心腹，將圖走不暇。」諸將曰：「善。」乃自東渭橋移壁光泰門，以薄都城，連溝柵。而賊將張庭芝、李希倩求戰，晟顧曰：「賊不出，是吾憂也。今乃冒死來，天誘之矣。」縱兵鏖擊。賊攻華師急，晟以精騎馳救，中軍譟而從，大破之，乘勝入光泰門，再戰，賊卻，僵尸相藉，餘衆走白華，賊大哭，終夜不息。翌日，將復戰。或請待西師，晟曰：「賊既敗，當乘機撲殄。苟俟西軍，是容其爲計，豈吾利邪！」乃悉軍軍光泰門，使王佖、李演將騎，史萬頃將步，抵苑北。晟先夜隤苑垣爲道二百步，比兵至，賊已伐木塞以拒戰。晟叱諸將曰：「安得縱賊？今先斬公矣！」萬頃懼，先登，拔柵以入，佖督騎繼之，賊崩潰，執其將段誠諫，大兵分道進，雷譟震地。令言、庭芝、希倩等殊死鬭，晟令唐良臣等步騎奔突，賊陣成輒北，十餘遇皆不勝，蹴入白華。賊伏千騎出官軍背，晟以麾下百騎自馳之，左右呼曰：「相公來！」賊驚潰，禽馘略盡。泚率殘卒萬人西走，田子奇追之，餘黨悉降。晟引軍屯含元外庭，舍右金吾次，令軍中曰：「五日内不得輒通家問，違者斬。」遣京兆尹李齊運部長安、萬年令，分慰居人，秋毫無所擾。明日，孟涉屯白華，尚可孤屯望仙門，駱元光屯章敬寺，晟屯安國寺。斬賊用事者及臣賊宦豎于市，表著節不屈者，擇文武攝臺省官，以俟乘輿。條脅汙于賊者，請以不死。露布至梁，帝感泣，羣臣上壽，帝曰：「天生晟，爲社稷萬人，豈獨朕哉！」【石川註】論語：一匡天下。

推恩之典，貽慶無窮，宜與一子五品正員京官。【張註】唐書百官志：凡文官九品，有正有從，自正四品以下，有上下，爲三十等。通鑑本註：京官，即在京職事官也。

侍中瑊：【張註】唐書百官志：門下省侍中二人，正二品，掌出納帝命，相禮儀，凡國家之務，與中書令參總，而顓判省事。通典：侍中者，周公戒成王立政之篇所云「常伯」、「常任」，以爲左右，即其任也。秦爲侍中，本丞相史也，使五人往來殿内東廂奏事，故謂之侍中。唐書渾瑊傳：渾瑊，本鐵勒九姓之渾部也。帝狩奉天，瑊率家人子弟以從。泚平論功，以瑊兼侍中，實封户八百。

沈邃忠厚，服勞王家，保全危城，翦除大憝；【張註】唐書渾瑊傳：朱泚兵薄城，戰譙門，晨至日中不解。或以芻車至，瑊曳車塞門，焚以戰，賊乃解。泚治攻具，矢石四集如雨，晝夜不息，凡浹日，鑿塹圜城。城中死者可藉，人心危惴，或夜縋出掇蔬本供御，帝與瑊相泣。泚方據乾陵下瞰城，翠翟紅袍，左右宦人趨走，宴賜拜舞，又縱慢辭戲斥天子，以爲勝在景刻。使騎環馳，責大臣不識天命。造雲梁，廣數十丈，施大輪，濡氈及革冒之，周布水囊爲障，指城東北；構木廬，蒙革周置之，運薪土其下，將塞隍。帝召瑊，授以詔書千餘，自御史大夫、實封五百户而下，募突將死士當賊，賜瑊筆，使量功署詔，不足則署衣以授。因曰：「朕與諸公訣矣」。瑊俯伏嗚咽，帝撫而遣之。瑊前與防城使侯仲莊揣雲梁所道，掘大隧，積馬矢及薪然之。賊乘風推梁以進，載數千人。王師乘城者皆凍餒、甲弊兵盬，瑊但以忠義感率使當賊，人憂不支，羣臣號天以禱。瑊中矢，自擢去，被血而戰愈厲。雲梁及隧而陷，風返悉焚，賊皆死，舉城歡譟。是日詔授瑊二子官。嘉乃茂績，次于寵章，【張註】魏志武帝紀：崇其寵章。宜與一子六品正員京官。鎮國軍、【張註】唐書地理志：華州有鎮國軍，肅宗上元元年置。潼關節度使，【張註】通典：華陰太華山，在南有潼關，左傳所謂桃林塞也，本名衝關，河自龍門南流，衝激華山東，故以爲名。唐書兵志：唐初，兵之戍邊者，大曰軍，小曰守捉，曰城，曰鎮，而總之者曰道。道有大將一人，曰大總管，已而更曰大都督。至太宗時，行軍征討曰大總管，在其本道曰大都督。自高宗永徽以後，都督帶使持節者，始謂之節度使，然猶未以名官。景雲二年，以賀拔延嗣爲涼州都督、河西節度使，自此而後，接乎開元，朔方、隴右、河東、河西諸鎮，皆置節度使。方鎮表：上元二年，以華州置鎮國節度，亦曰關東節度。廣德元年，罷。興元元年，以華州置潼關節度使。檢校右僕射【張註】綱目集覽：唐有檢校、兼、守、判、知之類，皆非本制，出于特旨所置，與正員資格同，皆以待資淺之人。唐書百官志：尚書省左右僕射各一人，從二品，掌統理六官，爲令之貳，令闕則總省事，劾御史、糾不當者。通典：僕射，秦官，漢因之。古者重武，官有主射以督課，故曰僕射，僕射者，僕役于射也。成帝建始元年，初置尚書五人，以一人爲僕射。後漢獻帝建安四年，以榮邵爲左僕射，衛臻爲右僕射，侍者分置左右，蓋自此始。唐左右二僕射，因前代本副尚書令，自尚書令廢闕，二僕射則爲宰相。駱元光：【張註】唐書李元諒傳：李元諒，安息人，本安氏，少爲宦官駱奉先養息，冒姓駱，名元光。德宗出奉天，遷鎮國軍節度使，封武康郡王，與李晟收京師，加檢校尚書左僕射。【石川註】舊唐書駱元光傳：進收京邑，兵次於滻西。賊悉衆來攻，元光先士卒奮擊，大敗之。進軍至苑東，與晟力戰，壞苑垣而入。賊聯戰皆敗，遂復京師。京畿、渭南、商州節度使，【張註】唐書方鎮表：至德元載，置京畿節度使，領京兆、同、岐、金、商五州。建中四年，置京畿、渭南節度、觀察使，領金、商二州。未幾，罷五州及金州，爲京畿、商州節度使。檢校右僕射尚可孤：【張註】唐書尚可孤傳：尚可孤，東部鮮卑宇文之別種。德宗將遷梁州，命引兵守灞上，拜神策、京畿、渭南、商州節度、招討使，進軍與李晟收長安。爲先鋒，以功加檢校尚書右僕射。【石川註】舊唐書尚可孤傳：收京城，可孤之師爲先鋒。可孤性謹願沉毅，衆會之中，未嘗言功，御衆公平，號令嚴整，時人稱焉。邠、寧等州節度使，【張註】唐書方鎮表：乾元二年，置邠寧節度使，領州九：邠、寧、慶、涇、原、鄜、坊、丹、延。大曆三年，罷；十四年，復置邠、寧、慶節度使。檢校右僕射韓遊瓌：【張註】唐書韓遊瓌傳：韓遊瓌，靈州靈武人。拜邠寧節度使。李晟入長安，遊瓌破泚兵咸陽。京師平，遷檢校尚書左僕射。【石川註】舊唐書韓遊瓌傳：遊瓌乘城拒守，躬當矢石，不暇寢息，赴難之功，遊瓌首焉。奉天行營諸軍節度使，【張註】唐書百官志分註：建中後，行營亦置節度使，防禦使、都團練使。通鑑本註：乾元元年，鎮西、北庭行營節度使李嗣業屯河内，行營節度使始此。檢校右僕射戴休顔：【張註】唐書戴休顔傳：戴休顔，夏州人。帝進狩梁、洋，留守奉天，遷檢校工部尚書、奉天行營節度使。京師平，加檢校尚書右僕射。【石川註】舊唐書戴休顔傳：奉天赴難，捍禦有功。咸秉大節，著于艱難，同勳叶忠，翼我興運，宜各與一子七品正員官。諸道節度使【張註】文獻通考：唐天寶初，置十道節度使，曰安西、北庭、河西、朔方、河東、范陽、平盧、隴右、劍南、嶺南。其後有淮南、河南、江東、成德、宣武、鎮海、義成、淮寧、彰義、義武、奉義、忠武、武寧、永安、天平、河陽、歸義、戎昭、義昌。山南諸道俱置節度使。及行在都知兵馬使，〔一九〕【張註】蔡邕獨斷：天子所在曰行在，所居曰禁中。又：天子無外，以天下爲家。又：天子自謂曰行在，猶言今雖在京師，行所至爾，巡狩天下，所奏事處皆爲宮。唐書百官志：天下兵馬元帥，前軍兵馬使、中軍兵馬使、後軍兵馬使各一人。興元扈從左右金吾大將軍、【張註】唐書百官志：左右衛大將軍各一人，正三品，掌宮禁宿衛，凡五府及外府皆總制焉。左右金吾衛大將軍各一人，掌宮中、京城巡警，烽候、道路、水草之宜。凡翊府之翊衛及外府佽飛番上皆屬焉。通典：漢京師有南北軍，掌理禁衛。初，有衛將軍，魏末，晉文帝又置中衛將軍。武帝接受，分中衛爲左右衛將軍。隋改爲左右翊衛。唐復爲左右衛。金吾：秦有中尉，掌徼循京師。漢更名執金吾，掌京師盜賊，考按疑事。隋改爲左右武候衛。唐龍朔二年，改爲左右金吾衛。又：唐定制凡十六衛，大將軍各一人，左右衛及左右金吾衛總謂之四衛，其餘謂之雜衛。【石川註】漢書百官公卿表註：師古曰：金吾，鳥名也，主辟不祥。天子出，職主先導，以禦非常，故執此鳥之象，因以名官。通典：掌車駕出入，先驅後殿，晝巡夜察，執捕姦非，烽候、道路、水草所宜；巡狩師田，則掌其營禁。金吾六軍大將軍【張註】唐書百官志：左右龍武、左右神武、左右神策大將軍，各一人，正二品，號六軍。通典：左右羽林、左右龍武、左右神武六軍大將軍各一人。通鑑本註：北軍十軍，左右羽林、龍武、神武、神威、神策也。神策尤盛，建中之前，未分左右軍，謂之「神策、六軍」者，指言神策軍與左右羽林、龍武、神武六軍也。又，會要：乾元四年十月四日，敕左右羽林、左右龍武、左右神武軍文武官，並昇同金吾四衛。等，〔二〇〕各與一子八品正員官。諸道團練、觀察、處置等使，【張註】文獻通考：肅宗乾元初，置團練使、守捉使，大者領十州，小者三、五州。代宗時，元載當國，令刺史悉帶團練。大率團練皆隸所治州，歲以八月考其治否，以安民爲上考，懲姦爲中考，得情爲下考。又唐貞觀初，遣大使十三人巡省天下，諸州水旱則遣使，有巡察、安撫之名。神龍二年，以五品以上二十人爲十道巡察使，察舉州縣，再周而代。景雲二年，置十道按察使，各道一人。開元二年，曰十道按察、採訪、處置使；二十年，曰採訪、處置使，分十五道。乾元元年，改曰觀察、處置使，掌察所部善惡，舉大綱，凡奏請皆屬于州，歲以八月考其治，以豐稔爲上考，省刑爲中考，辦税爲下考。各與一子九品正員官。

應諸軍赴上都收復將士等，【張註】唐書地理志：上都，初曰京城，天寶元年曰西京，至德三載曰中京，肅宗元年曰上都。俱以純誠，〔二〕奮其勇節。連年帶甲，百戰摧鋒。【張註】吴越春秋：人民殷富，皆有帶甲之勇。左思賦：摧鋒積紀，芒氣彌鋭。有忘身以效命，有滅親以徇義。【石川註】左傳隱四年：大義滅親。誓平國難，如復私讎。競揚貔虎之雄，克清梟獍之孽。【張註】書：如虎如貔。傳：貔，執夷，虎屬也。詩疏：陸機云：自關而西，謂梟爲流離，其子適長大，還食其母。故張奂云：鶹鷅食母。漢書郊祀志註：孟康曰：梟，鳥名，食母。破鏡，獸名，食父。破鏡，如貙而虎眼。獍、鏡通。策勳行賞，傳嗣榮親，播乃功名，與國終始。自去年冬已來，【張註】謹按：去年，謂建中四年也。未經甄叙者，即與超八資改轉；已經甄叙者，更與超三資進改。三品已上，祖父母在，先無官封者，量與致仕官【石川註】謂文武散階也。及邑號。【石川註】六典：一品及國公，母、妻爲國夫人；三品以上母、妻爲郡夫人；四品若勳官二品有封，母、妻爲郡君；五品若勳官三品有封，母、妻爲縣君；勳官四品有封，母、妻爲鄉君。其母邑號皆加太字。亡者並與追贈。四品已下，父母在，先無官封者，亦授致仕官及邑號，亡者與追贈。其賞錢委所司即依元敕支給。應扈從將士，三品已上，賜爵兩級，四品已下，各加兩階，仍並賜勳；其祖父母官封追贈，並準收京城將士例處分。應扈從官，普恩之外，三品已上，賜爵兩級，四品已下，各加兩階，仍普賜勳三轉；其祖父母、父母封贈，並準收京城例處分。應扈從官，普恩之外，三品已上，更加爵一級，四品已下，更加一階；若常參官，祖父母、父母在，先無官封者，量授致仕官及邑號，亡者與追贈。諸州刺史，普恩之外，賜爵一級。諸道進奏陪位者，【張註】通鑑音註：唐諸鎮皆置進奏院，在長安以進奏官主之。宋白曰：大曆十二年正月，敕諸道先置上都留後，便宜並改充諸道都知進奏官。爾雅釋言：陪，朝也。註：陪位爲朝。疏：臣見君曰朝，朝之列位必陪重。是陪位爲朝也。更加一階。其奉天定難及元從功臣，【張註】唐書兵志：德宗幸梁還，以神策兵有勞，皆號「興元元從奉天定難功臣」，恕死罪。宜令本軍、本使即定名聞奏，所司各準元敕優賞。其諸道、軍、鎮【張註】唐書兵志：唐初兵之戍邊者，大曰軍，小曰守捉，曰城，曰鎮。唐書百官志：上鎮將一人，正六品下，鎮副二人，正七品下；中鎮將一人，正七品上，鎮副一人，從七品上；下鎮將一人，正七品下，鎮副一人，從七品下。每鎮又有使一人，副使一人。凡軍、鎮二萬人以上，置司馬一人，正六品上；不及二萬人者，司馬從六品上。鎮將、鎮副掌捍防守禦。凡上鎮二十，中鎮九十，下鎮一百三十五。及行營將士，三品已上，賜爵一級，四品已上，〔三〕加一階，仍準今年正月一日制，速與甄叙。

成德、淄青、魏博等節度【張註】唐書方鎮表：寶應元年，置成德軍節度使，領恒、定、易、趙、深五州，治恒州。建中三年罷。興元元年，復置成德軍節度使，領恒、冀、趙、深四州。至德元載，置青密節度使，領北海、高密、東牟、東萊四郡，治北海郡。上元二年，置淄沂節度使，領淄、沂、滄、德、棣五州，治沂州。平盧軍節度使侯希逸引兵保青州，授青密節度使，遂廢淄沂節度並所管五州，號淄青、平盧節度。廣德元年，置魏博等州防禦使，領魏、博、貝、瀛、滄五州，治魏州，是年升爲節度使。謹按：成德謂王武俊，淄青謂李納，魏博謂田悦。並諸軍應歸順將士等，各藴誠義，積著功勞，由朕失於撫綏，頃歲暫懷疑阻；尋能勵節，不替舊勳，【張註】通鑑：上在奉天，使人説田悦、王武俊、李納，赦其罪，厚賂以官爵，悦等皆密歸款，而猶未敢絶朱滔，各稱王如故。興元元年春正月，赦下，皆去王號，上表謝罪。是資宴犒，俾洽王澤。宜委所司即約額支計，各賜錢物賞設，仍委本節度準前後敕速條疏甄叙。其朔方並諸軍應在河中管内及同州將士等，【張註】唐書方鎮表：開元九年，置朔方軍節度使，領單于大都護府，夏、鹽、綏、銀、豐、勝六州，定遠、豐安二軍，東、中、西三受降城。唐書李懷光傳：懷光奪李建徽、楊惠元等軍，屯好時，其下稍攜貳，乃引兵掠涇陽、三原、富平，遂如河中。又：懷光至河中，取同、絳二州。謹按：朔方諸軍，指朔方軍及李建徽等軍也。其云「在河中管内及同州將士」，乃懷光背畔東走，所引將士在河中及同州者也。自遠赴難，解其重圍，【張註】通鑑：上至奉天，遣中使告難于魏縣行營，李懷光帥衆赴長安。建中四年十一月，李懷光自蒲城引兵趣涇陽，並北山而西，先遣兵馬使張韶微服間行詣行在，藏表于臘丸。韶至奉天，值賊方攻城，見韶，以爲賤人，驅之使與民俱填塹；韶得間，踰塹抵城下呼曰：「我朔方軍使者也。」城上人下繩引之，比登，身中數十矢，得表于衣中而進之。上大喜，昇韶以徇城，四隅歡聲如雷。癸巳，懷光敗泚兵于（灃）〔澧〕泉。泚聞之懼，引兵遁歸長安。衆以爲懷光復三日不至，則城不守矣。謹按：魏縣屬魏州，其地在河、山之東，故曰自遠赴難也。念茲功勞，並未酬報，雖遭脅制，情有可矜，應到行營未經甄叙者，並準元敕，超五資改轉。其賞錢比收京城將士例，各給一半，委本軍兵馬使條録名銜聞奏。【張註】語林：近代選曹補授，先具舊官于前，次書擬官于後，新、舊相銜也。所司支計給付。其食實封者，亦便配額，令其請受。【石川註】通考：唐制：准其户數，收其租調，均爲三分，其一入官，其二入國。又有食實封者，給縑帛，每賜爵，遞加一級。開元二十年，敕諸食邑實封並以三丁爲限，不須一分入官。宋制：宰相千户，實封四百户；餘降麻官七百户，實封三百户。安貞云：唐制亦或然。應天下諸道、軍將士等，〔二三〕如有年老及疾患尪弱，【張註】禮記：吾欲暴尪而奚若。註：尪者，面鄉天。不任軍旅，願歸鄉里者，並給終身優復，〔二四〕州縣切加安存，勿令侵擾；如無家可歸者，給田宅使得存濟。

見危致命，先典所尚，況忠衛社稷，【石川註】禮檀弓：能執干戈，以衛社稷。殺身成功，朕於斯人，義有加等。贈太尉秀實【張註】通典：太尉，秦官，漢因之，金印紫綬，掌武事，其尊與丞相等。歷代唯後周無，其餘皆有，悉爲三公。前漢百官公卿表註：應（邵）〔劭〕曰：自上安下曰尉。唐書段秀實傳：段秀實，字成公，本姑臧人，興元元年贈太尉。天授貞烈，沮茲姦邪，〔二五〕蒼黄之中，獨藴雄斷。〔二六〕將紓國難，詭收寇兵，兇謀既虧，吾事果濟。忠誠奮發，〔二七〕手擊渠魁，〔二八〕【張註】通鑑：朱泚以司農卿段秀實久失兵柄，意其必怏怏，遣數十騎召之。秀實閉門拒之，騎士踰垣入，劫之以兵。秀實自度不免，乃謂子弟曰：「國家有患，吾於何避之，當以死徇社稷；汝曹宜人自求生。」乃往見泚。泚喜曰：「段公來，吾事濟矣。」延坐問計。秀實説之曰：「公本以忠義著聞天下，今涇軍以犒賜不豐，遽有披猖，使乘輿播越。夫犒賜不豐，有司之過也，天子安得知之！公宜以此開諭將士，示以禍福，奉迎乘輿，復歸宫闕，此莫大之功也！」泚默然不悦，然以秀實與己皆爲朝廷所廢，遂推心委之。左驍衛將軍劉海賓、涇原都虞候何明禮、孔目官岐靈岳，皆秀實素所厚也，秀實密與之謀誅泚，迎乘輿。泚遣涇原兵馬使韓旻將鋭兵三千，聲言迎大駕，實襲奉天。時奉天守備單弱，段秀實謂岐靈岳曰：「事急矣！」使靈岳詐爲姚令言符，令旻且還，當與大軍俱發。竊令言印未至，秀實倒用司農印印符，募善走者追之。旻至駱驛，得符而還。秀實謂同謀曰：「旻來，吾屬無類矣！我當直搏泚殺之，不克則死，終不爲之臣也。」乃令劉海賓、何明禮陰結軍中之士，欲使應之于外。旻兵至，泚、令言大驚；岐靈岳獨承其罪而死，不以及秀實等。是日，泚召李忠臣、源休、姚令言及秀實等議稱帝事。秀實勃然起，奪休象笏，前唾泚面，大罵曰：「狂賊！吾恨不斬汝萬段，豈從汝反邪！」因以笏擊泚，泚舉手扞之，纔中其額，濺血灑地。泚與秀實相搏悩悩，左右猝愕，不知所爲。忠臣前助泚，泚得匍匐脱走。秀實知事不成，謂泚黨曰：「我不同汝反，何不殺我！」衆争前殺之。上聞秀實死，恨委用不至，涕泗久之。

英風凛然，振邁千古！宜即差官致祭，並旌表門閭，府縣護其喪事，緣葬所要，一切官供。【張註】唐書百官志：鴻臚寺司儀署，令一人，正八品下；丞一人，正九品下。掌凶禮喪葬之具。京官職事三品以上、散官二品以上祖父母、父母喪，職事散官五品以上、都督、刺史卒于京師，及五品死王事者，將葬，祭以少牢，率齋郎執俎豆以往。三品以上贈以束帛，黑一、纁二，一品加乘馬；既引，遣使贈于郭門之外，皆有束帛，一品加璧。五品以上葬，給營墓夫。仍於墓所官爲立碑，以揚徽烈。其所賜實封五百户，嫡子正員三品官，諸子授正員五品官，委中書門下即準元敕處分。【張註】唐書段秀實傳：興元元年，詔贈太尉，謚曰忠烈。賜封户五百，莊、第各一區；長子三品，諸子五品，並正員官。帝還都，又詔致祭，旌其門閭，親銘其碑云。應諸道、諸軍將士，有身死王事者，委本道、本使具名銜聞奏，即與褒贈，仍以在身官爵授其子孫。内外文武官及諸親、諸色人等，有横遭逆賊殺害者，各聽其家及親識人於所司陳牒，〔二九〕【張註】唐書百官志：下之達上，其制有六：一曰表，二曰狀，三曰牋，四曰啟，五曰辭，六曰牒。勘實聞奏，亦與追贈；如跡著忠烈，衆所明知，仍訪其子孫，量加優恤。

尚齒養老，王風之首，三代制理，未或遺年。【張註】禮記：虞、夏、殷、周，天下之盛王也；未有遺年者，年之貴乎天下久矣。朕將遵古典以興化，本人心而教孝，用優秩賜，式慰里閭。京兆府【張註】前漢百官公卿表：右内史，武帝太初元年，更名京兆尹。師古註：京，大也。兆者，衆數。言大衆所在，故云京兆也。唐書地理志：京兆府京兆郡，本雍州，屬關内道。耆壽年八十已上，並與版授刺史，【石川註】唐書選舉志：沈既濟曰：擇牧守，然後授其權。高者先署而後聞，卑者聽版而不命。胡三省曰：以白版授官，非朝命也。仍賜紫；【張註】通鑑釋文：版授，謂不加誥命，以版策授之也。唐書車服志：紫爲三品之服，緋爲四品之服，淺緋爲五品之服，深緑爲六品之服，淺緑爲七品之服，深青爲八品之服，淺青爲九品之服，黄爲流外官及庶人之服。八十已下，〔三〇〕及諸州府耆壽年八十已上，〔三一〕並與版授本縣令，仍賜緋。天下侍老耆壽，【張註】謹按：侍老，有侍者之老也。通典：天寶八載制：其天下百姓，丈夫七十五以上，婦人七十以上，宜各給中男一人充侍，仍任自簡擇。亦各與版授官。如年九十已上者，州縣長吏歲時躬親省問，貧弱不能自存者，量賜粟帛。

頃屬多難，人流俗弊，加之以師旅，因之以饑饉，【石川註】論語：加之以師旅，因之以饑饉。賦役繁起，農桑失時，哀我癉人，〔二二〕【石川註】詩大東：哀我憚人，亦可息也。箋：哀我勞人，亦可休息。正韻：癉，亦作憚。汔可小息。然以國計猶歉，軍實靡充，未盡復除，良增愧悼。應天下建中四年年終已前，所有諸色逋欠在百姓復内者，【石川註】漢書高帝紀：復其身。註：不徭役也。一切放免。百司及諸軍、諸使舉放利錢，【張註】唐書食貨志：初，京司及州縣皆有公廨田，供公私之費。其後，以用度不足，諸司置公廨本錢，以番官貿易取息，計員多少爲月料。以諸司令史主之，號捉錢令史。今年六月已前，百姓欠負未納者，亦並停徵。京兆府百姓普恩之外，〔二三〕給復一年。其供頓官吏，【張註】通鑑音註：車駕行幸，有知頓使。楊慎丹鉛録：俗語飯曰一頓。元微之連昌宫詞：驅令供頓不敢藏。文字詁：續食曰頓。委京兆尹【張註】唐書百官志：西都、東都、北都、鳳翔、成都、河中、江陵、興元、興德府尹，各一人，從三品。通典：周官有内史，掌治京師。漢景帝二年，分置左右内史。武帝更名京兆尹，與左馮翊、右扶風是爲三輔，治長安城中。唐京兆府本爲雍州，置牧一人，以親王爲之，多以長史理人。開元元年，改雍州爲京兆府，改雍州長史爲京兆尹，總理衆務。類例具名銜聞奏，量與優奬。

古者計户以署吏，因時而建職，既不乏事，亦無冗員。今田畝汙萊，版圖凋耗，【張註】

周禮天官小宰：八成，三曰聽閭里以版圖。鄭司農註：版，户籍；圖，地圖也。齊人編户，【張註】謹按：齊人，猶齊民也。唐避太宗諱，以民爲人。漢書食貨志註：如淳曰：齊，等也。無有貴賤，謂之齊民。若今言平民矣。通鑑釋文：編户者，謂列次民籍也。託庇官曹，貪吏猾胥，誘爲囊橐，啟姦墮業，爲害尤深！應在京百司色役人及流外等，【張註】綱目集覽：色，科名也；主掌諸色雜徭役者。通鑑音註：雜色補官者，謂之流外官；入流内叙品，謂之入流。委御史大夫即與諸司使長官【張註】通典：御史大夫，秦官，位上卿，銀印青綬，掌副丞相。漢成帝更名大司空，秩比丞相。此皆爲三公，非今御史大夫也。唐書百官志：御史臺大夫一人，正三品，掌以刑法糾正百官之善惡。其屬爲三院：一曰臺院，侍御史隸焉；二曰殿院，殿中侍御史隸焉；三曰察院，監察御史隸焉。凡冤而無告者，三司詰之。三司，謂御史大夫、中書、門下也。大事奏裁，小事專達。凡有彈劾，御史以白大夫，大事以方幅，小事署名而已。凡三司理事，與給事中、中書舍人更值朝堂。若三司所按而非其長官，則與刑部郎中、員外郎、大理司直、評事往訊。開元中，又置御史裏行使、侍御史裏行使、殿中侍御史裏行使、監察御史裏行使。審詳商議，〔三四〕據見所掌事之閑劇定額聞奏，仍挾名送中書門下，〔三五〕務從減省，副朕憂人。以後應須署置，並定名先奏，仍永爲常式。

今年正月一日赦書節目有所未行者，所司並舉而行之。赦書或有不該，即比類條件聞奏。敢以赦前事相言告者，以其罪罪之。亡命山澤，挾藏軍器，百日不首，復罪如初。赦書日行五百里，布告遐邇，咸使聞知。〔三六〕

校勘記

〔一〕平朱泚後車駕還京大赦制　詔令一二三無「大」、「制」二字。

〔二〕邁種寬大之德至故澤之所流者深　册府八九作「視之如傷，懼忝天理。未嘗不既富而教，既教而懲。有泣辜宥過之惠，無作威逞欲之事。俾爾萬姓，嗣續汔今；俾予一人，纂承及此」。

〔三〕茲予小子　册府八九作「朕恭膺天命」。

〔四〕授任不明賞罰乖當　册府八九作「上下否隔，賞罰乖舛」。

〔五〕賊臣蓄姦　此句之上，册府八九多「中心浩然，罔知攸濟，姑務騁力，曾微省躬。殫財以竭人，略內以勤遠，中外耗蠹，遐邇震騷」三十四字。

〔六〕仰慚穹昊至恭行天罰　册府八九作「茫茫中原，罔有定極。烈士殞命，暴骸於草野；黔首遭難，轉死於溝壑。朕實獲戾，人其何辜！悼心慚顏，泣血思咎，敢憚隕越，以幸於厥躬。誠懼重辱祖宗，益縱兇醜，忍耻誓志，庶復寇讎。賴昊穹降威，式阻亂命，將帥戮力，恭行天誅，士庶宅心，不亡先德」。又，「昊」，文苑四三一註云：「集作『旻』。」按：爾雅釋天云：「夏爲昊天，秋爲旻天。」此制頒於七月，時屬孟秋，作「旻」似更貼切。

〔七〕再膺多祐　「祐」原作「祜」，據宋本、元本、明本、郎本、張本、石川本、册府八九、文苑、詔令、全唐四六〇改。按：底本作「祜」，係與「祐」形近致誤。

〔八〕朝享有期　「期」，文苑作「經」，註云：「集作『則』。」

〔九〕責重慶多　册府八九作「明發不寐」。

〔一〇〕朕既不德　册府八九作「朕受天明命，臨御萬方，違道任情」。

〔一一〕究其所由自我而致　册府八九作「究本原情，諒非護已」。

〔一二〕豈所謂恤人罪己之誠　「所謂」，册府八九作「朕」。

〔一三〕自興元元年七月二十三日昧爽已前　「三」，文苑註云：「集作『二』。」按：舊紀、新紀、通鑑二三一均作興元元年七月「辛卯」大赦。據陳垣二十史朔閏表，七月「辛卯」爲二十二日，疑作「二」是。

〔一四〕流人及犯配隸藩鎮效力　文苑、詔令無「犯」字，「藩」作「罰」。

〔一五〕未復資者　此句之上，文苑、全唐多「已經收叙」四字。

〔一六〕傍連譴累　「傍」，郎本作「備」。「連」，文苑註云：「集作『遭』。」詔令、全唐亦作「遭」。

〔一七〕四品已上　「上」，文苑註云：「集作『下』。」册府八一、八九、全唐亦作「下」。前云「三品已上」，疑此處作「下」是。

〔一八〕英特傑立　「英特」，文苑、詔令作「膺時」。

〔一九〕諸道節度使及行在都知兵馬使　此句之下，册府八一、八九、文苑、詔令多「都虞候」三字。按：

新書一五五渾瑊傳言瑊隨德宗狩奉天，授「行在都虞候」，可證德宗狩奉天時行在有「都虞候」官。疑此處脱「都虞候」三字。

〔二〇〕興元扈從左右金吾大將軍金吾六軍大將軍等　文苑、全唐作「興元扈從左右金吾大將軍等」，册府八一、八九作「扈從左右金吾、六軍大將軍」。按：唐六典二五云：「左右金吾衞：大將軍各一人，正三品；將軍各二人，從三品。」此處「金吾大將軍」重出，疑有衍文。

〔二一〕俱以純誠　「純」，文苑作「忠」。

〔二二〕四品已上　「上」，文苑、册府八一、全唐作「下」。石川本註以爲「作『下』近是」。參閲本篇校勘記〔一七〕。

〔二三〕應天下諸道軍將士等　「軍」，文苑作「諸軍」，詔令作「府州」。

〔二四〕並給終身優復　「終身」，文苑作「身券」。

〔二五〕沮兹姦邪　舊書一二八段秀實傳、册府八九作「激其頽風」。

〔二六〕獨藴雄斷　「獨」，舊書段秀實傳、册府八九作「密」。「雄」，文苑註云：「集作『神』。」詔令亦作「神」。

〔二七〕忠誠奮發　舊書段秀實傳、册府八九作「挺身徑進」。

〔二八〕手擊渠魁　「手」，舊書段秀實傳作「奮」，册府八九作「奪」。史稱秀實奪源休象笏以擊朱泚，「奪擊」一詞，恐出於此。

〔二九〕各聽其家及親識人於所司陳牒　「及」，全唐作「人」。

〔三〇〕八十已下　文苑作「七十已上」。

〔三一〕及諸州府耆壽年八十已上　「耆壽」上，文苑、詔令多「迎駕」二字。

〔三二〕哀我癉人　「我」原作「哉」，據郎本、文苑、詔令、全唐改。按：詩小雅大東云：「契契寤歎，哀我憚人。」又云：「哀我憚人，亦可息也。」四字出此。諸本作「哉」者，疑係與「我」形近致誤。

〔三三〕京兆府百姓普恩之外　「之」字原脱，據郎本、文苑、詔令、全唐補。

〔三四〕委御史大夫即與諸司使長官審詳商議　「諸司使長官」，文苑作「諸司官長吏」，註云：「集作『諸使長官』。」

〔三五〕仍挾名送中書門下　「挾」原作「校」，據宋本、元本、文苑、詔令改。按：「挾名」一詞，唐代詔令中較爲常見。

〔三六〕咸使聞知　此句之下，文苑、詔令多「興元元年七月二十三日」十字。

陸贄集卷二

制　誥

赦宥中

貞元改元大赦制

興元二年正月一日。〔一〕【張註】通鑑：貞元元年春正月丁酉朔，赦天下，改元。

門下：

王者體元【石川註】文選東都賦：體元立制。立極，【張註】春秋隱元年：春，王正月。杜預註：凡人君即位，欲其體元以居正，故不言一年、一月也。書洪範：次五曰建用皇極。傳：訓建爲立也。欽若乎天地；【石川註】書堯典：欽若昊天。傳：敬順昊天。纂業承統，【張註】前漢公孫卜倪傳贊：孝宣承統，纂修洪業。嚴奉于祖宗。所以敬事修誠，務本敦孝，尊其上以御於下，謹其身而訓於人。〔二〕用能百神允諧，〔三〕兆庶永賴。〔四〕立國之本，斯其大經。〔五〕朕燭理不明，違道招損，【張註】前漢昭帝紀：未燭厥理。註：師古曰：燭，照也。書：罔違道以干百姓之譽，又滿招損。往遭多難，〔六〕淪陷國都，天地宗祧，曠而莫主，則是「欽若」、「嚴奉」之義缺矣，甚用懼焉。〔七〕洎復京師，〔八〕【張註】白虎通：京師者何謂也？千里之邑號也。京，大也。師，衆也。天子所居，故大、衆言之，明諸侯法。日月之徑千里。或曰：夏曰夏邑，殷曰商邑，周曰京師。遽將告謝，有司以人力耗斁，禮物廢墮，日居月諸，【石川註】詩日月：日居月諸，照臨下土。歲聿云暮。卜其吉日，〔九〕【張註】唐書禮樂志：凡祭祀之節有六，一曰卜日。凡大祀、中祀無常日者卜，小祀則筮，皆于太廟。卜日，前祀四十有五日，卜于廟南門之外，布卜席闑西閾外。太常卿立門東，太卜正占者立門西，卜正奠龜于席西首，灼龜之具在龜北，乃執龜立席東，北向。太卜令進受龜，詣卿示高，卿受視已，令受龜，少退俟命。卿曰：「皇帝以某日祇祀于某」。令曰：「諾。」遂還席，西向坐。命龜曰：「假爾太龜，有常。」興，授卜正龜。卜正負東扉坐，作龜，興。令進，授龜，示卿。卿受，反之。令復位，東向，占之，不釋龜，進告于卿曰：「某日從。」乃以龜還卜正。俯在上春，〔一〇〕【張註】梁元帝纂要：孟春曰上春、初春、開春、發春、獻春、首春。齊心永懷，坐以待曙。而百辟卿士抗疏上言，咸謂「人心未寧，不足以盡敬；寇孽猶在，不足以告功。」迫於羣情，俯抑誠願，郊廟孔邇，【石川註】詩汝墳：父母孔邇。瞻言莫從，悼心慚顏，胡寧自處！重以和平未洽，災沴薦臻，去歲旱蝗，兩河爲甚，【張註】前漢文帝紀：旱蝗。註：師古曰：蝗即螽也，食苗爲災，今俗呼爲簸蝩。唐書五行志：興元元年秋，螟蝗自山而東際于海，晦天蔽野，草木葉皆盡。冬，大旱。人流不息，師出靡居。加之以徵求，因之以荒饉，困窮殍餒，轉死丘墟。關、輔之間，〔一一〕【張註】綱目集覽：關中有三輔，故曰關輔。冬無積雪，土膏未發，【張註】國語：虢文公曰：古者太史順時覛土，農祥晨正，土乃脈發，太史告稷曰：土膏其動。韋昭曰：膏，土潤色。宿麥不滋。【張註】前漢武帝紀：勸有水災郡種宿麥。註：師古曰：歲冬種之，經歲乃熟，故云宿麥。詳思咎徵，【張註】書洪範：咎徵：曰狂，恒雨若；曰僭，恒暘若；曰豫，恒燠若；曰急，恒寒若；曰蒙，恒風若。有爲而致。〔一二〕兵戎之後，〔一三〕餘祲尚存，〔一四〕【張註】左傳：吾見赤黑之祲。註：祲，妖氛也。【石川註】老子：大軍之後，必有凶年。獄犴之中，〔一五〕深冤未釋。【張註】釋文：鄉亭之繫曰犴，朝廷曰獄。後漢崔駰傳：獄犴填滿。又河中、淮右，〔一六〕逆將阻兵，【張註】唐書方鎮表：至德元載，置淮南西道節度使，領義陽、弋陽、潁川、滎陽、汝南五郡，治潁川郡。乾元元年，徙治鄭州。二年，淮南西道節度使領申、光、壽、安、沔、蘄、黄七州，治壽州。上元二年，增領陳、鄭、潁、亳、汴、曹、宋、徐、泗九州，徙治安州，號淮西十六州節度使。大曆十四年，賜號淮寧軍節度，尋更號申、光、蔡節度使。謹按：河中謂李懷光，淮右謂李希烈，註俱見制誥三卷。汙脅齊人，陷之死地，雖欲自雪，厥路無由，抱義銜冤，足傷和氣。此皆由朕爽德，【張註】書：故有爽德。爾雅：爽，差也，忒也。播災于人，爲之父母，實用愧耻。今玄陰已謝，【張註】王粲七釋：農功既登，玄陰戒寒。春日載陽，【石川註】詩七月：春日載陽。箋：載之言則也；陽，温也。勾萌畢伸，【石川註】禮月令：勾者畢出，萌者盡達。幽蟄咸震，【張註】爾雅：蟄，静也。疏：藏伏静處也。左傳：凡祀啟蟄而郊。疏：夏小正曰：正月啟蟄，言始發蟄也。思與海内，同心自新，發號更元，〔一七〕用符天意。宜改興元二年爲貞元元年。自正月一日昧爽已前，大辟罪已下，已發覺未發覺，已結正未結正，繫囚見徒，罪無輕重，咸赦除之。先準敕令量移收叙人，所司據節文速與處分。

應河中脅從將士，〔一八〕多是奉天赴難功臣，本居朔陲，【張註】左傳：虔劉我邊陲。夙尚忠節，豈以一夫詿誤，【張註】前漢景帝紀：詔曰：吴王濞爲逆，詿誤吏民。註，胡卦切，亦誤也。棄其累代勳庸？【張註】周禮夏官司勳：王功曰勳，國功曰功，民功曰庸，事功曰勞，治功曰力，戰功曰多。朕於此軍，尤所不忍，特宜洗滌，待以初誠。自非與官軍決戰，死於鋒刃，其餘雖臨陣擒獲，亦從釋放。棄逆歸順者，在身先有官爵、實封，一切如舊，仍準前後敕，〔一九〕所在使給賞錢，并與甄叙。如有因危效節，建立殊庸，量其事績，特加獎擢。李懷光若能翻然悔過，束身赴朝，念其嘗有大勳，必當終始全護，仍準前敕，授之官封。【張註】唐書宰相表：建中四年十一月癸巳，朔方節度使李懷光爲中書令，朔方、邠寧、同華、陝虢、河中、晉、絳、慈、隰行營兵馬副元帥。朕於功臣，庶亦無負。

淮西將吏、百姓等，皆被劫制，久爲匪人，詢事原情，諒非獲已。今王師四合，計日誅夷，玉石俱焚，【張註】書：火炎崑岡，玉石俱焚。用增惻憫。宜令諸道進軍之日，唯存首惡一人，〔二〇〕其餘徒黨，悉從原宥。如有歸順及立功者，並準河中將士例褒獎。

夫爲國之要，在於審官，共理分憂，守宰彌切，閭境性命，繫乎其人，將使里閭無愁苦之聲，風俗興廉讓之教，得不慎簡髦彥，【張註】詩：烝我髦士。傳：髦，俊也。爾雅：美士爲彥。註：人所彥詠。疏：舍人曰：國有美士，爲人所言道。寄之化源。自今已後，諸州刺史有闕，中書門下於朝官中精擇有理人才術者，【張註】後漢蔡邕傳：墨綬長吏，職典理人。授之。如刺史、縣令在任，頻年課績尤異者，擢授侍郎、給、舍、郎官、【石川註】給、舍，給事中、中書舍人也。舍人掌侍奉進奏參議表章。六尚書皆有郎中。御史。〔二〕【張註】唐書百官志：吏部侍郎正四品上，郎中正五品上，侍御史從六品下。通鑑音註：給、舍者，謂給事中、中書舍人，皆唐正五品官也。中外迭處，用觀其能。賞罰必行，期於競勸。自頃選曹署吏，唯以書判求人，【張註】唐書選舉志：凡擇人之法有四：一曰身，體貌豐偉；二曰言，言辭辯正；三曰書，楷法遒美；四曰判，文理優長。四事皆可取，則先德行，德均以才，才均以勞。得者爲留，不得者爲放。務馳浮華，莫稽實行。且能言者不必適用，藴用者或未能言。凡爲擇人，〔三〕其在精覈。宜令清資常參官，【石川註】六典：清望官謂内外三品以上官，及中書、黄門侍郎，尚書、左右丞、諸司侍郎，并太常少卿、秘書少監、太子少詹事、左右庶子、左右率，及國子司業。每年於吏部選人中，【張註】唐六典：吏部有三銓法，尚書典其一，爲尚書銓，侍郎分其二，爲中銓、東銓。各舉所知一人，堪任縣令、録事參軍者，【張註】唐〔書〕百官志：録事參軍從七品上。通典：録事參軍掌總録衆曹文簿，舉彈善惡，後代刺史有軍而開府者並置之。自後漢有郡主簿官，職與州主簿同，隋初以録事參軍爲郡官，則併州、郡主簿之職矣。所司依資叙注擬，便於甲歷之内，【張註】程大昌曰：唐中書、門下、吏部各有甲歷，凡三庫，以若干人爲一甲，在選部則名團甲。具標舉主名銜，仍牒報御史臺。【張註】唐書百官志：御史臺大夫一人，中丞三人。大夫掌以刑法典章，糾正百官之罪惡。中丞爲之貳。通典：御史之名，周官有之，蓋〔賞〕〔掌〕贊書而授法令，非今任也。至秦、漢爲糾察之任。所居之署，漢謂之御史府，亦謂之御史大夫寺，亦謂之憲臺；後漢以來謂之御史臺。如到任後，政尤異者，有贓犯事跡著明者，〔三〕所司録舉官姓名聞奏，以爲褒貶。

其内外員及京城諸使名目，〔二四〕委御史審勘會商量並省停減，仍集百寮定議，務從簡約，息費使人。其京官職田，〔二五〕【張註】通鑑音註：唐文武官有職分田：一品十二頃，二品十頃，三品九頃，四品七頃，五品六頃，六品四頃，七品三頃五十畝，八品二頃五十畝，九品二頃，皆給百里内之地。諸州都督、都護、親王府官，二品十二頃，三品十頃，四品八頃，五品七頃，六品五頃，七品四頃，八品三頃，九品二頃五十畝。鎮、戍、關、津、嶽、瀆官，五品五頃，六品三頃五十畝，七品三頃，八品二頃，九品一頃五十畝。貞觀十一年，以職田侵漁百姓，詔給逃還貧户，視職田多少，每畝給粟二斗，謂之地租。尋以水旱復罷之。及息利官錢等，【張註】唐書食貨志：京（師）〔司〕及州縣皆有公廨田，供公私之費。其後以用度不足，諸司置公廨本錢，以番官貿易取息，計員多少爲月料。其後又薄斂一歲税，以高户主之，月收息給俸。黠吏詆欺，〔二六〕【張註】前漢劉向傳：造端作基，非議詆欺。移易疆畔，或貧人轉徙，捕繫親鄰，日月滋深，耗弊彌甚，亦令百寮議其折衷，擇善而行。

往以賦役殷繁，人不堪命，定爲兩税，事額易從。〔二七〕【張註】文獻通考：德宗時，楊炎爲相，遂作兩税法，夏輸無過六月，秋輸無過十一月，置兩税使以總之。凡百役之費，先度其數而賦于人，量出制入。户無主客，以見居爲簿；人無丁中，以貧富爲差。不居處而行商者，在所州縣税三十之一。度所取與居者均，使無僥利。其租庸雜徭悉省，而丁額不廢。其田畝之税，以大曆十四年墾田之數爲定，而均收之。遣黜陟使按諸道丁産等級，舊制三百八十萬五千，使者按得主户三百八十萬，客户三十萬。天下之民，不土斷而地著，不更版籍而得其虚實。歲斂錢二千五十餘萬緡，米四百萬斛，以供外；錢九百五十餘萬緡，米千六百餘萬斛，以供京師。天下便之。比屬軍興，或踰始制，法無所守，吏益爲姦，哀我勞人，汔可小息。自諸道州府，除兩税外，應有權宜科率差使，一切悉停；京畿及近縣所欠百姓和糴價直，〔二八〕【張註】唐書食貨志：貞觀、開元後，邊土西舉高昌、龜茲、焉耆、小勃律，北抵薛延陀故地，緣邊數十州戍重兵，營田及地租不足以供軍，于是初有和糴。牛仙客爲相，有彭果者獻策，廣關輔之糴，京師糧廩益羡，自是玄宗不復幸東都。天寶中，歲以錢六十萬緡賦諸道和糴，斗增三錢，每歲短遞輸京倉者百餘萬斛。米賤則少府加估而糴，貴則賤價而糶。貞元初，吐蕃劫盟，召諸道兵十七萬戍邊。關中爲吐蕃蹂躪者二十年矣，北至河曲，人户無幾，諸道戍兵，月給粟十七萬斛，皆糴于關中。委度支即勘會支給。【張註】唐書百官志：度支郎中、員外郎各一人，掌天下租賦、物産豐約之宜，水陸道涂之利，歲計所出而支調之，以近及遠。通典：度支：漢初張蒼善算，以列侯主計，居相府，領郡國上計者，謂之計相，殆今度支之任。隋初爲度支侍郎。諸道非臨寇賊州縣，自冬已來，〔二九〕點召官健子弟，〔三〇〕【張註】通鑑：張萬福曰：官健常虚費衣糧，無所事。音註：兵農既分，縣官費衣糧以養軍，謂之官健，猶言官所養健兒也。按唐六典：衛士之外，天下諸軍有健兒。舊健兒在軍，皆有年限，更來往，頗爲勞弊。開元十五年，勅以天下無虞，宜與人休息，自今以後，諸軍鎮量閒劇、利害，置兵防健兒，于諸色征行人内及客户中召募，取丁壯情願充健兒、長住邊軍者，每年如常例給賜，兼給來年優復。其家口情願同者，聽至軍州，各給田地屋宅。人賴其利，中外獲安，永無徵發之役。此當時言兵農已分之利，而養兵之害，卒不可救，以至于今。並宜放散，任營生業。應經陷賊州縣，百姓屋宇被焚毁，並貧病老弱，及遭傷損之類，所在量加優恤，使得安存。

天下名山、大川，并自古聖帝、明王、賢臣、烈士祠廟墳墓，各委當處長吏，擇日致祭，必資精潔，以達志誠。【張註】文獻通考：唐武德、貞觀之制：五嶽、四鎮、四海、四瀆，年别一祭，各以五郊迎氣日祭之。東嶽岱山祭于兖州，東鎮沂山祭于沂州，東海于萊州，東瀆大淮于唐州。南嶽衡山于衡州，南鎮會稽山于越州，南海于廣州，南瀆大江于益州。中嶽嵩山于洛州。西嶽華山于華州，西鎮吴山于隴州，西海及西瀆大河于同州。北嶽恒山于定州，北鎮醫無閭山于營州，北海及北瀆大濟于洛州。其牲皆用太牢。祀官以當界都督、刺史充。又高宗顯慶三年，太尉長孫無忌議祭法，中令三年一祭，以仲春之月。祭唐堯于平陽，以契配；祭虞舜于河東，以皐陶配；祭夏禹于安邑，以伯益配；祭殷湯于偃師，以伊尹配；祭周文王于酆，以太公配；祭武王于鎬，以周公、召公配；祭漢祖于長陵，以蕭何配。天寶六載，勅三皇五帝宜有親祟，三皇伏犧以勾芒配，神農以祝融配，黄帝以風后、力牧配，五帝少昊以蓐收配，顓頊以元冥配，帝辛以稷、契配，唐堯以羲仲、和叔配，虞舜以夔、龍配，仍以春、秋二時致享。七載，詔歷代帝王肇迹之處，未有祠宇者，所由郡置一廟享祭，仍取當時將相德業可稱者二人配享。秦始皇都咸陽，李斯、王翦配；漢高祖起沛，張良、蕭何配；後漢光武皇帝起南陽，鄧禹、耿弇配；魏武皇帝都鄴，荀彧、鍾繇配；晉武帝都故洛陽，張華、羊祜配；後魏道武皇帝起雲中，長孫嵩、崔元伯配；後周文帝起馮翊，蘇綽、于謹配；隋文帝封隋，高熲、賀若弼配。又忠臣一十六人：殷相傅説，殷太師箕子，宋公微子，少師比干，齊相管夷吾、晏平仲，晉卿羊舌叔向，魯卿季孫行父，鄭卿子産，燕上將軍樂毅，趙卿藺相如，楚三閭大夫屈原，漢大將軍霍光、太傅蕭望之、丞相丙吉，蜀丞相諸葛亮。義士八人：吴太伯、伯夷、叔齊、吴延陵季札、魏將段干木、齊高士魯仲連、楚大夫申包胥、漢將軍紀信。並令郡、縣長官，春、秋二時擇日准前致祭。顧炎武日知録：唐太宗貞觀四年九月詔：自上古洎于隋室，諸有明王、聖帝，及賢臣、烈士，坵壟可識、塋兆見在者，各隨所在條録申奏，每加巡簡，禁絶芻牧，春、秋二時爲之致祭。

班制有差，所以序賢也；稟秩有等，所以明勸也。今或高卑失序，中外相踰，至於卿士之家，尚罹凍餒之患，忠信重禄，【石川註】禮中庸：忠信重禄，所以勸士也。豈其然邪！内外官禄及俸錢手力雜給等，【張註】唐書食貨志：至德初，以用物不足，内外官不給料錢，郡府縣官給半禄及白直、品子課。乾元元年，亦給外官半料及職田，京官給手力課而已。李泌爲相，又增百官及畿内官月俸，復置手力資課，歲給錢六十一萬六千餘緡，文官千八百九十二員，武官八百九十六員。左右衛上將軍以下，又有六雜給：一曰糧米，二曰鹽，三曰私馬，四曰手力，五曰隨身，六曰春冬服。私馬則有芻豆，手力則有資錢，隨身則有糧米、鹽，春冬服則有布、絹、絁、紬、綿，射生、神策軍大將軍以下增以鞋。州縣官有手力雜給錢，然俸最薄者也。委中書門下、度支，即參詳定額聞奏。應赴奉天及收城將士等，並功存社稷，節著艱危，中心藏之，豈忘酬報？【石川註】詩濕桑：中心藏之，何日忘之。頃緣府藏空竭，賞給未周，乃眷勳臣，實用增愧。應準元敕，合請賞錢人，〔三〕委所司節減在官及百司費用，據所有財物，速與給付。〔三〕應在京城及諸道立功將士等，先有詔旨，並許甄叙，所司勘會，淹歷時月，委中書門下即準元敕處分。諸軍行營並河中、朝邑被脅從將士家口在京及諸州府者，宜令本道節度、觀察使安存賑恤，各令優給。〔三〕應諸軍使立仗，【張註】唐書儀衛志：「凡朝會之仗，三衛番上，分爲五仗，號衙内五衙。一曰供奉仗，二曰親仗，三曰勳仗，四曰翊仗，五曰散手仗。皆帶刀捉仗，列坐于東西廊下。每月以四十六人立内廊閤外，號曰内仗。又有千牛仗。皆執御刀、弓箭，升殿列御座左右。内外諸門以排道人帶刀捉仗而立，號曰立門仗。宣政左右門仗、内仗，皆分三番而立，號曰交番仗。皇帝升御座，内謁者承旨唤仗，左右羽林軍勘以木契，自東西閤而入。内侍省五品以上一人引之，左右衛大將軍、將軍各一人押之。朝罷，皇帝步入東序門，然後放仗。内外仗隊，七刻乃下。常參輟朝日，六刻即下。宴蕃客日，隊下，復立半仗于兩廊。朔望受朝及蕃客辭見，加纛、矟隊，儀仗減半。凡千牛仗立，則全仗立。太陽虧，昏塵大霧，則内外諸門皆立仗。泥雨，則延三刻傳點。」見在城將士等，共賜七萬匹。〔四〕

制書有未該備，所司速比類條件聞奏。敢以赦前事相言告者，以其罪罪之。亡命山澤，挾藏軍器，百日不首，復罪如初。赦書日行五百里，遐邇咸知。

校勘記

〔一〕貞元改元大赦制興元二年正月一日　詔令五作「改元貞元並招討河中李懷光淮西李希烈赦」，文苑四二一作「興元二年改爲貞元元年正月一日大赦天下制」。

〔二〕所以敬事修誠務本敦孝尊其上以御於下謹其身而訓於人　此二十四字原脱，據郎本、詔令、文苑、全唐四六一補。

〔三〕用能百神允諧　文苑、詔令、全唐無「用能」二字。「諧」，詔令作「懷」。

〔四〕兆庶永賴　「永」，明本、郎本、石川本作「承」。

〔五〕立國之本斯其大經　石川本註云：「詔令作『國之大典，莫重於斯』。」按：此註本於文苑註，與今本詔令同。

〔六〕往遭多難　「多」，文苑、詔令作「大」。

〔七〕甚用懼焉　「甚用」，文苑、詔令作「朕甚」。

〔八〕洎復京師　「洎復」間，文苑、詔令多一「再」字。

〔九〕卜其吉日　「吉」，文苑、詔令作「近」。

〔一〇〕俯在上春　「俯」，郎本、全唐註云：「一作『甫』。」文苑註云：「詔令作『甫』。」但今本詔令作「式」。

〔一一〕闞輔之間　此句之上，文苑、詔令多「而又」二字。

〔一二〕有爲而致　詔令作「其失安在」。

〔一三〕兵戎之後　此句之上，文苑、詔令、全唐多一「豈」字。

〔一四〕餘祲尚存　「祲」，文苑作「梗」，註云：「詔令作『祲』。」但此四字，今本詔令作「餘寇尚在」。

〔一五〕獄犴之中　此句之上，文苑、詔令、全唐多一「將」字。

〔一六〕又河中淮右　「中」，文苑作「左」。

〔一七〕發號更元　「發號」，詔令作「布澤」。

〔一八〕應河中脅從將士　「應」下，文苑多一「在」字。

〔一九〕仍準前後敕　「敕」上，文苑、全唐多一「制」字。

〔二〇〕唯存首惡一人　「存」，郎本、文苑、全唐作「罪」，明本、石川本作「在」。

〔二一〕擢授侍郎給舍郎官御史　「官」，明本、張本、石川本作「中」。「擢授侍郎給舍郎官」，文苑作「擇授給舍郎中」，註云：「詔令作『擢侍郎給舍官』。」今本詔令止於「罪無輕重，咸赦除之」，無從取證。

〔二二〕凡爲擇人　「凡爲」，文苑、全唐作「爲官」。

〔二三〕有贓犯事跡著明者　此句之上，郎本、文苑、全唐多一「及」字。

〔二四〕其内外員及京城諸使名目　「員」上，文苑、全唐多一「官」字。

〔二五〕其京官職田　「京官」下，文苑多「外官」二字。「京官」間，全唐多一「外」字。

〔二六〕黠吏詆欺　此句之上，文苑多一「或」字。

〔二七〕事額易從　「額」，文苑作「頗」。

〔二八〕京畿及近縣所欠百姓和糴價直　「近縣」，文苑作「側近州縣」。「和糴」上，文苑多「科市」二字，註云：「（科）詔令作『和』。」參閱本篇校勘記〔二一〕。

〔二九〕自冬已來　「自冬」間，文苑多一「去」字。

〔三〇〕點召官健子弟　此句上下，文苑分別多一「新」和一「等」字。

〔三一〕合請賞錢人　此句之下，文苑、全唐多一「等」字。

〔三二〕委所司節減在官及百司費用據所有財物速與給付　「有」，文苑作「支」。此句，册府八一作「減六官百司經費，據見漕運財賦，隨到者賞賜之」。

〔三三〕各令優給　此四字原在「應諸軍使立仗」下，據宋本、元本、明本、文苑、全唐移於此。

〔三四〕共賜七萬匹　「賜」下，文苑、全唐多一「物」字。

冬至大禮大赦制

貞元元年十一月。〔一〕【張註】唐書德宗紀：貞元元年十一月癸卯，有事于南郊，大赦。綱目質實：冬至即日南至也，謂日極南至于牽牛，則爲冬至。又曰：自秋分日行南陸，冬至日，日南極矣。故曰：日南至，今之冬至也。杜甫詩註庚：祀南郊（即）〔及〕祀太清宮、太廟，謂之三大禮。

門下：

君天下者，受命于天地，繼業于祖宗，致其誠心，惟敬與孝。違敬莫大乎廢祀；虧孝莫大乎黷神。朕以眇身，【石川註】漢書文帝紀：以眇眇之身，託于天下。屬承大統，【石川註】書武成：大統未集。傳：大業。縱欲敗度，浸生厲階。兵連禍深，變起都邑，六師播蕩，九服震驚。【張註】周禮夏官職方氏：乃辨九服之邦國。方千里曰王畿，其外方五百里曰侯服，又其外方五百里曰甸服，又其外方五百里曰男服，又其外方五里曰采服，又其外方五百里曰衛服，又其外方五百里曰蠻服，又其外方五百里曰夷服，又其外方五百里曰鎮服，又其外方五百里曰藩服。郊廟園陵，【張註】文獻通考：唐凡園陵之制，皇祖以上至太祖陵，皆朔、望上食，元日、冬至、寒食、伏、臘、社，（冬）〔各〕一祭。皇考陵，朔、望及節祭，而日進食。又薦新於諸陵，其物五十有六品。始將進御，所司必先以送太常與尚食，滋味薦之，如宗廟。又唐高祖葬獻陵，在京兆府三原縣界；太宗葬昭陵，在京兆府醴泉縣界；高宗葬乾陵，在京兆府奉天縣界；中宗葬定陵，在京兆府富平縣界；睿宗葬橋陵，在京兆府奉先縣界；玄宗葬泰陵，在京兆府奉先縣界；肅宗葬建陵，在京兆府醴泉縣界；代宗葬元陵，在京兆府富平縣界。綱目集覽：園謂山陵塋域。陷于凶逆，神人乏主，將迨周星，列聖大業，幾墜于地。違虧敬、孝，罪由朕躬，撫臨萬邦，甚用自愧！側身思咎，【張註】詩序：宣王遇災而懼，側身修行。舊唐書太宗紀：有星孛于太微，避正殿以思咎。庶補將來。股肱元臣，比義叶德；爪牙衆士，〔二〕戮力同心。誅太憝而都邑廓清；翦逋寇而關、河底定。茲再與王公卿尹，〔三〕洎億兆之人，備其盛容，修其禮物，【張註】兩都賦：寢（成）〔威〕盛容。書：修其禮物，作賓于王家。薦誠清廟，【張註】詩序：清廟祀文王也。箋：清廟者，祭有清明之德者之宫也。天德清明，文王象焉，故祭之而歌此詩也。展敬圜丘。【張註】周禮春官大司樂：凡樂，圜鍾爲宫，黄鍾爲角，大簇爲徵，姑洗爲羽。靁鼓靁鼗，孤竹之管，雲和之琴瑟，雲門之舞，冬日至，於地上之圜丘奏之。若樂六變，則天神皆降，可得而禮矣。羣書考索：古者祀天于南郊，而地上之圜丘者，南郊之丘也。丘圜而高，所以象天。唐書禮樂志：四成，而成高八尺一寸，下成廣二十丈，而五減之，至於五丈，而十有二陛者，圜丘也。【石川註】通考：魏明帝營洛陽南委粟爲圜丘。晉武帝泰始二年，有司奏宜併圜丘、方丘於南、北郊，從之。帝親祠圜丘於南郊，自是後，圜丘、方澤不别立。安貞謂：圜，天也；方，地也。漢書禮志註：祭地以方，象地形。陳謝罪僁，告雪憤耻，感慕慙惕，若無所容。上帝顧懷，再新景命，【張註】詩：君子萬年，景命有僕。豈伊匪德，〔四〕獨荷鴻休，【張註】北齊五郊樂歌：（祖）從享來儀，鴻休溢千祀。思與普天，誕膺多福。可大赦天下。自貞元元年十一月十一日昧爽已前，大辟已下，已發覺未發覺，已結正未結正，繫囚見徒，罪無輕重，常赦不原者，咸赦除之。左降官量移近處。流人及藩鎮效力，〔五〕並即放還。應有痕玷禁錮，前後恩赦節文未該及者，亦宜洗雪，勿以爲累。

李希烈僭逆不道，誠所難容；朕憫念蒼生，務息征討，頻有詔命，許其自新，若能歸降，依前敕待以不死。淮西管内將士、官吏、百姓等，一切原宥，與之如初。先有官封，亦皆復舊。如能特建功效者，當别抽擢。若家口親屬在諸道者，長吏綏撫，各使安存。其歸順百姓，仍委節度、觀察使、刺史，給空閑地，任便安居，優復終身，務令全濟，待事平已後，聽歸本貫。

天下百姓，去年十二月已前，欠負官税、官租，及諸色人逋懸，一物已上，但不在官典復内者，一切免放。内外文武官見任，及致仕官三品已上，賜爵三級，〔六〕四品已下，加一階。天下諸使諸將軍士，〔七〕三品已上，賜爵一級，〔八〕四品已下，加一階。白身人賜勳三轉。

自頃兇渠倡亂，逆臣附姦，保據國都，憑陵甸服。【張註】書：五百里甸服。傳：規方千里之内，謂之甸服。爲天子服，治田去王城面五百里。【石川註】左傳襄八年：馮陵我城郭。註：馮，追也。朕出次郊邑，再遷巴、梁，【張註】通典：渝州：古巴國，秦、漢並屬巴郡。隋初，改渝州，煬帝初，州廢，置巴郡。唐爲渝州。*唐書地理志：興元府漢中郡，赤，本梁州漢川郡。險阻艱難，靡不經歷。【石川註】左傳僖二十八年：晉侯在外十九年，險阻艱難，備嘗之矣。暴亂之後，仍彰烈士之功；憂危之中，方見直臣之節。【石川註】老子：國家昏亂有忠臣。録勳進善，其可弭忘。應奉天興元元年扈從立功，並收京城將士，食實封者，各隨文武與一子官，餘並加兩階，仍賜勳三轉。〔九〕其文武百官，應扈從到興元府者，五品已上，賜爵一級，〔一〇〕六品已下，加一階，〔一一〕合入三品五品者，不拘考限聽敘。【張註】唐書選舉志：凡居官必四考，四考中中，進年勞一階敘。每一考，中上進一階，上下二階；上中以上，及計考應至五品以上，奏而別敘。六品以下，遷改不更選，及守五品以上官，年勞歲一叙，給記階牒。考多者，準考累加。其五品已下，〔一二〕父母未經追贈者，與追贈。應平河中將士，即準元敕，速與甄獎。自建中四年已來，有身死王事，義烈著明，未經褒贈者，本道即具名銜事跡聞奏。諸道有解退官健，州府長吏切務安存，仍量以空閑田地給付，免其差役，任自營生。

社稷之勳，以輔興王業；統帥之任，以總制戎麾。【張註】崔豹古今註：麾，所以指麾，武王右執白旄以麾是也。又，黄希云：唐人多言「戎麾」，如杜佑制，「出總戎麾」是也。參衮職者其德崇，【張註】詩：衮職有闕，維仲山(父)〔甫〕補之。傳：有衮冕者，君之上服也。箋：衮職者，不敢斥王之言也。王之職有闕，輒能補之者，仲山甫也。授旌節者其功大。【張註】葉石林燕語：節度使旌節：門旗二，龍虎旌一，節一，麾鎗(一)〔二〕，豹尾二，凡八物。旗以紅繒爲之，上爲塗金銅龍頭以揭，旌(如)〔加〕木盤。節以金銅葉爲之。盤加紅絲爲(龍)旄。麾鎗亦施木盤。豹尾畫豹文，皆以髤(梓)〔漆〕爲杠。旗則綢以紅繒，節及麾鎗則綢以碧油，故謂之「碧油紅旆」。方鎮乃國之垣翰，禁衛實予之爪牙。【張註】通典：高祖置十二軍。後定制有左右衛、左右驍、左右武、左右威、左右領軍、左右金吾、左右監門、左右千牛，凡十六衛。大將軍各一人。將軍總三十人，左右千牛衛各一人，餘衛各二人。貞觀二年九月，敕：今十六衛各宜置上將軍一人。唐書百官志：左右衛掌宮禁宿衛，左右驍、左右武、左右威、左右領軍掌同左右衛，金吾掌宮中、京城巡警，監門掌諸門禁衛，千牛掌侍衛。尹京實賴於肅清，【張註】唐書百官志：開元元年，改京兆、河南府長史復爲尹，通判府務。主計尤資於辦集。【張註】唐書百官志：度支掌天下租賦、物産，歲計所出而支調之。所頒慶澤，宜越常倫。司徒兼中書令晟，宜與一子五品正員官，並四品階。諸道副元帥，【張註】文獻通考：唐制有天下兵馬元帥、副元帥，掌征伐，兵罷則省。乾元二年，以趙王係爲天下兵馬元帥，李光弼爲副元帥。廣德元年，吐蕃入寇，復以雍王爲關内元帥，郭子儀爲副元帥。建中四年，以李希烈反，置諸道行營兵馬都元帥。與一子六品正員官。〔三〕中書門下平章事充節度使，【張註】唐書百官志：貞觀八年，僕射李靖以疾辭位，詔疾小瘳，三兩日一至中書門下平章事，而「平章事」之名蓋起於此。永淳元年，以黄門侍郎郭待舉、兵部侍郎岑長倩等同中書門下平章事，「平章事」入銜，自待舉等始。自是以後，終唐之世不能改。通典：唐侍中、中書令是真宰相，餘以他官參掌者無定員，但加「同中書門下三品」，及「平章事」、「知政事」、「參知機務」、「參與政事」，及「平章軍國重事」之名者，並爲宰相。謹按：充節度使，宰相兼領節度使也。唐自開元後，宰相常領他職。百官志云「時方用兵，則爲節度使」是也。各與一子七品正員官。節度使及神策兵馬使，【張註】唐書兵志：上元中，以北衙軍使衛伯玉爲神策軍節度使，鎮陝州，中使魚朝恩爲觀軍容使，監其軍。初，哥舒翰破吐蕃臨洮西之磨環川，即其地置「神策軍」，以成如璆爲軍使。及安禄山反，如璆以伯玉將兵千人赴難，伯玉與朝恩皆屯於陝。時邊土陷蹙，神策故地淪没，即詔伯玉所部兵，號「神策軍」。廣德元年，代宗避吐蕃，幸陝，朝恩舉在陝兵(號)〔與〕神策軍迎扈，悉號「神策軍」。天子幸其營。及京師平，朝恩遂以(兵)〔軍〕歸禁中，自將之。永泰元年，吐蕃復入寇，朝恩又以神策軍屯苑中，自是寖盛，分爲左、右廂，勢居北軍右，遂爲天子禁軍，非他軍比。綱目質實：神策軍名，本秦隴西郡地。後魏始築城置鎮。隋置華亭縣，屬安定郡。唐省入隴州汧原縣，又爲神策軍。六軍統軍，【張註】唐書百官志：左右龍武軍，統軍各一人；左右神武軍，統軍各一人；左右神策軍，統軍各二人。皆正三品。＊＊金吾、六軍大將軍，判度支侍郎，【張註】續通典：宋白曰：故事：度支案，郎中判入，員外判出，侍郎總統，押案而已，官銜不言專判度支。開元以後，時事多故，遂有他官來判者，乃曰度支使，或曰判度支，或曰知度支事，或曰勾當度支使，雖稱不同，其事一也。度，徒洛翻。各與一子八品正員官。都團練、都防禦等使，〔一四〕【張註】唐書百官志：武后聖曆元年，以夏州都督領鹽州防禦使。及安禄山反，諸郡當賊衝者，皆置防禦守捉使。通典：自至德以來，天下多難，諸道皆聚兵，增節度使爲二十餘道。其非節度使者，謂之防禦使，以採訪使並領之，採訪理州縣，防禦理軍事。後又改防禦使爲都團練守捉使。皆主兵事，而無旌節。京兆、河南尹，【張註】唐書地理志：河南府河南郡，本洛州，開元元年爲府。百官志：西都、東都、北都、鳳翔、成都、河中、江陵、興元、興德府尹各一人，從三品。分註：武德元年，雍州置牧一人，以親王爲之，然常以别駕領州事。永徽中，改尹曰長史。開元元年，改京兆、河南府長史復爲尹，通判府務，牧缺則行其事。金吾、六軍將軍，殿前射生兵馬使，【張註】唐書兵志：至德二載，擇便騎射者置衙前射生手千人，亦曰「供奉射生官」，又曰「殿前射生」，（手）分左、右廂，總號曰「左右英武軍」。各與一子九品正員官。多難以來，三十餘載，克平禍亂，屬在戎臣。或節著艱危，或勳高戰伐。受任雖專於總帥，成功亦賴於羣材。懋賞推恩，【張註】書：德懋懋官，功懋懋賞。宜加裔嗣。諸道大將功業崇高者，各與一子官，本使即詳定録名聞奏。〔一五〕副元帥、都統兼節度下，【張註】唐書百官志分註：天寶末，置天下兵馬元帥，都統朔方、河東、河北、平盧節度使。招討、都統之名，始於此。通典：乾元中，置都統，使監總管諸道，或領三道，或領五道，皆古方岳牧伯之任也。每道各二十人；都團練、都防禦使下，各十人。〔一六〕如大將子孫之中，〔一七〕有藝業優長，性行純確者，本使具狀聞薦，〔一八〕【張註】唐書百官志：下之達上，其制有六，一曰表，二曰狀。仍量事資給，令赴上都。朕當隨材授官，以充侍衛，庶使忠臣之後，〔一九〕與國無窮。故尚父子儀，【張註】劉向別録：師之、尚之、父之，故曰「師尚父」。唐書宰相表：大曆十四年閏五月甲申，子儀加尚父，兼太尉、中書令。先朝元勳，再復京邑，【張註】唐書肅宗紀：至德二載閏七月丁卯，廣平郡王俶爲天下兵馬元帥，郭子儀副之，以朔方、安西、回紇、南蠻、大食兵討安慶緒。九月癸卯，復京師，慶緒奔於陜郡。十月戊申，克陜郡；壬子，復東京，慶緒奔於河北。【石川註】唐書郭子儀傳：子儀從元帥廣平王率蕃、漢十五萬收長安，遂收東都。肅宗勞之曰：「國家再造，卿力也。」代宗時，僕固懷恩屯汾州，陰召回紇、吐蕃。天子幸陜。子儀流涕，董行營還京師。吐蕃夜潰。變生倉卒，賴子儀復安。贈太尉秀實，以死爲國，〔二〇〕節冠古今，宜令與子孫一人五品正員官。〔二一〕自至德已後，【張註】肅宗年號。節度使、大將有忠烈績效著明，其後淪翳者，【石川註】晉書范甯傳：至道淪翳。所司即條録聞奏，與子孫一人正員官。諸色人應在賊中，〔二二〕潛奉神主，【張註】曲禮疏云：五經異義：主狀正方，穿中央，達四方，天子長尺二寸，諸侯長一尺。按後漢禮儀志：桑木主尺二寸，不書謚。又按杜佑通典：神主之制，有匱有趺，其匱底蓋俱方，底自下而上，蓋從上而與底齊。頃已甄賞，宜便賜優崇，三品已上，賜爵一級，四品已下，加一階。

江淮轉運使、【張註】唐書食貨志：轉運使掌外，度支使掌内。檢校左僕射同中書門下平章事韓滉，【張註】唐書韓滉傳：滉，宰相韓休子。【石川註】通典：大唐侍中、中書令是真宰相，其餘以他官參掌者，無定員，但加「同中書門下三品」，及「平章事」、「參知機務」、「參與政事」，及「平章軍國重事」之名，並爲宰相，亦漢「行丞相事」之例也。勵精勤職，夙夜在公，漕輓資儲，千里相繼，【張註】前漢張良傳：河、渭漕輓天下，西給京師。註：師古曰：輓，引也。輓音晚。唐書韓滉傳：調發糧帛，以濟朝廷者繈屬，當時實賴之。事無愆素，人不告勞，拯于凶災，厥有成績，可進封晉國公。【張註】唐書百官志：凡爵九等，三曰國公，食邑三千户，從一品。關畿之内，連歲興戎，薦屬天災，稼穡不稔，穀糴翔貴，烝黎困窮，倉廪空虛，莫之賑贍，每一興念，憫然痛心。宜令度支取江西、湖南【張註】通鑑音註：江西謂江南西道。唐書方鎮表：廣德二年，置湖南都團練、守捉、觀察、處置使，治衡州，領衡、潭、邵、永、道五州。見運到襄州米十五萬石，【張註】唐書地理志：襄陽郡屬山南道。宋白曰：襄州：春秋穀、鄧、鄾、盧、羅、（郡）〔鄀〕之地。秦爲南陽郡地。魏置襄陽郡，以其地在襄山之陽也。江左置雍州。西魏改襄州。設法般赴上都，以救百姓荒饉。如山路險阻，車乘難通，仍召貧人，令其般運，以米充脚價，務於全活流庸，【張註】綱目正誤：庸與傭同，謂流移他處，及傭作於人者。庶事優饒，副朕勤恤。

立國之道，始於親親，【石川註】禮大傳：人道親親也。所以厚骨肉之恩，明教化之本。況薦經艱故，宗族漂淪，敦睦之情，有加常典。〔三〕大長公主、長公主、公主，【張註】唐書百官志：皇姑爲大長公主，正一品；姊爲長公主，女爲公主，皆視一品。初學記：天子嫁女於諸侯，天子至尊，不自主婚，必使諸侯同姓者主之，始謂之公主。秦代因之，亦曰公主。漢制：帝女爲公主，帝姊妹爲長公主。漢制：皇女皆封縣公主，儀服同藩王。各與一子七品官；嗣王、郡王、【張註】唐書百官志：皇兄弟、皇子，皆封國爲親王；皇太子子，爲郡王；親王之子，承嫡者爲嗣王，諸子爲郡公，以恩進者封郡王；襲郡王、嗣王者，封國公。通典：其庶姓卿士，功業特盛者，亦封郡王。郡主、縣主，【張註】唐書百官志：皇太子女爲郡主，從一品；親王女爲縣主，從二品。各與一子官出身。應陪位皇親五等已上，諸親三等已上者，【張註】唐書百官志：凡親有五等：一曰皇帝周親、皇后父母，視三品；二曰皇帝大功親、小功尊屬，太皇太后、皇太后、皇后周親，視四品；三曰皇帝小功親、緦麻尊屬，太皇太后、皇太后、皇后大功親，視五品；四曰皇帝緦麻親、袒免尊屬，太皇太后、皇太后、皇后小功親；五曰皇帝袒免親，太皇太后小功卑屬，皇太后、皇后緦麻親，視六品。皇帝親之夫婦男女，降本親二等，餘親降三等，尊屬進一等，降而過五等者不爲親。諸王、大長公主、長公主、長公主親，視本品；嗣王、郡王非三等親者，亦視五品；駙馬都尉，視諸親。三品已上，賜爵一級，四品、五品，加一階，六品已下及常選官、散官等，簡選日優與處分，未出身人，量授文武散官。【張註】通鑑：自開府儀同三司至將仕郎，二十八階，爲文散官；驃騎大將軍至陪戎副尉，（二）〔三〕十一階，爲武散官。如宗子中有德行才能，〔二四〕宗正卿【張註】唐書百官志：宗正寺：卿一人，從三品；少卿二人，從四品。初學記：宗正卿，周官也，選宗中之長而董正之，謂之宗正。秦、漢因之。晉曰大宗正。唐曰宗正卿。具名聞奏，【石川註】唐書百官志：宗正寺卿，掌天子族親屬籍，以別昭穆。當別獎任。

致理之本，在乎審官；審官之由，資乎選士。將務選士之道，必精養士之方。魏、晉已還，澆風未革，國庠鄉校，【張註】學記：黨有庠。疏：於黨中立學，教閭中所升者也。前漢平帝紀：郡國曰學，〔縣、道、邑、〕侯國曰校。唯尚浮華，選部禮闈，【張註】通典：漢靈帝改吏曹爲選部。唐書選舉志：開元二十四年，考功員外郎李昂爲舉人詆訶，帝以員外郎望輕，遂移貢舉於禮部，以侍郎主之，禮部選士自此始。不稽實行，學非爲己，官必徇人，【石川註】素書：爲人擇官者亂。法且非精，弊將安救？宜令百寮，詳思所宜，各脩議狀，中書門下參較得失，〔三五〕擇善而行。

有虞建官，三載考績。【張註】書：三載考績。在漢爲吏，或長子孫。【張註】前漢王嘉傳：文帝時，吏居官者，或長子孫，以官爲氏，倉氏、庫氏，則倉、庫吏之後也。食貨志：爲吏者，長子孫。註：如淳曰：時無事，吏不數轉，至於子孫長大，而不轉職任。蓋吏久於官，則人情不苟；官久於事，則理化有成。日者制度廢墮，考課乖舛，【張註】唐書百官志：凡百司之長，歲較其屬功過，差以九等，大合衆而讀之。流内之官，叙以四善：一曰德義有聞，二曰清慎明著，三曰公平可稱，四曰恪勤匪懈。善狀之外有二十七最：一曰獻可替否，拾遺補闕，爲近侍之最；二曰銓衡人物，擢盡才良，爲選司之最；三曰揚清激濁，褒貶必當，爲考校之最；四曰禮制儀式，動合經典，爲禮官之最；五曰音律克諧，不失節奏，爲樂官之最；六曰決斷不滯，與奪合理，爲判事之最；七曰部統有方，警守無失，爲宿衛之最；八曰兵士調習，戎裝充備，爲督領之最；九曰推鞫得情，處斷平允，爲法官之最；十曰讎校精審，明於刊定，爲校正之最；十一曰承旨敷奏，吐納明敏，爲宣納之最；十二曰訓導有方，生徒充業，爲學官之最；十三曰賞罰嚴明，攻戰必勝，爲軍將之最；十四曰禮義興行，肅清所部，爲政教之最；十五曰詳録典正，詞理兼舉，爲文史之最；十六曰訪察精審，彈舉必當，爲糾正之最；十七曰明於勘覆，稽失無隱，爲句檢之最；十八曰職事修理，供承彊濟，爲監掌之最；十九曰功課皆充，丁匠無怨，爲役使之最；二十曰耕耨以時，收獲成課，爲屯官之最；二十一曰謹於蓋藏，明於出納，爲倉庫之最；二十二曰推步盈虛，究理精密，爲曆官之最；二十三曰占候醫卜，效驗多著，爲方術之最；二十四曰檢察有方，行旅無壅，爲關津之最；二十五曰市廛弗擾，姦濫不行，爲市司之最；二十六曰牧養肥碩，蕃息孳多，爲牧官之最；二十七曰邊境清肅，城隍修理，爲鎮防之最。一最四善爲上上，一最三善爲上中，一最二善爲上下。無最而有二善爲中上，無最而有一善爲中中，職事粗理，善最不聞，爲中下。愛憎任情，處斷乖理，爲下上；背公向私，職務廢闕，爲下中；居官(飾作)〔諂詐〕，貪濁有狀，爲下下。凡定考，皆集於尚書省，唱第然後奏。淹速靡準，升降無名，欲令庶寮，何以懲勸？自今以後，刺史、縣令，未經三考，不得改移。其餘非在職績效殊尤，亦不得越次遷轉。刺史停替，須待魚書。【張註】唐書車服志：初，高祖入長安，罷隋竹使符，班銀菟符，其後改爲銅魚符，以起軍旅，易守長，京都留守、折衝府、捉兵鎮守之所，及左右金吾、宮苑總監、牧監，皆給之。畿内則左三右一，畿外則左五右一，左者進内，右者在外，用始第一，周而復始。又，隨身魚符者，以明貴賤，應召命，左二右一，左者進内，右者隨身。皇太子以玉契召，勘合乃赴。親王以金，庶官以銅，皆題(其)〔某〕位姓名。官有貳者加左右，皆盛以魚袋，三品以上飾以金，五品以上飾以銀，刻姓名者，去官納之，不刻者傳佩相付。有傳符、銅魚符者，給封符印，發驛、封符及封魚函用之。有銅魚而無傳符者，給封函，還符、封函用之。又，魚契所降，皆有勑書。內外五品已上，及常參官在任年考已深者，即量才效用與改，〔二六〕中外迭處，以觀其能。

夫明目達聰，【張註】書：明四目，達四聰。務廣聞見。或慮懷才抱器，〔二七〕輸忠納諫之倫，地處幽遐，無由自達。永言於此，夢想不忘。應諸色人有長策濟時，忠規匡主，〔二八〕任具陳所見，詣所居之州，委刺史略與討論，觀其旨趣，但有裨治道，不涉私情，便與附驛遞送，【張註】唐書百官志：凡三十里有驛，驛有長，舉天下四方之所達，爲驛千六百三十九；阻險無水草鎮戍者，視路要隙置官馬。水驛有舟。朕當親覽。

自立兩税，經今六年，〔二九〕或初定之時，已有偏併，或户口減耗，舊額猶存，輕重不均，流亡轉甚，委度支即折衷條理，以卹困窮。古者雖有水旱，人無菜色，皆由儲蓄不匱，勸導有方。前代所置義倉，【張註】通典：隋開皇五年，長孫平奏，令諸州百姓及軍人勸課，當社共立義倉。收穫之日，隨其所得，出粟及麥，於當社造倉窖貯之。若時或不熟，當社即以此穀賑給。自是諸州儲峙委積。十五年，詔曰：本置義倉，止防水旱，百姓之徒，不思久計，輕爾費損，於後乏絶。國初亦循其制，備災救乏，甚便於人。【張註】唐書食貨志：貞觀中，尚書左丞戴冑建議：「自王公以下，計墾田，秋熟，所在爲義倉，歲凶以給民。」太宗善之，乃詔：畝税二升，粟、麥、秔、稻，隨〔土〕地所宜。即宜準貞觀故事：天下所墾見田，上自王公，下及百姓，每豐稔之歲，秋、夏兩時，州縣長官以理勸課，據頃畝多少，隨所種粟豆稻麥，逐便貯納，以爲義倉。如年穀不登，即量取賑給。官司但爲其立法勸諭，不得收管，〔三〇〕仍各委本道觀察使逐便宜處置聞奏。敦本厚生，必資播殖，當今所切，莫甚於斯。自今百姓有墾闢田疇，〔三一〕加於常歲者，所加之地，不得輒徵租税。〔三二〕刺史、令長考課，〔三三〕亦以本界墾田多少爲殿最。【張註】前漢宣帝紀：丞相、御史，課殿最以聞。師古註：凡言殿最者，殿，後也，課居後也；最，凡要之首也，課居先也。

今年蝗旱損甚，〔三四〕州府開春之後，【石川註】：見楚辭九章。量給種子，使就農功。天下應荒閒田，有肥沃堪置屯田處，委當管節度使，觀察、都團練、都防禦等使，刺史，審細檢行，以諸色人及百姓情願者使之管佃。〔三五〕如部署精當，收獲數多，本道刺史特加褒升，〔三六〕【張註】唐書食貨志：唐開軍府以扞要衝，因隙地置營田，天下屯總九百九十二。司農寺每屯二〔三十〕頃，州、鎮諸軍每屯五十頃。水陸腴瘠、播殖地宜與其功庸煩省、收率之多少，皆決於尚書省。凡屯田收多者，褒進之。歲以仲春〔藉〕〔籍〕來歲頃畝、州府軍鎮之遠近，上兵部，度便宜遣之。屯田等節度優賞。〔三七〕如是逃户田地，本主復業，即却給還。輦轂之下。【張註】通鑑釋文：轂者，輻所湊也。京都四方所輻湊，以輦轂取喻。四方會同，供應既多，難爲準定，急賦繁役，人何以堪？宜令京兆尹與度支計會，長安、萬年兩縣，【張註】通鑑音註：長安、萬年並居京城爲赤縣，萬年縣治宣揚坊，領朱雀街東五十四坊；長安縣治長壽坊，領街西五十四坊。每季各先支貯備錢五千貫文，〔三八〕於縣庫收納，定清幹官專知。【張註】文獻通考：乾元元年，敕長安、萬年兩縣各備錢一萬貫，每月收利以充和雇。時祠祭及蕃夷賜宴、別設，皆長安、萬年人吏主辦，二縣置本錢，配納質積户收息以供費。諸使捉錢者，給〔牋〕〔牒〕免傜役。應緣卒須別索，及雜供擬並工匠等，縣令與專知官先對給價錢，〔三九〕季終之後，申度支勘會。所是和市、和雇，〔四〇〕並須先給價錢，兩税外，一物已上，不得科配百姓。

御史臺，朝廷紀綱；尚書省，治化根本。【張註】通典：秦時，少府遣吏四人在殿中主發書，故謂之「尚書」，尚猶主也。至後漢則爲優重，出納王命，敷奏萬機，蓋政令之所由宣，選舉之所由定，罪賞之所由正，斯乃文昌天府，衆務淵藪，内外所折衷，遠近所稟仰，故李固云：陛下之有尚書，猶天之有北斗。斗爲天喉舌，尚書亦爲陛下喉舌。斗斟酌元氣，運平四時；尚書出納王命，賦政四海。漢尚書謂之尚書臺。唐爲尚書省。都堂居中，左右分司。都堂之東，有吏部、户部、禮部三行，每行四司，左司統之；都堂之西，有兵部、刑部、工部三行，每行四司，右司統之。凡二十四司，分曹共理，而天下之事盡矣。百度得失，繫乎其人。自頃制敕頒行，所司多不遵守，王臣奉職，豈所宜然！委御史臺、左右丞，【張註】唐書百官志：尚書省左丞一人，正四品上；右丞一人，正四品下。通典：尚書左右丞：秦置尚書丞一人，屬少府。漢成帝置丞四人。及後漢光武始減其二。隋左右丞掌分尚書諸司糾駁。唐因隋制，龍朔二年，改爲左右肅機。左丞掌管轄諸司，糾正省内，勾吏部、户部、禮部等十二司，通判都省事；右丞掌管兵部、刑部、工部等十二司，餘與左丞同。切糾稽違，無壅朕命。

南郊、太清宫、【張註】通鑑音註：唐會要：太清宫薦享聖祖玄元皇帝，奏混成紫極之樂。又，太清宫在丹鳳門之左，南出第二坊。太廟在朱雀街之東第二街，北來第二坊。【石川註】按：文選曹植詩註：太清，天也。鶡冠子：上及泰清，下及太寧。舊唐書玄宗紀：天寶二(歲)〔年〕三月，改西京玄元廟爲太清宫。故太清宫開元禮不載之。通考：自天寶以後，凡欲郊祀，必先朝太清宫。唐書百官志：至於國史、太清宫頗多，皆不足取法。太廟應職掌行事官，郊廟攝將軍、中郎、郎將，【張註】唐書百官志：左右衛：上將軍各一人，大將軍各一人。皇帝御正殿，則守諸門及内廂宿衛仗。非上日，亦將軍一人押仗，將軍缺，以中郎將代將軍，掌貳上將軍之事。又，五府，每府中郎將一人，正四品下；左右郎將一人，正五品上。及留守、副留守，【張註】唐書百官志：初，太宗伐高麗，置京城留守。其後，車駕不在京都，則置留守，以右金吾大將軍爲副留守。開元元年，改京兆、河南府長史復爲尹；十一年，太原府亦置尹及少尹，以尹爲留守，少尹爲副留守，謂之三都留守。內定行從官，三品已上，各賜爵一級，四品已下，加一階，並賜勳兩轉。〔四一〕其諸色支供作官，司直、長上、【張註】唐六典：凡應宿衛官，各從番第。諸衛將軍、中郎將、郎將，及諸衛副率、率，千牛備身、備身左右、太子千牛，並上。折衝、果毅應宿衛者，並一日上，兩日下。諸色長上，若司階、中候、司戈，並五日上，十日下。上，時掌翻。流外灼然要職掌者，並賜勳兩轉。行事室長、掌坐、齋郎、【張註】唐書百官志：兩京郊社署：有齋郎百一十人。齋郎掌供郊廟之役。太廟九室，室有長三人，以主樽、罍、篚、冪、鎖鑰。郊壇有掌（座）〔坐〕二十四人，以主神御之物。皆禮部奏補。凡室長十年，掌座十二年，皆授官。禮生、贊者，減二年勞；無勞可減者，簡選日優與處分。崇賢館學生見在者，〔四二〕減帖策各一道。【張註】唐書百官志：開元二十五年，置崇（元）〔玄〕學於玄元皇帝廟。天寶元年，兩京置博士、助教各一員，學生百人；二載，改崇（元）〔玄〕學曰崇（賢）〔玄〕館，博士曰學士，助教曰直學士。＊＊＊【石川註】通典：凡舉司課試之法：帖經者，以所習經掩其兩端，中間開唯一行，裁紙爲帖，凡帖三字，隨時增損，可否不一，或得四得五得六者爲通。（問）通而後試策，凡三條，三試皆通者爲第。六典：凡進士先帖經，然後試雜文兩道、時務策五條。國子監陪位學生，【張註】通典：唐西京國子監領六學：一曰國子學，生徒三百人；二曰太學，生徒五百人；三曰四門學，生徒千三百人；四曰律學，生徒五十人；五曰書學，生徒三十人；六曰算學，生徒三十人。凡二千二百一十人。生徒皆尚書省補。

賜勳一轉。介公、酅公，【張註】通鑑：開皇元年二月，廢周主闡爲介公。唐書高祖紀：武德元年六月乙酉，奉隋帝爲酅國公。各與一子官；如無子孫，賜物一百匹。神策、六軍、殿前左右射生英武、【張註】唐書兵志：殿前射生手分左右廂，總號曰左右英武軍。威遠、【張註】通鑑音註：據舊郭子儀傳：肅宗上元元年，以子儀爲諸道兵馬都統，令帥英武、威遠等禁軍及諸鎮之師取范陽，既而爲魚朝恩所沮，不行。則威遠軍肅宗置也。至德宗時，以左右威遠營隸鴻臚，賈耽以鴻臚卿兼威遠軍使。至元和二年，敕：左右威遠營置來已久，著在國章，其英武軍並合併入左右威遠營。其後遂以宦官爲使，不復隸鴻臚。宋白曰：左右威遠營本屬鴻臚寺，建中元年七月隸金吾。皇城、【張註】通鑑音註：唐六典：皇城在京城之中，東西五里一百一十五步，南北三里一百四十步。南面三門，中曰朱雀，左曰安上，右曰含光。東面二門，北曰延喜，南曰景風。西面二門，北曰安福，南曰順義。其中右社稷，左宗廟，百僚廨署列乎其間。唐自開元以前，以城門郎掌皇城諸門開闔之節，中世以後，置皇城使。左右金吾街使將士，〔四三〕【張註】唐書百官志：左右街使，掌分察六街徼巡。凡城門坊角，有武候鋪，衛士、彍騎分守，大城門百人，大鋪三十人，小城門二十人，小鋪五人。日暮，鼓八百聲而門閉；乙夜，街使以騎卒循行嘂謼，武官暗探；五更二點，鼓自内發，諸街鼓承振，坊市門皆啓，鼓三千撾，辨色而止。應緣大禮宿衛御樓立仗，【張註】通鑑音註：唐初，天子居西内，肆赦，率御承天門樓。自高宗以後，天子居東内，肆赦，率御丹鳳門樓。凡御樓肆赦，六軍十二衛皆有恩賚。劉溫叟曰：故事：非肆大眚不御樓，軍數皆有恩給。及守本庫本營者，共賜物若干端疋。〔四四〕

天災作沴，深儆予衷，跼蹐憂慚，罔知攸措。今穀價騰踊，人情震驚，鄉閭不居，骨肉相棄，流離殞斃，所不忍聞。公私之間，廩食俱闕，既無賑恤，又復徵求，財殫力竭，繼以鞭箠。強征則軍糧乏贍，厚取則人何以堪？念茲困窮，痛切心骨，思所以濟，浩無津涯。補過實在於增修，救患莫如於息費。致咎之本，既由朕躬，謝譴之誠，宜自朕始。宜令尚食【張註】通典：始，秦置六尚，有尚食焉。如淳曰：謂掌天子之物曰尚。唐書百官志：殿中省監尚食局：奉御二人，直長五人，食醫八人。奉御掌儲供，直長爲之貳。進御必辨時禁，先嘗之；饗百官賓客，則與光祿視品秩而供；凡諸陵月享，視膳乃獻。內侍省監尚食局：尚食二人，掌供膳羞品齊。總司膳、司醞、司藥、司饎。凡進食，先嘗。所進御膳，每日各減下一半；應宮人等，每月惟供給糧米一千五百碩。〔四五〕飛龍厩馬，【張註】唐書百官志：飛龍厩日以八馬列宮門之外，號南衙立仗馬，仗下，乃退。大陳設，則居樂縣之北，與象相次。通鑑音註：飛龍厩，仗內六閑之一也。程大昌曰：在玄武門外。【石川註】六典：仗內有飛龍、祥麟、鳳苑、鵷（鑾）〔鸞〕、吉良、六羣。從今已後，至三十日已前，並減一半料。京兆府應差科百姓，及和市、和買等諸色目，事無大小，一切並停。公私債負，容待蠶麥熟後徵理。

*按：此註釋「巴」爲渝州之古巴國不妥。渝州即今四川重慶，而德宗避李懷光之亂「再遷」僅至漢中。此「巴」應指位於漢中府的巴山，一名大巴山，又名巴嶺山。參閱讀史方輿紀要五六漢中府巴嶺山條。

**按：此註以左右神策統軍屬「六軍統軍」不妥。新書百官四上註云：「貞元二年，神策軍置大將軍、將軍，十四年置統軍，品秩同六軍。」神策統軍置於貞元十四年，此制頒於貞元元年十一月，其時神策尚無統軍。據新書百官四上，「左右龍武軍」前尚有「左右羽林軍」，然所載屬官並無「統軍」。唐代「六軍」異說頗多，此制所云「六軍統軍」究竟指哪「六軍」之「統軍」，恐難遽斷。

***按：此註以新書百官三崇玄署條釋「崇賢館」不妥。「崇賢館」見同書百官四上。參閱本篇校勘記〔四三〕。

校勘記

〔一〕冬至大禮大赦制貞元元年十一月　文苑四二五作「貞元元年冬至郊祀大赦天下制」，詔令六九作「貞元元年南郊大赦天下制」。

〔二〕爪牙衆士　「衆」，文苑註云：「集作『將』。」

〔三〕兹再與王公卿尹　「兹再」間，郎本、文苑、詔令、全唐四六一多一「朕」字。

〔四〕豈伊匪德　「匪」，文苑註云：「集作『菲』。」

〔五〕流人及藩鎮效力　「藩」，册府八九作「罰」。

〔六〕賜爵三級　「三」，册府八九作「一」。

〔七〕天下諸使諸將軍士　「諸將軍士」，册府八九作「諸州將士」。

〔八〕賜爵一級　此句之上，册府八九多一「亦」字。

〔九〕仍賜勳三轉　「三」，文苑、詔令作「兩」。
〔一〇〕賜爵一級　此句之上，册府八一、八九多「賜勳三轉，其五品已下」九字。
〔一一〕加一階　此句之上，郎本、文苑多一「各」字。
〔一二〕其五品已下　「其」下，册府八一、八九多一「中」字。「下」，册府八一、八九作「上」。
〔一三〕與一子六品正員官　此句之上，册府八九、文苑、詔令多一「各」字。「六」，册府八九、文苑、詔令作「五」。此句之下，册府八九、文苑、詔令多「都統與一子六品正員官」十字。
〔一四〕都團練都防禦等使　「等」，册府八九作「觀察」。
〔一五〕本使即詳定録名聞奏　「録名聞奏」，文苑註云：「集作『具狀條録』。」
〔一六〕副元帥都統兼節度下每道各二十人都團練都防禦使下各十人　文苑作「副元帥都統兼節度使下，每道共三十人；節度使下，每道共二十人；都團練、都防禦使下，每道各十八人」。詔令略同。
〔一七〕如大將子孫之中　「大將」下，詔令多一「軍」字。
〔一八〕本使具狀聞薦　「本使」間，文苑、詔令多一「道」字。
〔一九〕庶使忠臣之後　「忠」，文苑、詔令作「功」。
〔二〇〕以死爲國　「爲」，文苑註云：「集作『衛』。」册府八九亦作「衛」。
〔二一〕宜令與子孫一人五品正員官　「令」，郎本、文苑、册府八九、全唐作「各」。

〔二二〕諸色人應在賊中　「人」下，文苑、詔令多一「中」字。「中」，文苑註云：「集作『廷』。」

〔二三〕有加常典　「典」，文苑作「日」。

〔二四〕如宗子中有德行才能　此句之下，文苑、全唐多一「者」字。

〔二五〕中書門下參較得失　此句之上，文苑、詔令、登科一二、全唐多一「送」字。

〔二六〕即量才效用與改　「才」上，文苑多一「其」字。「效」，詔令作「收」。文苑無「用」字。

〔二七〕或慮懷才抱器　此句之下，文苑多「之士」二字。

〔二八〕忠規匡主　此句之下，文苑多一「者」字。

〔二九〕經今六年　「六」原作「百」，據文苑、詔令及石川本改。按：石川本「六」原亦作「百」，註云：「吳、湯、陳本皆作『百』，非，據文苑改之。」考兩稅法正式成立，在德宗建中元年（七八〇），至貞元元年（七八五）冬至大禮，恰好六年。石川改是，因亦改之。

〔三〇〕不得收管　「收管」，文苑作「收作用度」。

〔三一〕自今百姓有墾闢田疇　「今」下，文苑多一「後」字。

〔三二〕不得輒徵租稅　「輒徵」間，文苑多一「更」字。

〔三三〕刺史令長考課　此句之上，文苑、詔令、全唐多一「其」字。

〔三四〕今年蝗旱損甚　「旱」，文苑、詔令作「蟲」。「甚」，文苑註云：「集作『田』。」

〔三五〕以諸色人及百姓情願者使之管佃　「之」字原脱，據郎本、文苑、詔令、全唐補。

〔三六〕本道刺史特加褒升　「本道」下，文苑、全唐多一「使」字。

〔三七〕屯田等節度優賞　「田」，文苑作「官」。「度」，文苑作「級」。石川註以爲作「級」是。

〔三八〕每季各先支貯備錢五千貫文　「每季各先支」，詔令作「每縣委與」。

〔三九〕縣令與專知官先對給價錢　「先」下，文苑多一「須」字。

〔四〇〕所是和市和雇　「所是」，郎本、文苑、全唐作「應闕」。

〔四一〕並賜勳兩轉　此句之上，册府八一多一「仍」字。

〔四二〕崇賢館學生見在者　「崇賢館」，諸本及他書均同。按：新書百官四上崇文館條註云：「貞觀十三年置崇賢館。顯慶元年，置學生二十人。上元二年，避太子名，改曰崇文館。」通典、會要載同。諸書並無後來改回之記載。則德宗時「崇賢館」應名「崇文館」。

〔四三〕神策六軍殿前左右射生英武威遠皇城左右金吾街使將士　「威遠」上，册府八一、八九多「威武」二字。按：「威武」亦爲禁軍，肅宗以後置。見新書兵志。

〔四四〕應緣大禮宿衛御樓立仗及守本庫本營者共賜物若干端疋　册府八一、八九作「御樓立仗及守本仗者，並諸道節度下隨使赴上都帖仗將士等，宜共賜物十三萬段，仍賜勳兩轉」。

〔四五〕每月惟供給糧米一千五百碩　「供」，石川本作「俱」。

陸贄集卷三

制誥 赦宥下

貞元九年冬至大禮大赦制〔一〕

【張註】唐書德宗紀：貞元九年十一月癸未，朝獻於太清宮；甲申，朝享於太廟；乙酉，有事於南郊，大赦。文獻通考：德宗在位二十六年，親祀南郊四：建中元年正月五日，貞元元年十一月十一日，六年〔十〕一月八日，九年十一月十日。【石川註】舊唐書德宗紀：十一月，日南至，上親郊圜丘。是日，御丹鳳樓。

門下：

朕以寡德，屬當大統，皇天眷佑，【石川註】書微子之命：皇天眷祐。俾主兆人。懼不克承，夙夜祗畏。緬懷前烈，致于昇平，【石川註】楚語韋昭注：緬猶邈也。予心浩然，罔知攸濟。小大之務，曷嘗不勤？芻蕘之言，亦莫不敬。慮每存於致理，志常在於恤人。中宵屢興，終食累歎。一事乖張，惄焉疚懷；【石川註】惄，詩箋：思也。一夫罹殃，惻若傷體。思與海内，同臻太和，【張註】易：保合太和。息其生業。〔二〕降心從衆，實匪有辭，〔三〕克己利人，誠無所悋。然以視聽有極，思慮難周。況乎長自深宮，安於近習，損益之理，寧免過差，幽遠之情，固多未達。由是兢兢祗礪，悔往修來。燭理所患於不明，推心庶幾於無負。日慎一日，【石川註】韓非：臣聞戰戰栗栗，日慎一日。太公金匱：日慎一日，壽終無殃。于今十有五年矣。上靈降監，【張註】詩商頌：天命降監。箋：降，下也。多士叶誠，五稼屢豐，【張註】書：土爰稼穡。疏：種穀曰稼，若嫁女之有所生。周禮天官疾醫：以五味、五穀、五藥養其病。註：麻、黍、稷、麥、豆。又，夏官職方氏：豫州，其穀宜五種。註：黍、稷、菽、麥、稻。【石川註】春秋莊七年註：五稼之苗。四鄙不擾，【石川註】禮月令：四鄙入保。註：鄙，界也。方鎮輯睦，干戈底寧，邊壘繕完，殊方款附。協天地會昌之運，【張註】蜀都賦：天帝運期而會昌，景福肸蠁而興作。【石川註】李善蜀都賦註：河圖括地象：帝以會昌，神以建福。實宗社無疆之休，慶既荷於玄功，禮有昭于大報。【張註】禮記：郊之祭也，迎長日之至也，大報天而主日也。【石川註】禮郊特牲：郊之祭也，大報本反始也。矧惟霜露之感，永切孝思，【張註】禮記：霜露既降，君子履之，必有悽愴之心，非其寒之謂也。春雨露既濡，君子履之，必有怵惕之心，如將見之。【石川註】詩下武：永言孝思。傳：長孝心之所思。禋燎之儀，每勤精意。【張註】綱目集覽：燎，力召反。馬融曰：祭時，積柴加牲其上而燎之。先祭于位，告于天也。【石川註】周禮大宗伯：以槱燎祀。註：燔燎而升煙，所以報陽也。將申誠敬，其在躬親。是與公卿大夫，虔奉犧牲、【張註】書微子傳：色純曰犧，牛、羊、豕曰牲。唐書禮樂志：昊天上帝，蒼犢；五方帝，方色犢；大明，青犢；夜明，白犢，神州地祇，黑犢。配帝之犢：天以蒼，地以黄，神州以黑，皆一。圭璧，〔四〕【張註】周禮春官宗伯：以蒼璧禮天。註：禮神者，必象其類，璧圓象天。又，典瑞職：四圭有邸，以祀天，旅上帝。鄭司農註：於中央爲璧，圭著其四面，一玉俱成。唐書禮樂志：冬至，祀昊天上帝以蒼璧。上辛，明堂以四圭有邸。又云：正月上辛。按大宗伯職：蒼璧禮天。鄭註：此禮天以冬至。疏云：是冬至祭天圜丘者。典瑞職：四圭有邸，以祀天。鄭註：祀天，夏正郊天也。又，鄭註郊特牲云：易説曰：三王之郊，一用夏正。夏正，建寅之月也。然則唐之祀天，一本周禮。周禮祀天，二王鄭註分明如此。後人猶惑焉，則取唐書禮樂志此條遠以相證可也。又，唐人正月上辛祀天，本郊特牲「周之始郊，日用辛」文也。陳其文物，【石川註】左傳桓二年：文物以紀之。薦其馨香，【石川註】左傳桓六年：馨香，無讒慝也。類秩於泰壇，〔五〕【張註】禮記：燔柴于泰壇，祭天也。陳氏禮書曰：泰壇，南郊之壇也，以之燔柴。泰折，北郊之坎也，以之瘞埋。言壇則知泰折之爲坎，言折則知泰壇之爲圜。言泰則大之至也，言壇、折則人爲之也。【石川註】書舜典：類于上帝。望秩于山川。傳：事類。秩次。禮祭法：燔柴於泰壇。註：泰壇，圜丘。泰者，尊之之辭。朝享于清廟。【張註】周禮春官司尊彝職：凡四時之間祀，追享，朝享。鄭註：朝享，謂朝受政於廟。春秋傳曰：閏月不告朔，猶朝於廟。率職來助，【石川註】詩振鷺序：二王之後來助祭也。萬邦攸同，【石川註】書禹貢：九州攸同。備物致嚴，【石川註】禮祭義：比時具物，不可以不備。孝〔經〕紀孝行：祭則致其嚴。百禮具舉。【石川註】詩賓之初筵：百禮既至。誠慕獲展，神人允諧，明發永懷，【張註】詩：明發不寐，有懷二人。慶感斯集。純嘏所錫，【張註】詩：純嘏爾常矣。箋：予福曰嘏。【石川註】詩閟宮：天錫公純嘏。箋：純，大也。豈惟朕躬，思俾普天，均承惠澤。可大赦天下。〔六〕貞元九年十一月十日昧爽已前，〔七〕繫囚見徒，大辟已下，罪無輕重，咸赦除之。其見於官辯對者，〔八〕亦並放免。官人犯入己贓，不可令其卻上，已後勿以爲累。左降官及流人，並量移近處。其官已經量移，未復資者，還其階爵。竄謫遐裔，冀速沾恩，比者準制量移，所司比例申牒，屢加盤覆，累涉歲年，既甚淹遲，且不均一，宜令吏部、刑部【張註】唐書百官志：刑部尚書一人，正三品；侍郎一人，正四品下。掌律令、刑法、徒隸、按覆讞禁之政。其屬有四：一曰刑部，二曰都官，三曰比部，四曰司門。審勘檢本流貶及量移敕旨，〔九〕比類元犯事狀輕重，兩月內與處分。外文武見任及致仕家居，〔一〇〕并諸軍諸使將士等，三品已上，賜爵一級，四品已下，加一階。〔一一〕應百姓自置義倉，〔一二〕仍準貞元元年十一月十一日制處分。

立人之道，惟孝與忠。孝莫大於榮親，忠莫先於竭節。惟爾師長卿校，洎乎方岳列藩，保乂皇家，交修庶績，竭節之效，既昭乃誠，榮親之恩，宜洽國典。內外文武清望職事官，〔一三〕并節度、觀察、都防禦、都團練、經略等使，【張註】唐書百官志：武德初，邊要之地，置總管以統軍，加號使持節，蓋漢刺史之任。七年，改總管曰都督，總十州者爲大都督。貞觀二年，去大字。其(后)〔後〕都督加使持節，則爲將，諸將亦通以都督稱，唯朔方猶稱大總管。邊州別置經略使。文獻通考：唐貞觀二年，邊州別置經略使，此蓋使名之起。節度兼支度、營田、招討、經略使，則有副使、判官各一人。儀鳳二年，以黑齒常之爲河源軍經略大使。永淳元年，婁師德爲河源軍經略副使。至德三年，賀蘭進明除嶺南五府經略兼節度使。建中元年，除元琇節度，始不合五府經略。父在未有官，量授檢校五品官；母在未有邑號者，各封邑號；父母亡没者，量與追贈，已經追贈者，更與改贈。

佐運之臣，納忠之輔，功既存於社稷，慶宜及於子孫。故周錫田土，【石川註】詩江漢：錫山土田。傳：諸侯有大功德，賜名山土田。漢傳帶礪，【張註】史記高祖功臣侯年表序：封爵之誓曰：使河如帶，泰山若礪，國以永寧，爰及苗裔。註：帶，衣帶也。礪，砥石也。河當何時如衣帶，山當何時如礪石，言如帶、砥，國乃絶耳。疇其爵邑，與國終始，以明報德之恩，〔一四〕勸爲臣之節。其或年代未遠，利澤猶存，【石川註】孟子：君子之澤，五世而斬。祠宇已變於荒墟，裔嗣不編於仕籍，思其人猶愛其樹，【張註】左傳：詩云：蔽芾甘棠，勿翦勿伐，召伯所茇。思其人猶愛其樹，況用其道而不恤其人乎？【石川註】韓詩外傳：邵伯在朝，有司請營邵以居，邵伯曰：「嗟！以吾一身而勞百姓，此非吾先君文王之志也。」於是，出而就烝庶於阡陌隴畝之間而聽斷焉。邵伯廬於樹下，百姓大悦。其後在位者驕奢，税賦繁數，百姓困乏。於是，詩人見邵伯之所休息樹下，美而歌甘棠。家語：孔子曰：「吾於甘棠，見宗廟之敬也。思其人必愛其樹，尊其人必敬其位。」況奠享乏主，而不加省録者乎？興滅國，繼絶代，【石川註】論語：興滅國，繼絶代。所以禮先賢也；修宗廟，敬祀事，所以教追孝也。【石川註】詩文王有聲：遹追來孝。箋：述追王季勤孝之行，進其業也。化俗歸厚，【石川註】論語：慎終追遠，民德歸厚矣。此其大端。【石川註】〔禮〕禮運：禮義也者，人之大端也。應九廟配享功臣，【張註】通典：盤庚云：兹予大享於先王，爾祖其從與享之。周制：夏官司勳掌六卿賞地之法，以等其功。王功曰勳，國功曰功，民功曰庸，事功曰勞，理功曰力，戰功曰多。凡有功者，銘書於王之太常，祭於大烝，司勳詔之。大功，司勳藏其貳。漢制：祭功臣於庭。魏高堂隆議曰：「功臣配食於先王，象生時侍讌讌禮，大夫以上皆升堂，以下則位於庭。議者欲從漢氏祭之於庭，此爲貶損，非寵異之謂也。周志曰：勇則害上，不登於明堂。共用謂之勇，言有勇而無義，死不登堂而配食。此即配食之義位在明堂之明審也。下爲北面，三公朝立之位耳。讌則脱屨升堂，不在庭也。」唐貞觀十六年，有司言：「禮，功臣配享於（朝）〔廟〕庭，禘享則不配。依令，禘祫之日，功臣并得配享。」集禮官學士等議：「禘及時享，功臣皆不應享。故周禮六功之官，皆配大烝而已。先儒皆以大烝爲祫，竊以五年再殷，合諸天道之大小，小則人臣不與，大則兼及有功。禮禘無配功臣，誠不可易。」從之。又，通典載開元禮：享日，未明一刻，太廟令布功臣神座於太廟之庭。諸座各設版於座首，其版文各具題官爵姓名。文獻通考：高祖廟六人：淮安靖王神通、河間元王孝恭、殷開山、劉政會、裴寂、劉文靖；太宗廟七人：房玄齡、高士廉、屈突通、魏徵、長孫無忌、李靖、杜如晦；高宗廟六人：李勣、張行成、馬周、褚遂良、高季輔、劉仁軌；中宗廟八人：桓彥範、敬暉、張柬之、崔玄暐、袁恕己、狄仁傑、魏元忠、王同皎；睿宗廟二人：蘇瓌、劉幽求；玄宗廟三人：張説、郭元振、王琚；肅宗廟二人：苗晉卿、裴冕；代宗廟一人：郭子儀。及武德【張註】高祖年號。以來將相，名節特高，有封爵廢絶，祠廟無主者，宜許子孫一人紹封，以時享祀。自今以後，應有家廟，子孫【張註】唐書禮樂志：諸臣之享其親，廟室、服器之數，視其品。開元十二年著令，一品、二品四廟，三品三廟，五品二廟，嫡士一廟，庶人祭於寢。及定禮，二品以上四廟，三品三廟，三品以上不（頒）〔須〕爵者亦四廟，四廟有始封爲五廟，四品、五品有兼爵亦三廟，六品以下達於庶人，祭於寢。天寶十載，京官正員四品清望及四品、五品清官，聽立廟，勿限兼爵。雖品及而建廟未逮，亦聽寢祭。但傳襲封爵者，並許享祔于廟。【張註】唐書禮樂志：凡祔皆給休五日，時享皆四日。散齋二日於正寢，致齋一日於廟，子孫陪者齋一宿於家。始廟則署主而祔，後喪闋(及)〔乃〕祔。喪二十八月上旬卜而祔，始神事之矣。又：親伯叔之無後者祔曾祖，親昆弟及從父昆弟祔於祖，親子姪祔於禰。其有毀賣私廟及買之者，各以犯教義贓論。自古聖帝、明王、忠臣、烈士，各令所在長吏以禮致祭。

書敘明目達聰，垂拱而理；【張註】書：垂拱而天下治。詩稱濟濟多士，文王以寧。舍己從人，故能通天下之志；棄瑕録用，【張註】南史虞寄傳：聖朝棄瑕忘過，寬厚待人。故能盡天下之才。昔在太宗，勤求理道，納諫如響，任賢勿疑，致俗於太平，垂範於永代。朕獲承鴻緒，【張註】梁簡文帝詔：僶俛視陰，企承鴻緒。追慕聖猷，書之座隅，常自儆勵。朝夕翹想，庶聞嘉謀；夢寐勞懷，思得賢士。凡厥在位，所宜共成。諸司官有陳便宜者，各盡所見，條疏封進。事有冤滯，政有闕遺，悉當極言，無或隱避。詔敕不便於時者，所司執奏以聞。天下有藴德懷才，隱居不仕，委所在觀察使表薦，當以禮邀致。諸色人中，賢良方正，〔一五〕能直言極諫；或博通墳典，達於教化；或詳練故事，長於著述；或精習律令，曉暢法理；或該明吏術，可委理人；或洞識韜略，【石川註】六韜、三略也。堪任將帥者：委所在州府長吏及臺省常參官詳録行能舉奏，並限來年七月内到京，〔一六〕朕當親試。

應緣大禮掌職行事、仗内引駕、【張註】唐書儀衛志：内仗：以左右金吾將軍當上，中郎將一人押之，有押官，有知隊仗官。朝堂置左右引駕三衛六十人，以左右衛、三衛年長（疆）〔彊〕直能糾劾者爲之，分五番。有引駕佽飛六十六人，以佽飛、越騎、步射爲之，分六番，每番皆有主帥一人。坐日引駕升殿，金吾大將軍各一人押之，號曰押引駕官。中郎將、郎將各一人，檢校引駕事。攝將軍、中郎、郎將、留守、副留守，并諸道表狀陪位、法駕三引官等，〔一七〕【張註】三輔黄圖：天子出，車駕次第謂之鹵簿，有大駕，有法駕，有小駕。唐〔書〕儀衛志：大駕鹵簿：萬年縣令先導，次京兆牧、太常卿、司徒、御史大夫、兵部尚書。法駕：減太常卿、司徒、兵部〔尚書〕、白鷺車、辟惡車、大輦、五副路、安車、四望車。又減屬車四，清游隊、持鈒隊、玄武隊皆減四之一，鼓吹減三之一。文獻通考：宣和初，蔡攸等言：「大駕之出，自漢光武時始有三引：先河南尹，次執金吾，次洛陽令，先尊後卑也。後魏亦三引：先平城令，次司隸校尉，次丞相，先卑後尊也。唐兼用六引。」謹按：唐六引，大駕也。法駕減太常卿、司徒、兵部尚書，則用三引。三品已上，更賜爵一級，四品已下，加一階。其郊壇宫廟行事官，仍各賜勳兩轉。皇親諸親應陪位者，三品已上，賜爵一級，四品、五品，加一階，六品已下及常選官，至選日優與處分。白身人及諸色應陪位官等，各賜勳兩轉。親王、大長公主、郡主、縣主，賜物各有差。酅公、介公，各賜物若干段。【張註】程大昌曰：若干者，設數之言也。干猶箇也。若箇猶言幾何枚也。又，設干者，十干自甲至癸也，亦以數言也。行事、室長、掌坐、齋郎、禮生、贊者，各減一年勞，無勞可減者，至簡選日優與處分。崇賢館學生，〔一八〕減策一道。國子監學生陪位者，及應緣祗應諸司作官直長、長上，【張註】通鑑音註：殿中六局直長，正七品。又，凡衛兵皆更番（送）〔迭〕上，長上者，不更代也。唐官制：懷化執戟長上、歸德執戟長上，皆武散階九品。長上之官尚矣。流外要職掌，内侍省【張註】唐書百官志：内侍省監掌内侍奉，宣制令。屬六局，曰掖庭、宮闈、奚官、内僕、内府、内坊。少監爲之貳。通典：隋曰内侍省，煬帝改爲長秋監。唐武德初改爲内侍省，有内侍四人，掌知宮内供奉，中宮駕出則夾引，總判局事。白身，【張註】唐書百官志：内侍有高品一千六百九十六人，品官白身二千九百三十二人。【石川註】六典：内侍之職，掌任内侍奉，出入宮掖，宣傳制令。諸州行綱、考典，【張註】綱目集覽：綱、典，主漕運案牘之吏。唐書食貨志：故事：州縣官充綱，送輕貨四萬，書上考。兩京耆壽、諸色番役當上在城并量留十月番人等，各賜勳一轉。鴻臚【張註】唐書百官志：鴻臚寺掌賓客及凶儀之事，領典客、司儀二署。漢書註：胡廣曰：鴻，聲也。臚音閭，傳之也。所以傳聲，讚道九賓。韋昭曰：鴻，大；臚，陳也。欲以大禮陳序于賓客。番客共賜物若干。神策六軍、英武、威遠、皇城、金吾街使，諸軍諸使將士，應緣大禮宿衛、御樓立仗及守本庫本營者，共賜物若干端匹。天下耆老，百歲已上者，各賜錦帛五段，米五碩；八十已上及鰥寡惸獨不能自存者，委刺史、縣令各加優恤。應緣大禮加階及賜勳爵等，申報叙奏期限，並準貞元六年十二月二日敕處分。餘依常式，所司不須更作條件。

赦書日行五百里，布告遐邇，咸使聞知。

校勘記

〔一〕貞元九年冬至大禮大赦制　文苑四二六「大赦」下多「天下」二字，詔令七〇作「貞元九年南郊大赦天下」。

〔二〕息其生業　文苑、詔令、全唐四六一作「息其戰爭，保其生業」。從唐代詔令注重駢儷看，他書疑是。

〔三〕實匪有辭　「匪有」，文苑註云：「集作『有其』」。

〔四〕虔奉犧牲圭璧　「圭璧」上，文苑、詔令、全唐多「恭奠」二字。從唐代詔令注重駢儷看，他書疑是。

〔五〕類秩於泰壇　「類秩」，文苑註云：「集作『秩記』」。

〔六〕朕以寡德至可大赦天下　舊紀作「朕以寡德，祗膺大寶，勵精理道，十有五年。夙夜惟寅，罔敢自逸，小大之務，莫不祗勤。皇靈懷顧，宗社垂祐，年穀豐阜，荒服會同，遠至邇安，中外咸若。永惟多祐，實荷玄休。是用虔奉禮章，躬薦郊廟，克展因心之敬，獲申報本之誠。慶感滋深，怵惕惟勵。大福所賜，豈獨在予，思與萬方，均其惠澤。可大赦天下」。册府八九「大寶」作「天命」，無「大福所賜」至「均其惠澤」一句，餘同。

〔七〕貞元九年十一月十日昧爽已前　此句之上，文苑、詔令多一「自」字。

〔八〕其見於官辯對者　「官」下，文苑、詔令、全唐多一「司」字。

〔九〕宜令吏部刑部審勘檢本流貶及量移敕旨　「審」下，文苑多一「細」字。

〔一〇〕外文武見任及致仕家居　此句之上，文苑、册府、詔令、全唐多一「内」字。

〔一一〕加一階　此句之下，册府多「將士白身者，賜勳兩轉」九字；文苑多「從我巡狩，涉於艱難，録其忠勞，宜有優異。應從奉天扈從至興元府文武官將士等，普恩之外，三品已上，賜爵云云。兵興已來，垂四十載，税額（原註：集作『既』）煩重，人已（原註：集作『多』）困窮，因之以流離，加之以凍餒，爲人父母，實切哀傷。誠由德化未敷（原註：集作『孚』），耗斁猶廣。每欲蠲復，使（原註：集作『與』）之小休，迫於軍儲，有意未就。姑示勤恤，減其田租，惠貸非多，良深慚愧。天下百姓貞元十年地租斛㪷應合度支收管者，宜並三分減收一分；如當管無屬度支斛㪷，即減放合送上都十分之一。其所放斛㪷錢物，並委巡院官與觀察、經略等使計會審勘，定數分明，榜示百姓，仍具申奏。去年以來所有貸糧種子，並存百姓腹内者，一切放免。富國（原註：集作『裕』）安人，在於薄斂，必不得已，簡則易從。自頃削去煩苛，定爲兩税，既無他撓（原註：集作『擾』），頗便於時。朕推誠御人，所貴在（原註：集作『存』）信，保此成法，期於不踰，凡百有司，所宜遵守。儻求取無節，則因緣起（原註：集作『啓』）姦，獲利失人，殊乖朕意。諸司諸使及諸州府，除兩税外，別有科配，悉宜禁絶。近年以來，因和市和糴欠負百姓錢物，並即填還，已後官司應有市糴者，各須先付價直，不得賒（原註：集作『先』）取抑配，因玆斂怨擾人。水旱爲災，古人（原註：集作『今』）不免，苟有豐蓄（原註：集作『備』），則無凶年。間屬多虞，里閭凋耗，如務求於日給，不遑慮於歲儲，一穀不成，人則難食，害至而救，其傷已多，俾無餒殍之憂，將在備之而已。宜委諸州府長吏，每年以當管迴殘餘羨錢物，穀賤時收糴，各隨便近貯納，年終具有無多少報中書門下，兼申考功，以爲考課升降。如有替代，各分明交領，準前申報。若遇災異（原註：集作『旱』）不稔，即量事給與（原註：集作『賑給』）百姓，輒有（原註：集作『輒如』）將充諸色用者，以枉法贓罪之」五百一十九字。詔令「良深憫愧」之「良深」作「深自」，「富國安人」之「國」作「俗」，「則無凶年」之「則無」作「何患」，「以枉法贓罪之」之「法」作「準」，餘略同。全唐「云云」作「一級，四品已下，加一階」，餘略同。按：文苑多出五百餘字，內容與底本前後文可以銜接，原註多處引「集」中異文，可見宋本陸宣公翰苑集本有此段文字，現在所見宋本及元、明、清本均無此段文字，不知是何道理？由於無本可證，不便補入，姑附於此。

〔一二〕應百姓自置義倉　「應」，明本作「將」，文苑、詔令、全唐作「其勸課」。

〔一三〕內外文武清望職事官　此句之上，文苑、詔令多一「應」字。

〔一四〕以明報德之恩　此句之上，文苑、詔令、全唐多一「固」字。

〔一五〕賢良方正　此句之上，文苑、詔令、全唐多一「有」字。

〔一六〕並限來年七月内到京　此句之上，文苑、詔令、全唐多「仍牒報吏部，其所舉人」九字。

〔一七〕應緣大禮掌職行事至法駕三引官等　册府作「緣大禮職掌行軍法駕，南郊後留守、副留守，及太倉、左藏庫及陪位官等」。

〔一八〕崇賢館學生　「崇賢館」當作「崇文館」。參閲前篇校勘記〔四二〕。

蝗蟲避正殿降免囚徒德音

【張註】舊唐書德宗紀：貞元元年秋七月，關中蝗，食草木都盡，旱甚，灞水將竭，井多無水。有司計度支錢穀，纔可支七旬。〔八月〕甲子，詔云云。＊馬文昌雜録：今之文德殿，唐之宣政殿也。是謂正衙。而垂拱直其北，紫宸乃在東偏。文獻通考：唐故事：天子日御殿見羣臣，曰常參。朔望薦食諸陵寢，有思慕之心，不能臨前殿，則御便殿見羣臣，曰入閤。宣政，前殿也，謂之衙。衙有仗。紫宸，便殿也，謂之閤。其不御前殿而御紫宸也，乃自正衙唤仗，由閤門而入閤。凡俟朝于衙者，因隨以入見，故謂之入閤。然衙，朝也，其禮尊；閤，晏見也，其事殺。前漢楚元王傳：發明，詔吐德音。玉海：大赦者，不以罪大小，皆原。其或某處有災，或車駕行幸，則曰赦。某郡已下，謂之曲赦。復有遞減其罪，謂之德音者，比曲赦則恩及天下，比大赦則罪不盡除（案）。

夫人事失於下，則天變形於上，咎徵之作，必有由然。自去歲已來，〔一〕災沴仍集，雨澤不降，延歷三時，蟲蝗既臻，〔二〕彌亘千里。穀羅翔貴，〔三〕【張註】前漢食貨志：穀賈翔貴。註：師古曰：翔，言如鳥之回翔，謂不離于貴也。若暴貴，稱騰踊也。稼穡卒痒，〔四〕【張註】詩：下民卒（痒）〔癉〕。傳：（痒）〔癉〕，病也。嗷嗷烝人，【張註】通鑒音註：烝人猶烝民也，避太宗諱改民爲人。【石川註】嗷，說文：衆口愁也。聚泣田畝，興言及此，實所痛傷。〔五〕徧祈百神，【張註】周禮大司徒：以荒政十有二，聚萬民：十一曰索鬼神。曾不獲應，方悟禱祀殊救患之術，言詞非謝譴之誠。憂心如焚，深自刻責：得非刑法舛謬，【張註】增韻：舛，錯也。左思吳都賦：詭類舛錯。忠良鬱堙？【張註】左傳：鬱堙不育。暴賦未蠲，〔六〕勞師靡息？事或無益，而重爲煩費？任或非當，而橫肆侵蟊？【張註】詩：及其蟊賊。傳：食根曰蟊，食節曰賊。左傳：帥我蟊賊。有一於茲，足傷和氣。本其所以，罪實在予，百姓何辜，重罹殍餒。所宜出次貶食，節用緩刑，【張註】周禮：荒政十有二：一曰散利，二曰薄征，三曰緩刑。側身增修，以謹天戒。

朕避正殿不御，〔七〕百寮奏事，並於延英處分。【張註】通鑒音註：盧文紀曰：上元以來，置延英殿，或宰相欲有奏對，或天子欲有咨度，皆非時召見。程大昌曰：高宗初，創蓬萊宮，諸門殿亭皆已立名。至上元二年，延英殿當御座生玉芝，則是初有大明宮，即有延英殿。顧召對宰臣，則始于代宗耳。代宗以苗晉卿年老蹇甚，聽入閤不趨，爲御延英，此優禮也。按：六典：先政殿前西上閤門之西即爲延英門，延英門之左即延英殿。故陽城欲救陸贄，約拾遺王仲舒守延英殿上疏，伏閣不去也。綱目質實：延英在西安府治東北五里，唐東內宣政殿次東，乃宰相啟事之所，相對有思政殿。尚食進膳，宜更節減。【張註】穀梁傳：五穀不升，謂之大侵。大侵之禮，君食不兼味。白虎通：一穀不升，徹鶉鷃；二穀不升，徹梟雁；三穀不升，徹雉兔；四穀不升，損囿獸；五穀不升，不備三牲。百司不急之務，一切且除。諸軍將士外，〔八〕自餘應食官糧人，及諸色用度等，並委本使長官商量，〔九〕權行停減，以救荒饉。仍限十日內，具元額及所釐革，條件聞奏。待至豐稔，卻令依舊。畿內百姓，委京兆尹切加慰撫。除正稅、正役外，徵科差遣，並宜禁絕。非交相侵奪，尋常訴訟，不須追擾，務且息人。京畿內外及京兆府諸縣見禁囚徒，死罪降徒，流以下一切放免。畿內及河中、同州界，應有因戰陣殺戮，遺骸暴露者，各委所在長吏隨事埋瘞。【張註】爾雅：瘞，幽也。註：幽亦埋也。疏：皆謂埋藏。

咨爾卿佐，實惟股肱，所當一其誠心，同恤災患，勉修厥職，副我憂勤。

馬傳庚曰：飛蝗降災，天實示警，非君失德，何至於斯？急宜省過行仁，庶足挽回天意。

*按：「八月」二字，舊紀原脫，此據新紀、通鑑、冊府一〇七補。

校勘記

〔一〕自去歲已來　「去歲」，舊紀作「頃」。

〔二〕蟲蝗既臻　「既」，舊紀作「繼」。

〔三〕縠羅翔貴　「縠羅」，舊紀作「菽粟」。

〔四〕稼穡卒痒　「卒痒」，舊紀作「枯瘁」，宋本、元本、明本、張本、石川本作「卒癉」。按：「卒痒」見詩大雅桑柔。「卒癉」出詩大雅板篇，禮緇衣引作「卒癉」。唐避睿宗李旦音諱，作「卒痒」疑是。作「卒癉」，應爲後世所改。

〔五〕實所痛傷　「所」，舊紀作「切」。

〔六〕暴賦未蠲　「賦」，宋本、明本、郎本、全唐四六四作「賦」。

〔七〕朕避正殿不御　舊紀作「朕自今視朝不御正殿」。

〔八〕諸軍將士外　此句之上，舊紀多一「除」字。

〔九〕並委本使長官商量　「本使」上，舊紀多「本司」二字。

誅李懷光後原宥河中將吏並招諭淮西詔【張註】舊唐書德宗紀：貞元元年

八月甲子，李懷光大將尉珪以焦籬堡降。丁卯，懷光將徐（廷）〔庭〕光以長春宮兵六千人降。

甲戌，朔方大將牛名俊斬李懷光，傳首闕下。馬燧收復河中。己卯，詔云云。

自昔哲王，〔一〕【張註】書：往敷求于殷先哲王。詩：下武惟周，世有哲王。以道化下，不竭物以充欲，不勞人以樹威，億兆之心，如戴父母，兵革不試，四方來同。苟或昧於德綏，務以力勝，士旅疲耗，烝黎困窮，幸以成功，豈云有補？

李懷光久從戎旅，〔二〕頗著勤勞，拔於等倫，【張註】前漢甘延壽傳：投石拔距，絶于等倫。授以旄鉞。【張註】綱目集覽：旄，毛幢也，旄牛尾以飾節也。鉞，大斧，行節制者持之，以示專斷。【石川註】唐書叛臣傳：德宗罷子儀副元帥，以所部兵分諸將，故懷光爲寧、慶、晉、絳、慈、隰等州節度使。討劉文喜，平之，徙朔方節度使。誓師河、朔，奔難奉天，有夷兇嫉惡之誠，有弭患釋圍之績，俾介元帥，【張註】唐書宰相表：建中四年十一月癸巳，朔方節度使李懷光爲中書令，朔方、邠寧、同華、陝虢、河中、晉、絳、慈、隰行營兵馬副元帥。仍升上台。【張註】周禮春官大宗伯「司中」疏：武陵太守星傳云：三台一名天柱，上台司命爲太尉。【石川註】加副元帥、中書令。秉心匪彝，自底不類，【張註】書：凡我造邦，無從匪彝。又：予小子，不明于德，自底不類。怙衆貪亂，附姦脅君，朕用再遷，【張註】通鑑：李懷光既脅朝廷逐盧杞等，內不自安，遂有異志。屯咸陽累月，逗留不進，密與朱泚通謀。李晟以爲：「懷光反狀已明，緩急宜有備，蜀、漢之路不可壅，請以裨將趙光銑等爲洋、利、劍三州刺史，各將兵五百以防未然。」上疑未決，欲親總禁兵幸咸陽，以慰撫爲名，（趨）〔趣〕諸將進討。或謂懷光曰：「此漢祖遊雲夢之策也！」

懷光大懼，反謀益甚。上垂欲行，懷光辭益不遜，上猶疑讒人間之，加懷光太尉，增實食，賜鐵券，遣神策右兵馬使李卞等往諭旨。懷光對使者投鐵券于地，曰：「聖人疑懷光邪？人臣反，賜鐵券；懷光不反，（食）〔今〕賜鐵券，是使之反也！」辭氣甚悖。李懷光夜遣人襲奪李建徽、楊惠元（軍），建徽走免，惠元將奔奉天，懷光遣兵追殺之。懷光又宣言曰：「吾今與朱泚連和，車駕且當遠避！」遣其將趙昇鸞入奉天，約其夕使别將達奚小俊燒乾陵，令昇鸞爲内應，以驚脅乘輿。昇鸞詣渾瑊自言，瑊遽以聞，且請決幸梁州。上命瑊戒嚴，瑊出，部勒未畢，上已出城西，命戴休顔守奉天，朝臣將士狼狽扈從。幾危宗廟。洎股肱宣力，賊泚就誅，率士之人，咸懷奮擊。朕獨排羣議，未忍加兵，命復官封，志期全貸。【石川註】唐書叛臣傳：以懷光爲太子太保，許其麾下〔擇功高者一人統其兵〕。而乃昏迷不返，悖慢逾彰，殘害使臣，【張註】通鑑：興元元年三月，詔數李懷光罪惡，叙朔方將士忠順功名，猶以懷光舊勳，曲加容貸，其副元帥、太尉、中書令、河中尹並朔方諸道節度、觀察等使，宜並罷免，授太子太保；其所管兵馬，委本軍自舉一人功高望重者便宜統領，速具奏聞，當授旌旄，以從人欲。遣給事中孔巢父賫先除懷光太子太保敕詣河中宣慰，朔方將士悉復官爵如故。孔巢父至河中，李懷光素服待罪，巢父不之止。懷光左右多胡人，皆嘆曰：「太尉無官矣！」巢父又宣言于衆曰：「軍中誰可代太尉領軍者？」于是，懷光左右發怒諠譟；宣詔未畢，衆殺巢父及中使（談）〔啖〕守盈，懷光亦不之止，復治兵爲拒守之備。侵敗畿甸，密邇京邑，【石川註】左傳文十七年：陳、蔡之密邇於楚。註：比近也。人愁無聊，諭之不悛，乃用致討。上帝悔禍，元臣協謀，克集茂勳，【張註】晉書元帝紀：茂勳格于皇天，清暉光于四海。以夷大難。渠魁授首，【張註】書：殲厥渠魁。正義：渠爲大，魁爲帥。史傳謂賊之首領爲渠帥，本此。餘衆革心，制勝以謀，兵無血刃。【張註】荀子：兵不血刃，遠邇來服。雖事非獲已，義在救人，而本其所由，情深罪己。蓋以信誠未著，撫馭或乖，至使功臣，陷於誅戮，謂之克敵，寧不愧心！〔三〕然以懷光一家，法當殲戮；〔四〕念其昔居將相，嘗寄腹心，罪雖挂於刑書，【張註】左傳：鄭人鑄刑書。唐書刑法志：唐之刑書有四，曰律、令、格、式。功已藏於王府。【張註】魏志公孫淵傳：功隆事大，勳藏王府。以干紀之蹟，【張註】徐陵文：象恭無赦，干紀必誅。固合滅身；以赴難之勳，所宜有後。非常之澤，〔五〕俾洽幽明，雖屈彝章，庶旌往效。大夫君子，無我有尤。【石川註】詩載馳文。宜以懷光一男爲嗣，【張註】唐書李懷光傳：初，懷光死，其子璀盡殺其弟乃死，故懷光無後。五年，詔：「以外孫燕賜姓李，名曰承緒，以左衛率府胄曹參軍繼懷光後。」賜莊、宅各一所，聽住京城。仍還懷光首級及屍，任便收葬。其妻及諸子孫在室女等，並遞送澧州，【張註】唐書地理志：澧州澧陽郡屬山南道。續通典：澧州，漢零陽縣地，吴立天門郡，隋置松州，尋改澧州。州在澧水之陽，故名。舊志：在京師東南一千八百九十三里。澧音禮。委李皐【張註】唐書太宗諸子列傳：曹王明，貞觀二十一年，始王曹。高宗詔出後巢王。三子：俊、傑、備。俊嗣王。神龍初，以傑子胤嗣。後停封而封備。開元十二年，復封胤。子戢嗣。戢子皐，字子蘭，天寶十一載，嗣王。【石川註】舊唐書李皐傳：皐，貞元初拜江陵尹、荊南節度使。逐便安置，使得存立。其出嫁女及諸親戚，〔六〕並宜釋放。

應先陷河中將士等，皆嬰迫脅，無路申明。多是朔方舊人，素蘊忠義；並幽州、涇原將士，頃被朱泚脅從，收京之時，奔竄在彼。究其本末，情有足矜，況能協力同謀，舉城歸順。録其成效，咸與惟新，宜一切洗雪，〔七〕勿爲瑕累。先有官爵、實封者，並許仍舊。其中首謀效順，事績著明者，委副元帥條件聞奏，別加甄奬。河中及同州、絳州百姓，並經陷賊，又久屯軍，骨肉流離，生業廢棄，興言軫念，良用惻然，宜各給復一年。京兆府奉先、美原【張註】唐書地理志：美原縣屬京兆府。通鑑音註：後漢景明元年，分漢富平縣置土門縣，屬新平郡，因土門山爲名。隋廢土門縣入華原。咸亨二年，分京兆之富平、華原及同州之蒲城，以故土門縣置美原縣。等縣，緣與同州接近，隨便供運，杼軸既繁，流亡頗衆，委京兆尹即量事優恤，條件聞奏，仍加招輯，使各安存。

河中保義軍、【張註】唐書方鎮表：建中四年，興、鳳、隴節度賜號保義節度。保寧軍【張註】唐書方鎮表：興元元年，賜河東節度號保寧軍節度。節度使，並管内諸軍行營兵馬副元帥，【張註】唐書百官志：建中四年，以李希烈反，置諸軍行營兵馬都元帥。河中、保寧等軍節度、度支、營田、【張註】唐書百官志：沃衍有屯田之州，則置營田使。觀察、處置等使，銀青光禄大夫，【張註】唐書百官志：從三品曰銀青光禄大夫。【石川註】漢書註：光，明也。禄，爵也。六典：從二品曰光禄大夫，正三品曰金紫光禄大夫，金章紫綬，從三品曰銀青光禄大夫，銀章青綬。檢校司徒，同中書門下平章事，兼太原尹，【張註】唐書地理志：太原府太原郡本并州，開元十一年爲府。唐書百官志：永徽中，改尹曰長史。開元三年，改京兆、河南府長史復爲尹；十一年，太原府亦置尹及少尹。北都留守，【張註】唐書方鎮表：開元十一年，更天兵軍節度爲太原府以北諸軍州節度，河東道度支、營田使兼北都留守，領太原及遼、石、嵐、汾、代、忻、朔、蔚、雲九州，治太原。【石川註】唐書地理志：北都在河東，天授置，上元罷，肅宗復。北平郡王燧：惟嶽降生，【石川註】詩：維嶽降神，生甫及申。鬱爲時傑。【石川註】漢書高帝紀：子房、蕭何、韓信皆人傑，吾能用之。奉上勵匪躬之節，【張註】易蹇卦：王臣蹇蹇，匪躬之故。訓師懷盡敵之謀。【張註】國語：夫戰，盡敵爲上。略地無遺，【石川註】漢書高帝紀：陳餘畧趙地。師古曰：謂行而取之，用功力少。攻城必拔。發揚以威强寇，感激而服叛徒。【張註】唐書馬燧傳：賊將徐廷光守長春宮城。燧度長春不下，則懷光固守，久攻所傷必衆，乃挺身至城下見廷光。廷光憚燧威，拜城上。燧顧其心已屈，徐曰：「我自朝廷來，可西嚮受命。」廷光再拜。燧曰：「公等朔方士，自祿山以來，功高天下，奈何棄之爲滅族計？若從吾言，非止免禍，富貴可遂也。」未對。燧曰：「爾以吾爲欺邪？今不遠數步，可射我。」披而示之心。廷光感泣，一軍皆流涕，即率衆降。燧以數騎入其城，衆大呼曰：「吾等更爲王人矣。」嘉謀屢聞，【石川註】書君陳：有嘉謀嘉猷。舊唐書李晟傳：晟以懷光反狀已明，蜀、漢之路不可壅也，以裨將趙光銑、唐良臣爲洋、利〔二州〕刺史，子壻張彧爲劍州〔刺史〕，各將兵以防未然。上未果行。車駕幸梁州，（路）〔駱〕谷險阻，儲供無素，上歎曰：「早從晟之言，三蜀可坐致也。」能事畢備。【石川註】易繫辭：天下之能事畢矣。朔方、河中、同、絳、陜、虢、汴等州【張註】唐書地理志：陜州陜郡、虢州宏農郡，屬河南道。續通典：陜州即周二伯分陜之地。後魏太和十一年，置陜州。虢州虢郡，帝王世紀云：虢有三：周封虢仲于西虢，虢州之地也。封虢叔于東虢，今成皋也。陜郡平陸是北虢。汴註見制誥七卷。及管内諸軍副元帥，〔八〕河中、絳州節度、觀察、處置等使，【張註】唐書方鎮表：廣德二年，置河中五州都團練、觀察使。開府儀同三司，【張註】唐書百官志：從一品曰開府儀同三司。通典：後漢章帝建初三年，始使車騎將軍馬防班同三司，同三司之名自此始也。殤帝延平九年，鄧騭爲車騎將軍儀同三司，儀同之名自此始也。魏黄權以車騎將軍開府儀同三司，開府之名自此始也。唐以開府儀同三司爲文散官。行侍中，【石川註】通典：凡正官皆稱行、守。其階高而官卑者，稱行；階卑而官高者，〔稱守；官階同者，〕並無行、守字。通典：侍中按令文掌侍從，負寶獻替，贊相禮儀，審署奏抄，駁正違失，監封題，給驛券，監起居注，總判省事。兼河中尹，【張註】唐書方鎮表：乾元二年，河中節度兼河中尹、耀德軍使。咸寧郡王瑊：鑒識精明，【張註】晉書楊駿傳：經德履喆，鑒識明遠。宇量弘博。【張註】袁宏名臣贊：邈哉太初，宇量高雅。監鐵論：劉子雍言王道，斌斌然，可謂弘博君子矣。秉義率衆，推誠待人。堅制不奪之心，【石川註】書仲虺之誥：以禮制心。論語：臨大節而不可奪也。亟陳必勝之略。【石川註】孟子：君子有不戰，戰必勝矣。廣韻：畧，謀畧也。輯睦士旅，安慰流庸。盛德克彰，崇功允集。惟乃二帥，一其誠心，奉行天誅，【石川註】書胤征：奉將天罰。傳：將，行也。泰誓：天命誅之。同奬王室。【石川註】左傳襄十一年：同好惡，奬王室。註：奬，助也。有崇讓之美，【石川註】晉書劉寔傳：寔以時俗喜進趣，少廉讓，著崇讓論。有禁暴之能。【石川註】左傳宣十二年：武，禁暴戢兵。元惡既除，【張註】書：元惡大憝。荀子：元惡不待教而誅。全城底定，是加寵命，【張註】陸機漢高祖功臣頌：是謂平國，寵命有輝。以答崇勳。燧可兼侍中，仍與一子五品正員官並階，餘並如故。瑊可檢校司空，【張註】唐書百官志：太尉、司徒、司空，是爲三公，皆正一品。【石川註】六典：司空一人，正一品。註：尚書：命禹作司空。按：空，冗也，古者冗居。周以司空爲冬官，掌邦事。仍與一子五品正員官並階，餘並如故。華州潼關、【張註】唐書地理志：華州華陰郡屬關内道。雍録：潼關在華州華陰縣東北而太華山之北也。太華在縣南八里。通典曰：本名衝關，言河在龍門向南而流，衝激華山之東，故以爲名。元和志謂因潼水名關者是也。曹大家賦曰：涉黄巷以濟潼。則潼名古固有之，至唐始于其地立關耳。鎮國軍節度使，開府儀同三司，檢校右僕射並華州刺史，〔九〕上柱國【張註】史記項羽本紀註：應(邵)〔劭〕曰：上柱國，上卿官，若今相國也。唐書百官志：司勳掌官吏勳級，凡十有二轉爲上柱國，視正二品。武康郡王駱元光：〔一〇〕邠、寧、慶【張註】唐書地理志：慶州順化郡屬關内道。續通典：慶州宏化郡東南三里有不窋城，後魏大統十一年置朔州。隋文帝改置合川鎮，十六年置慶州，以慶美取其嘉名。今郡城名尉李城，在白馬兩川交口，亦曰不窋城。等州刺史，〔一一〕御史大夫，上柱國，許昌郡王【張註】通典：潁川郡許州，春秋許國，秦爲潁川郡，後周改許州，唐改爲潁川郡，領縣六：長社、鄢陵、長葛、臨潁、許昌、扶溝。許昌，漢許縣，獻帝都於此，魏文改曰許昌。韓遊瓌：【張註】唐書韓游瓌傳：懷光寇同州，瑊、元諒敗于乾坑，詔游瓌率兵併力，敗賊衆五千于屯，遂會瑊、馬燧圍蒲城。師次焦籬堡，守將尉珪降。懷光見勢單蹙，乃縊死。鄜、坊、丹、延等州節度、觀察使，【張註】唐書方鎮表：上元元年，(罷)〔置〕渭北、鄜坊節度使，治坊州，並領丹、延二州。大曆十四年，罷渭北節度，置都團練、觀察使。建中四年，復置渭北節度，徙治鄜州。其後置都團練、觀察、防禦使。檢校兵部尚書，兼御史大夫，上柱國，東平郡王唐朝臣等：並節著艱危，功成討伐。鎮于衝要，隱若長城。【張註】宋書檀道濟傳：初，道濟見收，脱幘投地曰：「乃復壞汝萬里長城。」取彼兇殘，【石川註】書泰誓：取彼凶殘，我伐用張。

進無堅陣。比義同德，廓清方隅。【石川註】晉書唐彬傳：受任方隅。宜增食于真封，【張註】源流至論：漢平帝紀：令二百石以上，一切論秩如真。釋者謂諸官吏初除皆試守，滿歲稱職，乃爲真食全俸。且延榮於蔭子，〔一二〕【張註】唐書選舉志：凡用蔭，一品子，正七品上；二品子，正七品下；三品子，從七品上；從三品子，從七品下；正四品子，正八品上；從四品子，正八品下；正五品子，從八品上；從五品及國公子，從八品下。可各賜實封二百户，仍與一子六品正員官並五品階，〔一三〕餘並如故。應諸道、諸軍同討懷光將士等，一自征役，淹歷歲時，被服干戈，略無寧息，賴兹勤效，是有成功，宜並賜三十萬端匹，〔一四〕以充宴賞，仰度支即般次送赴，並各放歸本道，仍令所司叙録，即超資與改轉。其中大將及功效殊尤者，委所司速具名銜聞奏，〔一五〕先與處分。〔一六〕其先在河中將士，亦宜依例賜錢宴賞。如本是奉天定難功臣，準條合給賞者，〔一七〕度支即排比支付。

嗚呼！自國家多難，【張註】詩：未堪家多難。二紀于兹。朕嗣位七年，連兵五載。追惟往事，悔恨于懷。〔一八〕今二孽【張註】謂朱泚、李懷光。既誅，〔一九〕諸方甫定，哀彼淮右，獨爲匪人。【石川註】詩何草不黄：哀我征夫，獨爲匪民。其帥不龔，其衆何罪？【石川註】本左傳僖十三年「其君是惡，其民何罪」文。朕晨夕惕慮，念之甚詳。〔二〇〕罷征討則阻命止於數州，窮戰爭則流禍及於天下，利病之勢，較然相懸。俾人罹殃，寧我忍耻。今勳賢列鎮，疆理有經，縱未偃戈，足以保境。況天地之大，無所不容，豈令是邦，猶隔朝化。〔二一〕因兹大慶，使洽鴻恩。諸道應與淮西接連，宜且各守封境，非被侵軼，〔三〕不須進討。仍委所在長吏，明加招諭，宣布朕懷。李希烈若能歸降，待以不死，〔三〕其餘將士、官吏、百姓等，一切並與洗滌，與之更新。先有官封，亦皆仍舊。如能去逆效順，因事建功，理當甄升，以示褒勸。其所以優賞科條，並準前敕處分。朕思與海内，去危圖安，有過自新，雖大必宥。朗然明信，彰示兆人，期爾庶邦，〔四〕自求多福。【石川註】詩文王：自求多福。無有遠邇，咸使聞知。

校勘記

〔一〕自昔哲王　此句之上，册府一三四、詔令一二一多「朕聞」二字。

〔二〕李懷光久從戎旅　「久從戎旅」，册府一三四作「出自戎伍」。

〔三〕寧不愧心　「寧」，舊紀、册府一三四作「能」。

〔四〕法當殲戮　舊紀、册府一三四作「在法無捨」。

〔五〕非常之澤　册府一三四作「務從寬宥」。

〔六〕其出嫁女及諸親戚　舊紀無「戚」字。此句之下，册府一三四多一「等」字。

〔七〕宜一切洗雪　「洗雪」上，舊紀多「並與」二字。

〔八〕朔方河中同絳陝虢汴等州及管内諸軍副元帥　「諸軍」下，册府一三三、詔令多「行營兵馬」四字。

〔九〕開府儀同三司檢校右僕射並華州刺史　「並」，詔令作「兼」。據舊書一四四李元諒傳，駱元光於興元元年五月以前已「遷華州刺史」。本詔頒於貞元元年八月，其間相距一年有餘，是否曾改正授爲兼職，則不得而知。

〔一〇〕上柱國武康郡王駱元光　「上柱國」，詔令作「御史大夫」。舊書李元諒傳稱駱元光於興元元年五月以前已「兼御史大夫」，不載受「上柱國」勳事。新書一五六李元諒傳亦不載駱元光受「上柱國」勳事。

〔一一〕邠寧慶等州刺史　詔令作「邠寧等州節度、觀察、處置等使，檢校左僕射兼邠州刺史」，册府一三三略同。據舊書一三四渾瑊傳，德宗幸奉天時，「慶州刺史」爲「論惟明」。據新書一五六韓游瓌傳，游瓌先任「邠寧節度留後」，德宗幸奉天之後，「詔拜邠寧節度使」，「京師平，遷檢校尚書左僕射」。可見游瓌没有任過「邠、寧、慶等州刺史」，只任過「邠寧節度使」，同時任過「檢校左僕射」。又，新書韓游瓌傳載李懷光叛，曾「檄假游瓌邠州刺史」；舊書一四四韓遊瓌傳載貞元三年，游瓌子欽緒謀叛事洩，由京師「奔於邠州，邠州將吏械送京師」，説明游瓌一家與邠州關係甚深，游瓌曾「兼邠州刺史」恐有其事。疑詔令所載是。

〔一二〕且延榮於蔭子　「蔭」，宋本、元本、明本作「胤」，張本註云：「『蔭』，一作『胤』。」

〔一三〕仍與一子六品正員官并五品階　「仍」下，册府一三三多一「各」字。

〔一四〕宜並賜三十萬端匹　「三」，舊紀作「二」。

〔一五〕委所司速具名銜聞奏　「所司」，詔令作「本使」。

〔一六〕先與處分　「與」原作「兵」，據諸本及他書改。

〔一七〕準條合給賞者　「條」，詔令作「敕」。

〔一八〕悔恨于懷　「于」，册府一六五、詔令作「盈」。

〔一九〕今二孽既誅　「既」，詔令作「繼」。

〔二〇〕念之甚詳　「甚詳」，詔令作「於懷」。

〔二一〕猶隔朝化　「猶」，詔令作「永」。

〔二二〕非被侵軼　「被」，通鑑二三二、詔令作「彼」。

〔二三〕待以不死　此句之上，通鑑多一「當」字。「待以」間，册府一六五多一「之」字。

〔二四〕期爾庶邦　「期爾」，册府一六五作「明示」。

誅李希烈後原宥淮西將士並授陳仙奇【張註】希烈親將。節度詔〔一〕

【張註】通鑑綱目：希烈別將寇襄、鄧州，樊澤、李澄擊破之。希烈兵勢日蹙。會有疫，仙奇使醫毒殺之，因屠其家，舉衆來降。詔爲淮西節度使。【石川註】舊唐德宗紀：貞元二年四月，淮西李希烈爲其牙將陳仙奇所酖，並誅其妻子，仙奇以淮西歸順。詔在此月。

反易天常，〔二〕【張註】左傳：夏書曰：惟彼陶唐，帥彼天常。穆天子傳：後世所望，無失天常。悖違人紀，【張註】書伊訓：先王肇脩人紀。衆之所棄，罔或逃誅。李希烈蔑義背恩，窮姦極暴，謂神器可以力取，謂生靈可以詐欺，【張註】唐書李希烈傳：希烈染石作璽，又于上蔡、襄城獲折車釭，奉以爲瑞，惑其下。志在兇殘，躬行僭竊，【張註】唐書李希烈傳：希烈已據汴，僭即皇帝位，國號楚，建元武成。以張鸞子、李綬、李元平爲宰相，鄭賁爲侍中，孫廣爲中書令。披其地建四節度，以汴州爲大梁府治，安州爲南關。罪無與比，法實難容。〔三〕以君德不修，〔四〕致人於禍，究其端本，過實在予。不忍烝黎，重相攻戰，屢施詔命，務欲懷柔。【張註】詩：懷柔百神。抑羣帥奮發之誠，駐諸軍討逐之勢，不憚屈己，期於息人。希烈曾無悛心，【張註】書：惟受罔有悛心。益逞驕志，虐毒滋甚，吞噬無厭，惡貫既盈，【張註】書：商罪貫盈。自底夷滅。

開府儀同三司、御史中丞、【張註】唐書百官志：御史臺中丞三人，正四品下。通典：初，漢御史大夫有兩丞，一曰御史丞，一曰中丞，亦謂中丞爲御史中執法。中丞在殿中、蘭臺掌圖籍秘書，外督部刺史，内領侍御史十五員，受公卿奏事，舉劾案章，蓋居殿中察舉非法也。隋以國諱，改中丞爲大夫；唐因隋，亦曰大夫。御史中丞舊持書侍御史也。

初，漢宣帝元鳳中感路温舒「尚德緩刑」之言，季秋後請讞時，帝幸宣室齋居而決事，令侍御史二人持書，持書御史起于此也。高宗永徽初，以國諱故，改持書侍御史爲御史中丞。臨漳郡王陳仙奇：〔五〕【張註】謹按：沈約宋志作臨（漳）〔障〕。蕭子顯曰：臨漳郡本合浦郡之北界也。通典：合浦郡廉州：秦象郡地。漢置合浦郡。宋因之，兼置臨漳郡及越州，領郡三，理於此。唐置廉州，州界有漳江。忠勇有餘，〔六〕沈毅能斷。【張註】魏志明帝紀註：天姿秀出，沉毅能斷。攄閫境受汙之憤，導三軍思順之心。唱義一呼，羣情響附。廓清氛祲，殲戮渠魁。驛書上聞，函首入獻。【張註】杜牧竇烈女傳：初，希烈入汴州，聞户曹參軍竇良女美，使甲士至良門，取桂娘以去。將出門，顧其父曰：「慎無戚，必能滅賊，使大人取富貴于天子。」桂娘以才色在希烈側，復能巧曲取信。希烈歸蔡州，桂娘謂希烈曰：「忠而勇，一軍莫如陳仙奇。其妻竇氏，仙奇寵且信之，願得先往來，以姊妹叙齒，因徐説之，使堅仙奇之心。」希烈然之。桂娘以姊事仙奇妻，嘗間曰：「爲賊遲晚必敗，姊宜早圖遺種之地。」仙奇妻然之。興元元年四月，希烈暴死，其子不發喪，欲盡誅老將校，以卑少者代之，計未決。有獻含桃者，桂娘白希烈子，請分遺仙奇妻，且以示無事于外，因爲蠟帛書曰：「前日已死，殯在後堂，欲誅大臣，須自爲計。」以朱染帛，丸如含桃。仙奇發丸見之，言于薛育。育曰：「兩日希烈稱疾，但怪樂曲雜發，晝夜不絶，此乃有謀未定，示暇于外，事不疑矣。」明日，仙奇、薛育各以所部譟于牙門，請見希烈。希烈子迫，出拜曰：「願去僞號，一如李納。」仙奇曰：「爾父悖逆，天子有命誅之。」因斬希烈及妻、子，函七首以獻，暴其尸于市。」【石川註】唐書李希烈傳：希烈勢日蹙，縮氣不敢摇，啖牛肉而病，親將陳仙奇陰令醫毒之以死。希烈子不發喪，欲悉誅諸將乃自立。仙奇率兵譟而入，子出偏拜曰：「請去帝號，如淄青。」語已，斬之，函希烈並妻子七首，獻天子。方隅既乂，【石川註】書傳：乂，治也。役戍其休。【石川註】詩採薇序：遣戍役。疏：戍，守也。蟋蟀：役車其休。懸賞之科，是宜必信。【張註】唐書李希烈傳：希烈懼，上疏，帝不赦，詔斬希烈者，四品以上得其官，五品以下户四百，民賜復三年。其以仙奇爲檢校工部尚書，【張註】唐書百官志：工部尚書一人，正三品。【石川註】唐書百官志：工部尚書掌山澤、屯田、工匠、諸司公廨紙筆墨之事。兼蔡州刺史、御史大夫，充淮西節度，〔七〕仍賜實封五百户。

應淮西管内將士、官吏、百姓等，頃迫兇威，遂從脅制，既誅元惡，俱是平人，除李希烈一家，其餘並準前後赦敕原放，更無所問。其將士等，或本屬平盧，【張註】唐書方鎮表：開元五年，營州置平盧軍使。七年，升平盧軍使爲平盧軍節度，經略、河北支度、管内諸蕃及營田等使，兼領安（都）〔東〕都護及營、遼、燕三州。或久鎮淮右，素推忠義，累著勳庸，果能叶志同謀，輸誠奉順，以茲節效，良有可嘉，委仙奇即以諸色官錢，優與宴勞。其中首建謀議，同斬希烈人等，宜並條録聞奏，節次褒賞。比年以來，有潛圖效順，節義著明，計或未行，爲賊屠害者，【張註】唐書李希烈傳：哥舒曜復取汝州，希烈遣周曾、吕從賁、康琳拒曜，次襄城，與王玢、姚憺、韋清合謀襲希烈，不克，皆死，清奔劉洽。亦當審加訪察，具事績以聞；如有子孫，仍並録名聞奏。百姓等久經淪陷，兼被傷夷，【張註】左傳：命軍吏察夷傷。遐想凋殘，實足哀憫，除供當道軍用外，〔八〕宜給二年。〔九〕應被希烈差點兵馬及團練子弟，並即放散。其本額將士之中，有不樂在軍，願歸農業者，委節度、刺史量給逃死户田宅，〔一〇〕並借貸種糧，〔一一〕優給復終身，使之存濟。宜令尚書左丞【張註】唐書百官志：尚書省左丞一人，正四品上。鄭叔則【張註】謹按：時爲東都留守。充淮西宣慰使。

嗚呼！往欽哉！自希烈叛命，于今五年，上澤不通，〔二〕下情亦阻。所宜宣我信令，以釋危疑；敷我惠和，【張註】左傳：爲温慈惠和，以效天之生殖長育。以慰疲瘵。【張註】詩：上帝甚蹈，無自瘵焉。傳：瘵，病也。滌清汙俗，咸與惟新，底難一方，〔三〕以稱朕意。

校勘記

〔一〕誅李希烈後原宥淮西將士並授陳仙奇節度詔　「宥」字原脱，據目録補。詔令一一二作「誅李希烈原宥淮西將吏詔」。

〔二〕反易天常　此句之上，詔令多一「敕」字。

〔三〕法實難容　「實」，册府一一八、詔令作「所」。

〔四〕以君德不修　此句之上，詔令多一「朕」字。

〔五〕開府儀同三司御史中丞臨漳郡王陳仙奇　「御史中丞」上，册府一一八多一「兼」字。

〔六〕忠勇有餘　「餘」，册府一一八、詔令作「謀」。

〔七〕充淮西節度　「節度」下，舊紀、通鑑二三二、新書二二五李希烈傳、詔令多一「使」字。

〔八〕除供當道軍用外　「外」上，册府一三五、四九一、詔令多一「之」字。

〔九〕宜給二年　「給」下，册府一三五、四九一、詔令、新書李希烈傳多一「復」字。

〔一〇〕委節度刺史量給逃死户田宅　「節度」下，册府一三五、四九一多一「使」字。

〔一一〕並借貸種糧　「並」下，册府一三五多一「錢」字，「並錢」二字屬上句。

〔一二〕上澤不通　「上」，元本、明本、張本、册府一三六、詔令、全唐作「王」。

〔一三〕底難一方　「難」，册府一三六、詔令作「綏」。書盤庚云：「底綏四方。」王粲蕤賓鐘銘云：「底綏六合。」似作「綏」是。

重原宥淮西將士詔〔一〕

【石川註】舊唐書李希烈附傳：陳仙奇性忠果，自希烈死，朝廷授淮西節度，頗竭誠節，未幾，爲别將吴少誠所殺。德宗紀：貞元二年七月，以淮西兵馬使吴少誠爲蔡州刺史，知節度留後。此詔當在此時。

乃者希烈亂常，〔二〕阻兵竊號，汙脅士衆，殘虐烝黎。朕志在好生，誠深罪己，【張註】左傳：禹、湯罪己，其興也浡焉。爲人受恥，不忍加兵。惟茲一軍，代著忠節，果殲元惡，不替舊勳。【張註】左傳：我襄公未忘君之舊勳。蔡邕胡公碑：奕世載德，不廢舊勳。詢於衆情，就拜戎帥，人亦勞止，期於小康。旋乖卹下之方，重致喪身之禍。由朕薄德，俾人不寧，撫臨萬邦，〔三〕且愧且悼。猶賴將校士旅，秉其誠心，邦人不驚，軍部無擾。以茲節效，良有可嘉，所宜慰安，俾洽寬澤。應將士吏人承前所有諸過犯，〔四〕罪無輕重，一切釋放，曠然昭洗，咸與惟新。〔五〕其有先請受莊宅財物者，各以見管爲主。將士衣賜節料並家口糧賜等，一切並準舊例，以時給付，不得停減。先令優與賞設，〔六〕亦準元敕處分，務令豐厚，以稱朕懷。仍加曉諭，各委知悉。

校勘記

〔一〕重原宥淮西將士詔　「將士」下，詔令一二三多一「等」字。詔令一一六作「處分淮西敕」。

〔二〕乃者希烈亂常　此句之上，詔令一一六、一二三多一「敕」字。

〔三〕撫臨萬邦　「臨」，詔令一一六作「此」。

〔四〕應將士吏人承前所有諸過犯　「將士吏人」下，詔令一二三多一「等」字。「諸」下，詔令一二三多一「色」字。

〔五〕咸與惟新　「惟」，詔令一二三作「更」。

〔六〕先令優與賞設　「令」，詔令一二三作「合」。

陸贄集卷四

制　誥　優恤、賜功臣名、改府州

賑恤諸道將吏百姓等詔

國之經制，儲蓄備災，雖遇凶年，人無菜色。【張註】禮記：三年耕，必有一年之食；九年耕，必有三年之食。以三十年之通，雖有凶旱水溢，民無菜色。【石川註】漢書元帝紀：民有菜色。師古曰：五穀不收，人但食菜，故其顔色變惡。時或弛征散利，【張註】周禮：荒政一曰散利，二曰薄征。務穡勸分，【張註】左傳僖二十一年：夏，大旱，臧文仲曰：「修城郭，貶食省用，務穡勸分，此其務也。」杜註：穡，儉也。勸分，有無相濟。又，昭元年傳：穆叔曰：大國省穡而用之。徙有以均無，因豐而補敗，救患之術，抑其次焉。

自戎役繁興，〔一〕兩河尤極，農桑日廢，〔二〕井邑爲墟。丁壯服其干戈，疲羸委於溝壑，傷夷未復，荒饉荐臻。歷河、朔而至於太原，自淮、沂而被于洛、汭，【張註】禹貢蔡註：淮、沂，二水名。水經云：淮水出南陽平氏縣胎簪山。沂水，地志云：出泰山郡蓋縣艾山。今沂州沂水縣也。洛水，地志云：出宏農郡上洛縣冢領山。水經謂之讙舉山，今商州洛南縣冢領山也。汭水，地志作芮，扶風汧縣弦蒲藪，芮水出其西北，東入涇。今隴州汧源縣弦蒲藪有芮水焉。蟲螟爲害，【張註】詩：去其螟螣，及其蟊賊。疏：李巡云：言其姦冥冥難知也。陸機云：螟似虸蚄而頭不赤。唐書五行志：興元元年秋，螟蝗自山而東際于海，晦天蔽野，草木葉皆盡。貞元元年夏，蝗，東至海，西盡河、隴，羣飛蔽天，旬日不息，所至草木葉及畜毛靡有孑遺，餓饉枕道，民蒸蝗，曝，颺去翅足而食之。雨澤愆時，稼穡卒痒，〔三〕烝黎重困。【張註】國語：內困于父母，外困于諸侯，是重困也。然由徵賦不息，征役未寧，凍餒流離，寄命無所。興言感悼，焚灼于懷。

朕聞刑罰失中，虐沴斯作，【張註】唐書五行志：知罪不誅，其罰燠，夏則暑殺人，冬則物華實。蓋當寒反燠，象宜刑而賞之也。【石川註】漢書于定國傳：東海太守論殺孝婦，郡中枯旱三年。致咎之本，在予一人，【石川註】禮玉藻：天子自稱，曰予一人。萬姓何辜，遭罹其弊。兢兢惕畏，不敢遑安，庶蠲下土之災，用答上天之戒。其宣武等軍，【張註】唐書地理志：汴州有宣武軍。宋、亳、陳州等節度，【張註】唐書方鎮表：建中二年，置宋、亳、潁節度使，治宋州。尋號宣武軍節度使。淄、青等州節度，河陽、【張註】唐書地理志：孟州有河陽軍，建中四年置。通鑑音註：河陽縣本屬懷州，顯慶二年分屬河南府。城臨大河，長橋架水，古稱設險。此城，後魏之北中城也。東、西魏兵爭，又築中潬及南城，謂之河陽三城。懷州節度，【張註】唐書方鎮表：建中二年，置河陽三城節度使，以東都畿觀察使兼之，領懷、鄭、汝、陝四州。貞元元年，罷節度，置都團練使；十二年，復置河陽、懷節度，治河陽。東都畿、汝等州節度，【張註】見上。潞美軍、澤、潞、磁、邢等州節度，【張註】唐書方鎮

表：至德元載，置澤、潞、沁節度使，治潞州。寶應元年，澤潞節度增領陳、邢、洺、趙四州。保寧軍節度，成德軍、恒、深、趙等州節度，【張註】唐書方鎮表：寶應元年，置成德軍節度使，領恒、定、易、趙、深五州，治恒州。易、定等州節度，每管各賜米五萬碩，〔四〕所司即般運，都於楚州【張註】唐書地理志：楚州淮陰郡屬淮南道。通鑑音註：楚州，本漢射陽鹽瀆縣地。晉置山陽郡。隋開皇初，罷郡；十二年，置楚州；大業初，州廢。唐初復置。分付，各委本道差官受領，賑給將士、百姓等，務令均洽，以惠困窮。

屬軍費方殷，國儲尚歉，今所賜賑給，其數非多，猶慮孤惸，或未周贍，穀價翔貴，何能自資？江、淮之間，連歲豐稔，迫於供賦，頗亦傷農。收其有餘，濟彼不足，允乎發斂之術，且叶變通之規。【張註】易：變通配四時。宜令度支於淮南、【張註】唐書地理志：淮南道蓋古揚州之域，漢九江、廬江、江夏等郡，廣陵、六安國，及南陽、汝南、臨淮之境。浙江東、西【張註】唐書方鎮表：建中元年，分浙江東、西道都團練、觀察使爲二道。通鑑音註：浙東道節度使領越、睦、衢、婺、台、明、處、温八州，治越州；浙西道節度使兼江寧軍使，領昇、潤、宣、歙、饒、江、蘇、常、杭、湖十州，治昇州。等道量置場加價和糴米三五十萬碩，差官般運於諸道，減價出糶，貴從權便，以利於人。【張註】後漢段熲傳：臨時量宜，不失權便。無或勞煩，重予不德。方岳守將，實朕股肱，卹患分憂，與朕同體。宜即遣使，分道宣慰，勞勉將士，省問鄉閭。有可以救歲之凶災，除人之疾苦，各與本道節度使商議，〔五〕具以聞奏，必精必詳，用稱朕意。

校勘記

〔一〕自戍役繁興　「自」，册府一〇六作「頃」。

〔二〕農桑日廢　「日」，册府作「俱」。

〔三〕稼穡卒痒　「痒」，宋本、元本、明本作「癉」。參閲卷三蝗蟲避正殿降免囚徒德音校勘記〔四〕。

〔四〕其宣武等軍至每管各賜米五萬碩　舊紀作「宋亳、淄青、澤潞、河東、恒冀、幽、易定、魏博等八節度，螟蝗爲害，蒸民饑饉，每節度賜米五萬石，河陽、東畿各賜三萬石」。册府作「其宋亳、淄青、澤潞、河東、恒冀、幽州、易定、魏博等八節度管内各賜米五萬石，河陽、東都畿二節度管内各賜三萬石」。

〔五〕各與本道節度使商議　「本道節度使」，册府作「長吏」。

優恤畿内百姓並除十縣令詔

【張註】通鑑音註：唐雍州諸縣，萬年、長安爲赤縣，餘縣爲畿縣。六典曰：城内爲京縣，城外爲畿縣，京縣令正五品上，畿縣令正六品下。

朕以薄德，託於人上，【張註】左傳：齊桓公存三亡國以屬諸侯，義士猶曰薄德。勵精思理，期致雍熙。【張註】東京賦：上下共其雍熙。鑒之不明，事或乖當，百度多闕，四方靡寧。傷夷未瘳，而征役薦起，流亡既甚，而賦斂彌繁。人怨聞上，天災降下，連歲蝗旱，蕩無農收。惟茲近郊，遭害尤甚，豈非昊穹作沴，深儆予衷！跼蹐憂慚，〔一〕罔知攸措。今穀價騰踊，【張註】前漢魏相傳：今歲不登，穀暴騰踊。師古註：價忽大貴也。人情震驚，鄉閭不居，骨肉相棄，流離殞斃，所不忍聞。公私之間，廩食俱竭，既無賑恤，猶復徵求，財殫力疲，繼以鞭箠。弛征則軍莫之贍，厚斂則人何以堪？念茲困窮，痛切心骨，思所以濟，浩無津涯。【張註】書：若涉大水，其無津涯。

補過實在於增修，救患莫如於息費。致咎之本，既由朕躬，謝譴之誠，當自朕始。宜令尚食每日所進膳各減一半，宮人等每月惟供給糧米一千五百碩，〔二〕其餘悉皆停省。年食支酒料宜減五百碩。飛龍廐馬，從今已後至四月三十日已前，並減半料。京兆府百姓應差科徵配，及和市、和糴等諸色名目，事無大小，一切並停。公私債負，容待蠶麥熟後徵收。百司非至切之務，如追擾百姓及追勘徵收等色，府、縣並不須承受。其尋常訴訟，非交相侵奪者，亦不得爲理。百姓及諸色人等，如能力行仁義，均減有無，賙貸貧人，〔三〕全活數衆者，府司具事蹟聞奏，朕當授以官秩，蠲其征徭。如縣令勸導有方，流庸克濟，至夏初已來，類例勘會，但户口無減，田疇不荒，亦以狀聞，量加優獎。百姓有迫於荒饉，全家逐食者，其田宅、家具、樹木、麥苗等，縣司並明立簿書印記，令所由及近鄰人同檢校，勿容輒有毀損，及典賣填納差科，本户却歸，使令復業。

夫致理之本，必在於親人；【張註】南史循吏傳序：長吏之職，號曰親人，至于道德齊禮，移風易俗，未有不由之矣。親人之任，莫切於令長。導王者之澤，以被於下；求庶人之瘼，【張註】詩：亂離瘼矣。傳：瘼，病。以聞于朝。得失之間，所係甚大。且一夫不獲，辜實在予，【張註】書：一夫不獲，則曰時予之辜。況百里之安危，萬人之性命，付以長吏，豈容易哉！今甸内凋殘，亦已太甚，每一興想，矗然傷懷。非慈惠不能䘏疲甿，【張註】管子：爲人父者，慈惠以教。非才術無以賑艱食。【石川註】書益稷：奏庶艱食鮮食。傳：難得食。臺郎、御史，選重當時，得不分朕之憂，救人之弊！昨者詳延羣彦，親訪嘉猷，【張註】書：爾有嘉謀嘉猷。尚書司勳員外郎【張註】唐書百官志：司勳員外郎二人，掌官吏勳級。六典：周官太宰之屬官，有上士，蓋今員外郎之任也。宋百官階次，有員外郎，美遷爲尚書郎。隋文帝開皇六年，尚書二十四曹，各置員外郎一人，品從第六，謂曹郎本員之外復置郎也。竇申等十人，咸以器能，理道精心，究烝黎之疾苦，知教化之宗源，輟於周行，往涖通邑。申可長安縣令，鄭珣瑜可檢校吏部員外郎【張註】唐書百官志：吏部員外郎二人，從六品上。通典：隋開皇六年置吏部員外郎一人。煬帝三年改爲選部承務郎。武德三年，復舊，加置一人，一員判廢置，一員判南曹。兼奉先縣令，韋武可檢校禮部員外郎【張註】唐書百官志：禮部郎中、員外郎，掌禮樂、學校、衣冠、符印、表疏、圖書、册命、祥瑞、鋪設，及百官、宫人喪葬贈賻之數，爲尚書、侍郎之貳。通典：隋文帝置禮部員外郎。煬帝改爲儀曹承務郎。武德三年，復舊，其後曹改而官不改。兼昭應縣令，賈全可咸陽縣令【張註】通鑑音註：咸陽：秦都。漢爲渭城縣，屬右扶風。晉廢縣。後魏置咸陽郡。隋廢。武德元年，分涇陽、始平置咸陽縣，屬京兆。九域志：在府西四十里。兼監察御史，【張註】唐書百官志：監察御史十五人，正八品下。掌分察百寮，巡按州縣，獄訟、軍戎、祭祀、營作、太府出納皆涖焉。通典：監察御史：初，秦以御史監察諸郡，謂之監察御史。漢初，罷其名。至晉，始置檢校御史。隋開皇二年，改檢校御史爲監察御史，凡十二人。唐監察御史十員，裏行五員，其選拜多自京畿縣尉。霍琮可華原縣令【張註】通鑑音註：華原、宜君、銅官，漢雲陽、祋祤之地。後魏于華原置北雍州。西魏改爲宜州，又置北地郡。唐初，復置宜州；貞觀十七年，州廢，而以華原復屬于京兆。兼監察御史，王倉可檢校禮部員外郎兼昭應縣令，李曾可盩厔縣令【張註】通鑑音註：漢武帝置盩厔縣，屬扶風。後漢、晉省。後魏復置。後周置周南郡。隋廢郡，以盩厔縣屬京兆。唐置岐州。兼監察御史，荀曾可三原縣令【張註】續通典：三原縣本漢池陽縣地。(符)〔苻〕堅于(巖薛)〔嶻嶭〕北置三原護軍，以其地南有澧原，西有孟侯原，北有白鹿原，爲「三原」。後魏太平真君七年，罷護軍，置縣。兼侍御史，【張註】唐書百官志：侍御史六人，從六品下。通典：侍御史于周爲柱下史，一名柱(后)〔後〕史，謂以鐵爲柱，言其審固不撓也，亦爲侍御史。唐侍御史凡四員，内供奉二員，分直朝堂，與給事中、中書舍人同受表裏冤訟，迭知一日，謂之三司受事。李緄可富平縣令【張註】通鑑音註：富平縣屬雍州，今耀州東南富平縣即其地。兼殿中侍御史。【張註】唐書百官志：殿中侍御史九人，從七品下。通典：殿中侍御史：魏蘭臺遣二御史居殿中，察非法，即殿中侍御史之始也。隋初，改曰殿内侍御史，置十二人。唐置六員，内供奉三員。其有散官封賜者，並如故。應畿内縣令俸料，宜準常參官例，均融加給。涇陽縣令【張註】通鑑音註：涇陽縣，前漢屬安定郡，後漢、晉省，後魏屬隴東郡，隋、唐屬京兆。杜佑曰：京兆涇陽縣，乃秦封涇陽君之地。漢涇陽縣在今平涼郡界涇陽故城。韋滌，潔己貞明，【張註】後漢張奐傳：正身潔己，威化大行。易繫辭：日月之道，貞明者也。處事通敏，【張註】前漢趙廣漢傳：少爲郡吏、州從事，以廉潔通敏下士爲名。舉茂才。有禦災之術，有字物之方，人不流亡，事皆辦集，惟是一邑之内，獨無愁怨之聲，古之循良，何以過此！就加寵秩，允叶前規，【張註】前漢循吏傳：孝宣以爲太守，吏民之本也，數變易則下不安，民知其將久，不可欺罔，迺服從其教化。故二千石有治理效，輒以璽書勉勵，增秩、賜金，或爵至關内侯。公卿闕，則選諸所表以次用之。是故漢世良吏，于是爲盛。可檢校工部員外郎【張註】唐書百官志：工部員外郎一人，掌城池土木之工役程式，爲尚書、侍郎之貳。通典：隋文帝置工部員外郎。煬帝改爲起部承務郎。武德三年，復爲工部員外郎。兼本官，仍賜緋魚袋，【張註】唐書車服志：高宗給五品以上隨身魚銀袋，以防召命之詐，出内必合之。三品以上金飾袋。垂拱中，都督、刺史始賜魚。天授二年，改佩魚皆爲龜。其後三品以上龜袋飾以金，四品以銀，五品以銅。景雲中，詔衣紫者魚袋以金飾之，衣緋者以銀飾之。開元初，駙馬都尉從五品者假紫金魚袋，都督、刺史品卑者假緋魚袋，五品以上檢校、試、判官皆佩魚。中書令張嘉貞奏：致仕者佩魚終身。自是百官賞緋、紫，必兼魚袋，謂之章服。【石川註】唐書車服志：隨身魚符者，以明貴賤，應召命，左二右一，左者進内，右者隨身。皇太子以玉契召，勘合乃赴。親王以金，庶官以銅，題(其)〔某〕位姓名。官有二者加左右，皆盛以魚袋，三品以上飾以金，五品以上飾以銀。並賜衣一襲，【張註】史記趙世家：賜相國公仲連衣二襲。註：單複具爲一襲。絹百匹，馬一匹。

嗚呼！積行在躬，雖微必著，咨乃庶尹，其惟欽哉！朕聞爲君者必擇人而官，爲臣者罔擇官而處。【石川註】本魏志杜恕傳語。弛張繫於理，不繫於時；升降在乎人，不在乎位。朕方抑浮華以敦教，稽言行以進人，非次之恩，以待能者。【張註】後漢殤帝紀：署用非次，選舉乖宜。彰善黜惡，期於必行，凡百君子，各宜自勉。

校勘記

〔一〕跼蹐憂惭　「蹐」原誤作「瘠」，據宋本、明本、張本、全唐四六三改。按：「跼蹐」出詩小雅正月，作爲成語，史籍常見。

〔二〕宫人等每月惟供給糧米一千五百碩　「碩」，董註云：「石川本作『石』。」舊紀亦作「石」。按：「碩」、「石」古代通用。

〔三〕賙貸貧人　「貧人」，新紀作「貧乏者」。

重優復興元府及洋鳳州百姓等詔〔一〕

【張註】唐書地理志：洋州洋川郡、鳳州河池郡，屬山南道。通鑑音註：洋州洋川郡治西鄉縣。西鄉，漢成固縣，蜀立西鄉，後魏于此置洋州，以水爲名。鳳州，漢故道、河池縣地，晉爲仇池氏所據，後魏置梁泉縣、西魏廢，唐高宗置鳳州。

朕巡狩山南，【張註】白虎通：王者所以巡狩者何？巡者，循也。狩，牧也。爲天下循行守牧民也。唐書地理志：山南道蓋古荆、梁二州之域，漢南郡、武陵、巴郡、漢中、南陽及江夏、宏農、廣漢、武都郡地。自春涉夏，師旋殷會，〔二〕【張註】周禮秋官大行人：時會以發四方之禁，殷同以施天下之政。日費既廣。〔三〕州閭杼軸，歲計其空，東作妨時，西成罕望。【張註】書：平秩東作。又：平秩西成。雖黽勉從事，人不告勞，而憫悼積衷。〔四〕予實知愧。昨者減其租税，優以復除，【張註】唐書德宗紀：興元元年六月癸丑，以梁州爲興元府，給復一年；（乙）〔己〕巳，給復洋州一年，加給興元一年，免鳳州今歲税。*庶乎有瘳，汔用小息。洎駕言旋軫，躬履畏途，絶磵縈回，【張註】水經註：上戴山阜，下臨絶澗。危棧縣亘。【張註】史記高祖紀：去輒燒絶棧道。註：棧道，閣道也。崔浩云：險絶之處，傍鑿山巖而施版梁爲閣。時經霖雨，〔五〕道阻且修，【石川註】詩蒹葭：道阻且長。工徒造舟，【石川註】詩大明：造舟爲梁。箋：天子造舟。李巡云：比其舟而渡曰造舟。縣人葺路，靡幼靡耋，莫獲寧居。而又齎負糗糧，【張註】書：峙乃糗糧。疏：鄭云：糗，擣熬穀也。謂敖米麥使熟，又擣之，以爲粉也。供備頓舍，〔六〕【張註】通鑑音註：中頓者，謂中道有城有糧可以頓食也。置食之所曰頓。唐人多言置頓。涉于千里，飫我六師。居人露處以罔依，【張註】蔡邕述行賦：民露處而寢溼。宿麥過時而不獲，覩茲妨奪，彌增感傷。前所復除，未足酬卹，式敷惠澤，以紓大勞。【張註】左傳：大勞未艾，君子勞心，小人勞力，先王之制也。其興元府除先優復外，〔七〕宜更給復二年；〔八〕鳳州全放今年税。〔九〕其興元府、鳳州界内知頓，及修道路閣橋州、縣官將士等，【張註】通鑑音註：車駕行幸，有知頓使。並委嚴震【張註】唐書嚴震傳：嚴震，梓州鹽亭人，爲興、鳳兩州團練使。詔改梁州爲興元府，即用震爲尹。類例功效，具名聞奏，量與甄獎。

嗟乎！古先哲王，東征西怨。【張註】書：東征西夷怨，南征北狄怨，曰：「奚獨後予。」顧予不德，重以勞人。補費録勤，是有申命。【張註】易：重巽以申命。書：天其申命用休。長吏明加優諭，稱朕意焉。

*按：本詔頒下時間，册府繫於興元元年六月乙巳（即六日），新紀繫於同年同月己巳（即三十日）。此註以新紀本詔文釋「昨者減其租税，優以復除」，不妥。

校勘記

〔一〕重優復興元府及洋鳳州百姓等詔　石川本註云：「陶本無『重』字。」

〔二〕師旋殷會　「旋」，張本、册府四九一、全唐四六三作「旂」。

〔三〕日費既廣　「既」，册府作「斯」。

〔四〕而憫悼積衷　「憫」，册府作「愧」。
〔五〕時經霖雨　「霖雨」，册府作「途潦」。
〔六〕供備頓舍　「供」，石川註云：「陶本作『共』。」
〔七〕其興元府除先優復外　「先」下，册府多「減放秋税」四字。「優」，册府作「給」。
〔八〕宜更給復二年　「二」，册府、新紀作「一」。
〔九〕鳳州全放今年税　「税」上，册府多一「秋」字。又，此句之上，册府多「洋州除放秋税外，給復一年」十一字。新紀多「給復洋州一年」六字。按：此詔題中有「洋」字，在「鳳州」前，詔中却無一字涉及「洋州」，當係脱漏，疑册府、新紀是。

議減鹽價詔〔一〕

三代立制，山澤不禁，天地材利，〔二〕與人共之。【張註】穀梁傳：山林藪澤之利，所以與民共也。王道寖微，强霸爭騖，於是設祈望之守，【張註】左傳昭二十年：齊侯疥，遂痁。晏子曰：海之鹽蜃，祈望守之。【石川註】祈望，官名也。興榷管之法，【張註】前漢田千秋傳：桑弘羊爲御史大夫八年，自以爲國家興榷筦之利。師古註：榷謂專其利使入官也。筦即管字也，義與幹同，皆謂主也。以佐兵賦，【石川註】鹽鐵論：商君相秦也，設百倍之利，收山澤之税，國富民强，征敵伐國，攘地斥境。以寬地征，公私之間，猶謂兼濟，歷代遵用，遂爲典常。

自頃寇難荐興，已三十載。服干櫓者，【張註】禮記：禮義以爲干櫓。農耕盡廢；居里閭者，杼軸其空。革車方殷，軍食屢調，人多轉徙，〔三〕田畝汙萊。乃專煮海之利，【張註】說文：古者夙沙初作煮海鹽。【石川註】史記吳王濞傳：煮海水爲鹽。以爲贍國之術。【張註】管子：不籍而贍國，爲之有道乎？度其所入，歲倍田租。【張註】唐書食貨志：乾元元年，鹽鐵、鑄錢使第五琦初變鹽法，就山海井竈近利之地置監院，游民業鹽者爲亭户，免雜徭。盗鬻者論以法。及琦爲諸州榷鹽鐵使，盡榷天下鹽，斗加時價百錢而出之，爲錢一百一十。自兵起，流庸未復，税賦不足供費，鹽鐵使劉晏以爲因民所急而税之，則國足用。於是上鹽法輕重之宜，以鹽吏多則州、縣擾，出鹽鄉因舊監置吏，亭户糶商人，縱其所之。江、嶺去鹽遠者，有(長)〔常〕平鹽，每商人不至，則減價以糶民，官收厚利而人不知貴。晏之始至也，鹽利歲纔四十萬緡，至大曆末，六百餘萬緡。天下之賦，鹽利居半，宫闈服御、軍饟、百官禄俸，皆仰給焉。近者軍費日增，榷價日重，至有以穀一斗，〔四〕易鹽一升，【張註】唐書食貨志：劉晏鹽法既成，商人納絹以代鹽利者，每緡加錢二百，以備將士春服。包佶爲汴東水陸運、兩税、鹽鐵使，許以漆器、瑇瑁、綾綺代鹽價，雖不可用者亦高估而售之，廣虚數以罔上。亭户冒法，私鬻不絶，巡捕之卒，徧于州、縣。鹽估益貴，商人乘時射利，遠鄉平民(因)〔困〕高估，至有淡食者。巡吏既多，官冗傷財，當時病之。其後軍費日增，鹽價寖貴，有以穀數斗易鹽一升。私糶犯法，未嘗少息。本末相踰，科條益峻。念彼貧匱，何能自滋，五味失和，【張註】左傳：天有六氣，降生五味。周禮：凡和，春多酸，夏多苦，秋多辛，冬多鹹，調以滑甘。百疾生害，以茲夭斃，實爲痛傷。嗚呼！朕丕承列聖之緒，遐覽前王之典，既不克靜事以息用，又不獲弛禁以便人，征利滋深，疲甿致困，〔五〕予則不恤，其誰省憂！應江、淮並峽内榷鹽，〔六〕【張註】謹按：通典（硤）〔峽〕州夷陵郡以扼三（硤）〔峽〕之口，故爲（硤）〔峽〕州，西通蜀江。廣韻：蜀、楚之交，山有三峽。左思蜀都賦註：三峽在巴東永安縣，謂西陵峽、歸鄉峽、巫峽也。唐分三川，置東川、西川、劍南，皆在三峽之内。其地則漢中、通川、巴川、清化、洋川、順政、河池、益昌、咸安、盛山、始寧、南平、符陽、潾山、房陵、南賓、南浦、雲安、蜀郡、唐安、濛陽、德陽、通義、梓潼、巴西、普安、閬中、資陽、臨卭、通化、交川、越巂、南溪、遂寧、仁壽、犍爲、盧山、瀘川、陽安、安岳、江源、陰平、同昌、油江、臨翼、歸誠、洪源、靜川、恭化、維川、和義、雲山、蓬山、雲安、南充等郡是也。宜令中書門下及度支商議，裁減估價，兼釐革利害，速具條件聞奏。削去苛刻，【張註】前漢成帝紀：詔曰：凡事恕己，毋行苛刻。止塞姦訛，務於利人，必稱朕意。

校勘記

〔一〕議減鹽價詔　詔令一一二作「減鹽鐵價敕」。按：此詔没有涉及「鐵」，疑詔令衍誤。

〔二〕天地材利　「材」，詔令作「財」。

〔三〕人多轉徙　「徙」，詔令作「死」。

〔四〕至有以穀一斗　「一」，詔令作「數」。

〔五〕疲甿致困　「致」，宋本、明本作「至」，詔令作「重」。
〔六〕應江淮並峽内榷鹽　「内」，詔令作「州」。

賜京畿及同華等州百姓種子賑給貧人詔

【張註】通鑑音註：唐以京兆、同、華、商、邠、岐爲京畿。

春陽布和，萬物暢茂，實兆庶樂生之日，農夫致力之時。今茲吾人，則異於是。迫以荒饉，愁怨無憀。【石川註】玉篇：賴也。有離去井疆，【張註】書：殊厥井疆。業於庸保，【張註】史記：高漸離變姓名爲人庸保。欒布傳註：庸，受顧也。韋昭曰：保傭，南方奴婢賤稱也。有乞丐途路，困於死亡。鄉閭依然，煙火斷絶。種餉既乏，農耕不興。若東作愆時，西成何望！爲人父母，得不省憂？雖國計猶虚，公儲未贍，濟人之急，寧俟盈豐！罄其有無，庶拯艱厄。京兆府百姓並宜賜種子二萬碩，同、華州各賜三千碩，陝、虢兩州賜四千碩，委州長吏即於度支計會請受，差公清仁恤之吏，與縣令親至村閭，隨便給付，仍加勸課，勿失農時。應諸倉所有遠年粟、麥，宜令節度更分二萬碩，京兆尹即差官逐便般載，賑賜貧人，【張註】後漢安帝紀：詔以宿麥不下，賑賜貧人。先盡鰥寡孤惸目下不濟者，務令均給，全活流庸。

嗚呼！朕德之不敷，誠之不感，上帝降割，〔一〕【張註】書：弗弔，天降割于我家。蔡註：言我不爲天所恤，降害于我周家。丁寧厥躬，【張註】詩：上帝不臨，耗斁下（士）〔土〕，寧丁我躬。傳：丁，當也。集傳引或説云：與其耗斁下（士）〔土〕，寧使災害當我身也。與此詔引用同意。元元何辜，【張註】史記文帝紀：以全天下元元之民。索隱曰：戰國策云：制海内，子元元。高誘註云：元元，善也。又，案姚察云：古者謂人云善人也。因善爲元，故云黎元。其言元元者，非一人也。罹此災害。思欲拯救，未知其方，長人之官，寄任斯重。所宜極慮，與我同憂，勉敷惠和，以育疲瘵。佇聞良術，稱朕意焉。

校勘記

〔一〕上帝降割　「割」，宋本、元本、明本作「格」。按：「降格」出書多士，原文爲：「上帝引逸，有夏不適逸，則惟帝降格，嚮于時夏。」意爲降臨，亦可通。

賜將士名奉天定難功臣詔〔一〕

【張註】續通典：唐玄宗平内難，賜衛士葛福順等爲「唐元功臣」，不過十數人。德宗駐蹕奉天，及幸山南，賜從駕立功將校爲「元從奉天定難功臣」，谷口以來元從將士賜名「元從功臣」。及僖、昭頻年播遷，功臣差多。至後梁、後唐，徧及戍卒，非賞典也。

國家受天明命，〔二〕平一宇内，自武德迄于天寶，百四十載，海内無事。崇德廣化，澤浸生人，時洽和平，俗登富教。【石川註】論語：富之，教之。鰥寡孤獨，咸得其所；鳥獸魚鼈，亦罔不寧，【張註】書：暨鳥獸魚鼈咸若。凡今有生，實賴亭育。羯虜伺間，【張註】後漢吴漢傳論：戎、羯喪其精膽。註：羯本匈奴别部，分散居（其）〔於〕上黨武鄉羯室，因號羯胡。盜起幽、燕，率土之人，莫保性命。肅宗以神武戡大難，【張註】唐書肅宗紀：禄山反，玄宗避賊，行至馬嵬，父老遮道，請留太子討賊，玄宗許之。先朝【張註】謂代宗。以仁德紹興運，區域再造，【張註】唐書郭子儀傳：子儀破安慶緒，收東都。入朝，帝遣具軍容迎灞上，勞之曰：「國家再造，卿力也。」億兆再康。室家離析而復安，子孫煦嫗而相長。【張註】樂記：天地訢合，陰陽相得，煦嫗覆育萬物。註：氣曰煦，體曰嫗。疏：言天體無形，而降其氣以養物，故云氣曰煦；地體有形，故云體曰嫗。勞來安集，【張註】詩序：鴻雁，美宣王也。萬民離散，不安其居，而能勞來還定，安集之，至於矜寡，無不得其所焉。垂三十年。則我列聖之於天下，〔三〕惠澤深矣。

朕以寡昧，祗膺寶曆，【張註】隋書煬帝紀：詔曰：朕肅膺寶曆，纂臨萬邦。常恐不克負荷，【石川註】左傳昭七年：其父析薪，其子弗克負荷。罔敢怠荒。道有未明，事多乖謬，羣情壅而不達，〔四〕大信鬱而不彰。兩河之間，羣盜連禍，朕務除大患，靡憚暫勞，【張註】西京賦：暫勞永逸，無爲而治。是以興有征之師，問干紀之罪。昨以涇原士徒，將赴汝郊，失於撫綏，致使潰叛。〔五〕【張註】見制誥一卷。朱泚乘釁，因構異圖，肆其狼心，誘我蟊賊。【石川註】左傳成十三年：帥我蟊賊，以來蕩搖我邊疆。謂君可叛，謂天可欺，〔六〕縱恣淩悖，無所愧畏。朕失守宮闕，出次郊畿，九廟震驚，萬姓奔駭。内省思咎，外顧懷慚，罪實在予，不敢自蔽。意者宗社降祐，大儆于朕躬，夙夜殷憂，【張註】劉琨勸進表：或多難以固邦國，或殷憂以啟聖明。庶乎有補。實賴股肱心膂，【張註】書君牙：今命爾予翼，作股肱心膂。蔡註：膂，脊也。勵從戎之節，方岳將校，集勤王之師。赴難如歸，【石川註】左傳閔二年：邢遷如歸。見危思奮，堅貞勵操，何日忘之。【石川註】詩(濕)〔隰〕桑：何日忘之。

平巨猾者必仗羣雄，【張註】北史酷吏傳序：大姦巨猾，犯義悖禮。賞茂績者不限彝典。〔七〕【張註】晉書荀(凱)〔顗〕傳：歷司内外，茂績既崇。保勳庸於帶礪，傳爵邑於子孫。崇功美名，與國終始。其諸軍使應到奉天縣將士等，宜並賜名「奉天定難功臣」。食實封者，子孫相繼，代代無絶。身有過犯，遞減罪二等；子孫有過犯，遞減罪一等。當户應有差科徭役，一切蠲免。其功臣已後，雖衰老疾患，不任軍旅者，〔八〕當分糧賜等，並與全給；〔九〕身死之後，回給家口，十年勿絶。〔一〇〕如有能梟擒朱泚者，【張註】説文：日至，捕梟磔之。從鳥頭，在木上。即以朱泚在身官爵授之，仍加實封二千户；〔一一〕朱泚所有田宅財物，悉並充賜。其梟擒賊大將已下，並節級特加優寵，仍各與實封；應梟擒人所有田宅財物，亦使賜之。其餘立功應合授官給賞，並準今年七月敕處分。〔一二〕其今日已前身死王事者，追贈官爵，亦稱「奉天定難功臣」；子孫爲功臣之家，應合襲封減罪蠲免差役等，一切同例。宣告中外，令知朕懷。建中四年十一月

二十三日。〔一三〕

校勘記

〔一〕賜將士名奉天定難功臣詔　「功臣」上，詔令六五多一「等」字。

〔二〕國家受天明命　此句之上，詔令多一「敕」字。

〔三〕則我列聖之於天下　此句之下，詔令多一「也」字。

〔四〕群情壅而不達　「群」，詔令作「下」。

〔五〕致使潰敗　「使」，詔令作「茲」。

〔六〕謂君可叛謂天可欺　二「可」下，詔令各多一「以」字。

〔七〕平巨滑者必仗群雄賞茂績者不限彝典　「必仗」、「不限」下，詔令各多一「於」字。

〔八〕不任軍旅者　詔令無「者」字。從行文看，無「者」字似是。

〔九〕並與全給　詔令作「並全給終身」。

〔一〇〕十年勿絶　「十」，詔令作「千」。

〔一一〕仍加實封二千户　「實封」上，詔令多一「食」字。

〔一二〕並準今年七月敕處分　「今年七月」，詔令作「今月七日、十一日、十四日」。

〔一三〕建中四年十一月二十三日「二三」，詔令作「四」。

改梁州為興元府升洋州為望州詔

〔一〕【張註】顧炎武日知録：漢曰郡，唐曰州，州即郡也。惟建都之地，乃曰府。唐初，止京兆、河南二府。武后以并州爲太原府，玄宗以蒲州爲河中府，益州爲成都府，肅宗以岐州爲鳳翔府，荆州爲江陵府，德宗以梁州爲興元府。惟興元以德宗行幸於此，其餘皆建都之地也。通鑑音註：開元中，定天下州府，自京都及諸都督、護府外，以近畿同、華、岐、蒲爲四輔，鄭、陜、汴、懷、衛、絳爲六雄，宋、亳、滑、許、汝、晉、洛、虢、魏、相爲十望。又有十緊。其後入緊、望者浸多，凡商、寧、青、汾、貝、趙、襄、常、宣，皆望州也；蔡、徐、鄆、楚、鄂、彭、蜀爲緊州，不及十數。又以汝、虢、鄭、汴、魏、洋、蘇爲雄，蓋升雄、望者既多，所以緊不及十。

自昔多虞，〔二〕【張註】左傳：以晉國之多虞。北齊書儒林傳：疆埸多虞，戎車歲駕。順時而動。古公避狄，【張註】詩疏謂之古公，言其年世久古。後世稱前世曰「古公」，猶云先王先公也。兆永祚於岐下；【張註】史記周本紀：古公亶父復脩后稷、公劉之業，積德行義，國人皆戴之。薰育戎狄攻之，已復攻，民皆怒，欲戰。古公曰：「有民立君，將以利之。今戎狄所爲攻戰，以吾地與民。民之在我，與〔其〕在彼，何異。民欲以我故戰，殺人父子而君之，予不忍爲。」乃與私屬遂去豳，渡漆、沮，踰梁山，止于岐下。豳人舉國扶老攜幼，盡復歸古公于岐下。于是古公乃貶戎狄之俗，而營築城郭室屋，而邑別居之。作五官有司。民皆歌樂之，頌其德。註：徐廣曰：岐山在扶風美陽西北，其南有周原。高帝徙蜀，建雄圖於漢中。【張註】前漢蕭何傳：沛公既先定秦，項羽後至，欲攻沛公，沛公謝之得解。羽遂屠燒咸陽，與范增謀曰：「巴、蜀道險，秦之遷民皆居蜀。」迺曰：「蜀、漢亦關中地也。」故立沛公爲漢王，而三分關中地，王秦降將，以距漢王。漢王怒，欲謀攻項羽。何諫之曰：「雖王漢中之惡，不猶愈于死乎？」漢王曰：「何爲乃死也？」何曰：「今衆弗如，百戰百敗，不死何爲？周書曰：天予不取，反受其咎。語曰『天漢』，其稱甚美。臣願大王王漢中，養其民以致賢人，收用巴、蜀，還定三秦，天下可圖也。」漢王曰：「善。」乃就國。【石川註】項羽立沛公爲漢王，張良説漢王燒絶棧道，視項羽無東意。收巴、蜀租給軍糧食，引兵襲雍，遂併關中，終以滅羽。〔事見漢書高祖紀。〕王蹟所興，子孫是奉，覩遷居於遐阻，知致君之艱難。矧天下爲家，不常厥邑，王者所至，四方會同，【張註】周禮春官大宗伯：時見曰會，殷見曰同。崇號設都，於是乎在。

朕遭罹寇難，播越梁、岷，【張註】綱目集覽：梁、岷：今成都府，古梁州也。今西和，古岷也。故曰梁州。温江縣西二里有岷江，故曰梁州。＊烝庶煩於供億，【張註】左傳：寡人惟是一二父兄，不能供億。武徒勤於扞衛，凡百執事，各奉厥司，人皆競勸，〔三〕物以豐給，嘉乃成績，【張註】書：厥有成績，紀于太常。予懷不忘。今大憝已除，京邑甫定，將旋法駕，展敬園陵。眷于是邦，復我興運，宜其崇大，以示將來。古者天子省方，則問耆年，〔四〕卹百姓，【張註】禮記：歲二月，東巡狩，至于岱宗，柴而望祀山川。覲諸侯，問百年者就見之。命太師陳詩，以觀民風。命市納賈，以觀民之所好惡，志淫好辟。以頒慶賜，以茂勳勞，用弘布澤之恩，式慰來蘇之望。【張註】書：后來其蘇。宜改梁州爲興元府，其署置官資望，〔五〕一切與京兆、河南府同。南鄭縣【張註】綱目集覽：南鄭，漢中郡邑，今興元府理縣。三國魏孫資曰「南鄭直爲天獄中」，即此。一統志：南鄭，周褒國附庸之邑名。鄭桓公歿于犬戎，其民南奔，居此縣，有國曰南鄭。升爲赤縣，諸縣並升爲畿縣。【張註】通典：唐赤、畿、望、緊、上、中、下〔六〕〔七〕等之差，京都所治爲赤縣，京之旁邑爲畿縣。見在州縣官各令終考秩，至考滿日放選，依本資處分。〔六〕耆壽與板授五品官。【張註】後漢楊賜傳：念官人之重，割用板之恩。註：板，詔書也。仍並賜緋；〔七〕先已賜緋，〔八〕並賜紫。典正等各賜勳五轉。百姓除先減放稅錢外，更給復一年。〔九〕洋州宜升爲望州。見任州官亦並令終考秩，並諸縣官等各減兩選；【張註】唐書選舉志：凡一歲爲一選。自一選至十二選，視官品高下以定其數，因其功過而增損之。無選可減者，各加三階。應山南西道節度下將士，【張註】唐書方鎮表：至德元載，置山南西道防禦、守捉使。廣德元年，升爲節度使。尋降爲觀察使。建中元年，升觀察使爲節度使。興元元年，兼興元尹。通鑑音註：山南西道節度領梁、洋、集、（璧）〔壁〕、文、通、巴、興、鳳、利、開、渠、蓬十三州。除扈從迎駕已經改官者，餘並即與甄叙。

嗚呼！古先哲王，東征西怨，顧予不德，重于勤人，【張註】後漢章帝紀：追維先帝勤人之德，底績遠圖。撫心咎己，良增愧歎，宣示有衆，明知朕懷。〔一〇〕

*此註「故曰梁州」重出，且解釋錯誤，疑有衍脱。

校勘記

〔一〕改梁州爲興元府升洋州爲望州詔　詔令九九無「升洋州爲望州」六字。

〔二〕自昔多虞　此句之上，詔令多一「敕」字。

〔三〕人皆競勸　「競勸」，詔令作「寬舒」。

〔四〕則問耆年　「耆」，張本作「老」，宋本、明本、昭令作「百」。按：「問百年」出禮記王制，作爲成語，史籍中常見。疑作「百」是。

〔五〕其署置官資望　「官資望」，舊紀作「官名品制」。

〔六〕見在州縣官至依本資處分　舊紀作「見任官員加兩階」。

〔七〕仍並賜緋　舊紀僅云「南鄭縣令賜緋」。

〔八〕先已賜緋　此句之下，詔令多一「者」字。

〔九〕更給復一年　「一」，舊紀作「二」。

〔一〇〕明知朕懷　此句之下，詔令多「興元元年六月」六字。

陸贄集卷五

制誥　慰勞、招撫、處分事

奉天遣使宣慰諸道詔〔一〕

【張註】晏殊類要：唐制：故事：王言之制有七：册書、制書、慰勞制書、發日敕、敕牒、敕旨、論事敕書。續通典：乾元元年，户部尚書李峘除都統淮南、江東、江西節度、觀察、宣慰、處置使，宣慰之名始此。宣慰者，宣上命以慰安反側也。

古者天子巡狩之義，〔二〕以考國典，【石川註】書舜典：歲二月，東巡（狩）〔守〕。協時月正日，同律度量衡。傳：諸侯爲天子守土，故稱守。巡，行之。以觀人風。【張註】禮記：命太師陳詩，以觀民風。在時多虞，或所不暇，乃命卿士，使于四方。問人疾苦，【石川註】漢書宣帝紀：遣使者循行郡國，問民所疾苦。廉吏善惡，苟副所任，則如親臨。在理平之時，尚資勤恤；【張註】書：上下勤恤。國語：先王非務武也，勤恤民隱而除其害也。當喪亂之際，得無省憂？

朕以不敏，〔三〕【張註】左傳：敢告不敏，攝官承乏。肆于人上，撫馭失道，誠感未孚。〔四〕寇盗繁興，阻兵拒命，哀哉臣庶，〔五〕陷于匪人。顧茲田疇，鞠爲茂草，【石川註】詩小弁：鞠爲茂草。不念柔復，遽命徂征。徵發兵甲，萬里必至，暴露營壘，連年不息。冒于鋒刃，繼以死傷，煢嫠無依，【張註】玉篇：煢，單也，無兄弟也，無所依也。或作惸、嬛。說文：嫠，無夫也。父母廢食。〔六〕存者積思家之怨，歿者倍異鄉之痛。又以軍費滋廣，公儲不充，厚取於人，罔率厥典。科條互設，〔七〕誅斂無常，農工廢棄其生業，商賈咨嗟於道路。軍營日益，閭井日空，凋瘵日窮，【張註】詩小雅：上帝甚蹈，無自瘵焉。爾雅：瘵，病也。木華海賦：爲凋爲瘵。徭役日甚。〔八〕【張註】前漢食貨志：周室既衰，繇役橫作。註：師古曰：繇，讀曰徭。以財力之有限，供求取之無涯，暴吏肆威，鞭笞督責，【石川註】史記李斯傳：能獨斷而審督責。嗷嗷黔首，【張註】戰國策：先王必欲少留而扶社稷、安黔首也。史記秦始皇紀：二十六年，更名民曰黔首。應劭曰：黔亦黎，黑也。控告何依！【張註】詩：控于大邦。毛傳：控，引也。怨氣上騰，咎徵斯應，疫癘荐至，【張註】後漢順帝紀：上干和氣，疫癘爲災。水旱相乘，罪非朕躬，誰任其責！朕自嗣位，迨今六年，連兵不解，已踰四稔。雖本非獲已，義在濟人；而事乃重勞，敢忘咎己。皆以朕之寡昧，居安忘危，致寇之由，實在於此。〔九〕予則不德，人亦何辜，愧恨積中，痛心疾首。【張註】左傳：諸侯備聞此言，斯是用痛心疾首，暱就寡人。

昨者改元施令，悔往布新。將反側獲安，〔一〇〕則干戈日弭；〔一一〕賦役差減，則衆庶就康。還定流亡，與之休息。【張註】前漢景帝紀贊：漢興，掃除煩苛，與民休息。猶懼思慮未周于庶務，誠感未達于遐方，一理失中，一夫不獲，則何以謝天譴，【張註】北史周宣帝紀：允叶人心，用消天譴。致人和？【張註】管子：爲人上者，制羣臣百姓，通中央之人和。俾代予言，其在良弼。【張註】書：夢帝賚予良弼。宜令門下侍郎【張註】唐書百官志：門下侍郎二人，正三品，掌貳侍中之職。通典：門下侍郎：秦官有黄門侍郎，與侍中俱管門下衆事，無常員；凡禁門黄闥，故號黄門，其官給事于黄闥之内，故曰黄門侍郎。唐天寶元年，改爲門下侍郎，掌侍從、署奏抄、駁正違失，通判省事；若侍中闕，則監封題、給驛券。同中書門下平章事蕭復，充山南東西、鄂岳、荆南、江西、淮南、浙江東西、嶺南、福建等道【張註】唐書方鎮表：至德二載，升襄陽防禦使爲山南東道節度使，領襄、鄧、隋、唐、安、均、房、金、商九州，治襄州。至德元載，置山南西道防禦、守捉使；廣德元年，升爲節度使，領洋、梁、集、壁、文、通、巴、興、鳳、利、開、渠、蓬十三州，治梁州。乾元二年，置鄂、岳、沔三州都團練、守捉使，治鄂州；永泰元年，升爲觀察使，增領蘄、黄二州。至德二載，置荆南節度，亦曰荆澧節度，領荆、澧、朗、郢、復、夔、峽、忠、萬、歸十州，治荆州；上元二年，增領涪、衡、潭、岳、郴、邵、永、道、連九州。乾元元年，置洪吉都團練、防禦、觀察、處置使，領洪、吉、虔、撫、袁五州，治洪州；廣德二年，更號江南西道。至德元載，置淮南節度使，領揚、楚、滁、和、壽、廬、舒、光、蘄、安、黄、申、沔十三州，治揚州。至德元載，升五府經略、討擊使爲嶺南節度使，領廣、韶、循、潮、康、瀧、端、新、封、春、勤、羅、潘、高、恩、雷、崖、瓊、震、儋、萬、安、藤二十二州，治廣州。開元二十一年，置福建經略使，領福、泉、建、漳、潮五州，治福州。浙江東、西，註見制誥四卷。宣慰、安撫。〔二〕

嗚呼！往率乃職，敬敷朕命，慰勉征戍，勞徠困窮，訪其所安，察其所弊，淹滯必達，【張註】

左傳：楚子使然丹簡上國之兵于宗丘，且撫其民，赦罪戾，詰姦慝，舉淹滯。冤濫必申。【張註】晉書王渾傳：可令中書指宣明詔，問刑獄得無冤濫，守長得無侵虐。無憚幽遠而不被，無略細微而不恤。洎乎編甿比屋，咸若朕之躬親。股肱惟良，予則有賴。其諸道將士並準今年正月一日制，嚴備疆界，勿使侵擾。仍各令本使、本將，速具名銜等聞奏，〔三〕悉與甄叙。其殊功勁節，〔四〕超越常倫，【張註】江淹詩：高步超常倫。別條狀績，當特優奬。百姓除每年兩稅定額外，自餘徵率，一切並停；課勸農桑，各令安業。寇難既定，漸息干戈，朕當躬先簡約，庶務節省，兩稅之內，亦更減除。其諸道事緣急切須處分者，即與所在節度、觀察使商議裁度，〔五〕務合便宜。【張註】前漢婁敬傳：臣願見上，言便宜。其餘利害，還日條奏，朕當詳省，以擇厥中。宣布遠邇，咸使聞知。

校勘記

〔一〕奉天遣使宣慰諸道詔　「詔」，詔令一一六作「制」。

〔二〕古者天子巡狩之義　「巡狩」上，詔令多一「有」字。

〔三〕朕以不敏　「以不敏」，詔令作「不敏不明」。

〔四〕誠感未孚　「感」，詔令作「信」。

〔五〕哀哉臣庶　「哉」，詔令作「我」。

〔六〕父母廢食　「食」，詔令作「養」。

〔七〕科條互設　「互」，詔令作「雖」。

〔八〕徭役日甚　「役」，詔令作「賦」。

〔九〕實在於此　「在」，詔令作「始」。

〔一〇〕將反側獲安　「將」下，詔令多一「使」字。

〔一一〕則干戈日弭　「日」，詔令作「自」。

〔一二〕充山南東西鄂岳荊南江西淮南浙江東西嶺南福建等道宣慰安撫　「江西」，上，詔令多「江南」二字。又，舊紀、新書一〇一蕭復傳、詔令均多「湖南」二字。新紀、通鑑二二九「荊南」作「荊湖」，也包括「湖南」。疑此處脱「湖南」二字。又，此句之下，新紀、新書蕭復傳、通鑑、詔令、全唐均多一「使」字。有「使」字當是。

〔一三〕速具名銜等聞奏　「等」下，詔令多一「第」字。

〔一四〕其殊功勁節　「其」下，詔令多一「有」字。

〔一五〕即與所在節度觀察使商議裁度　此句之下，詔令多「處分」二字。

收復京師遣使宣慰將吏百姓詔〔一〕

朕獲承先顧，【張註】梁〔書〕武帝紀：中興元年十二月己卯，高祖入屯閱武堂，下赦令曰：吾身籍皇宗，曲荷先顧。【石川註】書有顧命。疏：鄭云：迴首曰顧。顧是將去之意。付以大器，【張註】荀子：國者，天下之大器也，重任也。懼德不類，貽列聖羞，【石川註】書説命：恐德弗類。傳：類，善也。虔恭惕厲，【張註】書：怵惕惟厲，中夜以興，思免厥愆。【石川註】魯語：虔，敬也。易：夕惕若厲，無咎。罔敢暇逸。將欲立法齊一，致俗和平，〔二〕小信未孚，〔三〕【石川註】左傳莊十年：小信未孚。註：孚，大信也。衆心遂阻。事理乖當，百度失中，【張註】書：百度維貞。君臣之間，鬱堙不達。致寇雖深於罪己，【石川註】易解：負且乘，致寇至。興戎猶昧於省躬。【張註】書：惟干戈省厥躬。期靖亂以濟人，反勞師而黷武。行者被殺傷之苦，居者重齎送之勞，四海騷然，靡有寧處。京輦之下，杼軸亦空。〔四〕環列之中，【張註】左傳：且掌環列之尹。註：宮衛之官。遣戍殆盡。〔五〕略內以勤遠，居安而忘危，賊臣誘姦，乘間竊發。豺狼穢于宮闕，士庶陷于塗炭，作威肆戮，仇視我人。萬姓嗷嗷，呼天罔告，有殞踣以抗節，有脅從以假命。且一夫不獲，辜實在予。朕君臨萬邦，〔六〕作人父母，既不克覆育，〔七〕又從而咎之，其心愧耻，一食三歎。【張註】晉語：魏獻子將食，閻明、叔褒在，使佐食，比已食，三歎。【石川註】左傳昭二十八年：饋入，比置三歎。退舍內訟，介于梁、岷，庶乎有瘳，以答譴戒。

皇天悔禍，宗社降靈，腹心爪牙，【石川註】詩兔罝：公侯腹心。祈父：王之爪牙。奮謀宣力。元惡稔慝，脱身逃遁；【張註】通鑑：先是泚遣張光晟將兵五千屯九曲，去東渭橋十餘里，光晟密輸款于李晟。及泚敗，光晟勸泚出亡，泚乃與姚令言帥餘衆西走，猶近萬人。光晟送泚出城，還，降于晟。晟遣兵馬使田子奇以騎兵追泚。朱泚將奔吐蕃，其衆隨道散亡，比至涇州，纔百餘騎。田希鑒閉城拒之，泚謂之曰：「汝之節，吾所授也。奈何臨危相負！」使焚其門。希鑒取節投火中曰：「還汝節！」泚衆皆哭。涇卒遂殺姚令言，詣希鑒降。泚獨與范陽親兵及宗族、賓客北趣驛馬關；寧州刺史夏侯英拒之。至彭原西城屯，其將梁庭芬射泚墜坑中，韓旻等斬之，詣涇州降。*餘黨歸誠，率衆款附。〔八〕掃氛沴而闢閶闔，【張註】離騷經：吾令帝閽開關兮，倚閶闔而望予。註：閶闔，天門也。翦鯨鯢以清郊原，【張註】古今註：鯨魚者，海魚也。大者長千里，小者數十丈。一生數萬子，常以五月、六月就岸邊生子，至七、八月導從其子還大海中。鼓浪成雷，噴沫成雨，水族驚畏，皆逃匿，莫敢當者。其雌曰鯢，亦長千里，眼爲明月珠。左傳：取其鯨、鯢而封之。註：鯨、鯢，大魚名，以喻不義之人吞食小國。函夏載寧，【張註】前漢揚雄傳：以函夏之大漢兮，彼曾何足與比功？註：服虔曰：函夏，函諸夏也。師古曰：函，包容也，讀與含同。室家相慶。【石川註】書仲虺之誥：攸徂之民，室家相慶。非將士夾輔王室，〔九〕【石川註】左傳僖四年：夾輔周室。非卿士交修予違，〔一〇〕【石川註】書益稷：予違汝弼。軍旅叶心，畢命盡敵，豈伊寡昧，克復興運？戡定大難，載感予懷。宜令吏部侍郎班宏充上都宣慰使，勞問將士，撫綏烝黎，招輯流亡，慰安反側。〔一一〕朕續整飭法駕，擇日還京，〔一二〕告謝于祖宗，請罪于天地，〔一三〕策勳行賞，大報忠烈，銘功永代，【張註】周禮夏官司勳：凡有功者，銘書于王之大常，祭于大烝，司勳詔之。註：銘之言名也。生則書于王旌，以識其人與其功也；死則于烝先王祭之。與國同休。明宣朕懷，咸使知悉。〔一四〕

*按：朱泚被殺在興元元年六月甲辰。本詔頒於翌日乙巳，當時尚未獲得朱泚死訊，故僅稱「元惡稔慝，脱身逃遁」。此註詳記朱泚逃遁之後又被追殺之經過，與詔文不合。

校勘記

〔一〕收復京師遣使宣慰將吏百姓詔　詔令一一六無「將吏百姓」四字，「詔」作「制」。

〔二〕將欲立法齊一致俗和平　「欲立法」，册府一三六作「期布令」。此句，詔令作「將欲立法，一致和平」。

〔三〕小信未孚　此句之上，册府多「然而」二字。「小」，册府作「誠」。

〔四〕杼軸亦空　「亦」，明本、郎本作「其」。「杼軸其空」出詩小雅大東。

〔五〕遣戍殆盡　册府作「徵發靡息」。

〔六〕朕君臨萬邦　「朕」，册府作「況」，詔令作「予以」。

〔七〕既不克覆育　「不克」，詔令作「才謝」。「不克」下，册府多一「以」字。

〔八〕餘黨歸誠率衆款附　册府作「餘孽拒威，所向摧殄」。

〔九〕非將士夾輔王室　「非」下，册府多一「我」字。「士」，册府、詔令作「相」。

〔一〇〕非卿士交修予違　册府無「非」字。

〔一一〕招輯流亡慰安反側　册府作「必躬必親，如朕臨蒞」。

〔一二〕擇日還京　「擇」，册府作「即」。

〔一三〕告謝于祖宗請罪于天地　册府作「然後請罪祖宗，不敢自蔽」，改置於後文「與國同休」下。

〔一四〕明宣朕懷咸使知悉　册府作「宣布中外，明朕意焉」。

平淮西後宴賞諸軍將士放歸本道詔〔一〕

朕纂奉丕業，〔二〕託于人上，仁不被物，義不勝姦，頌聲蔑聞，【石川註】公羊傳宣十〔六〕〔五〕年：〔十〕〔什〕一者，天下之中正也。什一行而頌聲作矣。暴亂連起。叛臣希烈，竊據淮、沂，誠則彼夫無良，【石川註】詩民勞：以謹無良。亦由朕之不德。撫禦之道，失之於初，師旅一興，繇聯莫解。服勞者從役不暇，受汙者無路自新。旱蝗相乘，穀糴翔貴，兵氓餒死，十室九空，通邑化爲丘墟，【石川註】漢書司馬遷傳：通邑大都。遺骸徧於原野。每念於此，傷心涕流。且自昔勞師，〔三〕靡有不悔。以虞舜之聖，屈於苗人；【張註】見書大禹謨。又，史記五帝本紀註：左傳云：自古諸侯不用王命，虞有三苗，夏有觀、扈。吴起云：三苗之國，左洞庭而右彭蠡，今江州、鄂州、岳州，三苗之地也。漢武之强，〔四〕弊於戎虜。【張註】註詳見奏議七卷。又，顧炎武日知録：虜者，俘獲之稱，自南北朝以後，其名遂以加之北翟，亦習而不察也。矧乎德猶不逮，力或未全，我其永懷，【石川註】詩烝民：仲山甫永懷。求己自警。〔五〕乃者下哀痛之詔，布寬大之恩，普天載新，殊死必宥。〔六〕【張註】莊子在宥篇：殊死者相（望）〔枕〕也。註：廣雅曰：殊，斷也。司馬云：決也，一曰誅也。前漢宣帝詔：赦殊死以下。然尚勞師旅，〔七〕作扞邊陲，【張註】左傳成十三年：虔劉我邊陲。有累歲棄離家室，有經時不解甲冑。忠雖爲國，咎實在予，君人若斯，〔八〕寧不知愧！賴節將士旅，〔九〕一其誠心，〔一〇〕奮發武威，慎固疆宇，遠人思服，元惡就誅，烝黎方致於安寧，役戍永期於休息。

懋官以旌善，【石川註】書仲虺之誥：德懋懋官。傳：勉於德者，則勉之以官。錫宴以勞旋，〔一一〕【石川註】詩出（征）〔車〕序：出車，勞還率也。隋書韓擒虎傳：以行軍總管屯金城，禦備胡寇，即拜涼州總管。俄徵還京，上宴之内殿，恩禮殊厚。賞不踰時，【石川註】司馬法：賞不踰時，欲民速得爲善之利也。式遵彝典。都統、檢校司空、同中書門下平章事劉玄佐，〔一二〕【張註】通鑑音註：新志曰：天寶末，置天下兵馬元帥，都統朔方、河東、河北、平盧節度使，都統之名始于此。又，洪邁曰：唐節度帶檢校官。其初只檢校散騎常侍，如李愬在唐、鄧時所稱者也。後乃轉尚書及僕射，司空、司徒，能至此者蓋少。余按唐制：太師、太傅、太保爲三師，太尉、司空、司徒爲三公。若唐末固亦有加太師者。唐至睿宗之末，邊鎮置節度使，如薛訥等，已是後來使相之職。其帶御史大夫、中丞、六曹尚書者，僕射、侍中、中書令者，往往有之。宜與子孫一人五品正員官。鄭滑節度使、檢校尚書右僕射李澄，檢校兵部尚書曲環，【張註】唐書曲環傳：李希烈陷汴州，環守寧陵，戰陳州，斬賊三萬五千級，擒其將翟崇暉。檢校户部尚書李皐，【張註】唐六典：貞觀二十三年，避太宗諱，始改民部尚書爲户部尚書。兼御史大夫樊澤等，【張註】唐書樊澤傳：澤數與李希烈确，擒票將張嘉瑜、杜文朝、梁俊之等，賊氣沮縮，遂取唐、(隋)〔隨〕二州。並與子孫一人七品正員官。都防禦使、工部尚書、御史大夫賈耽，都團練使、檢校左散騎常侍、【張註】唐書百官志：門下省左散騎常侍二人，正三品下。初學記：案：散騎常侍本二官，皆秦置也。漢官云：秦置散騎，又置中常侍。漢因之，無常員，多以爲加官。東漢省散騎之職，而中(常)侍改用宦者。齊職儀云：魏文帝復置散騎之職，以中常侍合爲一官，除中字，直曰散騎常侍。置四人，典章表、詔命手筆之事。唐貞觀初，惟置散騎常侍二人，隸門下；顯慶中，又置二人，隸中書。【石川註】唐書百官志：左散騎常侍掌規諷過失、(待)〔侍〕從顧問。兼御史大夫盧玄卿，兼御史大夫張建封等，【張註】唐書張建封傳：希烈數敗王師，張甚，淮南節度使陳少游陰附之，希烈遣將楊豐齎僞(敕)〔赦〕二，畀建封、少游。豐至，建封縛至軍中，會中人來，對之斬其首，因送僞書于行在。希烈又署杜少誠爲淮南節度使，約破壽州，以趣江都。建封壁霍邱、秋栅拒之，賊不能東。並與子孫一人八品正員官。檢校司空、同中書門下平章事李抱真，檢校司空、同中書門下平章事李納，檢校尚書右僕射、同中書門下平章事韓滉，〔一三〕檢校工部尚書、御史大夫田緒：〔一四〕咸遣士旅，遠赴行營，〔一五〕同討不庭，厥有成績。抱真、納、滉宜並與子孫一人七品正員官，緒與子孫一人八品正員官。〔一六〕應與淮西按界州縣本界鎮守及諸道赴行營將士等，〔一七〕宜共賜物三十萬端匹，〔一八〕【張註】通鑑音註：唐制：凡賜十段，其率絹三匹、布三端、綿四屯；若雜綵十段，則絲布二匹、紬二匹、綾二匹、縵四匹；若賜蕃客錦綵，率十段，則錦一張、綾二匹、縵四匹、綿四屯。凡時服稱一具者，全給之；一副者，減給之。正冬之會稱賜束帛有差者，五品已上五匹，六品以下二匹，命婦視其夫、子。以充賞設，度支即約據界首及行營軍額，分配定數，逐便支送，仍委本道都統、節度、防禦、都團練使，即條録功第名銜聞奏，並與甄叙。其行營將士，仍各放歸本道。明加宣諭，令悉朕懷。〔一九〕

校勘記

〔一〕平淮西後宴賞諸軍將士放歸本道詔　「詔」，詔令八〇作「敕」。詔令六五作「褒賞淮西立功將士詔」。

〔二〕朕纂奉丕業　此句之上，詔令八〇多一「敕」字。

〔三〕且自昔勞師　此句之下，册府一三一多一「者」字。

〔四〕漢武之强　此句之上，詔令八〇多一「以」字。

〔五〕求己自警　册府一三一、詔令六五作「亦以自誓」，詔令八〇作「亦已自儆」。

〔六〕殊死必宥　「死」，册府一三一、詔令六五作「化」。「必」，詔令六五、八〇作「畢」。

〔七〕然尚勞師旅　「然」下，册府一三一多一「而」字，詔令六五多一「則」字。

〔八〕君人若斯　「君」，册府一三一作「子」。

〔九〕賴節將士旅　「節」，石川本註云：「一作『帥』。」「節將士旅」，册府一三一作「將相士旅」，詔令六五作「將士相依」，詔令八〇作「節度將士」。

〔一〇〕一其誠心　「其」，詔令六五作「具」。此句，詔令八〇作「旅成一心」。

〔一一〕錫宴以勞旋　「旋」，張本作「功」。

〔一二〕都統檢校司空同中書門下平章事劉玄佐　「玄佐」原作「從一」，據舊紀、册府一三一、詔令六五、八〇改。按：舊紀貞元元年九月條云：「辛亥，宰相劉從一以疾辭任，授户部尚書。庚申，劉從一卒。」本詔頒於貞元二年四月甲申，其時劉從一已死，斷無再受褒賞之理。而且，劉從一從未參加過討伐李希烈之役。據舊書一四五、新書二一四劉玄佐傳，玄佐參加過討伐李希烈之役，「興元初，進加檢校左僕射，加平章事」；不久，以功「加汴宋節度使、陳州諸軍行營都統」；入朝，又加「檢校司空」，行事、仕歷均與本詔記載合。他書是。

〔一三〕檢校尚書右僕射同中書門下平章事韓滉　「右」，詔令八〇作「左」。據舊書一二九韓滉傳，滉於興元元年「加檢校右僕射。貞元元年七月，拜檢校左僕射、同平章事」。舊紀貞元元年七月條亦云：「丙午，以鎮海軍、浙江東西道節度使韓滉檢校尚書左僕射、同平章事。」疑詔令八〇是。

〔一四〕檢校工部尚書御史大夫田緒　此句之下，詔令六五多一「等」字。

〔一五〕咸遣士旅遠赴行營　册府一三一、詔令六五作「各遣將士五千人，赴河南行營」。

〔一六〕抱真納涅宜並與子孫一人七品正員官緒與子孫一人八品正員官　「七」，册府一三一、詔令六五作「六」。詔令八〇無「宜並與子孫一人七品正員官」十二字。

〔一七〕應與淮西接界州縣本界鎮守及諸道赴行營將士等　「本界」，册府一二八、詔令六五、八〇作「本軍」。

〔一八〕宜共賜物三十萬端匹　「三」，册府一二八作「二」。「十萬」，詔令六五作「千」。

〔一九〕令悉朕懷　此句之下，詔令六五多「興元」二字。

授王武俊李抱真官封並招諭朱滔詔〔一〕

三公之職，〔二〕論道經邦，【張註】書周官：立太師、太傅、太保，茲惟三公，論道經邦，燮理陰陽。序五行之和，【張註】書洪範：天乃錫禹洪範九疇。初一曰五行：一曰水，二曰火，三曰木，四曰金，五曰土。白虎通：言行者，欲言爲天行氣之義也。任百事之理，歷代崇重，不常厥官。【張註】初學記：漢官儀云：武王克殷，作周官，立太師、太傅、太保爲三公。太師在太傅上，太保次太傅，無不總統。秦、漢之際，並無其官，至高后唯置太傅。漢末以大司馬、大司徒、大司空爲三公，立師、傅、保之官位，在三公上，崇號爲上公。東漢以後，皆以太尉、司徒、司空爲三公，師、傅、保常曰上公。後魏書官氏志云：後魏尊師、傅、保爲三師。五代史百官志云：北齊因後魏，亦曰三師。後周依周禮，又以師、傅、保爲三公。隋初，又爲三師。自漢、魏以來，皆開府置寮屬；至隋省寮屬。唐書百官志：太師、太傅、太保各一人，是爲三師；太尉、司徒、司空各一人，是爲三公。皆正一品。三師，天子所師法，無所總職，非其人則闕。三公，佐天子理陰陽，平邦國，無所不統。親王拜者不親事，祭祀闕則攝。天祚皇家，茂生才傑，比義齊列，同寅協恭。【張註】書：同寅協恭和衷哉。以德允台階之望，【張註】史記天官書：魁下六星，兩兩相比者，名曰三能。三能色齊，君臣和；不齊，爲乖戾。蘇林曰：能音台。索隱曰：案：漢書：東方朔「願陳泰階六符」。孟康曰：泰階，三臺也。凡六星。六符，六星之符驗也。應劭引黄帝泰階六符經曰：泰階者，天子之三階；上階，上星爲男主，下星爲女主；中階，上星爲諸侯、三公，下星爲卿、大夫；下階，上星爲士，下星爲庶人。以勳當井賦之賜，【張註】周禮小司徒：乃經土地，而井牧其田野。九夫爲井，四井爲邑，四邑爲邱，四邱爲甸，四甸爲縣，四縣爲都，以任地事而令貢賦，凡稅斂之事。註：九夫爲井者，方一里九夫所治之田也。賦謂出車徒、給繇役也。梁簡文帝表：復早建茅社，夙開井賦。聿應並命，式副具瞻。開府儀同三司，檢校司空，同中書門下平章事，使持節【石川註】通典：唐有總管，亦加號使持節。恒州諸軍事，守恒州刺史，【張註】唐書地理志：鎮州常山郡，大都督府。本恒州恒山郡，屬河北道。通鑑音註：恒，户登翻。漢常山郡，唐置恒州，因恒山爲名。充成德軍、恒、冀、深、趙等州節度、觀察、處置等使，【張註】唐書地理志：冀州信都郡，深州饒陽郡，趙州趙郡，俱屬河北道。通典：今之冀州，古冀、兖二州之域。漢置信都國，後漢更名樂成國，漢末兼置冀州。唐爲冀州，或爲信都郡。續通典：深州，以州城西故深城名州。趙州，周穆王封造父于趙城，即此也；後魏置趙郡，隋大業初置趙州。琅邪郡王王武俊：【張註】唐書地理志：沂州琅邪郡屬河南道。通典：沂州，春秋時齊、魯二國之地。秦琅邪郡，漢爲東海、琅邪二郡地，後周改爲沂州，隋復爲琅邪郡。秉志沈密，【張註】南史徐羡之傳：沉密寡言，不以憂喜見色。臨事能斷，忠而致力，勇且有仁。奮發之初，渠魁即戮；【張註】通鑑綱目：王武俊爲左右所搆，惟岳疑之，未忍殺也。束鹿之戰，使爲前鋒，武俊自念：今破朱滔，則惟岳軍勢大振，歸必殺己。故戰不甚力而敗。惟岳將康日知以趙州歸國，惟岳益疑武俊。或曰：「武俊勇冠三軍，今危難之際，復加猜阻，欲使誰却敵乎？」惟岳以爲然，乃使武俊擊趙州，又使其子士真將兵宿府中。武俊既出，謂衛常寧曰：「今幸出虎口，當北歸張尚書。」常寧曰：「大夫暗弱，終爲朱滔所滅，且天子有詔誅之，中丞爲衆所服，倒戈以取之，轉禍爲福，如反掌耳。」武俊以爲然，遂引兵還襲惟岳，士真納之。武俊令曰：「大夫叛逆，將士歸順，敢拒者族！」衆莫敢動，遂執惟岳，殺之，傳首京師。危疑之際，大節首彰。開府儀同三司，檢校尚書左僕射，同中書門下平章事，潞州大都督府長史，【張註】通鑑音註：武德九年六月，廢大行臺，置大都督府。是後分諸州都督府爲上、中、下三等：大州都督從二品，長史從三品，司馬從四品；中州都督正三品，別駕正四品，長史正五品上，司馬正五品下；下州都督從三品，別駕、長史、司馬亦皆遞降一品。【石川註】唐書百官志：大都督掌督諸州兵馬、(器)〔甲〕械、城隍、鎮戍、糧禀，總判府事。長史一人，從三品。昭義軍、【張註】唐書方鎮表：大曆元年，相衛六州節度賜號昭義軍節度。建中元年，兼領澤、潞二州，治潞州。澤、潞、磁、邢等州節度、觀察、處置、【張註】唐書地理志：澤州高平郡，潞州上黨郡，屬河東道。惠州本磁州，天祐三年，以磁、慈聲一，更名。

邢州鉅鹿郡屬河北道。通鑑音註：澤州，漢高都、端氏、泫氏之地，取濩澤爲名。潞州，春秋潞子國，秦、漢爲上黨郡。後周立潞州，以其浸汾、潞爲名。武德元年，以相州之滏陽、臨水、成安置磁州，以其地產磁石，名州。續通典：邢州，禹貢衡漳之地，春秋邢侯之國。邢遷于夷儀，即其地，秦置信都郡。隋置邢州，取古邢國爲名。度支、營田等使，〔三〕【張註】通鑑音註：唐制：凡天下邊軍，皆有支度使以計軍資糧仗之用。節度不兼支度者，支度自爲一司；其兼支度者，則節度使自支度。凡邊防鎮守轉運不給，則開置屯田以益軍儲，于是有營田使。上柱國、符陽郡王李抱真：【張註】唐書地理志：集州符陽郡屬山南道。通典：集州，秦屬巴郡，漢屬廣漢、巴二郡地，晉屬巴西郡。梁置東巴州，後改爲集州。後周兼置平桑郡。隋併其地入漢川、清化二郡。唐置集州，或爲符陽郡。質重氣和，内精外朗，智窮變化，守必以常。學本明誠，〔四〕動有攸利，謀猷屢告，規益孔多。皆戮力盡瘁，【張註】書：聿求元聖，與之戮力。諸葛亮出師表：臣鞠躬盡瘁，死而後已。志匡王室，陳師鞠旅，【石川註】詩采芑：陳師鞠旅。箋：陳列其師、旅，誓告之也。同討不庭。仗大義而萬衆叶心，體至公而千里同契。合軍於呼吸之際，【張註】魏志呂布傳：〔昔〕樂毅攻齊，呼吸下齊七十餘城。決策於指揮之間。【張註】通鑑綱目：朱滔攻貝州百餘日，馬寔攻魏州亦踰四旬，皆不能下。賈林復爲李抱真説王武俊曰：「朱滔志吞貝、魏，復值田悅被害，儻旬日不救，則魏博皆爲滔有矣。魏博既下，則張孝忠必爲之臣，滔連三道之兵，益以回紇，臨常山，明公欲保其宗族，得乎！常山不守，則昭義退保西山，河、朔盡入於滔矣。不若乘貝、魏未下，與昭義合兵救之。滔既破亡，則朱泚不日梟夷，鑾輿反正，諸將之功，孰居明公之右者哉！」武俊悅，從之。軍于南宮東南，抱真自臨洺引兵會之。兩軍尚相疑，抱真以數騎詣武俊營，命行軍司馬盧玄卿勒兵以俟，曰：「今日之舉，繫天下安危，若其不還，領軍事以聽朝命亦惟子，勵將士以雪讐耻亦惟子。」言終，遂行。見武俊，叙國家禍難，天子播遷，持武俊哭，流涕縱横。武俊亦悲不自勝，左右莫能仰視。遂與武俊約爲兄弟，誓同滅賊。抱真退，入武俊帳中酣寢久之，武俊感激，待之益恭，指心仰天曰：「此身已許十兄死矣。」遂連營而進。并轡載馳，執桴親鼓，【張註】左傳：左并轡，右援枹而鼓。音義：枹音浮，鼓槌也。字林云：擊鼓柄也，本亦作桴。兇徒殄殪，河右廓清。【張註】通鑑綱目：李抱真、王武俊距貝州三十里而軍。滔聞兩軍將至，急召馬寔。或謂滔曰：「武俊善野戰，不可當其鋒，宜徙營稍前逼之，使回(訖)〔紇〕絶其糧道。我坐食德、棣之餫，依營而陳，利則進攻，否則入保，待其饑疲，然後可制也。」會寔軍至，滔命明日出戰。寔請休息數日。回紇達干見滔，曰：「回紇受大王金帛、牛酒無算，思爲大王立效久矣。明日，願大王駐馬高邱，觀回紇爲大王翦武俊之騎，使匹馬不返。」滔遂決意出戰。武俊遣其兵馬使趙琳將五百騎伏于桑林，抱真列方陳于後，武俊引騎兵居前，與回紇戰。趙琳自林中出横擊之。回紇及滔軍皆敗走。抱真、武俊令兵追之，滔與數千人走還，夜焚營遁歸。國家無北顧之虞，姦慝阻南侵之計，時乃同德，厥功茂焉。敷五教而阜人，【張註】書：敬敷五教。均九土以居衆，【張註】宋玉賦：周覽九土，足歷五都。潘岳賦：九土之宜弗任，四人之務不一。俾爾更踐，〔五〕備揚洪休，〔六〕乃加真實，〔七〕以貽後嗣。武俊可檢校司徒、同中書門下平章事，〔八〕抱真可檢校司空、同中書門下平章事，賜實封五百户。〔九〕嗚呼！古人有言曰：「惟理亂，在庶官。」矧惟輔臣，與國同體，明朕德命，〔一〇〕爾其欽承。

朕嗣位不明，輕費尚力，謂武可以靖暴慢，謂刑可以懲姦邪，德之不修，亂是用長。士馬疲耗，烝庶流離，罪非朕躬，誰任其咎？自去歲遭變，再經播遷，歷山川之險艱，知軍旅之勞苦，惟省前過，悔恨盈懷。追遠事而不及，庶後圖之可補。以九廟爲重，而不憚屈身；以百姓爲心，而不專私欲。苟可以保安社稷，休息甲兵，弘濟蒼生，蠲省徭賦，含垢忍耻，予無難焉。朱滔受任薊門，【張註】綱目集覽：薊與鄚通，音計，廣陽郡邑，屬幽州道。按地理志：秦漁陽郡也。水經註：武王封堯後于薊，今城西北隅有薊邱，因邱以名邑也。一統志：薊，秦之縣名，屬漁陽郡。唐置薊州，取古薊門關以名，在今順天府薊州。累著誠績，委遇既重，封秩亦崇，【張註】唐書朱滔傳：李惟岳拒命，滔與成德張孝忠再破之束鹿，取深州，進檢校司徒，遂領節度，賜德、棣二州。【石川註】舊唐書朱滔傳：滔權知幽州。田承嗣反，與李寶臣等解磁州圍。建中二年，破李惟岳於束鹿；命守束鹿。惟岳圍束鹿，擊破之，惟岳遁。爲幽州盧龍軍節度使。臣節中虧，【石川註】舊唐書朱滔傳：以康日知爲深、趙二州團練使。滔怒失深州，與王武俊連兵救田悅，敗李懷光。自貽伊阻。【石川註】詩雄雉：自貽伊阻。傳：伊，維；阻，難也。洎賊泚僭竊上京，〔一〕兄弟之親，在法無赦；朕以罪不相及，【石川註】左傳僖三十三年引康誥曰：父不慈，子不祗，兄不友，弟不共，不相及也。情有可原，待以如初之誠，廣其自新之路。執迷不復，固敗是求，蹙喪而歸，既困方悟。累獻款疏，深陳懇誠，〔二〕【張註】唐書朱滔傳：滔已敗，不能軍，走還幽州，上書待罪。【石川註】興元元年，滔及回紇雜虜圍貝州，王武俊、李抱真大敗之。朱泚死，滔上章謝罪，事見滔傳。省之惻然，良用憫嘆！雖將相嫉惡之志，固所難容；以君上懷柔之情，未忍拒絶。且善莫大於改過，德莫盛於好生，叛而伐之，服而舍之，【石川註】左傳宣十二年文。銷難愛人，實惟朕志。宜委武俊、抱真開示大信，明加曉諭。若誠心益固，善蹟克彰，〔一三〕朕當掩釁録勳，與之昭雪。宣告衆庶，咸使聞知。

校勘記

〔一〕授王武俊李抱真官封並招諭朱滔詔　詔令一一八作「授王武俊司徒李抱真司空招諭朱滔制」。

〔二〕三公之職　此句之上，詔令多一「敕」字。

〔三〕昭義軍澤潞磁邢等州節度觀察處置度支營田等使　此句之上，詔令多一「充」字。按：前述王武俊稱「充成德軍」云云，則此處亦應有一「充」字。疑詔令是。

〔四〕學本明誠　「學本」，詔令作「克著」。

〔五〕俾爾更踐　此句之下，詔令多「□□」二缺字。從文意看，此處似脱二字。

〔六〕備揚洪休　「備揚」，詔令作「偏□」。

〔七〕乃加真實　「實」，詔令作「食」。

〔八〕武俊可檢校司徒同中書門下平章事　此句之下，詔令多「實封五百户，餘並如故」九字。

〔九〕賜實封五百户　此句之下，詔令多「餘並如故」四字。

〔一〇〕明朕德命　詔令作「明聽朕命」。

〔一一〕洎賊泚僭竊上京　「洎賊泚」下，册府一六五多「構逆」二字。

〔一二〕深陳懇誠　「陳」，舊書一四三朱滔傳作「効」。

〔一三〕善蹟克彰　「善」，册府作「名」。

招諭淮西將吏詔〔一〕【石川註】舊唐書德宗紀：興元元年閏十月。

朕臨御已來，【張註】晉書褚后傳：當陽親覽，臨御萬國。連兵不息，〔二〕自經播越，方歷險艱。耳聞鼙鼓之聲，【張註】樂記：君子聽鼓鼙之聲，則思將帥之臣。【石川註】鼙，說文：騎鼓也。目視殺傷之苦，由是覺悟，悔於興師。〔三〕既省己以知非，亦欲人之遷善，至乃歲有再赦，【石川註】唐書德宗紀：貞元元年正月丁酉大赦，十一月癸卯大赦。*事有屢言，務於撫綏，不憚煩冗。冀朕之誠信日布，冀人之患難日除，每議用兵，惻然不忍。

而賊臣希烈，煽禍滔天，虐用其人，仇視厥衆。〔四〕狼心多忌，【張註】楚語：人有言曰：狼子野心。梟性無親，【張註】詩旄邱疏：〔爾雅〕釋鳥云：鳥少美長醜爲鶹鷅。陸機云：流離，梟也，其子適長大，還食其母。流與鶹，離與鷅，蓋古、今字。以芟伐立威，【張註】唐書李希烈傳：希烈資慘害，臨戰陣殺人，血流于前，而飲食自若也，以故人畏服，爲盡死。乘襄城之捷，進攻汴州，入之，運土木治道，怒不如程，驅人填塹，號「溼（稍）〔梢〕」。以猜刻爲志。朝爲昵比，夕爲仇讎，肆其芟夷，蔑若草芥。【張註】夏侯湛東方朔畫像贊：視儔列如草芥。憑陵汝海，【張註】左傳：今陳介恃楚衆，以馮陵我敝邑。流血盈川，侵軼浚郊，【張註】詩：孑孑干旌，在浚之郊。通鑑音註：浚郊，謂大梁之郊也。大梁有浚水。詩地理考：浚水出浚儀東，逕邪地入濟。唐書地理志：浚儀縣屬汴州。積骸徧野。農耕廢業，井邑成墟。積彼妖氛，發爲災癘，蕭條千里，無復人煙。朕哀彼生靈，陷于塗炭，苟存拯物，不難屈身。故於首春，特布新令，赦其殊死，待以初誠。〔五〕使臣纔越於郊畿，巨猾已聞於僭竊，【張註】通鑑：李希烈自恃兵彊，遂謀稱帝，遣人問儀于顏真卿，真卿曰：「老夫嘗爲禮官，所記惟諸侯朝天子禮耳！」希烈遂即皇帝位，國號大楚。以其黨鄭賁爲侍中，孫廣爲中書令，李綬、李元平同平章事。（本註）考異曰：希烈稱帝，實録、舊希烈傳、顏真卿傳皆無年月。今據奉天記、幸奉天録，皆云：赦令既行，諸方莫不向化，惟李希烈長惡不悛。又實録今年閏月庚午詔曰：「朕于歲首，特布新令，赦其殊死。使臣纔及于郊畿，巨猾已聞于僭竊。」然則希烈稱帝，必在正月初也。酷烈滋甚，吞噬無厭。將相大臣，咸懷憤激，繼陳章疏，固請除討。朕以所行天誅，本去人害，兵戈既接，玉石難分。言念忠良，遭罹脅制，雖欲卻陳臣節，〔六〕厥路無由。受汙終身，銜冤没代，淪胥以逞，〔七〕誠足痛傷。〔八〕宜令諸道節度使，每欲進軍，先加曉諭：今所致討，〔九〕唯止元兇，〔一〇〕其餘脅從，一切不問。如能去逆效順，因事建功，明設科條，以示褒勸。其以一州降者，〔一一〕便授刺史，封異姓王，賜實封五百户；以一萬人已上降者，〔一二〕授刺史，封國公，賜實封三百户。【張註】通典：唐制：

皇兄弟、皇子爲王，皆封國之親王。其庶姓卿士功業特盛者，亦封郡王。自至德元年至大曆三年，封異姓爲王者，凡百一十二人。其次封國公，其次有郡、縣開國公、侯、伯、子、男之號，亦九等。並無官土。其加實封者，則食其封分；食諸郡以租調給。其餘各據功效，節級甄升。列爵建官，以俟能者，朗然明信，朕不食言。【石川註】書湯誓：朕不食言。傳：食盡其言，僞不實。宣示遠人，各令知悉。

*按：本詔頒於興元元年閏十月，所云「至乃歲有再赦」，祇能是指興元元年正月癸酉大赦，同年七月辛卯大赦。此註舉貞元元年二次大赦，誤。

校勘記

〔一〕招諭淮西將吏詔　「詔」，詔令一一八作「敕」。

〔二〕朕臨御已來連兵不息　此句之上，詔令一一八多一「敕」字。此句，舊紀、册府一六五作「朕臨御萬方，失於君道，兵革不息，于今五年」。

〔三〕耳聞鼙鼓之聲至悔於興師　舊紀、册府作「閔衆庶之勞，悔征伐之事」。

〔四〕而賊臣希烈至仇視厥衆　「仇視」，明本作「介視」，宋本、元本作「介恃」。此句，舊紀作「而李希烈蔑義棄德，反道虐人」。册府「道」作「天」，餘同。

〔五〕待以初誠　「初」，舊紀作「至」。

〔六〕雖欲卻陳臣節　册府作「雖欲改節」，舊紀作「雖思改革」。

〔七〕淪胥以逞　「逞」，册府作「沉」。

〔八〕誠足痛傷　「足」，舊紀作「可」。此句之下，舊紀多「豈孽自一夫，而毒流萬姓，爲人父母，寧不愧懷」十八字。册府「萬」作「百」，「寧」作「能」，餘同。

〔九〕今所致討　「今所」，册府作「王師」。

〔一〇〕唯止元兇　「唯」，舊紀作「罪」。「止」，册府作「在」。

〔一一〕其以一州降者　「其」下，張本、詔令一一六安撫淮西歸順將士百姓制（該制後部爲本詔，係誤置）多二「有」字。明本「以」作「有」。

〔一二〕以一萬人已上降者　此句之上，詔令一一六多「以一縣降者，便授縣令，封郡公，賜實封二百户」十九字。

招諭河中詔〔一〕

朔方諸軍應在河中、絳州、朝邑將士等，〔二〕【張註】通鑑音註：後魏分馮翊置澄城郡，仍置南五泉縣；西魏改爲朝邑縣，隋、唐屬司州。並以義烈繼代，勳業冠時，艱虞已來，常濟國難。肅宗、代宗再復京邑，皆是朔方將士之功。【張註】通鑑音註：天寶十四載，安禄山反，郭子儀、李光弼皆以朔方軍討賊，立大功。其後回紇、吐蕃深入，京畿諸鎮叛亂，外禦内討，亦倚朔方軍以成功。去歲朕在奉天，兇黨攻逼，解圍赴急，亦賴此軍。言念爪牙，〔三〕情均骨肉，濟朕危厄，感之豈忘！

頃以懷光背恩，自生猜阻，【張註】博雅：猜阻，疑也。熒惑將士，【張註】劉向封事：（滎）〔營〕惑耳目，感移心意。（滎）〔熒〕、營古今字。汙脅忠良。朕頻降詔書，再三曉諭，皆被懷光隱匿，兼亦志有加誣。朕之誠懷，竟未宣布，夙夜自愧，寢食不安。時屬嚴凝，〔四〕【張註】禮記：天地嚴凝之氣，始于西南，而盛于西北。道德指歸論：霜雪嚴凝。屢頒衣賜，〔五〕豈以懷光一人拒命，遂令將士俱不沾恩。【張註】唐書李懷光傳：度支欲罷其軍歲中稟賜，帝曰：「朔方軍累有功，豈以懷光拒命，而衆不被恩耶？」詔所司別貯縑、錢，須事定乃給。朕於功臣，義存終始。其朔方及諸軍應在河中、絳州、朝邑將士等，今年春、冬衣賜，並準二月二十一日敕，緣赴奉天解圍功臣等第給錢物，宜令所司並許計料別收貯，待道路通流，即當時支遣，其有歸順者續給。〔六〕其將士等，〔七〕有先賜實封，一切準元敕，並州給牒，委馬燧、渾瑊逐分送付。其差人請受，仍明加宣諭招撫，務令忠義之士，各悉朕意。

校勘記

〔一〕招諭河中詔　「詔」，詔令一一八作「敕」。

〔二〕朔方諸軍應在河中絳州朝邑將士等　此句之上，詔令多一「敕」字。「朔方」下，册府一六五、詔令多一「及」字。據後文，疑有「及」字是。

〔三〕言念爪牙　此句之上，詔令多「故當」二字。「言」，詔令作「深」。「爪牙」，册府作「勳勞」。

〔四〕時屬嚴凝　此句之上，册府多一「今」字。

〔五〕屢頒衣賜　「屢」，册府作「例」。

〔六〕其有歸順者續給　「其」，册府作「如」。「續給」上，册府多「續到」二字。

〔七〕其將士等　「將士」，册府作「大將」。

安撫淮西歸順將士百姓敕〔一〕

李希烈首亂淮瀆，〔二〕【張註】詩大雅：鋪敦淮濆。又侵滎、汴，【張註】書禹貢蔡註：滎，水名。濟水自今孟州温縣入河，潛行，絶河南溢爲滎，在今鄭州滎澤縣西五里敖倉東南。通鑑：李希烈攻李勉於汴州，勉城守累月，外救不至，將其衆萬餘人奔宋州。滑州刺史李澄以城降希烈。劉洽遣其將高翼保襄邑，希烈攻拔之。兇威所及，罔不脅從。百姓既罹於網羅，【張註】魏志袁紹傳註：舉手挂網羅，動足蹈機陷。將士兼質其家口，哀我衆庶，銜冤莫伸，〔三〕雖欲歸降，何由自達。朕爲人父母，不克保安，遂使忠良，横遭脅汙，興言憫悼，思惻深衷。今王師四臨，所至剋捷，將士百姓，款附甚多。或棄其鄉園，或捐其家族，脱身效節，良有可嘉，特宜撫綏，以奬誠效。應淮西界内及鄭、汴等州，〔四〕【張註】唐書地理志：鄭州滎陽郡，汴州陳留郡，屬河南道。通典：鄭州：虢、鄶之地，鄭武公與平王東遷，武公滅兩國而遷都焉。秦屬三川郡。漢屬河南郡。後周置滎州，後改爲鄭州。隋置管州，煬帝初，復爲鄭州，尋廢州，置滎陽郡。唐因之。將士歸順者，委所在節度、防禦等使便與收管，切加存恤，優給資糧，仍各具名銜聞奏，當與甄奬，並給遺衣賜。其百姓從賊界内歸順者，亦委所在觀察使、刺史，量以本道諸色錢物賑給，〔五〕令得存濟；如情願便住者，即配與死户田宅，〔六〕使營生業；若欲赴諸州縣者，隨其所之，當時給文牒發遣，不得止遏，所至之處，準前優賞。

率土之内，莫非王臣。雖陷寇中，諒非獲已，但能效順，即是平人。務於招綏，副朕所恤。

校勘記

〔一〕安撫淮西歸順將士百姓敕　「敕」，詔令一一六作「制」。

〔二〕李希烈首亂淮漬　此句之上，詔令一一六多一「敕」字。「漬」，詔令一一六作「瀆」。

〔三〕衘冤莫伸　「衘」，詔令一一六作「厄」。

〔四〕應淮西界内及鄭汴等州　「界内」上，詔令一一八招諭河中敕（該敕後部爲本敕，係誤置）多一「及」字。

〔五〕量以本道諸色錢物賑給　「本道」下，詔令一一八多「本州」二字。按：前云「觀察使、刺史」，則後宜以「本道、本州」呼應。疑此處有「本州」是。

〔六〕即配與死户田宅　「宅」，詔令一一八作「产」。

甄獎陷賊守節官詔

沮勸二柄，〔一〕【張註】左傳：賞罰無章，何以沮勸。吴志朱據傳：舉清厲濁，足以沮勸。國之大綱，獎善懲違，固不可廢。頃者賊臣構亂，京邑震騷，惟茲士人，奔竄無所。或從其誘脅，遂染汙名；或守以純誠，竟全貞節。昨所司奏議，但舉刑章，坐累者各已條疏，守節者並未甄異，〔二〕忠正而不報，豈朕意焉。應在京百司及京兆府長安、萬年兩縣，去年十月三日，見在職事官，〔三〕在城陷於賊中，潛藏不受逆命，並諸色前資官，被僞署官爵，〔四〕頻遭迫脅，首末不出，事蹟昭著，衆所明知者，並委御史臺訪察，勘覈其事，〔五〕勿容虛濫，仍限今月内，具名銜事蹟聞奏。五品已上及常參官已授替者，〔六〕委中書門下與處分；〔七〕六品已下各減三選，不拘考例聽集。其未得資被替，〔八〕非時放選，仍稍優與處分。如已喪亡者，〔九〕並與追贈，使恩加存歿，以稱朕懷。

校勘記

〔一〕沮勸二柄　此句之上，詔令一〇四多一「敕」字。

〔二〕守節者並未甄異　「未」原作「已」，據張本、全唐四六三改。詔令作「無」，亦得其實。按：據下句「忠正而不報，豈朕意焉」，知此處作「未」是。

〔三〕見在職事官　「職事」下，册府六四多「及常參」三字。

〔四〕被僞署官爵　「被」，册府作「在城爲逆賊」。

〔五〕勘覈其事　此句之上，詔令多一「磨」字。此句之下，詔令多一「實」字。則「磨勘」應屬上句，「覈其事實」單獨爲一句。

〔六〕五品已上及常參官已授替者　「授」，詔令、全唐作「受」。

〔七〕委中書門下與處分　「與」上，詔令多一「即」字。

〔八〕其未得資被替　此句之下，詔令多一「者」字。

〔九〕如已喪亡者　詔令無「如」、「者」二字。

令百寮議大禮期日詔

朕自遷越，旋於京師，將欲請罪祖宗，告謝天地，所司擇日，行有期矣。議者多以大盜之後，人勞匪居，懼愆歲功，【張註】前漢律曆志：立閏定時，以成歲功。請俟農隙。若俯順羣議，則私懷不安；將祇率典章，又疲甿重擾。夙夜憂惕，罔知所裁。宜令中書門下與常參官即詳議，折衷聞奏。

不許諸軍侵擾敕〔一〕

李希烈阻兵淮右，〔二〕虐害烝人，朕哀憫無辜，横遭脅制。若興師行伐，則玉石俱焚，所以頻下詔書，再三開諭。【張註】易：再三瀆。書：至于再，至于三。曾無悛革，但益憑陵，忠勇之徒，皆思奮激。〔三〕朕悔於征伐，務在含容，【張註】陳琳檄：加緒含容，冀可彌縫。以一夫無良，〔四〕遂百姓罹禍，〔五〕安人忍耻，初是素懷。〔六〕今東作方興，麥秋在近，【張註】禮記：孟夏之月，麥秋至。注：秋者，百穀成熟之期，此于時爲夏，于麥則秋，故云麥秋也。儻行侵抄，〔七〕深害農功，一方之人，實足矜憫。應與淮西接界州縣，各委本道都統，節度、都防禦、團練等使，明申前敕，嚴設隄防，務使農人，遂其耕穫。賊若不先侵軼，但自保守封疆，勿令越境，暴犯田苗；及有侵掠，明加招諭，咸令知悉。【張註】左傳：欒盈出奔，過于周，周西鄙掠之。註：掠音亮，奪也。務宣朝化，以洽遠人。仍於所在界首，

校勘記

〔一〕不許諸軍侵擾敕　詔令一一八作「討李希烈不許諸軍侵抄詔。」

〔二〕李希烈阻兵淮右　此句之上，詔令多一「敕」字。

〔三〕皆思奮激　「激」，詔令作「擊」。

〔四〕以一夫無良　此句之上，詔令多一「豈」字。

〔五〕遂百姓罹禍　「遂」下，詔令多一「令」字。

〔六〕初是素懷　「初是」，詔令作「是朕」。

〔七〕儻行侵抄　「抄」，郎本、全唐四六三作「擾」，與題合。

放淮西生口歸本貫敕〔一〕【張註】綱目集覽：生口謂生獲之人。

遷徙家鄉，〔二〕分離骨肉，有生之酷，莫甚於斯。朕撫育兆人，庶臻理道，〔三〕懲過不可以不罰，原情不可以不矜，將推内恕之心，用廣自新之路。應從李希烈作亂以來，諸道所有擒獲淮西生口，【石川註】漢書蘇武傳：捕得雲中生口。配隸嶺南、黔中等道，宜一切釋放歸本道。〔四〕其投降人等，權於諸州、縣安置者，亦任各從所適。【張註】嶺南註見卷内。唐書地理志：黔爲鶉尾分，屬江南道。其黔、辰、錦、施、叙、獎、夷、播、思、費、南、溪、溱十三州，隸黔中採訪使，治黔州。通典：貞觀初，併省州、縣，始于山河形便，分爲十道。開元二十一年，分爲十五道，置採訪使，以檢察非法。江南道分爲江南東、江南西、黔中三道。黔中郡黔州，古蠻夷之國。春秋、戰國，皆楚地，通謂之五溪。五溪謂辰、酉、巫、武、(陵)〔沅〕等五溪也。古老相傳云：巴子兄弟五人，各爲一溪長。一説云：皆槃瓠子孫，非巴子也。秦屬黔中郡，漢屬武陵郡，後周改黔州。

校勘記

〔一〕放淮西生口歸本貫敕　「敕」，詔令一二三作「詔」。

〔二〕遷徙家鄉　此句之上，詔令多一「敕」字。

〔三〕庶臻理道　「庶」，張本作「冀」。

〔四〕宜一切釋放歸本道 「釋」下，詔令多一「免」字。「道」，詔令作「貫」，與題合。

令諸道募靈武鎮守人詔

【張註】唐書地理志：關内道靈州靈武郡，大都督府。分註：有朔方軍、經略軍。黃河外，有豐安、定遠、新昌等軍，豐寧、保寧等城。通典：靈州：秦屬北地郡。後魏太武帝平赫連昌，置薄骨律鎮，在河渚上，舊是赫連果地；至明帝置靈州，初在河北，後于果園所築城以爲州，今郡是也。

朕以寡德，【張註】晉書元帝紀：詔曰：惟朕寡德，纘我洪緒，若涉大川，罔知攸濟。君臨兆人，憂四鄙之不寧，懼一物之失所。降心以懷戎狄，期息征徭；極慮以綏烝黎，冀遂安輯。今諸夏岳牧，咸能撫封，九姓可汗，荐克敦好，【張註】唐書回紇傳：九姓者，曰藥羅葛，曰胡咄葛，曰啒羅勿，曰貊歌息訖，曰(呵)〔阿〕勿(嘀)〔嘀〕，曰葛薩，曰斛嗢素，曰藥勿葛，曰溪邪勿。通鑑綱目：貞元三年九月，回紇求和親，許之。四年九月，回紇可汗遣其妹及大臣妻來迎可敦，辭禮甚恭，曰：「昔爲兄弟，今爲子婿，半子也。若吐蕃爲患，子當爲父除之。」仍表請改回紇爲回鶻，許之。寰瀛之内，【張註】魏都賦：殷殷寰内，繩繩入區。南史梁紀論：聲振寰宇，澤流遐裔。史記孟荀列傳：騶衍以爲中國名曰赤縣神州。中國外如赤縣神州者九，於是有裨海環之，乃有大瀛海環其外。其謂小康。〔一〕

愛人雖發於朕心，濟理實由於藩輔，【張註】史記禮書：諸侯藩輔，臣子一例，古今之制也。豈惟菲薄，所致於茲？然獨吐蕃負恩，【張註】唐書吐蕃傳：吐蕃本西羌屬，蓋百有五十種，散處河、湟、江、岷間；有發羌、唐旄等，然未始與中國通。居折支水西。祖曰鶻提勃悉野，健武多智，稍併諸羌，據其地。蕃、發聲近，故其子孫曰吐蕃，而姓勃窣野。或曰南涼禿髮利鹿(狐)〔孤〕之後，二子，曰樊尼，曰傉檀。傉檀嗣，爲乞佛熾盤所滅。樊尼挈殘部臣沮渠蒙遜，以爲臨松太守。蒙遜滅，樊尼率兵西濟河，逾積石，(故)〔遂〕撫有羣羌云。背盟棄約，尚勞師旅，備禦西陲。亦賴方岳同心，簡練傑俊，助其防鎮，遏彼奔衝，數年以來，邊境寧謐。【張註】唐書褚遂良傳：內外寧謐。乃眷靈武，實惟雄藩，【張註】通典：朔方節度使理靈武郡，管兵六萬四千七百人，馬萬四千三百匹，衣賜二百萬匹段。扼東牧之咽喉，【張註】前漢嚴延年傳：河南，天下咽喉。師古註：咽喉，言其所在襟要，如人體之有咽喉也。後漢馬援傳：搤其咽喉。控北門之管鍵。【張註】周禮地官：司門掌授管鍵，以啟閉國門。註：管謂籥也，鍵謂牡。疏云：以入爲牡，容者爲牝也。唐書郭子儀傳：大曆九年，入朝，帝與語吐蕃方彊，退，上書曰：「朔方，國北門，西禦犬戎，北虞獫狁，五城相去三千里。」軍懸寇邇，地遠勢孤，【張註】通鑑音註：靈州在京師西北千二百五十里。雖無交切之虞，須建久安之策。朕屬慮於此，殆今累年，晨思廢餐，暮想忘寐。征兵益戍，則憚其勞師；移人實邊，又念其離土。朕欲令萬姓，各遂所安，抑而使人，情有不忍，中懷結鬱，罔知所從。古人有言，「主憂臣憤」，今朕憂矣，將相牧守，得不與我同其慮哉！此乃忠臣盡規之時，【張註】國語召康公曰：「天子聽政，近臣盡規。」勇士建功之日，苟弘良算，必有其人。宜令諸道節度、觀察使，各於本管諸色人中，募能赴靈武鎮守者，取其情願，重設賞科。仍須精選驍雄，【張註】人物志：膽力絕衆，材畧過人，是謂驍雄。白起、韓信是也。薄閑武藝，〔二〕【張註】李(白)〔百〕藥封建論：習文學者，尚長短縱横之術；習武藝者，盡干戈戰爭之心。便以本道諸色錢物給付；仍優厚裝束，發赴上都。每道各據所管州、縣多少通計，每州所募，多不得過五十人，少不減三十人。若欲將家口相隨，便給資糧同發遣；如有户貫在州者，蠲免本户差科。其官健到日，朕當超資與官，至鎮便替。朕之此意，非務廣兵，欲使四方驍雄，俱到塞上，壯邊城士旅之氣，杜戎醜窺伺之心。方岳信臣，【張註】過秦論：信臣精卒，陳利兵而誰何？所當相悉，勿令騷擾，副我憂人。

校勘記

〔一〕其謂小康　「其」，明本作「期」。

〔二〕薄閑武藝　「薄閑」，明本、全唐註云：「一作『廣延』。」郎本即作「廣延」。

陸贄集卷六

制誥　册命、祝册、祭文、策問、答表

册淑妃王氏為皇后文

【張註】唐書百官志：凡王言之制有七。一曰册書，立皇后、皇太子，封諸王，臨軒册命則用之。中書令讀，侍郎持授之。后妃傳：德宗昭德皇后王氏，本仕家，失其譜系，帝爲魯王時，納爲嬪，生順宗，尤見寵禮。既即位，册號淑妃，贈其父遇揚州大都督，子姓姻出悉得官。貞元三年，妃久疾，帝念之，遂立爲皇后。＊【石川註】六典：凡内命婦之制，貴妃、淑妃、德妃、賢妃爲夫人，正一品。舊唐書后妃傳：德宗爲魯王時，納后。即位，册爲淑妃。貞元二年，妃病，册爲皇后，是日崩。

維貞元二年，歲次丙寅，十一月丁亥朔，十一日丁酉，〔一〕皇帝若曰：乾坤合德，聖人則之，惟帝承天，惟后配帝，【張註】前漢外戚傳序：漢興，因秦之稱號，帝母稱皇太后，祖母稱太皇太后，適稱皇后。註：師古曰：后亦君也。天曰皇天，地曰后土，故天子之妃以后爲稱，取象二儀。嗣續百代，母臨萬邦。位定

于中，而尊加於外；德修諸己，而化被於人。御於家邦，【石川註】詩思齊：御于家邦。箋：御，治也。所繫斯在，三代崇替，靡不由之。【張註】史記外戚世家：自古受命帝王及繼體守文之君，非獨内德茂也，蓋亦有外戚之助焉。夏之興也以塗山，而桀之放也以末喜。殷之興也以有娀，紂之殺也嬖妲己。周之興也以姜嫄及太任，而幽王之禽也淫于褒姒。予是以詢衆採賢，重難兹命，中壼虚位，於今歷年。陰儀或虧，【石川註】禮昏義：后治陰德。宗事無主，〔二〕【張註】儀禮：父醮子，命之辭曰：往迎爾相，承我宗事。註：宗事，宗廟之事。缺於典禮，朕甚愧焉。稱是徽章，聿歸全德。

咨爾淑妃王氏：【張註】唐〔書〕后妃傳：唐制：皇后而下有貴妃、淑妃、德妃、賢妃，是爲夫人。事物紀原：淑妃，婦官名，魏明帝所置。齊永明中，有司奏淑妃舊擬九棘，以淑爲温恭之稱，妃爲亞后之名，進同貴妃，加比三司。天與淳粹，氣鍾元和，【石川註】左傳杜註：鍾，聚也。含章在中，【石川註】易坤卦：六三，含章可貞。〔註〕：不爲事始，須唱乃應，待命乃發，含美而可正者也。發秀于外。卓爾風操，穆然容輝，周旋中規，【石川註】禮玉藻：周旋中規，折還中矩。進退有度。仁愛恭儉，禀于生知；詩書禮樂，成自師氏。【張註】白虎通：婦人所以有師何？學事人之道也。詩云：言告師氏，言告言歸。國君取大夫之妾、士之妻老無子者，而明于婦道，又禄之，使教宗室五屬之女。【石川註】詩葛覃：言告師氏。傳：師，女師也。竭其孝敬，〔三〕祗事先朝，承事無違，〔四〕克諧尊旨。往居桂苑，【石川註】班固西都賦：自未央而連桂宫。謝莊月賦：清蘭路，肅桂苑。淑問已彰，洎奉椒塗，【張註】西都賦：後宫則〔有〕掖（廷）〔庭〕、椒房，后妃之室。漢官儀：皇后稱椒房。詩云：

椒聊之實，蕃衍盈升。國人美其繁，以爲興。又：以椒塗宮室，亦取其温煖辟惡氣。謙光載路。【石川註】詩皇矣：串夷載路。傳：路，大也。言無伐善，【石川註】論語：願無伐善。孔安國曰：自無稱己之善。志在匿瑕。【石川註】左傳宣十五年：瑾瑜匿瑕。柔嘉自持，【張註】詩：柔嘉維則。喜愠莫見。【石川註】晉書衛玠傳：終身不見喜愠之色。六宮攸序，【張註】周禮天官内宰：以陰禮教六宮。註：鄭司農云：陰禮，婦人之禮。〔元〕〔玄〕謂六宮謂后也。后象王立六宮而居之，亦正寢一，燕寢五。教者不敢斥言之，謂之六宮，若今稱皇后爲中宮矣。九族以親，【張註】書堯典：克明俊德，以親九族。音義：九族，上自高祖，下至玄孫，馬、鄭同。喪服小記：親親以三爲五，以五爲九，上殺，下殺，旁殺，而親畢矣。註：己，上親父，下親子，三也；以父親祖，以子親孫，五也；以祖親高祖，以孫親玄孫，九也。疏：庾氏云：由祖以親曾、高二祖，由孫以親曾、玄二孫。嘗屬艱屯，〔五〕累從行幸。思賢才以輔佐，知臣下之勤勞，【石川註】詩卷耳序：卷耳，后妃之志也，當輔佐君子。庶績伊凝，【石川註】書皐陶謨：庶績其凝。傳：凝，成也。頗資内助。永念頃筐之志，【張註】詩周南：采采卷耳，不盈頃筐。序：卷耳，后妃之志也。且懷求劍之情，【張註】前漢外戚傳：許廣漢之女平君。宣帝立平君爲倢伃。是時，霍將軍有小女，與皇太后有親，公卿議更立皇后，皆心儀霍將軍女，亦未有言。上乃詔求微時故劍，大臣知指，白立許倢伃爲皇后。崇位長秋，【張註】前漢百官公卿表：將行，官名，景帝中六年，更名大長秋。師古註：秋者收成之時，長者恒久之義，故以爲皇后宫名。永懷盛典。矧惟元子，【石川註】王氏生順宗。貞我萬邦，稽以舊章，是宜從貴。【張註】公羊隱元年傳：母以子貴。註：妾子立則母得爲夫人也。謹按：德宗紀：大曆十四年夏五月，德宗即位；六月，進封子宣城郡王誦爲宣王；十二月，立宣王誦爲皇太子。即順宗也。淑妃所生，故曰從貴。今遣攝太尉某官某持節册命爾爲皇后。〔六〕【張註】通典：開元禮臨軒册命皇后：將行册禮，所司奏請太尉爲使，司徒爲副。前一日，尚舍奉御設御幄於太極殿，〔殿〕庭陳設樂懸，内外官次，侍衛警蹕，並如納后儀。皇帝將出，仗動。太樂令令撞黄鍾之鐘，右五鐘皆應。協律郎跪，俛伏，興，舉麾，鼓(祝)〔柷〕，奏太和之樂，鼓吹振作。皇帝出自西房，即御座南向坐。符寶郎奉寶置於御座，如常。樂止，通事舍人引册使、副入就位。太尉初入門，舒和之樂作；至位，樂止；立定，典儀唱曰：「再拜。」贊者承傳命，羣官在位者皆再拜。侍中前承制，降詣使者東北，西面，稱「有制」。册使再拜。侍中宣制曰：「册某氏爲皇后，命公等持節展禮。」宣制訖，又俱再拜。侍中還侍位。黄門侍郎持節西面授太尉；太尉受，付主節，立於使後。黄門侍郎退。中書侍郎引册案及琮璽綬案立於册使東，北面。中書侍郎取璽，持案者退自使後，立於太尉之左，* * 西面，授太尉。太尉受册，置於案。持案者退，立於使者後。中書侍郎又取琮璽綬以授太尉；太尉受，置於案，皆如受册之儀。中書侍郎退。典儀曰：「再拜。」贊者承傳，羣臣在位者皆再拜。通事舍人引册使出，持節者前導，持案者次之。太尉初行，樂作；出門，樂止。侍中前，奏稱：「侍中臣某言：禮畢。」俛伏，興，還侍位。皇帝降座，侍衛警蹕，如來儀；入自東房，樂止。通事舍人引羣官在位者以次出。嗚呼敬哉！

王教之端，始於内範。【石川註】漢書匡衡傳：綱紀之首，王教之端也。風美關雎之化，【張註】詩序：關雎，后妃之德也，風之始也，所以風天下而正夫婦也。雅詠思齊之德。【張註】詩大雅：思齊太任，文王之母。傳：齊，莊。箋云：常思莊敬者，太任也，乃爲文王之母。序：太任，文王所以聖也。罔懈厥位，忝于前修；克念有終，庶無後悔。奉承休命，可不慎歟！

*按：新傳「貞元三年」之「三」字，當爲「二」字之誤。

**「持案者退自使後，立於太尉之左」十三字，通典原爲雙行小字。

校勘記

〔一〕歲次丙寅十一月丁亥朔十一日丁酉　「十一日丁酉」，史書均作「甲午」，即八日；「丁酉」爲皇后卒日。如新紀貞元二年十一月條云：「甲午，立淑妃王氏爲皇后。丁酉，皇后崩。」通鑑二三二載同。舊紀同條云：「甲午，册淑妃王氏爲皇后。（中略）丁酉，册皇后王氏，是日后崩，謚曰昭德。」「甲午」、「丁酉」兩册王氏爲皇后，於理不合，「丁酉」册后顯誤。舊書五二德宗昭德皇后王氏傳云：「貞元二年，妃病。十一月甲午，册爲皇后，是日崩於兩儀殿。」新書七七同傳亦云「册禮方訖而后崩」。均誤。舊紀之誤亦當由此而起。「十一日丁酉」應作「八日甲午」。此句，文苑四四五作「某月日」。

〔二〕宗事無主　「主」，文苑註云：「集作『相』。」據張註引儀禮「往迎爾相，承我宗事」，疑作「相」是。

〔三〕竭其孝敬　「敬」，文苑作「弟」。

〔四〕承事無違　「事」，文苑作「訓」，註云：「集作『順』。」

〔五〕嘗屬艱迍　「迍」，文苑註云：「集作『屯』。」

〔六〕今遣攝太尉某官某持節册命爾爲皇后　「某官某」下，文苑多一「乙」字。

册嘉誠公主文〔一〕【張註】初學記：昔堯女有娥皇、女英，舜妹有敤手，舜女有宵明、燭光。湯有帝乙歸妹，周武王之女嫁于陳。故公主未有封邑之號。至周中葉，天子嫁女于諸侯，天子至尊，不自主婚，必使諸侯同姓者主之，始謂之公主。秦代因之，亦曰公主。史記云李斯男皆尚秦公主是也。漢制：帝女爲公主，帝姊妹爲長公主，帝姑爲大長公主。後漢制：皇女皆封縣公主，儀服同蕃王，其尊崇者加號長公主；諸王女皆封鄉亭公主，儀服同鄉亭侯。自晉之後，帝女依西漢曰公主，帝之姑姊妹並曰長公主。自漢以來皆别置第舍、府屬。至隋省府屬。唐神龍初，又置府屬；景龍末，復省。唐書百官志：皇姑爲大長公主，正一品；姊爲長公主，女爲公主，皆視一品；皇太子女爲郡主，從一品；親王女爲縣主，從二品。

維貞元元年，歲次乙丑，〔二〕六月甲子朔，十二日乙亥，〔三〕皇帝若曰：王者以義睦宗親，以禮敦風俗。義之深，實先於友愛；禮之重，莫大於婚姻。【張註】儀禮士昏禮鄭目録云：士娶妻之禮，以昏爲期，因而名焉。必以昏者，陽往而陰來，日入三商爲昏。昏禮於五禮屬嘉禮。詩小雅：昏姻之故。爾雅：壻之父爲姻，婦之父爲婚；婦之父母、壻之父母相謂爲婚姻。昏、婚古今字。故春秋書築館之儀，【張註】春秋莊元年：秋，築王姬之館于外。【石川註】穀梁傳：築，禮也。築之外，變之正也。築之爲禮，何也？主王姬者，必自公門出，於廟則已尊，於寢則已卑，爲之築，節矣。易象著歸妹之吉。【張註】易泰：六五，帝乙歸妹，以祉元吉。按：公主，德宗妹也。予是用祇考令典，率由舊章。〔四〕【石川註】詩假樂：率由舊章。

咨爾嘉誠公主：〔五〕【張註】唐書諸帝公主列傳：代宗十八女。趙國莊懿公主，始封武清。貞元元年，徙封嘉誠。下嫁魏博節度使田緒，德宗幸望春亭臨餞。厭翟敝不可乘，以金根代之。公主出降，乘金根車，自主始。孝友柔謙，外和內敏，〔六〕公宮稟訓，【石川註】詩采蘋箋：祖廟未毀，教于公宮。四德備修。〔七〕【張註】禮昏義：古者婦人先嫁三月，祖廟未毀，教于公宮；祖廟既毀，教于宗室。教以婦德、婦言、婦容、婦功。教成祭之，牲用魚，芼之以蘋藻，所以成婦順也。周禮天官九嬪：掌婦學之法，以教九御婦德、婦言、婦容、婦功。後漢書皇后紀序：九嬪掌教四德。註：謂婦德、婦言、婦容、婦功也。疏邑啟封，命爲公主，徽章所被，〔八〕禮實宜之。今遣光祿大夫、檢校司徒、同平章事、汧國公勉，〔九〕【張註】謹按：勉，李勉也。持節册命，〔一〇〕【張註】通典：開元禮册公主：前一日，尚（書）〔舍〕奉御設御幄於太極殿，如常。守宮設羣官次於東、西朝堂，奉禮設版位。太樂令展宮懸，典儀設舉麾位，如常。又設文武羣官版位：五品以上於橫街北，六品以下於橫街南，文東武西，俱重行；諸親於五品之南。設典儀位，如常儀。贊者二人，在南，少退，俱西向。册使立於懸北，西上，俱北面。其日諸衞屯門列仗如常。冊使、羣官等，依時刻集朝堂，次改服朝服，通事舍人各引就朝堂位。侍中量時刻，版奏「請中嚴」。鈒、戟近仗入陳於殿庭，太樂令帥工人入就位，協律郎入就舉麾位，典儀帥贊者先入就位，諸守衛之官各服其器服，符寶郎先請寶，俱詣(閣)〔閤〕奉迎。通事舍人分引王公、羣官入就位。又，通事舍人引冊使及副使並入，立於殿門外道東，西面以俟。黄門侍郎帥主節，奉節及幡立於階仗南，節在前。中書侍郎先請冊，置於案；令史(降)〔絳〕公服，各對舉案，立於節南道東，西面。中書侍郎立於案後。侍中版奏「外辦」。所(由)〔司〕承旨，索扇，扇上。皇帝服通天冠、絳紗袍，御輿以出，曲直華蓋，警蹕侍衛，如常。皇帝出自西房，即御座南向坐。扇開，協律郎偃麾，戛敔，樂作。符寶郎奉寶置於御座。典儀贊拜，羣官在位者俱再拜。訖，通事舍人引冊使入就位。冊使等初入門，舒和之樂作；至位，樂止；立定，典儀曰：「再拜」。贊者承傳，冊使等皆再拜。侍中進，當御座前，北面跪，奏稱：「侍中臣某言：冊公主，請命使。」俛伏，興。又，侍中少前，稱：「制曰可。」退，復位。侍中承制，降(諸)〔詣〕使者北面，稱「有制」。冊使、副等俱再拜。侍中宣制曰：「冊某公主，命公等持節展禮。」宣制訖，使、副等又再拜。侍中還侍(立)〔位〕。贊禮者引冊使少前，黄門侍郎引主節詣冊使東北，主節以節授黄門侍郎，黄門侍郎持節西南授冊使。跪受，興，付主節，幡隨節立於使左。黄門侍郎退。贊禮者導中書令詣冊使東，北面立。又，贊禮者導中書侍郎引諸公主冊案，立於中書令之右。中書令於案取公主冊，授冊使；冊使跪受，興，置於案。贊禮者引中書令與冊使俱北向退，復位。典儀曰：「再拜。」訖，通事舍人引冊使等右旋而出，持節者前導，持案者次之。冊使等初行，樂作；出門，樂止。侍中前跪，奏稱：「侍中臣某言：禮畢。」俛伏，興，還侍中位。所(由)〔司〕承旨，索扇，扇上。皇帝興，太樂令令撞蕤賓之鐘，右五鐘皆應；鼓(祝)〔柷〕，奏太和之樂。皇帝降座，御輿入自東房，侍衛警蹕，如來儀。侍臣從至(閣)〔閤〕，(房)〔扇開〕，樂止。通事舍人引羣官在位者以次出。舉册者及册使至長樂門外，次如後儀。爾惟欽哉。〔二〕

下嫁諸侯，諒惟古制，肅雍之德，見美詩人。【張註】詩序：何彼穠矣，美王姬也。雖則王姬，亦下嫁于諸侯，車服不繫其夫，下〔王后〕一等，猶執婦道以成肅雝之德也。和可以克家，【石川註】易蒙：子克家。敬可以行己，【石川註】論語：行己有耻。奉若茲道，永孚于休。懋敦王風，勿墜先訓。〔三〕光膺盛典，可不慎歟！

校勘記

〔一〕册嘉誠公主文　「公主」下，詔令四二多「出降」二字。

〔二〕維貞元元年歲次乙丑　「元年」，詔令作「二年」。「乙丑」，詔令作「景寅」。「景」原應作「丙」，以唐高祖李淵父李昞諱改。

〔三〕十二日乙亥　文苑四四六作「十三日丙子」。

〔四〕予是用祇考令典率由舊章　詔令無「予是用」三字，「令典」作「明義」。「祇考令典，率由舊章」，文苑註云：「集作『追考舊章，率由前典』」。

〔五〕咨爾嘉誠公主　「公主」上，文苑、詔令多一「長」字。

〔六〕外和内敏　「敏」，文苑作「睦」。此句，文苑註云：「集作『内和外敏』。」

〔七〕孝友柔謙至四德備修　詔令作「特禀生知，重承先訓。行必中則，意不違仁。柔謙恭和，孝友純懿。嘉乃全德，時惟成人」。

〔八〕徽章所被　「所被」，詔令作「備物」。

〔九〕今遣光禄大夫檢校司徒同平章事汧國公勉　「光禄大夫」上，文苑多一「使」字，詔令多「使金紫」三字。

〔一〇〕持節册命　文苑註云：「四字，一作『持節册爾爲嘉誠公主』」。

〔一一〕爾惟欽哉　「惟」，文苑作「往」。此句，詔令作「嗚呼戒哉」。

〔一二〕懋敦王風勿墜先訓　詔令作「懋昭令問，無替朕命。」

册蜀王妃文〔一〕

〔一〕【張註】通鑑音註：舊志：蜀州去京師三千三百三十二里。唐書十一宗諸子列傳：代宗二十子。蜀王遡，本名遂，大曆十四年，始王；建中二年，改今名。【石川註】舊唐書代宗諸子傳：蜀王遡，代宗第十二子。

維建中二年十一月某日，皇帝若曰：夫茂建親戚以敦族固本，明慎選納以厚别蕃嗣，

【石川註】禮典禮：厚其別也。實人倫之始，王教之端也。朕奉若謨訓，允求淑哲。賢必有象，【石川註】書微子之命：崇德象賢。鍾慶於令門，姻不失親，載光於戚里。【張註】史記萬石君傳：高祖召其姊爲美人，以奮爲中涓，受書謁，徙其家長安中戚里。索隱曰：小顏云：于上有姻戚者皆居之，故名其里爲戚里。正韻：漢制：長安有戚里，人君姻戚居之，後世因謂外戚爲「戚里」。

故某官駙馬都尉【張註】通典：奉車、駙馬、騎三都尉，並漢武帝元鼎二年初置。（騎）〔駙〕馬掌駙馬。晉以三都尉奉朝請。唐駙馬都尉從五品，皆尚公主者爲之。開元三年八月，敕駙馬都尉從五品階，宜依（今）〔令〕式，仍借紫金魚袋。【石川註】初學記：魏、晉後，尚主者拜駙馬都尉。田擇交第若干女：生禀柔惠，習知禮則。容德純備，孝睦洽聞。可以叶美好逑，【張註】詩：窈窕淑女，君子好逑。輔成樂善。【石川註】後漢書東平王傳：日者問東平王：「處家何等最樂？」王言：「爲善最樂。」是用使某官某持節册命爲蜀王妃。〔二〕【張註】通典：開元禮册親王妃：其日，妃氏親屬咸集。使者公服，乘輅，備儀仗，至妃氏大門之外，贊禮者延入。次使主、副以下，俱公服。使者出，次典謁者引使者，持節者前導，立於門西，東面。持節者立於使者之北，少退。使副立於使者西南。（使）〔史〕二人對舉册（按）〔案〕，立於使副之南，少退，俱東面。主人公服以出，贊禮者引立於東階東南，諸宗人立於主人東南，俱西向。外姻立於西方，東面，皆北上。妃嚴於別室以俟，姆服禮衣立於其右。女相者綵禮衣，帥女贊者二人綵禮衣，立於內寢東階東南，西面，北上。贊禮者公服，引主人出門東，西（南）〔面〕，再拜，使者不答拜。謁者引使者，持節者前導，入門而左，使副以下從之。主人立於（閣）〔閤〕外之東，西面。典謁引〔使〕者入閤，〔立於〕內寢階間，南面。持節者立於使者之東，〔少〕南，西面。使副立於使者西(面)〔南〕，持册案者又立於使副之南，少退，俱東面。女相者引妃出，障以行帷，其侍從提挈如式。姆左右以相進，當使者南，北面立。持節者脱節衣。又女相者引宗人、外姻之婦人於序位之東西廂，俱北上。立定，史舉案詣使副前，使副受册，史以案退，復位。使副舉册授使者，退，復位。使者稱「有制」。女相者曰：「再拜。」女贊者承傳，妃再拜。使者讀册，訖，女相者曰：「再拜。」女贊者承傳，妃再拜。訖，女相者引妃少前，傅姆進，受册以退，其羽儀依式俱進。持節者加節衣。典謁引使者，持節者前導以出，俱復門外位。主人拜送於門外，使者還，主人入。初，使者出，女相者引妃入。

嗚呼敬之哉！備禮以崇其好合，【石川註】詩棠棣：妻子好合。起家而居其爵位。〔三〕非義信不固，非溫順不親。克恭匪懈，則罔攸悔。朕言必復，可不慎歟！

校勘記

〔一〕册蜀王妃文　「妃」上，詔令四〇多一「田」字。

〔二〕是用使某官某持節册命爲蜀王妃　詔令「使」上多一「遣」字，無「官某」二字。

〔三〕起家而居其爵位　「居」，張本作「榮」。

册杞王妃文〔一〕

【張註】唐書十一宗諸子列傳：肅宗十四子。杞王倕，貞元十四年薨。【石川註】舊唐書肅宗諸子傳：肅宗第十子。

維建中二年十一月某日甲子，皇帝使某官持節册命某官竇甡第若干女爲杞王妃，〔二〕曰：於戲！禮以大婚崇繼嗣，本人倫之教；【石川註】禮哀公問：古之爲政，愛人爲大；所以治愛人，禮爲大；所以治禮，敬爲大；敬之至矣，大昏爲大。詩言淑女配君子，〔三〕繫王化之綱。【石川註】詩關雎序：周南、召南，正始之道，王化之基，是以關雎樂得淑女，以配君子。蓋率人成風，由內及外，得不采嘉耦【石川註】左傳桓二年：嘉耦曰妃。以固盤石，【張註】前漢文帝紀：宋昌曰：高帝王子弟，犬牙相制，所謂盤石之宗也。刑閨門以御家邦。〔四〕【張註】詩：刑于寡妻，至于兄弟，以御于家邦。傳：刑，法也。箋：御，治也。詳求惟難，歷選兹久，時乃之擇，得于舊姻。柔婉禀乎天和，禮樂成于家法。明章婦順，虔奉姆儀。【張註】禮內則：姆教婉（俛）〔娩〕聽從。【石川註】禮昏義：后脩女順，母道也。克茂鵲巢之規，【張註】詩序：鵲巢，夫人之德也。叶宣麟趾之美。【張註】詩序：麟之趾，關雎之應也。其祇膺嘉禮，【張註】按周禮：嘉禮之別六，此謂昏禮也。大宗伯之職云：以嘉禮，親萬民。其第二目云：以昏冠之禮，親成男女。欽率內教，淑慎厥心，無替於後。〔五〕嗚呼！可不慎歟！

校勘記

〔一〕册杞王妃文　「妃」上，詔令四〇多一「賓」字。

〔二〕皇帝使某官持節册命某官賓甝第若干女爲杞王妃　前「某官」下，詔令多一「某」字。後「某官」上，詔令多一「故」字。

〔三〕詩言淑女配君子　「言」，詔令作「嘉」。

〔四〕刑閨門以御家邦　「刑閨門以」，詔令作「本宗室而」。

〔五〕無替於後　「於後」，詔令作「有終」。

告謝昊天上帝册文〔一〕

【張註】周禮大宗伯：以禋祀祀昊天上帝。註：鄭司農云：昊天上帝樂以雲門。（元）〔玄〕謂：昊天上帝，冬至于圜丘所祀天皇大帝。陳氏禮書：昊天上帝之名，歷代不同。漢初曰上帝，曰太乙；元始間曰皇天上帝。魏（景）初（元）間曰皇皇帝天。梁曰天皇大帝。惟西晉、後齊、後周、隋、唐乃曰昊天上帝。而鄭氏以星經推之，謂昊天上帝即天皇大帝。名雖不同，其實一也。

維貞元元年，歲次乙丑，十一月癸巳朔，十一日癸卯，嗣天子臣某，敢昭告于昊天上帝：

顧惟寡昧，不克明道，丕膺眷命，俾作神主。【張註】書：眷求一德，俾作神主。詩：百神爾主矣。常恐獲戾上下，〔二〕而播災於人，〔三〕兢兢業業，夙夜祇畏。居位五祀，德馨蔑聞，皇靈不歆，是用大儆，殷憂播蕩，踰歷三時。誠懼烈祖之耿光，【張註】書：以覲文王之耿光。墜而不耀，側身思咎，庶補將來。上帝顧懷，誘衷悔禍，剿兇慝之淩暴，雪人神之憤恥，舊物不改，神心載新。〔四〕茲乃九廟遺休，兆人介福，以臣之責，其何解焉。間屬寇虞，久稽告謝。今近郊甫定，【張註】按周禮載師有「近郊」、「遠郊」之文，杜子春註云：五十里爲近郊，百里爲遠郊。長至在辰，【張註】禮記郊特牲：郊之祭也，迎長日之至也。陳澔集説：長日之至，謂冬至，陽之始，日漸長。故冬至郊天，所以迎長日之至也。通典：景雲元年十一月十三日乙丑，冬至，祀圜丘。時陰陽人盧雅、侯藝等，奏請於冬至就十二日甲子以爲吉會。右臺侍御史唐紹奏曰：禮所以冬至祭圜丘于南郊，夏至祭方澤于北郊者，以其日行躔次極于南、北之際也。日北極當晷度循半，日南極當晷度環周，是日一陽爻生，爲天地交際之始。故易曰「復見天地之心乎」，即冬至卦象也。一歲之內，吉莫大焉。甲子但爲六旬之首，一年之內，隔月常遇，既非大會，晷運未周，唯總六甲之辰，助四時而成歲，今欲避環周以取甲子，是背大吉而就小吉也。竟依紹議。謹以玉帛犧牲，粢盛庶品，【張註】書泰誓：犧牲粢盛。傳：黍稷曰粢。在器曰盛。冀憑禋燎，式薦至誠。太祖景皇帝配神作主。尚饗。【張註】唐〔書〕宗室世系表：太祖景皇帝虎，字文彬，後周柱國大將軍、唐國襄公。通鑑：武德元年六月己卯，祔四親廟主。追尊皇高祖瀛州府君曰宣簡公；皇曾祖司空曰懿王；皇祖景王曰景皇帝，廟號太祖，祖妣曰景烈皇后；皇考元王曰元皇帝，廟號世祖，妣(后)獨孤氏曰元〔貞〕皇后，妃竇氏曰穆皇后。每歲祀昊天上帝、皇地祇、神州地祇，以景帝配；感生帝、明堂，以元帝配。

校勘記

〔一〕告謝昊天上帝册文　文粹三一作「唐德宗神武皇帝平朱泚後告謝昊天上帝祝册文」。

〔二〕常恐獲戾上下　「下」，文粹作「帝」。

〔三〕而播災於人　文粹無「而」字，「播」作「横」，「於」作「下」。

〔四〕神心載新　「神」，文粹作「臣」，全唐四七五註亦云：「一作『臣』」。

告謝玄宗廟文【張註】舊唐書玄宗紀：玄宗皇帝諱隆基，睿宗第三子也。

維貞元元年，歲次乙丑，十一月癸巳朔，十一日癸卯，孝曾孫嗣皇帝臣某，敢昭告于皇曾祖考玄宗至道大聖大明孝皇帝、【張註】通鑑音註：此謚廣德元年所定。皇祖妣元獻皇后楊氏：【張註】唐書后妃列傳：玄宗元獻皇后楊氏，華州華陰人，生肅宗。至德二載，太上皇自蜀詔有司共議尊稱，遂上册謚。寶應末，祔泰陵。【石川註】楊知慶女，肅宗母。

臣猥承聖緒，獲主大器，【石川註】易說卦：主器者莫若長子。懼德不嗣，靡所安寧。任重道悠，竟貽顛越，京闕生變，神人無依。臣懷永圖，【張註】書：惟懷永圖。不敢自棄，忍耻含憤，迨于載遷，戴天履地，俯仰慙惕。幸賴烈祖遺澤，感深于人，人心攸歸，天意允若。肆予小子，憑宗廟之積慶，再復于鎬京。在臣愆尤，曷云有補，豈敢自蔽，以重于厥辜。頃以寇孽在郊，禮物未備，久稽告謝，伏積兢惶。今祇見閟宮，【張註】詩魯頌：閟宮有侐。傳：閟，閉也。先妣姜嫄之廟在周，常閉而無事。孟仲子曰：是禖宮也。箋云：閟，神也。姜嫄神所依，故廟曰神宮。引慝請罪。謹以一元大武、柔毛、剛鬣、明粢、薌合、薌萁、嘉蔬、【張註】曲禮：凡祭宗廟之禮，牛曰一元大武，豕曰剛鬣，羊曰柔毛，黍曰薌合，（粱）〔粱〕曰薌萁，稷曰明粢，稻曰嘉蔬。註：號牲物者異於人用也。醴齊，【張註】周禮天官酒正：辨五齊之名，二曰醴齊。註：醴猶體也。成而滓汁相將，如今恬酒矣。【石川註】周禮春官：醴齊縮酌。註：齊爲齊和之齊。因時備物，【張註】通典：太廟九室，用籩、豆各十二：籩實以石鹽、乾魚、乾棗、栗黃、榛子人、菱人、芡人、鹿脯、白餅、黑餅、糗餌、粉餈；豆實〔以〕韭葅、醓醢、菁葅、鹿醢、芹葅、〔兔醢〕、笋葅、魚醢、脾析葅、豚拍、飴食、糝食。簠、簋各二：簠實稻、粱飯，簋實黍、稷飯。甑、鉶、俎各三：甑實大羹，鉶實肉羹。凡神祀之物，當時所無者，則以時物代之。虔奉嚴禋。尚饗。

告謝肅宗廟文【張註】唐書肅宗紀：肅宗文明武德大聖大宣孝皇帝諱亨，玄宗第三子也。

維貞元元年，歲次乙丑，十一月癸巳朔，十一日癸卯，孝孫嗣皇帝臣某，敢昭告于皇祖考肅宗文明武德大聖大宣皇帝、皇祖妣章敬皇后吴氏：〔一〕【張註】唐書后妃列傳：肅宗章敬皇后吴氏，濮州濮陽人，生代宗。年十八薨。代宗即位，羣臣請以后祔肅宗廟，乃追爲皇后，上謚，合葬建陵。【石川註】吴令珪女，代宗母。

臣嗣服先業，不克負荷，人流於下，事失其中。姦魁乘釁，作亂京邑，播遷之咎，臣實自貽。震驚宗祧，曠時乏祀，外憂内愧，若墜深泉。勵己誓心，期刷大耻。實賴聖祖中興之業，全育兆人，澤深慶遠，流福裔嗣。故上天悔禍，羣孽就誅，非臣寡昧，所能纘服。今祗率百辟，見于廟廷。謹以一元大武、柔毛、剛鬣、明粢、薌萁、嘉薦、嘉蔬、醴齊，〔二〕備物潔誠，〔三〕聿申告謝。尚饗。

校勘記

〔一〕敢昭告于皇祖考肅宗文明武德大聖大宣皇帝皇祖妣章敬皇后吴氏　「皇帝」上，全唐四七五多一「孝」字。

〔二〕謹以一元大武柔毛剛鬣明粢薌萁嘉薦嘉蔬醴齊　全唐「薌萁」上多「薌合」二字，無「嘉薦」二字。

〔三〕備物潔誠　「誠」，明本作「郊」。

告謝代宗廟文【張註】通鑑音註：代宗初名俶，後改名豫，肅宗長子也。登遐之後，議上廟號曰世宗，避太宗諱，改曰代宗。

維貞元元年，歲次乙丑，十一月癸巳朔，十一日癸卯，孝子嗣皇帝臣某，〔一〕敢昭告于皇考代宗睿文孝皇帝：

伏惟玄德廣運，【石川註】書大禹謨：帝德廣運。傳：廣謂所覆者大，運謂所及者遠。重光盛業，武平多難，仁育羣生，謂臣克堪，付以大寶。【張註】易：聖人之大寶曰位。臣自底不類，再罹播遷，宗祧乏享，億兆靡依。下辜人心，上負先顧，敢愛隕越，苟全眇身。大懼社稷阽危，以增九廟之愧，由是忍恥誓志，庶補前羞。列聖在天，鑒臣精懇，敷錫丕祐，俾之纘承，兇渠殄夷，都邑如舊。茲臣獲執犧牲珪幣，載見于廟廷，感慕慚惶，若罔攸厝，謹以云云，【石川註】漢書汲黯傳：吾欲云云。師古曰：猶言如此如此也。陳誠待罪，式奉嚴禋。尚饗。

校勘記

〔一〕孝子嗣皇帝臣某　「某」字原脱，據郎本、全唐四七五補。按：前載告謝昊天上帝、玄宗廟、肅宗廟三文，「皇帝臣」下均有「某」字，知有「某」字是。

祭大禹廟文

維貞元元年某月某日，皇帝遣某官，以牢醴之奠，敬祭于大禹之靈：

惟王德配乾坤，智侔造化，拯萬類於昏墊，【張註】書益稷：下民昏墊。分九州於洪波，【石川註】書禹貢序：別九州，隨山濬川，任土作貢。經啟之功，【張註】左傳：虞人之箴，曰：芒芒禹跡，畫爲九州，經啟九道。于今是賴，巍巍蕩蕩，無得而名。顧以眇身，辱承大寶，時則異于今古，道寧間於幽明。雖依聖垂休，諒非可繼；而勤人勵己，竊有所希。迨兹八年，理道猶昧，沴氣鬱結，【張註】庾信哀江南賦：沴氣朝浮。降爲凶災。邦無宿儲，野有餓殍，上愧明哲，下慚生靈，夙夜憂惕，如蹈泉谷。所資漕運，用拯困窮，底柱之間，【張註】禹貢：導河東至底柱。傳：底柱，山名。河水分流，包山而過，山見水中若柱然，在西虢之界。一統志：砥柱在河南府陝州城東四十里黄河中，禹貢導河東至于砥柱，即此，石形似柱，故名山。有三門，禹鑿以通河，南曰鬼門，中曰神門，北曰人門，故謂之三門集津。河流迅激，舟楫所歷，罕能獲全。【張註】唐書食貨志：初，江、淮漕租米至東都輸含嘉倉，以車或駝陸運至陝。而水行來遠，多風波覆溺之患，其失常十七八，故其率一斛得八斗爲成勞。而陸運至陝，纔三百里，率兩斛計庸錢千，民送租者，皆有水、陸之直，而河有三門、底柱之險。顯慶元年，苑西監褚朗議鑿三門山爲梁，可通陸運。乃發卒六千鑿之，功不成。其後，將作大匠楊務廉又鑿爲棧，以輓漕舟。輓夫繫二鈲于胸，而繩多絕，輓夫輒墜死，則以逃亡報，因繫其父母妻子，人以爲苦。又：汴宋節度使春、夏遣官監汴水，察盜灌溉者。歲漕經底柱，覆者幾半。河中有山，號「米堆」，運舟入三門，雇平陸人爲門匠，執標指麾，一舟百日乃能上。諺曰：古無門匠墓。謂皆溺死也。爰命工徒，鑿山開道，【張註】唐書食貨志：陝虢觀察使李泌益鑿集津倉山西逕爲運道，屬于三門倉，治上路以回空車，費錢五萬緡，下路減半。又爲入渭船，方五板，輸東渭橋太倉米至凡百三十萬石，遂罷南路陸運。避險從易，涉安代危。嗷嗷烝人，俟此求濟，仰祈幽贊，以集丕功。享于克誠，庶答精意。

策問賢良方正能直言極諫科

〔一〕【張註】通鑑音註：此所謂制舉也。時詔應天下諸色人中，不限前資、見任，職官、黃衣、草澤，並許應詔。文獻通考：貞元元年九月，賢良方正能直言極諫科，韋執誼、鄭利用、穆質、楊(鄔)〔邵〕、裴復、柳公綽、歸登、李直方、崔邠、鄭敬、魏宏簡、沈迴、(田)元佑、徐袞及第；博通墳典達于教化科，熊執易、劉簡甫及第；識洞韜畧堪任將帥科，許贊及第。

皇帝若曰：蓋聞上古至道之君，〔二〕垂拱無爲，【張註】書：垂拱而天下治。禮記疏：拱，沓手也。身俯則宜手沓而下垂也。以臨海內。不理而人化，不勞而事成，〔三〕星辰軌道，【張註】史記天官書註：謂循軌道，不邪逆也。風雨時若。【石川註】書洪範：肅，時雨若；聖，時風若。邈乎其不可繼，何施而臻此歟？三代以來，制作滋廣，異文質之變，【張註】白虎通：王者必一質一文何？以承天地順陰陽。陽之道極，則陰道受；陰之道極，則陽道受。明二陰二陽不能相繼也。質法天、文法地而已。故天爲質，地受而化之，養而成之，故爲文。尚書大傳曰：王者一質一文，據天地之道，禮三正。記曰：質法天、文法地也。明利害之鄉。威之以刑，道之以禮，敦其俗而彌薄，防其人而益偷。豈澆淳必繫於時邪，〔四〕何聖賢間生而莫之振也？朕祗膺累聖之業，猥居兆人之上。乾居克勵，〔五〕【石川註】易乾：君子終日乾乾。如恐失墜，憂濟庶務，夕惕晨興。永惟前王之典謨，是憲是則，師大禹以崇儉，【石川註】論語：禹菲飲食，惡衣服，卑宮室。法高宗以求賢，【張註】見商書説命。又，史記殷本紀：武丁夜夢得聖人，名曰説。以夢所見，視羣臣百吏，皆非也。于是，迺使百工營求之野，得説于傅險中。是時，説爲胥靡，築于傅險。見于武丁，武丁曰：「是也。」得而與之語，果聖人，舉以爲相，殷國大治。興夏啟之征，【張註】見夏書甘誓。又，路史：有扈氏不恭，威侮五行，怠棄三正，啟乃以齊車載遷廟之主以行，召六師而誓，與有扈大戰于甘，不勝。六卿請伐之，啟曰：「不可。吾地非淺，民非（貧）〔寡〕也，今茲不勝，是吾德薄，而教不善也。」于是，班師。琴瑟弗張，鐘鼓弗考，不因席，不仍味，親親長長，尊賢委能，隱神期月，而有扈服，遂滅之。作周文之罰。〔六〕【張註】見詩大雅。又，史記周本紀：虞、芮之人，有獄不能決，乃如周。入界，俱讓而去。諸侯聞之曰：「西伯蓋受命之君。」明年伐犬戎，明年伐密須，明年敗耆國，明年伐邘，明年伐崇侯虎，而作豐邑。旌孝悌，舉直言，養高年，敦本業，【石川註】漢書文帝紀：農，天下之本，務莫大焉。平均徭税，黜陟幽明。勵精孜孜，勤亦至矣。然而浮靡不革，理化不行，暴亂不懲，奸犯不息。

五教猶鬱，【張註】書：敬敷五教。【石川註】漢書宣帝紀：鬱于大道。孟康曰：鬱，不通也。七臣未臻。【石川註】後漢書劉瑜傳：設置七臣，以廣諫道。註：孝經：古者天子有爭臣七人。鄭玄曰：七人，謂三公及前疑、後承、左輔、右弼。鄉黨廢尚齒之儀，【張註】周禮地官大司徒：令五家爲比，使之相保；五比爲閭，使之相受；四閭爲族，使之相葬；五族爲黨，使之相救；五黨爲州，使之相賙；五州爲鄉，使之相賓。禮記祭義：有虞氏貴德而尚齒，夏后氏貴爵而尚齒，殷人貴富而尚齒，周人貴親而尚齒。又，居鄉以齒，而老窮不遺。烝黎無安居之志。〔七〕賦入日減而私室愈貧，廉察日增而吏道愈濫。意者朕不明歟？〔八〕何古今之事同而得失之效異也！思欲剗革前弊，【張註】玉篇：剗，削也。創立新規，施之於事而易從，考之於文而有據。備陳本末，將舉而行。無或憚煩，略於條對。

自頃陰陽舛候，祲沴頻興，仍歲旱蝗，稼穡不稔。上天作孽，必有由然，屢推凶災，其咎安在？傳曰：「時之不乂，厥罰常陽。」【張註】前漢五行志：皇之不極，是謂不建，厥咎眊，厥罰恒陰，厥極弱。時則有射妖，時則有龍蛇之孽，時則有馬禍，時則有下人伐上之痾，時則有日月亂行，星辰逆行。【石川註】晉書五行志引書大傳曰：言之不從，是謂不乂，厥罰恒陽。又曰：「堯、湯水旱，數之常也。」二者乖反，其誰云從？今人靡蓋藏，【張註】月令：孟冬命百官謹蓋藏。註：府庫囷倉有藏物也。國無廩積。朕屢延卿士，詢訪謀猷，至乃減冗食之徒，罷不急之務。既聞嘉話，亦已遵行。而停廢之餘，所費猶廣。俟轉糧於江徼【張註】按唐書食貨志：唐漕運由江入汴，由汴入河，由河入渭，有厎柱、三門之險。天文志云：河源自北紀之首，循雍州北徼，達華陰，而與地絡相會，並行而東，至太行之曲，分而東流，與涇、渭、濟瀆相爲表裏，謂之「北河」。江源自南紀之首，循梁州南徼，達華陽，而與地絡相會，並行而東，及荆山之陽，分而東流，與漢水、淮瀆相爲表裏，謂之「南河」。史記鯨布傳：分卒守徼乘塞。又，司馬相如傳：南至牂牁爲徼。註：徼，塞也；以木塞水，爲蠻夷界。按：徼，疆竟也。故關塞爲徼，江河之涯亦曰徼。則遠不及期，〔九〕將搜粟於關中則撓而無獲。節軍食則功臣懷怨，省吏員則多士靡歸。中心浩然，罔知攸濟。子大夫【張註】前漢董仲舒傳註：服虔曰：子，男子之美號也。蘊畜才器，【石川註】漢武紀：此子大夫之所睹聞也。師古曰：子者，人之嘉稱；大夫，舉官稱也。志在優賢，故謂之子大夫。通明今古，副我虛求，〔一〇〕森然就列。匡朕之寡昧，拯時之艱災。〔一一〕畢志直言，無有所隱。〔一二〕

馬傳庚曰：國非得人助理，安能勿壞？君不自知己過，誰敢爲言？故郅治之世必需才，而明聖之君必納諫也。德宗自恃英明，遠賢拒諫，乘輿播越，幾失宗邦。始生悔悟之心，仍乏悃誠之志。何以言之？當時之賢良方正、直言極諫者，孰有如公者乎？有公之賢而不信任，有公之諫而不聽從，則今之訪求召試，不過奉行故事已耳，誠何足與有爲哉！

校勘記

〔一〕策問賢良方正能直言極諫科　登科一二「問」字移在「科」字下。文苑四八六作「賢良方正能直言極諫策」，「問」字移在正文「皇帝若曰」上。詔令一〇六作「貞元元年賢良方正直言極諫科策問」，以下尚有夾註「試官鮑防、獨孤愐」七字。

〔二〕蓋聞上古至道之君　「至」，文苑作「有」。

〔三〕不勞而事成　此句之下，文苑多一「也」字。

〔四〕豈澆淳必繫於時邪　「淳」，册府六四四作「醨」。

〔五〕乾居克勵　登科、文苑作「虔恭刻勵」，詔令作「虔恭克厲」，册府作「虔恭求厲」。

〔六〕作周文之罰　「罰」，文苑作「伐」。石川註云：「伐崇却密人，是也」。

〔七〕烝黎無安居之志　「居」，文苑、册府、詔令作「土」，文苑註云：「登科記作『唐』。」但今本登科仍作「居」。

〔八〕朕不明敷　此句之下，登科多「勢不可敷」四字。石川註云：「文苑（亦）有『勢不可敷』四字」。但今本文苑無此四字。

〔九〕俟轉糧於江徼則遠不及期　「俟」，登科作「欲」，文苑同，註云：「一作『候』。」詔令即作「候」。「糧」，文苑、册府、詔令作「輸」。登科、文苑載穆贄對策亦作「輸」。疑作「輸」是。

〔一〇〕副我虛求 「虛」，文苑註云：「集作『旁』。」

〔一一〕拯時之艱災 「災」，詔令作「危」。

〔一二〕無有所隱 此句之下，詔令多「九月二十五日」六字。徐松據此策頒於九月乙巳考云：「按舊書本紀，乙巳後有庚申、辛酉，册府元龜載此月有丁巳，其非二十五日明矣。」按：據陳垣二十史朔閏表，貞元元年九月癸巳朔，則乙巳爲十三日。

策問博通墳典達於教化科〔一〕

【張註】科註見上。左傳昭十二年：是能讀三墳、五典、八索、九邱。註：皆古書名。疏：周禮外史：掌三皇、五帝之書。鄭云：楚靈王所謂三墳、五典。

皇帝若曰：〔二〕朕承祖宗之鴻烈，獲主神器，【張註】老子：天下神器，不可爲也。任大守重，懼不克堪，思與賢士大夫共康理道，虛襟以佇，側席以求。而羣議紛然，所見異指，或牽古義而不變，或趨時會而不經，依違以來，七年於茲矣。【石川註】胡三省曰：依甲而違乙，依乙而違甲，無決然之是非也。國制多缺，朕甚恧焉。今子大夫博習墳典，深明教化，褎然充舉，【石川註】漢〔書〕董仲舒傳：褎然爲舉首。註：褎，盛飾貌。咸造于庭。其極思精心，以喻朕之未寤。〔三〕仲尼叙禮、樂，刪詩、書，修春秋，廣易道。六經之教，所尚各殊，【張註】禮經解：入其國，其政可知也。其爲人也，温柔敦厚，詩教也；疏通知遠，書教也；廣博易良，樂教也；潔静精微，易教也；恭儉莊敬，禮教也；屬辭比事，春秋教也。豈學者修行，理當區別？將聖人立意，本異宗源？〔四〕施之於時，孰爲先後？考之於道，何者淺深？差次等倫，指明其義。〔五〕

夫知本乃能通於變，〔六〕學古所以行於今，〔七〕今之教人，〔八〕則異於是。工祝陳禮、樂之器而不知其情，【石川註】詩楚茨：工祝致告。傳：善其事曰工。生徒誦禮、樂之文而不試以事。〔九〕欲人無惑，其可得邪！將革前非，固有良術。堯、舜率天下以義，比屋可封；【張註】漢書王莽傳：唐、虞之世，比屋可封。桀、紂率天下以暴，比屋可戮。【石川註】大學：堯、舜帥天下以仁，而民從之；桀、紂帥天下以暴，而民從之。陸賈新語：堯、舜之民，可比屋而封；桀、紂之民，可比屋而誅。然則上之化下，罔或不從。而三仁、【石川註】比干、箕子、微子也。論語：殷有三仁焉。四凶，較然自異，〔一〇〕有教無類，【石川註】論語：有教無類。馬融曰：言人在見教，無有種類。豈虛言哉！作樂移風，聞諸昔典。【張註】樂記：樂也者，聖人之所樂也，而可以善民心。其感人深，其移風易俗，故先王著其教焉。夫至雅必淡，【石川註】禮樂記：樂之隆，非極音也。清廟之瑟，朱絃而疏越，一唱而三歎，有遺音者矣。至音希聲。【石川註】老子：大音希聲。註：聽之不聞名曰希。文侯列國之賢君，猶曰「則惟恐寐」，【張註】樂記：魏文侯曰：「吾端冕而聽古樂，則惟恐臥；聽鄭、衛之音，則不知倦。」矧彼流俗，其能化乎？將使天地同和，【張註】樂記：大樂與天地同和。災沴不作，黎人丕變，姦慝不萌。【張註】書：司寇掌邦禁，詰姦慝，刑暴亂。何施何爲，以致於此？王者制理，必因其時，故忠敬質文，更變迭救，〔二〕【張註】白虎通：王者設三教者何？承衰救弊，欲民反正道也。三正之有失，故立三教，以相指受。夏人之王教以忠，其失野，救野之失，莫如敬。殷人之王教以敬，其失鬼，救鬼之失，莫如文。周人之王教以文，其失薄，救薄之失，莫如忠。三代之際，罔不由之。【石川註】史記高祖紀：夏之政忠。忠之敝，小人以野，故殷人承之以敬。敬之敝，小人以鬼，故周人承之以文。自秦剗古法，【石川註】秦孝公時，用商鞅變法修刑，爲田開阡陌，至始皇分天下爲郡，悉變周禮。見秦本紀。漢雜霸道，【張註】帝王世紀：高祖之取天下也，遭秦暴亂，不階尺寸之資，不推將相之柄，發迹泗亭，奮其智謀，銜勒英雄，鞭驅天下，或以德致，或以易成，事以權斷，順逆不常，霸、王之道雜焉。是以居帝王之位而無一定之制。三代之美，固莫能及矣。紛綸千祀，王教不興。國家接周、隋之餘，俗未淳一。處都邑者，利巧而無耻；〔三〕服田畝者，朴野而近愚。尚文則彌長其澆風，復質又莫救其鄙俗。立教之本，將安所從？自昔哲王，惟以三正互用；【張註】白虎通：正朔有三何？本天有三統，謂三微之月也。明王者當奉順而成之，故受命各統一正也。禮三正記曰：正朔三而改，文質再而復也。三微者何謂也？陽氣始施，黄泉萬物動，微而未著也。十一月之時，陽氣始養根株，黄泉之下，萬物皆赤。赤者，盛陽之氣也。故周爲天，正色尚赤也。十二月之時，萬物始芽而白。白，陰氣。故殷爲地，正色尚白也。十三月之時，萬物始達孚甲，而出皆黑，人得加功。故夏爲人，正色尚黑也。尚書大傳曰：夏以孟春月爲正，殷以季冬月爲正，周以仲冬月爲正。三正之相承，若順連環也。後之術士，乃言五運相生。

【石川註】漢書郊祀志：騶子之徒論著終始五德之運。劉向父子以爲帝出于震，故包羲氏始受水德，其後以母傳子，終而復始。以漢應火行，【石川註】漢書郊祀志：漢得火焉。故高祖始起，神母夜號，著赤帝之符，旗章遂赤。則周爲木德，禮稱尚赤，【張註】通鑑音註：所謂終始五德之運者，伏羲以木德王；木生火，故神農以火德王；火生土，故黄帝以土德王；土生金，故少昊以金德王；金生水，故顓頊以水德王；水生木，故帝嚳以木德王；木又生火，故帝堯以火德王；火又生土，故帝舜以土德王；土又生金，故夏以金德王；金又生水，故商以水德王；水又生木，故周以木德王。此五德之終而復始也。鄒衍以爲周得火德，蓋以火流王屋，爲周受命之符，且服色尚赤故也。禮檀弓：周人尚赤。義例頗乖。永言於兹，〔一三〕莫識厥理。九流得失之論，【張註】按：史記太史公自序論六家之要旨，陰陽一也，儒二也，墨三也，名四也，法五也，道德六也。班固踵之，作漢書藝文志，序六藝爲九種，儒家者流一也，道家者流二也，陰陽家者流三也，法家者流四也，名家者流五也，墨家者流六也，縱横家者流七也，雜家者流八也，農家者流九也，皆互論其得失。歷代興亡之由，王、鄭識理之異同，〔一四〕【張註】後漢書鄭玄傳：鄭玄字康成，北海高密人。答弟子問五經，依論語作鄭志八篇。凡所註周易、尚書、毛詩、儀禮、禮記、論語、孝經、尚書大傳、中候、乾象曆，又著天文七政論、魯禮禘祫義、六藝論、毛詩譜、駁許慎五經異義、答臨孝存周禮難，凡百餘萬言。玄質于辭訓，人頗譏其繁。至于洽熟，稱爲純儒，齊、魯間宗之。魏志王肅傳：肅字子雍。初，肅善爲賈、馬之學，而不好鄭氏，採會同異，爲尚書、詩、論語、三禮、左氏解，及撰定父朗所作易傳，皆列于學官。其所論駁朝廷典制、郊祀、宗廟、喪祭、輕重，凡百餘篇。時樂安孫叔然，受學鄭玄之門，人稱東州大儒。肅集聖證論以譏短玄，叔然駁而釋之，及作周易、春秋例、毛詩、禮記、春秋三傳、國語、爾雅諸註，又著書十餘篇。【石川註】如鄭玄二十七月禫，王肅二十五月禫之類是也。公、穀傳經之優劣，【張註】〔後〕漢書鄭玄傳：時任城何休好公羊學，遂著公羊墨守、左氏膏肓、穀梁廢疾；玄乃發墨守，鍼膏肓，起廢疾。休見而歎曰：「康成入吾室，操吾矛，以伐我乎？」魏略：嚴漢善于公羊春秋。時司隸鍾繇不好，而尤以左氏爲大官厨，公羊爲賣餅家。必精必究，〔一五〕用沃虛懷。

馬傳庚曰：經術、治術，理本相通；內聖、外王，源流一貫。自後世泥古者不達時務，遂以官禮誤蒼生。而於是不學無術之徒，反得援爲口實，致令號稱能吏之輩，一以巧術相嘗。其又甚者，刑驅之勢，禁之不能，整躬率物，轉以法令繩民，人心愈偷，風俗日壞，此教之所以難行，而古治之所以不復也。三代以後，問有以純儒而出爲良吏者能有幾人？噫！

校勘記

〔一〕策問博通墳典達於教化科　登科一二、文苑四七三「問」字移在「科」字下。詔令一〇六「策問」二字移在「科」字下。

〔二〕皇帝若曰　此句之上，文苑多一「問」字。

〔三〕以喻朕之未寤　「朕」下，文苑多一「心」字。

〔四〕本異宗源　「宗源」，文苑註云：「集作『願非』。」

〔五〕指明其義　「其義」，詔令作「歸趣」。

〔六〕夫知本乃能通於變　「知本」，詔令作「執其本」。

〔七〕學古所以行於今　「學古」間，詔令多一「於」字。

〔八〕今之教人　「今」，詔令作「用」。

〔九〕生徒誦禮樂之文而不試以事　「試以」，登科、文苑、詔令作「究其」。

〔一〇〕較然自異　「自」，文苑、詔令作「同」。

〔一一〕更變迭救　「救」，文苑註云：「一作『改』。」

〔一二〕利巧而無耻　「無」，文苑註云：「一作『忍』。」

〔一三〕永言於兹　「兹」，文苑作「義」，詔令作「變」。

〔一四〕王鄭識理之異同　「識」，詔令作「言」，文苑作「釋」。石川註云：「文苑作『釋禮』，近是。」

〔一五〕必精必究　文苑作「必精心考究」。

策問識洞韜略堪任將帥科〔一〕

皇帝若曰：〔二〕朕遐觀典謨，詳求理道，三代之際，〔三〕粲然可徵。未嘗不文武並興，【張註】孔融書：文武並用，成久長之計。農戰兼務。【石川註】見周禮大司馬、左傳隱元年。故能居則足食，動則足兵。兵足則威，食足則固，威則暴亂息，固則教化行。〔四〕理國之本，實在於此。秦、漢已降，王制不修，選士廢射御之儀，【張註】禮王制：司徒命鄉論秀士，升之司徒，曰「選士」。司徒論選士之秀者，而升之學，曰「俊士」。又，射義：古者天子之制：諸侯歲獻「貢士」於天子，天子試之於射宮。其容體比於禮，其節比於樂，而中多者，得與於祭；其容體不比於禮，其節不比於樂，而中少者，不得與於祭。周禮大司徒：以鄉三物教萬民，而賓興之，三曰六藝：禮、樂、射、御、書、數。註：射，五射之法；御，五御之節。疏：五射者，先鄭云：白矢、參連、剡註、襄尺、井儀。五御者，先鄭云：鳴和鑾、逐水曲、過君表、舞交衢、逐禽左。教人無蒐狩之禮。【張註】周禮大司馬：仲春，教振旅，遂以蒐田；仲夏，教茇舍，遂以苗田；仲秋，教治兵，遂以獮田；仲冬，教大閱，遂以狩田。註：兵者守國之備。孔子曰：「以不教民戰，是謂棄之。」兵者凶事，不可空設，因蒐、狩而習之，凡師出曰治兵，入曰振旅，皆習戰也。四時各教民以其一焉。左隱五年傳：春蒐、夏苗、秋獮、冬狩，皆於農隙以講事也。註：蒐，索，擇取不孕者。苗，爲苗除害也。獮，殺也，以殺爲名，順秋氣也。狩，圍也；冬，物畢成獲，則取之，無所擇也。即戎者不知其稼穡，力本者罕習於干戈。於是異文武之人，分農戰之道，守則乏食，征則鮮兵。歷茲千年，竟莫能復。抑知者蓋寡，〔五〕將行之惟艱歟？〔六〕朕念之甚勤，思繼前躅。良以軍旅之士，〔七〕役戍靡寧，勳庸既多，爵秩咸貴。俾服田畝，慮興怨咨，仰給縣官，【張註】史記平準書：衣食（皆）〔仰〕給縣官。又，絳侯世家註：張晏曰：不敢指斥天子，故稱縣官。索隱曰：所以謂國家爲縣官者，夏（家）〔官〕王畿内縣即國都也。王者官天下，故曰縣官也。【石川註】漢書食貨志：得輸粟於縣官以除罪。不可勝計。由是版圖日減，〔八〕阡陌歲荒，〔九〕【張註】史記秦本紀：衛鞅爲田開阡陌。索隱曰：風俗通曰：南北曰阡，東西曰陌。河東以東西爲阡，南北爲陌。水旱小愆，廪餉咸竭。欲使軍人悦歸於耜耒，儒者兼達於韜鈐，田萊盡耕，攻取必勝。誘人孔易，其術安施？

王者之師，本於立德；兵家之法，方務出奇。【張註】綱目集覽：太史公曰：兵以正合，以奇勝，善之者出奇無窮。魏武帝曰：先出合戰爲正，後出爲奇，正者當敵，奇兵擊其不備。風后因黃帝兵法，以乾、坤、艮、巽四陣，爲天、地、風、雷四正；以水、火、金、木四陣，爲龍、虎、鳥、蛇四奇。或以奇爲正，或以正爲奇，奇正還相生，如環之無端，不可終窮也。唐李靖爲十二將兵，曰四奇，曰八正。以步人爲正軍，馬爲奇。四奇取廪於大將，八正取廪於四奇。奇常居前，卒然遇敵，則觸處爲首，因敵變化，循環無窮。德以信成，奇以詐勝，理有違反，將何適從？宋襄成列而敗軍，見嘉魯策；【張註】公羊傳：宋公與楚人期，戰于泓之陽。楚人濟泓而來，有司曰：「請迨其未畢濟而擊之。」宋公曰：「不可。吾聞之也，君子不厄人。吾雖喪國之餘，寡人不忍行也。」既濟，未畢陳，有司復曰：「請迨其未畢陳而擊之。」宋公曰：「不可。吾聞之也，君子不鼓不成列。」已陳，然後襄公鼓之，宋師大敗。故君子大其不鼓不成列，臨大事而不忘大禮。有君而無臣，以爲雖文王之戰，亦不過此也。【石川註】安貞謂此公羊作儒者迂闊之論，左、穀所載爲得焉。韓信決囊以摧敵，取貴漢朝。【張註】前漢韓信傳：楚使龍且將，號稱二十萬，救齊。齊王、龍且并軍與信戰，未合，或説龍且曰：「漢兵遠鬬，窮寇戰鋒不可當也。不如深壁，令齊王使其信臣招所亡城，城聞王在楚，來救，必反漢。漢二千里客居齊，齊城皆反之，其勢無所得食，可毋戰而降也。」龍且曰：「吾平生知韓信爲人易與耳。」遂戰。與信夾濰水陳。信乃夜令人爲萬餘囊，盛沙，以壅水上流，引兵半渡擊龍且，陽不勝，還走，龍且果喜曰：「固知信怯。」遂追渡水。信使人決壅囊，水大至，龍且軍大半不得渡，即急擊，殺龍且。然則喪國亡身，豈霸王之道？〔一〇〕冒危乘厄，非仁誼之心。〔一一〕所宜討論，以定褒貶。

夫衆寡不敵，克必以謀。樂生下齊，【張註】史記樂毅傳：燕昭王使樂毅約趙惠文王，别使連楚、魏，令趙囑〔説〕秦以伐齊之利。諸侯皆爭合從與燕伐齊。昭王悉起兵，使樂毅爲上將軍。樂毅于是並護趙、楚、韓、魏、燕之兵以伐齊，破之濟西。諸侯兵罷歸，而燕軍樂毅獨追，至於臨淄，盡取齊寶財物祭器輸之燕。孫子破楚，【張註】史記孫武傳：孫子武者，齊人也。以兵法見於吴王闔廬。闔廬出宮中美人，得百八十人。孫子分爲二隊，以王之寵姬二人各爲隊長，皆令持戟。令之曰：「汝知而心與左右手背乎？」婦人曰：「知之。」孫子曰：「前，則視心；左，視左手；右，視右手；後，即視背。」婦人曰：「諾。」約束既布，乃設（鉄）〔鈇〕鉞，即三令五申之。於是鼓之右，婦人大笑。孫子曰：「約束不明，申令不熟，將之罪也。」復三令五申而鼓之左，婦人復大笑。孫子曰：「約束不明，申令不熟，將之罪也；（即）〔既〕已明而不如法者，吏士之罪也。」乃欲斬左右隊長。吴王從臺上觀，見且斬愛姬，大駭。趣使下令曰：「寡人已知將軍能用兵矣。寡人非此二姬，食不甘味，願勿斬也。」孫子曰：「臣既已受命爲將，將在軍，君命有所不受。」遂斬隊長二人以徇。用其次爲隊長，於是復鼓之。婦人左右前後跪起皆中規矩繩墨，無敢出聲。於是，闔廬知孫子能用兵，卒以爲將，西破彊楚，入郢，北威齊、晉，顯名諸侯，孫子與有力焉。**魏武之勝袁紹，**【張註】後漢袁紹傳：紹壁延津南，曹操擊破之，軍中大震。操還屯官渡，紹進保陽武。沮授説紹曰：「北兵雖衆，而勁果不及南軍；南軍穀少，而資儲不如北。南幸于急戰，北利在緩師。宜徐持久，曠以日月。」紹不從，遂合戰。操軍不利，復還堅壁。紹爲地道欲襲操，操輒於内爲長塹以拒之。又遣奇兵襲紹運(軍)〔車〕，大破之，盡焚其穀食。相持百餘日，紹遣淳于瓊等將兵萬餘人北迎糧運。沮授説紹可遣蔣奇别爲支軍於表，以絶曹操之鈔。紹不從。許攸進曰：「曹操兵少而悉師拒我，許下餘守勢必空弱。若分遣輕軍，星行掩襲，許拔則操(爲)成禽。如其未潰，可令首尾奔命，破之必也。」紹又不能用。攸不得志，遂奔曹操，而説使襲取淳于瓊等。瓊等時宿在烏巢，去紹軍四十里。操自將步騎五千人，夜往攻破瓊等，悉斬之。于是紹軍大潰。**宋高之滅姚泓，**【張註】晉書姚泓載記：劉裕總大軍伐泓，次于彭城，遣冠軍將軍檀道濟、龍驤將軍王鎮惡入自淮、肥，攻漆邱、項城，將軍沈林子自汴入河，攻倉垣，王師遂入潁口，所至多降服。道濟自陝北渡，攻蒲坂，沈林子説道濟曰：「今蒲坂城堅池濬，非可卒尅，不如先事潼關。潼關天限，形勝之地，如尅潼關，紹可不戰而服。」道濟從之，乃棄蒲坂，南向潼關。姚紹遣左長史姚洽及姚墨蠡等率騎三千屯于河北之九原，欲絶道濟諸縣租輸。沈林子率衆八千，要洽於河上，洽戰死，衆皆没。劉裕次于陝城，遣沈林子率精兵萬餘，越山開道，會沈田子等于青泥。泓使姚裕率步騎八千拒之，泓躬將大衆繼發。裕爲田子所敗，泓退次于灞上，關中郡縣多潛通于王師。劉裕至潼關，鎮惡水陸兼進，泓計無所出，將妻子詣壘門而降。成敗之由，備陳本末。古人有言曰：「誅伐不可偃於天下。」【張註】前漢刑法志：古人有言：天生五材，民並用之，廢一不可，誰能去兵？鞭朴不可弛於家，刑罰不可廢於國，征伐不可偃於天下。又曰：「善爲國者不師。」【石川註】穀梁傳莊八年文。二端異焉，其有深旨？

子房序次兵法，任宏論譔軍書，【張註】前漢藝文志：漢興，張良、韓信序次兵法，凡百八十二家，删取要用，定著三十五家。諸呂用事而盜取之。武帝時，軍政楊僕捃摭遺逸，紀奏兵録，猶未能備。至於孝成，命任宏論次兵書，爲四種：兵權謀十三家，二百五十九篇；兵形勢十一家，九十二篇，圖十八卷；陰陽十六家，二百四十九篇；兵技巧十三家，百九十九篇。凡兵書五十三家，七百九十篇，圖四十三卷。指明異同，詳録名氏。想聞商略，〔二〕擇善而行。〔三〕

馬傳庚曰：將士禦侮，公侯干城，非預蓄於平時，難取辦於臨事。故必素嫻韜畧，始能决勝疆埸。猛士守四方，鼓鼙思將帥，此古人之所爲惓惓於懷也。

校勘記

〔一〕策問識洞韜略堪任將帥科　登科一二、文苑四七三「問」字移在「科」字下。詔令一〇六「策問」二字移在「科」字下。

〔二〕皇帝若曰　此句之上，文苑多一「問」字。

〔三〕三代之際　「際」，文苑、詔令作「制」。

〔四〕兵足則威至固則教化行　文苑作「足兵則暴亂息，足食則教化行」。詔令「足兵」、「足食」分別乙作「兵足」、「食足」，餘同。

〔五〕抑知者蓋寡　「知者」間，登科、文苑、詔令多一「之」字。

〔六〕將行之惟艱歟　「行之」下，登科、文苑、詔令多一「者」字。

〔七〕良以軍旅之士　「士」，文苑、詔令作「事」。

〔八〕由是版圖日減　「日減」，文苑作「歲減」，詔令作「時蹙」。

〔九〕阡陌歲荒　「歲」，文苑、詔令作「日」。

〔一〇〕豈霸王之道　「豈」，文苑註云：「集作『存』字。」

〔一一〕非仁誼之心　「非」，文苑註云：「詔令無字。」此註可作兩種理解：一即詔令無「非」字；二即詔令作「無」字，註文脱一「作」字。但今本詔令有字，仍爲「非」字。「誼」，文苑作「義」，註云：「詔令作『誼』。」但今本詔令亦作「義」。

〔一二〕想聞商略　文苑、詔令作「所聞高略」。

〔一三〕擇善而行　此句之下，文苑多一「之」字。

答宰臣請停大禮表【張註】周禮大宗伯：凡祀大神，享大鬼，祭大示，帥執事而卜日宿。眡滌濯，涖玉鬯，省牲鑊，奉玉齍，詔大號，治其大禮，詔相王之大禮。樂記：大樂與天地同和，大禮與天地同節。和故百物不失，節故祀天祭地。明則有禮樂，幽則有鬼神。如此，則四海之內合敬同愛矣。蔡邕獨斷：凡羣臣上書，通于天子者，有四名：一曰章，二曰奏，三曰表，四曰駁議。表者不需頭上言「臣某言」，下言「臣某誠惶誠恐、頓首頓首、死罪死罪」，左方下附曰「某官某臣甲上」。

朕失德致寇，再經播越，郊廟乏主，禋祀曠時。感憤積中，憂愧形外，日月以冀，庶補前修。賴天地降休，祖宗儲慶，再新景命，【石川註】詩既醉：景命有僕。爾雅：景，大也。祗復皇都。自秋涉冬，已遷於律候，因心致享，未展於孝思。而公卿上言，邀予以備物，都鄙興誦，諷予以勞人。禮將俟於他年，卜不先於近日。【石川註】禮曲禮：吉事先近日。永懷感慕，情實未安。雖則嘉話重違，其如至誠難抑。所宜參會羣彥，更擇近期。無或因循，以增不德。

答百寮請停大禮表【張註】爾雅：寮，官也。註：同官爲寮。書：百寮師師。謹按：僚與寮同。

朕再經播遷，〔一〕久曠禋祀，〔二〕不惟霜露之感，實貽墜失之憂。賴先澤在人，上帝臨我，克平大難，再復舊京。朕之失德，非曰能補。旋欲請罪宗廟，展敬郊丘，【張註】唐書禮樂志：郊丘諸祠，常以高祖、太宗、高宗並配。【石川註】郊，南郊。丘，圜丘。迫以羣情，俟于獻歲。今滁牲撰吉，甫及近期，齋心永懷，明發不寐。忽覽來表，良深矍然！雖嘉備慮之誠，實乖昭事之意。【張註】詩：昭事上帝，聿懷多福。朕志先定，【石川註】書大禹謨：朕志先定。期於必行，即斷來表也。【石川註】胡三省曰：斷來表，則閤門不復受其表也。

校勘記

〔一〕朕再經播遷　「再」，册府三〇作「一」。

〔二〕久曠禋祀　「禋祀」，册府作「禮儀」。

答百寮請停大禮第二表

國之大事，首在祀典，【張註】禮記：非此族也，不在祀典。【石川註】左傳成十二年：國之大事，在祀與戎。所宜嚴奉，以達至誠。況今之所懷，又異常日。不克嗣守，馴致寇戎，淪陷國都，震驚園寢。【張註】唐六典：凡朔望、元正、冬至、寒食，皆修享於諸陵；若橋陵則日獻羞焉。幸憑玄祐，再續鴻休。播越三時，久虧禋祀之禮；旋歸半歲，未申告謝之誠。感愧積中，若墜泉谷。坐而待曙，跂及上春。庶乎天地靈祇，【張註】東征賦：庶靈祇之鑒照兮，祐貞良而輔信。以歆精意；胡乃股肱卿士，尚執疑謀。〔一〕出既不及告辭，入又廢於朝獻，【張註】周禮春官司尊彝：其朝獻用兩（壺）〔著〕尊。沈括筆談：按唐故事：凡有事于上帝，則百神皆預遣使祭告，唯太清宮、太廟則皇帝親行。其冊祝皆曰：取某月某日有事於某所，不敢不告。宮、廟謂之奏告，餘皆謂之祭告，唯有事於南郊，方爲正祠。至天寶九載，乃下詔曰：告者，上告下之詞。今後太清宮宜稱朝獻，太廟稱朝饗。自此遂失奏告之名。冊文皆謂正祠。罔極之慕，【張註】詩：欲報之德，昊天罔極。何心自安。宜潔乃誠，以祇所奉，副予懇切，勿復頻煩。

校勘記

〔一〕尚執疑謀　冊府三〇作「詢謀異同」。

答百寮請停大禮第二表

三省來表，深體乃誠。明孝敬之大端，陳安危之上計。〔一〕秖率嘉話，夫豈不懷，永言思之，固亦難抑。進退慙惕，罔知所裁，中宵求衣，當饋忘食。且聿修祀事，所貴專精，苟未至誠，則如勿祭。今近期甫及，當齋潔敬之心；而輿誦紛然，猶執異同之論。禮既虧於嚴奉，事奚展於孝思。【張註】詩：永言孝思。孝思維則。以義制心，【石川註】書仲虺之誥：以義制心。勉依來請。重予不德，愧歎良深。〔二〕

校勘記

〔一〕陳安危之上計　册府三〇作「陳古今之正義」。

〔二〕愧歎良深　此句之下，册府多「其來年告謝郊廟，百寮請俟後期者可之。其元日御含元殿準式」二十五字。

答百寮賀利州【張註】唐書地理志：利州益昌郡屬山南道。連理木表【張註】藝文類聚：瑞應圖曰：木連理：王者德化洽八方，合爲一家，則木連理。一本曰：不失小民心則生。孝經援神契曰：德至於草木，則木連理。晉中興徵祥説曰：連理者，仁木也，或異枝還合，或兩樹共合。唐六典：凡大祥瑞隨即表奏，文武百寮詣闕奉賀。其他並年終具表以聞，有司告廟，百寮詣闕奉賀。又，儀制令：大瑞即隨表奏聞，中瑞、下瑞申報有司，元日聞奏。

珍木呈祥，允符靈貺，【張註】北史王劭傳：靈貺休祥，理無虚發。顧惟不德，何以當之？朕聞人事聿修，天休乃答。今則兇渠尚在，戎役方殷，虐旱妨農，飛蝗害稼。譴咎徵之未弭，曷嘉瑞而復臻？【張註】通鑑音註：按儀制令：凡景星、慶雲爲大瑞，其名物六十有四。白狼、赤兔爲上瑞，其名物三十有八。蒼烏、朱雁爲中瑞，其名物三十有二。嘉禾、芝草、木連理爲下（端）〔瑞〕，其名物十四。唐六典：禮部郎中：凡祥（端）〔瑞〕應見，皆辯其物名。所冀公卿大夫，交匡不逮，【石川註】漢書文帝紀：匡朕之不逮。師古曰：逮，及也。不逮者，意慮所不及。覩茲稱述，益用懷慙。

答宰臣請復御膳表【張註】通鑑音註：御膳自食，奉御所掌，天子日供之常膳。

嘗覽典謨，每嘉儉德，【張註】書：慎乃儉德，惟懷永圖。愛人惜費，是朕素懷。況大兵之餘，繼以荒饉，軍儲國計，資用皆空，凋户疲甿，膏澤已竭。致人於此，過實在予，内懷憂慚，躬自損貶。今兇渠殘滅，粟麥豐成，皆祖宗垂休，非寡薄所致。矧乎邦畿之内，餒殍猶多，役戍之徒，傷夷未復。【張註】顔延之文：勉傷慰夷，拊循飢渴。孜孜訓戒，克己增修，猶懼辱守寶圖，【石川註】謝（眺）〔朓〕祀敬亭山詩：石室寶圖開。罔答玄祐，豈宜暇逸，以厚厥躬。卿等誠在致君，將順其美，顧惟虛缺，非所宜然。

答百寮請復御膳表

頃者大勞不息，至化未孚，雨澤愆期，蟲蝗爲害。朕以銷災謝譴，莫大於修誠；節用愛人，【石川註】論語：節用而愛人。必先於克己。顧慚愆咎，躬貶膳羞，下以均衆庶之憂，上以答昊穹之儆。至誠或感，嘉應遂臻，宿麥方成，元兇已殄。慶深德薄，惕厲彌加，忽覽表章，過爲稱述。雖將順其美，則曰乃誠；【張註】孝經：君子之事上也，將順其美，匡救其惡。而戒慎不忘，諒惟朕志。未喻來請，深體此懷。

陸贄集卷七

制誥 除授

李晟司徒兼中書令制

【張註】唐書宰相表：興元元年六月己酉，京畿、渭北、商華兵馬副元帥李晟爲司徒、中書令。【石川註】舊唐書李晟傳：晟破賊露布至，羣臣奏曰：「古復都邑者，往往有之；至於不驚宗廟，不易市肆，長安人不識旗鼓，安堵如初，自三代以來，未之有也。」上曰：「天生李晟，爲社稷萬人，不爲朕也。」拜司徒，兼中書令。

雲雷搆屯，〔一〕【張註】易：雲雷屯，君子以經綸。寓縣興難。〔二〕【張註】史記秦始皇本紀：大矣哉！宇縣之中。註：宇，宇宙。縣，赤縣。非山岳降神，不生良弼；非股肱叶契，不集大勳。【張註】詩：維嶽降神，生甫及申。書：大勳未集。故高宗得傅說，中興殷邦；【張註】通鑑前編：武丁嗣位，以甘盤爲相。恭默思道，夢上帝賚以良弼，乃使人以形旁求於天下。說爲胥靡，築於傅巖，求得之，命以爲相。進諫論列天下之事，君臣道合，政事修舉。宣王任吉甫，重光周道。【張註】通鑑前編：宣王元年，召公、周公輔王政，法文、武、成、康之遺風，喻德教，舉遺士，海内翕然同風，諸侯復宗周命；尹吉甫北伐玁狁，至於太原。天寶之季，寇陷二京，時則先臣子儀，翼戴肅宗，戡定禍亂，再造區夏，【張註】宋書武帝紀：宏濟朕躬，再造王室。書：用肇造我區夏。于今賴之。

肆予小子，獲纘丕構，不克負荷，失守宗祧。天祚我唐，降生忠烈。有社稷之臣【張註】通鑑：晟遺掌書記于公異作露布上行在曰：「臣已肅清宮禁，祗謁陵園，鐘簴不移，廟貌如故。」上泣下曰：「天生李晟，以爲社稷，非爲朕也。」【石川註】禮檀弓：有臣柳莊也者，社稷之臣也。曰開府儀同三司，檢校尚書左僕射，中書門下平章事，充神策軍節度，〔三〕鄜、坊等州管内觀察、處置等使，〔四〕【張註】唐書地理志：鄜州洛交郡、坊州中部郡，俱屬關内道。通鑑音註：隋志：上郡，大業二年，改爲鄜城郡。鄜音膚。坊州，春秋白狄之地。武德二年，分鄜州置坊州中部郡，以周天和七年元皇帝放牧鄜州，于此置馬坊也。又，唐節度使率兼觀察使，節度之職掌兵，觀察之職掌民。京畿、渭南、渭北、商華等州兵馬副元帥，上柱國，合川郡王李晟：【張註】唐書地理志：疊州合川郡屬隴右道。通鑑音註：疊州：秦、漢以來爲諸羌保據。後周武帝逐吐谷渾，取羣山重疊之義，置疊州，〔治〕合川縣。隋治吐谷渾馬牧城。唐武德三年，移治交戍城。沈肅有勇，堅明能斷。聞難感憤，〔五〕誓軍徂征。誠激于衷，義形于色。【石川註】公羊傳桓二年：義形于色。自河之右，萬里濟師，【張註】唐書李晟傳：建中二年，魏博田悦反，晟爲神策先鋒，與河東馬燧、昭義李抱真合兵攻之。斬楊朝光，晟乘冰渡（洛）〔洺〕水破悦；又戰洹水，悦大敗，遂進攻魏。又建言：「以兵趨定州，與張孝忠合，以圖范陽，則武俊等當捨趙。」帝壯之。晟自魏引而北，武俊果解去。晟留趙三日，與孝忠連兵，北略恒州。會帝出奉天，有詔召晟即日治嚴。而孝忠以軍介二盜間，倚晟爲重，數止晟無西。晟語衆曰：「天子播越，人臣當百舍一息。義武欲止吾，吾當以子爲質。」乃以憑約昏，並遺良馬。孝忠有親將謁晟，晟解玉帶遺之，使喻孝忠，乃得踰飛狐，次代州。詔迎拜神策行營節度使。殷然雷奔，【張註】西都賦：雷奔電激，草木塗地。大盜懾駭。屬皇家不造，【石川註】詩：閔予小子，遭家不造。箋：造猶成也。戎師誘姦，〔六〕重茲播遷，郊甸震蕩。而晟蓄鋭養士，深壘固軍，以謀吞元兇，以義糾羣帥。躬擐甲冑，【張註】左傳成十三年：文公躬擐甲冑。率先啟行。【石川註】詩六月：以先啟行。箋：可以先前啟突敵陳之前行。布忠信爲軍聲，【張註】東京賦：坐作進退，節以軍聲。持義烈爲戰器。〔七〕【張註】沈約封徐世勣詔：才略貞濟，志懷義烈。左傳：申叔曰：「德刑詳，義禮信，戰之器也。」通鑑綱目：是時，懷光、朱泚連兵，聲勢甚盛，晟以孤軍處其間，内無糧資，外無救援，徒以忠義感激將士，故其衆雖單弱而鋭氣不衰。廓清氛沴，寧復皇都，宗廟載安，宇宙斯泰，佐予興運，時乃茂功。德厚者任崇，業盛者報重，升以元輔，【張註】文選註：班固涿邪山文曰：晄晄將軍，大漢元輔。又：元，君也。言帝相之臣，宣智力于君，以爲輔佐也。建于上公。【張註】周禮春官典命：上公九命爲伯。註：上公謂王之三公有德者加命爲二伯。三王之後，亦爲上公。通典：春秋九命作伯，尊公曰宰，言於海内無不宰統焉。【石川註】書微子之命：庸建爾于上公，尹茲東夏。熙庶績而翼宣九歌，【張註】書：庶績咸熙。又：勸之以九歌。擾兆人而敬敷五教。〔八〕【張註】書：敬敷五教。用疇井賦，貽厥子孫，與國咸休，永播丕烈。【張註】書：丕承哉武王烈。可司徒、兼中書令，〔九〕仍賜實封一千户，餘並如故。俟還京後，所司擇日，備禮册拜。【張註】通典：開元禮臨軒册命諸王大臣：前一日，尚舍奉御設御幄於太極殿北壁，南向；守宮設羣官次於朝堂；太樂令展宮懸於殿庭，又設舉麾位於上下，並如常儀。其日，典儀設羣官版位，文官一品以下、五品以上於懸東，六品以下於大横街之南，俱西面；武官一品以下、五品以上於懸西，六品以下於大横街南，俱東面，以北爲上，並如常儀。設受册者位於大街之東南，重行，北面，西上。設典儀位於懸之東北，贊者二人在南，少退，俱西向。奉禮設門外位，文官於東朝堂，西面；武官於西朝堂，東面，俱每等異位，重行，北上。其日，依時刻，諸衛勒所部，列仗屯門及陳於殿庭，如常儀。受册者服朝服，從第備鹵簿，與羣官俱集朝堂。次羣官各服其服，贊(引)〔者乃〕引羣官俱出。次典謁引就朝堂前位，版奏「請中嚴」。鈒戟近仗入陳於殿庭，太樂令帥工人入就位，協律郎入就舉麾位，諸侍衛之官各服其器服，符寶郎奉寶，俱詣閤奉迎。典儀帥贊者先入就位，通事舍人引羣官入就位，又引受册者入立於太極門外道東，西向。中書侍郎以册置於案，令史二人皆絳公服，對立於左延明門内道北，西面，侍郎立於案後。侍中版奏「外辦」。皇帝服通天冠、絳紗袍，御輿以出，曲直華蓋，警蹕侍衛，如常儀。皇帝將出，仗動，太樂令令撞黄(鐘)〔鍾〕之鐘，右五鐘皆應。協律郎跪，俛伏，興，舉麾，鼓柷，奏太和之樂。皇帝出自西房，即御座南向坐，符寶郎奉寶置於御座，如常儀。樂止，通事舍人引受册者以次入，就位，立定，受册者東北，西面。中書侍郎引册案進入，於中書令之南，少退，俱西向。通事舍人引爲首者一人少前，北面。中書侍郎取册進授，退，復位。中書令稱「有制」，受册者再拜；中書令讀訖，受册者又再拜。通事舍人引受册者進受，訖，典謁引退，復位。又，通事舍人引次受册如上儀。徧册訖，中書令以下還侍位，〔持〕案者以案退。典儀曰：「再拜」。贊者承傳，羣官在位者皆再拜。通事舍人引受册者以次出。侍中前，跪，奏稱：「侍中臣某，言禮畢。」俛伏，興，還侍位。皇帝興，太樂令令撞蕤賓之鐘，左五鐘皆應；鼓柷，奏太和之樂。皇帝降座，御輿入自東房，侍衛警蹕如來儀，侍臣從至閤。樂止，通事舍人引羣官在位者以次出。若册三師、三公、親王，皇帝服衮冕之服，鼓吹令設十二案，乘黄令陳車輅，尚輦、奉御陳輿輦，諸衛設黄麾半仗。受册者初入門，舒和之樂作，至位，樂止。册畢引出，初行，樂作，出門，樂止。餘同上儀。册開府儀同三司、太子、三師、驃騎大將軍、左右丞相、京都牧、河南牧，並如臨軒册命儀。宣示中外，以彰元勳。【張註】唐書李晟傳：有詔賜第永崇里，涇陽上田、延平門之林園、女樂一列。晟入第，京兆供帳，教坊鼓吹迎導，詔將相送之。帝紀其功，自文於碑，勑皇太子書，立於東渭橋，以示後世云。

校勘記

〔一〕雲雷構屯　此句之上，詔令六〇多一「勑」字。

〔二〕寓縣興難　「寓」原誤作「寓」，據諸本及他書改。

〔三〕充神策軍節度　此句之下，詔令多一「使」字。

〔四〕鄜坊等州管内觀察處置等使　「管内」，詔令作「節度」。

〔五〕聞難感憤　「感」，詔令作「發」。

〔六〕戎師誘姦　「師」，詔令作「帥」。

〔七〕持義烈爲戰器　「義烈」，詔令作「禮樂」。

〔八〕擾兆人而敬敷五教　「擾」，明本作「撫」。

〔九〕可司徒兼中書令　「司徒」上，詔令多一「守」字。

蕭復劉從一姜公輔平章事制

【張註】唐書宰相表：建中四年十月丁巳，户部尚書蕭復爲吏部尚書，吏部郎中劉從一爲刑部侍郎，京兆府户曹參軍、翰林學士姜公輔爲諫議大夫，並同中書門下平章事。【石川註】舊唐書蕭復傳：扈從奉天，拜吏部尚書、平章事。劉從一傳：德宗居奉天，拜刑部侍郎、平章事。姜公輔傳：涇師犯闕，德宗蒼黄自苑北便門出幸，公輔馬前諫曰：「朱泚嘗爲涇原帥，得士心，昨以朱滔叛，坐奪兵權，泚常憂憤不得志。不如使人捕之，使陪鑾駕，忽羣兇立之，必爲國患。臣頃陳奏，陛下苟不能坦懷待之，則殺之，養獸自貽其患，悔且無益。」德宗曰：「已無及矣！」從幸至奉天，以本官同中書門下平章事。

宰輔之任，〔一〕獻替爲務，内凝庶績，外撫四夷，調陰陽以成歲功，【張註】史記陳平世家：宰相者，上佐天子理陰陽，順四時，下遂萬物之宜，外鎮撫四夷、諸侯，内親附百姓，使卿、大夫各得任其職焉。贊化育【石川註】禮中庸：可以贊天地之化育。而熙帝載。【張註】書：有能奮庸熙帝之載。若金用礪，其弼予違，【張註】

書：若金用汝作礪。又：予違汝弼。如旱爲霖，允從人望。【張註】書：若歲大旱，用汝作霖雨。初學記：賢者國之紀、人之望。

矧時屬多難，彌切任賢，朕未嘗不朝夕論思，【張註】兩都賦序：朝夕論思，日月獻納。夢寐懷想。道之所在，人遠乎哉！朝議大夫，【石川註】唐書百官志：朝議大夫，從五品上。守户部尚書，兼御史大夫，【張註】唐書百官志：正五品下曰朝議大夫。通典：朝議大夫，隋置，散官，以取漢諸大夫得上奉朝議爲名，唐因之。通鑑音註：舊制：凡九品已上職事官，皆帶散位，謂之本品。職事則隨才叙用，或去閑入劇，或去高就卑，遷徙出入，參差不定。武德令：職事解散官，欠一階不至，爲兼。職事卑者不解散官。貞觀令以職事高者爲守，職事卑者爲行，仍帶散位；其欠一階，仍舊爲兼，或帶散官，或爲守，參而用之；其兩職事亦爲兼，頗相錯亂。咸亨二年，始一切爲守。充荆襄、江西等道都元帥【張註】唐書方鎮表：至德二載，置荆南節度，領荆、澧、朗、郢、復、夔、峽、忠、萬、歸十州，治荆州。廢南陽節度使，升襄陽防禦使爲山〔南〕東道節度使，領襄、鄧、隋、唐、安、均、房、金、商九州，治襄州。【石川註】唐〔書〕百官〔志〕：都元帥掌征伐，兵罷則省。統軍長史，豐縣開國公，【張註】通典：長史：秦置郡丞，其郡當邊戍者，丞爲長史，掌兵馬。自註引古今註云：守相病，丞、長史行事。後罷邊郡太守丞，而長史領丞職。唐書蕭復傳：統軍長史，舊制謂行軍長史，德宗以復父諱更之。又，地理志：豐縣屬徐州，河南道。一統志：豐，秦之邑名，屬泗水郡。漢以豐爲縣，屬沛郡。唐屬徐州。唐書百官志：凡爵九等，五曰開國縣公，食邑千五百户，從二品。賜紫金魚袋蕭復：〔二〕性質端亮，理識精敏。約己弘物，體方用圓。爲邦必表其理能，〔三〕及畱亟聞於鯁議。【張註】左傳宣二年：晉靈公不君，趙盾將諫，士季曰：「諫而不入，則莫之繼也，會請先，不入，則子繼之。」三進及溜，而後視之，曰：「吾知所過矣。」疏：溜謂簷下水溜之處。説文：鯁，魚骨也。後漢來歙傳：夫理國以得賢爲本。大中大夫段襄，骨鯁可任。註：骨鯁，喻正直也。動可成範，立不易方。【石川註】禮曲禮：立必正方。守尚書吏部郎中，【石川註】唐書百官志：吏部郎中掌文官階品、朝集、禄賜，給其告身、假使，一人掌選補流外官。兼御史中丞，充荆襄、江西等道都元帥判官，賜緋魚袋劉從一：貞白其行，温恭其文。居簡而適用必通，體和而臨事有立。〔四〕持重能斷，端愨有恒。累更委任，多所弘益。守京兆府户曹參軍、【張註】通典：司户參軍：漢、魏以下有户曹掾，主民户，與功曹同。唐掌户口、籍帳、婚姻、田宅、雜徭、道路之事。唐書姜公輔傳：公輔以制策異等，授右拾遺。爲翰林學士，歲滿當遷，上書以母老賴禄而養，求兼京兆尹户曹參軍事。翰林學士、賜緋魚袋姜公輔：志懷濟物，監必通理。【張註】易：君子黄中通理。主文而諫，忠靡退言。【張註】詩序：主文而譎諫，言之者無罪，聞之者足以戒，故曰「風」。【石川註】書益稷：無面從，退有後言。傳：無得面從我違，而退後有言我不可弼。經始以謀，事皆前定。【石川註】禮中庸：事前定則不困。道無屈撓，智適變通。並可以參贊大猷，光膺僉屬。兵戎未靖，期爾經綸；都邑未康，期爾還定。予一人有過，爾是用匡；伊萬姓不寧，爾是用乂。欽哉！慎乃有位，【石川註】書大禹謨：慎乃有位。罔瘝厥官。【石川註】書傳：瘝，病也。復可守吏部尚書、同中書門下平章事，散官、封、賜如故。從一可守尚書【石川註】唐書百官志：吏部尚書掌文選、勳封、考課之政。刑部侍郎、【張註】唐書百官志：刑部侍郎一人，正四品下。通典自註：周官小司寇中大夫蓋今任也。後周依周官。至隋煬帝置刑部侍郎。唐因之，掌律令，定刑名，案復大禮及諸州應奏之事。【石川註】唐書百官志：刑部侍郎掌律令、刑法、徒隸、按覆讞禁之政。

同中書門下平章事、賜紫金魚袋。公輔可守諫議大夫，同中書門下平章事，賜紫金魚袋。〔五〕

校勘記

〔一〕宰輔之任　此句之上，詔令四五多一「敕」字。

〔二〕豐縣開國公賜紫金魚袋蕭復　「公」，詔令作「男」。

〔三〕爲邦必表其理能　「必」，詔令作「益」。「理」，詔令作「異」。

〔四〕體和而臨事有立　「體」，宋本、元本、明本作「禮」。

〔五〕賜紫金魚袋　此句之下，詔令多「建中四年十月」六小字。

張延賞中書侍郎平章事制

【張註】唐書宰相表：貞元元年六月辛卯，西川節度使、同平章事張延賞爲中書侍郎、同中書門下平章事。通鑑：初，李晟戍成都，取其營妓以還。西川節度使張延賞怒，追而返之，由是有隙。至是，上召延賞入相，晟表陳其過惡；上重違其意，以延賞爲左僕射。工部侍郎張彧，李晟之壻也。晟在鳳翔，以女嫁幕客崔樞，禮重樞過于彧；彧怒，遂附于張延賞。上忌晟功名，會吐蕃有離間之言，延賞等騰謗于朝，無所不至，晟聞之，晝夜泣，目爲之腫，悉遣子弟詣長安，表請削髮爲僧，不許。入朝，稱疾，懇辭方鎮，亦不許。韓滉素與晟善，上命滉諭旨，使與延賞釋怨，引延賞詣晟第謝，因飲盡歡。晟表薦延賞爲相。【石川註】舊唐書張延賞傳：貞元元年，以宰相劉從一有疾，詔徵延賞爲中書侍郎、同中書門下平章事。

兩漢致理，由乎審官，多以牧宰高第，入居台輔。【張註】通典：成帝綏和元年，以爲刺史位下大夫而臨二千石，輕重不相準，乃更爲州牧，秩真二千石，位次九卿，缺以高第補。黃霸自潁川而次遷丞相，【張註】前漢黃霸傳：爲潁川太守，前後八年，郡中愈治。是時，鳳凰、神爵數集郡國，潁川尤多，天子以霸治行終長者，下詔稱揚，賜爵關内侯，黃金百觔，秩中二千石。數月，徵霸爲太子太傅，遷御史大夫。五鳳三年，代丙吉爲丞相。卓茂由密令而超拜三公。【張註】後漢卓茂傳：初辟丞相府史。後遷密令，數年，教化大行，道不拾遺。及莽居攝，以病免。光武初即位，先訪求茂，茂詣河陽謁見。乃下詔曰：前密令卓茂，束身自脩，執節淳固，誠能爲人所不能爲。夫名冠天下，當受天下重賞。今以茂爲太傅，封褒德侯，食邑二千户。蓋以爲國本於親人，舉賢先於稱職，旌能勸善，風化大端。

今革車薦興，賦煩人散，匡弼寡昧，屬于才臣。光禄大夫、檢校吏部尚書，兼成都尹，御史大夫，【張註】唐書地理志：成都府蜀郡，屬劍南道。通鑑音註：是時兵興，方鎮重任，必兼臺省長官，以至外府寮佐亦帶朝銜，迄今五季，遂爲永制。其帶臺銜，自監察御史大夫至御史大夫爲憲銜。充劍南西川副大使，【張註】唐書方鎮表：開元七年，升劍南度支、營田、處置、兵馬、經略使爲節度使，領益、彭、蜀、漢、眉、綿、梓、遂、邛、劍、榮、陵、嘉、普、資、巂、黎、戎、維、茂、簡、龍、雅、瀘，合二十五州，治益州。至德二載，更劍南節度號西川節度使，兼成都尹。百官志：其有持節爲節度副大使知節度事者，正節度也。諸王拜節度大使者，皆留京師。管内度支、營田、觀察、處置等使，上柱國，魏國公張延賞：崇飭文行，勵精理道。踐歷中外，所至有聲。【張註】唐書張延賞傳：延賞更四鎮，所至民頌其愛。慮必周密，心無屈撓。簡廉以肅吏，慈惠以愛人。明以照姦，和以定衆。去若始至，【石川註】左傳昭二十三年：叔孫所館者，雖一日，必葺其墻屋，去之如始至。久而見思。【石川註】漢書何武傳：其所居無赫赫名，去後常見思。秉志不渝，課績常最。以爾循良之化，佐予綏兆人；以爾經綸之才，佐予熙庶績。仍資威重，兼領蕃維。式慰甘棠之思，【張註】詩序：甘棠，美召伯也。戴東原云：甘棠，白棠也，或謂之楟；赤棠謂之杜。爾雅：杜，甘棠。猶言杜之甘者曰棠。以甘棠爲杜，失爾雅之讀也。且繼緇衣之美。【張註】詩序：緇衣，美武公也。父子並爲周司徒，善于其職，國人宜之，故美其德，以明有國善善之功焉。懋昭邦典，勿替家聲。【張註】謹按：延賞，宰相張嘉貞之子。可中書侍郎、平章事，依前兼成都尹，餘如故。

渾瑊侍中制

【張註】唐書宰相表：興元元年六月甲寅，朔方節度使，邠寧、振武、永平、奉天行營兵馬副元帥，檢校尚書右僕射，同平章事渾瑊爲侍中。

論道經邦，興戎定亂，〔一〕執是二柄，毗予一人。【張註】詩：天子是毗。箋：毗，輔也。書：弼予一人。得諸全才，康濟大難，懋官胙土，【張註】書仲虺之誥：德懋懋官。公羊傳文十三年疏：周書作洛篇曰：封人社壝，諸侯受命于周，乃建大社于國中。其壝東青土，南赤土，西白土，北驪土，中央釁以黄土。將建諸侯，鑿取其一面之土，包以黄土，苴以白茅，以爲社之封。孔氏云：王者封五色土爲社，建諸侯則各割其方土與之使立社，燾以黄土，苴以白茅。茅取其潔，黄取其王者覆四方。備舉彝章。〔二〕開府儀同三司，檢校尚書左僕射，同中書門下平章事，兼靈州大都督府長史，【石川註】唐書百官志：大都督掌督諸州兵馬、器械、城隍、鎮戍、糧廩，總判府事。長史一人，從三品。充靈、鹽、銀、夏等節度，〔三〕【張註】唐書方鎮表：大曆十四年，析置河中、振武、邠寧三節度，朔方所領靈、鹽、夏、豐四州。振武領鎮北大都護府及綏、銀二州。〔又〕地理志：鹽州五原郡、銀州銀川郡、夏州朔方郡，俱屬關内道。通鑑音註：鹽州治五原縣。今州南抵慶州馬嶺縣，北界即漢馬嶺縣地。銀州，漢西河之圁陰、圁陽縣地也。圁音銀。夏州，赫連所都統萬也。靈州註見制誥五卷。管内觀察、處置、度支、營田、押蕃部落等使，【張註】唐書方鎮表：開元二十年，朔方節度增領押諸蕃部落使。通鑑：胡、奚、雜類謂之蕃落。仍充朔方、邠寧、振武等道、奉天、永平軍行營節度副元帥，柱國，樓煩郡王渾瑊：〔四〕【張註】唐書方鎮

表：大曆七年，賜滑亳節度爲永平節度。十一年，增領宋、泗二州。十四年，增領汴、潁二州。又，地理志：嵐州樓煩郡，本東會州，屬河東道。史記趙世家：西有林胡、樓煩、秦、韓之邊。正義曰：即嵐州、勝州之北也。嵐、勝以南石州、離石、藺等，七國時趙邊邑也。神降才傑，天資忠厚，叶于興運，〔五〕爲國輔臣。往以盜起上京，駕言出狩，【石川註】春秋：天王狩于河陽。羣兇怙亂，再犯郊畿。時乃奮揚武威，董制師律，深居籌畫，姦慝寢謀。當敵指揮，【張註】後漢皇甫嵩傳：指揮足以振風雲，叱咤可以興雷霆。士旅增氣，【張註】通鑑：時士卒凍餒，又乏甲胄，瑊撫諭激以忠義，皆鼓（操）〔譟〕力戰。危城克固，我伐用張。【石川註】書泰誓：我伐用張。重以賊臣【石川註】李懷光。蔑恩，養寇資亂，再罹艱阻，播越巴、梁。時乃併轡載馳，執羈從邁。【張註】禮記：孰執羈靮而從。唐書渾瑊傳：乘輿進狩山南，瑊以諸軍衛入谷口，懷光追騎至，後軍擊却之。【石川註】左傳僖二十五年：臣負羈紲從軍。註：羈，馬絡頭。有見危致命之節，有憂國滅私之誠，凜然貞規，〔【張註】顔延之書：賢子弟少履貞規，長懷理要。〕介若金石。縱横有夷難之略，〔六〕感激陳復國之謀，分總偏師，徑出重險。【石川註】易象傳：習坎，重險也。秉大節以誓羣帥，布寬令以宥脅從。師次近郊，〔七〕摧兇靡抗；軍臨近甸，下邑如歸。推成功以不居，期盡敵以自效，率其全衆，揚旆前追。雄威疾馳，元惡授首；柔德懷服，餘黨歸心。掃關氛昏，安復園寢，懋乃嘉績，其維格天。【張註】書：成湯既受命，時則有若伊尹，格于皇天。范燮之讓能，【張註】左傳成十六年：晉師濟河，聞楚師將至，范文子欲反，曰：「我僞逃楚，可以紓憂。夫合諸侯，非吾所能也，以遺能者。我若羣臣輯睦以事君，多矣。」

【石川註】左傳成二年：晉伐齊有功，范文子後入，武子曰：「無爲吾望爾也乎？」對曰：「師有功，先入，必屬耳目焉，是代帥受名也，故不敢。」武子曰：「吾知免矣。」耿弇之殄寇，【張註】後漢耿弇傳：時帝在魯，聞弇爲步所攻，自往救之，未至。陳俊謂弇曰：「劇虜兵盛，可且閉營休士，以須上來。」弇曰：「乘輿且到，臣子當擊牛釃酒，以待百官，反欲以賊虜遺君父邪！」乃出兵大戰，自旦至昏，復大破之，殺傷無數，城中溝塹皆滿。總是二美，珹其有焉。【石川註】左傳僖九年：荀息有焉。足以銘勳旂常，【張註】周禮夏官司勳：凡有功者，銘書于王之太常。又，春官司常：掌九旗之物名，日月爲常，交龍爲旂。顏師古曰：太常者，王之旌也，畫日月焉，王者有大事則建以行。垂美竹帛。【張註】後漢鄧禹傳：禹得效其尺寸，垂功名于竹帛耳。史記註：索(引)〔隱〕曰：古未有紙，書用竹簡，或用帛，故云竹帛，猶言青史也。吳越春秋：聲可託于管絃，名可留于竹帛。宜首台階之列，仍疇井邑之賦。祗膺時命，無替厥庸。可侍中，仍賜實封八百戶，餘如故。〔八〕

校勘記

〔一〕論道經邦興戎定亂　此句之上，詔令六〇多一「敕」字。此句，詔令作「王者敦德教以經邦國，興武事以定禍亂」。

〔二〕懋官胙土備舉彝章　詔令作「以忠扶王室，以義奉天討。功崇祚土，德盛懋官。振揚洪休，備舉彝典」。

〔三〕充靈鹽銀夏等節度　「等」下，詔令多一「州」字。

〔四〕柱國樓煩郡王渾瑊　「柱國」上，詔令多一「上」字。

〔五〕叶于興運　「于」，詔令作「力」。

〔六〕縱横有夷難之略　「有」，詔令作「蘊」。

〔七〕師次近郊　「近」，詔令作「遠」。

〔八〕餘如故　詔令作「兼官、本使、副元帥、開府、勳、封如故」。

盧翰劉從一門下中書侍郎平章事制〔一〕【張註】唐書宰相表：興元元年六月癸丑，從一爲中書侍郎，翰爲門下侍郎。

寅亮天工，〔二〕【張註】書：寅亮天地。弘宣理本，俾予從乂，時乃輔臣。扈蹕載驅，以勞定國，懋官遷列，式是彝章。銀青光禄大夫、行尚書兵部侍郎、【張註】唐書百官志：兵部侍郎二人，正四品下。通典「兵部侍郎二人」自註：隋煬帝置，唐因之。龍朔二年，改爲司戎少常伯，咸亨元年復舊。舊制一員，總章元年加一員。掌署武職、武勳官、三衞及兵士以上簿書、朝集、禄賜、假使、差發、配親士、帳内考覈及給武職告身。同中書門下平章事、范陽縣開國公盧翰：【張註】唐書地理志：范陽縣屬涿州，河北道。通典：范陽，漢涿縣，在范水之陽。漢涿郡故城亦在此。又有漢廣陽國城，亦在西南；有督亢陂，溉田膏腴，荆軻獻圖于秦。嚴重不撓，貞方自持。養恬鎮俗，〔三〕居簡濟衆。言思無隱，事必有恒。守刑部侍郎、同中書門下平章事、【張註】通典註：凡正官皆稱行、守；其階高而官卑者稱行，階卑而官高者稱守。賜紫金魚袋劉從一：質厚氣深，〔四〕識精體遠。〔五〕沖用無竭，〔六〕【石川註】老子：大盈若沖，其用不窮。貞規不渝。【石川註】易訟：渝，安貞，吉。從容以和，出納惟允。【石川註】詩蒸民：出納王命，王之喉舌。箋：出王命者，王口所自言，承而施之也。納王命者，時之所宜，復於王也。自鸞車載駕，〔七〕【張註】禮記：鸞車，有虞氏之路也。通典：武德初，著令：天子鑾輅，玉、金、象、革、木五等。薄狩于梁，執羈有從我之勤，及霤勵匪躬之節。交修不逮，〔八〕庶績其凝。俾承命於掖垣，仍參掌於樞務。今百度伊始，六府載張。〔九〕【張註】書：六府、三事允治。註：六府即水、火、金、木、土、穀也。六者財用之所自出，故曰府。論駁是非，〔一〇〕不可以不審；宣揚憲令，不可以不明。爾其欽承，無墜我休命。翰可門下侍郎、同中書門下平章事，〔一一〕散官、勳、封如故。從一可中書侍郎、【張註】唐書百官志：中書省侍郎二人，正三品。掌貳令之職，朝廷大政參議焉。初學記：中書侍郎，魏官也。案：衛宏漢舊儀曰：漢置中書，領尚書匈奴營部一郎、民曹一郎、謁者一郎。此則中書郎已聞漢代。沈約宋志云：晉（政）〔改〕通事郎爲中書侍郎。蓋此始也。同中書門下平章事，餘如故。

校勘記

〔一〕盧翰劉從一門下中書侍郎平章事制　文苑四四九首多一「授」字。

〔二〕寅亮天工　此句之上，文苑多「門下」二字，下註云：「集作『敕』。」

〔三〕養恬鎮俗　「俗」，文苑註云：「集作『浮』。」石川本註則云：「一作『浮』。」

〔四〕質厚氣深　「氣」，文苑作「器」。

〔五〕識精體遠　「遠」，文苑註云：「集作『雅』。」

〔六〕沖用無竭　「沖」，張本作「勵」。

〔七〕自鸞車載駕　「鸞」，文苑、石川本均註云：「一作『鑾』。」

〔八〕交修不逮　「逮」，文苑註云：「集作『怠』。」

〔九〕六府載張　「六府」，文苑作「四維」。石川本註云：「據下文『張』字，文苑近是。」

〔一〇〕論駮是非　「駮」，明本、郎本作「較」。

〔一一〕翰可門下侍郎同中書門下平章事　「門下侍郎」上，文苑多一「守」字。

劉滋崔造齊映平章事制〔一〕

【張註】唐書宰相表：貞元二年正月壬寅，吏部侍郎劉滋爲左散騎常侍，給事中崔造，中書舍人齊映，並同中書門下平章事。通鑑：造少與韓會、盧

(車)〔東〕美、張正則爲友，以王佐自許，時人謂之「四夔」。上以造敢言，故不次用之。滋、映多讓事于造。造久在江外，疾錢穀諸使罔上之弊，奏罷水陸、度支、轉運等使，諸道租賦悉委觀察使、刺史遣官送京師。令宰相分判六曹：映判兵部，李勉判刑部，滋判吏、禮部，造判户、工部。又以户部侍郎元琇判諸道鹽鐵、榷酒。【石川註】舊唐書齊映傳：貞元二年，與劉滋、崔造同拜平章事。滋以端默雅重寡言，映謙和美言悦下，無所是非，政事多決於造。

朕嗣位君臨，〔二〕精求理道，小大之務，靡不經心，日慎一日，于今八載。教化未洽，烝黎未康，因之以甲兵，繼之以災沴。斯固鑒有所不至，慮有所不周，予深浩然，〔三〕若涉深水。〔四〕思所以匡我致理，助我官人，宣其澤而四方以寧，執其要而百工式叙。允是大任，其惟輔臣，夢想勞懷，敷求俊乂。【石川註】書説命：旁招俊乂，列于庶位。傳：俊德治能之士。察言而觀行，因事以考能，周行之中，乃得良弼。〔五〕【張註】詩：寘彼周行。傳：行，列也。思君子，官賢人，置周之列位。箋云：周之列位，謂朝廷臣也。

權知吏部侍郎劉滋：【張註】通典：檢校、試、攝、判、知之官。註：知者云知某官事，皆是詔除，而非正命。顧炎武日知録「知縣」條云：知縣者非縣令，而使之知縣中之事。杜氏通典所謂「檢校、試、攝之官」是也。唐人亦謂之「知印」。其名始于貞元已後。其初尚帶一「權」字，白居易集有裴克諒權知華陰縣令制，曰：「宜假銅墨，試其(財)〔才〕

理，待有所立，方議正名。」是權知者不正之名也。操履貞清，介然自守。居能慎獨，動不違仁。〔六〕析理究其精微，勵學探於奧旨。守給事中、【張註】唐書百官志：給事中四人，正五品上。掌侍左右，分判省事。通典：給事中，加官也，所加或大夫、博士、議郎。掌顧問應對。位次中常侍、侍中、黃門。無員。以有事殿中，故曰給事中。賜緋魚袋崔造：〔七〕性合道要，誠通化源。〔八〕適時有成務之才，事上懷匪躬之節。蘊蓄器業，〔九〕居爲名臣。中書舍人、【張註】唐書百官志：中書省舍人六人，正五品上。通典：中書舍人，唐初爲內史舍人，至武德三年，改爲中書舍人，置六員。專掌詔誥，侍從署敕，宣旨勞問，授納訴訟，敷奏文表，分判省事。自永淳以來，天下文章道盛，臺閣髦彥無不以文章達，故中書舍人爲文士之極任，朝廷之盛選，諸官莫比焉。賜紫金魚袋齊映：修己以立，〔一〇〕自明而誠。體賢人可大之規，【張註】易：可大則賢人之業。用君子時中之道。〔一一〕【石川註】禮中庸：君子時中。虛受能擇，清通不流。惟滋之直方，可以激風俗；惟造之體度，可以振條綱；惟映之精深，可以該物理。我有大典，爾其參之，懋昭厥猷，勿替休聞。滋可充散騎常侍、同平章事。〔一二〕造仍賜金魚袋。其有散官、封、賜，並如故。〔一三〕

校勘記

〔一〕劉滋崔造齊映平章事制　文苑四四九首多一「授」字。

〔二〕朕嗣位君臨　此句之上，文苑、詔令四五多「門下」二字。

〔三〕予深浩然　「深」，詔令作「衷」，文苑同，註云：「集作『心』。」

〔四〕若涉深水　「深水」，詔令作「淵冰」。按：唐諱「淵」字，往往以「泉」字代，恐本作「泉」字，宋人改回。

〔五〕察言而觀行因事以考能周行之中乃得良弼　文苑、詔令無「察言而觀行，因事以考能」十字，「周行之中，乃得良弼」作「得茲良弼，爰在周行」。

〔六〕動不違仁　「動」，文苑註云：「集作『思』。」

〔七〕守給事中賜緋魚袋崔造　詔令無「守」字。按：舊紀、新紀、新書宰相表中、通鑑二三二、舊書一三〇本傳、新書一五〇本傳亦均無「守」字。

〔八〕誠通化源　「誠」，文苑、詔令作「識」。

〔九〕蘊蓄器業　「器」，詔令作「氣」。

〔一〇〕修己以立　「立」，文苑註云：「集作『敬』。」

〔一一〕用君子時中之道　「中」，文苑作「行」。

〔一二〕滋可充散騎常侍同平章事　「充」，詔令作「守」，文苑同，註云：「集作『左』。」按：舊書一三六本傳、通鑑二三二、新紀、新書宰相表中、新書一三二本傳均作「左」。疑作「左」是。

〔一三〕造仍賜金魚袋其有散官封賜並如故　「造」下，郎本、全唐均註「闕」字。此制未載崔造、齊映同平章事，明顯有闕文。此句，文苑作「造、映可各守本官，同平章事。造仍賜紫金魚袋。其有散官、勳、封、賜，並如故。貞元二年正月」。詔令略同。舊書一三〇崔造傳亦云：「貞元二年正月，與中書舍人齊映各守本官、同平章事。」此句當從文苑。

李納檢校右僕射平章事制【張註】通鑑音註：唐制：藩鎮及諸使僚屬率帶檢校官。

【石川註】舊唐書李納傳：及興元之降罪己詔，納效順，加檢校右僕射、同中書門下平章事。

忠所貴乎竭誠，善莫大於改過。況茂勳有舊，崇德日新，翼戴勵勤王之節，經綸申盡敵之略。敦獎之道，時惟國章。平盧、淄青節度，管内度支、營田、處置等使，開府儀同三司，檢校工部尚書，使持節【石川註】唐書百官志：持節，正節度也。鄆州諸軍事，兼鄆州刺史，隴西郡王李納：【張註】唐書地理志：淄州淄川郡、青州北海郡、鄆州東平郡，屬河南道。渭州隴西郡，屬隴右道。通典：渭州：禹貢曰「導渭自鳥鼠同穴」，即其地也。秦置隴西郡，以居隴坻之西爲名。漢靈帝分立南安郡。唐爲渭州，或爲隴西郡。稟性端厚，執心寬簡。通變適用，和順積中。【石川註】禮樂記：和順積中而英華發外。服勞王家，夙有成績。乘秋備塞，克著威聲。【張註】唐書李納傳：納少時爲奉禮郎，將兵防秋。代宗召見，擢殿中丞，賜金紫。累歲專城，載揚理行。間者心懷險阻，誠義鬱堙；【張註】唐書李納傳：正己死，秘喪不發，以兵會田悦于濮陽。馬燧方擊悦，納使大將衛俊救之，爲燧所破略盡，收洹水。德宗詔諸軍合討，其從父洧以徐州歸，大將李士真以德州、李長卿以棣州送款，納恚洧背己，且徐險集，悉兵攻洧。帝命宣武劉玄佐督諸軍進援，大破其兵。納還濮陽，玄佐進圍之，殘其郛。納登陴見玄佐，泣且悔，遣判官房説與子弟質京師，因玄佐謝罪。時中人宋鳳朝以納窮，欲立功，建不可赦，帝乃械説等禁中。納于是還鄆，與悦、李希烈、朱滔、王武俊連和，自稱齊王，置百官。旋能歸款上聞，【張註】唐書李納傳：興元初，帝下詔罪己，納復歸命。期於率德自效。忠節純固，久而益彰。爰整鋭師，式遏亂略，【張註】唐書李納傳：李希烈圍陳州，納會諸軍破之城下。【石川註】書武成：以遏亂略。保障宋服，【張註】通鑑音註：保障，謂厚民之生，如築堡以自障。填壓浚郊，嶷如長城，作固東土。嘉乃率服之美，懋乃輸力之勤，擢升衮司，【張註】褚淵表：雖秩輕于衮司，而任重于百辟。【石川註】六典：王、公第一品，服衮冕。載董戎翰。【石川註】詩江漢：召公維翰。箋：楨翰之臣。玄成嗣台輔之業，【張註】前漢韋賢傳：宣帝即位，賢以與謀議安宗廟，賜爵關内侯，食邑。本始三年，代蔡義爲丞相，封扶陽侯。年八十三薨。少子玄成，復以明經，歷位至丞相。故鄒、魯諺曰：「遺子黄金滿籯，不如一經。」亞夫繼社稷之勳，【張註】史記周勃世家：絳侯子勝之，坐殺人，國除。絶一歲，文帝乃擇絳侯子賢者河内守亞夫爲條侯，續絳侯後。俾爾兼榮，無替厥服。檢校右僕射、平章事，餘如故。【石川註】納父正己，歷檢校司空、左僕射，加同中書門下平章事，以司徒兼太子太保，封饒陽郡王。

韓滉檢校左僕射平章事制

【張註】通鑑綱目：或言滉聚兵修城，陰蓄異志。上疑之，以問李泌。對曰：「滉公忠清儉，貢獻不絶，鎮撫江東，盜賊不起。所以修城，爲迎扈備耳。此乃人臣忠篤之慮，奈何更以爲罪乎？滉性剛嚴，不附權貴，故多謗毁，臣敢保其無他。」上曰：「外議洶洶，卿弗聞乎？」對曰：「臣固聞之，其子皋爲郎，不敢歸省，正以謗語沸騰故也。」退遂上章，請以百口保滉。他日，又于言上曰：「臣之上章，非私于滉，乃爲朝廷計也。」上曰：「如何？」對曰：「今天下旱蝗，關中米斗千錢，倉廩耗竭，而江東豐稔。願陛下早下臣章，以解朝衆之惑，而諭韓皋，使之歸覲，令滉速運糧儲。此朝（延）〔廷〕大計也。」上即下泌章，令皋歸覲，而諭之曰：「卿父比有謗言，朕不復信。關中乏糧，宜速致之。」皋至，滉感悦，即日發米百萬斛。聽皋留五日，即還朝，自送至江上，冒風濤而遣之。陳少遊聞之，即貢米二十萬斛。會劉洽得李希烈起居註，云：「某月日，陳少遊上表歸順。」少遊聞之，慙懼，發疾卒。大將王韶欲自爲留後，韓滉遣使謂之曰：「汝敢爲亂，吾即日全軍渡江誅汝矣。」韶懼而止。上聞之，喜謂李泌曰：「滉不惟安江東，又能安淮南，真大臣之器，卿可謂知人。」遂加滉平章事、江、淮轉運使。

【石川註】舊唐書韓滉傳：貞元元年七月拜。

周、召由輔弼之臣，兼方伯之任，【張註】方伯見後韓滉加檢校右僕射制。【石川註】公羊傳隱（十）〔五〕

年：自陝而東〔者〕，周公主之，自陝而西〔者〕，召公主之。蓋以理化根本，在於親人。通兆庶之情，以佐天子；秉家邦之慶，以臨諸侯。故能中外允釐，上下無壅。今我有命，意其在茲。

金紫光禄大夫，檢校尚書左僕射，兼潤州刺史，御史大夫，充鎮海軍、【張註】通鑑：建中二年，以浙江東西觀察使、蘇州刺史韓滉爲潤州刺史、浙江東西節度使，名其軍曰鎮海。唐書地理志：潤州丹陽郡：又杭州有鎮海軍，建中二年，置於潤州。二州皆屬江南道。浙江東西節度、觀察、處置等使，上柱國，南陽郡開國公韓滉：【張註】唐書地理志：鄧州南陽郡，屬山南道。通典：鄧州，春秋時申伯、鄧侯二國之地。秦置南陽郡。晉爲南陽國及順陽、義陽二郡之地。隋初，改爲鄧州。唐爲鄧州，或爲南陽郡。文行忠信，備修身之道；勤儉貞固，有成務之才。累更委遇，多處繁重，一心奉職，終始不渝。内告謀猷，以匡時化；外持憲法，以一人心。理尚廉平，事皆釐飭，【張註】唐書韓滉傳：時里胥有罪，輒殺無貸，人怪之。滉曰：「袁晁本一鞭背史，禽賊有負，聚其類以反，此輩皆鄉縣豪黠，不如殺之，用年少者，惜身保家不爲惡。」又以賊非牛酒不嘯結，乃禁屠牛，以絶其謀。姦盜衰息，禮義興行。惠茲一方，〔一〕時乃之德。陳師旅以遏寇讎，【張註】通鑑：李希烈將兵五萬圍寧陵，引水灌之；濮州刺史劉昌以三千人守之，凡四十五日不釋甲。韓滉遣其將王栖曜將兵助劉洽拒希烈，栖曜以彊弩數千游汴水，夜，入城。明日，從城上射希烈，及其坐幄。希烈驚曰：「宣、潤弩手至矣。」遂解圍去。納餽糧以修職貢，張我威武，實我資儲。令必應期，謀無愆素，濟于多難，時乃之功。【石川註】舊唐書韓滉傳：涇師之亂，德宗出幸，河、汴騷然，滉訓練士卒，鍛礪戈甲，稱爲精勁。李希烈陷汴州，滉令裨將討襲，解寧陵之圍，復宋、汴之路。自德宗出居，及歸京師，軍用既繁，道路又阻，關中饑饉，加之以災蝗，江南、兩浙轉輸粟帛，歲無虛月，朝廷賴焉。宜其參務中樞，翼宣大化，仍兼漕運，兼領蕃維，樹南國之風猷，【張註】詩：滔滔江、漢，南國之紀。贍中都之廩實。予則有望，爾其懋哉！繼于前人，【石川註】舊唐書玄宗紀：開元二十一年，韓休爲黄門侍郎，同中書門下平章事。〔唐書〕休傳：休直方，不務進趨，爲相，天下翕然宜之。左右曰：「自韓休入朝，陛下無一日歡，何自戚戚，不逐去之？」帝曰：「吾雖瘠，天下肥矣。」滉，休子。無替厥服。可檢校左僕射，同平章事，依前鎮海軍、浙江東西節度、觀察、處置等使，兼充江淮轉運使，餘如故。

校勘記

〔一〕惠茲一方　「茲」，石川本作「慈」。

李勉太子太師制

【張註】唐書百官志：太子太師、太傅、太保，各一人，從一品。掌輔導皇太子。每見，迎拜殿門，三師答拜，每門必讓，三師坐，太子乃坐。與三師書，前名惶恐，後名惶恐再拜。太子出，則乘路備鹵簿以從。唐書李勉傳：貞元初，帝起盧杞爲刺史，袁高還詔不得下。帝問勉曰：「衆謂盧杞姦邪，朕顧不知，謂何？」勉曰：「天下皆知，而陛下獨不知，此所以爲姦邪也。」時韙其對。然自是益見疏。居相二歲，辭位，以太子太師罷。

立國之本，〔一〕所繫於元良。【張註】書：一人元良，萬邦以貞。弘教之方，必由於端士。非精識前典，德冠當時，恭敬温文，其將安倣？吾是以輟台階之老，選宗室之賢，輔翼春闈，【張註】職林：太子故事：東宮謂之春宮。按宮中之門謂之闈，春闈猶言春宮也。是資教諭。

檢校司徒、同平章事、充太清宮使、【張註】唐書宰相表：興元元年十二月己卯，勉加太清宮使。崇文館大學士、【張註】唐書百官志：崇文館：學士二人，掌經籍圖書，教授諸生，課試舉選如宏文館。分註：貞觀十三年，置崇賢館。上元二年，避太子名，改爲崇文館。有學士、直學士及讎校，皆無常員，無其人則庶子領館事。開元七年，改讎校曰校書郎。乾元初，以宰相爲學士，總館事。上柱國、汧國公李勉：〔二〕【張註】唐書地理志：隴州汧陽郡，屬關内道。忠信孝友，直方簡儉。【石川註】易坤：直方大。達君臣父子之際，【張註】禮記：立太傅、少傅以養之，欲其知父子君臣之道也。知禮樂教化之端。【張註】禮記：凡三王教世子，必以禮、樂：樂所以修内也，禮所以修外也。虛澹保和，貞明寡欲。【石川註】易繫辭：日月之道，貞明者也。求舊則德懋，【石川註】書盤庚：人惟求舊。叙親則屬尊。【張註】通鑑音註：孔穎達曰：漢之同宗有屬籍，則周家繫之以姓是也。周禮：小史之官，掌定帝繫。世本：知世代昭穆。屬，殊玉翻。謹按：李勉傳：勉，鄭惠王元懿曾孫。鄭惠王，高祖子也。師範國儲，【張註】揚子法言：務學不如務求師，師也者，人之模範也。魏書高允傳：殿下，國之儲貳。無易其選。

可依前檢校司徒，〔三〕兼太子太師，散官、封、勳如故。〔四〕

校勘記

〔一〕立國之本　此句之上，詔令五五多一「敕」字。

〔二〕檢校司徒同平章事充太清宫使崇文館大學士上柱國汧國公李勉　此句之上，詔令多「光禄大夫」四字。

〔三〕可依前檢校司徒　「依前」二字各本均無，僅詔令有。考「檢校司徒」爲李勉舊官，決無再授之理，因據補。

〔四〕散官封勳如故　此句之下，詔令多「貞元二年正月十一日」九小字。

姜公輔左庶子制

【張註】唐書百官志：左春坊：左庶子二人，正四品上。掌侍從贊相，駮正啟奏。總司經、典膳、藥藏、内直、典設、宫門六局。通典：古者天子有庶子之官，職諸侯、卿、大夫之庶子，掌其戒令，與其教理，有大事則帥國子而致於太子，唯所用之。秦因之，置中庶子、庶子員。漢因之，有庶子，員五人。隋分爲左、右庶子，各二人，分統門下、典書二坊事。唐亦各二人，左擬侍中，而右擬中書令。

君之任臣，有優賢賜告之義；【張註】漢書高帝紀：高祖嘗告歸之田。註：李裴曰：休謁之名，吉曰告，凶曰寧。孟康曰：古者名吏休假曰告。漢律：吏二千石有予告，有賜告；予告者，在官有功最，法所當得也；賜告者，病滿三月，當免，天子優賜其告，使得帶印綬，將官屬，歸家治病。師古曰：告者，請謁之言，謂請休耳。或謂之謝，謝亦告也。臣之事君，有量力知止之道。【張註】老子：知足不辱，知止不殆。【石川註】論語：陳力就列，不能者止。馬融曰：當陳其才力，度己所任，以就其位，不能當止。故能進退以禮，終始可勝。此朕三事大夫濟理圖全之意也。【張註】詩小雅：三事大夫，莫肯夙夜；邦君諸侯，莫肯朝夕。箋：三公及諸侯隨王而行者。正義曰：鄭言三公者，以經三事大夫爲三公也。王肅以三事爲三公，大夫謂其屬。按上文正大夫爲一人，三事大夫不得分爲二也。且其文對邦君諸侯，其意謂亦此爲三公也。

守諫議大夫、同平章事、賜紫金魚袋姜公輔：【張註】唐書車服志：高宗給五品以上隨身魚銀袋，以防召命之詐，出内必合之。三品以上金飾袋。垂拱中，都督、刺史始賜魚。天授二年，改佩魚皆爲龜。其後三品以上龜袋飾以金，四品以銀，五品以銅。中宗初，罷龜袋，復給以魚。郡王、嗣王亦佩金魚袋。景龍中，令特進佩魚，散官佩魚自此始也。然員外、試、檢校官，猶不佩魚。景雲中，詔衣紫者魚袋以金飾之，衣緋者以銀飾之。開元初，駙馬都尉從五品者假紫、金魚袋，都督、刺史品卑者假緋、魚袋，五品以上檢校、試、判官皆佩魚。中書令張嘉貞奏：致仕者佩魚終身。自是百官賞緋、紫，必兼魚袋，謂之章服。當時服朱紫、佩魚者衆矣。首舉高第，擢居諫曹，【張註】唐書姜公輔傳：帝在奉天，有言泚反者，請爲守備。盧杞曰：「泚忠正篤實，奈何言其叛，傷大臣心！請百口保之。」帝知羣臣多勸泚奉迎乘輿者，乃詔諸道兵距城一舍止。公輔曰：「王者不嚴羽衛，無以重威靈。今禁旅單寡，而士馬處外，爲陛下危之。」帝曰：「善。」悉内諸軍。泚兵果至，如所言，乃擢公輔諫議大夫、同中書門下平章事。爰資美才，參掌密命。居易勵修身之操，見危著從我之勤。自處台司，【張註】南史王僧虔傳：僧虔遷侍中、左光禄大夫、開府儀同三司，謂兄子儉曰：「汝任重於朝，行當有〔入〕〔八〕命之禮，我若復此授，一門有二台司，實所畏懼。」乃固辭。累疏陳乞，忌滿思退，持盈守謙。留中久之，【張註】通鑑音註：謂所論事留在禁中，未施用之。重難其請，式光撝抑，【石川註】易謙：六四，撝謙。註：指撝皆謙。俾尹宮坊。可太子左庶子，勳、賜如故。

崔造右庶子制〔一〕

【張註】唐書宰相表：貞元三年，造罷爲右庶子。百官志：右春坊：右庶子二人，正四品下。掌侍從、獻納、啟奏。【石川註】以元琇事，罷知政事。

宰相之職，〔二〕允釐百工，【石川註】書堯典：允釐百工。傳：允信釐治工官。時惟仰成，不可廢闕。中散大夫、【張註】唐書百官志：正五品上日中散大夫。通典：中散大夫，王莽所置。後漢因之。魏、晉無員。齊、梁視黄門侍郎，品服冠幘與太中同。行給事中、同平章事、上柱國、安平縣開國男、【張註】唐書地理志：安平縣屬深州，河北道。賜紫金魚袋崔造：〔三〕頃居掖垣，參掌樞密，總領繁重，積勞疹深。

【張註】張衡思玄賦：思百憂以自疹。註：疹，疾也。亦既優賢，賜之長告，歲聿云暮，有加無瘳。【張註】詩：既見君子，云胡不瘳。傳：瘳，愈也。披誠自陳，章疏三上，知止之道，守之甚堅，處以休閑，俾遂頤養。【張註】易：觀頤，觀其所養也。可太子右庶子，勳、賜如故。〔四〕

校勘記

〔一〕崔造右庶子制　「右庶子」上，詔令五五多「太子」二字。

〔二〕宰相之職　此句之上，詔令多二「敕」字。

〔三〕中散大夫行給事中同平章事上柱國安平縣開國男賜紫金魚袋崔造　詔令無「開國」二字。

〔四〕勳賜如故　「勳、賜」，詔令作「散官、勳、封」。此句之下，詔令多「貞元二年十二月」七小字。

盧翰太子賓客制

【張註】唐書宰相表：貞元二年正月壬寅，翰罷爲太子賓客。【石川註】通典：太子賓客，唐置，掌調護、侍從、規諫，凡太子有賓客之事，則爲上齒，蓋取象於「四皓」焉。

求賢審官，〔一〕以康庶績；就閑優秩，【張註】南史孫謙傳：詔加優秩，給親信二十人。以處舊臣。蓋欲敦終始之恩，全進退之禮。金紫光禄大夫、門下侍郎、同中書門下平章事、范陽郡公盧翰：〔二〕【張註】唐書地理志：幽州范陽郡，屬河北道。通典：今之幽州，古涿鹿也；即燕國之都，謂之渤、碣之間，亦一都會也。秦爲上(古)〔谷〕郡之地。漢高帝分置燕國，後又分燕置涿郡及廣陽國，有獨鹿、鳴澤。魏更名范陽郡。晉爲燕、范陽二國，兼置幽州，慕容儁嘗都之。北齊置東北道行臺。唐爲幽州，或爲范陽郡。頃因多難，從我于征，以其年及老成，任推先進。方將求舊，擢處台衡，荏苒迄今，亟淹星歲。〔三〕勤勞既久，〔四〕衰疢有加，【張註】詩：疢如疾首。箋：疢猶病也。宜徙職於春闈，用優賢於暮齒。可太子賓客，勳、賜如故。〔五〕

校勘記

〔一〕求賢審官　此句之上，詔令五五多一「敕」字。

〔二〕金紫光禄大夫門下侍郎同中書門下平章事范陽郡公盧翰　「門下侍郎」四字各本均無，僅詔令有。據前載盧翰劉從一門下中書侍郎平章事制及舊紀貞元二年正月條、新書宰相表興元元年六月條，當時盧翰本官確爲「門下侍郎」。此制記盧翰官職，「金紫光禄大夫」爲散官，「同中書門下平章事」爲職銜，明顯脱本官，因據補。又，「同中書」各本均作「行」。按唐代無「行門下平章事」官職，詔令作「同中書門下平章事」，因據改。

〔三〕亟淹星歲　「亟」，詔令作「再」。

〔四〕勤勞既久　「久」，詔令作「著」。

〔五〕勳賜如故　「勳、賜」，詔令作「散官、勳、封」。此句之下，詔令多「貞元二年正月」六小字。

陸贄集卷八

制誥 除授

賈耽東都留守制

【張註】唐書賈耽傳：耽爲山南西道節度使。建中三年，徙東道。德宗在梁，耽使司馬樊澤奏事。澤還，耽大置酒會諸將。俄有急詔至，以澤代耽，召爲工部尚書。耽納詔于懷，飲如故。既罷，召澤曰：「詔以公〔見〕代，吾且治行。」敕將吏謁澤。大將張獻甫曰：「天子播越，而行軍以公命問行在，乃規旄鉞，利公土地，可謂事人不忠矣。軍中不平，請爲公殺之。」耽曰：「是何謂邪？朝廷有命，既爲帥矣。吾今趨覲，得以君俱。」乃行，軍中遂安。俄爲東都留守。

河、洛舊都，【張註】書禹貢：導河積石，至于龍門，南至于華陰，東至于底柱，又東至于孟津，東過洛汭。召誥：惟二月既望，越六日乙未，王朝步自周，則至于豐，惟太保先周公相宅。越若來，三月，惟丙午朏，越三日戊申，太保朝至于洛，卜宅，厥既得卜，則經營。越三日庚戌，太保乃以庶殷攻位于洛汭。越五日甲寅，位成。若翼日乙卯，周公朝至于洛，則達觀於新邑營。洛誥：周公拜手稽首曰：「朕復子明辟。王如弗敢及天基命定命。予乃胤保，大相東土，其基作民明辟。予惟乙卯，朝至于洛師。我卜河朔黎水，我乃卜澗水東，瀍水西，惟洛食。我又卜瀍水東，亦惟洛食。伻來以圖，及獻卜。」康誥：惟三月哉生魄，周公初基，作新大邑于東周，爲四方民大和會。周禮地官大司徒：以土圭之法測土深，正日景以求地中。日南則景短，多暑；日北則景長，多寒；日東則景夕，多風；日西則景朝，多陰。日至之景，尺有五寸，謂之地中，天地之所合也，四時之所交也，風雨之所會也，陰陽之所和也。然則百物阜安，乃建王國焉，制其畿方千里，而封樹之。註：鄭司農云：土圭之長尺有五寸。以夏至之日立八尺之表，其景適與土圭等，謂之地中，今潁川陽城地爲然。疏：潁川郡陽城縣是周公度景之處，古迹猶存。案春秋左氏：武王克商，遷九鼎于洛邑，欲以爲都。不在潁川地中者，武王欲取河、洛之間形勝之所。洛都雖不在地之正中，潁川地中仍在畿内。通典：河南府洛州，蓋周之舊都。昔武王克殷，定鼎於郟鄏，至成王營成周，卜澗水東、瀍水西而宅洛邑，是爲王城；又於瀍水東卜，亦吉，遷殷頑人居之。平王因犬戎之亂，自豐東遷，而居王城，則東周之始王也。凡周、漢、魏、晉、後魏、隋至於我唐，並爲帝都，今號爲東京，後改號東都，領縣二十六。　時巡久曠，【石川註】唐書地理志：東都，隋置，武德四年廢。貞觀六年號洛陽宮，顯慶二年曰東都，天寶元年曰東京，上元二年罷京，肅宗元年復爲東都。　命以居守，【石川註】左傳成十(五)〔六〕年：荀罃居守。　俾之保綏。　間者淮甸不寧，汝墳屢警，增置軍府，【張註】唐書方鎮表：至德元載，置東畿觀察使，領懷、鄭、汝、陝四州。建中二年，置河陽三城節度使，以東畿觀察使兼之；尋置使，增領東畿五縣及衛州。　作藩王畿。　職任既分，威望非重，思有總制，一其典刑，爰資信臣，往乂東夏。【張註】書：庸建爾于上卿，尹茲東夏。

銀青光禄大夫、守工部尚書、魏國公賈耽：【張註】唐書地理志：魏州魏郡，屬河北道。豁達貞方，識通大體。明九域山川之要，究五方風俗之宜。【張註】唐書賈耽傳：耽嗜觀書，老益勤，尤悉地(里)〔理〕。四方之人與使夷狄者見之，必從詢索風俗，故天下地土區産、山川夷岨，必究知之。方吐蕃盛强，盜有隴西，異時州縣遠近，有司不復傳。耽乃繪布隴右、山南九州，且載河所經受爲圖，又以洮、湟、甘、涼屯鎮額籍，道里廣狹、山險水原爲別録六篇，河西戎之録四篇，上之。又圖海内華(夏)〔夷〕，廣三丈，從三丈三尺，以寸爲百里。並譔古今郡縣道四夷述，其中國本之禹貢，外夷本班固漢書，古郡國題以墨，今州、縣以朱，刊落疏舛，多所釐正。或指(晝)〔圖〕問其邦人，咸得其真。又著(真)〔貞〕元十道録，以貞觀分天下隸十道，在景雲爲按察，開元爲採訪，廢置升降備焉。恒因物情，以施教化，所莅之郡，靄其休聲。悦李廣之風，人皆自便；【張註】史記李將軍傳：廣行無部伍行陣，就善水草屯，舍止，人人自便，不擊刁斗以自衛，幕府省約文書籍事，然亦遠斥候，未嘗遇害。懷羊祜之德，敵不敢侵。【張註】晉書羊祜傳：每與吴人交兵，尅日方戰，不爲掩襲之計。將帥有欲進譎詐之策者，輒飲以醇酒，使不得言。軍行吴境，刈穀爲糧，皆計所侵，送絹償之。每游獵，常止晉地。若禽獸先爲吴人所傷，而爲晉兵所得者，皆封還之。於是吴人翕然悦服，稱爲羊公，不之名也。【石川註】漢晉春秋：羊祜修德信以懷吴人，陸抗每告其邊戍曰：「彼專爲德，我專爲暴，是不戰而自服也。各保分界，無求細益而已。」於是吴、楚之間，餘糧栖畝而不犯；牛馬逸而入境，可宣告而取也。自誠而明，【石川註】禮中庸：自誠明，謂之性。在久彌著，【石川註】舊唐書賈耽傳：貞元二年，〔改〕義成軍節度使。是時，淄青節度使李納雖去僞王號，外奉朝旨，而心常蓄併吞之謀。納兵士數千人自行營歸，路由滑州，大將請城外館之，耽曰：「與人鄰道，奈何野處其兵？」命館之城內，淄青將士皆心服之。耽善射好獵，每出畋不過百騎，往往獵於李納之境。納聞之，大喜，心畏其度量，不敢異圖。分我憂寄，實惟其人。董制軍師，【張註】禮記：謀人之軍師，敗則死之。安集疲瘵，統禦都邑，提持紀綱，懋昭厥猷，無替朕命。可守本官，兼御史大夫，充東都留守，東都畿、汝州都防禦、觀察等使，【張註】唐書方鎮表：乾元元年，汝州隸豫、許、汝節度。大曆十四年，復置東畿觀察使，復領汝州。建中二年，以汝州隸河陽，尋復舊。復置陝西防禦使。通鑑音註：雍、華、同、商、岐、豳爲京畿，洛、汝爲都畿。判東都尚書省事，散官、勳、封如故。

崔縱東都留守制

【張註】唐書五王列傳：貞元元年，天子郊見，縱爲大禮使。除吏部侍郎，尋爲河南尹。入爲太常卿，封常山縣公。卒，贈吏部尚書。【石川註】舊唐書崔縱傳：德宗幸奉天，未有至者。縱勸李懷光令奔命，悉斂軍財與懷光至奉天。拜京兆尹。數奏懷光剛愎反覆，宜陰備之。幸梁州，左右短之曰：「縱善懷光，今不來矣。」上曰：「他人不知縱，吾可保其心。」縱至，拜御史大夫。除吏部尚書。德宗紀：貞元二年九月，以吏部侍郎崔縱東都留守。

居守之重，【張註】左傳：郤至佐中軍，荀罃居守。固難其人。近歲以來，益又繁綜。領廉察之任，專禦備之權，地廣務殷，一皆咨稟。非利用罔以通濟，非純德不能保綏，周爰咨詢，【石川註】詩皇皇者華：周爰咨詢。公論有屬。

銀青光禄大夫、行尚書吏部侍郎，上柱國、安平縣公崔縱：素風自遠，代濟忠貞，【張註】唐書五王列傳：縱，崔涣之子，博陵郡王崔玄暐曾孫。德宗徙梁州，縱追扈不及，左右短縱素善懷光，殆不來。帝曰：「知縱者，朕也，非爾輩所及。」後數日至。【石川註】舊唐書崔涣傳：涣祖玄暐，神龍功臣。父璩，文學知名。涣性尚簡澹，不交世務，頗爲時望所歸。縱，涣子。慶之所鍾，繼有才哲。氣質淳茂，識度淹通。藴經遠之沈謀，宣適時之利用，寬而不弛，簡則能周。以茲公方，多歷要重，小大之務，必聞休聲。輟於周行，式是東夏，擢居春官之長，【張註】周禮小宰：以官府之六屬，舉邦治。三曰春官，其屬六十掌邦禮，大事則從其長，小事則專達。又序官：乃立春官宗伯，使帥其屬而掌邦禮，以佐王和邦國。通典：唐、虞之時，秩宗典三禮。周禮春官：大宗伯掌建邦之天神、人鬼、地祇之禮。後漢尚書吏曹兼職。魏尚書有祠部曹。後周置春官卿。至隋置禮部尚書，統禮部、祠部、主客、膳部四曹。唐龍朔二年，改禮部尚書爲司禮太常伯；咸亨元年，復舊；光宅元年，改禮部爲春官。唐書百官志：禮部尚書一人，正三品。掌禮儀、祭享、貢舉之政，其屬有四：一曰禮部，二曰祠部，三曰膳部，四曰主客。且兼副相之雄，懋昭厥庸，期復先構。【石川註】崔涣爲江夏採訪、防禦使，遷吏部侍郎、檢校工部尚書，又遷御史大夫。可檢校禮部尚書，兼御史大夫，充東都留守，〔一〕判東都尚書省，充東都畿、汝、唐、鄧等州都防禦、觀察、處置使，【張註】唐書方鎮表：貞元元年，廢東都畿、汝州節度，置都防禦使，以東都留守兼之，增領唐、鄧二州。二年，升東都畿、汝州都防禦使爲都防禦、觀察使。地理志：汝州臨汝郡，屬河南道。泌州淮安郡，武德五年以唐城山更名，屬山南道。*唐、鄧註見前制誥七卷南陽。散官、勳、封如故。【石川註】舊唐書崔縱傳：縱悉心求瘼，爲理簡易，人甚安之。

*按：包括張註本在内的各本正文均無「泌州」，張註「泌州」云云，疑有衍誤。

校勘記

〔一〕充東都留守　舊書一〇八、新書一二〇本傳均作「河南尹」。按：新書百官四下分註云：「開元元年，改京兆、河南府長史復爲尹，通判府務，牧缺則行其事。十一年，太原府亦置尹及少尹。以尹爲留守，少尹爲副留守：謂之三都留守。」可見尹與留守係兩個不同的官。唐除官制對此亦有區別。如後載馬燧渾瑊副元帥招討河中制記馬燧當時官職，即云：「兼太原尹、北都留守。」底本與兩唐書本傳均有脱誤。「東都留守」上當脱「河南尹」三字。

普王荆襄江西等道兵馬都元帥制〔一〕

【張註】唐書地理志：普州安岳郡，屬劍南道。通鑑音註：普州，漢牛鞞、墊江、資中三縣地。後周置安岳縣，並置普州。至京師二千三百六十里，至東都三千二百三里。唐書十一宗諸子列傳：舒王誼，初名謨。大曆十四年始王舒，與通、虔、肅、資四王同封。拜開府儀同三司。李希烈反，招討使李勉戰不勝，奔宋州，朝廷大震。乃拜謨揚州大都督，荆襄、江西、沔鄂節度使，諸軍行營兵馬都元帥。改名誼。軍中以哥舒翰由元帥敗，而王所封同之，帝乃使徙王普。【石川註】舊唐書舒王誼傳：代宗第三子昭靖太子邈之子也。以其最幼，德宗憐之，命之爲子。建中三年八月，希烈自帥衆三萬，圍哥舒曜于襄城，朝廷大聳，乃詔誼。

君人立極，〔二〕所務於勝殘；【石川註】論語：可以勝殘去殺矣。王肅云：勝殘，勝殘暴之人，使不爲惡也。秉律成師，【張註】左傳：彘子曰：「成師以出，聞敵彊而退，非夫也。」實先於謀帥。申明號令，總持紀綱，弘九合之功，決百勝之略。非慎柬不可以濟事，非僉屬不可以臨人。集大勳者，必舉於宏綱；體至公者，無避於内舉。【張註】左傳：祁大夫外舉不避仇，内舉不避親。爰擇蕃翰，【張註】晉書八王傳：史臣曰：有晉鬱興，載崇藩翰。俾掌元戎。【張註】詩小雅：元戎十乘，以先啟行。傳：元，大也。夏后氏曰鉤車，先正也。殷曰寅車，先疾也。周曰元戎，先良也。箋云：鉤鞶行曲直有正也。寅，進也。二者及元戎皆可以先啟突敵陣之前行。杜預左傳註：元戎，兵車在前者。漢書董賢傳：往悉爾心，統辟元戎。師古註：元戎，大衆也，言爲元戎之主而統之也。

開府儀同三司、舒王誼：【張註】唐書地理志：舒州同安郡，屬淮南道。續通典：舒州，漢皖縣，屬廬江郡。唐改舒州，以其地古舒子之國也。性稟忠厚，訓知禮樂。〔三〕居常樂善，【張註】東觀漢記：明帝詔書示諸國曰：「詔問東平王蒼曰：處家何等最樂？對曰：爲善最樂。」動不違仁。察其内恕外温，〔四〕必能安人和衆。體方識敏，諒可成功。庶乎知子之明，【石川註】晉語：祁奚曰：「人有言曰：擇子莫若父。」又，左傳昭十一年申無宇語。授以貞師之律。【張註】易：師出以律，否臧凶。可揚州大都督，【張註】唐書地理志：揚州廣陵郡，大都督府，屬淮南道。通鑑音註：揚州，漢廣陵、江都之地。自漢以來，揚州所治不常厥邑；至唐，廣陵始專有揚州之名。舊志：揚州，京師東南二千七百五十三里，至東都一千七百四十九里。又，文獻通考：太極初，并、益、荆、揚爲四大都督府，開元十七年加潞州爲五焉。其餘都督定爲上、中、下等。凡大都府，置大都督一人，親王爲之，多遥領其任，亦多爲贈官；長史居府以總其事。持節充荆襄、江西、沔鄂等道節度使，〔五〕【張註】唐書方鎮表：乾元二年，置鄂、岳、沔三州都團練、守捉使，治鄂州。永泰元年，升鄂州都團練使爲觀察使，增領岳、蘄、黄三州。荆襄、江西註見制誥五卷。及諸軍行營兵馬都元帥，餘如故。仍賜名誼，改封普王。

嗚呼！小子誼，其敬聽朕命：我國家之有天下，百七十載于兹矣。祖宗垂化紹統，〔六〕功德繼茂，〔七〕威加殊俗，惠洽普天。海隅蒼生，【石川註】書益稷：至于海隅蒼生。傳：蒼蒼然生草木，言所及廣遠。代受亭育，躋之於福壽，【石川註】公羊傳：躋，升也。煦之以仁和，源廣流長，慶深祚遠。歷數有嗣，纘于朕躬，兢兢業業，懼不負荷。〔八〕虔恭寅畏，【石川註】書無逸：嚴恭寅畏天命。

歲五周星。循列聖之耿光，稽上古之謨訓。一物失所，是用疚心；萬方有罪，每懷咎己。縣法皆考於天則，〔九〕舉事必酌於人謀，期合大中，罔循私欲。而涉道猶淺，燭理未明，文闕於化成，【張註】易：觀乎人文，以化成天下。武乏於定亂，【張註】謚法解：克定禍亂曰武。刑賞失中，授任乖方，厚澤未均，大信未著。致使兇慝熾禍，干紀亂常，悖違君親，蔑棄天地，盜據我都邑，〔一〇〕痛毒我士庶。驅脅丁壯，暴骸於原野；攘奪羸老，轉死於溝壑。忠良隕命，義烈銜冤，迫以兇殘，莫由自奮，憤深骨髓，怨結蒼旻。【張註】爾雅釋天：穹蒼，蒼天也。春爲蒼天，夏爲昊天，秋爲旻天，冬爲上天。朕所以中宵屢興，終食三歎，〔一一〕哀蒼生之無告，閔赤子之非辜，【石川註】書康誥：若保赤子。孟子：非赤子之罪也。爲人父母，寧忘愧悼！賴三事大夫【石川註】詩雨無正：三事大夫，莫肯夙夜。箋：三事，三公也。竭誠於內，羣帥爪牙宣力於外，交修不逮，〔一二〕日冀康寧。江、漢上游，【張註】通鑑音註：江水東流至武昌，以下漸漸向北流，蓋南紀諸山所迫，坡陁之勢漸使之然也。故建康謂歷陽、皖城以西皆曰江西，而江西亦謂建康爲江東；建康謂采石爲南州，京口爲北府。祝穆曰：天下之大川以「漢」名者二，班固謂之東漢、西漢。東漢則禹貢之漾漢，其源出於今興元之西縣嶓冢山，逕洋、金、房、均、襄、郢、復，至漢陽入江者是也。西漢源出于西和州徼外，徑階沔州，與嘉陵水會；又徑大安軍、利、劍、閬、果、合，與涪水會，至渝州入江。綱目集覽：游即流也，謂居水之上流。【石川註】漢書項籍傳：王者地方千里，必居上游。師古曰：游，流也。建瓴制寇，【張註】史記高祖紀：譬猶居高屋之上建瓴水也。註：如淳曰：瓴，盛水瓶也。居高屋之上而翻瓴水，言其向下之勢易也。亘千里之地，連十萬之師，保大定功，宜有統壹，允副茲選，往哉汝諧。【張註】書舜典。無以貴驕人，無以善自伐，無縱己之慾，無咈衆之謨，從諫如流，改過勿吝。卑躬降志，以奉賓傅；絶甘分少，以撫軍師。【張註】漢書司馬遷傳：李陵素與士大夫絶甘分少。師古註：自絶旨甘，而與衆人分之，共同其少多也。布誠信以歸人心，明賞罰以盡士力。詰姦誅暴，〔三〕懋昭乃勳；敬事恤人，無替朕命。〔四〕膺茲重任，可不勉歟！

建中四年九月二十六日。

校勘記

〔一〕普王荆襄江西等道兵馬都元帥制　「普王」下，詔令三六多一「誼」字。「等」字原脱，據目録及文苑四五一、詔令補。

〔二〕君人立極　此句之上，文苑多「門下」二字，詔令多一「敕」字。

〔三〕訓知禮樂　「樂」，詔令作「則」。

〔四〕察其内恕外温　「恕」，文苑作「直」。

〔五〕持節充荆襄江西沔鄂等道節度使　文苑、詔令及舊書一五〇本傳均無「使」字。

〔六〕祖宗垂化紹統　文苑作「祖宗垂統」。全唐註亦云：「一作『祖宗垂統』。」

〔七〕功德繼茂　「繼」，詔令作「維」。

〔八〕懼不負荷　「懼不」下，文苑多一「克」字。

〔九〕縣法皆考於天則　「皆」，文苑作「更」。「則」，文苑註云：「集作『意』。」全唐註則云：「一作『意』。」

〔一〇〕盜據我都邑　「都」，文苑、詔令作「郡」。

〔一一〕朕所以中宵屢興終食三歎　詔令「中」作「終」，「終」作「中」。

〔一二〕交修不逮　「逮」，文苑註云：「集作『怠』。」全唐註則云：「一作『怠』。」

〔一三〕詰姦誅暴　「姦」，文苑作「禁」，詔令作「亂」。

〔一四〕無替朕命　「朕」，文苑、詔令作「成」。

馬燧渾瑊副元帥招討河中制〔一〕

【張註】通鑑：先是上命渾瑊、駱元光討李懷光軍于同州，懷光遣其將徐庭光以精卒六千軍于長春宮以拒之，瑊等數爲所敗，不能進。時度支用度不給，議者多請赦懷光，上不許。李懷光遣其妹壻要廷珍守晉州，牙將毛朝敭守隰州，鄭杭守慈州，馬燧皆遣人說下之。上乃加渾瑊河中、絳州節度使，〔充〕河中、同華、陝虢行營副元帥，加馬燧奉誠軍、晉、隰、慈節度使，充管內諸軍行營副元帥，與鎮國節度使駱元光、鄜坊節度使唐朝臣合兵討懷光。【石川註】舊唐書馬燧傳：興元元年七月討河中。

天地殊位，〔二〕君臣異制，苟不率道，茲謂亂常。退而增修，【石川註】左傳僖十九年：文王聞崇德亂而伐之，軍三(十)〔旬〕而不降，退修教而復伐之，因壘而降。於是有舞干之義；【張註】書：舞干羽于兩階。諭以遷善，於是有文告之辭。【張註】左傳：告之以文詞，董之以武師。若猶不悛，乃用致討。興戎動衆，豈得已哉！

李懷光擢自軍候，【張註】後漢百官志：大將軍營五部：部校尉一人，軍司馬一人。部下有曲，曲有軍候一人。委之節制，亟有勤績，累加寵榮。總衆駿奔，自遠赴難，解圍逐寇，朕甚德之。位極上台，寄崇總帥，親之若同體，信之無閒言，朕於斯人，亦已厚矣。而器小任重，固貽顛覆。【石川註】論語：管仲之器小哉。易繫辭：力少而任重，鮮不及矣。有功自棄，無罪自疑。【張註】古文淵鑒註：時上欲親總禁兵幸咸陽，趣諸將進討。或謂懷光：「此漢祖遊雲夢之策也。」懷光懼，反謀益甚。崇信讒邪，脅逐將帥。養寇資亂，蓄奸幸災。〔三〕朕素所推誠，猶謂非實，優容任遇，坦然如初。〔四〕凶蹟既盈，醜蹤彌露。謀危社稷，通結渠魁，公相往來，無復忌畏。窮極兇悖，所不忍言。【張註】通鑑綱目：詔加懷光太尉，賜鐵券，使人諭旨。懷光對使者投鐵券于地，詞氣甚悖。左兵馬使張名振當軍門大呼曰：「太尉視賊不擊，待天使不敬，果欲反邪？」懷光曰：「我不反，欲蓄鋭以候時耳。」懷光又發卒城咸陽，移軍據之。名振曰：「乃者言不反，今不攻長安，殺朱泚，取富貴，而拔軍此來，何邪？」懷光殺之。懷光潛與朱泚通謀，其養子石演芬遣客詣行在告之。事覺，懷光召演芬責之曰：「我以爾爲子，奈何負我！」演芬曰：「天子以太尉爲股肱，太尉以演芬爲腹心；太尉既負天子，演芬安得不負太尉乎？」懷光使左右臠食之，皆曰：「義士也。」以刀斷其喉而去。朕播遷巴、梁，違遠陵寢，【張註】謹按：懷光逼帝自奉天幸山南。大懼失墜，爲列聖羞。賴先澤在人，兆庶知感，朔方將士，忠節不渝。【張註】通鑑綱目：懷光遣其將孟保、惠靜壽、孫福達將精騎趣南山，邀車駕至盩厔。相謂曰：「彼使我爲不臣，我以追不及報之，不過不使我將耳。」帥衆而東，縱之剽掠，由是百官從行者皆得入駱谷，以追不及還報，懷光皆黜之。懷光既沮姦謀，詭稱效順，累陳款疏，請詣闕庭。朕深惟舊勳，務欲全貸，授以師保之任，【張註】唐書李懷光傳：有詔以懷光爲太子太保，許其麾下擇功高者一人統其兵，不奉詔。疇其井賦之食，璽書勞問，【張註】蔡邕獨斷：天子璽以玉螭虎紐，古者尊卑共之。月令曰：固封璽。春秋左氏傳曰：魯襄公在楚，季武子使公冶問璽書，追而與之。此諸侯大夫印稱璽者也。衛宏曰：秦以前民皆以金玉爲印，龍、虎紐唯其所好。然則秦以來，天子獨以印稱璽，又獨以玉，羣臣莫敢用也。誓以終始。懷光遂殺辱使臣，完聚守保，【張註】通鑑：副元帥判官高郢數勸李懷光歸款。懷光遣其子璀詣行在謝罪，請束身歸朝，詔遣孔巢父詣河中宣慰，朔方將士悉復官爵。孔巢父至河中，懷光素服待罪，巢父不之止，懷光左右多胡人，皆歎曰：「太尉無官矣。」巢父又宣言于衆曰：「軍中誰可代太尉領軍者？」于是，懷光左右發怒，殺巢父，懷光亦不之止，復治兵爲拒守之備。將以悖慢之罪，加於忠義之軍，【張註】謹按：朔方軍士自安、史亂後最爲有功，推忠義軍。因茲脅從，冀與同惡。謂衆可罔，謂天可欺，覆載所不容，人臣所共棄。〔五〕討除大憝，招輯非辜，爰咨輔臣，以董戎寄。

銀青光禄大夫，檢校司空，〔六〕同中書門下平章事，兼太原尹，北都留守，充河東保寧軍節度使，〔七〕北平郡王馬燧：【張註】唐書方鎮表：景雲二年，北都長史領持節和戎、大武等諸軍節度使。開元五年，領天兵軍大使。八年，更天兵軍大使爲節度使。十一年，更天兵軍節度爲太原府以北諸軍州節度、河東道支度、營田使兼北都留守，領太原及遼、石、嵐、汾、代、忻、朔、蔚、雲九州，治太原。十八年，更太原府以北諸〔軍〕州節度爲河東節度。興元元年，賜河東節度號保寧軍節度。地理志：平州北平郡，屬河北道。一統志：北平，春秋時山戎、肥子二國地，漢末爲公孫度所據，魏改盧龍郡，北燕置平州樂浪郡，後魏改爲北平郡。操業端亮，器宇宏達。秉難奪之節，負不羈之才。【張註】前漢司馬遷傳：少負不羈之才。常持至公，深識大體。感激而三軍有勇，彌綸而庶績允諧。威聲所臨，郡邑皆復。〔八〕殿于北土，【張註】唐書馬燧傳：時天下方騷，北邊數有警，燧念晉陽王業所基，宜固險以示敵。乃引晉水架汾而屬之城，潴爲東隍，省守陴。隱若長城。奉天定難功臣，〔九〕開府儀同三司，行侍中，〔一〇〕兼靈州大都督，靈、鹽、豐、夏等州【張註】唐書地理志：豐州九原郡，屬關内道。通鑑音註：豐州，漢朔方臨戎縣地。隋開皇五年置豐州，因鎮爲名。靈註見制誥五卷。鹽、夏註見制誥七卷。節度使，〔一一〕管内度支、營田、觀察、處置、押蕃部落等使，充朔方、邠寧、振武等道，【張註】唐書方鎮表：大曆十四年，析置河中、振武、邠寧三節度。朔方所領靈、鹽、夏、豐四州，西受降城，定遠、天德二軍。振武節度復領鎮北大都護府及銀、綏二州。東、中二受降城。乾元二年，置邠寧節度，領州九：邠、寧、慶、涇、原、鄜、坊、丹、延。

奉天、永平等軍行營節度兵馬副元帥，〔一二〕上柱國，樓煩郡王渾瑊：淳粹積中，仁厚成性。布寬大以容衆，〔一三〕著誠信以撫人。事必沈詳，臨危益辦。節惟貞固，在險逾彰。弘濟艱難，懋昭勳閥。【張註】史記高祖功臣侯年表序：古者人臣功有五品：以德立宗廟、定社稷曰勳，以言曰勞，用力曰功，明其等曰伐，積日曰閱。【石川註】漢書註：師古曰：閥，積功也。出納朕命，【石川註】書舜典：出納朕命。光膺具瞻。【張註】詩：民具爾瞻。並文武全材，安危注意，【張註】史記陸賈傳：天下安，注意相；天下危，注意將。副我憂屬，時惟二臣，比德協謀，往清多難。燧可兼充奉誠軍及晉、隰、磁等州節度【張註】唐書方鎮表：興元元年，罷京畿節度，以同州爲奉誠軍節度，領同、晉、隰、磁四州。管內諸軍行營兵馬副元帥，〔一四〕餘並如故。瑊可兼河中尹，充河中、絳州節度、觀察、處置等使，〔一五〕仍充河中、絳州、同、陝、虢等管內諸軍行營兵馬副元帥，〔一六〕功臣、散官、勳、封如故。〔一七〕

嗚呼！朕不敏不明，〔一八〕失於君道，連禍未息，勞師靡居，中心自咎，鬱若焚灼。又以朔土之衆，代著忠勞，〔一九〕橫遭汙脅，深所憫惜。爾其敬敷朕命，明諭朕懷，務於招綏，非黷威武。【張註】國語：倉葛呼曰：「臣聞之曰：武不可覿，文不可匿，覿武無烈，匿文不昭。」惟輸誠歸順，罔有不赦；惟執逆拒命，〔二〇〕罰止元兇。寧失不經，【張註】書：與其殺不辜，寧失不經。無濫無罪。列爵懸賞，用俟勳賢。布告遠邇，咸令知悉。

校勘記

〔一〕馬燧渾瑊副元帥招討河中制　文苑四五一首多一「授」字。「招討」上，詔令五九多一「同」字。

〔二〕天地殊位　此句之上，文苑多「門下」二字，詔令多一「敕」字。

〔三〕蓄奸幸災　文苑註云：「集作『幸災樂禍』。」

〔四〕坦然如初　「坦然」，文苑作「常懷」。

〔五〕人臣所共棄　「臣」，張本作「心」，文苑、詔令及石川註引吳本均作「神」。

〔六〕檢校司空　「司空」，文苑及舊紀、舊書一三四本傳均作「司徒」。

〔七〕充河東保寧軍節度使　「充」，舊書、新書一五五本傳作「兼」。「節度」下，文苑、詔令多「觀察、處置、度支、營田等」九字。

〔八〕郡邑皆復　「復」，文苑註云：「集作『服』。」

〔九〕奉天定難功臣　此句之上，郎本、文苑、詔令多「元從」二字。

〔一〇〕行侍中　「行」，詔令作「守」，新書一五五本傳作「兼」。

〔一一〕靈鹽豐夏等州節度使　此句之上，文苑、詔令多一「充」字。文苑、詔令無「使」字。

〔一二〕充朔方邠寧振武等道奉天永平等軍行營節度兵馬副元帥　此句之上，文苑、詔令、舊書一三四本傳多一「仍」字。「奉天、永平等軍行營」，舊書本傳作「兼永平軍、奉天行營」。

〔一三〕布寬大以容衆　「布」，詔令作「蘊」。

〔一四〕管内諸軍行營兵馬副元帥　此句之上，文苑、詔令、舊書本傳多一「並」字。

〔一五〕充河中絳州節度觀察處置等使　「節度」二字原在「等」字下，不合唐代官制，據文苑、詔令、全唐四六二移於此。此二字，郎本在「觀察」下。

〔一六〕仍充河中絳州同陝虢等管内諸軍行營兵馬副元帥　「仍充河中、絳州、同、陝、虢等」，文苑、詔令作「仍充河中、同絳、陝虢等州節度」。

〔一七〕功臣散官勳封如故　「散官」，郎本、文苑、詔令、全唐作「開府本官」。「如故」上，文苑、詔令、全唐多一「並」字。

〔一八〕朕不敏不明　「朕」下，文苑、詔令多一「之」字。

〔一九〕代著忠勞　「代」，文苑註云：「集作『大』。」詔令亦作「大」。

〔二〇〕惟執逆拒命　「逆」，文苑、詔令作「迷」。「拒命」，文苑作「非命」，註云：「集作『拒順』。」詔令亦作「拒順」。

李晟鳳翔隴右節度兼涇原副元帥制〔一〕【張註】通鑑綱目：李晟以涇州〔倚〕（傍）邊，屢害軍帥，奏請往治不用命者，力田積粟以攘吐蕃。遂以晟兼鳳翔、隴右節度等使。

時李楚琳入朝，晟請與俱，至鳳翔斬之，以懲逆亂。上以新復京師，務安反仄，不許。晟至鳳翔，治殺張鎰之罪，斬裨將王斌等十餘人。

周之元老，〔二〕以分陝爲重；【張註】詩：方叔元老，克壯其猷。漢之丞相，以憂邊見稱。【張註】前漢丙吉傳：吉馭吏嗜酒，數逋蕩，嘗從吉出，醉歐丞相車上。西曹主吏白欲斥之。吉曰：「以醉飽之失去士，使此人將復何所容？西曹地忍之，此不過汙丞相車茵耳。」遂不去也。此馭吏邊郡人，習知邊塞發奔命警備事。嘗出，適見驛騎持赤白囊，邊郡發奔命書馳來至。馭吏因隨驛騎至公車刺取，知虜入雲中、代郡，遽歸府見吉白狀，因曰：「恐虜所入邊郡，二千石長吏有老病不任兵馬者，宜可豫視。」吉善其言，召東曹案邊長吏，瑣科條其人。未已，詔召丞相、御史，問以虜所入郡吏，吉具對。御史大夫卒遽不能詳知，以得譴讓。而吉見謂憂邊思職，馭吏力也。故方岳克寧，疆埸不聳。安人保大，致理之端。今所以重煩上台，作鎮西土。

奉天定難功臣，司徒，兼中書令，充神策軍節度，〔三〕鄜坊、丹延等州【張註】唐書地理志：丹州咸寧郡，延州延安郡，屬關內道。通鑑音註：丹州，古孟門、河西之地。西魏置汾州義川郡。延州，漢上郡膚施之地。元魏之末，置東夏州。西魏改曰延州，隋曰延安郡。觀察、處置等使，〔四〕仍充京畿、渭北、鄜州、華州兵馬副元帥，〔五〕【張註】唐書方鎮表：上元元年，置渭北、鄜坊節度使，治坊州。大曆六年，渭北、鄜〔坊〕節度使更名渭北節度使。建中四年，渭北節度徙治鄜州。興元元年，以華州置潼關節度使。上柱國，合川郡王李晟：勵精剛之操，體博大之德。適時通變，〔六〕而大節不奪；虛受廣納，而獨斷自明。奉法以身，〔七〕推功以下，〔八〕衆無犯命，人用樂從，懷德畏威，令行禁止。【張註】通鑑綱目：晟遣兵馬使田子奇以騎兵追泚。令諸軍曰：「晟賴將士之力，克清宮禁。長安士庶，久陷賊庭，若小有震驚，非弔民伐罪之意。晟與公等室家相見非晚，五日内無得通家信。」大將高明曜取賊妓，尚可孤軍士取賊馬，晟皆斬之，軍中股栗。公私安堵，秋毫無犯。誓羣帥於危疑之際，駐孤軍於版蕩之中，【張註】唐書李晟傳：是時，晟提孤軍横當寇鋒，恐二盜合以軋之，則卑詞厚幣，僞致誠于懷光者。時敖廥單覂，乃使張彧假京兆少尹，多署吏，調畿内賦，不淹旬，芻米告具。乃陳兵下令曰：「國家多難，乘輿播遷，見危死節，自吾之分。公等此時不誅元兇，取富貴，非豪英也。渭橋斷賊首尾，吾欲與公戮力一心，建不世之功，可乎？」士皆雪泣曰：「唯公命。」氣淩風雲，【張註】後漢二十八將論：咸能感會風雲，奮其智勇。誠動天地。一鼓而兇徒懾北，【張註】史記註：服虔曰：人好陽而惡陰，北方幽陰之地，故敗軍曰北。【石川註】左傳莊十年：一鼓作氣。再駕而都邑廓清，【石川註】左傳襄三十一年：再駕而降爲臣。師皆如歸，人不知戰，再安社稷，〔九〕功格皇天。【石川註】書君奭：有若伊尹，格于皇天。傳：功至大天，謂致太平。而明識秉彝，【石川註】詩烝民：民之秉彝。傳：彝，常也。箋：所執持有常道。清風激俗，雅尚恬曠，撝謙有光。朕以汧、隴近郊，【張註】括地志：隴州汧源縣西六十里有汧山，東隣汶岫，西接隴崗，汧水出焉，東入渭。一統志：隴在鳳翔府西北六十里，即隴山也。扶風右地，【張註】前漢註：師古曰：扶風在夕陰街北，入故主爵府。又，長安以東爲京兆，長陵以北爲左馮翊，渭城以西爲右扶風。三輔黄圖：扶風言扶助天子風化。唐書地理志：鳳翔府扶風郡，屬關内道。川阜連亘，【張註】爾雅釋地：大陸曰阜。説文：亘，竟也。抵於回中，【張註】史記匈奴傳：使奇兵入燒回中宮。註：服虔云：回中在北地，武帝作宮。正義曰：括地志云：秦回中宮在岐州雍縣西四十里，即匈奴所燒者也。一統志：回中宮在鳳翔府隴州西北一百四十里，秦所建也。漢文帝時，匈奴入蕭關，燒回中宮，謂此。限界諸夷，蕃屏王室，所屬誠重，付之元臣。兼二將之甲兵，【張註】謹按：晟鳳隴節度，仍充涇原節度。崇十連之元帥，【張註】禮記：十國以爲連，連有帥。宣威耀武，〔一〇〕罷警息兵，〔一一〕俾予仰成，時乃丕烈。可兼鳳翔尹，充鳳翔、隴右節度、營田、觀察、處置等使，〔一二〕【張註】唐書百官志：西都、東都、北都、鳳翔、成都、河中、江陵、興元、興德府尹各一人，從三品。方鎮表：至德元載，置京畿節度使，領京兆、同、岐、金、商五州。是年，以鳳翔、同州隸河中。開元五年置隴右節度，亦曰隴西節度，兼隴右道經略大使，領秦、河、渭、鄯、蘭、臨、武、洮、岷、廓、疊、巖十二州，治鄯州。仍充鳳翔、隴右、涇原節度【張註】唐書方鎮表：大曆三年，置涇原節度使，治涇州。管内諸軍及四鎮、北庭【張註】謹按舊史：貞觀十四年，平高昌，以其地置西州，建安西都護府，撫寧西域，統龜茲、于闐、（外）焉耆、疎勒四國，故謂之四鎮。一統志：高昌本漢時車師前、後王地。前王治蒲類縣，去長安八千九百里。貞觀中，平高昌，以其地置西州及都督府。開元中，改金山都護府。天寶初，改州爲交河郡，領高昌、柳中、蒲昌、〔交河〕、天山五縣。後王地與高昌相影響，及高昌平，懼而來降，以其地置庭州，領金滿、蒲類、渝臺三縣。長安初，置北庭都護府。後俱陷于吐蕃。行營兵馬副元帥，〔一三〕改封西平郡王，【張註】唐書地理志：鄯州西平郡，下都督府，屬隴右道。功臣、本官、兼官如故。〔一四〕【石川註】興元元年八月也。

校勘記

〔一〕李晟鳳翔隴右節度兼涇原副元帥制　文苑四五一首多一「授」字。「右」，各本均誤作「西」，據制文及文苑、詔令五九、舊紀、新紀、舊書一三三本傳、新書一五四本傳、通鑑二三一改。「節度」下，文苑、詔令多一「使」字。

〔二〕周之元老　此句之上，文苑多「門下」二字，詔令多一「敕」字。

〔三〕充神策軍節度　此句之下，文苑及兩唐書本傳多一「使」字。

〔四〕鄜坊丹延等州觀察處置等使　文苑作「兼京畿、渭北、鄜坊、丹延等州節度、觀察、處置等使」。詔令「渭北」作「渭南」，餘同。兩唐書本傳均作「兼京畿、渭北、鄜坊、丹延節度招討使」。

〔五〕仍充京畿渭北鄜州華州兵馬副元帥　「北」，全唐四六二註云：「一作『南』。」「鄜州、華州」，文苑作「商州、華州」，註云：「集作『商華等州。』」全唐註則云：「一作『商州、華州』，又作『商華等州』。」此句，詔令作「京畿、渭南、渭北、商華等州兵馬副元帥」。兩唐書本傳均作「京畿、渭北、鄜坊、商華兵馬副元帥」。

〔六〕適時通變　「適」，詔令作「識」。此句，文苑註云：「一作『動適時變』。」

〔七〕奉法以身　「身」上，文苑多一「律」字。

〔八〕推功以下　「推」，詔令作「論」。「以」，詔令作「先」。「以」下，文苑多一「及」字，註云：「(及)集作『先』。」

〔九〕再安社稷　「再」，文苑、詔令作「載」。按前云「再駕」已用一「再」字，避免重復，此處作「載」當是。

〔一〇〕宣威耀武　「武」，文苑、詔令作「德」。

〔一一〕罷警息兵　「兵」，文苑、詔令作「人」。

〔一二〕充鳳翔隴右節度營田觀察處置等使　「營田」上，郎本、全唐多「度支」二字，文苑多「支度」二字。

〔一三〕仍充鳳翔隴右涇原節度管内諸軍及四鎮北庭行營兵馬副元帥　「管内」上，文苑、詔令多一「兼」字。

〔一四〕功臣本官兼官如故　「如故」上，詔令多一「勳」字，郎本、文苑、全唐多「勳並」二字。此句之下，文苑、詔令多「興元二年八月四日」八小字，其中「二」字誤，當作「元」。

劉洽檢校司空充諸道兵馬都統制〔一〕

【張註】唐書劉玄佐傳：希烈攻陳州，玄佐救之，希烈走，遂進取汴州。詔加汴宋節度使、陳州諸軍行營都統。玄佐本名洽，至是賜名，以尊寵之。【石川註】舊唐書德宗紀：貞元元年三月。

論道經邦，〔二〕允歸碩望；建牙統衆，【張註】水鏡經：凡軍初出，立牙竿，必令完堅，若有折損，將軍不利。牙門旂，將軍之精也。南部新書：近代通謂公庭爲公衙，即古之公朝也。字本作牙，詩曰：「祈父，予王之爪牙。」祈父，司馬，掌武備，象獸以爪牙爲衛。故軍前大旂謂之牙旂，出師而有建牙、禡牙之事；軍中聽號令，必至牙旂之下，與府朝無異。近俗尚武，是以通呼公府門爲牙門，字訛變轉爲衙。必藉雄才。中外具瞻，安危注意，今以二柄，付之元臣。

開府儀同三司，檢校尚書左僕射，同中書門下平章事，持節宋州諸軍事，〔三〕兼宋州刺史，【張註】唐書地理志：宋州睢陽郡，屬河南道。通典：宋州，高辛氏子閼伯所居商邱也。周武王克殷，以封微子啟，是爲宋國。充宣武軍節度、度支、營田，宋、亳、潁等州觀察、處置等使，〔四〕【張註】唐書方鎮表：建中二年，置宋、亳、潁節度使，治宋州，尋號宣武軍節度使。地理志：亳州譙郡，潁州汝陰郡，屬河南道。續通典：亳州，春秋爲東國之譙邑。後周武帝置亳州，遥取古南亳之名以名州。通典：潁州，春秋時胡子國也。仍權知汴、滑、宋、亳等州都統兵馬事，〔五〕懷德郡王劉洽：〔六〕【張註】唐書地理志：滑州靈昌郡，屬河南道。竇州懷德郡，屬嶺南道。通鑑音註：滑州治白馬，春秋衛之漕邑。宋、衛兵爭，以滑臺爲重鎮。隋開皇三年置滑州，取滑臺爲名也。通典：竇州，秦屬南海郡，二漢屬蒼梧郡。唐武德五年置南扶州，貞觀八年改爲竇州，或謂懷德郡。汴註見制誥四卷。秉志端亮，飭躬簡儉。博厚足以容衆，和易足以長人。純孝榮親，【張註】唐書劉玄佐傳：玄佐貴，母尚在，賢婦人也。常月織絁一端，示不忘本。數教敕玄佐盡臣節。見縣令走廷中白事，退，戒曰：「長吏恐懼卑甚。吾思而父吏于縣，亦當爾。而據案當之，可安乎？」玄佐感悟，故待下益加禮。【石川註】左傳隱元年：潁考叔純孝也。盡忠事國，分我閫寄，殿于大藩。〔七〕扼制淮夷，【張註】書：淮夷蠙珠暨魚。詩：憬彼淮夷，來獻其琛。保障楚甸，【張註】唐書劉玄佐傳：李希烈之反，玄佐與李勉、陳少遊、哥舒曜聯兵屯淮、汝，數困賊。【石川註】晉語：爲保障乎？註：保障，蔽扞也。戎捷繼至，軍聲再揚。殪羣兇於宛丘，【張註】唐書地理志：宛丘，屬陳州。史記周本紀正義註：括地志云：陳州宛丘縣在陳城中，即古陳國也。通鑑音註：宛丘，後魏項縣也。隋改曰宛丘，唐屬陳州。驅大憝於梁野，控引漕輓，委輸京師。【張註】史記平準書：置平準於京師，都受天下委輸。唐書劉玄佐傳：時李納叛，李洧以徐州歸，納急攻之，詔玄佐援洧，大破納兵，斬首萬餘級，東南饟漕乃通。予嘉乃勳，〔八〕懋乃貞節，用錫丕命，俾揚洪休。〔九〕燮贊三台，【張註】周禮春官大宗伯：以槱燎祀司中司命。註：司中三能三階也。音義：能，他來反。疏：武陵太守星傳云：三台一名天柱，上台司命爲太尉，中台司中爲司徒，下台司禄爲司空。紀綱羣帥，〔一〇〕式是大任，爾惟欽哉！可檢校司空，同中書門下平章事，依前宣武軍節度、度支、營田，宋、亳、潁等州觀察、處置等使，〔一一〕仍充宋、亳、潁等州管內諸軍兵馬都統，〔一二〕散官、勳、封如故。

校勘記

〔一〕劉洽檢校司空充諸道兵馬都統制　文苑四五一首多一「授」字。詔令五九作「劉洽宋亳兵馬都統制」。

〔二〕論道經邦　此句之上，文苑多「門下」二字，詔令多一「敕」字。

〔三〕持節宋州諸軍事　此句之上，文苑、詔令多一「使」字。

〔四〕充宣武軍節度度支營田宋亳潁等州觀察處置等使　「度支」二字原脱，據後文及郎本、詔令、全唐補，文苑作「支度」。

〔五〕仍權知汴滑宋亳等州都統兵馬事　「州」，文苑註云：「集作『道』。」詔令亦作「道」。

〔六〕懷德郡王劉洽　此句之上，文苑、詔令多「上柱國」三字。

〔七〕殿于大藩　「于」，文苑作「予」。

〔八〕予嘉乃勳　「勳」上，文苑多一「懋」字，註云：「（懋）集作『異』。」詔令亦作「異」。

〔九〕俾揚洪休　「洪」，文苑作「王」。

〔一〇〕紀綱群帥　「群帥」，詔令作「郡邑」。

〔一一〕依前宣武軍節度度支營田宋亳潁等州觀察處置等使　「依前」下，文苑、詔令多一「充」字。「節度」下原有一「使」字。按：有此「使」字全句欠通，據前文及文苑删。又，「潁」字原脱，據前文及文苑補。

〔一二〕仍充宋亳潁等州管内諸軍兵馬都統　「州」應同前一本作「道」（參閲本篇校勘記〔五〕）。按：本篇題稱「充諸道兵馬都統制」，全文却無一「道」字，於理不合。

陸贄集卷九

制誥　除授

渾瑊京畿金商節度使制〔一〕

【張註】唐書渾瑊傳：帝狩奉天，瑊率家人子弟以從，授行在都虞候，京畿、渭北節度使。方鎮表：建中四年，置京畿、渭南節度、觀察使，領金、商二州。

王者之制，〔二〕安不忘危。【石川註】左傳襄十一年：書曰：居安思危。註：逸書。弘其道則文武齊致，教其人則農戰兼務。【張註】前漢東方朔傳：朔上書陳農戰彊國之計。北史崔鴻傳：農戰兼修，埽清氛穢。故雖縣内，〔三〕【張註】禮記：天子之縣内。註：縣内，夏時天子所居州界名也。殷曰畿，詩殷頌曰：邦畿千里，維民所止。周亦曰畿。不可去兵。況密邇寇虞，干紀稔慝，都邑郊甸，騷然靡寧。聿求信臣，特建戎號，濟人夷難，允屬勳賢。【張註】後漢二十八將論：授受惟庸，勳賢皆序。京畿、渭北節度使，【張註】通鑑：唐肅宗上元元年，黨項等羌吞噬邊鄙，將逼京畿，乃分邠寧等州節度爲鄜坊、丹延節度，亦謂之渭北節度。音註：邠寧節度領州九，分四州爲渭北節度。兵部尚書，行在左都虞候【張註】左傳昭二十年：藪之薪蒸，虞候守之。隋書百官志：太子左、右虞候，各置開府一人，掌斥候伺非，從七品。煬帝三年，太子左、右虞候開府改爲左、右虞候率，正四品。唐書百官志：外官中軍都虞候一人。又，兵志：魚朝恩以觀軍容、宣慰使知神策軍兵馬使，又用愛將劉希暹爲神策虞候，主不法。通鑑音註：隋文帝于東宫置左、右虞候府，掌斥候。是後，州鎮各置虞候，以爲衙前之職，以備候不虞名官。渾瑊：〔四〕【石川註】通典：中軍四千人。左、右虞候各一軍，每軍各二千八百人。忠貞博厚，〔五〕温恭簡肅。持重不撓，好謀而成。【石川註】論語：好謀而成者也。居業克敦其詩書，【張註】左傳僖二十七年：晉侯蒐于被廬，作三軍，謀元帥。趙衰曰：「郤縠可。臣亟聞其言矣。說禮、樂而敦詩、書。」受賜每陳於廊廡。【張註】前漢竇嬰傳：所賜金，陳廊廡下，軍士過，輒令財取爲用，金無入家者。師古註：廊，堂下周屋也。廡，門屋也。能推誠而撫下，不伐己以拒人。〔六〕委任中外，咸著聲績。夷險一貫，隱然殿邦。朕越在郊坰，【石川註】詩毛傳：林外曰坰。偪於兇醜，授之師律，式是戎昭，【張註】左傳：戎昭果毅以聽之，之謂禮。疏：昭，明也。兵戎之事明此果毅以聽之。侍衛增嚴，〔七〕斥候無爽。【張註】左傳：納斥候。史記李廣傳註：索隱曰：斥，度；候，視也，望也。檢身齊衆，同士伍之勞苦；【石川註】史記吴起傳：與士卒分勞苦。敦陣整旅，壯行列之威容。靜以伐謀，動而制勝。臨危勵節，予有賴焉。王圻之内，沃壤千里，綿亘商嶺，【張註】通鑑音註：商嶺即商山也，所謂「繞霤」、「七盤」是也。貞元七年，刺史李西華患此路之險，自藍田至内鄉開新道七百餘里，迴山取塗，人不病涉，謂之偏路，行旅便之。杜佑曰：「七盤」即王莽所謂「繞霤之固，南當荊、楚」者也。「繞霤」者，言四面塞阨屈曲，水回繞而霤。今謂之「七盤十二綒」。屏於南門，觀風靖人，詰禁誅暴，俾爾兼領，用孚于休。可京畿、渭北、渭南、金商節度、觀察、處置等使，〔八〕餘並如故。【張註】唐書地理志：金州漢陰郡，屬山南道。商註見前制誥四卷。

校勘記

〔一〕渾瑊京畿金商節度使制　文苑四五四首多一「授」字。

〔二〕王者之制　此句之上，文苑多「門下」二字，註云：「(門下)集作『敕』。」

〔三〕故雖縣內　「縣內」，文苑註云：「集作『當無事』。」

〔四〕行在左都虞候渾瑊　文苑註云：「集無『左』字。」按：舊紀、新紀、舊書一三四本傳、新書一五五本傳、通鑑二二八均無「左」字。無「左」字當是。

〔五〕忠貞博厚　「貞」，文苑註云：「集作『信』。」

〔六〕不伐己以拒人　「拒」，文苑註云：「一作『短』。」

〔七〕侍衛增嚴　「侍」，文苑註云：「集作『警』。」

〔八〕可京畿渭北渭南金商節度觀察處置等使　「渭南」，文苑註云：「集無此二字。」「金商」下，文苑多「等州」二字。

杜亞淮南節度使制〔一〕

【石川註】舊唐書杜亞傳：亞少頗涉學，善言物理。興元初，召拜刑部侍郎，出爲淮南節度、觀察使。

淮海奧區，〔二〕一方都會，【張註】禹貢：淮海惟揚州。通鑑音註：揚州，江、淮之都會也，轉運、鹽鐵使及度支之貨財聚焉。【石川註】張衡西京賦：地之奧區神皐。銑云：奧，美也。史記貨殖傳：臨菑，亦海岱之間一都會也。兼水陸漕輓之利，有澤漁山伐之饒，【張註】前漢地理志：江南地廣，或火耕水耨，民食魚稻，以漁獵山伐爲業。俗具五方，地縣千里，聿求良牧，豈易其才！今又革車方興，軍賦屢調，體於寬大則事缺，務於辦集則人殘，自非剛柔適中，文武兼備，其何以副我憂屬，惠綏南方。

正議大夫、【張註】唐書百官志：正四品上曰正議大夫。文獻通考：正議大夫，隋散官，蓋取秦大夫掌議論之義。唐因之。行尚書刑部侍郎、上柱國、扶風縣開國男杜亞：【張註】唐書地理志：扶風縣本湋（州）〔川〕，武德三年析岐山置，以湋水名之，屬鳳翔府，關内道。識精體要，〔三〕學究宗源，妙於用而有常，通其變而能久。爲理敦教化之本，立言參禮法之中，道無淄磷，【石川註】論語：不曰堅乎？磨而不磷。不曰白乎？涅而不（淄）〔緇〕。孔氏曰：磷，薄也。涅可以染皂，喻君子雖在濁亂，不能污。行有枝葉。【張註】禮記：天下有道，則行有枝葉。註：行有枝葉，所以益德也。回翔省闥，【張註】九歌：君回翔兮以下。洪興祖註：回翔猶翱翔也。漢書谷永傳：臣思慕之心，常存于省闥。蔡邕獨斷：天子所居曰禁中，後曰省中。孝元皇后父名禁，當時避之。表彌綸獻納之勤，踐歷方州，【石川註】世説：受任方州。著清淨循良之稱。其嚴重可以鎮俗，【張註】晉書郭璞傳：倚清靖以鎮俗。其才術可以匡時，休有令問，輝暎朝列。朕以東南思乂，注意求賢，爰輟名臣，俾寧藩服，【張註】註見制誥二卷「九服」。往率厥職，時惟欽哉！可揚州大都督府長史，兼御史大夫，充淮南節度、觀察、處置等使。〔四〕

校勘記

〔一〕杜亞淮南節度使制　文苑四五四首多一「授」字。

〔二〕淮海奧區　此句之上，文苑多「門下」二字，註云：「（門下）集作『敕』。」

〔三〕識精體要　「體」，文苑註云：「集作『典』。」

〔四〕充淮南節度觀察處置等使　此句之下，文苑多「散官、勳、封如故」六字。

虔王申光隨蔡等州節度使制〔一〕

【張註】唐書十一宗諸子傳：虔王諒，以王拜開府儀同三司。貞元二年，領蔡州節度大使，以吴少誠爲留後。方鎮表：大曆十四年，淮西節度使復治蔡州，是年賜號淮寧軍節度，尋更號申、光、蔡節度使。【石川註】舊唐書德宗諸子傳：虔王諒，德宗第四子，貞元二年領蔡州節度大使，申、光、蔡觀察等使。

自昔哲王，〔二〕疆理天下，必選其明德，【張註】詩：我疆我理。左傳：昔武王克商，成王定之，選建明德，以藩屏周。樹之宗親。參制藩維，夾輔王室，【張註】左〔傳〕僖四年：齊侯以諸侯之師伐楚，管仲曰：「昔召康公命我先君太公曰：五侯九百，汝實征之，以夾輔周室。」後漢書光武紀：周封八百，同姓諸姬並爲建國，夾輔王室，尊事天子。賢戚並建，【張註】庾信樂府：多士歸賢戚，維城屬茂親。左傳：並建聖哲。時惟休哉。〔三〕長淮之西，【張註】水經：淮水出南陽平氏縣胎簪山，東北過桐柏山，東至廣陵淮浦縣，入于海。厥壤千里，人靡寧息，於兹有年。朕其永懷，〔四〕慘若焚灼，思得良帥，代予安人。釋其危疑，彰我信惠，以親而授，其在於兹。

開府儀同三司虔王諒：【張註】唐書地理志：虔州南康郡，屬江南道。性本温恭，生知忠孝。祇服訓導，躬行不渝。〔五〕言皆副誠，事必求當。〔六〕端慎可以鎮俗，〔七〕寬厚可以長人。【張註】易：君子體仁，足以長人。底綏一方，庶允憂屬。〔八〕可申、光、隨、蔡等州節度副大使，〔九〕管内觀察、處置等使，〔一〇〕餘如故。〔一一〕【張註】唐書地理志：申州義陽郡，光州弋陽郡，屬淮南道。隨州漢東郡，屬山南道。蔡州汝南郡，屬河南道。續通典：申州，春秋之申國，魏文帝立義陽郡，周武帝改爲申州。光州，春秋弦國，魏置弋陽郡，梁末于光城置光州。文獻通考：隨州，春秋隨侯之國，秦、二漢並屬南陽郡，西魏置并州，後改曰隨州。蔡州，春秋時沈、蔡二國之地，漢置汝南郡，唐爲豫州，寶應元年更名蔡州。

校勘記

〔一〕虔王申光隨蔡等州節度使制　詔令三六作「虔王諒申光節度制」。

〔二〕自昔哲王　此句之上，詔令、全唐四六二多「門下」二字。

〔三〕時惟休哉　「休」，詔令作「欽」。

〔四〕朕其永懷　「其」，詔令作「夙夜」。

〔五〕躬行不渝　「躬行」，詔令作「忠信」。

〔六〕事必求當　「事」，詔令作「勤」。

〔七〕端慎可以鎮俗　「鎮」，詔令作「化」。

〔八〕庶允憂屬　詔令作「庶無憂厲」。

〔九〕可申光隨蔡等州節度副大使　詔令、舊紀、通鑑二三二及舊書一五〇、新書八二本傳均無「副」字。

〔一〇〕管內觀察處置等使　此句之上，詔令多「兼充」二字。

〔一一〕餘如故　「餘」，詔令作「開府、封」。此句之下，詔令多「貞元二年七月」六小字。

唐朝臣振武節度論惟明鄜坊觀察使制〔一〕

分命使臣，〔二〕統臨方岳，弛張之道，蓋亦從宜。近甸無虞，則但廉風俗；邊陲式遏，【張註】詩：式遏寇虐。則兼假旌旄。【張註】周禮春官司常：掌九旗之物名。全羽爲旞，析羽爲旌。註：全羽、析羽皆五采，繫之于旞、旌之上，所謂注旄於干首也。爾雅釋天註：旄首曰旌。按周禮序官夏采註：夏采，夏翟羽色。禹貢徐州貢夏翟之羽，有虞氏以爲緌。後世或無，故染鳥羽，象而用之，謂之夏采。其本職註云：〔緌〕以旄牛尾爲之，綴于橦上，所謂注旄于干首者。公彦案：〔鐘〕〔鍾〕氏染鳥羽，以爲王后之車飾，亦爲旌旗之緌，則旌旗亦有鳥羽，獨云〔旌〕〔旄〕牛尾，舉一邊而言，其實兼有。又，爾雅疏亦謂竿之首有旄有羽也。唐書百官志：都統總諸道兵馬，不賜旌節。節度使總軍旅，顓誅殺。初授，詣兵部辭見。辭日，賜雙旌節。行則建節，樹六纛。名制雖殊，委任俱重，膺是選命，莫非勳賢。

開府儀同三司，檢校兵部尚書，兼鄜州刺史，鄜坊、丹延等州節度、觀察、處置等使，〔三〕平樂郡王【張註】唐書地理志：昭州平樂郡，屬嶺南道。通典：昭州，秦桂林郡地，二漢屬蒼梧郡，唐武德四年置樂州，貞觀八年改爲昭州。唐朝臣：嘗總偏師，遘于多難，仗義率衆，臨危不迴。保全關衝，抗絕兇逆，【張註】通鑑綱目：先是李納遣其將王溫會魏博兵共攻徐州，李洧遣王智興詣闕告急，智興善走，不五日而至。詔朔方大將唐朝臣將兵五千人，與宣武劉洽、神策兵馬使曲環、滑州李澄，共救之。時朔方軍資裝不至，旗服弊惡，宣武人嗤之曰：「乞子，能破賊乎？」朝臣以其言激怒士卒，且曰：「都統有令，先破賊者，營中物悉與之。」士皆爭奮，青、魏兵大潰，洽等乘之，斬首八千級，溺死過半。朔方軍士盡得其輜重，旗服鮮華，乃謂宣武人曰：「乞子之功，孰與宋多？」乘勝逐北，至徐州城下，青、魏兵解圍走江、淮，漕運始通。守而能固，出則有功。每急病而攘夷，〔四〕【石川註】魯語：賢者急病而讓夷。註：夷，平也。嘗以寡而敵衆，竟殲大憝，克集茂勳。炳然貞心，堅若金石。洎師旋歸，〔五〕按俗頒條，軍旅慰安，流庸悦附。奉天定難功臣、開府儀同三司、檢校工部尚書、兼左金吾衛大將軍、充右街使、上柱國、建康郡王論惟明：〔六〕釋位勤王，【石川註】左傳昭二十六年：諸侯釋位，以間王政。有赴難之節；扞城禦寇，有持危之功。奉主忘身，棄家從國，越自郊甸，再踰巴、梁。【張註】常璩華陽國志：獻帝初平元年，益州牧劉璋以墊江以(土)〔上〕爲巴郡，(江)〔河〕南龐羲爲太守，治安漢；以江州至臨江爲永寧郡，朐忍至魚復爲固陵郡。建安六年，璋復改永寧爲巴郡，以固陵爲巴東，徙羲爲巴西太守。是謂「三巴」。舊唐書地理志：渝州巴縣，漢曰巴州，古巴子國也。＊險阻艱難，靡不陪扈，忠義所在，生死以之。久司禁戎，益茂勳績。〔七〕器質敦實，識度寬敏，通明吏職，練達武經。本之以純良，輔之以才術，俾居藩翰，僉謂汝諧。朕以北控單于，國之巨鎮，【張註】史記匈奴傳註：漢書音義曰：單于者，廣大之貌，言其象天單于然。索隱曰：按：單于姓攣鞮氏，其國稱之曰「撐黎孤塗單于」。匈奴謂天爲「撐黎」，謂子爲「孤塗」，故曰撐黎孤塗單于。通典：麟德元年，改雲中都護府爲單于大都護府，領縣一：金河。有長城，有金河、李陵臺、王昭君墓。舊唐書突厥傳：車鼻既破之後，突厥盡爲封疆之臣，于是分置單于、瀚海二都護。單于都護領狼山、雲中、桑乾三都督，蘇農等二十四州。新唐書：磧以北蕃州悉隸瀚海，南隸雲中。雲中者，義成公主所居也，頡利滅，李靖徙突厥(嬴)〔羸〕破數百帳居之，以阿史德爲之長，衆稍盛，即建言願以諸王爲可汗，遥統之。帝曰：「今可汗，古單于也。」乃改雲中府爲單于大都護府，以殷王旭輪爲單于都護。通鑑註：宋白曰：唐振武軍，舊單于都護府，即漢定襄郡之盛樂縣也；在山陰之陽，黄河之北，後魏所都盛樂是也。唐平突厥，于此置雲中都督府，後改爲單于大都護府。唐書地理志：唐之盛時，開元、天寶之際，東至安東，西至安西，南至日南，北至單于府。彼方戎帥，沈痼是嬰，卧護邊軍，【石川註】晉書羊祜傳：帝欲使祜卧護諸將。漢書汲黯傳：拜黯爲淮陽太守，上曰：「得君之重，卧而治之。」已淹寒暑，憫其藎瘁，難以重煩，爰咨信臣，更踐厥職。朝臣可依前檢校兵部尚書，兼單于大都護，【張註】唐書地理志：單于大都護府本雲中都護府，龍朔三年置，麟德元年更名。通典：漢宣帝地節二年，初置西域都護，爲加官也；或以騎都尉、諫議大夫使護西域三十六國。有副校尉，始以鄭吉爲之，後廢；至後漢永平十七年復置。晉、宋以後，有都護之官，亦其任也。唐永徽中，始于邊方置安東、安西、安南、安北四大都護府。後又加單于、北庭都護府。府置都護一人，副都護二人，長史、司馬各一人。【石川註】通典：大都護掌所統諸蕃慰撫、征討、斥堠、安輯蕃人及諸賞罰、叙録勳功，總判府事。御史大夫，充振武、綏銀、麟勝等州節度、營田、處置、押兵蕃落等使。〔八〕【張註】唐書地理志：綏州上郡，勝州榆林郡，屬關内道。通典：綏州，春秋白翟之地，秦爲上郡，西魏置安寧郡，兼置綏州。鄜、銀註見制誥七卷＊＊惟明可依前檢校工部尚書，兼鄜州刺史，御史大夫，充鄜坊、丹延等都防禦、觀察、處置等使。〔九〕餘並如故。〔一〇〕

＊按：此註釋「巴」爲蜀中巴郡和古巴國不妥。參閱卷二冬至大禮大赦制所附辨誤。

＊＊按：註中「鄜」字原有所指。蓋張本正文「麟」字本作「鄜」。今改「鄜」爲「麟」。參閱本文校勘記〔八〕。

校勘記

〔一〕唐朝臣振武節度論惟明鄜坊觀察使制　文苑四五四首多一「授」字。

〔二〕分命使臣　此句之上，文苑多「門下」二字，註云：「（門下）集作『敕』。」

〔三〕鄜坊丹延等州節度觀察處置等使　此句之上，郎本、文苑、全唐四六二多「御史大夫，充」五字。

〔四〕每急病而攘夷　「攘夷」，董註云：「石川本作『讓夷』。」實則元本、文苑、全唐均作「讓夷」。文苑註云：「（讓夷）出國語。」

〔五〕洎師旋歸　文苑、全唐作「洎息師歸鎮」，郎本作「洎息師旋歸鎮」。

〔六〕奉天定難功臣開府儀同三司檢校工部尚書兼左金吾衛大將軍充右街使上柱國建康郡王論惟明　「奉天」上，文苑多「元從」二字。「左」，文苑註云：「集作『右』。」舊紀亦作「右」。按：下文「充右街使」，疑作「右」是。

〔七〕益茂勳績　「勳」，文苑註云：「集作『勤』。」

〔八〕充振武綏銀麟勝等州節度營田處置押兵蕃落等使　「麟」原作「鄜」，據文苑、全唐及新書方鎮一改。按：唐代方鎮，「鄜坊」爲一組，隸渭北節度；「麟勝」爲一組，隸振武節度。此處「振武」之下，「鄜勝」爲組，「鄜」顯爲「麟」之誤。又，「節度」下，文苑多「支度」二字；「營田」下，郎本、文苑、全唐多「觀察」二字。文苑、全唐無「兵」字。唐祇有「押蕃落使」，疑無「兵」是。此句之下，文苑多「開府如故」四字。

〔九〕充鄜坊丹延等都防禦觀察處置等使　前「等」下，文苑多一「州」字。

〔一〇〕餘並如故　「餘」，文苑作「功臣、開府、勳、封」。

韓滉加檢校右僕射制

【張註】唐書韓滉傳：帝在奉天，淮、汴震騷，滉訓士卒，分兵戍河南。既狩梁州，又獻縑十萬匹，請以鎮兵三萬助討賊。有詔嘉勞，進檢校尚書右僕射。

周制以輔翼之臣，出作方伯；【張註】禮王制：千里之外設方伯，五國以爲屬，屬有長；十國以爲連，連有帥；三十國以爲卒，卒有正；二百一十國以爲州，州有伯。八州，八伯、五十六正、百六十八帥、三百三十六長。八(百)〔伯〕各以其屬，屬於天子之老二人，分天下以爲左、右，曰二伯。註：老謂上公。周禮曰：九命作伯。春秋傳曰：自陝以東，周公主之；自陝以西，召公主之。漢官以牧守之最，擢拜公卿。其在匡時，中外同體。朕以大勞未乂，勤卹於黎元；多難荐興，注意於藩岳。就加命服，式寵能賢，則增秩進律，亦古之道也。【石川註】後漢書蔡茂傳：郭賀拜荆州刺史，有殊政，顯宗賜以三公之服。前漢書黄霸傳：霸爲潁川太守，治爲天下第一，天子下詔稱揚，賜爵關内侯，秩中二千石。魏志杜畿傳：畿爲河東太守，太祖增秩二千石。

金紫光禄大夫，檢校吏部尚書，使持節潤州諸軍使，兼潤州刺史，御史大夫，充鎮江軍、浙江東、西節度、觀察等使韓滉：忠肅剛直，清公簡儉。持至公以檢下，强禦必繩；【張註】詩：不畏(疆)〔彊〕禦。疏：不畏懼于(疆)〔彊〕梁禦善之人。公羊傳莊十二年：仇牧可謂不畏强禦矣。秉大節以事君，險艱無易。惠能恤衆，明足照姦。歲發勤王之師，日增贍國之賦。軍無撓敗，俗以阜康。殿于大邦，理平訟息。朝有勸典，昭升乃庸，胙土以報勤，【張註】左傳：天子建德，因生以賜姓，胙之土而命之氏。後漢光武十王傳贊：光武十子，胙土分王。懋官以旌德，底乂江甸，永孚于休。【石川註】書太甲：永孚于休。可檢校尚書右僕射，進封昌黎縣開國公，餘如故。【張註】顧炎武日知録云：昌黎有五。魏併柳城、昌黎、棘城于龍城，而立昌黎郡。如韓麒麟、韓秀、谷渾、孫紹之倫，皆昌黎人，即燕之舊都龍城。此一昌黎也。韓文公多自稱昌黎，唐書載韓氏世系，則云「世居潁川」，與昌黎之韓支派各别。先儒以爲公之自稱，本其郡望，宋元豐七年封公爲昌黎伯，亦是取其本望。如韓長鸞、韓建封昌黎王，韓擇木封昌黎伯，韓渥封昌黎男之比。今按韓滉，京兆長安人，封昌黎縣公，蓋亦本其郡望。

嘉王横海軍節度使制〔一〕

【張註】唐書地理志分註：滄州西南有横海軍，開元十四年置。方鎮表：貞元三年，置横海軍節度使，領滄、景二州，治滄州。【石川註】舊唐書代宗諸子傳：嘉王運，代宗十五子。

度土分疆，〔二〕【張註】王制：司空執度度地。（居民）周禮大司徒：以天下土地之圖，周知九州之地域廣輪之數，辯其山林、川澤、邱陵、墳衍、原隰之名物，而辨其邦國都鄙之數，制其畿疆而溝封之。漢書叙傳：分州域，物土疆。設官涖事，因時設制，期在理安，必順物宜，且從人欲。版圖既溢，則疏邑以制州；統攝或乖，則分部而建長。【張註】周禮天官：乃施則于都鄙而建其長。沿革之道，亦何常哉！滄海之隅，地饒俗阜，隱然北土，實曰雄藩，鎮撫之宜，是資懿戚。【張註】魏書南安王楨傳：以懿戚之貴，作鎮關右。

開府儀同三司、嘉王運：【張註】唐書地理志：嘉州犍爲郡，屬劍南道。通鑑音註：嘉州，漢南安縣地。梁武帝開通外徼，立青州，取青衣以爲名；西魏改爲眉州，取峨眉山以爲名；後周改曰嘉州。氣本元淳，重承先訓，忠肅孝友，寬仁惠和。勤於服儒，【張註】禮記：魯哀公問于孔子，曰：「夫子之服，其儒服與？」樂在爲善，施於事任，必有可觀。舉不失親，至公斯在，欽率厥職，永孚於休。可横海軍節度使，〔三〕滄、景等州觀察、處置等使，勳、封如故。〔四〕【張註】綱目集覽：横海，藩鎮，有州四，曰滄、景、德、棣。唐書地理志：滄州景城郡：景州，貞元三年析滄州之弓高、東光、臨津置，屬河北道。續通典：滄州，禹疏九河在此州界，漢置渤海郡，後魏置滄州。景州，漢平原郡鬲縣地。隋置弓高縣，屬觀州。唐分弓高置景州。

校勘記

〔一〕嘉王橫海軍節度使制　「嘉王」下，詔令三六多一「運」字。又，文苑無「使」字。

〔二〕度土分疆　此句之上，詔令多「門下」二字。

〔三〕可橫海軍節度使　「使」上，詔令多一「大」字。

〔四〕勳封如故　「勳、封」，詔令作「開府」。

馬燧李皐賜實封制【張註】唐六典：魏氏五等皆以鄉亭，多假空名，不食本邑。隋氏始立王、公、侯以下制度。至唐因之，率多虚名，其言食實封者，乃得真户。舊制皆三丁已上，一分入國；開元中定以三丁爲限，租賦全入封家。

列爵以旌德，〔一〕【張註】書：列爵惟五。胙土以報功，國有彝章，是用褒勸。朕以不德，間逢多虞，蒲坂有叛亂之臣，【張註】李懷光。淮、沂有僭逆之帥，【張註】李希烈。萬姓罹害，四方靡寧。奉誠軍節度兵馬元帥、檢校司徒、兼侍中馬燧：〔二〕聞難之初，〔三〕忠誠奮發，躬帥士旅，討茲不庭。略地如歸，攻城必克，晉、絳、磁、隰，【張註】唐書地理志：晉州平陽郡，絳州絳郡，磁州文成郡，隰州大寧郡，屬河東道。通鑑音註：晉州：後魏真君四年置東雍州，孝昌中改爲唐州，建義元年又改爲晉州。宋白曰：慈州，春秋廧咎如之國，唐武德元年爲西汾州。孫愐曰：因慈氏縣名之。隰州，隋龍泉郡之地。左傳曰：重耳居蒲。即隰川縣故蒲城是也。爾雅曰：下濕曰隰。以州帶泉汨下隰，故以「隰」名。絳註見制誥三卷。靡然向風。【張註】唐書馬燧傳：時賊黨要廷珍守晉，毛朝敭守隰，鄭抗守磁，燧移檄鐍喻，皆以州降。乃率步騎三萬次于絳，畧定諸縣，降其將馮萬興、任象玉，遂圍絳，拔外郛，守將夜棄城去，降四千人。遣李自良定六縣，降其將辛兟，收卒五千。裨將谷秀違令掠士女，斬以狥。與賊戰寶鼎，射殺賊將徐伯文，斬首萬級，獲馬五百。元兇勢窮，竟就梟戮，清我甸服，【張註】書：五百里甸服。疏引鄭康成說：服，治田出穀稅也；言甸者，主治田，故服名甸也。時惟茂勳。荆南節度、觀察、處置等使，檢校户部尚書，嗣曹王臯：【張註】唐書宗室世系表：臯，嗣王、右衛率府中郎將戢之子，出曹王房。親率全軍，抗於强虜，晝夜不息，迨於三年。謀成必臧，師出皆捷，復蘄、黄之地，【張註】唐書太宗九王傳：賊柵蔡山不可攻，臯聲言西取蘄，引兵艦循厓泝江上。賊聞，以嬴師保柵，悉軍行江北，與臯直。西去蔡山三百里，臯遣步士悉登舟，順流下，攻蔡山，拔之。間一日，賊救至，遂大敗，乃取蘄州，降其將李良，平黄州，兵益振。唐書地理志：蘄州蘄春郡，黄州齊安郡，屬淮南道。【石川註】舊唐書李臯傳：希烈遣驍將杜少誠來寇蘄、黄，將絶江道。臯遣伊慎將七千衆禦之，列三栅，列鼓角中栅。少誠至，分兵圍之，部隊未嚴，聲鼓而三栅齊出奮擊，不爲行陳，賊亂，少誠敗走，斬首萬級，封尸爲京觀。拔安陸之城，【張註】唐書太宗九王傳：遣伊慎、王鍔攻安州，未下，希烈遣劉戒虚以步騎八千援之，皐命李伯潛迎擊于應山，俘之，遂下安州，斬僞刺史王嘉祥。唐書地理志：安州安陸郡，屬淮南道。隱其威名，保乂江、漢。並著節于國，存功于人，迹效炳然，〔四〕僉議攸屬。雖懋官已序，而食賦未加，疇庸之科，無乃有闕，宜其寵錫，以答殊休。燧可賜實封五百户，通前七百户。【張註】謹按：燧前平李懷光，賜實封二百户。皐可賜實封三百户。

校勘記

〔一〕列爵以旌德　此句之上，詔令六三多一「敕」字。「爵」，詔令作「位」。

〔二〕奉誠軍節度兵馬元帥檢校司徒兼侍中馬燧　此句之上，詔令多「河東保大」四字，其中「大」當作「寧」。據舊紀、舊書一三四本傳、新書一五五本傳，馬燧曾兼「河東保寧軍節度使」，詔令是。「元帥」上，詔令多一「副」字。按：舊紀、新紀、通鑑二三一及兩唐書本傳均作「副元帥」。唐制：宗室爲「元帥」，異姓爲「副元帥」。多一「副」字是。

〔三〕聞難之初　「聞難」，詔令作「建中」。

〔四〕迹效炳然　「迹」，詔令作「績」。

韓滉度支鹽鐵轉運使制〔一〕

【張註】通鑑綱目：諸使之職，行之已久，中外安之。崔造改法，事多不集。及元琇失職，造遂憂懼成疾，不視事。既而江、淮運米大至，上嘉韓滉之功，以滉兼度支、轉運等使；造所條奏，皆改之。

食貨所資，邦家大本，總領之重，必推元臣。故周以冢宰制國用，【張註】禮記：冢宰制國用，必以歲之杪，五穀皆入，然後制國用。用地小大，視年之豐耗。以三十年之通，制國用，量入以爲出。漢以丞相調軍食，【張註】史記蕭相國世家：何以丞相留收巴、蜀，填撫諭告，使給軍食。官給人足，謂之善經。今户口凋傷，財産衰耗，邊疆未靜，役費尚多，思欲均厚薄之征，權重輕之制，國無匱乏，人不怨咨，【張註】書：夏暑雨，小民惟曰怨咨；冬（祈）〔祁〕寒，小民亦惟曰怨咨。運籌佐時，其在良輔。【張註】魏志高柔傳：明王聖主，任臣于上；賢相良輔，股肱于下。

金紫光禄大夫，檢校尚書左僕射，同中書門下平章事，充鎮海軍、浙江東、西節度，兼江淮轉運等使，晉國公韓滉：【張註】唐書地理志：晉州平陽郡，屬河東道。昔事先朝，常掌邦賦，【張註】通鑑綱目：代宗大曆六年秋八月，以韓滉判度支。貞心獨立，一志在公。吏無姦欺，財以饒羨，【張註】通鑑綱目：自兵興以來，所在賦歛無度，倉庫出入無法，國用虚耗。滉爲人廉勤，精于簿領，作賦歛出入之法，御下嚴急，吏不敢欺，亦值連歲豐穰，邊境無寇，自是倉庫蓄積始充。自監江甸，事舉風行。【石川註】舊唐書韓滉傳：大曆五年，改户部侍郎判度支。自至德、乾元以後，所在軍興，賦税無度，帑藏給納，多務因循。滉既掌司計，清勤檢轄，不容姦妄，下吏及四方行綱過犯者，必痛繩之。拜潤州刺史、鎮海軍節度使。滉既移鎮，安輯百姓，均其租税，未及踰年，境内稱理。職貢有加，轉餉相繼，成功允集，艱食用康。介于方隅，未極材術，宜其弘濟，式副具瞻。可充度支及諸道鹽鐵、轉運等使，〔二〕餘如故。【張註】通鑑音註：唐制：户部度支以本司郎中、侍郎判其事。又置鹽鐵、轉運使。其後用兵，以國計爲重，遂以宰相領其職。

校勘記

〔一〕韓滉度支鹽鐵轉運使制　「使」上，郎本、全唐四六二多一「等」字。據後文及舊書一二九本傳、新書一二六本傳、通鑑二二二，此處有「等」字是。

〔二〕可充度支及諸道鹽鐵轉運等使　舊紀、通鑑及兩唐書本傳均無「及」字。

李叔明右僕射制

【張註】通鑑：代宗大曆十二年八月癸未，賜東川節度使鮮于叔明姓李氏。【石川註】舊唐書李叔明傳：叔明拜東川節度。時東川兵荒之後，凋殘頗甚，叔明理之近二十年，招撫甿庶，夷落獲安。及駕幸奉天，其子昇翊從，叔明每私疏誡勵，見危臨難，當誓以死。昇奉父嚴訓，著勳效。叔明朝京師，以本官兼右僕射。

行止兩全，必惟明哲。致其用以匡國，敦乎道以保身，周旋令名，【張註】禮記：將爲善思貽父母，令名必果。左傳：長國家者，非無賄之患，而無令名之難。始終不替。斯賢者之極致，〔一〕而行之實難。

金紫光禄大夫，守太子少傅，【張註】唐書百官志：太子少師、少傅、少保，各一人，從二品。掌曉三師德行，以諭皇太子，奉太子以觀三師之道德。檢校尚書右僕射，持節梓州【張註】唐書地理志：梓州梓潼郡，屬劍南道。元和郡國志：梓州，今爲東川節度使治所。續通典：梓州取梓潼江爲名。諸軍事，兼梓州刺史，御史大夫，充劍南、東川節度副大使【張註】唐書方鎮表：至德二載，置劍南、東川節度使，領梓、遂、綿、劍、龍、閬、普、陵、瀘、榮、資、簡十二州，治梓州。一統志：東川即漢之梓州也。唐乾元中，于州治置東川節度。知節度事，管内度支、觀察、處置等使，蘇國公【張註】唐書地理志：蘇州吴郡，屬江南道。李叔明：稟粹挺生，鬱爲邦傑。虚懷朗暢，達識周通。早以器能，累更任遇，中外所踐，必聞休聲。嘗尹京師，姦豪屏息；【張註】唐書李叔明傳：遷京兆尹。長安歌曰：「前尹赫赫，具瞻允若；後尹熙熙，具瞻允斯。」洎臨方岳，風俗澄清。吏服嚴明，人懷德惠。憂公奉職，勵節存誠。服勞王家，行及三紀，以兹盡瘁，沈恙所嬰。【張註】爾雅釋詁：恙，憂也。風俗通：恙，噬蟲，能食人心，古者草居，多被此毒，故相問勞曰「無恙」。扶疾趨朝，【張註】唐書李叔明傳：後朝京師，以病足，賜錦輦，令宦士肩舁以見。披誠告老，固陳衰瘵，深戒滿盈。情皆發衷，語且形泣，視其激切，【張註】前漢賈山傳：其言多激切，善指事意。良所軫懷。敦勸既頻，辭乞彌固，繼獻章疏，期於必從。省之憮然，用增感歎。雖惜其舊德，往泣遐藩；而憫以高年，難違懇志。猶資碩望，俾長庶寮。罷方鎮之煩，總中臺之重，【張註】唐書百官志分註：龍朔二年，改尚書省曰中臺，尚書曰太常伯，侍郎曰少常伯。光宅元年，改尚書省曰文昌臺，俄曰文昌都省。垂拱元年曰都臺。長安三年曰中臺。式彰尚德，且示優賢。可依前守太子少傅、兼尚書右僕射。

校勘記

〔一〕斯賢者之極致　宋本、元本、明本均無「之」字。

李澄贈司空制【石川註】舊唐書德宗紀：澄貞元二年卒，廢朝一日，贈司空。

既明且哲，以保其身，【張註】詩大雅蒸民篇。求之昔賢，鮮克全備。良以謀始匪易，慎終尤難。其有志奉公家，力輔王室，見危而立節，將没而陳誠，操尚堅明，謀猷深遠，憂國無忘於顛沛，周身不離於令名。有臣如斯，可以旌勸。故義成軍節度，滑、鄭等州觀察、處置等使，【張註】唐書方鎮表：上元二年，置滑衛節度使，治滑州，領州六：滑、衛、相、魏、德、貝。廣德元年，增領亳州，更號滑亳節度。大曆七年爲永平節度。建中二年，增領鄭州。貞元元年，更號義成軍節度。唐書地理志：鄭州滎陽郡，屬河南道。滑註見制誥八卷。開府儀同三司，檢校尚書右僕射，兼滑州刺史，御史大夫，上柱國，武威郡王【張註】唐書地理志：涼州武威郡，中都督府，屬隴右道。一統志：武威，漢之郡名，治姑臧縣。唐初爲李軌所據，尋克平之，置涼州。天寶初，改武威郡。李澄：天授將材，【石川註】漢書韓信傳：天授，非人力也。勇而多智，臨危不懼，見義必爲，崎嶇險艱，勳節兼著。【張註】唐書李澄傳：李希烈陷汴，澄以城降賊，希烈以爲尚書令，節度永平軍。興元元年，澄遣盧融間道奉表詣行在。德宗嘉之，署帛詔内蜜丸，授澄刑部尚書、汴滑節度使，澄未即宣，乃先勒訓士馬。希烈疑，以養子六百戍之。賊急攻寧陵，邀澄至石柱，澄密令焚營爲驚遁者，養子輩果乘以剽掠，澄盡斬之，以告，希烈不能詰。賊遣將翟崇暉率精兵寇陳州，未還，汴軍寡，澄度不能制己，又中官薛盈珍持節至，封澄武威郡王，賜實封，乃燔賊旗節自歸。勤於廣業，曾未遑安，帶甲臨戎，連年野處。積勞成瘁，霜露所侵，痟疾攻中，【張註】周禮天官疾醫：春時有痟首疾。註：痟，酸削也。首疾，頭痛也。疏：頭痛之外，别有酸削之痛也。酸，嘶也。癰疽發外。【張註】後漢律曆志〔注補〕：驚蟄，晷長八尺二寸。未當至而至，多病癰疽、脛腫。迨兹病亟，不替忠誠，憂國疚懷，戀闕流涕。【張註】莊子：身在江海之上，心居魏闕之下。懼軍戎之乏帥，念方鎮以爲虞，上表披陳，懇求代免。辭情激切，備慮精深，視之感傷，當宁興歎。【石川註】禮曲禮：天子當宁而立。註：宁，門内屏外，人君視朝所宁立之處。雖史魚之陳尸納諫，【張註】韓詩外傳：昔衛大夫史魚病且死，謂其子曰：「我數言蘧伯玉之賢，而不能進；彌子瑕不肖，而不能退。死不當治喪正堂，殯我于室足矣。」子以父言聞君，造然召蘧伯玉而貴之，而退彌子瑕。吴漢之在疚獻謀，【張註】後漢吴漢傳：漢病篤，車駕親臨，問所欲言。對曰：「臣愚無所知識，願陛下慎無赦而已。」比方於此，不足多尚。天胡不容，奪我良帥！惻然嗟悼，用切深衷。始終存義，澄實有之，褒美飾終，是宜加等。可贈司空，賜物五百段，米粟三百石，以左散騎常侍歸崇敬充使弔祭。所緣喪葬，並準式官供。仍以澄讓表宣付史館，〔一〕以彰忠節。

校勘記

〔一〕仍以澄讓表宣付史館　「讓」，明本、郎本作「上」。

除鄧州歸順官制【張註】鄧註見前制誥七卷南陽。

迫以兇威，陷于寇境，義不受汙，忠能奮誠。履重險而不回，【石川註】易彖傳：習坎，重險也。疏：謂上下俱坎，是重疊有險。處疾風而逾勁。【張註】唐太宗詩：疾風知勁草。忘軀徇義，獻款投誠，足以勵彼勤王，激其汙俗。去逆效順，固先典之攸嘉；懋賞勸功，驗彝章而不昧。咸從序用，俾服官常。【張註】周禮天官太宰：以八法治官府，四曰官常，以聽官治。註：官常，謂各自領其官之常職，非連事通職所共也。可依前件云云。〔一〕

校勘記

〔一〕可依前件云云　「云云」，郎本、全唐四六二無此二字，元本、明本作雙行小字。

李納檢校司空制

鄭武公父子繼爲周司徒，【張註】史記鄭世家：鄭桓公友者，周厲王少子而宣王庶弟也。宣王立二十二年，友初封于鄭。封三十三歲，百姓皆便愛之。幽王以爲司徒，和集周民，周民皆悦，河、雒之間，人便思之。二歲，犬戎殺幽王于驪山下，並殺桓公。鄭人共立其子掘突，是爲武公。內居股肱，外作藩翰，詩美緇衣之德，【石川註】詩緇衣序：緇衣，美武公也。父子並爲周司徒，善於其職，國人宜之。傳稱夾輔之勳。【石川註】左傳僖二十四年：鄭有平、惠之勳。註：平王東遷，晉、鄭是依；惠王出奔，虢、鄭納之，是其勳也。我懷斯人，今得良弼。

開府儀同三司，檢校尚書右僕射，同中書門下平章事，充平盧、淄青節度，管內度支、營田、觀察、處置、陸運、海運，【張註】顧炎武日知録：唐時海運之事不詳于史，蓋柳城陷没之後至開元之初，新立治所，乃轉東南之粟以餉之耳。及其樹藝已成，則不復資于轉運，非若元時以此爲恒制也。舊唐書宋慶禮傳：張九齡駁謚議曰：「營州鎮彼戎夷，扼喉斷臂，逆則制其死命，順則爲其主人，是稱樂都，其來尚矣。往緣趙翽作牧，馭之非才，自經隳廢，便長寇孽。大明臨下，聖謀獨斷，恢祖宗之舊，復大禹之迹。以數千之役徒，無甲兵之强衛，指期遂往，稟命而行。於是量畚築，執鼛鼓，親總其役，不愆所慮，俾柳城爲金湯之險，林胡生腹心之疾。尋而罷海運，收歲儲，邊庭晏然，河朔無擾。與夫興師之費，轉運之勞，較其優劣，（敦）〔孰〕爲利害？」此罷海之一證。謹按：食貨志，唐漕運分水運、陸運，海運疑即水運也。押新羅、【張註】新書東夷列傳：新羅，弁韓苗裔也。居漢樂浪地，横千里，縱三千里，東距長人，東南日本，西百濟，南瀕海，北高麗。而王居金城，環八里所，衛兵三千人。謂城爲侵牟羅，邑在内曰喙評，外曰邑勒。有喙評六，邑勒五十二。武德四年，王真平遣使者入朝，高祖詔通直散騎侍郎庾文素持節答賚。後三年，拜柱國，封樂浪郡王、新羅王。通典：新羅國，魏時新盧國焉。其先本辰韓種也。辰韓始有六國，稍分爲十二，新羅則其一也。其國在百濟東南五百餘里，東濱大海。渤海【張註】唐書北狄列傳：渤海，本粟末靺鞨附高麗者，姓大氏。高麗滅，率衆保挹婁之東牟山，地直營州東二千里，南（北）〔比〕新羅，以泥河爲境。萬歲通天中，契丹盡忠殺營州都督趙翽反，有舍利乞乞仲象者，與靺鞨酋乞四比羽及高麗餘種東走，度遼水，保太白山之東北，阻奥婁河，樹壁自固。武后封乞四比羽爲許國公，乞乞仲象爲震國公，赦其罪。比羽不受命，后詔玉鈐衛大將軍李楷固、中郎將索仇擊斬之。是時仲象已死，其子祚榮因高麗、靺鞨兵拒楷固，楷固敗還。祚榮即併比羽之衆，恃荒遠，乃建國，自號震國王，盡得扶餘、沃沮、弁韓、朝鮮海北諸國。中宗時，使侍御史張行岌招慰，祚榮遣子入侍。睿宗先天中，遣使拜祚榮爲左驍衛大將軍、渤海郡王，以所統爲忽汗州，領忽汗州都督，自是始去靺鞨〔號〕，專稱渤海。兩蕃等使，隴西郡王李納：宇量宏博，質性沈毅。體仁能斷，【石川註】易文言：君子體仁，足以長人。見善必遷。蘊非常之才，守以純一；秉難奪之節，著于艱危。昭升令問，【張註】書：爾惟踐脩厥猷，舊有令聞。詩：如珪如璋，令聞令望。茂建勳績。屬淮夷構亂，東夏震騷，奮旅徂征，坐籌制勝。解商丘之難，攘彼兇殘；釋陳城之危，俘厥渠帥。德功克懋，官賞宜崇，庸建上台，【石川註】舊唐書李納傳：希烈圍陳州，納遣兵與諸軍奮擊，大破之，因解圍。加檢校司空。宜賜真食。惟乃先服，〔一〕勤勞王家，【石川註】書金縢：昔公勤勞王家。以殿邦之勳，參論道之職，【張註】唐書宰相表：大曆十四年六月己亥，平盧、淄青節度使，檢校司空，同平章事李正己爲司徒。俾爾嗣績，光于前人，荷國之寵章，承家之丕構。敬慎厥德，永孚于休。可檢校司空、同中書門下平章事，仍賜實封五百户，餘並如故。

校勘記

〔一〕惟乃先服　「惟」，全唐四六二作「慎」。

陸贄集卷十

制誥 鐵券、慰問、敕書

賜李納王武俊等鐵券文〔一〕

【張註】漢書高帝紀：高祖與功臣剖符作誓，丹書鐵券。【石川註】集覽：券，符契也，以鐵鐫之。

維興元元年，歲次甲子，正月癸酉朔，二日甲戌，皇帝咨爾某官某：〔二〕嗚呼！王者所以撫人，失於所撫則叛；下者所以奉上，失於所奉則刑。〔三〕各當其理，德用不擾；各違其分，亂於是生。朕德薄化淺，昧於君道，罔知省己，姑務責人，是以黴師徂征，連歲靡息。惟爾以誠志之不達，〔四〕反仄于厥衷。阻衆興戎，結黨拒命，〔五〕豈非上失於所撫，而下失於所奉歟？書曰：「萬方有罪，罪在朕躬。」我實不德，兆人何咎！俾廢其生業，離於室家，〔六〕陷于困窮，死于戰陣，老疾廢養，孤惸靡依，怨結蒼生，〔七〕感傷和氣。朕爲人父母，得不愧于心哉！晨興以思，夕惕以悼。〔八〕【張註】前漢宣帝紀：詔曰：反側晨興，念慮萬方。易：君子終日乾乾，夕惕若。自嗣位迄今六載，〔九〕天將悔禍，朕方覺悟。爾亦知衆心之厭亂，思所以保安，叶于朕懷，若應符契。非天地合德，人神合謀，將茂育羣生，〔一〇〕則何以臻此！朕是用上順天意，俯從人心，滌爾疵瑕，復爾爵位，坦然靡阻，君臣如初。功載鼎彝，【張註】張衡東京賦：銘勳彝器，歷世彌光。註：彝，常也；宗廟之器稱彝。勒銘於宗廟之器，於鐘鼎萬祀，彌益光明。【石川註】禮祭統：鼎有銘，稱揚其先祖之美，而明著之後世者也。名藏王府，【石川註】左傳僖五年：虢仲、虢叔爲文王卿士，勳在王室，藏於盟府。子孫代代，爲國勳臣，河、山帶礪，傳祚無絕。朕方布大信，承天子人，若食其言，何以享國。嗚呼！其祇若命，〔一一〕用保無疆之休。〔一二〕

校勘記

〔一〕賜李納王武俊等鐵券文　文粹三二首多「唐德宗神武皇帝」七字。「李納」下，文苑四七二、文粹多「田悦」二字。詔令六四同，但在「王武俊」下。又，文粹無「等」字。按：前載奉天改元大赦制云：「田悦、王武俊、李納及所管將士、官吏等，一切並與洗滌，各復爵位，待之如初。」新書二一一○田悦傳且記「悦聞天子已赦罪，復官爵」，不欲再附朱滔事。據史實推測，本文僅鍼對李納、田悦、王武俊三人。因疑有「田悦」名、無「等」字是。

〔二〕皇帝咨爾某官某　「皇帝」下，文苑、詔令、文粹均多「若曰」二字。前「某」，全唐四六四作「具」。

「某官某」，詔令作「李納」。此句之下，文苑多一「乙」字。

〔三〕失於所奉則刑　「則刑」，詔令作「爲尤」。

〔四〕惟爾以誠志之不達　「以」上，文苑、詔令、文粹多一「亦」字。

〔五〕結黨拒命　文苑作「結壘固守」，註云：「集作『結釁拒守』。」詔令作「結壘拒守」。文粹「黨」亦作「壘」。

〔六〕離於室家　「於」，文苑、詔令、文粹均作「其」。據前後文，似作「其」是。

〔七〕怨結蒼生　「生」，文苑、詔令作「旻」。

〔八〕夕惕以悼　「悼」，文苑作「懼」，詔令作「懷」。

〔九〕自嗣位迄今六載　此句之上，郎本、文粹、全唐多一「粵」字。「嗣位」上，文苑多一「其」字，詔令多一「予」字。

〔一〇〕將茂育群生　文苑註云：「詔令作『將止役好生』。」今本詔令實作「將止殺好生」。

〔一一〕其祇若命　「命」前，郎本、文苑、全唐多一「明」字。此句，詔令作「其敬聽朕命」。

〔一二〕用保無疆之休　此句之下，詔令多「吏部尚書同中書門下平章事蕭復宣」十五字。

賜安西管内黄姓纛官鐵券文

【張註】唐書地理志：安西大都護府初治西州。顯慶二年平賀魯，析其地置濛池、崑陵二都護府，分種落列置州縣，西盡波斯國，皆隸安西，又徙治高昌故地。三年徙治龜兹都督府，而故府復爲西州。咸亨元年，吐蕃陷都護府。長壽二年收復安西四鎮。至德元載更名鎮西。後復爲安西。吐蕃既侵河、隴，惟李元忠守北庭，郭昕守安西，與沙陀、回紇相依，吐蕃攻之久不下。建中二年，元忠、昕遣使間道入奏，詔各以爲大都護，並爲節度。貞元三年，吐蕃攻沙陀、回紇，北庭、安西無援，遂陷。集韻：皂纛，軍中大旗也。二儀實録：纛，皂繪爲之，似蚩尤之首。【石川註】唐書回紇傳：安西、北庭自天寶末失關、隴，朝貢道隔。安西、北庭節度使李元忠，四鎮節度留後郭昕，數遣使奉表，皆不至。貞元二年，元忠等所遣假道回鶻，乃得至長安。帝進元忠爲北庭大都護，昕爲安西大都護。蓋當在此時。通典：纛，大將六口，中營建，出引軍門。

維貞元二年，歲次丙寅，〔一〕八月丁巳朔，三日己未，皇帝若曰：

咨爾四鎮節度管内黄姓纛官、驃騎大將軍、【張註】唐書方鎮表：開元二十九年，安西四鎮節度治安西都護府。又，百官志：從一品曰驃騎大將軍。通典：漢武帝元狩二年，始用霍去病爲驃騎將軍。定令令驃騎將軍秩禄與大將軍等。隋開皇中，置驃騎將軍府，每府置驃騎將軍、〔車〕騎將軍各二人。唐改爲車騎、驃騎，其制如開皇，後皆省之。顯慶元年，乃復置驃騎大將軍，爲武散官。行左金吾衛大將軍、員外置同正員、【張註】通典分註：員外官，其初但云員外，至永徽六年，以蔣孝璋爲尚藥奉御，員外特置，仍同正員，自〔是〕，員外官復有同正員者。其加同正員者，唯不給職田耳，其祿俸賜會與正官同。單言員外者，則俸祿減正官之半。兼試太常卿【張註】唐書百官志：太常寺：卿一人，正三品。初學記：案：宋太常，漢官也。宋百官春秋云：在昔唐、虞，伯夷作秩宗，典三禮；周則春官宗伯掌禮樂，並其任也。初，秦置奉常，漢祖更名大常，又曰太常。五代史百官志云：至梁加卿字，曰太常卿，其後因之。頓啜護波支：〔二〕惟爾乃祖乃父，代服聲教，〔三〕【張註】書：聲教訖于四海。勤勞王家，勳書于鼎彝，族列于藩籍。〔四〕爾克紹先祖之烈，而重之以忠貞，【石川註】左傳僖九年：加之以忠貞。嗣守職官，祇若朝化，〔五〕率其種落，【張註】晉書四夷傳論：廣闢塞垣，更〔紹〕〔招〕種落。保我邊陲，丹誠向化，〔六〕萬里如近。是用稽諸令典，錫以券書，〔七〕【張註】漢制考：〔傳〕〔傅〕別、質劑，今之券書也。若金之堅，永代無變，子孫繼襲，作我藩臣。爾其欽承，勿替休命。

校勘記

〔一〕歲次丙寅　「丙」，文苑四七二、詔令六四作「景」。按：「丙」爲唐諱，當係後人改回，作「景」是。

〔二〕咨爾四鎮節度管內黃姓纛官驃騎大將軍行左金吾衛大將軍員外置同正員兼試太常卿頓啜護波支　詔令無「兼」字。「波」，文苑註云：「集作『沈』」。

〔三〕代服聲教　「代」，文苑作「率」。
〔四〕族列于藩籍　「族」，詔令作「名」。「藩」，文苑註云：「集作『蕃』，下同。」
〔五〕祇若朝化　「朝」，文苑註云：「集作『教』。」詔令亦作「教」。
〔六〕丹誠向化　「化」，文苑註云：「集作『風』。」詔令亦作「風」。
〔七〕錫以券書　「書」，文苑作「誓」。

慰問四鎮北庭將吏敕書【張註】通鑑音註：舊書：自焉耆西北七日行，至其南庭；又正北八日行，至其北庭。＊

四鎮、北庭將士、官吏、僧道、耆壽百姓：

自禄山首亂，中夏不安，【張註】班固東都賦：目中夏而布德，瞰四夷而抗稜。蕃戎乘釁，侵敗封略。【張註】左傳：封略之内，何非君土？食土之毛，誰非王臣？道路梗絶，往來不通，哀我士庶，忽如異域，控告無所，歸還莫從。【張註】唐書回鶻傳：初，安西、北庭自天寶末失關、隴，朝貢道隔。安西、北庭節度使李元忠、四鎮節度留後郭昕，數遣使奉表，皆不至。貞元二年，元忠等所遣假道回鶻，乃得至長安。朕未嘗一夕忘懷，而事勢不及相卹，興言軫念，忽以涕流。卿等咸藴忠誠，誓死不屈；或早從征鎮，白首軍中；

或生在戎行，長身塞外。克奉正朔，堅保封疆，援絶勢孤，以寡敵衆。晝夜勞苦，不得休息，歲時捍禦，不解甲胄。勳高百戰，義叶一心，介然孤城，獨守臣節。日來月往，三十餘年，奉國之誠，久而彌勵。求諸今古，忠烈莫儔，義激人倫，名光史册。【張註】説文：册，符命也，象其札，一長一短，中有二編之形。又，古文作笧。蠢動知感，況於朕懷！

朕嗣守洪業，君臨宇内，思安兆庶，以絶戰爭，遂與贊普，約定好和。【張註】唐書吐蕃傳：其俗謂彊雄曰「贊」，丈夫曰「普」，故號君長曰「贊普」。集蕃、漢士庶，告天地神祇，設壇會盟，永息邊患，【張註】册府元龜：德宗建中四年正月，詔隴右節度使張鎰與吐蕃相尚結贊等盟於清水。將盟，鎰與結贊約，各以二千人赴壇所，執兵者半之，列於壇外二百步；散從者半之，分立壇下。鎰與賓佐齊抗及會盟官崔漢衡、樊澤、（嘗）〔常〕魯、（干）〔于〕頔等十人，皆朝服，結贊與其本國將相論悉頰藏、論藏熱、乞利陁、斯官者、論乞力徐等七人，俱升壇爲盟。初約漢以牛、蕃以馬爲牲，鎰恥與之盟，將殺其禮，乃請結贊曰：「漢非牛不田，蕃非馬不行，今請以羊、豕、犬三物代之。」結贊許諾。時塞外無豕，結贊請出羝，鎰出犬、白羊，乃於壇北刑之，雜血二器而歃盟。文曰：「唐有天下，恢奄禹跡，舟車所至，莫不率俾。以累聖重光，卜年惟永，彰王者之丕業，被四海以聲教。與吐蕃贊普，代爲婚姻，固結鄰好，安危同體，甥舅之國，將二百年。其間或因小忿，棄惠爲讎，封疆騷然，靡有寧歲。皇帝踐祚，愍茲黎庶，俾釋俘囚，以歸蕃落。蕃國展禮，同茲叶和，行人往復，累布成命。是必詐謀不起，兵革不用矣。彼猶以兩國之要，求之永久，古有結盟，今請用之。國家務息邊人，外其故地，棄利蹈義，堅盟從約。今國家所守界：涇州西至彈箏峽西口，隴州西至清水縣，鳳州西至同谷縣，劍南西(川)〔山〕、大渡水東，爲漢界。蕃國守鎮在蘭、渭、原、會，西至臨洮，又東至成州，抵劍南西界磨些諸蠻，大渡水西南，爲蕃界。其兵馬鎮守之處，州縣見有居人，彼此兩邊見屬漢諸蠻，以今所分見住處，依前爲定。其黄河以北，從故新泉軍，直北至大磧，直南至賀蘭山駱駝嶺爲界，中間悉爲閒田。盟文有所不載者，蕃有兵馬處蕃守，漢有兵馬處漢守，並依見守，不得侵越。其先未有兵馬處，不得新置，並築城堡耕種。今二國將相受辭而會，齋戒將事，告天地山川之神，惟神照臨，無得愆墜。其盟文藏於宗廟，副在有司，二國之成，其永保之。」結贊亦出盟文，不加於坎，但埋牲而已。盟畢，結贊請鎰就壇之西南隅佛幄中焚香爲誓。誓畢，復升壇飲酒。獻酬之禮，各用其物，以將厚意而歸。四月，加答蕃使崔漢衡檢校工部尚書。疆埸罷警，于今六年。近以賊臣朱泚背恩，驚犯宫闕，贊普又遣師旅，助討姦兇，兩國交懽，事同一體。北庭去此遥遠，信使難通，於西蕃既非便宜，在國家又絶來往。永念士庶，隔在殊方，歸路無因，親戚永訣，爲人父母，實所感傷。已共西蕃定議，兼立誓約，應在彼將士、官吏、僧道、耆壽百姓等，並放歸漢界，仍累路置頓，供擬發遣，待卿等進發，然後以土地隸屬西蕃。今故遣太常少卿、兼御史大夫沈房及中使韓朝彩等往彼宣諭，仍便與西蕃交割。

【張註】唐書吐蕃傳：朱泚之亂，吐蕃請助討賊，詔右散騎常侍于頎持節慰撫，太常少卿沈房爲安西、北庭宣慰使以報之。

卿等宜遞相慰勉，叶力同心，互相提攜，速圖進路。復歸鄉井。重見宗親，生人之情，莫重於此。一勞永逸，固不合辭。卿等誠節昭宣，勳閥茂著，到此之後，當特甄升，〔一〕仍給田園，以贍生業，必令優厚，用答忠勞。如有資産已成，不願歸此，亦任便住，各遂所安。宜勉良圖，副我勤想。夏熱，卿等各平安好。遣書指不多及。

*按：舊書所記南、北庭，指西突厥南、北王庭，與本文所記「北庭」無關。註誤。

校勘記

〔一〕當特甄升　「特」，明本作「時」。

與回紇可汗書

【張註】唐書回鶻傳：回紇，其先匈奴也，俗多乘高輪車，元魏時亦號高車部，或曰敕勒，訛爲鐵勒。又，回紇姓藥羅葛氏，居薛延陀〔北〕娑陵水上，距京師七千里。通鑑綱目：回紇合骨咄禄可汗屢求和親，上未之許。會邊將告乏馬，李泌言於上曰：「臣有愚策，可使馬賤十倍。」上問之，對曰：「願陛下推至公之心，屈己徇人，爲社稷計，臣乃敢言。」上曰：「何故？」泌曰：「臣願陛下北和回紇，南通雲南，西結大食、天竺，如此，則吐蕃自困，馬亦易致矣。」上曰：「三國當如卿言，至於回紇則不可！」泌曰：「陛下所以不可，豈非以陝州之耻邪！」上曰：「然。韋少華等以朕之故，受辱而死，朕豈能忘之！」泌曰：「害少華等乃牟羽可汗，後復入寇，爲今可汗所殺，然則今可汗乃有功于陛下，又何怨邪！」是後凡十五對，反復論之，上終不許，曰：「朕不憚屈己，但不能負少華輩耳。」泌曰：「以臣觀之，少華輩負陛下，非陛下負之也。」上曰：「何故？」對曰：「昔葉護將兵助國，肅宗止令臣宴勞之，亦不許至其營。及大軍將發，先帝始與相見。蓋戎狄豺狼，不得不過爲之防耳。陛下在陜，富於春秋，少華輩不能深慮，以萬乘元子輕造其營，又不先與之議相見之儀，使彼得肆其桀驁，豈非少華輩負陛下邪？且香積之捷，葉護欲掠長安，先帝親拜於馬前以止之，當時觀者十萬餘人，皆歎息曰：『廣平王真華、夷主也！』然則先帝所屈者少，所伸者多矣。況牟羽身爲可汗，舉國赴難，當是之時，臣不敢言他，若留陛下於營中，歡飲十日，天下豈得不寒心哉！以此二事觀之，則屈己爲是乎？不屈己爲是乎？」上曰：「朕與之爲怨已久，今往與之和，得無復拒我，爲夷狄之笑乎？」對曰：「臣請以書與之約：爲臣、子，每來不過二百人，市馬不過千匹，無得攜中國人及商胡出塞。五者皆能如約，則主上必許和親。如此，威加北荒，旁讋吐蕃，足以快陛下平昔之心矣。」上從之。【石川註】舊唐書回紇傳：貞元三年八月，回紇可汗遣首領墨啜達干、多覽將軍合闕達干等來貢方物，且請和親。

皇帝敬問可汗弟：〔一〕【張註】通鑑音註：可汗，北方之尊稱，猶漢時之單于也。宋白曰：虜俗呼天爲可汗。可讀如渴。汗，何汗翻。

兩國和好，積有歲年，申之以昏姻，【張註】通鑑綱目：乾元元年，册命回紇可汗曰英武威遠毗伽闕可汗，以上幼女寧國公主妻之，以漢中王瑀爲册禮使，右司郎中李巽副之。上送至咸陽，公主辭訣曰：「國家事重，死且無恨。」上流涕而還。約之以兄弟，【張註】通鑑綱目：至德二年，回紇懷仁可汗遣其子葉護等將精兵四千餘人來至鳳翔。廣平王俶將朔方等軍及回紇、西域之衆十五萬發鳳翔。俶見葉護，約爲兄弟，葉護大喜，謂俶爲兄。誠信至重，情義至深。頃因賊臣背恩，【張註】謹按：謂僕固懷恩。構成嫌釁，天不長惡，尋已誅夷，【張註】唐書僕固懷恩傳：懷恩至鳴沙，病甚，還死靈武，部曲焚其尸以葬。使我兄弟，恩好如舊。【張註】唐書回鶻傳：永泰初，懷恩反，誘回紇、吐蕃入寇。俄而懷恩死，二虜爭長，回紇首領潛詣涇陽見郭子儀，請改事。子儀率麾下叩回紇營。回紇曰：「願見令公。」子儀出旗門，回紇曰：「請釋甲。」子儀（示）〔易〕服。酋長相顧曰：「真是公矣！」時李光進、路嗣恭介馬在側，子儀示酋長曰：「此渭北節度使某，朔方軍糧使某。」酋長下馬拜，子儀亦下見之。虜數百環視，子儀麾下亦至，子儀麾左右使卻，且命酒與飲，遺以纏頭綵三千，召可汗弟合胡禄等持手。因讓曰：「上念回紇功，報爾固厚，何負而來？今即與汝戰，何遽降也？我將獨入爾營，雖殺我，吾將士能擊汝。」酋長讋服曰：「懷恩詭我，曰『唐天子南走，公見廢』，是以來。今天可汗在，公無恙，吾等願還擊吐蕃，以報厚恩。然懷恩子，可敦弟也，願赦死。」於是子儀持酒，〔合〕胡禄請盟而飲。子儀曰：「唐天子萬歲，回紇可汗亦萬歲，二國將相如之。有如負約，身死行陣，家屠戮。」方是時，虜宰相磨咄莫賀〔達〕（于）〔干〕、頓〔莫賀達干〕等聞言皆奪氣，酒至其所，輒曰：「無易公誓。」周皓及踏本啜黑達干等至，〔二〕得弟來書，〔三〕省覽久之，良以爲慰。弟天資雄傑，智識通明，親仁善鄰，【石川註】左傳隱六年：親仁善鄰，國之寶也。敦信明義。罷戰爭之患，弘禮讓之風，保合太和，用寧區宇，惟茲盛美，何以加焉。朕之素懷，與弟叶契。爲君之道，本務愛人，同日月之照臨，體天地之覆育，其於廣被，〔四〕彼此何殊。況累代以來，繼敦姻戚，【張註】册府元龜：肅宗至德元年，迴紇首領至，請和親，兼（封）〔討〕安禄山。九月，封故邠王第五男承寀爲燉煌王，使迴紇，仍令僕固懷恩送至迴紇部落，請和親，封迴紇女爲毗加公主。十月，迴紇首領來朝，請和親，詔燉煌王承寀赴迴紇結親。二年九月，迴紇大首領入朝，燉煌王承寀詔加開府儀同三司，拜宗正卿，納迴紇公主爲妃。乾元元年六月，迴紇使達亥阿波刺史入朝，迎公主，詔授開府儀同三司。七月丁亥，詔以幼女封爲寧國公主，令堂弟銀青光禄大夫、殿中監、漢中郡王瑀充册命英武威遠毗伽可汗使，以堂姪正議大夫、行右司郎中、上柱國、上邽縣公、賜紫金魚袋巽爲副，特差重臣開府儀同三司、尚書左僕射、冀國公裴冕送至界首。戊子，右司郎中巽改尚書兵部郎中、兼御史中丞、鴻臚少卿，兼充寧國公主禮會使。癸巳，以册立迴紇英武威遠毗伽可汗，帝御宣政殿，漢中王瑀受命。甲子，帝送寧國公主咸陽磁門驛。十一月甲子，迴紇使三婦人謝寧國公主之聘也。三年正月，迴紇可汗使大臣俱六莫賀達干等入朝奉表起居公主。代宗大曆四年五月，册僕固懷恩小女爲崇徽公主。六月丁酉，崇徽公主辭赴迴紇，宰臣已下百寮送至中渭橋。與弟俱承先業，所宜遵奉令圖，自茲以還，情契彌固，垂之百代，永遠無窮。緬想至誠，當同此意。〔五〕所附踏本啜奏，請降公主，姻不失舊，頗叶通規，待弟表到，即依所請。【張註】唐書回鶻傳：詔咸安公主下嫁，又詔使者合闕達干見公主于麟德殿，使中謁者齎公主畫圖賜可汗。宣示百寮，擇日發遣。緣諸軍兵馬，收京破賊，頻立功勳，賞給數多，府藏虛竭，其馬價物，【張註】唐書食貨志：時迴紇有助收西京功，代宗厚遇之，與中國婚姻，歲送馬十萬匹，酬以縑帛百餘萬匹。而中國財力屈竭，歲負馬價。且付十二萬匹，至來年三月，更發遣一般，餘並續續支付，弟宜悉也。安西、北庭使人入奏，〔六〕並卻歸本道，至彼宜差人送過，令其速達。弟所寄馬並到，深愧厚意。

校勘記

〔一〕皇帝敬問可汗弟　「皇帝」下，文苑四六八多一「兄」字。

〔二〕周皓及踏本啜黑達干等至　「干」，文苑作「達」，下同。

〔三〕得弟來書　「來」，明本作「冬」。

〔四〕其於廣被　「其」，文苑註云：「集作『期』」。

〔五〕當同此意　「當」，文苑註云：「集作『必』」。

〔六〕安西北庭使人入奏　「使人」，文苑註云：「集作『般次』」。

賜吐蕃將書〔一〕

【石川註】舊唐書吐蕃傳：貞元二年，命倉部郎中、兼侍御史趙聿〔爲〕入吐蕃使。又，吐蕃傳：大論、小論，統理國事。

敕尚覽鑠：

論莫陵悉繼等至，〔二〕【張註】唐書吐蕃傳：其官有大相曰論茝，副相曰論茝扈莽，各一人，亦號大論、小論；都護一人，曰悉編掣逋；又有内大相曰曩論掣逋，亦曰論莽熱，副相曰曩論覓零逋，小相曰曩論充，各一人；又有整事大相曰喻寒波掣逋，副整事曰喻寒覓零逋，小整事曰喻寒波充：皆任國事，總號曰尚論掣逋〔突瞿〕。通鑑音註：吐蕃立國之初，有大論、小論，以統國事，後因以爲貴姓。省所陳奏，朕具悉之。國家與大蕃，親則舅甥，【張註】通鑑紀事：貞觀十二年〔八月〕：初，上遣使者馮德遐撫慰吐蕃。吐蕃聞突厥、吐谷渾皆尚公主，遣使隨德遐入朝，多齎金寶，奉表求婚；上未之許。使者還，言於贊普棄宗弄讚曰：臣初至唐，唐待我甚厚，許尚公主。會吐谷渾王入朝相離間，唐禮遂衰，亦不許婚。」弄讚遂發兵擊吐谷渾。吐谷渾不能支，遁於青海之北，民畜多爲吐蕃所掠。吐蕃進破党項、白蘭諸羌，帥衆二十餘萬屯松州西境，遣使貢金帛，云來迎公主。尋進攻松州，敗都督韓威。羌酋閻州刺史別叢卧施、諸州刺史把利步利並以州叛歸之。連兵不息。壬寅，以吏部尚書侯君集爲當彌道行軍大總管，甲辰，以右領軍大將軍執失思力爲白蘭道、左武衛將軍牛進達爲闊水道、左領軍將軍劉簡爲洮河道行軍總管，督步騎五萬擊之。吐蕃攻城十餘日，進達爲先鋒，九月辛亥，掩其不備，敗吐蕃於松州城下，斬首千餘級。弄讚懼，引兵退，遣使謝罪，因復請婚。上許之。十四年冬閏十月丙辰，吐蕃贊普遣其相禄東贊獻金五千兩及珍玩數百，以請昏。上許以文成公主妻之。十五年春正月丁丑，命禮部尚書江夏王道宗持節送文成公主於吐蕃。贊普大喜，見道宗，盡子壻禮，慕中國衣冠、儀衛之美，爲公主別築城郭宮室而處之。二十三年，上以吐蕃贊普弄讚爲駙馬都尉，封西海郡王。武后長安三年夏四月，吐蕃遣使獻馬千匹，金二千兩，以求昏。中宗景龍元年春三月庚子，吐蕃遣其大臣悉蕭熟入貢。夏四月辛巳，以上所養雍王守禮女金城公主妻吐蕃贊普。三年冬十一月乙亥，吐蕃贊普遣其大臣尚贊咄等千餘人迎金城公主。睿宗景雲元年春正月，上命紀處訥送金城公主適吐蕃，處訥辭，又命趙彥昭，彥昭亦辭，丁丑，命左驍衛大將軍楊矩送之。己卯，上自送公主至始平。二月，公主至吐蕃，贊普爲之別築城以居之。玄宗開元六年十一月戊辰，吐蕃奉表請和，乞舅甥親署誓文。開元十八年冬十月，吐蕃遣其大臣論名悉獵隨皇甫惟明入貢，表稱：「甥世尚公主，義同一家中。中間張元表等先興兵寇抄，遂使二境交惡。甥深識尊卑，安敢失禮！正爲邊將交構，致獲罪於舅；屢遣使者入朝，皆爲邊將所遏。今蒙遠降使臣，來視公主，甥不勝喜（賀）〔荷〕。儻使復修舊好，死無所恨！」自是吐蕃復款附。 義則鄰援，息人繼好，固是常規。朕嗣位君臨，思安兆庶，常以信讓爲事，不以爭競爲心，〔三〕區域雖殊，覆育寧别？贊普天資仁德，好生惡殺，與朕同心，重修舊好。會蕃、漢將相，告天地神祇，約誓之言，至嚴至重。大信一立，義無改移，所請奉天盟書，勒於清水碑石。【張註】唐書地理志：清水，縣名，屬秦州，隴右道。通鑑音註：清水，漢古縣，唐屬秦州。九域志：在州東九十里。 審詳事理，頗甚乖違。往歲賊臣稱兵，竊據城闕，尚結贊志惟姦惡，義在救災，頻獻表章，請收京邑。朕以宗廟社稷，悉在上都，但平寇戎，豈惜酬賞，遂許四鎮之地，〔四〕以答收京之功。旋屬炎蒸，又多疾疫，大蕃兵馬，便自抽歸。【張註】唐書吐蕃傳：會大疫，虜輒引去。 既未至京，有乖始望，奉天盟約，豈合更論？【張註】通鑑：初，上發吐蕃討朱泚，許以安西、北庭之地與之；及泚誅，吐蕃來求地，上欲與之。李泌曰：「安西、北庭，人性驍悍，控制西域五十七國及十姓突厥，又分吐蕃之勢，使不得併兵東侵，奈何拱手與之！且兩鎮之人，勢孤地遠，盡忠竭力，爲國家固守近二十年，誠可哀憐。一旦棄之戎狄，彼必深怨中國，他日從吐蕃入寇，如報私讐矣。況日者吐蕃觀望不進，陰持兩端，大掠而去，何功之有！」衆議亦以爲然，上遂不與。朕欲苟徇彼情，便令鐫刻，則是非務實，〔五〕信不由衷，欺天罔神，莫大於此。凡曰通好，貴於推誠，將垂百代之名，豈顧一時之利！但以事之去就，須定是非，若不辨明，便成姑息，親鄰之義，豈所宜然？故遣使臣，與卿詳議。卿是大蕃輔佐，必當智識通明，事理昭然，不足疑惑，儻有他見，宜具奏聞，審細研窮，須歸至當。所論先許每年與贊普綵絹一萬匹段者，本來立約，亦爲收京，然於舅甥之情，此乃甚爲小事。二國和好，即同一家，此有所須，彼當不悋，彼有所要，此固合供，以有均無，〔六〕蓋是常理。贊普若須繒帛，朕即隨要支分，多少之間，豈拘定限，假使踰於萬匹，亦當稱彼所求。朕之所重者信誠，所輕者財利，思與率土，同臻太和。【張註】詩：率土之濱，莫非王臣。想卿深體至公，務存大義，安人保境，垂美無窮，勉思令圖，以副朕意。今遣倉部郎中、【張註】唐書百官志：倉部郎中、員外郎，各一人，掌天下庫儲，出納租稅、祿糧、倉廩之事。通典註：周官有倉人、主藏九穀；又有稟人，主藏九穀之數，賙賜稍食。魏尚書有倉部郎，後魏有太倉尚書，亦其任也。龍朔二年改爲司庾，天寶中改爲司儲，皆以地官爲之。兼侍御史趙聿與來使同往，〔七〕書中意有不盡，並令趙聿口宣。

尚結贊、論莽羅等，嘗總師徒，遠來赴難，功雖未就，義則可嘉，【張註】册府元龜：德宗興元元年二月，帝在山南。時朱泚盜據宮殿，詔以右散騎常侍、兼御史大夫于頎往涇州已東宣慰吐蕃，仍與州府計會頓遞。時吐蕃款塞，請以兵助平國難，故遣使焉。四月，渾瑊與吐蕃論莽羅之衆大破朱泚將韓旻、張庭芝、宋歸朝等於武功之武亭川，斬首萬餘級。其所領將士等，朕先許與賜物一萬匹段，並已排比，〔八〕許卿所商量指定，〔九〕此使卻回，即發遣往。今各賜卿少物，至宜領之。

校勘記

〔一〕賜吐蕃將書　文苑四六九作「敕吐蕃將相書」。

〔二〕論莫陵悉繼等至　「繼」，文苑註云：「集作『維』。」

〔三〕不以爭競爲心　「競」原誤作「兢」，據諸本及他書改。

〔四〕遂許四鎮之地　「遂」，文苑註云：「集作『嘗』。」

〔五〕則是非務實　「非」上，文苑多一「事」字。按：有此「事」字義長。

〔六〕以有均無　「均」，文苑註云：「集作『易』。」

〔七〕今遣倉部郎中兼侍御史趙聿與來使同往　「趙聿」，新書吐蕃傳作「趙建」。下同。

〔八〕並已排比　此句之下，文苑多一「訖」字。

〔九〕許卿所商量指定　「許」，文苑作「待」。

賜吐蕃宰相尚結贊書〔一〕

【張註】唐書吐蕃傳：貞元二年，詔倉部郎中趙(聿)〔建〕往使，而虜已犯涇、隴、邠、寧，掠人畜，敗田稼，内州皆閉壁。游騎至好畤，左金吾將軍張獻甫、神策將李昇(雲)〔曇〕等屯咸陽，河中渾瑊、華州駱元光援之。以左監門將軍康成使焉。尚結贊屯上砦原，亦令使諭乞陀來請盟。

敕尚結贊：

卿天資材術，〔二〕作輔大蕃，識通古今，志奉忠信，義聲著積，遠近流傳。比聞入典樞衡，【張註】北史序傳：孝文謂右衛宋弁曰：「僕射執我樞衡，總釐朝務。」近知還總戎務，二國所定和好首末，是卿商量，【張註】册府元龜：建中三年九月，和蕃使、殿中少監、兼御史中丞崔漢衡與吐蕃使區頰贊至自蕃中。時吐蕃大相尚結息忍而好殺，以嘗覆敗於劍南，思刷其耻，不肯約和。其次相尚結贊有材略，因言於贊普，請定界盟約，以息邊民。贊普然之，竟以結贊代結息爲大相，約終和好，期以十月十五日會盟於境上。得卿卻來，深以爲慰。昨者邊軍狀奏，彼國兵馬踰越封疆，〔三〕朕以畫界立盟，先有定分，贊普素敦仁義，卿又特禀純誠，背約侵漁，【張註】韓非子：(收利)侵漁，朋黨比周，相與(一口)。必無此理！但敕邊城自備，不令輒動干戈，若使效尤，【張註】左傳：鄭伯效尤，其亦將有咎。晉語：效郵，非義也。韻會：尤，通作郵。恐成交惡。【石川註】左傳隱三年：周、鄭交惡。初疑界首遊奕，【石川註】蜀志劉璋傳：處交、益界首。少有乖宜，不謂大發師徒，漸加侵軼。興兵動衆，必合有名，蕃軍此行，未測其故？

朕自嗣膺寶位，即與贊普通和，【張註】册府元龜：建中元年四月，太常少卿韋倫至自吐蕃。自大曆中，吐蕃聘使前後數輩，皆留之不遣，俘獲其人，必遣中官部統徙之江、嶺，因緣求財及給養之費，不勝其弊。去年冬，吐蕃大興師，以三道來侵，一自靈武，一自山南，一自蜀，約縱齊舉。會帝初即位，以德綏四方，徵其俘囚五百餘人，各給衣一襲，使倫統還其國，與之約和，敕邊將無得侵伐。吐蕃始聞歸其人，不之信，及蕃俘入境，部落皆畏威懷惠。其贊普乞立贊謂倫曰：「不知是來也，而有三恨，奈何？」倫曰：「未達所云。」乞立贊曰：「不知大國之喪，而弔不及哀，一也。不知山陵之期，而賻不成禮，二也。不知皇帝舅聖明繼立，已發衆軍三道連衡，今靈武之師聞命輒迴矣，而山南之師已入扶、文，蜀師已趨灌口，追且不及，是三恨也。」及發使奉贄，不二旬而復命。蜀師尋獲其戎俘，有司請准舊事頒爲徒隸，帝曰：「要約著矣，言庸二乎？」乃各給縑二疋、衣一襲而歸之。敦以舅甥，結爲鄰援。懲戰爭之弊，知禮讓之風，彼此大同，務安衆庶。乃於境上建立壇場，契約至明，誓詞至重，告于皇天后土、諸佛百神，有渝此盟，殃及其國。【石川註】左傳僖二十八年：有渝此盟，無克祚國。朕敬奉誠約，分毫不移，信使交懽，歲時無絶，碑文具在，可以明徵，豈有一事不行？一言不守？頃令趙聿專往，近方從彼卻回，兼聞彼蕃使同來，至今獨在道路。卿所論奏，朕並未知，待詳事由，乃可商議。既稱和好，理絶相疑，未合輕舉甲兵，便踰境界。盟誓之語，忽焉如遺，天地神明，豈其可罔！卿智識明達，朕所深知，頃年猶舉義師，救此災患，今豈不存大信，遂棄令名？故專遣使見卿，欲得審知來意，佇聞還奏，以副所懷。趙聿及蕃使合到，〔四〕待覽表中意旨，續即商量報卿。卿涉遠而來，當甚勞頓，今賜卿某物，至宜領之。秋冷，卿比平安好，將士並存問之。

校勘記

〔一〕賜吐蕃宰相尚結贊書 「賜」，文苑四六九作「敕」。

〔二〕天資材術 「材」，文苑作「才」。「術」，文苑註云：「一作『傑』。」

〔三〕彼國兵馬踰越封疆 此句之上，文苑多一「云」字。

〔四〕趙聿及蕃使合到 「合」，文苑註云：「集作『即』。」

賜尚結贊第二書

趙聿及論拱熱等至，得卿表奏，具見懇誠。省覽言辭，即稱和好，及覩事迹，唯務侵淩，矛楯若斯，將何取信！審察書中之意，蓋求四鎮、北庭，如此事宜，足得商議。既言通好，理絶相疑，未合輕舉甲兵，便踰境界。盟誓之語，忽焉如遺，天地神祇，豈其可罔！又聞放縱兵馬，蹂踐禾苗，邊境之人，大遭驅掠。在此未爲深損，於彼殊非遠謀，卿之用心，何乃至是！國家利害，計須久長。和好之道既虧，仁義之風何在？卿智識明悟，朕所深知，頃年猶發義師，救此災患，今豈不存大信，遂棄令名？故遣使見卿，欲得審知來意。必若守其盟誓，務在同和，即收斂兵車，速歸本界，所掠百姓，一切放回。然後可表卿直心，信卿來奏。續即遣使與論拱熱同往，諸事並有商量，交歡必令得所。或密懷他意，將欲別謀，彼雖未說實情，此亦略爲準擬。但緣誓約本重，朕意不欲先違，以此勤勤，合有相問。佇聞來奏，以副朕懷。

賜尚結贊第三書〔一〕

敕尚結贊：

蕃使論拱熱等與趙聿同到。卿所陳奏，朕具悉之。誠意勤勤，志敦和好：上以成舅甥之義，次以結鄰援之歡，外以彰禮讓之風，内以息戰爭之患。兼此數事，〔二〕昔賢所難，非卿材越等倫，識通今古，豈能匡輔大國，弘宣遠圖，施美利於當時，【張註】易：乾始能以美利利天下。傳盛名於不朽！【石川註】左傳襄二十四年：死而不朽。眷懷明略，歎尚良多。然以贊普來書，務於叶睦，卿之所奏，亦貴通和，初覽其言，實嘉德義，及覩其事，頗訝乖違。以卿賢明，朕所信重，〔三〕棄義踰約，計必不然，未測事由，因何至此！

頃年所定和好，言約頗謂分明，至如四鎮、北庭，元不割與蕃國。及朱泚悖逆，作亂上都，卿仗義興師，【張註】陸賈新語：仗仁者霸，仗義者强。請收京邑，遂許四鎮、北庭之地，將以報答成功。旋屬炎蒸，蕃軍便退，【張註】見奏草六。奉天之約，豈可更論！事甚分明，固無疑惑。凡言結好，所貴和同，通體商量，有何不可？大蕃必若要四鎮、北庭之地，即合直以情言，彼但露其誠心，此亦自有分義，豈假曲徵前事，廣起異端，〔四〕仍發師徒，務張威勢！蕃使猶未至此，蕃軍早已越疆，或稱欲自赴朝，或云更定言誓，既虧盟約，且失禮儀，〔五〕言與事乖，將何取信！夫人君立國，必不徒然，〔六〕惟漢與蕃，各受天命，勝負固有定分，强弱寧由力爭！卿欲以衆相侵，以威相脅，謂天地可罔，謂盟誓可渝，即當肆意所爲，不必更論和好。〔七〕儻欲守其前約，敦以親鄰，去就之間，固宜有禮，遣使來往，足得商量，張皇師徒，【張註】書：張皇六師。是何道理！和好者禮義之事，甲兵者爭奪之由，二端懸殊，理不並用。今欲以用兵之勢，〔八〕定和好之辭，事必不成，縱成何益？卿識見通敏，器宇沈詳，如此事宜，不言可悉，未知來意，竟擬如何？且首末論和，是卿商議，清水會盟之日，卿又親發誓辭，將期去殺好生，修文偃武，【張註】書：王來自商至于豐，乃偃武修文。永安兆庶，垂法子孫，天下稱嗟，以爲盛美。未經數歲，遽有變移，非獨見誚於四方，亦將取笑於千古。以此思度，甚欲通和，彼雖小有侵陵，朕亦未即交惡，故遣某官與卿更審籌量。〔九〕卿若必務同和，更無他意，即宜便歸本界，遣使具述本情，所須四鎮、北庭，朕當自有推議。如或託稱繼好，志在別圖，依前縱兵，不即歸國，惟利是視，亦識彼懷，【石川註】左傳成十三年：余唯利是視。和與不和，於茲決定。

書中事有不盡，並令某官某口宣，〔一〇〕宜令速回，竚望來奏。所獻方物，深表遠誠。今賜卿某物，至可領也。秋冷，比平安好。

校勘記

〔一〕賜尚結贊第三書　「賜」，文苑四六九作「敕」。

〔二〕兼此數事　「事」，文苑作「美」。

〔三〕朕所信重　「所」，文苑作「素」。

〔四〕廣起異端　「起」，文苑註云：「集作『説』。」

〔五〕且失禮儀　「儀」，文苑作「義」。

〔六〕必不徒然　「徒」，文苑註云：「一作『隅』。」按：「隅」當爲「偶」之誤。

〔七〕不必更論和好　「不」，文苑作「何」。

〔八〕今欲以用兵之勢　「用」，文苑作「甲」。按：與前句呼應，此處作「甲」是。

〔九〕故遣某官與卿更審籌量　「某官」下，文苑多「某乙」二字。

〔一〇〕並令某官某口宣　「某官某」，文苑作「某乙」。

陸贄集卷十一

奏草 一

論兩河及淮西利害狀

時馬燧等討賊河北，久不決，淮西李希烈復逼襄城，詔問策將安出，贄上此奏。【張註】謹按：兩河：河南、河北也。正義曰：古帝王之都，多在河東、河北，故呼河北爲「河内」，河南爲「河外」。【石川註】胡三省曰：兩河：河南、河北。時朱滔、田悦、王武俊、李納據兩河而反，李希烈據淮西而反。

内侍朱冀寧奉宣聖旨：【張註】通鑑音註：内侍之官，唐從四品上，掌在内侍奉出入、宫掖宣傳之事。又，唐世凡機事，皆使内臣宣旨於宰相。緣兩河寇賊未平殄，【郎註】藩鎮傳：德宗建中三年，盧龍朱滔、魏博田悦、鎮冀王武俊、淄青李納合從以叛。滔自稱冀王，悦稱魏王，武俊稱趙王，納稱齊王。朝廷雖命馬燧等將兵討之，猶未平殄。又淮西兇黨攻逼襄城，【郎註】李希烈傳：德宗立，以希烈爲淮西節度使。後希烈與河北朱滔、田悦等連和，凶焰熾然。建中四年，上遣左龍武大將軍哥舒曜討之。曜戰不利，屯襄城，希烈怙其壯，舉衆三萬圍曜。卿識古知今，合有良策，宜具陳利害封進者。

臣質性凡鈍，聞見陋狹，幸因乏使，簪組升朝，【石川註】文選：左思招隱詩：聊欲投吾簪。又，詠史詩：臨組不肯緤。註：簪所以持冠組綬也。薦承過恩，文學入侍。每自奮勵，思酬獎遇，感激所至，亦能忘身。【張註】出師表：由是感激，遂許先帝以馳驅。註：趙岐孟子章句：千載聞之，猶有感激也。但以越職干議，【石川註】漢書梅福傳：越職觸罪。典制所禁，未信而言，聖人不尚。【石川註】論語：子夏曰：「信而後諫，未信則以爲謗己。」是以循循默默，尸居榮近，日日以愧，【石川註】禮記表記：事君近而不(陳)〔諫〕，則是尸利也。註：尸謂不知人事，無辭讓者也。漢書鮑宣傳：以拱默尸禄爲智。文選註：尸禄者，頗有所知善惡，默然不語，苟欲得禄而已，譬如尸焉。莊子天運所謂「尸居」者與之異義。自春徂秋。心雖懷憂，言不敢發，此臣之罪也，亦臣之分也。陛下天縱聖德，【石川註】論語：縱之將聖。註：縱大聖之德。神授英謀，明照八表，【張註】南史齊高帝紀：鳳舉四維，龍騰八表。【石川註】文選顏延之詩：王猷外八表。註：八表，八荒。思周萬務，猶慮闕漏，下詢芻蕘，【石川註】詩板：先民有言，詢于芻蕘。傳：采薪者。此堯、舜舍己從人，【石川註】書大禹謨：舍己從人。好問而好察邇言之意也。臣每讀前史，見開說納忠之士，乃有泣血【石川註】漢書史丹傳：元帝寢疾，傅昭儀、定陶王常在左右，而皇后、太子希得進見。皇后、太子皆憂，不知所出。丹候上間獨寢時，直入卧內，涕泣言曰：「皇太子以適長立，積十(四)〔餘〕年，名號繫於百姓，天下莫不歸心臣子。見定陶王雅素愛幸，今者道路流言，以爲太子有動揺之議。若此，臣願先賜死以示羣臣！」上意大感，曰：「善輔導太子，毋違我意。」丹噓唏而起。詩：鼠思泣血。疏：連言血者，以淚出於目，猶血出於體。碎首，牽裾斷鞅者，【郎註】魏志：辛毗字佐治。文帝欲徙冀州士家十萬户實河南。時連蝗民飢，羣司以爲不可，而帝意甚盛。毗曰：「陛下徙士家，其計安出？」帝曰：「卿謂我徙之非邪？」毗曰：「誠以爲非也。」帝曰：「吾不與卿共議。」毗曰：「陛下不以臣不肖，厠之謀議之官，安得不與臣議邪！」帝不答，起入内；毗隨而引其裾，帝遂奮衣(而)(不)還；良久乃出，曰：「佐治，卿持我何太急邪？」毗曰：「今徙，既失民心，又無以食也。」帝遂徙其半。汝南先賢傳曰：郭憲字子横。建武中爲光禄勳。駕西征隗囂，憲諫曰：「天下初定，車駕未可動。」乃當車，拔佩刀以斷車鞅。光武不從，遂上隴。其後潁川兵起，乃還。帝歎曰：「恨不用光禄之言也。」【張註】陳琳爲袁紹上漢帝書：懷忠獲釁，抱信見疑，晝夜長吟，剖肝泣血。前漢杜鄴傳：臣聞禽息憂國，碎首不恨。註：應(邵)(劭)曰：禽息，秦大夫，薦百里奚而不見納，繆公出，當車以頭擊闑，腦乃播出，曰：「臣生無補於國，而不如死也。」繆公感悟而用百里奚，秦以大治。【石川註】左傳襄十八年：晉侯伐齊，齊侯畏其衆，將走郵棠。太子與郭榮扣馬曰：「社稷之主，不可以輕，君必待之。」將犯之，太子抽劍斷鞅，乃止。皆以進議見拒，懇誠激忠，遂至發憤踰禮，而不能自止故也。況今勢有危迫，事有機宜，當聖主開懷訪納之時，無昔人逆鱗顛沛之患，【張註】史記韓非傳：夫龍之爲蟲也，可擾狎而騎也，然其喉下有逆鱗徑尺，人有嬰之，則必殺人。人主亦有逆鱗，説之者能無嬰人主之逆鱗則幾矣。【石川註】論語：顛沛必於是。註：僵仆也。儻又上探微旨，慮匪悦聞，傍懼貴臣，將爲沮議，首尾憂畏，【石川註】左傳文十七年：古人有言曰：畏首畏尾，身其餘幾。前後顧瞻，是乃偷合苟容之徒，非有扶危救亂之意。此愚臣之所痛心切齒於既往，【石川註】左傳成十三年：痛心疾首。史記荆軻傳：切齒腐心。註：切齒，齒相磨切也。是以不忍復躬行於當世也。心蘊忠憤，〔一〕固願披陳，職居禁闈，【張註】爾雅：宮中之門謂之闈。註：謂相通小門也。廣雅曰：闈謂之闥。【石川註】後漢周舉傳：在禁闈有密靜之風。當備顧問。【石川註】後漢書章帝紀：欲置於左右，顧問省納。承問而對，臣之職也；寫誠無隱，【石川註】禮檀弓：事君有犯而無隱。臣之忠也。謹具件如後，惟明主循省而備慮之，豈直微臣獨荷容納之恩，實億兆之幸、社稷之福也。

臣本書生，不習戎事。竊惟霍去病，漢將之良者也，每言行軍用師之道，「顧方略何如耳，不在學古兵法」。【郎註】本傳云：去病爲人有氣敢往，武帝時，以戰功爲驃騎將軍。上嘗欲教之孫、吴兵法，對曰：「顧方略何如耳，不在學古兵法。」是知兵法者無他，見其情而通其變，〔二〕則得失可辯，成敗可知。古人所以坐籌樽俎之間，制勝千里之外者，【張註】戰國策：千丈之城，拔之樽俎之間。晏子春秋：仲尼曰：「夫不出樽俎之間，而知千里之外。」【石川註】漢書張良傳：運籌帷幄中，決勝千里外，子房功也。得此道也。臣才不逮古人，而頗窺其意，是敢承詔不默，輒陳狂愚。伏以剋敵之要，在乎將得其人；馭將之方，在乎操得其柄。將非其人者，兵雖衆不足恃；操失其柄者，將雖材不爲用。兵不足恃，與無兵同；將不爲用，與無將同。將不能使兵，國不能馭將，非止費財翫寇之弊，亦有不戢自焚之災。【張註】左傳：衆仲曰：「夫兵猶火也，弗戢將自焚。」自昔禍亂之興，何嘗不由於此？

今兩河、淮西，爲叛亂之帥者，獨四五凶人而已。【張註】李希烈傳云：朱滔等自稱王，遣使者來奉(錢)〔牋〕，希烈亦自號建興王、天下都元帥，五賊株連半天下。【張註】通鑑本註：四五凶人，謂河北則朱滔、王武俊、田悦，河南則李納，淮西則李希烈也。尚恐其中或有傍遭詿誤，【張註】漢書景帝紀：詔曰：吴王濞等爲逆，起兵相脅，詿誤吏民。内蓄危疑，蒼黄失圖，【張註】洛陽伽藍記：色雜蒼黄。北山移文：蒼黄反覆。【石川註】蒼與倉同。風土記：大雪被南越，犬皆倉黄吠噬。字典：倉黄，急遽失措貌。勢不得止，亦未必皆是處心積慮，果爲姦逆，〔三〕以僭帝稱王者也。況其餘衆，蓋並脅從，【張註】書：脅從罔治。苟知全生，〔四〕豈願爲惡！若招攜以法，【石川註】左傳僖七年：招攜以禮。悔禍以誠，【石川註】左傳隱十一年：悔禍于許。使來者必安，安者必久，斯道積著，人誰不懷！縱有野心難馴，【張註】左傳：楚司馬子良生子越椒，子文曰：「必殺之。是子也，熊虎之狀而豺狼之聲，弗殺必滅若敖氏矣。諺曰：『狼子野心』，是乃狼也，其可畜乎！」臣知其從化者必過半矣。舞干苗格，【石川註】書大禹謨：舞干羽于兩階，七旬，有苗格。傳：干楯、羽翳也，皆舞者所執。豈獨虚言。假使四五兇渠，【石川註】劉孝威詩：一戰殄凶渠。書傳：渠，大也。俱稟梟鴟之性，其下同惡，復有十百相從，是皆卒伍庸流，闒茸下品。【張註】前漢賈誼傳：闒茸尊顯兮，讒諛得志。註：闒茸，下材不肖之人也。其志好不過聲色財貨之樂，其材用不過蹴鞠距踴之能。【郎註】史記蘇秦傳：臨淄民無不吹竽鼓瑟，六博蹋鞠。劉向别録曰：蹴鞠者，傳言黄帝所作，或云起戰國時，所以練武士，知有材也。今軍中無事，但使蹴鞠。郭璞三蒼解詁曰：鞠，毛團，可蹋戲。左〔傳〕僖二十八年：晉文公欲殺魏犫，而愛其材，使視之。鞾見使者，距躍三百，曲踊三百，乃舍之。距躍，超越也。曲踊，跳踊也。踊與踴通。【張註】史記霍去病傳：驃騎尚穿域蹋鞠。註：鞠戲，以皮爲之，中實以毛，蹴蹋爲戲也。其約從締交，【石川註】賈誼過秦論：合從締交。註：締，結也。則迭相侮詐，以爲智謀；其御衆使人，則例質妻孥，以爲術數。斯乃盜竊偷安之伍，非有姦雄特異之資。以陛下英神，志期平壹，君臣之勢不類，逆順之理不侔，形勢之大小不倫，師徒之衆寡不敵，然尚曠歲持久，師老費財，【石川註】左傳僖二十八年：師直爲壯，曲爲老。加算不止於舟車，【張註】東方朔客難：曠日持久。史記平準書：非吏比者三老、北邊騎士，軺車以一算；商賈人軺車二算；船五丈以上一算。註：如淳曰：算軺車者，有軺車使出稅一算。商賈有軺車，使出二算，重其賦也。正義曰：武帝國用不足，故稅民田宅船車，皆平作錢數，每千錢一算也。一算百二十文。【石川註】漢書武帝紀：元光六年，初算商車。李奇曰：始稅商賈車船，令出算。徵卒殆窮於閩、濮，【郎註】時諸將多請益兵，故遠如閩、濮，亦皆征行。【張註】史記東越傳註：按說文云：閩，東越蛇種也。故字從蟲，門聲，音旻。書牧誓蔡傳：濮在江、漢之南。楊慎丹鉛錄：鄭語：楚蚡(昌)〔冒〕始啟濮。劉伯莊曰：濮在楚西南。左傳：麇人率百濮伐楚。通典有尾濮、木綿濮、文面濮、折腰濮、赤口濮、黑僰濮。周書王會篇「卜人以丹砂」註云：西南之蠻。卜人蓋濮人也。諸濮地與哀牢相接。今按：哀牢即永昌，濮人今名蒲蠻。笞肉捶骨，呻吟里閭，【石川註】品字選：呻吟，痛楚聲。送父別夫，號呼道路，杼軸已空，【石川註】詩大東：杼軸其空。疏：杼，持緯者。興發已殫，【石川註】張衡西京賦：鳥獸殫，目觀窮。綜曰：殫，盡也。而將帥者尚曰財不足，兵不多，此微臣所以千慮百思，而不悟其理也。未審陛下嘗徵其說，察其由乎？股肱之臣，【石川註】書益稷：股肱良哉。日月獻納，【石川註】班固兩都賦序：日月獻納。復爲陛下察其事乎？臣愚無知，實所深惑。遂乃過爲臆度，輒肆討論，以爲：尅敵之要，在乎將得其人，馭將之方，在乎操得其柄。將非其人者，兵雖衆不足恃；操失其柄者，將雖材不爲用。今以陛下效其明聖，羣帥畏威，雖萬無此虞，然亦不可不試省察也。陛下若謂臣此說蓋虛體耳，不足徵焉，臣請復爲陛下效其明徵，以實前說。

田悦唱亂之始，氣盛力全，恒、趙、青、齊，迭爲脣齒。【郎註】田悦傳：建中二年，鎮州李惟岳、淄青李納求襲節度，不許，悦爲請，不答，遂合謀同叛。納分兵佐悦。會幽州兵討惟岳，悦乃以兵五千助惟岳。自將兵數萬繼進，又使楊朝光攻臨洺將張伾。伾固守。左傳僖五年：晉侯復假道於虞以伐虢，宫之奇諫曰：「諺所謂『輔車相依，脣亡齒寒』者，其虞、虢之謂也。」今恒、趙、青、齊更相黨援，故亦以脣齒爲喻。【張註】唐書田悦傳：德宗立，不假借方鎮，諸將稍惕息。會黜陟使洪經綸至河北，聞悦養士七萬，輒下符罷其四萬歸田畝。悦因大集將士，激之曰：「爾等籍軍中久，仰縑廪養父母妻子，今罷去，何恃而生？」衆大哭。悦乃悉出家貲給之，各令還部，自此，魏人德悦。及劉晏死，藩帥益懼，又傳言帝且東封泰山，李勉遂城汴州，而李正己懼，率兵萬人屯曹州，乃遣人説悦同叛。悦因與梁崇義等阻兵連和。建中二年，鎮州李惟岳、淄青李納求襲節度，不許，悦爲請，不答，遂合謀同叛。會(於)〔于〕邵、令狐峘等表汰浮圖，悦乃詐其軍曰：「有詔閲軍之老疾疲弱者。」由是舉軍咨怨。悦與納會濮陽，納分兵佐悦。會幽州朱滔等奉詔討惟岳，悦乃遣孟希祐以兵五千助惟岳，别遣康愔以兵八千攻邢州，楊朝光以兵五千壁盧疃，絶昭義餉道。悦自將兵數萬繼進。

陛下特詔馬燧，委之專征，抱真、李芃，聲勢相援。【張註】通鑑綱目：田悦攻臨洺，累月不拔，城中食且盡。李抱真告急於朝，詔馬燧將步騎與抱真討悦，又遣李晟將神策軍與之俱；又詔朱滔討惟岳。燧等軍未出險，先遣使持書諭悦，爲好語，悦謂燧畏之，不設備。燧等進軍至臨洺，悦悉衆力戰，悦兵大敗，斬首萬餘級。悦夜遁，邢州圍亦解。悦求救於納及惟岳，納及惟岳遣兵救之。悦收合衆卒，得二萬餘人，軍於洹水；淄青軍其東，成德軍其西，首尾相應。馬燧帥諸軍進屯鄴，詔河陽節度使李芃將兵會之。于時士吏畏法，將帥感恩，俱蘊勝殘盡敵之誠，未有爭功邀利之釁，故能累摧堅陣，深抵窮巢，元惡幸脱於俘囚，【石川註】書康誥：元惡大憝。傳：大惡之人。兇徒幾盡於鋒刃。【郎註】德宗詔河東馬燧、河陽李芃與昭義李抱真救張伾。燧乃自壺關鼓而東，戰雙岡，擒賊大將盧子昌，而(救)〔斬〕楊朝光。悦遁保洹水，李納、李惟岳合三萬救悦，淄青軍其左，常冀軍其右。燧引神策將李晟夾攻悦，悦大敗，死傷二萬計，引壯騎數十，夜奔魏州。【張註】唐書馬燧傳：悦遣將王光進以兵守漳之長橋，築月壘扼軍路。燧於下流以鐵鏁維車數百絶河，載土囊遏水而後渡。悦知燧食乏，深壁不戰。燧令士齎十日糧，進營倉口，與悦夾洹而軍，造三橋逾洹，日挑戰。悦不出，陰伏萬人，將以掩燧。燧令諸軍夜半食，先雞鳴時鳴鼓角，而潛師並洹趨魏州，令曰：「聞賊至，止爲陣。」留百騎持火，待軍畢發，匿其旁，須悦衆渡，即焚橋。燧行十餘里，悦率李納等兵踰橋，乘風縱火，譟而前。燧乃令士無動，命除榛莽廣百步爲場，募勇士五千人陣而待。比悦至，火止，氣少衰，燧縱兵擊之，悦敗走橋，橋已焚，衆赴水死者不可計，斬首二萬級，淄青軍幾殲。臣故曰：剋敵之要，在乎將得其人；馭將之方，在乎操得其柄。此其明效也。田悦既敗，力屈勢窮，且皆離心，莫有固志。乘我師勝捷之氣，躡亡虜傷夷之餘，比於前功，難易百倍。既而大軍遂駐，遺孽復安。【郎註】悅夜奔魏州，其將李長春拒不納，以須官軍，而三帥頓兵不進。明日，悅得入，殺長春，持佩刀立軍門，流涕欲自刭，衆抱持之，乃斷髮爲誓。悅自視兵械單耗，懼不知所出，復召田承嗣時舊將邢曹俊，與之謀。曹俊爲整軍固壘，羣心復望。【張註】通鑑：馬燧與李抱真不協，頓兵平邑浮圖。悅夜至南郭，大將李長春閉關不內，以俟官軍，久之，天且明，長春乃開門内之。悅殺長春，嬰城拒守。城中士卒不滿數千，死者親戚，號哭滿街。悅憂，乃持佩刀，乘馬立府門外，悉集軍民，流涕言曰：「悅不肖，蒙淄青、成德二丈人保薦，嗣守伯父業。今二丈人即世，其子不得承襲，悅不敢忘二丈人大恩，不量其力，輒拒朝命。喪敗至此，使士大夫肝腦塗地，皆悅之罪也。願諸公以此刀斷悅首，持出城降馬僕射，自取富貴，無爲與悅俱死也！」因從馬上自投地。將士爭前抱持悅曰：「尚書舉兵徇義，非私己也。某輩累世受恩，願奉尚書一戰，不勝則以死繼之」。悅乃與諸將各斷髮，約爲兄弟，誓同生死；悉出府庫所有及歛富民之財，得百餘萬，以賞士卒；衆心始定。復召貝州刺史邢曹俊，使之整部伍，繕守備，軍勢復振。其後餽運日增，師徒日益，于茲再稔，【張註】左傳：不及五稔。註：稔，年也。竟不交鋒！【張註】通鑑：初李抱真爲澤潞節度使，馬燧領河陽三城；抱真欲殺懷州刺史楊鉥，鉥奔燧，燧納之，且奏其無罪，抱真怒。及同討田悅，數以事相恨望，二人怨隙遂深，不復相見。由是諸軍逗(撓)〔橈〕，久無成功。量兵力則前者寡而今者多，議軍資則前者薄而今者厚，論氣勢則前者新集而今者乘勝，度攻具則前者草創【石川註】論語：卑諶草創之。而今者繕完，【石川註】左傳襄三十一年：繕完葺牆，以待賓客。註：繕，治也。計兇黨則前者盛而今者殘，揣敵情則前者銳而今者挫。然而勢因時變，事與理乖，當易而反難，當進而中止，本末殊趣，前後易方，順理之常，必不如此。臣故曰：將非其人者，兵雖衆不足恃；操失其柄者，將雖材不爲用。此自昔必然之效，但未審今茲事實，得無近於此乎？在陛下熟察而亟救之耳！固不在益兵以生事，加賦以殄人，無紓目前之虞，或興意外之患。

人者，邦之本也；【張註】書：民惟邦本。財者，人之心也；兵者，財之蠹也。【張註】左傳：韓宣子曰：「兵，民之殘也，財用之蠹，小國之大菑也。」註：蠹，害物之蟲。其心傷則其本傷，其本傷則枝幹顛瘁而根柢蹷拔矣，惟陛下重慎之，愍惜之。今師興三年，可謂久矣；稅及百物，可謂繁矣；陛下爲之宵衣旰食，可謂憂勤矣；【張註】通鑑音註：宵衣，謂未明求衣也。旰食，謂日旰而食也。【石川註】漢書鄒陽傳：孝文皇帝據關入立，不明求衣。左傳昭二十年：楚君大夫，其旰食乎？註：不得早食。海内爲之行齎居送，可謂勞弊矣。而寇亂有益，翦滅無期，人摇不寧，事變難測。是以兵貴拙速，不尚巧遲；【張註】孫子：兵聞拙速，未覩巧之久也。速則乘機，遲則生變。此兵法深切之誡，〔五〕往事明著之驗也。夫投膠以變濁，不如澄其源而濁變之愈也；〔六〕【張註】抱朴子：寸膠不能理黄河之濁，尺水不能却肅坵之火。揚湯以止沸，不如絶其薪而沸止之速也。【張註】前漢枚乘傳：欲湯之滄，一人炊之，百人揚之，無益也，不如絶薪止火而已。是以勞心於服遠者，莫若修近而其遠自來；多方以救失者，莫若改行而其失自去。若不靖於本，而務救於末，則救之所爲，乃禍之所起也。修近之道，改行之方，易於舉毛，【石川註】詩（蒸）〔烝〕民：德輶如毛，民鮮（能）〔克〕舉之。但在陛下然之與否耳。儻或重難易制，姑務持危，則當較禍患之重輕，辯攻守之緩急。

臣謂幽、燕、恒、魏之寇，勢緩而禍輕；【郎註】此謂田悦等。【張註】唐書地理志：幽州范陽郡；又隋於營州之境汝羅故城置遼西郡，武德元年曰燕州；鎮州常山郡本恒州；魏州魏郡，俱屬河北道。謹按：幽、燕謂朱滔，恒謂王武俊，魏謂田悦。汝、洛、滎、汴之虞，勢急而禍重。【郎註】此謂李希烈。【張註】唐書地理志：河南府河南郡本洛州；鄭州滎陽郡，屬河南道。緩者宜圖之以計，今失於屯戍太多；急者宜備之以嚴，今失於守禦不足。何以言其然也？自胡羯稱亂，首起薊門，【郎註】逆臣傳：安禄山，營州柳城胡也，明皇天寶十（三）〔四〕載冬十一月反范陽。【石川註】羯，地名，上黨武鄉羯室，晉匈奴別部人居之，後因號爲羯。中興已來，未暇芟蕩，因其降將，即而撫之。【張註】唐鑑：廣德元年閏正月，以史朝義降將薛嵩爲相、魏、邢、洺、貝、磁六州節度使，田承嗣爲魏、博、德、滄、瀛五州都防禦使，李懷仙爲幽州、盧龍節度使。時河北諸州皆以降，嵩等迎僕固懷恩，拜於馬首，乞行間自效；懷恩亦恐賊平寵衰，故奏留嵩等。及李寶臣分帥河北，自爲黨援，朝廷亦厭苦兵革，苟冀無事，因而授之。范氏曰：唐失河北，實自此始，由任蕃夷爲制將故也。朝廷置河朔於度外，殆三十年，〔七〕【郎註】藩鎮傳：安、史亂天下，至肅宗大難略平，君臣皆幸安，故瓜分河北地，付授叛將田承嗣等，護養孽萌，以成禍根。亂人乘之，遂擅置吏，以賦税自私，不朝獻于廷。效戰國肱髀相依，以土地傳子孫。故朝廷置之度外。自肅宗至德迄寶應凡七年，自代宗廣德迄大曆凡十七年，至德宗建中四年共二十八年，故云殆三十年。非一朝一夕之所急也。

【石川註】易文言：非一朝一夕之故。田悦累經覆敗，氣沮勢羸，偷全餘生，無復遠略。【郎註】悦既敗于雙岡，復敗于洹水，乃卑辭厚禮，結好于朱滔、王武俊。悦恃救至，使康愔督兵與王師戰御河上，大敗，棄甲走城，蹈藉死塹中者甚衆。武俊蓄種，有勇無謀。【郎註】本傳：武俊本出契丹，善騎射，與張孝忠齊名。朱滔卒材，多疑少決。【郎註】本傳：滔性變詐，多端倪。皆受田悦誘陷，遂爲猖狂【石川註】莊子山木：猖狂妄行。出師。【郎註】田悦傳：悦既敗，未幾，王武俊殺李惟岳，而深州降朱滔，滔分兵守之。德宗授武俊恒州刺史，以康日知爲深、趙二州觀察使。武俊恨賞薄，滔怨不得深州，悦知二將可閒，乃僞路使王侑、許士則説滔合從，滔大喜，使侑先還告師期。滔因使王郅説武俊，武俊亦喜，即日使使報滔。於是滔率兵二萬屯寧晉，武俊以兵萬五千會之。【張註】通鑑綱目：時河北畧定，惟魏州未下，李納勢日蹙，朝廷謂天下不日可平，以張孝忠爲易、定、滄〔三〕州節度使，武俊、日知爲恒冀、深趙團練使，以德、棣二州隸朱滔，令還鎮。滔固請深州，不許，由是怨望，留屯深州。武俊自以不得爲節度使，又失趙、定，不悦。復有詔令武俊以糧三千石給朱滔，馬五百匹給馬燧。武俊以爲魏博既下，朝廷必取恒冀，故分其糧馬以弱之，疑，未肯奉詔。田悦聞之，遣判官王侑説朱滔曰：「今上志欲掃清河朔，不使藩鎮承襲，魏亡，則燕、趙爲之次矣。若司徒矜魏博而救之，非徒得存亡繼絶之義，亦子孫萬世之利也。」滔大喜，即遣侑歸報。又遣王郅説王武俊曰：「大夫出萬死之計，誅逆首，康日知豈得與大夫同日論功！而朝廷褒賞畧同，誰不憤悒！今又聞詔支糧馬與鄰道，朝廷之意，先欲貧弱軍府，俟平魏之日，使馬僕射、朱司徒共相滅耳。司徒不敢自保，使郅等效愚計，欲與大夫共救田尚書，而以深州與大夫，三鎮連衡，若耳目手足之相救，則他日永無患矣。」武俊亦喜，許諾，相與刻日舉兵南向。事起無名，【石川註】漢書高帝紀：

三老董公曰：「兵出無名，事故不成。」衆情不附，進退遑惑，内外防虞。所以纔至魏郊，遽又退歸巢穴。【張註】通鑑綱目：滔將步騎二萬五千發深州，至束鹿，詰旦將行，士卒忽大亂，誼譟曰：「天子令司徒歸幽州，奈何違敕南救田悅！」滔大懼。蔡雄等謂士卒曰：「司徒血戰以取深州，冀得其絲纊以寬汝曹賦率，不意國家無信。今茲南行，乃爲汝曹，非自爲也。」衆曰：「雖知如此，終不如且奉詔歸鎮。」雄曰：「然則汝曹各歸部伍，休息數日，相與歸鎮耳。」衆然後定。滔即引軍還深州。意在自保，勢無他圖。加以洪河、太行禦其衝，【張註】西都賦：右界褒、斜、隴首之山，帶以洪河、涇、渭之川。地理通釋：太行山連亘河北諸州，爲天下之脊。并、汾、洺、潞壓其腹，【張註】唐書地理志：太原府本并州，汾州西河郡，潞州上黨郡，屬河東道。洺州廣平郡，屬河北道。文獻通考：并州：古之并州，以其地在兩谷之間，故爲并州；亦曰在衛水、常水之間。汾州：春秋時晉地，後魏置汾州。洺州：禹貢：「覃懷底績，至於衡漳。」春秋時赤狄之地，後周置洺州。潞州：春秋時初爲黎國，後狄人奪其地，赤狄潞子嬰兒爲晉所滅，其地盡屬焉。後周置潞州。雖欲放肆，亦何能爲？又此郡兇徒，互相劫制，急則合力，退則背憎，【張註】通鑑綱目：李晟謀取涿、莫二州，以絶幽、魏往來之路。圍清苑累月不下，朱滔自將救之，晟軍大敗，還保定州。王武俊以滔未還魏橋，遣宋端趣之，言頗不遜，滔怒，曰：「滔以救魏博之故，叛君棄兄如脱屣，二兄必相疑，惟二兄所爲。」武俊遣使者見滔謝之，然以是益恨滔矣。是皆苟且之徒，必無越軼之患。此臣所謂幽、燕、恒、魏之寇，勢緩而禍輕。希烈忍於傷殘，果於吞噬，據蔡、許富全之地，【張註】唐書地理志：許州潁川郡，屬河南道。蔡註見制誥九卷。益鄧、襄鹵獲【石川註】揚子方言：鹵，奪也。之資，【郎註】本傳：希烈資慘害，臨戰陣殺人，血流於前而飲食自若也。建中四年，既取汝州，執李元平，即北侵汴州，南略鄂州，留其將姚瞻戍鄧州，復以兵圍襄城。【張註】鄧註見制誥七卷南陽。襄註見卷內。意殊無厭，兵且未衂，〔八〕【張註】廣韻：衂，挫也。綱目集覽：敗北曰衂。東寇則轉輸將阻，【張註】通鑑綱目：希烈密與朱滔等交通，李納亦數遣遊兵度汴迎希烈，由是東南轉輸者皆自蔡水而上。北窺則都城或驚。此臣所謂汝、洛、滎、汴之虞，勢急而禍重。代、朔、邠、靈之騎士，自昔之精騎也；【張註】唐書地理志：代州鴈門郡，朔州馬邑郡，屬河東道。通典：代州：古唐國之地。趙武靈王破樓煩，置雲中、鴈門、代郡。續通典：朔州：春秋北狄之地，後魏孝文遷洛之後，於定襄故城置朔州。邠註見卷內。靈註見制誥五卷。上黨、盟津之步卒，當今之練卒也。〔九〕【張註】通典：潞州：春秋時初爲黎國，後狄人奪其地，赤狄潞子嬰兒爲晉所滅，其地盡屬焉。秦置上黨郡，後周置潞州，隋置韓州，唐爲潞州，或爲上黨郡。洛陽東北有盟津，本孟地名，都水所湊，古今以爲津，武王會八百諸侯同于此盟，故曰盟津。唐書李抱真傳：抱真策山東有變，澤、潞兵所走集，乘戰伐後，賦重人困，軍伍凋刓，乃籍户三丁擇一，蠲其徭租，給弓矢，令閑月得曹偶習射，歲終大校，親按籍第能否賞責。比三年，皆爲精兵，舉所部得成卒二萬，既不廩於官，而府庫實。乃曰：「軍可用矣。」繕甲淬兵，遂雄山東，天下稱昭義步兵爲諸軍冠。謹按：唐上黨、盟津同隸昭義節度。悉此彊勁，委之山東，【張註】通鑑音註：河自龍門上口南抵華陰而東流，秦國在河之西。山自鳥鼠同穴連延爲長安南山，至於泰華，秦國在山之西。韓、魏、趙、齊、楚、燕六國皆在河、山以東。又考賈誼所謂建武關、函谷、臨晉關者，大抵爲備山東諸侯，可見自秦之外皆謂之山東矣。顧炎武日知録：古所謂山東者，華山以東，自函谷關東總謂之山東，非若今之但以齊、魯爲山東也。勢分於將多，財屈於兵廣，以攻則曠歲不進，以守則數倍有餘，各懷顧瞻，遞欲推倚。此臣所謂緩者宜圖之以計，今失於屯戍太多。李勉以文吏之材，【石川註】舊唐書李勉傳：勉幼勤經史，長而沉雅清峻，宗於虛玄。德宗紀：四年三月，以李勉爲淮西招討使。當浚郊奔突之會，【郎註】本傳：勉初節度汴宋。德宗立，以爲汴宋、滑亳、河陽等道都統。建中四年，李希烈圍襄城，詔勉出兵救之。哥舒曜以烏合之衆，【張註】通鑑音註：飛鳥見食，羣集而聚啄之，人或驚之，則四散飛去，故兵以利合，無所統一者，謂之「烏合」。捍襄野豺狼之羣。【張註】唐書哥舒曜傳：李希烈陷汝州，以周晃爲僞刺史。詔拜曜東都、汝州行營節度使，將鳳翔、邠寧、涇原、奉天、好畤兵萬人討希烈。曜擊賊收汝州，擒晃以獻，斬其將二人。希烈退保許州。詔城襄城，曜以疲人版築，不如按甲持重以挫之，帝不許。有詔督戰，曜進次潁橋，雷震軍中，七馬斃，曜懼，還屯襄城。希烈遣衆萬人，縱火攻柵，殪人於塹以薄壘，曜苦戰破之。【石川註】左傳閔元年：戎、狄豺狼，不可厭也。陛下雖連發禁軍，以爲繼援，【郎註】帝復遣神策將劉德信以兵三千援曜。累敕諸鎮，務使協同，睿旨殷憂，【石川註】劉琨勸進表：或殷憂以啟聖明。釋訓：殷〔殷〕，憂〔也〕。人思自效，但恐本非素習，令不適從，【石川註】左傳僖五年：吾誰適從。奔鯨觸羅，【張註】陳琳爲曹洪與世子書：若駭鯨之決細網，奔兕之觸魯縞。倉卒難制，首鼠應敵，【張註】前漢灌夫傳：何爲首鼠兩端？註：服虔曰：首鼠一前一却也。陸佃云：鼠性疑，出穴多不果，故持兩端者謂之「首鼠」。因循莫前。此臣所謂急者宜備之以嚴，今失於守禦不足。

陛下若察其緩急，審其重輕，使懷光帥師救襄城之圍，【郎註】時懷光將朔方兵屯魏，與朱滔等相持，久不戰。【張註】通鑑：建中四年八月，李希烈將兵三萬，圍哥舒曜於襄城，詔李勉及神策將劉德信將兵救之。李芃還鎮爲東都之援，【郎註】德宗以芃爲河陽三城節度，與馬燧等破田悦洹水上，復進圍悦，並見本傳。【張註】通鑑音註：劉昫曰：東都，周之王城，平王東遷所都也。故城在今苑内東北隅。自赧王以後，及東漢、魏文、晉武，皆都於今故洛城。隋大業元年，自故洛城西移十八里，置新都，今都城是也。唐世人主往來東都、西京，而實都長安，以長安爲京師。汝、洛既固，梁、宋亦安。〔一〇〕【張註】一統志：梁，漢之國名，治碭郡，後遷治睢陽縣。隋置宋州，大業初改曰梁郡，唐爲宋州。是乃取有餘，救不足，罷關右賦車籍馬之擾，減山東飛芻輓粟之勞。【張註】通典：秦欲攻匈奴，使天下飛芻輓粟。註：運載芻藁，令疾至，故曰飛芻也。輓粟謂引車輛也。無擾則禍患不生，息勞則物力可濟，非止排難於變切，〔一一〕亦將防患於未然。徵發既停，守備且固，足得徐觀事勢，更選良圖。此於紓亂解紛，【張註】老子：挫其鋭，解其紛。抑亦計之次也。

議者若曰：「河朔羣盜，尚未殲夷，【石川註】穀梁傳莊十七年：殲，盡也。漢書刑法志：秦造參夷之誅。夷，滅也。儻又減兵，必更生患。」此蓋好異不思之説耳，臣請有以詰之。前歲伐叛之初，唯馬燧、抱真、李芃三師而已，以攻必克，以戰必彊，是則力非不足明矣。洎遲留不進，乃請益師，於是選神策鋭卒以繼之，而李晟往矣。【郎註】本傳云：建中二年，魏博田悦反，以晟爲神策先鋒，合兵攻悦，悦大敗。【石川註】舊唐書李晟傳：二年，悦反，將兵圍臨洺、（郡）〔邢州〕，詔以晟爲神策先鋒、都知兵馬使，與燧、李抱真合兵救臨洺。新唐書依之。燧傳亦爲悦次臨洺，詔燧與抱真、晟救臨洺。安貞按：據公集，晟往在燧、抱真、芃破悅後，當以公集爲正。猶曰未足，復請益師，於是召朔方全軍以赴之，而懷光往矣。【郎註】本傳云：時馬燧、李抱真討田悅，未克，詔李懷光以朔方兵萬五千併力討悅。幾遣加半之戍，竟無分寸之功，【石川註】舊唐書李懷光傳：建中三年，詔遣懷光統朔方兵步騎一萬五千同討田悅。與滔等大戰于愜山，爲滔等所敗；復爲悅決水以灌之，諸軍不利。是則師不在衆又明矣。然而可託以爲解者，必曰：「王師雖益，賊黨亦增，曩獨田悅、寶臣，」【郎註】李傳云：李寶臣本范陽内屬羌，後歸朝，爲成德節度使，遂有常、定、易、趙、深、冀六州地，馬五千，步卒五萬，財用豐衍，益招來亡命，雄冠山東。與薛嵩、田承嗣、李正己、梁崇義相姻嫁，急熱爲表裏。惟岳乃其子也。【張註】唐書李寶臣傳：李寶臣本張忠志，擢禮部尚書，封趙國公，名其軍曰成德，即拜節度使，賜姓及名。今兼朱滔、武俊。」臣請再詰以塞其辭。曩之田悅、寶臣，皆蓄銳養謀，劇賊之方彊者也。尋而田悅喪敗，寶臣殲夷。【郎註】寶臣既蓄異志，引妖人作讖兆，置金匜、玉斝，猥曰「内產甘露神酒」，寶臣大悅。既而畏事露且誅，詐曰：「公飲甘露液，可與天神接。」密寘堇于液，寶臣已飲即瘖，三日死。時建中(三)〔二〕年也。【張註】谷況燕南記：忠志末年，惟納妖妄之人，兼陰陽術數、諂媚苟且之輩。爭獻圖讖，稱有尊位。詐作朱草、靈芝，鑿石上作名字。又於後堂院結壇場，清齋菜食。置金杯、玉斝、銀盤，云「甘露神酒，自至其内」。又言「天符下降」。忠志自謂命符上天，將吏罔有諫者，使行文牒布告州縣云：「靈芝、朱草，王者之瑞，輒生壇上，香滿院中。靈石呈祥，天符飛應，甘露如蜜，神酒盈杯。匪我所求，不期自至。各牒管内郡縣，宣令知悉，同爲喜慶也。」既而日爲妖妄者更相矯云：「不日當有天神下降，持金箱玉印而至，然後即大位，爲天所授也。四方皆自歸伏，不待征討，海内坐而定矣。」忠志大悅，多以金銀羅錦異物賞之。陰陽、妖妄者自知虚僞，恐事泄見誅，共言：「相公宜服甘露、靈芝草湯，即天神降速。」忠志一任妖者，遂於湯中密著毒藥，既飲畢，便失音，三日而卒。雖復朱滔、武俊加於前，亦有孝忠、日知乘其後。【郎註】張孝忠本李寶臣麾下，寶臣死，子惟岳反，乃歸（葬）〔朝〕，爲成德節度使。時三分成德地，詔定州置軍，名義武，以孝忠爲節度，易、定、滄等州觀察使。後滔與武俊遣蔡雄説之，復啖以金帛，皆不受。易、定介二鎮間，乘城固守，卒全其軍。康日知少事李惟岳，惟岳反，日知與別駕李濯及部將百人共盟歸朝。惟岳遣王武俊攻之，日知紿爲臺檢示曰：「使者齎詔喻中丞，中丞柰何負天子，從小兒跳梁哉！」武俊悟，引兵還，斬惟岳以獻。德宗美其謀，擢爲深趙觀察使。會武俊拒命，遣將攻趙州，日知復破其軍。【張註】唐書張孝忠傳：始名阿勞，以兵屬李寶臣，賜今名。寶臣死，子惟岳擅立，詔朱滔以幽州兵討之。滔忌孝忠善戰，使判官蔡雄往説歸國，孝忠然之，遣將程華報滔連和。德宗嘉之，擢檢校工部尚書、成德軍節度使。是則賊勢不滋於曩日，王師有溢於昔時又明矣。曩以太原、澤潞、河陽三將之衆，【郎註】太原謂馬燧，澤潞謂李抱真，河陽謂李芃。當田悦、朱滔、武俊三寇之兵。今朱滔遁歸，武俊退縮，唯此田悦，假息危城。【石川註】後漢書來歙傳：得延命假息。設使我師悉歸，彼亦纔能自守。況留抱真、馬燧，足得觀釁討除。【石川註】左傳宣十二年：觀釁而動。是則減兵東征，勢必無患又明矣。留之則彼爲冗食，【石川註】周禮稾人：掌共外内朝冗食者之食。增韻：冗，剩也，言無事而食者也。徙之則此得長城。【石川註】史紀蒙恬傳：築長城，起臨洮，至遼東，延袤萬餘里。化危爲安，息費從省，舉一而兼數利，惟陛下圖之。謹奏。

蔡九霞曰：此篇與關中事宜篇議論彷彿，想係一時所奏。但關中事宜篇意在内固京畿，此篇耑説用兵機宜。前論擇將、馭將，中論寇勢緩急，後則破庸人拘牽之議，皆指時事爲證驗，不是紙上空談也。其如德宗不用其計何！

馬傳庚曰：論兵法必攻心，揣賊情如指掌。條陳時事，洞悉機宜。識見精深，議論警闢。

校勘記

〔一〕心蘊忠憤　「心蘊」，張本註云：「一本作『欲紓』。」

〔二〕見其情而通其變　「見其情而」，明本、郎本作「人情而已」。按：據明本、郎本，則「人情而已」單爲一句，「通其變」緊銜下句。

〔三〕果爲姦逆　「姦」，張本註云：「一作『謀』。」

〔四〕苟知全生　「生」，張本註云：「一作『忠』。」

〔五〕此兵法深切之誡　「兵法」下，明本多「之要」二字。

〔六〕不如澄其源而濁變之愈也　「濁變」間，明本、郎本多一「自」字。

〔七〕殆三十年　此句之下，明本、郎本、張本多一「矣」字。

〔八〕兵且未衂　「衂」，全唐四六七註云：「一作『衃』。」

〔九〕當今之練卒也　「練卒」，新傳作「選師」。

〔一〇〕使懷光帥師救襄城之圍至梁宋亦安　新傳作「今若還李芃河陽以援東都，李懷光解襄城之圍，專以太原、澤、潞兵抗山東，則梁、宋安。」

〔一一〕非止排難於變切　「切」，石川本註云：「吴本作『初』。」

論關中事宜狀

【郎註】唐〔書〕本傳：陸贄字敬輿，蘇州嘉興人。父偘，溧陽令。贄少孤，特立不羣。十八第進士，中博學弘辭。（謁）〔調〕鄭（安）〔尉〕。又以書判拔萃，授渭南〔主〕簿。遷監察御史。德宗在東宮時，素知贄名，乃召爲翰林學士，數問以得失。會馬燧等討賊河北，久不決，請濟師；李希烈寇襄城。詔問策安出，贄以兵窮民困，恐別生内變，乃上此奏及論兩河及淮西利害狀，帝不能用。後有涇（源）〔原〕士卒之變，贄言皆效。【張註】前漢高帝紀：懷王與諸將約，先入定關中者王之。註：師古曰：自函谷關以西，總名關中。關中記：東自函關、弘農郡靈寶縣界，西至隴關、汧陽郡汧源縣界，二關之間，謂之關中，東西千餘里。【石川註】通鑑德宗紀：時兩河用兵久不決，賦役日滋，贄以兵窮民困，恐別生内變，乃上奏。

右臣頃覽載籍，每至理亂廢興之際，【石川註】唐高宗諱治，故唐人諱治爲理也。必反覆參考，究其端由。與理同道罔不興，與亂同趣罔不廢，【石川註】書太甲：與治同道罔不興，與亂同事罔不亡。此理之常也。其或措置不異，安危則殊，此時之變也。至於君人有大柄，立國有大權，得之必彊，失之必弱，是則歷代不易，百王所同。夫君人之柄，在明其德威；立國之權，在審其輕重。德與威不可偏廢也，輕與重不可倒持也。蓄威以昭德，偏廢則危；居重以馭輕，倒持則悖。恃威則德喪於身，取敗之道也；失重則輕移諸己，啟禍之門也。陛下天錫勇智，【張註】書：天乃錫王勇智。志期削平，【石川註】德宗即位，欲削平藩鎮，以收其權，不許李惟岳留後，討田悅，誅梁崇義。忿茲昏迷，【石川註】書大禹謨：昏迷不恭。整旅【石川註】詩皇矣：爰整其旅。傳：旅，師也。奮伐，【張註】穀梁傳：出日治兵，習戰也；入日振旅，習戰也。詩：奮伐荆、楚。海内震疊，【張註】詩：薄言震之，莫不震疊。莫敢寧居，【石川註】左傳桓十八年：不敢寧居。此誠英主撥亂拯物，【張註】前漢高帝紀：帝起細微，撥亂世，反之正。【石川註】公羊傳哀十四年：撥亂反諸正。説文：撥，治也。不得已而用之。然威武四加，非謂蓄矣。所可兢兢保惜，〔一〕【石川註】書皐陶謨：（競競）〔兢兢〕業業。傳：（競競）〔兢兢〕，戒慎也。慎守而不失者，唯居重馭輕之權耳。陛下又果於成務，【石川註】易繫辭：開物成務。急於應機，竭國以奉軍，傾中以資外，倒持之勢，今又似焉。臣是以疚心如狂，【張註】前漢蘇武傳：陵始降時，忽忽如狂。不覺妄發，輒踰顧問之旨，【張註】通鑑：大曆十四年六月丙午，舉先天故事，六品以上清望官，雖非供奉、侍衛之官，日令二人更值待制，以備顧問。深測憂危之端。此臣之愚於自量，而忠於事主之分也。古人所謂「愚夫言之，而明主擇之」，【石川註】淮南子説林：愚者言而智者擇。漢書鼂錯傳：傳曰：狂夫之言，而明主擇焉。惟陛下幸留聽焉。

臣聞「國家之立也，本大而末小，是以能固」。【石川註】左傳桓二年：師服曰：「國家之立也，本大而末小，是以能固。」又聞理天下者，「若身之使臂，臂之使指」，則小大適稱而不悖焉。【張註】前漢賈誼傳：令海内之勢，如身之使臂，臂之使指，莫不制從。身所以能使臂者，身大於臂故也；臂所以能使指者，臂大於指故也。【張註】淮南子：五指之屬於臂，搏援攫捷，莫不如志。言以小屬於大也。王畿者，四方之本也；【張註】周禮職方氏：辨九服之邦國，方千里曰王畿。鄭玄王制註云：縣内，夏時天子所居州界名也。殷曰畿，周亦曰畿。京邑者，又王畿之本也。【張註】張衡東京賦：京邑翼翼，四方所視。其勢當令京邑如身，王畿如臂，四方如指，故用即不悖，處則不危。斯乃居重馭輕，天子之大權也。非獨爲御諸夏而已，抑又有鎮撫戎狄之術焉。〔二〕是以前代之制，轉天下租税，委之京師；【郎註】史〔記〕平準書：孝惠、高后時，量吏禄，度官用，以賦於民。（及）〔而〕山川園池市井租税之入，天子以爲私奉養焉，不領於天下之經費。漕轉山東粟，以給中都官。【石川註】隋書食貨志：開皇三年，衛州置黎陽倉，陝州置常平倉，華州置廣通倉，轉相灌注。漕關東及汾、晉之粟，以給京師。徙郡縣豪傑，處之陵邑；【郎註】前〔漢〕地理志：漢興，立都長安，徙齊諸田，楚昭、屈、景及諸功臣家於長陵。後世世徙吏二千石高訾富人及豪傑并兼之家於諸陵，蓋亦以强幹弱枝，非獨爲奉山園也。【張註】前漢劉敬傳：諸侯初起時，非齊諸田，楚昭、屈、景莫與。今陛下雖都關中，實少人。北近胡寇，東有六國强族。臣願徙齊諸田，楚昭、屈、景，燕、趙、韓、魏後，及豪傑名家，且實關中。無事，可以備胡；諸侯有變，亦足率以東伐。此彊本弱末之術也。【石川註】漢書主父偃傳：茂陵初立，天下豪傑兼并之家，亂衆民，可徙茂陵，内實京師，外消姦猾。武帝紀：元朔二年，徙郡國豪傑及訾三百萬以上于茂陵。

孝武元狩五年，徙天下姦猾吏民于邊。元鼎六年，置張掖、墩煌郡，復徙民以實之。墩音屯。選四方壯勇，實之邊城。【郎註】【石川註】詩序：文王時，西有昆夷之患，北有玁狁之難，命將率、遣戍役，以守衛中國。其賦役則輕近而重遠也，【石川註】周禮載師：國宅無征，（國）〔園〕廛二十（有）〔而〕一，近郊十一，遠郊二十而三。註：國税輕近而重遠，近者多役也。其惠化則悦近以來遠也。【石川註】論語：近者悦，遠者來。太宗文皇帝既定大業，萬方底乂，【石川註】書益稷：萬方作乂。猶務戎備，不忘慮危。列置府兵，分隸禁衛，【張註】唐書兵志：府兵之制，起自西魏、後周，而備於隋。自高祖初起，開大將軍府，以建成爲左領大都督，領左三軍；墩煌公爲右領大都督，領右三軍；元吉統中軍。發自太原，有兵三萬人。及諸起義以相屬與降羣盜，得兵二十萬。武德初，始置軍府，以驃騎、車騎兩將軍府領之。析關中爲十二道，皆置府。三年，更爲十二軍，軍置將、副各一人，以督耕戰，以車騎府統之。六年，以天下既定，廢十二軍，改驃騎曰統軍，車騎曰別將。居歲餘，十二軍復，而軍置將軍一人；軍有坊，置主一人，以檢察户口，勸課農桑。太宗貞觀十年，更號統軍爲折衝都尉，別將爲果毅都尉，諸府總曰折衝府。凡天下十道，置府六百三十四，皆有名號，而關内二百六十有一，皆以隸諸衛。凡府三等：兵千二百人爲上，千人爲中，八百人爲下。府置折衝都尉一人，左右果毅都尉各一人，長史、兵曹、別將各一人，校尉六人。士以三百人爲團，團有校尉；五十人爲隊，隊有正；十人爲火，火有長。火備六馱馬。

其隸於衛也，左、右衛皆領六十府，諸衛領五十至四十，其餘以隸東宮六率。夫所謂天子禁軍者，南、北衙兵也。南衙，諸衛兵是也；北衙者，禁軍也。貞觀初，太宗擇善射者百人，爲二番，於北門長上，曰「百騎」，以從田獵。又置北衙七營，選材力驍壯，月以一營番上。十二年，始置左右屯營於玄武門，領以諸衛將軍，號「飛騎」。後擇馬射爲百騎，爲游幸翊衛。

大凡諸府八百餘所，而在關中者殆五百焉。【郎註】唐〔書〕兵志：府兵之制，起自西魏，而備於隋，唐興因之。凡天下諸道，置府（兵）六百三十四，皆有名號，而關内二百六十有一，皆以隸諸衛。與公所言頗有異同。【張註】文獻通考：唐志言：凡天下十道，置府六百三十四，皆有名號，而關内二百六十有一，皆以隸諸衛。會要云：折衝府二百八十，通計舊府六百三十三。陸贄奏議則以爲太宗置府八百，在關中者五百。杜牧原十六衛：上畜養戎臣，外開折衝、果毅府五百七十有四。其數不同。舉天下不敵關中，〔三〕則居重馭輕之意明矣。

承平漸久，武備浸微，雖府衛具存，而卒乘罕習。【張註】唐書兵志：自高宗、武后時，天下久不用兵，府兵之法寖壞，番役更代，多不以時，衛士稍稍亡匿，至是益耗散，宿衛不能給。宰相張説乃請一切募士宿衛，更號曰「彍騎」，以分隸十二衛，總十二萬，爲六番。自天寶以後，彍騎之法又稍變廢，士皆失拊循。八載，折衝諸府至無兵可交，李林甫遂請停上下魚書。其後徒有兵額、官吏，而戎器、馱馬、鍋幕、糗糧並廢矣。故禄山竊倒持之柄，乘外重之資，【石川註】唐書逆臣傳：禄山拜雲中太守、河東節度使。得朔方節度使阿布思衆，兵雄天下。一舉滔天，【張註】通鑑：李林甫欲杜邊（師）〔帥〕入相之路，乃奏言：「文臣爲將，怯當矢石，不若用寒畯胡人。胡人則勇決習戰，寒畯則孤立無黨。」上悦其言，始用安禄山。至是，諸道節度使盡用胡人。精兵咸戍北邊，天下之勢偏重，卒使禄山傾覆天下，皆出於林甫專寵固位之謀也。姚汝能安禄山事蹟：禄山日增驕，嘗以曩時不拜肅宗之嫌，慮玄宗年高，國中事變，遂包藏禍心，將生逆節。乃於范陽築雄武城，外示禦寇，内貯兵器。天寶十四載，起兵反，同羅、契丹、室韋曳落〔河〕，兼范陽、平盧、河東、幽、薊之衆，馬步相兼十萬，鼓行而西，以誅楊國忠爲名。【石川註】書堯典：象恭滔天。兩京不守。【郎註】安禄山傳：禄山當明皇天寶間，既兼制三道，意益侈，又請爲閑厩、隴右羣牧等使。天寶十四載冬十一月，反范陽；十二月丁酉，禄山陷東京。十五載六月己亥，禄山陷京師。【張註】唐書玄宗紀：天寶十四載十一月丙申，封常清及安禄山戰於罌子谷，敗績；丁酉，陷東京，留守李憕、御史中丞盧奕、判官蔣清死之。十五載六月甲午，詔親征，京兆尹崔光遠爲西京留守；丁酉，次馬嵬；己亥，禄山陷京師。尚賴經制，頗存典刑，【石川註】詩蕩：雖無老成人，尚有典〔型〕〔刑〕。彊本之意則忘，〔四〕緣邊之備猶在，【張註】通鑑：天寶元年，置十節度、經畧使以備邊。安西節度撫寧西域，治龜茲城。北庭節度防制突騎施、堅昆，治北庭都護府。河西節度斷隔吐蕃、突厥，治涼州。朔方節度捍禦突厥，治靈州。河東節度與朔方犄角以禦突厥，治太原府。范陽節度臨制奚、契丹，治幽州。平盧節度鎮撫室韋、靺鞨，治營州。隴右節度備禦吐蕃，治鄯州。劍南節度西抗吐蕃，南撫蠻、獠，治益州。嶺南五府經畧綏靜夷、獠，治廣州。此外又有長樂經畧，福州領之；東萊守捉，萊州領之；東牟守捉，登州領之。凡鎮兵四十九萬人，馬八萬餘匹。加以諸牧有馬，【張註】通鑑音註：唐制：凡馬五千匹爲上監，三千匹以上爲中監，一千匹以上爲下監。麟德中，置八使，分總監坊。秦、蘭、原、渭四州及河曲之地，凡監四十八。南使有監十五，西使有監十六，北使有監七，鹽州使有監八，嵐州使有監二。自京師西，屬隴右，有七馬坊，置隴右三使領之。歐陽修曰：置八坊。幽、岐、涇、寧間地廣千里，一曰保樂，二曰甘露，三曰南普閏，四曰北普閏，五曰岐陽，六曰太平，七曰宣禄，八曰安定。八坊之田千二百三十頃，募民耕之，以給芻秣。八坊之馬，爲四十八監，而馬多地狹不能容，又析八監，列置河西豐曠之野。每州有糧，【郎註】初，肅宗至平涼閱監牧馬，得數萬匹。至烏氏，彭原太守李遵出迎，獻衣及糗糧。其有馬有糧皆此類也。故肅宗得以爲資，中復興運。乾元【張註】肅宗年號。之後，大憝初夷，【郎註】此指安禄山、史思明。【石川註】書康誥：元惡大憝。傳：大惡之人，爲人所大惡。繼有外虞，【郎註】禄山死，慶緒繼之；思明死，朝義繼之。【張註】通鑑綱目：肅宗上元二年三月，史朝義殺史思明。寶應元年冬十月，以雍王适爲天下兵馬元帥，討史朝義；十一月，諸軍圍史朝義於莫州。悉師東討，邊備既弛，禁戍亦空。吐蕃乘虛，深入爲寇，故先皇帝【張註】謂代宗。莫與爲禦，避之東遊。【郎註】代宗紀：寶應元年七月，吐蕃陷隴右諸道。十月，寇奉天、武功，戰于盩厔，王師敗績；丙子，駕幸陝州；戊寅，吐蕃陷京師。【張註】通鑑綱目：廣德元年冬十月：吐蕃入大震關，陷蘭、廓、河、鄯、洮、岷、秦、成、渭等州，盡取河西、隴右之地。邊將告急，程元振皆不以聞。十月，虜至涇州，刺史高暉降之，爲之鄉導，既過邠州，上始聞之。至奉天、武功，京師震駭，詔以雍王适爲關内元帥，郭子儀副之，出鎮咸陽以禦之。子儀閑廢日久，部曲離散，至是召募，得二十騎而行。至咸陽，吐蕃帥吐谷渾、党項、氐、羌（三）〔二〕十餘萬衆渡渭，循山而東。子儀使判官王延昌入奏，請益兵，程元振遏之，竟不召見。吐蕃渡便橋，上倉卒不知所爲，出幸陝州。是皆失居重馭輕之權，忘深根固柢之慮。【張註】老子：此謂深根固柢、長生久視之道。内寇則崤、函失險，【張註】括地志：崤山一名崟山，在洛州永寧縣西北，即古之崤道也。函謂函谷，在（峽西）〔陝州〕桃林縣南十二里，有洪溜澗，水山形如函，故稱函關，路在谷口，故名函谷。【石川註】内寇，安禄山也。文選：張衡西京賦：左有崤、函重險。註：崤，山名。函，關名。外侵則汧、渭爲戎。【張註】史記秦本紀：孝王使非子主馬於汧、渭之間。註：二水之間，在隴州以東。【石川註】外寇，吐蕃也。汧，山名。渭，水名。於斯之時，朝市離析，【石川註】論語：分崩離析。註：不可會聚曰離析。事變可慮，須臾萬端。雖有四方之師，寧救一朝之患。【張註】通鑑：驃騎大將軍程元振專權自恣，人謂之甚於李輔國。諸將有大功者，〔元振皆忌嫉欲害之。吐蕃入寇〕，元振不以時奏，致上狼狽出幸。上發詔徵諸道兵，李光弼等皆忌嫉元振，莫有至者。陛下追想及此，豈不爲之寒心哉！【張註】前漢鼂錯傳：天下寒心，莫安其處。【石川註】史記荆軻傳：足爲寒心。註：凡人寒甚則心戰，恐懼亦戰。尚賴宗社威靈，先皇仁聖，攘却醜類，【張註】庾闡討蘇峻盟文：戮力一心，共翦醜類。再安宸居，【郎註】十月癸巳，吐蕃潰，郭子儀復京（帥）〔師〕。十二月甲午，車駕至自陝州。【張註】典引：高、光二聖，宸居其域。註：蔡邕曰：如北辰居其所，而衆星共之。城邑具全，宫廟無霣。【郎註】霣，爲閔反。【張註】霣與隕同。此又非常之幸，振古所未聞焉。【石川註】詩周頌：振古如兹。傳：振，自也。足以見天意之於皇家，保祐深矣，故示大儆，將弘永圖。【石川註】書太甲：慎乃儉德，惟懷永圖。傳：思長世之謀。陛下誠宜上副玄心，【石川註】易文言：天玄而地黄。疏：玄，天色。下察時變，【石川註】易彖傳：察時變。遠考前代成敗，近鑒國朝盛衰，垂無疆之休，【石川註】書太甲：實萬世無疆之休。建不拔之業。【石川註】漢書揚雄傳：掉三寸之舌，建不拔之策。今則勢可危慮，又甚於前。伏惟聖謀，已有成算，愚臣未達，敢獻所憂。先皇帝還自陝郛，【張註】左傳：鄭人伐宋，入其郛。

註：郛，郭也。徽艾往事，稍益禁衛，【張註】通鑑：初，肅宗以陝西節度使郭英乂領神策軍，使魚朝恩監其軍。英乂入爲僕射，朝恩專將之，及上幸陝，朝恩舉在陝兵與神策軍迎扈，悉號神策軍，天子幸其營。及京師平，朝恩遂以軍歸禁中，自將之。至是，從上屯苑中，其勢寖盛，分爲左、右廂，居北軍之右。漸修邊防。是時關中有朔方、涇原、隴右三帥，以扞西戎；【張註】謹按：三帥：路嗣恭、馬璘、李抱玉也。西戎（爲）〔謂〕吐蕃。河東有太原全軍，以控北虜。【張註】謹按：時郭子儀兼河東副元帥。北虜謂回紇。此四軍者，皆聲勢雄盛，士馬精彊，又徵諸道戍兵，每歲乘秋備塞，【郎註】謂之防秋。【張註】唐書食貨志：河、（隍）〔湟〕六鎮既陷，歲發防秋兵三萬，戍京西。尚不能保固封守，遏其奔衝，京師戒嚴，【石川註】敵將至設備，曰戒嚴。比比而有。【郎註】代宗寶應元年十月辛未，吐蕃寇奉天、武功，京師戒嚴。二年十月丁卯，吐蕃寇奉天，京師戒嚴。永泰元年九月，吐蕃寇醴泉，京師戒嚴。大曆三年八月丁卯，吐蕃寇邠州，京師戒嚴。三年九月壬午，吐蕃寇靈州，京師戒嚴。【張註】唐書代宗紀：廣德二年十月丙寅，吐蕃寇邠州；丁卯，寇奉天，京師戒嚴。永泰元年八月，吐蕃寇醴泉、奉天，党項羌寇同州，渾、奴剌寇盩厔，京師戒嚴。大曆二年九月甲寅，吐蕃寇靈州；乙卯，寇邠州，郭子儀屯於涇陽，京師戒嚴。三年八月己酉，吐蕃寇靈州；丁亥，寇邠州，京師戒嚴。陛下嗣膺寶位，【石川註】易繫辭：聖人大寶曰位。威慴殊鄰，蠢茲昆夷，【石川註】詩采芑：蠢爾蠻荊。傳：蠢，動也。詩緜：混夷駾矣。箋：昆夷，夷狄國也。此指吐蕃也。猶肆毒蠚，【郎註】〔前〕漢田儋傳云：蝮蠚手則斬手，蠚足則斬足。註云：蠚，螫也，火各切。【張註】前漢刑法志：百姓新免毒蠚。註：蠚，音呼各反。舉國來寇，志吞岷、梁。【張註】通鑑：大曆十四年冬十月丁酉朔，吐蕃與南詔合

兵十萬，三道入寇，一出茂州，一出扶、文，一出黎、雅，曰：「吾欲取蜀，以爲東府。」諸將不能禦，虜連陷州、縣，刺史棄城走，士民竄匿山谷。通鑑考異曰：建中實録，此月吐蕃三道入寇，皆在梁、益之境。貪冒既深，【張註】左傳：諸侯貪冒。林註：好財曰貪，盡利曰冒。覆亡幾盡，【張註】通鑑：初，馬璘忌涇原都知兵馬使李晟功名，遣入宿衛，爲右神策都將。上發禁兵四千人，使晟將之，發邠、隴、范陽兵五千，使金吾大將軍安邑曲環將之，以救蜀。東川出兵，自江油趨白壩，與山南兵合擊吐蕃、南詔，破之。范陽兵追及於七盤，又破之，遂克維、茂二州。李晟追及於大（度）〔渡〕河外，又破之。吐蕃、南詔饑寒隕於崖谷死者八九萬人。遂求通好，少息交侵。蓋緣馬喪兵疲，務以計謀相緩，固非畏威懷德，必欲守信結和，【石川註】唐書吐蕃傳：德宗即位，欲以德綏懷之，遣太常少卿韋倫歸俘五百。吐蕃感畏，發使者隨倫入朝。帝又遣倫還蜀俘。虜以論欽明思等從獻方物。所以歷年優柔，【石川註】文選答客難：優而柔之。竟未堅定要約。【郎註】吐蕃每入寇，或擁兵十萬，後合南詔共二十萬，攻茂州，屢爲郭子儀、崔寧、常謙光等所摧敗，故虜使數至，輒留不遣。德宗即位，兩遣太常少卿韋倫歸其俘，吐蕃即遣使者隨倫入朝。明年，殿中少監崔漢衡往使，遂議和好。德宗命宰相、尚書與虜使盟長安，而清水之約，疆（埸）〔場〕不定，復令崔漢衡往決於贊普。【張註】通鑑：建中四年，上命宰相、尚書與吐蕃區頰贊盟於豐邑里，區頰贊以清水之盟，疆（埸）〔場〕未定，不果盟。己未，命崔漢衡入吐蕃，決於贊普。息兵稍久，育馬漸蕃，必假小事忿爭，因復大肆侵掠。張光晟又於振武誘殺羣胡。【郎註】（回紇傳）〔通鑑〕：建中元年八月甲午，振武留後張光晟殺回紇使者突董等九百餘人。先是代宗之世，九姓胡常冒回紇之名，雜居京師，殖貨縱暴，與回紇共爲公私之患。德宗即位，命突董盡帥其徒歸國。至振武，留數月，厚求資給。光晟欲誅之，未敢發。九姓胡聞其種族爲新可汗所誅，乃密獻策於光晟，請殺回紇。光晟凡三奏，德宗不許。乃使副將過其館門，故不爲禮；突董怒，執而鞭之數十。光晟勒兵掩擊，並羣胡盡殺之，聚爲京觀。回紇請得專殺者以復讐，德宗貶光晟爲睦王傅，以慰其意。【張註】唐書回紇傳：始回紇至中國，常參以九姓胡，往往留京師，至千人，居貲殖産甚厚。會酋長突董、翳密施、大小梅録等還國，裝橐係道，留振武三月，供擬珍豐，費不貲。軍使張光晟陰伺之，皆盛女子以橐，光晟使驛吏剌以長錐，然後知之。已而聞頓莫賀新立，多殺九姓胡人，懼不敢歸，往往亡去，突董察視嚴亟。羣胡獻計於光晟，請悉斬回紇，光晟許之，即上言：「回紇非素彊，助之者九胡爾。今其國亂，兵方相加，而虜利則往，財則合，無財與利，一亂不振。不以此時乘之，復歸人與幣，是謂借賊兵，資盜糧也。」乃使裨校陽不禮，突董果怒，鞭之。光晟因勒兵盡殺回紇羣胡，收橐它、馬數千，繒錦十萬，且告曰：「回紇抶大將，謀取振武，謹先誅之。」部送女子還長安。

自爾以來，絶無虜使，其爲嫌怨，足可明徵。借如吐蕃實和，回紇無憾，戎、狄貪詐，乃其常情，苟有便利可窺，豈肯端然自守？今朔方、太原之衆，遠在山東，〔五〕【張註】通鑑本註：謂李懷光以朔方軍，馬燧以太原軍討田悦，兵不解也。神策、六軍之兵，繼出關外。〔六〕【張註】通鑑本註：左右羽林、左右龍武、左右神策爲六軍。又曰：左右羽林、龍武、神武爲六軍。神策軍最盛，在六軍之右。時李晟、哥舒曜、劉德信等皆以禁兵出關討賊。儻有賊臣啗寇，【張註】唐書僕固懷恩傳：永泰元年，帝集天下兵防秋。懷恩誘合諸蕃，號二十萬入寇，吐蕃自北道逼醴泉，掠奉天；任敷、鄭(延)〔廷〕、郝德自東道寇奉(天)〔先〕以窺同州，羌、渾、奴剌自西道畧盩厔，趣鳳翔。京師震駭。【石川註】漢書高帝紀：說秦將，啗以利。師古曰：以利誘之，取食爲譬。

黠虜窺邊，伺隙乘虛，微犯亭障，【張註】漢書武帝紀：（元封）〔太初〕三年夏，遣光禄勳徐自爲築五原塞外列城。秋，匈奴入定襄、雲中，殺畧數千人，行壞光禄諸亭障。註：師古曰：漢制，每塞要處别築爲城，置人鎮守，謂之候城，此即障也。【石川註】亭障，塞上亭留戍兵，以守險要之處也。史記始皇紀：築亭障以逐戎人。此愚臣所竊爲憂者也。未審陛下其何以禦之！

側聞伐叛之初，議者多易其事，【張註】通鑑本註：以其事爲易也。僉謂有征無戰，【張註】前漢淮南王安上書曰：「臣聞天子之兵，有征無戰。」役不逾時，【石川註】穀梁傳隱五年：伐不逾時。計兵未甚多，度費未甚廣，於事爲無擾，於人爲不勞。曾不料兵連禍拏，【張註】通鑑本註：拏，相牽引也。變故難測，日引月長，漸乖始圖。【張註】通鑑本註：圖，謀也。故前志以兵爲凶器，戰爲危事，【郎註】晁錯傳：兵，凶器；戰，危事也。【張註】尉繚子：兵者，凶器也，故不得已而用之。逸孟子：戰者，危事也。至戒至慎，不敢輕用之者，蓋爲此也。當勝而反敗，當安而倒危，變亡而爲存，化小而成大，在覆掌之間耳，【張註】王羲之上會稽王輔政版：安危之機，易於反掌。何可不畏而重之乎！近事甚明，足以爲鑒。往歲爲天下所患，咸謂除之則可致昇平者，李正己、【張註】淄青節度使。李寶臣、【張註】成德節度使。梁崇義、【張註】山南東道節度使。田悦【張註】魏博節度使。是也。【郎註】藩鎮傳：李正己，高麗人，本名懷玉，代侯希逸爲節度使，始賜今名。遂有淄、青、齊、海、登、萊、沂、密、德、棣十州，與田承嗣、薛嵩、李寶臣、梁崇義輔牙相倚。後又取曹、濮、徐、兗、鄆凡十有五州，號最强大。建中初，聞城汴州，乃約田悦、梁崇義、李惟岳偕叛，會發疽死。

李寶臣，本范陽内屬奚，舊名忠志，拜成德節度使，賜姓及名。於是遂有常、定、易、趙、深、冀六州地，雄冠山東，與薛嵩、田承嗣、李正己、梁崇義相姻嫁，急熱爲表裏。德宗立，拜司空。後服妖人藥，即瘖，三日死。梁崇義，京兆長安人。本事來瑱，瑱誅，衆立爲長，代宗因拜襄陽節度使。舉七州、兵二萬，與田承嗣等相結。德宗示以不疑，加平章事。後爲李希烈所敗，乃赴井死。田悦蚤孤，田承嗣將死，命悦知節度事；俄檢校工部尚書，爲節度使。德宗立，悦因與梁崇義等阻兵連和，復與朱滔、王武俊、李納自立爲王，後爲從姪緒所刺。

往歲爲國家所信，咸謂任之則可除禍亂者，朱滔、【張註】盧龍節度使。李希烈【張註】淮西節度使。是也。【郎註】朱滔，幽州人，乃泚之弟。泚入朝，以滔權知留後。李惟岳拒命，滔與成德張孝忠再破之束鹿，取深州。進檢校司徒，遂領節度，賜德、棣二州。李希烈，燕州遼西人。代宗命爲淮西留後。德宗立，即拜節度使。梁崇義之反，拜希烈爲諸軍都統，平崇義功爲多。【石川註】唐書藩鎮傳：朱泚領節度，遣滔將兵三千爲天子西乘塞，爲諸軍倡。始，安、史後，山東雖外臣順，實傲肆不廷。帝嘉之，召見滔殿中。帝問曰：「卿材孰與泚多？」滔曰：「統御士衆，方畧明辨，臣不如泚；臣年二十八，獲謁天子，泚長臣五年，未識朝廷，泚不及臣。」帝愈喜，特詔勒兵貫王城。通鑑：李希烈請討梁崇義，上對朝士亟稱其忠。黜陟使李承自淮西還，言於上曰：「希烈必立微功，但恐有功之後，偃蹇不臣，更煩朝廷用兵耳。」帝不以爲然。

既而正己死，李納繼之；【郎註】正己既死，其子納祕不發喪。以兵會田悦于濮陽，與悦、李希烈、朱滔、王武俊連和，自稱齊王，置百官。寶臣死，惟岳繼之；【郎註】李寶臣死，軍中推其子惟岳爲留後，求襲父位，德宗不許；田悦爲請，不聽。遂與悦、李正己謀拒命。德宗詔朱滔與張孝忠合兵討惟岳。【張註】謹按：李納，李正己子；李惟岳，李寶臣子也。崇義卒，希烈叛；【郎註】

梁崇義死，李希烈擁兵欲有其地，會山南節度使李承至，不克，猶大掠而去。後李納叛，命希烈討之。希烈潛與納爲脣齒，謀取汴州，又約河北朱滔、田悦等連和，自號建興王。【石川註】〔通鑑〕：建中二年八月，李希烈大破梁崇義將翟暉、杜少誠，二將請降，希烈使將其衆先入襄陽，慰諭軍民。崇義閉城拒守，守者開門爭出，崇義與妻赴井死。惟岳戮，朱滔攜。【郎註】李惟岳拒命，朱滔破之，取深州。德宗以康日知爲深、趙二州團練使，詔滔還鎮。滔大不平，遂與王武俊等同叛。【石川註】〔通鑑〕：建中三年正月，成德兵馬使王武俊殺惟岳，傳首京師；四月，朱滔反，發兵救田悦。左傳杜註：攜，離也。然則往歲之所患者，四去其三矣，【郎註】時李正己、李寶臣、梁崇義皆已亡，惟田悦尚在。而患竟不衰；往歲之所信者，今則自叛矣，而又難保。〔七〕是知立國之安危在勢，任事之濟否在人。勢苟安，則異類同心也；勢苟危，則舟中敵國也。【張註】史記吴起傳：若君不修德，舟中之人盡爲敵國也。陛下豈可不追鑒往事，惟新令圖，循偏廢之柄以靖人，復倒持之權以固國！而乃孜孜汲汲，極思勞神，【石川註】書益稷：思日孜孜。疏：孜孜，勉力不怠之意。文子上德：君子日汲汲以成輝。博雅：汲汲，劇也。徇無已之求，望難必之效！〔八〕其於爲人除害之意，則已至矣，其爲宗社自重之計，恐未至焉。

自頃將帥徂征，久未盡敵，苟以藉口，則請濟師。【石川註】左傳桓十一年：盍請濟師於王。註：濟，益也。陛下乃爲之輟邊軍，缺環衛，虚内廄之馬，【張註】唐書兵志：建中元年，市關輔馬三萬實内廄。文獻通考：林駉曰：唐府兵之制，當給馬者，官與其直，市之每匹錢二萬五千。刺史、折衝、果毅歲周不任戰者鬻之，以其錢更市，不足則府供之，此給錢以市也。至府兵漸壞，兵貧難致，乃給以監牧之馬，此給馬之用也。大抵唐之馬政，皆給於官，民無與焉。竭武庫之兵，【張註】唐書百官志：兩京武庫署掌藏兵械。占將家之子以益師，【張註】唐書兵志：建中四年，下詔募兵，以白志貞爲使，蒐補峻切。郭子儀之婿端王傅吴仲孺殖貲累巨萬，以國家有急，不自安，請以子率奴馬從軍。德宗喜甚，爲官其子五品。志貞乃請節度、都團練、觀察使與世嘗任者〔家〕，皆出子弟馬奴裝鎧助征，授官如仲孺子。賦私養之畜以增騎。【郎註】唐〔書〕兵志云：德宗即位，以白志〔正〕〔貞〕代王駕鶴爲神策軍使。及李希烈反，河北盜且起，數出禁軍征伐，神策之士多鬭死者。建中四年，下詔募兵，以志〔正〕〔貞〕爲使，蒐捕峻切。郭子儀之婿吴仲孺殖貲累巨萬，請以子率奴馬從軍。德宗喜甚，爲官其子五品。志〔正〕〔貞〕乃請節度、都團練、觀察使家皆出子弟馬奴裝鎧助征，授官如仲孺子。於是豪富者緣爲幸，而貧者苦之。猶且未戰，則曰乏財。陛下又爲之算室廬，【郎註】〔唐書〕食貨志云：判度支趙贊復請税間架。其法：屋二架爲間，上間錢二千，中間一千，下間五百；匿一間，杖六十，告者賞錢五萬。貸商賈，【郎註】〔唐書食貨志〕：兩税法既行，民力未及寬，而朱滔、王武俊、田悦合從而叛，用益不給，而借商之令出。初，太常博士韋都賓、陳京請借富商錢，德宗以問度支杜佑，以爲軍費裁支數月，幸得商錢五百萬緡，可支半歲。乃以户部侍郎趙贊判度支，代佑行借錢令，約罷兵乃償之。京兆少尹韋〔正〕〔楨〕、長安丞薛萃，搜督甚峻，民有不勝其冤自經者，家若被盜。然總京師豪人田宅、奴婢之估，裁得八十萬緡。傾司府之幣，【張註】唐書百官志：太府寺卿，掌財貨、廪藏、貿易。武后光宅元年，改曰司府寺。設請榷之科。【郎註】代宗大曆十四年七月，罷榷酤。德宗建中三年正月，復榷酤。關、輔之間，〔九〕徵發已甚，宮苑之内，備衛不全。【張註】通鑑本註：北軍皆屯苑中，時悉在行營。又，宮苑謂宮城及苑城也。程大昌應録曰：北軍左、右兩軍，皆在苑內。左三軍在內東苑之東，大明宮苑東也；右三軍在九仙門之西，九仙在內東苑之西北角。左三軍，左神策、左龍武、左羽林軍也；右三軍，右神策、右龍武、右羽林軍也。萬一將帥之中，又如朱滔、希烈；或負固邊壘，誘致豺狼；或竊發郊畿，驚犯城闕。此亦愚臣所竊爲憂者也。未審陛下復何以備之！【張註】通鑑本註：姚令言、朱泚之變，卒如陸贄所料。【石川註】詩所謂「瞻言百里」，宣公有焉。以陛下聖德君臨，率土欣戴，【石川註】詩北山：率土之濱，莫非王臣。傳：率，循也。非常之慮，豈所宜言？然居安備危，【石川註】左傳襄十一年：書曰：居安思危。杜註：逸書。哲王是務；以言爲諱，中主不行。若備之已嚴，則言亦何害。倘忽而未備，又安可勿言？臣是以罄陳狂愚，〔一〇〕無所諱避，罔敢以中主不行之事，有虞於聖朝也。惟陛下熟察之，過防之。

且今之關中，即古者邦畿千里之地也，【石川註】詩玄鳥：邦畿千里，維民所止。長安，西周畿內也。王業根本，於是在焉。秦嘗用之以傾諸侯，【石川註】秦襄公以兵送周平王於洛邑，王賜之岐以西之地，畿內地終爲秦有。至始皇滅趙、韓、魏、燕、齊、楚，以爲郡縣。漢嘗因之以定四海，蓋由憑山河之形勝，【張註】前漢高帝紀：秦，形勝之國也。註：得形勢之勝便也。宅田里之上腴。【石川註】班固西都賦：九州之上腴焉。註：腴，肥也。弱則內保一方，當天下之半，可以養力俟時也；彊則外制東夏，據域中之大，可以蓄威昭德也。【張註】文獻通考：雍州之地，厥田上上。鄠、杜之饒，號稱陸海。四塞爲固，被山帶河，秦氏資之，遂平海內。漢初，高帝納婁敬説而都焉。凡周、秦、漢、晉、西魏、後周、隋至於唐，並爲帝都。其間王莽、更始、劉曜、苻堅、姚萇，亦都於此。今號西京。文公朱熹曰：前代所以都關中者，以黄河左右旋繞，所謂臨不測之淵也。近東獨有函谷關，一路通山東，故可據以爲險。豪勇之在關中者，與籍於營衛不殊；【張註】史記五帝本紀：以師兵爲營衛。註：正義曰：環繞軍兵爲營以自衛，若轅門即其遺象。車乘之在關中者，與列於廐牧不殊；財用之在關中者，與貯於帑藏不殊。【張註】後漢百官志：大司農部丞一人，六百石。本註曰：部丞，主帑藏。【石川註】後漢書馮衍傳「帑藏殷積」註：説文：帑，金布所藏之府。有急而須，一朝可聚。〔二〕今執事者先拔其本，棄重取輕，所謂倒持太阿，授人以柄。【張註】前漢梅福傳：倒持太阿，授楚其柄。註：太阿，劍名。言秦無道，猶倒持劍授人。議制置則彊榦弱枝之術反，【張註】綱目集覽：京師爲幹，四方爲枝。西都賦曰：强幹弱枝，隆上都而觀萬國。語綏懷則悦近來遠之道乖。求諸通方，無適而可。顧臣庸懦，竊爲陛下惜之。

往者不可追，來者猶可補，【石川註】論語：往者不可諫，來者猶可追。臣不勝懇懇憂國之至，輒敢效其狂鄙，以備采擇之一端。陛下儻俯照微誠，過聽愚計，使李芃援東洛，懷光救襄城，【張註】前漢匈奴傳：周襄王出奔於鄭之氾邑。註：氾，今潁川襄城。希烈兇徒，勢必退衄。則所遣神策、六軍士馬，及點召節將子弟東行應援者，悉可追還。【張註】通鑑本註：節將子弟，白志貞所奏遣東征者。謹按：點，點行也。師古曰：點行，漢史謂之更行，以丁籍點召，上下更換差役。河北既有馬燧、抱貞，【張

註】昭義節度使。固亦無藉李晟，亦令旋旆，【張註】釋名：雜帛爲旆，以雜色綴其邊爲翅尾也。將帥所建，象物雜也。【石川註】左傳宣十二年：令尹南轅返旆。註：旆，軍前大旗。完復禁軍。明敕涇、隴、邠、寧，但令嚴備封守，【張註】通鑑音註：明敕猶言明詔。唐書地理志：涇州保定郡，隴州汧陽郡，邠州新平郡，寧州彭原郡，屬關内道。通典：涇州，春秋秦地。始皇時，屬北地郡。武帝分置安定郡。後魏太武帝置涇州，蓋以涇水爲名。隋爲安定郡。唐爲涇州，或爲安定郡。隴州，春秋秦國之地。始皇屬内史。漢屬右扶風。西魏置隴東郡，兼置東秦州，後改爲隴州。煬帝初，州廢，以其地入扶風郡。唐復置隴州，或爲汧陽郡。邠州，古豳國，昔公劉據豳，即其地也。秦始皇屬内史。漢爲右扶風、安定、北地三郡地。後漢末，置新平郡。西魏置豳州。煬帝初，州廢，以其地爲安定、北地二郡。唐復置豳州，開元十三年，改豳爲邠，其後或爲新平郡。寧州，春秋時戎地。戰國時，屬秦。始皇爲北地郡。後魏獻文置華州，孝文改爲班州，後改爲邠州，又改爲豳州。西魏改爲寧州，立嘉名也。唐置寧州，或爲彭原郡。仍云更不徵發，使知各保安居。又降德音，勞徠畿甸，具言京輦之下，【石川註】後漢書周（紡）〔紆〕傳〔註〕：典司京輦。百役殷繁，【石川註】南史孔休顔傳：簿領殷繁。殷，盛也。且又萬方會同，【石川註】書禹貢：四海會同。諸道朝奏，卹勤懷遠，理合優容，其京城及畿縣，【石川註】唐六典：在城内曰京縣，城外曰畿縣。所税間架、榷酒、【張註】前漢武帝紀：初榷酒酤。註：如淳曰：榷音較。韋昭曰：以木渡水曰榷。謂禁民酤釀，獨官開置，如道路設木爲榷，獨取利也。唐書食貨志：建中三年，復禁民酤，以佐軍費，置肆釀酒，斛收直三千，州、縣總領，醨薄，私釀者論其罪。尋以京師四方所湊，罷榷。抽貫、【石川註】〔通鑑〕：建中四年，趙贊行除陌錢，公私給與及賣買，每緡留五十

錢，是抽貫也。貸商、點召等，諸如此類，一切停罷，則冀已輸者弭怨，見處者獲寧，人心不揺，邦本自固。【石川註】書五子之歌：民惟邦本，本固邦寧。禍亂無從而作，朝廷由是益尊。然後可以度時宜，施教令，弛張自我，何有不從？端本整棼，無易於此。【張註】通鑑：上不能用。謹奏。

蔡九霞曰：有唐政尚姑息，天子之權下移于藩鎮。及德宗用兵河北，大帥握重兵在外，神策、六軍皆出，京師守備單弱，故公深慮及此。其條論防變之謀，最爲明晰，蓋涇卒未亂，公已預見其必然矣。乃帝重桑道茂之先見，而不重公之先見，何哉？

馬傳庚曰：京師爲根本重地，備禦不可不嚴。太宗制置府兵，分隸禁衛，立法精矣。德宗忽近圖遠，失居重馭輕之道，宜宣公亟論之也。名論卓識，千古不磨。

校勘記

〔一〕所可兢兢保惜　「兢兢」原誤作「競競」，據諸本及他書改。

〔二〕抑又有鎮撫戎狄之術焉　「焉」，石川本註云：「吴本作『也』。」

〔三〕舉天下不敵關中　此句之下，通鑑二二八校勘記引別本多「之半」二字。

〔四〕彊本之意則忘　「彊」原誤作「疆」，據諸本及他書改。

〔五〕遠在山東　「遠在」，新傳作「已屯」。

〔六〕繼出關外　「繼出」，新傳作「悉戍」。

〔七〕而又難保　「而又」間，通鑑多一「餘」字。

〔八〕望難必之效　此句之下，通鑑多一「乎」字。

〔九〕關輔之間　此句之上，通鑑多一「今」字。

〔一〇〕臣是以罄陳狂愚　明本無「臣」字。

〔一一〕一朝可聚　「聚」，明本、郎本、新傳作「取」。石川本註云：「陳、吴、陸本（亦）作『取』。」

陸贄集卷十二

奏草 二

論敍遷幸之由狀

【郎註】本傳云：始帝值變故，每自剋責，贄曰：「陛下引咎，堯、舜意也，然致寇者，乃羣臣罪。」贄意指盧杞等，帝護杞，因曰：「卿不忍歸過朕，有是言哉。然自古興衰，亦有天命，今之厄運，恐不在人也。」贄退而上此奏。【石川註】舊唐書姚令言傳：建中四年，李希烈兵數萬圍襄城，勢甚危急。十月，詔令言率本鎮兵五萬赴援。涇師離鎮，多攜子弟而來，望至京師以獲厚賞，及師上路，一無所賜。時詔京兆尹王翃犒軍士，唯糲食菜啖而已，軍士覆而不顧，皆憤怒，揚言曰：「吾輩棄父母妻子，將死於難，而食不得飽，安能以草命捍白刃耶！國家瓊林、大盈，寶貨堆積，不取此以自活，何往耶？」行次滻水，乃返戈，大呼鼓譟而還。令言急奏之。上恐，令上庫出繒綵二十車馳賜之，軍聲浩浩，令言不能戢。街市居人狼狽走竄，亂兵呼曰：「勿走，不税汝間架矣！」德宗令普王與姜公輔往撫勞之，纔出内門，賊已斬關，陣於丹鳳樓下。是日，德宗倉卒出幸。賊縱入府庫輦運，極力而止。時朱泚罷鎮，居晉昌里第，是夜，叛卒謀曰：「朱太尉久囚於宅，若迎爲主，大事濟矣！」泚嘗節制涇州，衆知其失權，廢居怏怏，又幸泚寬和，乃請令言率騎迎入，居含元殿。

臣前日蒙恩召見，陛下叙説涇原叛卒驚犯宫闕，及初行幸之事，【郎註】逆臣朱泚傳云：李希烈圍哥舒曜於襄城，詔涇原節度使姚令言督鎮兵五千東救曜，過闕下，師次滻水，京兆尹王翃使吏供軍，糲飯菜肴，衆怒不肯食，羣譟曰：「吾等棄父母妻子前死敵，而乃食此，庸能持身蹈白刃邪？今瓊林、大盈庫寶貨如山，尚何往？」乃棄甲反旗而鼓。帝使使者開諭，賊已陣通化門。詔集六軍，無至者。帝與百餘騎出狩奉天。賊遂突入含元殿，掠宜春苑，入諸宫，爭盜貲寶，終夜不絶。時朱泚坐其弟滔累，自鳳翔還京師，使中人監其第。賊衆遂推泚爲主。泚僭即皇帝位於宣政殿，號大秦，乃自將兵攻圍奉天。【張註】蔡邕獨斷：天子車駕所至，見長吏、三老、官屬，親臨軒，作樂，賜食、帛，民爵有級數，或賜田租之半，故謂之「幸」。唐書朱泚傳：賊薄丹鳳門，詔集六軍，無至者。帝出苑北門，羽衛纔數十，普王前導，皇太子，王、韋二妃，唐安公主及中人百餘騎以從，右龍武軍使令狐建以數百人殿。夜至咸陽，飯數匕而去。遲曉至奉天。因自剋責，辭旨過深。臣奏云：「陛下引咎在躬，誠堯、舜至德之意。臣竊有所見，以爲致今日之患者，羣臣之罪也。」【張註】本傳：贄意指盧杞等。陛下又曰：「卿以君臣之禮，不忍歸過於朕，故有此言。然自古國家興衰，皆有天命，今遇此厄運，【張註】孔融表：遭遇厄運，勞謙日昃。雖則是朕失德，亦應事不由人。」【石川註】〔通鑑〕德宗紀：建中元年六月，術士桑道茂上言：「陛下不出數年，暫有離宫之厄。臣望奉天有天子氣，宜高大其城，以備非常。」命京兆發丁夫數千，雜六軍之士，築奉天城。未及對詔之間，陛下遂言及宗祧，【石川註】宗祧，宗廟也。左傳襄二十六年：敢拜齊君之安，我先君之宗祧。周禮春官註：遷主所藏曰祧。涕泗交集。【石川註】詩陳風：涕泗滂沱。傳：自目曰涕，自鼻曰泗。主憂臣憤，【石川註】越語：范蠡曰：「君憂臣勞，君辱臣死。」人理之常，情激於衷，不覺嗚咽。【石川註】蔡琰詩：行路亦嗚咽。品字箋：嗚咽，悲塞也。旋屬游瓌請對，臣言未獲畢辭。今輒上煩，以盡愚懇。

臣所謂致今日之患，是羣臣之罪者，非敢徒飾浮説，苟寬聖懷，事皆有由，言庶可復。【石川註】論語：言可復也。復猶覆也。自胡羯稱亂，〔一〕遺患未除，朝廷因循，久務容養，【張註】唐書兵志：大盗既滅，而武夫戰卒以功起行陣，列爲侯王者，皆除節度使。由是方鎮相望於内地，大者連州十餘，小者猶兼三四。故兵驕則逐帥，帥强則叛上。或父死子握其兵而不肯代，或取舍由于士卒，往往自擇將吏，號爲「留後」，以邀命於朝。天子顧力不能制，則忍恥含垢，因而撫之，謂之姑息之政。事多僭越，禮闕會朝。〔二〕陛下神武【石川註】易繫辭：神武而不殺者夫。統天，【石川註】易彖傳文。疏：統領於天。將壹區宇，【石川註】區宇，區夏宇宙也，言天下也。晉書地理志：表提類而分區宇。乃命將帥，四征不庭。【張註】通鑑本註：杜預曰：不庭，謂不朝也。下之事上，皆成禮於庭中。一説：庭，直也；不庭，不直也。見周書註。【石川註】書周官：四征不庭。傳：四面征討諸侯之不直者。兇渠稽誅，逆將繼亂，【張註】通鑑本註：兇渠，謂田悦、李納也。逆將，謂朱滔、李希烈等也。渠，大也。兵連禍結，行及三年。【張註】通鑑本註：建中二年，兵端始啟，至是及三年。徵師四方，無遠不暨，〔三〕【張註】通鑑：内自關中，西暨蜀、漢，南盡江、淮、閩、越，北至太原，所在出兵。父子訣別，夫妻分離。

一人征行，十室資奉，居者有餽送之苦，〔四〕行者有鋒刃之憂。去留騷然，而閭里不寧矣。聚兵日衆，供費日多，常賦不充，乃令促限；促限纔畢，復命加徵；加徵既殫，又使別配；別配不足，於是榷算之科設，率貸之法興。【張註】通典註：自天寶末年，盜賊奔突，克復之後，府庫一空。又所在屯師，用度不足。于是遣御史康雲間出江、淮，陶鋭往蜀、漢，豪商富户，皆籍其家資，所有財貨畜産，或五分納一，謂之「率貸」，所收巨萬計。其後諸道節度使、觀察使多率税商賈，以充軍資雜用；或于津濟要路及市肆間交易之處，計錢至一千以上者，皆以分數税之。自是商旅無利，多失業矣。禁防滋章，【張註】綱目集覽：滋，繁也。條章滋繁。條目纖碎，吏不堪命，人無聊生。【石川註】史記張耳陳餘傳：民不聊生。農桑廢於徵呼，〔五〕【石川註】魏志杜恕傳：國家徵求之府。膏血竭於笞捶，市井愁苦，【張註】公羊傳宣十五年註：井田之義有五，其五曰通財貨，因井田以爲市，故俗語曰「市井」。疏云：古者邑居，秋、冬之時，入保城郭；春、夏之時，出居田野。既作田野，遂相交易。井田之處而爲此市，故謂之「市井」。師古曰：古未有市，若（相）聚井汲，便將貨物于井邊貨賣，曰「市井」。室家怨咨。兆庶嗷然，【石川註】嗷，説文：衆口愁也。而郡邑不寧矣。邊陲之戍，用保封疆；禁衛之師，以備巡警。【張註】張衡賦：衛尉八屯，警夜巡晝。二者或闕，則生戎心。【張註】左傳：疆埸無主，則啟戎心。國之大防，莫重於此。陛下急於靖難，累遣東征，邊備空虛，親軍寡弱。【張註】唐書兵志：數出禁軍征伐，神策之士，多鬭死者。尋又搜閲私牧以取馬，簿責將家以出兵。【張註】唐書兵志：建中四年，下詔募兵，以白志貞爲使，蒐補峻切。綱目集覽：簿責，以文簿次第，一一責之。凡有私牧者，例元勳貴戚之門；所謂將家者，皆統帥岳牧之後。【張註】通鑑音註：古有四岳十二牧，各統其方諸侯之國，故後人謂專方面者爲「岳牧」。是乃嘗蒙親委，或著忠勞，復除征徭，固有常典。今忽奪其畜牧，事其子孫，有乞假以給資裝，有破産以營卒乘，道路悽憫，部曲感傷，【張註】前漢李廣傳：廣行無部曲行陣。註：師古曰：續漢書百官志云：大將軍營五部，部校尉一人；部下有曲，曲有軍候一人。貴位崇勳，孰不解體？【石川註】左傳成八年：四方諸侯，誰不解體。註：不復肅敬也。加以聚斂之法，轂下尤嚴，【石川註】漢書薛宣傳：執憲轂下。師古曰：言在天子輦轂下。邸第侯王，【張註】前漢文帝紀：至邸而議之。註：師古曰：郡國朝宿之舍在京師者，率名邸。邸，至也，言所歸至。漢書高帝紀註：孟康曰：有甲乙次第，故曰第。初學記：一曰出不由里，門面大道者，名曰第。文獻通考：太宗貞觀十五年正月，上謂侍臣曰：「古者諸侯入朝，有湯沐邑，芻禾百車，待以客禮。漢家故事，爲諸州刺史、郡守創立邸舍于京城。頃聞都督、刺史充考使，至京師，皆賃房與商人雜居，既優禮之不足，必使人多怨嘆。」至十七年十月一日，下詔令就京城閑坊，爲諸州朝集使造邸第三百餘所，上親觀焉。咸輸屋税；【張註】唐書食貨志：趙贊請税間架，其法：屋二架爲間，上間錢二千，中間一千，下間五百；匿一間杖六十，告者賞錢五萬。裨販夫婦，【張註】唐書傳註：稗謂小販之民也。一本稗作裨。張衡賦：商賈百族，裨販夫婦。註：裨販，買賤賣貴，以自裨益。裨，必爾切。畢算緡錢。【郎註】食貨志云：趙贊復請算除陌，其法：公私貿易，千錢舊算二十，加爲五十；物兩相易者，約真爲率。而民益愁怨。貴而不克優，近而不見異，其爲憤慼，又甚諸方。誅求轉繁，【石川註】左傳哀三十一年：誅求無時。註：誅，責也。庶類恐懼，興發無已，群情動搖。朝野囂然，而京邑關畿不寧矣。陛下又以百度弛廢，【石川註】書旅獒：百度惟貞。疏：百事之節。志期肅清，持義以掩恩，任法以成理，神斷失於太速，睿察傷於太精。斷速則寡恕於人，而疑似之間，不容辯也。察精則多猜於物，【石川註】玉篇：猜，疑也。而臆度之際，未必然也。寡恕則重臣懼禍，反側之釁易生，〔六〕【張註】詩：輾轉反側。丘遲文：推赤心于天下，安反側于萬物。【石川註】後漢書光武紀：誅王郎，收文書，得吏人與郎交關謗毀者數千章，光武不省，會諸將軍燒之，曰：「令反側子自安。」註：反側，不安也。多猜則羣下防嫌，苟且之風漸扇。〔七〕【石川註】文選：束晳補亡詩：八風代扇。是以叛亂繼起，怨讟並興，【張註】左傳：民不疲勞，君無怨讟。註：讟，謗也。林註：無有怨嗟謗讟于其君者。【石川註】漢書五行志：怨讟動於民。師古曰：讟，痛怨之言。非常之虞，億兆同慮。惟陛下穆然凝邃，【石川註】漢書東方朔傳：吳(主)〔王〕穆然。師古曰：〔穆然〕，靜思貌。凝，〔易王註〕：嚴整貌。邃，說文：深遠也。獨不得聞，至使兇卒鼓行，白晝犯闕，【石川註】史記韓信傳：鼓行出井陘口。漢書賈誼傳：白晝大都之中，剽吏而奪之金。重門無結草之禦，【郎註】左〔傳〕宣十五年：秋，晉魏顆敗秦師于輔氏，獲杜回，秦之力人也。初，魏武子有嬖妾，無子，武子疾，命顆曰：「必嫁是。」疾病則曰：「必以爲殉。」及卒，顆嫁之，曰：「疾病則亂，吾從其治也。」及輔氏之役，顆見老人結草以亢杜回，杜回躓而顛，故獲之。夜夢之曰：「余而所嫁婦人之父也。爾用先人之治命，余是以報。」環衛無誰何之人。【張註】通鑑音註：誰何，問也。六韜：令我壘上，誰何不絕。史記：賈誼過秦論：陳利兵而誰何。誰，譙同；何，呵同。衛綰傳：不譙呵綰。自古禍變之興，未有若斯之易，豈不以乘我閒隙，因人攜離哉？陛下有股肱之臣，〔八〕有耳目之任，【石川註】書益稷：臣作朕股肱耳目。有諫諍之列，有備衛之司，見危不能竭其誠，臨難不能效其死，所謂致今日之患，羣臣之罪者，〔九〕豈徒言歟？

聖旨又以家國興衰，皆有天命，今遇此厄運，應不由人者。【張註】唐書桑道茂傳：建中初，上言：「國家不出三年，有厄會。奉天有王氣，宜高垣堞，爲王者居，使可容萬乘者。德宗素驗其數，詔京兆尹嚴郢發衆數千，及神策兵城之。時盛夏趣功，人莫知其故。及朱泚反，帝蒙難奉天，賴以濟。臣志性介劣，【石川註】揚子法言宋咸註：介，小也。學識庸淺，凡是占算祕術，都不涉其源流，〔一〇〕至於興衰大端，則嘗聞諸典籍。書曰：【張註】書泰誓。「天視自我人視，【張註】謹按：唐避太宗諱，民皆改爲人。天聽自我人聽。」又曰：「德惟一，動罔不吉；德二三，動罔不凶。惟吉凶不僭在人，惟天降災祥在德。」又曰：【張註】書咸有一德。「天難忱，命靡常。常厥德，保厥位。厥德靡常，九有以亡。」【張註】書傳：九有謂九州也。此則天所視聽，皆因於人，天降災祥，皆考其德，非於人事之外，別有天命也。故祖伊責紂之辭【張註】書西伯戡黎。曰：「我生不有命在天！」武王數紂之罪曰：「吾有命，罔懲其侮。」【張註】書泰誓上。此又捨人事而推天命，必不可之理也。易曰：【張註】繫辭釋大有「上九」爻義。「自天祐之，吉無不利。」仲尼以爲：「祐者助也。天之所助者順也，人之所助者信也。履信思乎順，又以尚賢，是以自天祐之，吉無不利。」又曰：【張註】繫辭本義：此釋否「九五」爻義。

「危者，安其位者也；亡者，保其存者也；亂者，有其理者也。故君子安而不忘危，存而不忘亡，理而不忘亂，是以身安而國家可保。」又曰：「視履考祥。」【張註】履卦上九爻辭。王弼曰：禍福之祥，生乎所履。處履之極，履道成矣，故可視履而考祥也。又曰：「吉凶者，得失之象也。」【張註】易大傳辭。夫易之爲書，〔二〕窮變知化，其於性命，可謂研精。及乎論天人祐助之由，〔三〕辯安危理亂之故，必本於履行得失，而吉凶之報象焉。此乃天命由人，其義明矣。春秋傳曰：【張註】左傳襄公二十三年閔子馬語。「禍福無門，唯人所召。」【張註】左傳成公十三年劉子語。又曰：「人受天地之中以生，所謂命也。是以有動作威儀禮義之則以定命。能者養之以福，【張註】左傳杜註：養威儀以致福。謹按：漢書律曆志作「養以之福」。註：師古曰：之，往也，往以就福。不能者敗以取禍。」禮記引詩而釋之曰：「大雅云：『殷之未喪師，克配上帝。儀監于殷，駿命不易。』言得衆則得國，失衆則失國也。」又引書而釋之曰：「康誥云：『惟命不于常。』言善則得之，不善則失之。」此則聖哲之意，六經會通，皆爲禍福由人，不言盛衰有命。蓋人事著於下，而天命降於上。是以事有得失，而命有吉凶，天人之間，影響相準。【張註】書：惠迪吉，從逆凶，惟影響。詩、書已後，史傳相承，理亂廢興，大略可記。人事理而天命降亂者，未之有也；人事亂而天命降康者，亦未之有也。

六經之教既如彼，歷代明驗又如此，尚恐其中有可疑者，臣請復以近事證之。自頃征討頗頻，刑綱稍密，【張註】史記功臣年表：罔亦少密焉。物力竭耗，人心驚疑，如居風濤，洶洶靡定。【張註】說文：洶，涌也。一曰洶涌，水聲。杜甫皇甫氏碑：驚濤洶洶。綱目集覽：洶，音凶。又，上聲。言天下喧擾如水勢洶涌，故人懷危懼也。【石川註】文選：揚雄羽獵賦：洶洶旭旭。註：鼓動聲。上自朝列，【張註】西征賦：攝官承乏，猥厠朝列。下達烝黎，日夕族黨聚謀，咸憂必有變故。旋屬涇原叛卒，果如衆庶所虞。【張註】虞，度也。京師之人，動逾億計，固非悉知算術，皆曉占書，【張註】唐書藝文志有師曠占書一卷。則明致寇之由，未必盡關天命。伏惟陛下鑒既往之深失，建將來之令圖，拯宗社阽危，【張註】漢書食貨志：安有爲天下阽危者若是而上不驚者。註：師古曰：阽危，欲墜之意也。刷億兆憤耻，在於審察時變，博詢人謀。王化聿修，天祐自至，恐不宜推引厄運，謂爲當然，撓追咎之誠，沮惟新之望。【石川註】詩文王：其命惟新。

臣聞理或生亂，亂或資理，【張註】通鑑本註：理，治也。唐人避高宗諱，皆以治爲理。有以無難而失守，有因多難而興邦。【張註】劉琨勸進表：或多難以固邦國，或殷憂以啟聖明。理或生亂者，恃理而不修也；亂或資理者，遭亂而能懼也。無難失守者，忽萬機之重，【石川註】書皋陶謨：一日二日萬幾。一作機。漢書魏相傳：宣帝始親萬機。而忘憂畏也。多難興邦者，涉庶事之艱，而知敕慎也。今生亂失守之事，則既往不可復追矣；其資理興邦之業，在陛下剋勵而謹修之。〔三〕當至危至難之機，得其道則興，失其道則廢，其間不容復有所悔也。惟陛下勤思焉，熟計焉，捨己以從衆焉，違欲以遵道焉，遠憸佞而親忠直焉，【張註】説文：憸，詖也。憸利于上，佞人也。推至誠而去逆詐焉，【石川註】論語：不逆詐。杜讒沮之路，廣諫諍之門焉，掃求利之法，務息人之術焉，録片善片能以盡羣材焉，忘小瑕小怨俾無棄物焉。斯道甚易知，甚易行，不勞神，不苦力，但在約之於心耳。又陛下天資睿哲，有必致之具，安得捨而不爲哉！斯道夕誓之於心，則可以感神明，動天地，【石川註】詩序：動天地，感鬼神，莫近於詩。朝施之於事，則可以服庶類，懷萬方。何憂乎亂人，何畏乎厄運，何患乎天下不寧！昔太王以避狄而興，周文以百里而王，〔一四〕是乃因危難而恢盛業，由僻小而闡丕圖。況陛下稟英姿，承寶曆，【石川註】後魏文帝祭河文：朕承寶曆。論語：堯曰：「天之曆數。」四海之利權由己，【張註】左傳：桓子曰：「既有利權，又執民柄，將何懼焉？」列聖之德澤在人，苟能增修，【石川註】左傳襄十三年：增修德而改卜。蔑有不濟。至如東北羣孽，【石川註】兩河、淮西也。荏苒逋誅，【石川註】文選張華詩：荏苒代謝。註：荏苒，猶漸進也。涇原亂兵，倉卒犯禁，蓋上元保祐陛下，〔一五〕恐陛下神武果斷，有輕天下之心，使知艱難，將永福祚耳。伏願悔前禍以答天戒，新聖化以承天休，〔一六〕勿謂時鍾厄運而自疑，【石川註】左傳昭二十一年：器以鍾之。註：鍾，聚也。勿謂事不由人而自解，勤勵不息，足致昇平，【張註】漢書梅福傳：昇平可致。豈止盪滌祅氛，【石川註】晉語：見翟、相之氛。註：凶曰氛，吉曰祥。旋復宮闕而已！愚臣不勝區區憂國奉君之至，【石川註】文選：李密陳情表：是以區區不能廢遠。註：區區，猶勤勤也。誠有所切，辭不覺煩。伏惟陛下不以人廢言，【石川註】論語：不以人廢言。不以言廢直，千慮一得，【石川註】漢書韓信傳：愚者千慮有一得。或有取焉。謹奏。

蔡九霞曰：國家治亂，君與臣均任其責。此獨歸罪羣臣，非爲君上卸責也。蓋上不自刻責，則當歸責于上；上既知自刻責，則當歸責於臣。告君原有通理，況當日誤國奸臣如盧杞輩，實有致亂之罪。使德宗憬然開悟，思臣固誤國，然誰爲用此臣者？則公之引君當道，豈不婉言易入哉！乃以興衰諉之天命，直將誤國之臣與蓄奸之主一齊出脱，不特埋没公進言苦心，且并悔禍初心，胥失之矣！故拳拳於天命人事之説，援古證今，反覆開導，雖昏主亦當動聽易慮，視以「天命不足畏」爲對者，其賢佞相去何如哉！

馬傳庚曰：德宗播遷，幾於失國。始因窮兵暴歛，不恤民情；繼復刻覈猜嫌，妄逞私智；卒乃委諸時數，不肯罪己省躬。此致幸之所由來，而中興幾無復望矣。公獨引徵時事，援証羣經，愷切詳明，反覆辨論。責難陳善，卓有風規。此人此文，並稱不朽。

校勘記

〔一〕自胡羯稱亂　「胡羯稱亂」，新傳作「安、史之亂」。

〔二〕事多僭越禮闕會朝　新傳作「而諸方自擅壤地，未嘗會朝」。

〔三〕徵師四方無遠不暨　「徵」，郎本作「興」。此句，通鑑二二八作「徵師日滋，賦斂日重，內自京邑，外洎邊陲」。

〔四〕居者有餽送之苦　「餽送」，通鑑作「誅求」。

〔五〕農桑廢於徵呼　「呼」，明本、郎本、張本、石川本作「求」。

〔六〕反側之釁易生　此句之上，張本多一「而」字。

〔七〕苟且之風漸扇　此句之上，張本多一「而」字。

〔八〕陛下有股肱之臣　「有」上，新傳多一「雖」字。

〔九〕羣臣之罪者　此句之上，宋本、元本、明本、全唐四六七均多一「是」字。

〔一〇〕都不涉其源流　「都」，郎本作「雖」。

〔一一〕夫易之爲書　「書」，郎本作「道」。

〔一二〕及乎論天人祐助之由　「由」，明本作「幽」，新傳作「際」。

〔一三〕在陛下尅勵而謹修之　「尅」，明本、郎本、張本、石川本、全唐作「勉」。

〔一四〕周文以百里而王　「周文」下，全唐多一「王」字。

〔一五〕蓋上元保祐陛下　「元」，元本作「玄」，明本、全唐作「天」。

〔一六〕新聖化以承天休　「新」，郎本作「親」。

奉天論奏當今所切務狀

【郎註】德宗問贄以當今切務，贄以向日致亂，由上下之情不通，勸上接下從諫，乃上此奏。【張註】通鑑綱目：李懷光來赴難，數與人言盧杞、趙贊、白志貞之姦佞，且曰：「天下之亂，皆此曹所爲也！吾見上，當請誅之。」杞聞之懼，言於上曰：「懷光勳業，(杜)〔社〕稷是賴，賊徒破膽，皆無守心，若使之乘勝取長安，則一舉可以滅賊，此破竹之勢也。今聽入朝，留連累日，使賊得戒備，恐難圖矣。」上以爲然，詔懷光直引軍屯便橋，與李建徽、李晟、楊惠元共取長安。懷光自以數千里赴難，破泚解圍，而咫尺不得見天子，意殊怏怏，曰：「吾今已爲姦臣所排，事可知矣。」遂引兵行。上問陸贄以當今切務，贄上疏云云。【石川註】自建中四年十月，至興元元年二月，德宗在奉天。

隱朝【張註】人名。　昨日奉宣聖旨：逆賊雖退，猶未收城，【郎註】李懷光以兵五萬至，敗賊于魯店，遂戰奉天城下，自晨至昏，賊潰。是夜，泚引去。然京師尚未收復。【石川註】舊唐書德宗紀：四年十月，邠寧節度韓遊瓌與論惟明率兵三千至，賊亦至，王師不利。攻城二十餘日，矢石不絕。靈武留後杜希全、鹽州刺史戴休顏、夏州刺史〔時〕常春來援，至(漢)〔漠〕谷，爲賊所敗而退。賊由是攻城愈急，矢石雨下，死傷者衆，人心危蹙，上與渾瑊對泣。朱泚據乾陵作樂，下瞰城中，詞多侮慢。賊造雲橋，攻東北隅，兵仗不能及，城中憂恐，相顧失色。渾瑊預爲地道，及雲橋（成）〔傅城〕，脚陷不得進，瑊命焚之，風迴焰轉，橋焚而賊退。朔方節度李懷光遣兵馬使張韶奉表，言大軍將至，乃（今）〔令〕昇韶巡城，叫呼歡聲動地，賊不之測，疑懼緩攻。懷光軍次醴泉，是夜賊解圍而去。令臣審思當今所務，何者最切，具條録奏來者。

伏以初經大變，海内震驚，無論順逆賢愚，必皆企竦觀聽。陛下一言失則四方解體，【張註】左傳：四方諸侯，其誰不解體？註：言不復肅敬于晉。一事當則萬姓屬心，動關安危，不可不慎。臣謂當今急務，在於審察羣情。若羣情之所甚欲者，陛下先行之；羣情之所甚惡者，陛下先去之。【張註】通鑑本註：此即孟子「所欲與之聚之，所惡勿施爾也」之意。欲惡與天下同，而天下不歸者，自古及今，未之有也。夫理亂之本，繫於人心，況乎當變故動摇之時，在危疑向背之際，人之所歸則植，人之所去則傾。陛下安可不審察羣情，同其欲惡，使億兆歸趣，以靖邦家乎！此誠當今之所急也！

然尚恐爲之不易者，蓋以朝廷播越，【張註】左傳：茲不穀震盪播越，竄在荆蠻。【石川註】晉語：隱悼播越。註：播，散也。越，遠也。王命未行，施之空言，【石川註】史記太史公自序：子曰：「我欲載之空言，不如見之於行事之深切著明也。」註：春秋緯文。人或不信。何以言其然？今天下之所欲者，在息兵，在安業；天下之所惡者，在斂重，在法苛。陛下欲息兵，則寇孽猶存，兵固不可息矣。欲安業，則征徭未罷，業固未可安矣。欲薄斂，則郡縣懼乏軍用，令必不從矣。欲去苛，則行在素霽威嚴，【張註】前漢武帝紀：徵詣行在所。註：師古曰：天子或在京師，或出巡狩，不可豫定，故言行在所。魏相傳：爲霽威嚴。註：臣瓚曰：霽，止也。言且無驗矣。此皆勢有所未制，意有所未從，雖施於德音，【石川註】詩皇矣：貊其德音。凡天子出命謂之德音也。足慰來蘇之望，【石川註】書仲虺之誥：后來其蘇。傳：君來其可蘇息。而稽諸事實，未符悔禍之誠。且動人以言者，其感不深；動人以行者，其應必速。蓋以言因事而易發，行違欲而難成，易發故有所未孚，難成故無思不服。【石川註】詩文王有聲：無思不服。今陛下將欲平禍亂，拯阽危，恤烝黎，安反側，既未有息人之實，又乏於施惠之資，唯當違欲以行己所難，布誠以除人所病，乃可以彰追咎之意，副惟新之言。若猶不然，未見其可。

頃者竊聞輿議，頗究羣情，四方則患於中外意乖，百辟又患於君臣道隔。郡國之志，不達於朝廷；朝廷之誠，不升於軒陛。【張註】前漢史丹傳：天子自臨軒檻。摯虞決疑要註：凡太極乃有陛，堂則有階無陛也。左墄右平，平以文塼相亞次，墄者爲陛級也。九錫之禮，納陛以登，謂受此陛以上殿。【石川註】沈約齊安陸王碑：外降軒陛。正字通：殿堂前檐，特起曲椽，無中梁，曰軒陛。玉篇：天子階。上澤闕於下布，下情壅於上聞，實事不必知，知事不必實，上下否隔於其際，【張註】前漢薛宣傳：人道不通，則陰陽否隔。真僞雜糅於其間，【張註】博雅：糅，雜也。前漢劉向傳：邪正雜糅，忠讒並進。註：師古曰：糅，和也。聚怨囂囂，【張註】詩：讒口囂囂。箋：衆多貌。騰謗籍籍，【張註】前漢江都王建傳：國中口語籍籍。註：籍籍，諠聒之意。又，劉屈氂傳：事籍籍如此。註：籍籍，猶言紛紛也。欲無疑阻，其可得乎！【張註】潘岳誄：腹心庭爭，爪牙疑阻。物論則然，人心可見。蓋謂含弘聽納，【石川註】易坤彖傳：含弘光大。是聖主之所難；鬱抑猜嫌，是衆情之所病。伏惟陛下神無滯用，鑒必窮微，愈其病而易其難，如淬鋒潰疣，決防注水耳。可以崇德美，可以濟艱難，陛下何慮不行，而直爲此懔懔也？【張註】前漢食貨志：而直爲此懔懔也。註：危也。【石川註】書泰誓：百姓懔懔。疏：怖懼之意。

臣謂宜因文武羣官入參之日，【張註】唐書百官志：文武官職事九品以上及二王後，朝朔望。文官五品以上，及兩省供奉官、監察御史、員外郎、太常博士入參，號常參官。武官三品以上，三日一朝，號九參官；五品以上及折衝當番者，五日一朝，號六參官。弘文、崇文館、國子監學生四時參。凡諸王入廟及以恩追至者，日參。陛下特加延接，親與叙言，備詢禍亂之由，明示咎悔之意，各使極言得失，仍令一一面陳。軍務之際，〔一〕到即引對，不拘時限，【張註】舊唐書德宗紀：每御延英，令諸司官長二人奏本司事。又敕常參官每一日二人引對，以訪政事，謂之巡對。用表憂勤。周公勤握髮吐餐，而天下歸心，【張註】史記周公世家：伯禽就封于魯。周公戒伯禽曰：「我文王之子，武王之弟，成王之叔父，我於天下，亦不賤矣。然我一沐三握髮，一飯三吐哺，起以待士，猶恐失天下之賢人。」荀子：周公謂伯禽之傅曰：「於是吾得三士焉，以正吾身，以定天下。」則此義也。又當假之優禮，悦以温顏。言切而理愜者，必賞導以盡其情；識寡而辭拙者，亦容恕以嘉其意。有諫諍無隱者，願陛下叶成湯改過之美，【石川註】書仲虺之誥：改過不吝。褒其直而勿吝其非；有謀猷可用者，願陛下體大禹拜言之誠，【石川註】書皐陶謨：禹拜昌言。奬其能而亟行其策。至於匹夫片善，采録不遺；庶士傳言，【張註】賈山至言：士傳言諫過。【石川註】左傳襄十四年：庶士傳言。註：士卑不得徑達，聞君過失，傳告大夫。聽納無倦。是乃總天下之智，以助聰明；【張註】管子：目貴明，耳貴聰。以天下之目視，則無不見也；以天下之耳聽，則無不聞也。順天下之心，以施教令。則君臣同志，何有不從！遠邇歸心，孰與爲亂！化疑梗爲訢合，【張註】禮記：天地訢合，陰陽相得。【石川註】禮記樂記：天地訢合。註：訢猶蒸也。疏：蒸，動也。易怨謗爲謳歌，【石川註】孟子：謳歌者，不謳歌堯之子，而謳歌舜。註：謳歌舜德也。浹辰之間，【張註】左傳：浹辰之間，楚克三都。註：浹辰，十二日也。疏：浹爲周匝也。從子至亥，爲十二辰。可使丕變。陛下儻行之不厭，用之得中，從義如轉圜，【張註】前漢梅福傳：昔高祖納善若不及，從諫若轉圜。註：師古曰：轉圜，言其順易也。進善如不及，推廣此道，足致和平。其於昭德塞違，【張註】左傳：君人者，將昭德塞違。恐不止當今所急也。慮有愚而近道，事有要而似迂，冀垂睿思，反覆詳覽，必或無足觀采，捨棄非遥。謹奏。【張註】通鑑：疏奏旬日，上無所施行，亦不詰問。

蔡九霞曰：自古帝王，未有不審察人情，而可致治者。但深居九重，豈能徧悉閭閻疾苦？恃有納言勸諫之法，此篇最爲曉暢，當與老泉諫論參互觀之。馬傳庚曰：前半言察情，後半言納諫，而察情必行，實惠納諫，要在虛心，此分疏法也。中間由上節遞入下節，則串合法也。後半收合前文，又總束法也。詞意俱極警湛。

校勘記

〔一〕軍務之際　「際」，宋本、元本、明本作「餘」。

奉天論前所答奏未施行狀〔一〕

【郎註】前狀既奏，旬日，上無所施行，亦不詰問，贄又上此。

臣某言：賊泚逋誅，尚穴宮禁。〔二〕陛下思念宗廟，痛傷黎元，仁孝交感，至於憤激，猥以急務，下詢微臣。臣雖鄙懦，尊慕仁義，荷陛下知己之遇，【張註】史記刺客傳：豫讓曰：「士爲知己者死。」又曰：「至于智伯，國士遇我。」感陛下思理之誠，愚衷所懷，承問輒發。不以淺深自揆，不以喜怒上虞，誠缺於周防承順之規，【張註】杜預春秋序：聖人包周身之防。疏：謂聖人防慮，必周于身。【石川註】孝經事君：君子之事上，將順其美。是亦忠於陛下一至之分也。【張註】人物志：一至謂之偏材。偏材小雅之質也。任昉爲齊明帝讓郡公表：愚夫一至，偶識量己。前奉詔問，尋具上陳，請延羣臣，稍與親接，廣咨訪之路，開諫諍之門，通壅鬱之情，弘採拔之道。自獻答奏，迨茲彌旬，不聞施行，不賜酬詰，未審宸旨，以爲何如？味於忖量，但務竭盡，恐猶辭理蹇拙，〔三〕【張註】唐雅：蹇，吃也。註：口吃，難于言也。不能暢達事情，慺慺血誠，【張註】後漢楊賜傳：豈敢愛惜垂没之年，而不盡其慺慺之心哉！註：慺慺，猶勤勤也。敢願披瀝。頻煩黷冒，豈不慙惶，蓋犬馬感恩思效之心，【張註】曹植表：臣伏以爲犬馬之誠。【石川註】漢書汲黯傳：臣常有狗馬之心。師古曰：思報效。睠睠而不能自止者也。【張註】劉向九嘆：思念郢路兮，還顧睠睠。

臣聞立國之本，在乎得衆，得衆之要，在乎見情。【張註】通鑑本註：言洞見人情也。故仲尼以謂「人情者，聖王之田」，【張註】禮記：聖王修義之柄，禮之序，以治人情。故人情者，聖王之田也。言理道所由生也。【張註】通鑑音註：理道猶言治道也。唐人避高宗諱，率以治爲理。是則時之否泰，事之損益，萬化所繫，必因人情。情有通塞，故否泰生；情有薄厚，故損益生。通天下之情者，莫智於聖人；盡聖人之心者，莫深於易象。其别卦也，坤上乾下則曰泰，〔四〕乾上坤下則曰否。其取象也，損上益下【張註】益卦彖辭。則曰益，損下益上【張註】損卦彖辭。則爲損。乾爲天，爲君；坤爲地，爲臣。天在下而地處上，於位乖矣，而反謂之泰者，上下交故也。【張註】泰卦彖辭：上下交而其志同也。君在上而臣處下，於義順矣，而反謂之否者，上下不交故也。【張註】否卦彖辭：上下不交而天下無邦也。氣不交則庶物不育，情不交則萬邦不和。天氣下降，地氣上騰，然後歲功成。君澤下流，臣誠上達，然後理道立。損益之義，亦由是焉。上約己而裕於人，人必悅而奉上矣，豈不謂之益乎！上蔑人而肆諸己，人必怨而叛上矣，豈不謂之損矣！【張註】通鑑本註：陸贄此言，深究否、泰、損、益之義，誠足以箴砭德宗之失。然則上下交而泰，不交而否，自損者人益，自益者人損，情之得失，豈容易哉！【石川註】東方朔非有先生論：談何容易。故喻君爲舟，喻人爲水。水能載舟，亦能覆舟。〔五〕【張註】家語：君者舟也，庶人者水也，水所以載舟，亦所以覆舟。舟即君道，水即人情。舟順水之道乃浮，違則沒；君得人之情乃固，失則危。是以古先聖王之居人上也，〔六〕必以其心從天下之心，〔七〕而不敢以天下之人從其欲。【張註】通鑑本註：祖左傳臧文仲所謂「以欲從人則可，以人從欲鮮濟」之語之意。乃至「兢兢業業，一日二日萬幾」。【張註】書皋陶謨。夫幾者，事之微也。以聖人之德，天子之尊，且猶慎事之微，乃至一日萬慮，豈不以居上接下，懼失其情歟？書曰：「人心惟危，道心惟微。」【張註】書大禹謨。微則萬幾之慮，不得不精也；危則覆舟之戒，不得不畏也。

夫揆物以意，宣意以言。言或是非，莫若考於有蹟；蹟或成敗，莫若驗於已行。自昔王業盛衰，君道得失，史册盡在，粲然可徵。【石川註】漢書董仲舒傳：粲然有文以相接。師古曰：粲，明貌。與衆同欲靡不興，違衆自用靡不廢；從善納諫靡不固，遠賢耻過靡不危。故詩、書稱堯德，〔八〕則曰「稽于衆，捨己從人」；【張註】書大禹謨。數舜之功，則曰「明四目，達四聰」；【張註】書舜典。言務同欲也。序禹之所由興，則曰「益贊于禹」，「禹拜昌言」；【張註】書大禹謨。述湯之所以王，則曰「用人惟己，改過不吝」；【張註】書仲虺之誥。言能納諫也。歌文王作周，則曰「濟濟多士，文王以寧」；【張註】詩大雅。【石川註】傳：濟濟，多威儀也。美武王尅殷，則曰「亂臣十人，同心同德」；【張註】書泰誓。言皆從善也。堯、舜、禹、湯、文、武，此六君者，天下之盛王也，莫不從諫以輔德，詢衆以成功。是則德益盛者慮益微，功愈高者意愈下。及代之衰也，【石川註】避太宗諱，以世爲代。則道亦反焉。故書曰：「紂有億兆夷人，離心離德。」【張註】書泰誓。【石川註】傳：夷人，凡人也，雖多而執心用德不同。言違衆也。詩曰：「女炰烋于中國，斂怨以爲德；不明爾德，時無背無側。爾德不明，以無陪無卿。」【郎註】蕩詩註云：炰烋，自矜氣健之貌。斂聚羣〔下〕〔不〕逞作怨之人，謂之有德，而任用之。背無臣，側無人，〔無〕臣〔無人〕，謂賢者不用。且無陪貳，無卿士也。烋，火交切。又曰：「雖無老成人，尚有典刑，曾是莫聽，大命以傾。」【郎註】右註云：老成人謂若伊尹、伊陟之屬，雖無此臣，猶有常事故法可案用也。莫者無也。朝廷君臣皆任喜怒，曾無用典刑治事者，以至誅滅。【張註】詩大雅。言遠賢也。書曰：「謂人莫己若者亡。」【張註】書仲虺之誥。詩曰：「惟彼不慎，自獨俾臧；自有肺腸，俾人卒狂。」〔九〕【郎註】桑柔詩註云：臧，善也。不施順道之君，自謂所任使之臣皆善人也，不復考察。自有肺腸行其中心之所欲，乃使民盡迷惑如狂。言自用也。前史數桀、紂之惡曰：「强足以拒諫，辯足以飾非。」〔一〇〕【張註】史記殷本紀：帝紂資辨捷疾，聞見甚敏，知足以拒諫，言足以飾非，矜人臣以能，高天下以聲，以爲皆出己之下。 言耻過也。 考得失於已行之迹，鑒盛衰於已驗之符，孰失道而不衰，孰得理而不盛，報應以類，影響不差，胡可不則而象之，敬而畏之乎？粵自秦、漢，暨于周、隋，其間將歷千祀，代興者非一姓，繼覆者非一君，雖所遇殊時，所爲異迹，然失衆必敗，得衆必成，與堯、舜、禹、湯同務者必興，與桀、紂、幽、厲同趣者必覆，全失衆則全敗，全得衆則全成，【張註】史記田敬仲世家：淳于髡曰：「得全全昌，失全全亡。」多同於善則功多，甚同於惡則禍甚，善惡從類，端如貫珠，【張註】禮記：纍纍端如貫珠。 成敗象行，明若觀火，【張註】書：予若觀火。 此歷代之元龜也。【張註】書：今我即命于元龜。劉琨勸進表：前事之不忘，後代之元龜也。

尚恐議者曰時異事異，臣請復爲陛下麤舉近效之尤章章者以辯焉。

太宗文皇帝【張註】通鑑音註：太宗初謚文皇帝，廟號太宗。 以天縱之才，有神器之重，【石川註】老子：天下神器。 武定禍亂，文致太平，威行如雷霆，明照侔日月，英略施於百務，〔一一〕【張註】唐鑑：太宗奮于布衣，志氣英果，百戰百勝，以取天下。 聖功被於九歌。【張註】書：勸之以九歌。唐書禮樂志：唐之自製樂，凡三大舞，一曰七德舞，二曰九功舞。【石川註】書大禹謨：水、火、金、木、土、穀，惟修。正德、利用、厚生，惟和。九功惟叙，九叙惟歌。 固非庶品之所度量，常情之所鑽仰。【石川註】論語：仰之彌高，鑽之彌堅。註：言不可窮盡也。 然猶兢兢畏慎，懼失人心，【張註】通鑑綱目：上謂侍臣曰：「人言天子至尊，無所畏憚，朕則不然；

上畏皇天之鑒臨，下憚羣臣之瞻仰，（競競）〔兢兢〕業業，猶恐不合天意，未副人望。」魏徵曰：「此誠致治之要，願陛下謹終如始，則善矣。」每戒臣下獻規，恒以危亡爲慮。夙興聽理，日旰忘勞，【張註】前漢張湯傳：日旰，天子忘食。註：師古曰：旰，晚也，音幹。【石川註】書無逸：文王自朝至日中昃，不遑暇食。公卿迭趨，庭奏庶務，評議得失，與衆共之，下無滯情，上無私斷。退朝之暇，宴接侍臣，諮訪謀猷，詢求過闕，或論往古成敗，或問人間事情。【張註】通鑑：乃令京官五品以上，更宿中書内省，數延見，問民間疾苦，政事得失。每言及暗主亂朝，則省懼自戒；言及賢君理代，則企竦思齊。【石川註】論語：見賢思齊。言及稼穡艱難，【石川註】書無逸：不知稼穡之艱難。則上下相匡，務遵勤儉；言及閭閻疾苦，【石川註】班固西都賦：閭閻且千。註：閭，里門也；閻，里中門也。則君臣同慮，議息征徭。懋德懲違，觸類滋長。尚恐過言謬舉，既往難追，每召宰相平章，【張註】唐書百官志：貞觀八年，僕射李靖以疾辭位。詔疾小瘳，三兩日一至中書門下平章事。而平章事之名，蓋起此。永淳元年，以黄門侍郎郭待舉、兵部侍郎岑長倩等同中書門下平章事。平章事入銜，自待舉等始。【石川註】書堯典：平章百姓。傳：平和章明也。必遣諫官俱入，【張註】通鑑：貞觀之制，中書、門下及三品官入奏事，必使諫官、史官隨之，有失則匡正，美惡必記之。諸司皆正衙奏事。御史彈百官，服豸冠，對仗讀彈文。故大臣不得專君，而小臣不敢爲讒慝。小有頗失，隨即箴規。【郎註】貞觀元年制：自今中書、門下及三品以上入閣議事，皆命諫官隨之，有失輒諫。唐制：天子御便殿，百官入見，曰入閣。得一善，必遽命甄昇；【石川註】宋均尚書緯註：甄，表也。聽一諫，必明加褒錫。故得時無闕事，人樂輸誠。又引文學之流，更直宿於内署，或講求典禮，或諷誦詩書，每至夜分，情忘厭倦。【郎註】儒學傳序：太宗身櫜鞬，風纚露沐，然鋭情經術，即王府開文學館，召名儒十八人爲學士，與議天下事。既即位，殿左置(洪)〔弘〕文館，悉引内學士留宿更夜，聽朝之間，則與討古今，道前王所以成敗，或日昃夜艾，未嘗少怠。【張註】通鑑綱目：上于弘文殿聚四部書二十餘萬卷，置弘文館于殿側，選天下文學之士虞世南、褚亮、姚思廉、歐陽詢、蔡允恭、蕭德言等，以本官兼學士，令更日宿直。聽朝之隙，引入内殿，講論前言往行，商榷政事，或至夜分乃罷。又取三品以上子孫，充弘文館學生。夫以太宗之德美，貞觀之理安，且猶務得人心，其勤若此，是則人心之於理道，可一日而不接乎？

高宗始年，亦親聽納，故當時翕然歸美，【石川註】釋詁：翕，合也。以爲有貞觀之風。【郎註】高宗永徽元年，上召朝集使謂曰：「朕初即位，事有不便於百姓者，悉宜陳，不盡者，更封奏。」自是月引刺史十人入閣，問以百姓疾苦及其政治。長孫無忌與褚遂良同心輔政，上亦尊禮二人，恭己以聽之。故永徽之政，百姓阜安，有貞觀之遺風。兼賴遺澤在人，先範垂裕，【石川註】書仲虺之誥：垂裕後昆。傳：垂優足之道。幸無改作，俗以阜康，【石川註】華陽國志：民物阜康。詩傳：阜，盛也，多也。數十年間，天下無事。承平之業滋久，倦勤之意頗彰，〔二三〕【張註】通鑑綱目：上自即位，每日視事，宰相奏天下無虞，請隔日視事，許之。燕居益深，接下彌簡，前哲之耿光浸遠，【張註】書：以覲文王之耿光。中宫之威柄潛移。【張註】通鑑綱目：初，武后屈身忍辱，奉順上意，故上排羣議而立之。及得志，專作威福，上動爲所制，不勝其忿。會宦者王伏勝發其使道士郭行真出入禁中爲厭禱事。上密召上官儀議之，儀因言后專恣，請廢之。上即命草詔，左右奔告于后。后遽詣上自訴。上羞縮不忍，乃曰：「我初無此心，皆上官儀教我。」儀先與伏勝俱事故太子忠，后于是使許敬宗誣奏儀、伏勝與忠謀大逆。儀下獄，及伏勝皆死，妻子籍没；賜忠死于流所。右相劉祥道坐與儀善，罷，朝士流貶者甚衆。自是上每視事，則后垂簾于後，政無大小，皆預聞之；天下大權悉歸中宫，天子拱手而已，中外謂之二聖。【石川註】通鑑高宗紀：五年十月，上苦風眩，不能視百司奏事。或使皇后決之，皆稱旨。由是始委以政事，權與人主侔。漢書霍光傳：有椒房中宫之重。漢舊儀稱皇后爲中宫。

卒有嗣聖臨朝，天授革命。【郎註】則天紀云：高宗自顯慶後，多苦風疾，后遂參預國政，上不能制。高宗崩，皇太子即位，是爲中宗。光宅元年正月癸未，改元嗣聖。二月戊午，廢中宗爲廬陵王，幽之；己未，立豫王旦爲皇帝。皇太后仍臨朝稱制。天授元年九月壬午，改國號曰周，加尊號曰聖神皇帝，降皇帝爲皇(似)〔嗣〕，賜姓武氏，立武氏七廟于神都。【張註】唐書后妃傳：嗣聖元年，太后廢帝爲廬陵王，自臨朝，以睿宗即帝位。后坐武成殿，帝率羣臣上號册。越三日，太后臨軒，命禮部尚書攝太尉武承嗣、太常卿攝司空王德真册嗣皇帝。自是，太后常御紫宸殿，施慘紫帳臨朝。又春官尚書李思文詭言周書武成篇辭有「垂拱天下治」爲受命之符，后喜，班示天下，稍圖革命。然畏人心不肯附，乃陰忍鷙害，肆斬殺，怖天下。内縱酷吏周興、來俊臣等數十人爲爪吻，有不慊若素疑憚者，必危法中之。宗姓侯王及它骨骾臣將相，駢頸就鈇，血丹狴户，家不能自保。太后操奩具，坐重幃，而國命移矣。御史傅游藝率關内父老請革命，改帝氏爲武。天子不自安，亦請氏武，示一尊。太后知威柄在己，因大赦天下，改國號周，自稱聖神皇帝，旗幟尚赤，以皇帝爲皇嗣。謹按：通鑑綱目中宗嗣聖七年，武后之天授元年也。是年九月，武后改國號曰周，故曰天授革命。

豈不以經邦之道，闕疇咨於大猷，【張註】書孔傳：疇，誰也。顏師古曰：言謀于衆人，誰可爲事也。【石川註】書堯典：疇咨若予采。傳：疇，誰。疏：嗟人之難得也。詩巧言：秩秩大猷。箋：猷，道也。宴安之懷，【張註】左傳：宴安酖毒，不可懷也。溺偏信於近狎，馴致禍變，【張註】易：馴致其道。幾將傾邦。〔三〕雖亂匪自他，然其失一也。弊俗一靡，餘風遂流，迄神龍、【張註】中宗年號。景雲【張註】睿宗年號。之間，皆嬖倖亂朝，【郎註】中宗神龍二年，改元景龍。時韋皇后、安樂公主、（牛）〔上官〕昭容等用事，皆私賣官爵，墨敕斜封。聰明不達。〔四〕【張註】通鑑綱目：安樂、長寧公主，上官婕妤，皆依勢用事，請謁受賕。降墨敕除官，斜封付中書，時人謂之「斜封官」。其員外同正、試、攝、檢校、判、知官，凡數千人。婕妤立外第，出入無節，朝士往往從之遊處，以求進達。安樂公主尤驕橫，宰相以下多出其門。又：太平公主沈敏多權畧，武后以爲類己，獨愛幸。及誅張易之，公主有力焉。中宗之世，韋后、安樂皆畏之。又與太子共誅韋氏。既屢立大功，益尊重。上嘗與之議政，宰相進退係其一言，薦士驟歷清顯者，不可勝數。權傾人主，其門如市。

玄宗躬定大難，【郎註】本紀云：玄宗乃睿宗第三子。始封楚王，後爲臨淄郡王。庶人韋氏已弑中宗，矯詔稱制，玄宗乃與薛（宗）〔崇〕簡、劉幽求、鍾紹京等定策討亂。率總監、羽林兵，會兩儀殿、梓宮宿衛兵皆起應之，遂誅韋氏。【張註】通鑑綱目：景龍四年六月，皇后韋氏弑帝于神農殿，立溫王重茂。宗楚客、葉静能與諸韋勸后遵武后故事，以韋氏子弟領南北軍。楚客等上書，稱韋氏宜革唐命，謀害少帝，深忌相王及太平公主，密與韋溫、安樂公主謀去之。相王子臨淄王隆基罷潞州別駕，在京師，陰聚才勇之士，密謀匡復。初，太宗選官户及蕃口驍勇者著虎文衣，跨豹文韉，謂之百騎。武后時，增爲千騎，隸左右羽林。中宗謂之萬騎，置使以領之。隆基皆厚結其豪傑。會兵部侍郎崔日用以楚客謀告隆基，乃與太平公主子薛崇暕、苑總監鍾紹京、尚衣奉御王崇曄、前朝邑尉劉幽求、折衝麻嗣宗謀先事誅之。會韋播數搒捶萬騎，萬騎皆怨，果毅葛福順、陳元禮見隆基訴之，隆基諷以誅諸韋，皆踴躍自效。或謂隆基當啓相王，隆基曰：「我曹爲此，以徇社稷，事成，福歸于王，不成，以身死，不以累王也。且萬一不從，將敗大計。」遂不啓。微服與幽求等入苑中，逮夜，天星散落如雪，幽求曰：「天意若此，時不可失！」于是福順直入羽林營，斬諸韋典兵者以徇，曰：「韋后酖殺先帝，謀危社稷，今當共誅之，立相王以安天下。敢有懷兩端、助逆黨者，罪及三族！」羽林士皆欣然聽命。隆基勒兵入玄武門，諸衛兵皆應之，斬韋后及安樂公主、武延秀、上官昭容。比曉，內外皆定，隆基乃出見相王，叩頭謝不先白之罪。相王曰：「社稷宗廟不墜于地，汝之力也。」遂迎相王入輔少帝，閉城門收捕諸韋親黨，及宗楚客、〔宗〕晉卿、紀〔楚〕〔處〕訥、趙履温、張嘉福、馬秦客、楊均、葉静能等，皆斬之。屍韋氏于市。謹按：相王，睿宗也。隆基，玄宗諱。

手振弘綱，【石川註】書孔序：擧其弘綱。疏：弘，大也。綱者網之索。開懷納忠，克己從諫，尊用舊老，【張註】唐書贊：開元間，勵精求治，元老舊勳，動所尊憚，故姚崇、宋璟言聽計行，力不推而功已成。採拔羣才。大臣不敢壅下情，私昵不敢干公議，朝清道泰，垂三十年。謂化已行，謂安可保，耳目之娛漸廣，憂勤之志稍衰。侈心一萌，邪道並進。貪權竊柄者，則曰「德如堯、舜矣，焉用勞神」；承意趣媚者，則曰「時已太平矣，胡不爲樂」。有深謀遠慮者，謂之迂誕驚衆；有讜言切諫者，謂之誹謗邀名。【張註】唐書李林甫傳：居相位凡十九年，固寵市權，蔽欺天子耳目，諫官皆持禄養資，無敢正言者。補闕杜璡再上書言政事，斥爲下邽令。因以語動其餘曰：「明主在上，羣臣將順不暇，亦何所論！君等獨不見立仗馬乎？終日無聲，而飫三品芻豆；一鳴，則黜之矣。後雖欲不鳴得乎？」由是諫爭路絶。至尊收視於穆清，【張註】曹植七啟：天下穆清，明君蒞國。唐書李林甫傳：時帝春秋高，聽斷稍怠，厭繩檢，重接對大臣。及得林甫，任之不疑。林甫善養君欲。自是，帝深居燕適，沈蠱衽席，主德衰矣。【石川註】賈誼過秦論：履至尊。史記自序：受命於穆清。上宰養威於廊廟，議曹以頌美爲奉職，【張註】通鑑：大理少卿徐嶠奏：「今歲天下斷死刑五十八。獄院由來相傳殺氣太盛，鳥雀不栖，今有鵲巢其樹。」于是，百官以刑措表賀。帝歸功宰輔，賜李林甫爵晉國公，牛仙客豳國公。【石川註】史記貨殖傳：賢人深謀廊廟。文選李善註：廊廟，君之居，臣朝覲之所。通鑑玄宗紀：李林甫欲蔽主擅權，謂諸諫官曰：「今明主在上，羣臣將順之不暇，烏用多言！」自是諫爭路絶矣。法吏以識旨爲當官，司府以厚斂爲公忠，【張註】唐書宇文韋楊王列傳贊：開元中，宇文融始以言利得幸。于時天子見海内完治，偃然有攘卻四夷之心。融度帝方調兵食，故議取隱户剩田，以中主欲，利説一開，天子恨得之晚，不十年而取宰相。天寶以來，外奉軍興，内蠱艷妃，所費愈不貲計。于是韋堅、楊慎矜、王鉷、楊國忠各以裒刻進，剥下益上，歲進羡緡百億萬，爲天子私藏，以濟横賜，而天下經費自如，帝以爲能。【石川註】〔通鑑〕玄宗紀：上在位久，用度日侈，王鉷歲貢額外錢帛百億萬，貯於内庫，以供宴賜。此皆不出於租庸調，上以鉷爲能富國，益厚遇之，中外歎怨。權門以多賂爲問望。外寵持竊國之勢，【郎註】本傳：當時外寵竊國，如安禄山兼制三道之類是也。攷之桓公〔十〕八年，周公欲背莊王而立王子克。辛伯告王，遂與王殺周公黑肩。王子克奔燕。初，子儀有寵於桓王，桓王屬諸周公。辛伯諫曰：「並后，匹嫡，兩政，（竊）〔耦〕國，亂之本也。」周公弗從，故及。子儀即子克。【張註】唐書安禄山傳：帝爲禄山起第京師，以中人督役。爲瑣户交疏，臺觀沼池華僭，帟幕率緹繡，金銀爲筹筐、爪籬，大抵服御雖乘輿不能過。帝登勤政樓，幄坐（坐）之〔左〕張金雞大障，前置特榻，詔禄山坐，褰其幄，以示尊寵。太子諫曰：「自古幄坐非人臣當得，陛下寵禄山過甚，必驕。」帝曰：「胡有異相，我欲厭之。」時太平久，人忘戰，帝春秋高，嬖艷鉗固，李林甫、楊國忠更持權，綱紀大亂。禄山計天下可取，逆謀日熾，每過朝堂龍尾道，南北睥睨，久乃去。內寵擅回天之謡。【郎註】當時内寵回天，如高力士用事，事多專決，權傾中外之類是也。後漢宦者傳：（威）〔桓〕帝與單超、徐璜、具瑗、左悺、唐衡定策誅梁冀，同日受封，世謂之「五侯」。超死，四侯轉横，天下爲之語曰：「左回天，具獨坐，徐卧虎，唐兩墮。」【張註】通鑑音註：迴天，言權力能回天也。唐書高力士傳：玄宗在藩，力士傾心附結。已平韋氏，乃啟屬内坊，擢内給事。先天中，以誅蕭、岑等功，爲右監門衛將軍，知内侍省事。于是四方奏請，皆先省後進，小事即專決。雖洗沐，未嘗出眠，息殿帷中，徼倖者願一見如天人。當是時，宇文融、李林甫、蓋嘉運、韋堅、楊慎矜、王鉷、楊國忠、安禄山、安思順、高仙芝等，雖以才寵進，然皆厚結力士，故能踵至將相。自餘承風附會，不可計。肅宗在東宫，兄事力士。他王公主呼爲翁，戚里諸家尊曰爹，帝或不名而呼將軍。【石川註】通鑑玄宗紀：楊貴妃姊三人，皆有才色，上呼之爲姨，出入宫掖，並承恩澤，勢傾天下。禍機熾然，焰焰滋甚，【張註】書洛誥：無若火，始焰焰。舉天下如居積薪之上，【張註】前漢賈誼傳：夫抱火厝之積薪之下，而寢其上，火未及然，因謂之安。人人懼焚。而朝廷相蒙，【石川註】品字箋：蒙，蔽也。曾莫之省，日務遊宴，方謂有無疆之休。大盜一興，【張註】謂安禄山。【石川註】莊子：世俗所謂智者，有不爲大盜積者乎？至今爲梗。【石川註】詩桑柔：至今爲梗。傳：梗，病也。豈不以忽於戒備，逸於居安，憚忠鯁之咈心，【石川註】後漢書來歙傳註：鯁喻正直也。鯁，魚骨也，食骨留咽中爲鯁。甘諛詐之從欲，漸漬不聞其失，以至於大失者乎？

肅宗懲致寇之由，蘊撥亂之略，虛受廣納，同符乎太宗。招延詢謀，【張註】通鑑綱目：初，李林甫爲相，諫官言事皆先白宰相，退則又以所言白之；御史言事須大夫同署。至是，敕盡革其弊，開諫諍之塗。又令宰相分直政事筆，承旨，旬日而更。懲林甫及楊國忠之專權故也。輟食廢寢，洞啟誠腑，〔一五〕推心與人，【石川註】後漢書光武紀：蕭王推赤心，置人腹中。豁披胸襟，忘己應物。【張註】通鑑綱目：李泌言于上曰：「諸將畏憚天威，在陛下前敷陳軍事，或不能盡所懷，萬一小差，爲害甚大。乞先令與臣及廣平熟議。臣與廣平從容奏聞，可者行之，不可者已之。」上許之。時軍旅務煩，四方奏報，自昏至曉無虛刻，上悉使送府。泌先開示，有急切者，及烽火重封，通進，餘則待明。禁門鑰契，悉委俶與泌掌之。故得來蘇之望允塞，配天之業勃興。【石川註】詩文王：克配上帝。疏：配天命而行。

先皇帝繼守恭勤，而益以和惠。惠則有感，和則有親。雖時繼艱屯，而衆不離析。理尚寬大，【張註】前漢宣帝詔：公卿大夫，務行寬大。務因循而重作爲。【張註】前漢食貨志：蓋君子爲政，貴因循而重改作。註：師古曰：重，難也。唐書刑法志：諫者常諷帝政寬，故朝廷不肅。帝笑曰：「艱難時無以逮下，顧刑法峻急，有威無恩，朕不忍也。」然於紫宸聽朝，【張註】職官分紀：紫宸殿者，漢之前殿，周之路寢。雍録：自丹鳳門北則有含元殿，又北則有宣政殿，又北則有紫宸殿。三殿南北相沓，皆在山上。楊（春）〔慎〕曰：唐之朝制，宣政殿也，謂之衙，衙有仗。紫宸，便殿也，謂之閤。不御前殿而御紫宸，謂之入閤。【石川註】唐六典：紫宸殿，内朝正殿也。常限三人奏事。亦宣諭德令，課責侍臣，或賞其盡規，或讓以容默。性本仁恕，事多含弘，諫雖未從，且不深忤，情苟有阻，終獲上通。【張註】謹按：如罪三宦，誅元載是也。故君臣相安，而人亦小息。

陛下英資逸辯，邁絶人倫，武略雄圖，【張註】晉書武帝紀贊：決神算于深衷，斷雄圖于議表。牢籠物表。憤習俗以妨理，【張註】通鑑本註：理，治也。言德宗憤强藩之跋扈，習以成俗，有妨爲治。任削平而在躬，以明威照臨，以嚴法制斷。【張註】唐書贊：德宗猜忌刻薄，以彊明自任。流弊日久，〔一六〕浚恒太深。【郎註】恒卦初六云：浚恒貞，凶。王弼註云：求深窮底，令物無餘蘊，則物不能堪，雖正亦凶。德宗猜忌太甚，故公及此。【張註】易恒之初六曰：浚恒貞，凶，無攸利。象曰：浚恒之凶，始求深也。王弼註曰：始求深者，求深窮底，令物無餘蘊，漸以至此，物猶不堪，而況始求深者乎！以此爲恒，無施而利也。遠者驚疑，而阻命逃死之亂作；近者畏懾，而偷容避罪之態生。君臣意乖，上下情隔，君務致理，而下防誅夷，臣將納忠，又上慮欺誕，【張註】通鑑本註：此數語亦深中當時君臣之病。誕，妄也。故睿誠不布於羣物，物情不達於睿聰。臣於往年，曾任御史，【張註】通鑑本註：德宗初年，陸贄爲監察御史。獲奉朝謁，僅欲半年，陛下嚴邃高居，未嘗降旨臨問，【張註】通鑑本註：此可以見德宗初年氣象。羣臣跼蹐趨退，【石川註】詩正月：謂天蓋高，不敢不跼；謂地蓋厚，不敢不蹐。傳：跼，曲也。蹐，累足也。亦不列事奏陳。軒墀之間，

【石川註】文選註：墀，階也，以丹漆塗之。且未相諭，【張註】庾信新樂表：軒墀弘敞。宇宙之廣，【石川註】淮南子齊俗訓：往古來今，謂之宙；四方上下，謂之宇。何由自通！雖復例對使臣，別延宰輔，【張註】通鑑本註：例對使臣，謂功臣節度及諸軍使待制者，得隨例以次對也。別延宰輔，謂朝謁之外，別延之與議天下事也。復，扶又翻。既殊師錫，【張註】書：師錫帝曰。註：師，衆也。錫，與也。且異公言。未行者則戒以樞密勿論，已行者又謂之遂事不諫，【石川註】論語：遂事不諫。包氏曰：事已遂，不可復諫止。漸生拘礙，動涉猜嫌，由是人各隱情，以言爲諱。【張註】前漢梅福傳：自陽朔以來，天下以言爲諱。至於變亂將起，億兆同憂，獨陛下恬然不知，方謂太平可致。【張註】通鑑本註：德宗致亂之事，誠如贄言。陛下以今日之所覩，驗往時之所聞，孰真孰虛，何得何失，則事之通塞，備詳之矣！人之情僞，盡知之矣！【郎註】左傳僖公二十八年：楚子曰：「晉侯在外十九年矣，而果得晉國。險阻艱難，備嘗之矣；民之情僞，盡知之矣。」

列聖升降之效，歷歷如彼；當今理亂之由，昭昭如此。未有不興於得衆，殆於失人，裕於僉諧，【石川註】書堯典：僉曰。傳：僉，皆也。舜典：汝諧。傳：諧和此官。蔽於偏信，濟美因乎納諫，虧德由乎自賢，善始本乎憂勤，失全萌乎安泰。今陛下將欲悔禍徼福，去危從安，若不循太宗創業之規，襲肅宗中興之理，鑒天寶致亂之所以，懲今者遷幸之所由，則何以孚聖懷，彰令問，新遠邇之聽，歸反側之心乎？

前承德音，訪及庸鄙，敢緣私議，輒以獻聞。自爾已來，反覆千慮，愚智有分，信非可移。【石川註】論語：上智與下愚不移。至今拳拳，猶滯所見。不勝愚誠懇款，謹復布露以聞。【張註】後漢李雲傳：露布上書。註：露布，謂不封之也。臣某惶怖死罪。謹言。

蔡九霞曰：上篇只説察情之法，在乎求言納諫，此篇將古今帝王精勤而致理，怠荒而致亂，納諫則得人心，拒諫則失人心之明效大驗盡情透發，宰天下者，宜書一通，置扆坐間。

馬傳庚曰：此文蒙前篇説入引伸其旨，較前篇更暢透。前半以經史作證佐，中間取近事爲鑒觀，末後仍歸到本義，詞旨精詳，議論警健。

校勘記

〔一〕奉天論前所答奏未施行狀　文粹二一五作「奉天論延訪朝臣表」。

〔二〕尚穴宮禁　「穴」原誤作「宂」，據諸本及他書改。

〔三〕恐猶辭理蹇拙　「猶」，宋本、文粹、全唐四六八作「由」。

〔四〕坤上乾下則曰泰　原作「坤下乾上則曰泰」。按：易乾象爲☰，坤象爲☷，泰象爲☷☰，顯爲坤上乾下。此據宋本、元本、明本、郎本、通鑑二三二九、全唐改。

〔五〕水能載舟亦能覆舟　此句之上，文粹多一「言」字。此句之下，文粹多一「也」字。

〔六〕是以古先聖王之居人上也　「人上」間，文粹多一「之」字。

〔七〕必以其心從天下之心　前「心」，通鑑作「欲」。

〔八〕故詩書稱堯德　「堯德」間，文粹多一「之」字。

〔九〕俾人卒狂　「卒」原作「則」，據宋本、元本、明本、文粹、全唐改。按：此句出詩大雅桑柔，原文爲「俾民卒狂」。作「卒」是。

〔一〇〕强足以拒諫辯足以飾非　「强」、「辯」，文粹分别作「智」、「言」。按：此句出史記殷本紀，原文爲「知足以距諫，言足以飾非」。文粹是。

〔一一〕英略施於百務　「務」，宋本、元本、明本、郎本、張本、石川本、文粹均作「勝」。

〔一二〕倦勤之意頗彰　「勤」，文粹作「怠」。

〔一三〕幾將傾邦　「邦」，文粹作「危」。

〔一四〕聰明不達　「聰明」，文粹作「忠義」。

〔一五〕洞啟誠腑　「誠腑」，文粹作「城府」。

〔一六〕流弊日久　「日」，通鑑作「自」。

陸贄集卷十三

奏草 三

奉天請數對羣臣兼許令論事狀

【郎註】德宗既遣中使諭贄。贄以人君臨下，當以誠信爲本。諫者雖辭情鄙拙，亦當優容，以開言路；若震之以威，折之以辯，則臣下何敢盡言。乃復上此疏。帝頗采用其言。

朝隱奉宣聖旨：頻覽卿表狀，勸朕數對羣臣，【張註】王球貽謀録：唐百官入閤，有待制次對官。後唐天成中，廢待制次對官，五日一次内殿百官轉對。綱目集覽：德宗詔延英坐日，許百司長官二員言闕失，謂之巡對。兼許令論事，辭理懇切，深表盡忠。朕本心甚好推誠，亦能納諫。但緣上封事及奏對者，少有忠良，多是論人長短，或探朕意旨。朕雖不受讒譖，出外即謾生是非，以爲威福。【石川註】書洪範：臣無有作福作威玉食。朕往日將謂君臣一體，都不隄防，緣推誠信不疑，多被姦人賣弄。【張註】後漢朱浮傳：代竇融爲大司空，坐賣弄國恩免。今所致患害，朕思亦無他故，卻是失在推誠。【張

註】通鑑本註：此德宗猜防之心，發於言而不能自掩者也。又，諫官論事，少能慎密，例自矜衒，【張註】綱目集覽：說文：自誇曰矜，自媒曰衒。衒音熒絹反。歸過於朕，以自取名。朕從即位以來，見奏對論事者甚多，大抵皆是雷同，【張註】禮記：無雷同。註：雷之發聲，物無不同時應者。人之言，當各由己，不當然也。道聽塗說，【石川註】論語：道聽塗說。註：聞之於道路，則傳而說之。試加質問，即便辭窮。若有奇才異能，在朕豈惜拔擢？朕見從前已來，事祇如此，所以近來不多取次對人，【張註】通鑑本註：言次對人敷奏，緣此多不取用其言。或曰，取次，唐人語也。亦不是倦於接納。卿宜深悉此意者。

聖德廣大，如天包容，俯矜狂愚，仍賜獎諭，嘉臣以懇切，目臣以盡忠，雖甚庸駑，實懷感勵。夫知無不言之謂盡，事君以義之謂忠。臣之夙心，久以自誓，以此爲奉上之道，以此爲報主之資。幸逢休明，【張註】左傳：德之休明，雖小，重也。獲展誠願，既免罪戾，又爲褒稱，庶奉周旋，不敢失墜。【石川註】左傳文十八年：行父奉以周旋，弗敢失墜。儻陛下廣推此道，施及萬方，咸獎直以矜愚，各録長而捨短，人之欲善，誰不如臣，【石川註】左傳僖九年荀息語，改「我」爲「臣」。自然聖德益彰，羣心盡達。愚衷懇懇，實在於斯。睿眷特深，縷宣密旨，備該物理，曲盡人情，其於慮遠防微，固非常識所逮。然臣竊謂天子之道，與天同方，天不以地有惡木而廢發生，【石川註】陸機猛虎行：熱不息惡木陰。善註：管子：夫士懷耿介之心，不蔭惡木之枝。惡木尚能耻之，況與惡人同處。天子不以時有小人而廢聽納。帝王之盛，莫盛於堯，雖四凶在朝，【石川註】四凶：共工、驩兜、鯀、三苗。而僉議靡輟。故曰「惟天爲大，惟堯則之」。【石川註】論語泰伯文。註：則，法也。是知人有邪直賢愚，在處之各得其所而已，必不可以忠良者少，而闕於詢謀獻納之道也。【張註】班固兩都賦序：朝夕論思，日月獻納。昔人有因噎而廢食者，【石川註】呂〔氏春秋〕蕩兵：有以饐死者，欲禁天下之食悖。又有懼溺而自沈者，【石川註】淮〔南子〕氾論訓：有乘船遇大風者，波至而自投於水，非不貪生，而畏死，惑於恐死，而反忘生也。其爲矯枉防患之慮，豈不過哉！願陛下取鑒於兹，勿以小虞而妨大道也。

臣聞人之所助在乎信，信之所立由乎誠。守誠於中，然後俾衆無惑；〔一〕存信於己，可以教人不欺。唯信與誠，有補無失。【張註】通鑑作「有失無補」。註：言人君所爲，有失於誠信，則無補于治道。一不誠則心莫之保，一不信則言莫之行。故聖人重焉，以爲食可去而信不可失也。又曰「誠者物之終始，不誠無物」。物者事也，言不誠則無復有事矣。匹夫不誠，無復有事，況王者賴人之誠以自固，而可不誠於人乎？陛下所謂失於誠信以致患害者，臣竊以斯言爲過矣。孔子曰：「可與言而不與之言，失人；不可與言而與之言，失言。智者不失人，亦不失言。」由此論之，陛下可審其所言，而不可不慎；信其所與，而不可不誠。海禽至微，猶識情僞，【張註】列子：海上之人，有好鷗鳥者，每旦之海上，從鷗鳥遊，鷗鳥之至者，百住而不止。其父曰：「吾聞鷗鳥皆從汝遊，汝取來吾玩之。」明日之海上，鷗鳥舞而不下也。含靈之類，【石川註】宋書符瑞志：含靈獨秀。固必難誣。前志所謂衆庶者至愚而神，【石川註】家語：民者卑賤而神。蓋以蚩蚩之徒，【石川註】詩氓：氓之蚩蚩。

傳：敦厚之貌。或昏或鄙，此其似於愚也；然而上之得失靡不辨，上之好惡靡不知，上之所祕靡不傳，上之所爲靡不效，此其類於神也。故馭之以智則人詐，示之以疑則人偷，接不以禮則徇義之意輕，撫不以恩則效忠之情薄。〔二〕上行之則下從之，上施之則下報之，若響應聲，【張註】前漢董仲舒傳：善惡之相從，如景響之應形聲也。若影從表，〔三〕【張註】鮑照河清頌：語曰：影從表，瑞從德，此其效焉。表枉則影曲，聲淫則響邪。懷鄙詐而求顏色之不形，顏色形而求觀者之不辨，觀者辨而求衆庶之不惑，衆庶惑而求叛亂之不生，自古及今，未之得也。故「惟天下至誠，〔四〕爲能盡其性；能盡其性，則能盡人之性」。若不盡於己而望盡於人，〔五〕衆必紿而不從矣；〔六〕【張註】玉篇：紿，疑也，欺也。不誠於前而曰誠於後，〔七〕衆必疑而不信矣。今方岳有不誠於國者，陛下則興師以伐之；【張註】通鑑音註：古者天子巡守四方，其方之諸侯，各會朝於方岳之下。堯、舜有四岳之官。孔安國曰：堯命羲和四子分掌四方之諸侯，故曰四岳。魏、晉之時，征、鎮、安、平總督諸軍，任專方面，時因謂之方岳重任。臣庶有虧信於上者，陛下則出令以誅之。有司順命誅伐，而不敢縱捨者，〔八〕蓋以陛下之所有，責彼之所無故也。向若陛下不誠於物，不信於人，人將有辭，【石川註】左傳桓十年：齊、衛、鄭來戰於郎，我有辭也。何以致討？是知誠信之道，不可斯須去身。〔九〕願陛下慎守而行之有加，恐非所以爲悔者也！【張註】通鑑本註：因德宗之言，以爲失在推誠，故陸贄極言誠信之不可去身，以開廣上意。

臣聞春秋傳曰：「人誰無過？過而能改，善莫大焉。」【張註】左傳宣公二年晉士季語。易曰：「日新之謂盛德。」禮記曰：「德日新，日日新，又日新。」商書仲虺述成湯之德，曰：「用人惟己，改過不吝。」周詩吉甫美宣王之功，曰：「衮職有闕，惟仲山甫補之。」【郎註】烝民。【張註】詩大雅。【石川註】詩烝民文。傳：有衮冕者，君之上服也，仲山甫補之，善補過也。箋云：衮職者，不敢斥王之言也。夫禮、易、春秋，百代不刊之典也，【石川註】左傳杜序：經者，不刊之書也。皆不以無過爲美，而謂大善盛德，在於改過日新。成湯聖君也，仲虺聖輔也，以聖輔而贊揚聖君，不稱其無過，而稱其改過。【張註】書：惟王改過不吝。周宣中興之賢主也，【石川註】詩車攻序：宣王復古也，宣王能内脩政事，外攘夷、狄，復文、武之竟土。吉甫文武之賢臣也，【石川註】詩六月：文武吉甫，萬邦爲憲。以賢臣而歌誦賢主，不美其無闕，而美其補闕。【張註】通鑑本註：詩烝民，尹吉甫所以美宣王之任賢使能也。是則聖賢之意，較然著明，【石川註】前漢書孔光傳：較然甚明。唯以改過爲能，不以無過爲貴。蓋爲人之行己，必有過差，上智下愚，俱所不免。智者改過而遷善，愚者恥過而遂非。遷善則其德日新，【石川註】書仲虺之誥：德日新，萬邦(爲)〔惟〕懷。是爲君子；遂非則其惡彌積，【石川註】易繫辭：惡積而不可掩。斯謂小人。故聞義能徙者，【石川註】論語：聞義不能徙，是吾憂也。常情之所難；從諫勿咈者，【石川註】書伊訓：從諫弗咈。聖人之所尚。至於贊揚君德，歌述主功，或以改過不吝爲言，或以有闕能補爲美。中古已降，淳風浸微，【張註】易：易之興也，其于中古乎？袁宏三國名臣序贊：中古陵遲，斯道替矣。臣既尚諛，君亦自聖，【石川註】書冏命：僕臣諛，厥后自聖。掩盛德而行小道，於是有入則造膝，出則詭辭之態興矣。【張註】穀梁傳：士造辟而言，詭辭而出，曰：「用我則可，不用我則無亂其德。」註：詭辭而出，不以實告人。【石川註】穀梁傳文六年：士造辟而言，詭辭而出。風俗通：禮諫有五，諷爲上，故入則造膝，出則詭辭告人。桓範政要論臣不易篇：造膝詭辭。姦由此滋，善由此沮，帝王之意由此惑，諫臣之罪由此生，媚道一行，爲害斯甚。〔一〇〕

太宗文皇帝挺秀千古，清明在躬，再恢聖謨，一變流弊，以虚受爲理本，以直言爲國華。【張註】國語：季文子曰：「吾聞以德榮爲國華，不聞以妾與馬。」有面折廷爭者，【石川註】史記呂后紀：面折廷爭。必爲霽雷霆之威，而明言奬納；【郎註】如魏徵每犯顔苦諫，太宗輒爲霽威之類。【張註】通鑑貞觀七年：上問魏徵曰：「羣臣上書可采，及召對，多失次，何也？」對曰：「臣觀百司奏事，常數日思之。及至上前，三分不能道一。況諫者拂意觸忌，非陛下借之辭色，豈敢盡其情哉！」上由是接羣臣，辭色愈温。有上封獻議者，必爲黜心意之欲，而手敕褒揚。【郎註】如李大亮有「佳鷹」之表，太宗手詔褒美之類。故得有過必知，知而必改，存致雍熙之化，【石川註】書堯典：於變時雍。傳：雍，和也，風俗大和也。〔廣〕〔庶〕績咸熙。傳：熙，廣也。没齊堯、舜之名。向若太宗徇中主之常情，滯習俗之凡見，聞過則羞己之短，納諫又畏人之知，雖有求理之心，必無濟代【張註】謹按：代即世字，避太宗諱，改爲代。之效，〔一一〕雖有悔過之意，必無從諫之名。此則聽納之實不殊，隱見之情小異，其於損益之際，已有若此相懸。又況不及中才，

【張註】前漢王嘉傳：中材苟容求全，下材懷危內顧，壹切營私者多。師心自用，【郎註】「師心」出莊子。【石川註】莊子齊物論：隨其成心而師之。肆于人上，以遂非拒諫，孰有不危者乎！【張註】後漢蔡邕傳：卓多自很用，邕恨其言少從，謂從弟谷曰：「董公性剛而遂非，終難濟也。」大戴禮：忿數者，獄之所由生也；距諫者，慮之所以塞也。且以太宗有經緯天地之文，有底定禍亂之武，【張註】謚法：經緯天地曰文，克定禍亂曰武。有躬行仁義之德，有致理太平之功，其爲休烈耿光，可謂盛極矣。然而人到于今稱詠，以爲道冠前古，澤被無窮者，則從諫改過，爲其首焉。是知諫而能從，過而能改，帝王之美，莫大於斯。陛下所謂「諫官論事，少能慎密，例自矜【石川註】易繫辭：臣不密，則失身。衒，歸過於朕者」。臣以爲不密自矜，信非忠厚，其於聖德，固亦無虧。陛下若納諫不違，則傳之適足增美；陛下若違諫不納，又安能禁之勿傳！伏願以貞觀故事爲楷模，【張註】後漢盧植傳：曹操過涿郡，告守令曰：「盧植，士之楷模，國之楨幹也。」使太宗風烈，重光於聖代，【石川註】書顧命：文王、武王，宣重光。恐不可謂此爲歸過，而阻絶直言之路也。

臣聞虞舜察邇言，【石川註】禮中庸：舜好問，而好察邇言。故能成聖化；晉文聽輿誦，故能恢霸功。【郎註】左〔傳〕僖公二十八年。【張註】左傳：晉侯聽輿人之誦曰：「原田每每，舍其舊而新是謀。」大雅有「詢于芻蕘」之言，洪範有「謀及庶人」之義。【張註】書：女則有大疑，謀及乃心，謀及卿士，謀及庶人。是則聖賢爲理，務詢衆心，不敢忽細微，不敢侮鰥寡。侈言無驗不必用，【張註】通鑑本註：德宗之信裴延齡，以侈言也。謹按：通鑑：貞元九年秋七月，户部侍郎裴延齡奏：「自判度支以來，檢責諸州欠負錢八百餘萬緡，收諸州抽貫錢三百萬緡，呈樣物三十餘萬緡，請别置庫以掌之。」詔從之。欠負皆貧人無可償，徒存其數者；抽貫錢給用隨盡；呈樣、染練皆左藏正物。延齡徒置别庫，虚張名數以惑上，于實無所增也。又奏：「左藏庫司多有失落，近因檢閲，使置簿書，乃于糞土之中得銀十三萬兩，其匹段雜貨百萬有餘。此皆已棄之物，悉應移入雜庫，以供别敕支用。」延齡每奏對，恣爲詭譎，上亦頗知其誕妄，但以其好詆毁人，冀聞外事，故親厚之。質言當理不必違；【張註】通鑑本註：德宗之罷柳渾，以質言也。謹按：通鑑：上好文雅醖藉，而渾質直輕侻無威儀，于上前時發俚語。上不悦，欲黜爲王府長史。李泌言渾褊直無他，故事罷相無爲長史者。又欲以爲王傅，泌請以爲常侍。上曰：「苟得罷之，無不可者。」渾罷爲左散騎常侍。遜于志者不必然，逆于心者不必否；【石川註】書太甲：有言逆於汝心，必求諸道；有言遜於汝志，必求諸非道。異於人者不必是，同於衆者不必非；辭拙而效速者不必愚，【張註】通鑑本註：如蕭復之諫幸鳳翔是也。謹按：通鑑：始，上以奉天迫隘，欲幸鳳翔。户部尚書蕭復聞之，遽請見，曰：「陛下大誤！鳳翔將卒皆朱泚故部曲，其中必有與之同惡者。臣尚憂疑張鎰不能久，豈得以鑾輿蹈不測之淵乎！」上曰：「吾行計已決，試爲卿留一日。」明日，聞鳳翔亂，乃止。言甘而利重者不必智。【張註】通鑑本註：趙贊、張滂之苛徵重斂是也。謹按：通鑑：建中四年六月庚戌，趙贊奏行税間架、除陌錢法。所謂税間架者，每屋兩架爲間，上屋税錢二千，中税千，下税五百。所謂除陌錢者，公私給與及賣買，每緡官留五十錢，給他物及相貿易者，約錢爲率。于是愁怨之聲，盈于遠近。又，貞元九年春正月癸卯，初税茶。凡州、縣産茶及茶山外要路，皆估其直，什税一，從鹽鐵使張滂之請也。

【石川註】晉語：言之太甘，其中必苦。是皆考之以實，慮之以終。其用無他，唯善所在，則可以盡天下之理，見天下之心。夫人之常情，罕能無惑，大抵蔽於所信，阻於所疑，忽於所輕，溺於所欲。信既偏，則聽言而不考其實，由是有過當之言；疑既甚，則雖實而不聽其言，於是有失實之聽。輕其人，則遺其可重之事；欲其事，則存其可棄之人。斯並苟縱私懷，不稽皇極，〔二〕【張註】書：次五曰建用皇極。【石川註】皇，大也；極，中也。凡爲事，當用大中之道。于以虧天下之理，于以失天下之心。故常情之所輕，乃聖人之所重。圖遠者先驗於近，務大者必慎於微，將在博採而審用其中，固不在慕高而好異也。陛下所謂「比見奏對論事，皆是雷同，道聽塗説者」。臣竊以衆多之議，足見人情，必有可行，亦有可畏，恐不宜一概輕侮而莫之省納也。

陛下又謂「試加質問，即便辭窮者」。臣竊以陛下雖窮其辭而未盡其理，能服其口而未服其心。【張註】莊子：能勝人之口，不能服人之心，辨者之囿也。何以知其然？臣每讀史書，見亂多理少，因懷感歎，嘗試思之。竊謂爲下者莫不願忠，爲上者莫不求理。然而下每苦上之不理，上每苦下之不忠。若是者何？兩情不通故也。下之情莫不願達於上，上之情莫不求知於下，然而下恒苦上之難達，上恒苦下之難知。若是者何？九弊不去故也。所謂九弊者，上有其六而下有其三：好勝人，耻聞過，騁辯給，衒聰明，厲威嚴，恣彊愎，此六者，君上之弊也；諂諛，顧望，畏愞，此三者，臣下之弊也。上好勝必甘於佞辭，上耻過必忌於直諫，如是則下之諂諛者順旨，而忠實之語不聞矣。上騁辯必剿說而折人以言，〔一三〕【張註】禮記：毋剿說。註：剿猶擥也，謂取人之說，以爲己說。通鑑本註：此所謂剿說者，人言未竟，剿絶其說，而伸己之說也。上衒明必臆度而虞人以詐，〔一四〕如是則下之顧望者自便，而切磨之辭不盡矣。上厲威必不能降情以接物，上恣愎必不能引咎以受規，如是則下之畏愞者避辜，而情理之說不申矣。夫以區域之廣大，生靈之衆多，宮闕之重深，高卑之限隔，自黎獻而上，【張註】書：萬邦黎獻，共惟帝臣。獲覩至尊之光景者，踰億兆而無一焉；【張註】陳書武帝紀：光景所照，鞮象必通。就獲覩之中，得接言議者，又千萬無一；幸而得接者，猶有九弊居其間，則上下之情所通鮮矣。上情不通於下則人惑，下情不通於上則君疑；疑則不納其誠，惑則不從其令。誠而不見納，則應之以悖；令而不見從，則加之以刑。下悖上刑，不敗何待！是使亂多理少，從古以然。【張註】通鑑本註：或謂「從古以然」，當作「從古而然」。今觀文意，陸宣公所謂從古至今亂多治少者，正以下悖上刑故也。「以」之與「而」，辭義相去遠矣。

昔龍逄誅而夏亡，【張註】通鑑前編：桀伐有施氏，有施氏以妹喜女焉。妹喜有寵，所言皆從。關龍逄諫曰：「人君謙恭敬信，節用愛人，故天下安，而社稷宗廟固。今君用財若無窮，殺人若不勝，民唯恐君之後亡矣。人心已去，天命不佑，盍少悛乎！」桀曰：「吾之有天下，猶天之有日也。日亡吾乃亡耳。」遂囚逄而殺之。比干剖而殷滅，【張註】史記殷本紀：紂淫亂不止，微子與太師、少師謀，遂去。比干曰：「爲人臣者，不得不以死爭。」乃彊諫紂。紂怒曰：考其初心，不必淫暴，亦在乎兩情相阻，馴致其失，以至于艱難者焉。

「吾聞聖人心有七竅。」剖比干，觀其心。箕子懼，乃佯狂爲奴，紂又囚之。宮奇去而虞敗，【張註】左傳：晉侯復假道於虞以伐虢。宮之奇諫，弗聽，許晉使。宮之奇以其族行，曰：「虞不臘矣！在此行也，晉不更舉矣！」冬十二月丙子朔，晉滅虢，師還，館於虞，遂襲虞，滅之。屈原放而楚衰，【郎註】楚襄王聽讒人之言，遷屈原於江南，楚益以衰。事見史記本傳。【張註】史記屈原傳：屈原〔名平〕，爲懷王左徒，博聞彊志，明於治亂，嫺于辭令，入則與王圖議國事，以出號令，出則接遇賓客，應對諸侯，王甚任之。上官大夫與之同列，爭寵而心害其能，因讒之。王怒而疏屈平。屈平既絀，時秦昭王與楚婚，欲與懷王會。屈平曰：「秦，虎狼之國，不可信，不如無行。」懷王稚子子蘭勸王行。懷王卒行。入武關，秦伏兵絶其後，因留懷王，以求割地。懷王竟死於秦而歸葬。此不知人之禍也。臣謂夏、殷、虞、楚之君，若知四子之盡忠，必不勦棄；若知四子之可用，必不拒違。所以至於忍害而捨絶者，蓋謂其言不足行，心不足保故也。四子既去，四君亦危。然則言之固難，聽亦不易。趙武吶吶，而爲晉賢臣。【郎註】檀弓：趙文子，其中退然若不勝衣，其言吶吶然如不出諸口。文子即武也。【張註】通鑑本註：趙文子名武，其言吶吶然如不出諸其口，爲晉正卿，晉國以彊，諸侯不叛。吶吶，舒小貌。絳侯木訥，而爲漢元輔。【郎註】本傳：絳侯周勃爲人木彊，高帝以爲可屬大事。張釋之傳云：絳侯言事，曾不能出口。【張註】前漢周勃傳：勃爲人木强敦厚，不好文學。每召諸生説事，東鄉坐，責之，趣爲我語，其椎魯少文如此。惠帝六年，置太尉官，以勃爲太尉。十年，高后崩，吕禄以趙王爲漢上將軍，吕産以吕王爲相國，秉權，欲危劉氏，勃與丞相平、朱虛侯章共誅諸吕。【石川註】勃食絳，號絳侯。論語：剛毅木訥。註：木，質樸；訥，遲鈍也。公孫弘上書論事，帝使難弘以十策，弘不得其一，【郎註】本傳：弘請罷築朔方。武帝使朱買臣等難弘，發十策，弘不得一，迺遜謝上。【張註】前漢公孫弘傳：時東置(滄)〔蒼〕海，北築朔方之郡。弘數諫，以爲罷敝中國，以奉無用之地，願罷之。於是上乃使朱買臣等難弘置朔方之便，發十策，弘不得一。弘乃謝曰：「山東鄙人，不知其便若是！」及爲宰相，卒有能名。【張註】前漢公孫弘傳：時上方興功業，屢舉賢良。弘自見爲舉首，起徒步，數年至宰相，封侯，於是起客館，開東閣，以延賢人，與參謀議。弘身食一肉，脱粟飯。故人賓客仰衣食，奉祿皆以給之，家無所餘。周昌進諫其君，病吃不能對詔，乃曰「臣口雖不能言，心知其不可」。【郎註】本傳：高帝欲廢太子，昌庭爭之强。上問其説。昌爲人吃，又盛怒，曰：「臣口不能言，然臣期期知其不可。陛下欲廢太子，臣期期不奉詔。」上欣然而笑。然則口給者事或非信，辭屈者理或未窮。人之難知，堯、舜所病，【張註】書：皋陶曰：「在知人，在安民。」禹曰：「吁！惟帝其難之。」【石川註】論語：堯、舜其猶病諸。胡可以一酬一詰，而謂盡其能哉！以此察天下之情，固多失實；以此輕天下之士，必有遺才。【張註】通鑑本註：德宗所以成段平仲之名者正如此。謹按：唐書段平仲傳：段平仲字秉庸。擢監察御史。是時，德宗春秋高，躬自聽斷，天下事有所壅隔，羣臣畏帝苛察，無敢言。平仲常曰：「上聰明神武，但臣下畏怯，自爲循默爾。使我一日得召見，宜大有開納。」會京師旱，詔擇御史、郎官，開倉賑恤。平仲與考功員外郎陳歸被選，同得對，粗陳賑恤事，帝察其意有所畜，以歸在側未言。事訖，平仲方獨進，帝乃並留歸，正色問之，雜以他語，平仲錯愕不得言，乃謬稱名，帝怒，叱去之。蒼黃向幄後，歸趨降招之，乃得去。由是坐廢七年，然名由此顯。臣是以竊慮陛下雖窮其辭而未窮其理，能服其口而未服其心，良有以也。

古之王者，明四目，達四聰，【石川註】書舜典：明四目，達四聰。傳：廣視聽於四方，使天下無壅塞。蓋欲幽抑之必通，且求聞己之過也。垂旒於前，黈纊於側，【張註】前漢東方朔傳：冕而前旒，所以蔽明；黈纊充耳，所以塞聰。註：師古曰：黈，黃色也。纊，綿也。以黃綿爲丸，用組懸之於冕，垂兩耳旁，示不外聽。蓋惡視聽之太察，唯恐彰人之非也。【石川註】漢書東方朔傳：水至清則無魚，人至察則無徒。冕而前旒，所以蔽明；黈纊充耳，所以塞聰。明有所不見，聰有所不聞。舉大德，赦小過，無求備於一人之義也。降及末代，則反於斯。聰明不務通物情，視聽祇以伺罪釁，與衆違欲，與道乖方。於是相尚以言，相示以智，相冒以詐，而君臣之義薄矣。以陛下性含仁聖，意務雍熙，而使至道未孚，臣竊爲陛下懷愧於前哲也。古人所以有耻君不如堯、舜者，故亦以是爲心乎？

夫欲理天下，而不務於得人心，則天下固不可理矣。務得人心，而不勤於接下，則人心固不可得矣。務勤接下，而不辯君子小人，則下固不可接矣。務辯君子小人，而惡其言過，悦其順己，則君子小人固不可辯矣。趣和求媚，【郎註】〔漢書〕鄭當時傳：云：常趨和承意。顏師古曰：趨讀曰趣。趣，向也。和，胡卧切。人之甚利存焉。犯顏取怨，人之甚害存焉。居上者易其害而以美利利之，猶懼忠告之不𧺝，【張註】左傳：善鄭以勸來者，猶懼不𧺝。杜註：𧺝，至也。況有疏隔而勿接，又有猜忌而加損者乎？天生烝人，合以爲國，【張註】謹按：烝人猶烝民也，避太宗諱改「民」爲「人」。人之有口，不能無言，人之有心，不能無欲。言不宣於上，則怨讟於下；欲不歸於善，則湊集於邪。聖人知衆之不可以力制也，故植謗木，【張註】史記文帝紀：上曰：「古之治天下，朝有進善之旌，誹謗之木。」註：索隱曰：按尸子云：堯立誹謗之木。韋昭云：慮政有闕失，使書于木，此堯時然也。後代因以爲飾，今宮外橋梁頭四柱木是。古今註：程雅問曰：「堯設誹謗之木，何也？」答曰：「今之華表木也。以橫木交柱頭，狀若華也。形如桔槔，大路交衢悉施焉。或謂之表木，以表王者納諫也。亦以表識衢路，今西京謂之交午也。」陳諫鼓，【張註】綱目集覽：諫鼓：成周之時建路鼓以通下情。【石川註】淮南子主術訓：堯置敢諫之鼓。列爭臣之位，【張註】白虎通：天子置左輔、右弼、前疑、後承以順。左輔主修政刺不法，右弼主糾周言失傾，前疑主糾度定德經，後承主匡正常考變。夫四弼興道，率主行仁。夫陽變於七、以三成，故建三公。序曰：諍列七人，雖無道，不失天下，仗羣賢也。【石川註】孝經諫爭章：天子有爭臣七人，雖無道，不失其天下。諸侯有爭臣五人，雖無道，不失其國。置采詩之官，【張註】前漢食貨志：孟春之月，行人振木鐸，徇於路以采詩，獻之太師，比其音律，以聞於天子。註：師古曰：采詩，采取怨刺之詩也。【石川註】禮王制：命太師陳詩，以觀民風。以宣其言。尊禮義，安誠信，厚賢能之賞，廣功利之途，以歸其欲。使上不至於亢，下不至於窮，則人心安得而離，亂兆何從而起！古之無爲而理者，【石川註】論語：無爲而治者，其舜也歟。註：言任官得其人，故無爲而治。其率用此歟！苟有理之之意而不知其方，苟知其方而心守不壹，則得失相半，天下之理亂，未可知也。其又違道以師心，棄人而任己，謂欲可逞，謂衆可誣，謂專斷無傷，謂詢謀無益，謂諛説爲忠順，謂獻替爲妄愚，【石川註】左傳昭二十年：君所謂可，而有否焉；臣獻其否，〔以〕成其可。君所謂否，而有可焉；臣獻其可，以去其否。謂進善爲比周，【石川註】左傳文十八年：頑嚚不友，是與比周。註：周，密也。謂嫉惡爲嫌忌，謂多疑爲御下之術，謂深察爲照物之明，理道全乖，國家之顛危，可立待也。

理亂之戒，前哲備言之矣。安危之效，歷代嘗試之矣。舊典盡在，殷鑒足徵。【張註】詩：殷鑒不遠，在夏后之世。箋：此言殷之明鏡不遠也。夏以禹興，以桀亡，得失曉然在前。此詩爲召穆公舉此以戒厲王，欲王之鑒殷，猶殷之鑒夏。其於措置施爲，在陛下明識所擇耳，伏願廣接下之道，開獎善之門，弘納諫之懷，勵推誠之美。其接下也，待之以禮，煦之以和，【石川註】禮註：氣曰煦。虛心以盡其言，端意以詳其理。不禦人以給，【石川註】論語：禦人以口給。皇疏：禦猶對也。給，捷也。口辭〔對〕人，捷給無實。不自衒以明，不以先覺爲能，不以臆度爲智，不形好惡以招諂，不大聲色以示威。【石川註】詩皇矣：不大聲以色。箋：不虛廣言語，以外作容貌。如權衡之懸，不作其輕重，故輕重自辨，無從而詐也。如水鏡之設，無意於妍蚩，而妍蚩自彰，莫得而怨也。【張註】前漢韓安國傳：清水明鏡，不可以形逃。陸機文賦序：妍蚩好惡，可得而言。有犯顔讜直者，獎而親之；有利口讒佞者，疏而斥之。自然物無壅情，言不苟進，君子之道浸長，小人之態日消。【石川註】易彖傳：君子道長，小人道消。何憂乎少忠良，何有乎作威福，何患乎妄説是非？如此則接下之要備矣。其獎善也，求之若不及，用之懼不周。如梓人之任材，曲直當分；如滄海之歸水，洪涓必容。能小事則處之以小官，立大勞則報之以大利。不忌怨，不避親，不抉瑕，不求備，不以人廢舉，不以己格人。聞其才必試以事，能其事乃進以班。自然無不用之才，亦無不實之舉：如此則獎善之道得矣。其納諫也，以補過爲心，以求過爲急，以能改其過爲善，以得聞其過爲明。故諫者多，表我之能好；諫者直，示我之能賢；〔一五〕諫者之狂誣，明我之能恕；諫者之漏泄，【張註】易：幾事不密則害成。疏：幾，謂幾微之事，當須密慎。若其不密而漏泄，禍害交起，是害成也。彰我之能從；【張註】通鑑本註：極言納諫之美，以誘掖其君上也。有一于斯，皆爲盛德。是則人君之與諫者交相益之道也。諫者有爵賞之利，君亦有理安之利；諫者得獻替之名，君亦得採納之名。然猶諫者有失中，而君無不美。唯恐讜言之不切，天下之不聞：如此則納諫之德光矣。其推誠也，在彰信，在任人。彰信不務於盡言，所貴乎出言則可復。任人不可以無擇，所貴乎己擇則不疑。言而必誠，然後可以求人之聽命；任而勿貳，然後可以責人之成功。誠信一虧，則百事無不紕繆；【張註】前漢董仲舒傳：政多紕繆，則陰陽不調。疑貳一起，則羣下莫不憂虞。是故言或乖宜，可引過以改其言，而不可苟也。任或乖當，可求賢以代其任，而不可疑也：如此則推誠之義乎矣。

微臣所以屢屢塵黷，而不能自抑者，【張註】晉書何琦傳：豈可復以朽鈍之質，塵黷清朝哉！蓋以陛下有拯亂之志而多難未平，有務理之誠而庶績未乂，有堯、舜聰明之德而未光宅於天下，【張註】書序：昔在帝堯，聰明文思，光宅天下。有覆載【石川註】中庸：天之所覆，地之所載。含弘之量而未翕受於衆情。故臣每中夜靜思，無不竊歎而深惜也。向若陛下有其位而無必行之志，有其志而無可致之資，則臣固已從俗浮沈，何苦而汲汲如是！惟陛下詳省所闕，亟行所宜，歸天下之心，濟中興之業。此臣之願也，億兆之福也，宗社無疆之休也。謹奏。【張註】通鑑：上頗采用其言。

蔡九霞曰：君而拒諫，亦誰敢禁！其拒者德宗，本有拒諫之實，而不肯居拒諫之名。然唯此不居其名，一念猶是可與爲善根器。不然，雖有純忠格主之臣，豈敢向恣情拒諫之君剖心吐膽若此！公固不可及，德宗亦未可盡非也。

馬傳庚曰：反正相生，義意周帀。大要歸於推誠納諫。對症發藥，愷切詳明。

校勘記

〔一〕然後俾衆無惑　「然後」，明本作「可以」。據下文，作「可以」似是。

〔二〕撫不以恩則效忠之情薄　「恩」，新傳作「情」。

〔三〕若影從表　「從表」，新傳作「附形」。

〔四〕故惟天下至誠　「故」下，新傳多一「曰」字。

〔五〕若不盡於己而望盡於人　「若不」間，通鑑二三九多一「誠」字。「望」，新傳作「責」。
〔六〕衆必給而不從矣　「給」，通鑑作「怠」。
〔七〕不誠於前而曰誠於後　「曰」，新傳作「望」。
〔八〕而不敢縱捨者　「捨」，新傳作「赦」。
〔九〕不可斯須去身　「去身」上，通鑑多一「而」字。
〔一〇〕爲害斯甚　此句之下，新傳多一「矣」字。
〔一一〕必無濟代之效　「代」，明本、張本作「理」。石川本註云：「吴、陸、陳、葉本（亦）作『理』。」
〔一二〕不稽皇極　新書作「不考其實」。
〔一三〕上騁辯必勦説而折人以言　「辯」下，明本、郎本多一「給」字。石川本註云：「陳本（亦）有『給』字。」按：據前文，有「給」字是。
〔一四〕上銜明必臆度而虞人以詐　「明」上，明本、郎本多一「聰」字。石川本註云：「陳本（亦）有『聰』字。」按：據前文，有「聰」字是。
〔一五〕示我以能賢　「賢」，通鑑作「容」。

奉天論尊號加字狀

【郎註】是時，賊泚未平，帝欲明年改元。而術家爭言數鍾百六，宜有變更，以應時數，羣臣請更加尊號一二字，帝以問贄。贄乃上此奏。【張註】唐書本傳：是時，賊未平，帝欲明年遂改元，而術家爭言數鍾百六，宜有所變，示天下復始。帝乃議更益大號。

右冀寧奉宣聖旨：往年百官請上尊號曰「聖神文武皇帝」。【張註】事在建中元年。今緣經此寇難，【張註】謂朱泚之難。諸事並宜改變。衆議欲得於朕舊號之中，更加一兩字，卿宜商量事體穩便得否者。

伏以睿德神功，【張註】梁簡文帝菩提樹頌：體乾元之叡德，合天地之純誠。任昉箋：神功無紀。參天配地，巍巍蕩蕩，無得而名。【石川註】論語：巍巍乎舜、禹之有天下！註：高大之稱。又：大哉堯之爲君也！蕩蕩乎，民無能名焉。註：蕩蕩，廣遠之稱。言其布德廣遠，民無識其名焉。臣子之心，務崇美號，雖或增累盈百，猶恐稱述未周。陛下既越常情，俯稽至理，愚衷未諭，安敢不言！竊以尊號之興，本非古制。【郎註】尊號始於秦皇。行於安泰之日，已累謙沖；【張註】齊書扶南國傳：光化所被，咸荷安泰。老子：大盈若沖。【石川註】玉篇：沖，虚也。襲乎喪亂之時，尤傷事體。今者鑾輿播越，【張註】唐書車服志：五路皆重輿，左青龍，右白虎，金鳳翅，畫苣文鳥獸，黃屋左纛。金鳳一、鈴二在軾前，鸞十二在衡。通鑑音註：播，流也，遷也。越，顛墜也，走也。【石川註】班固西都賦：乘鑾輿。説文：鑾，人君乘車。八鑾鈴，象鸞爲聲。未復宮闈，宗祏震驚，〔一〕尚愆禋祀，【張註】周禮春官大宗伯：以禋祀祀昊天上帝。【石川註】詩雲漢：不殄禋祀。中區多梗，【石川註】陸機文賦：佇中區以玄覽。銑曰：中區，中都也。安貞謂中區猶中國也。大憝猶存。【郎註】此指朱泚。此乃人情向背之秋，天意去就之際。【張註】漢書劉向傳：天之去就，豈不昭昭然哉！陛下誠宜深自懲勵，以收攬羣心，痛自貶損，以答謝靈譴。【張註】晉書郭璞傳：宜側身思懼，以應靈譴。豈可近從末議，〔二〕重益美名，既虧追咎之誠，必累中興之業！以臣庸蔽，未見其宜。乞更詳思，不爲兇孽所幸，此臣之至願也。謹奏。

馬傳庚曰：尺幅中曲折盡致，語簡意明。

校勘記

〔一〕宗祏震驚　「祏」原誤作「柘」，據宋本、册府五五二、全唐四六九改。明本、郎本、張本、舊傳作「社」。

〔二〕豈可近從末議　「豈」，舊傳、册府作「不」。

重論尊號狀〔一〕

右冀寧奉宣聖旨：卿所商量加尊號事，雖則理體甚切，然時運必須小有改變，亦不可執滯不信。卿宜爲朕更審思量，應亦無妨者。

臣聞德合天者謂之皇，德合地者謂之帝，德合人者謂之王。【石川註】春秋繁露：德侔天地者稱皇帝。父天母地以養人，理物各得其宜者，謂之天子。【張註】尚書刑德考：帝者，天號也。王者，人稱也。天有五帝以立名，人有三王以正度。天子，爵稱也。皇者，煌煌也。風俗通：三皇道德元泊，有似皇天，故稱曰皇。皇者，中也，光也，弘也。白虎通：德合天地者稱帝，仁義合者稱王，別優劣也。又：天子者，爵稱也。爵所以稱天子者何？王者父天母地爲天之子也。是皆至尊之殊號，極美之大名，雖欲變更，無踰於此。故伏羲、神農、黃帝、堯、舜，自生人以來，君德之最神聖者，〔二〕天下尊之美之，亦已至矣。而其指以爲號者，或曰皇，或曰帝，【張註】通鑑音註：伏羲、神農、黃帝爲三皇，少昊、顓頊、高辛、唐堯、虞舜爲五帝。宋均註援神契引甄耀度曰：伏羲、神農、燧人爲三皇，黃帝、顓頊、帝嚳、唐堯、虞舜爲五帝。孔穎達曰：鄭玄註中候敕省圖引運斗樞：伏羲、女媧、神農爲三皇。五帝者，德合五帝座星者稱帝，則黃帝、金天氏、高陽氏、高辛氏、陶唐氏、有虞氏是也。實六人而稱五者，以其俱合五帝座星也。白虎通：取伏羲、神農、祝融爲三皇。帝者，天之一名。所以名帝，帝者諦也。帝號同天名所莫加。而稱皇者，以皇是美大之名，言大於帝也。唯自一字，且猶不兼。禹、湯繼興，莫匪大聖，尚自菲薄，【石川註】諸葛亮前出師表：不宜妄自菲薄，以塞忠諫之路也。論語註：菲，薄也。降號爲王。嬴秦德衰於殷、周，〔三〕而名竊於羲、皞，兼皇與帝，始總稱之。【郎註】史〔記〕秦〔始皇〕紀：秦王初併天下，自以爲德兼三王，功過五帝，乃更號曰皇帝。【張註】前漢百官公卿表註：張晏曰：五帝自以德不及三皇，故自去其皇號。三王又以德不及五帝，自損稱王。秦自以德褒二行，故兼稱之。史記秦本紀：秦之先爲嬴姓。始皇本紀：秦初併天下，議帝號。丞相、御史大夫、廷尉等與博士議曰：「古有天皇，有地皇，有泰皇，泰皇最貴。臣等昧死上尊號王爲泰皇。」王曰：「去泰著皇，采上古帝位號，號曰皇帝。」謹按：羲，太昊伏羲氏也；皇也。皞，少昊金天氏；帝也。所謂名竊於羲、皞也。皞與昊同。流及後代，昏僻之君，〔四〕乃有聖劉、天元之號。【郎註】前〔漢〕李尋傳：初，成帝時，齊人甘忠可詐造天官曆、包元太平經十二卷，以言「漢家當更受命於天」，以教夏賀良等，尋亦好之。乃說哀帝宜急改元易號。哀帝久疾，冀其有益，乃下詔曰：「皇天降祐，漢國再獲受命之符，其以建平二年爲太初元將元年，號曰陳聖劉太平皇帝。」【張註】前漢哀帝紀註：韋昭曰：敷陳聖劉之德也。通鑑：太建十一年，周宣帝傳位于太子闡，大赦，改元大象，自稱天元皇帝，所居稱天臺。是知人主輕重，不在名稱，〔五〕崇其號無補於徽猷，【張註】詩：君子有徽猷。損其名不傷於德美。然而損之有謙光稽古之善，【張註】易：謙尊而光。【石川註】書堯典：稽古帝堯。傳：考古道。崇之獲矜能納諂之譏，得失不侔，居然可辯。況今時遭屯否，〔六〕事屬艱難，〔七〕尤宜懼思，以自貶抑。必也俯稽術數，須有變更，與其增美稱而失人心，不若黜舊號以祇天戒。天時人事，理必相扶，〔八〕人既好謙，【石川註】易彖傳：人道惡盈而好謙。天亦助順。【石川註】易繫辭：天之所助者順也。陛下誠能斷自宸鑒，渙發德音，【石川註】易王註：渙，散也。引咎降名，深自剋責，〔九〕唯謙與順，一舉而二美從之。外可以收物情，內可以應玄運，上可以高德於夐古，〔一〇〕【石川註】晉書后妃傳：爰自夐古，是謂元妃。幽通賦註：夐，遠也。下可以垂法於無窮。興廢典，矯舊失，至明也；損虛飾，收美利，大智也。前聖之所以永保鴻名，常爲稱首者，達於茲義而已矣。【張註】前漢司馬相如傳：前聖之所以永保鴻名，而常爲稱首者，用此。陛下何憖而不革，〔一一〕反欲加宂號以受實患哉！玄元道德經曰：〔一二〕【張註】謹按：高宗乾封元年至亳州謁老君廟，尊爲太上玄元皇帝。史記老莊申韓列傳：老子者，楚苦縣厲鄉曲仁里人也，姓李氏，名耳，字伯陽，謚曰聃。老子修道德，其學以自隱無名爲務。居周久之，見周之衰，乃遂去。至關，關令尹喜曰：「子將隱矣，彊爲我著書。」於是老子乃著書上、下篇，言道德之意，五千餘言。【石川註】唐書高宗紀：乾封二年，如亳州，祠老子，追號太上玄元皇帝。「王侯自謂孤、寡、不穀。」【郎註】老子：王侯自稱孤、寡、不穀。以賤爲本也。【張註】老子：貴以賤爲本，高以下爲基，是以侯王自謂孤、寡、不穀。此其以賤爲本也非乎？周襄王遭亂出居于鄭，〔一三〕告於諸侯曰：「不穀不德，鄙在鄭地。」〔一四〕春秋禮之，以其能降名也。【郎註】左〔傳〕僖二十四年：冬，襄王使來告難曰：「不穀不德，得罪于母弟之寵〔子帶〕。」書曰：天王出居于鄭，避母弟之難也。天子凶服降名，禮也。【張註】左傳：王出適鄭，處於氾。冬，王使來告難曰：「不穀不德，得罪於母弟之寵子帶。鄙在鄭地氾，敢告叔父。」天子無出。書曰：天王出居於鄭，避母弟之難也。天子凶服降名，禮也。註：降名，稱不穀。漢光武詔令「上書者不得言聖」，

【郎註】漢光武詔：上書者不得言聖。史册稱之，以其能損己也。【張註】後漢光武帝紀：詔：百僚各上封事，無有所諱。其上書者不得言聖。臣顧以賤微，獲承訪議，伊尹耻其君不如堯、舜，【石川註】書説命：先正保衡，作我先王，曰：「予弗克俾厥后惟堯、舜，其心愧耻，若撻于市。」臣亦耻之。是以誠發於中，不復防慮忌諱，赦其愚而監其理，惟明主行焉。【郎註】此奏既上，帝納其言，於奉天赦文中併舊號去。謹奏。

蔡九霞曰：天子尊無二上，豈在一二稱號之間！況旋轉天心，正宜自貶，豈宜自尊！蓋自尊者君心侈，侈則不可復約也；自貶者君心敬，敬則不敢或肆也。所係非渺，何得以稱號虚名，置而不諫哉！後世設爲地瑞天祥以相矜異，遂至蒿藜而爲嘉穀，鵰梟而爲麐鳳，皆從一念之侈所致，適足爲政治訾耳。公之急於諫沮，正得此意。

馬傳庚曰：得訣在前八行，以下自迎刃而解，氣機流逸，爽朗異常。

校勘記

〔一〕重論尊號狀　文粹二九作「奉天論尊號狀第二首」。

〔二〕君德之最神聖者　此句之下，明本、郎本、文粹多一「也」字。

〔三〕嬴秦德衰於殷周　「嬴」，舊傳、册府五五二作「暴」。明本、郎本無「德」字。

〔四〕昏僻之君　此句之上，舊傳多一「及」字。

〔五〕不在名稱　「名」，舊傳、册府作「自」。

〔六〕況今時遭屯否　「遭」，册府作「運」。

〔七〕事屬艱難　「艱難」，舊傳作「傾危」。

〔八〕理必相扶　「扶」，舊傳、册府、文粹作「符」。

〔九〕深自剋責　「自」，舊傳、册府、文粹作「示」。

〔一〇〕上可以高德於復古　「高」，文粹作「齊」。

〔一一〕陛下何惓而不革　此句之下，文粹多一「之」字。

〔一二〕玄元道德經曰　「玄元」下，明本、石川本多一「元」字。文粹無「道」字，石川本註云：「葉、陸本(亦)無『道』字。」

〔一三〕周襄王遭亂出居於鄭　「出」，明本作「困」。

〔一四〕鄙在鄭地　石川本註云：「文粹『地』作『汜』。」今本文粹「地」下多一「汜」字。

奉天論赦書事條狀〔一〕

〔一〕【郎註】興元赦令既具，帝以藁付贄，使商討其詳。贄知帝執德不固，困則思治，泰則易驕，欲激之使彊其意，乃上此奏。帝納之。【石川註】舊唐書德宗紀：興元元年正月，詔大赦天下。

右隱朝奉宣聖旨，並以中書所撰赦文示臣，【張註】唐書百官志：中書省舍人六人，凡詔旨、制敕、璽書、册命皆起草進畫，既下則署行。令臣審看可否，如有須改張處，及事宜不盡，條録奏來者。〔二〕

臣謹如詔旨，詳省再三，猶懼所見不周，兼與諸學士等參考得失，【張註】通鑑音註：諸學士者，修文館學士及直學士也。僉以爲綱條粗舉，文理亦通，事多循常，辭不失舊，用於平昔，頗亦可行，施之當今，則恐未稱。何則？履非常之危者，不可以常道安；解非常之紛者，不可以常語諭。自陛下嗣承大寶，志壹中區，【張註】三都賦序：魏跨中區之衍。窮用甲兵，竭取財賦。甿庶未達於暫勞之旨，【石川註】文選西京賦：暫勞永逸。而怨咨已深；昊穹不假以悔禍之期，【石川註】司馬相如封禪書：自昊穹兮生民。昊，昊天；穹，穹蒼，言天也。【張註】左傳：天其以禮，悔禍於許。註：言天加禮於許而悔禍之。而患難繼起。復以刑謫太峻，禁防傷嚴，上下不親，情志多壅。乃至變生都輦，盜據宮闈，九廟【石川註】九廟蓋始于劉歆：后稷太祖、文世室、武世室、三昭、三穆。舊唐書高祖紀：皇祖諱虎，周受禪，追封唐國公；武德初，追尊景帝，廟號太祖。唐〔書〕禮志：開元十年，詔宣皇帝復祔于正室，謚爲獻祖，並謚光皇帝爲懿祖，又以中宗還祔太廟，於是太廟爲九室。寶應二年，祧獻祖、懿祖，祔玄宗、肅宗。自是之後，常爲九室矣。德宗時九廟：太祖、高祖、太宗、高宗、中宗、睿宗、玄宗、肅宗、代宗。鞠陷於匪人，【石川註】詩小弁傳：鞠，窮也。易比：六三，比之匪人。六師出次於郊邑。【石川註】書康王之誥：張皇六師。甘誓傳：天子六軍。奔逼憂厄，言之痛心，自古禍亂所鍾，罕有若此之暴。今重圍雖解，逋寇尚存，〔三〕裂土假王者四兇，【郎註】朱滔自稱冀王，田悦自稱魏王，王武俊自稱趙王，李納自稱齊王。滔天僭帝者二豎，【郎註】李希烈僭即帝位，國號大楚。朱泚僭即帝位，國號大秦。【張註】謹按：四兇：朱滔、田悦、王武俊、李納也。通鑑綱目：建中三年，朱滔自稱冀王，王武俊稱趙王，田悦稱魏王，李納稱齊王。二豎，朱泚、李希烈也。時朱泚自稱大秦皇帝，李希烈號大楚皇帝。【石川註】左傳文十八年：流四兇族。又，成十年：疾爲二豎子。又有顧瞻懷貳，叛援黨姦，其流實繁，不可悉數。皇輿未復，【張註】漢書音義：地象車輿載物，故曰輿地。蘇林曰：地曰輿地，猶盡載之意。【石川註】楚辭：恐皇輿之敗績。註：皇，君也。輿，君之所乘也。國柄未歸，勞者未獲休，功者未及賞，〔四〕困窮者未暇恤，滯抑者未克伸，將欲紓多難而收羣心，唯在赦令誠言而已。安危所屬，其可忽諸！動人以言，所感已淺，言又不切，人誰肯懷？昔成湯遇災而禱于桑野，〔五〕躬自髡剔以爲犧牲。古人所謂割髮宜及膚，翦爪宜侵體，【郎註】文選應休璉與岑文瑜祈雨書云：昔夏禹之解陽旰，商湯之禱桑林，言未發而水旋流，辭未卒而澤滂沛。今者雲重積而復散，雨垂落而復收，得無聖賢殊品，優劣異姿，割髮宜及膚，翦爪宜侵肌乎？【張註】文選註：呂氏春秋曰：昔殷湯尅夏，而大旱五年。湯乃身禱於桑林，于是翦其髮，酈其手，自以爲犧〔牲〕，用祈福於上帝。【石川註】後漢書註引帝王紀云：成湯大旱七年，太史卜曰：「當以人禱。」湯曰：「必以人禱，吾請自當。」遂齋戒，翦髮斷爪，以己爲犧牲，禱于桑林之社。良以誠不至者物不感，損不極者益不臻。今茲德音，亦類於是。悔過之意不得不深，引咎之辭不得不盡。招延不可以不廣，【張註】前漢梁孝王傳：招延四方豪傑。潤澤不可以不弘。【張註】前漢董仲舒傳：天地之間，被潤澤而大豐美。宣暢鬱堙，不可不洞開襟抱；洗刷疵垢，不可不盪去瘢痕。【張註】文選張衡西京賦：所惡成瘡痏。註：瘡痏謂瘢痕。後漢書趙壹傳：所好則鑽皮出其羽毛，所惡則洗垢索其瘢痕。使天下聞之，廓然一變，若披重昏而覩朗曜，【張註】徐幹中論：文王遇姜公於渭陽，若披雲而見日。人人得其所欲，則何有不從者乎？

應須改革事條，謹具別狀同進。除此之外，尚有所虞。竊以知過非難，改過爲難；【石川註】書説命：非知之難，行之惟（艱）〔難〕。言善非難，行善爲難。假使赦文至精，止於知過言善，猶願聖慮，更思所難。易曰：「聖人感人心而天下和平。」【張註】咸卦彖辭。夫感者，誠發於心，而形於事，人或未諭，〔六〕故宣之以言，言必顧心，心必副事，三者符合，不相越踰，本於至誠，乃可求感。事或未致，則如勿言，〔七〕一虧其誠，終莫之信。〔八〕伏惟陛下先斷厥志，乃施於辭，度其可行而宣之，其不可者措之。無苟於言，以重其悔。言克誠而人心必感，人心既感而天下必平。事何可不詳，言何可不務。〔九〕罄輸愚懇，伏聽聖裁。謹奏。

蔡九霞曰：一番詔赦必有加惠於民者幾條？然不過紙上空言，何曾見之實事。當時詔赦經公手定，不患條例之不備，而患不肯實行，故以誠感力行之説進。易曰「納約自牖」，公庶幾焉。

馬傳庚曰：入手原叙來由，爲本文作勢，筆意警動。中間說赦令誠言，詞旨透切。末後伸說正意，理解清真。

校勘記

〔一〕奉天論赦書事條狀　文粹二九作「論赦書狀」。

〔二〕條録奏來者　此句之上，石川本註云：「文粹有『並』字。」然今本文粹同於底本。

〔三〕逋寇尚存　「尚」，明本、文粹作「常」。石川本註謂陳、陸、吴、湯本亦作「常」。

〔四〕功者未及賞　「及」，石川本註云：「文粹作『獲』。」然今本文粹同於底本。

〔五〕昔成湯遇災而禱于桑野　明本、張本無「而」字。

〔六〕人或未諭　「人」，新傳、文粹作「事」。

〔七〕則如勿言　「則」，文粹作「不」。

〔八〕終莫之信　「之」，文粹作「能」。

〔九〕言何可不務　「言」，文粹作「亦」。

中國歷史文集叢刊

陸贄集

下

〔唐〕陸贄撰
王素點校

中華書局

陸贄集卷十四

奏草 四

奉天論擬與翰林學士改轉狀

帝以贄等諸學士扈蹕奉天，書詔填委，欲與改轉，以獎勤勞。贄以不宜先優近臣，故上此奏。【張註】唐書百官志：學士之職，本以文學言語被顧問，出入侍從，因得參謀議、納諫諍，其禮尤寵；而翰林院者，待詔之所也。唐制：乘輿所在，必有文詞、經學之士，下至卜、醫、伎術之流，皆直於別院，以備宴見；而文書詔令，則中書舍人掌之。自太宗時，名儒學士時時召以草制，然猶未有名號；乾封以後，始號「北門學士」。玄宗初，置「翰林待詔」，以張說、陸堅、張九齡等爲之，掌四方表疏批答、應和文章；既而又以中書務劇，文書多壅滯，乃選文學之士，號「翰林供奉」，與集賢院學士分掌制詔書敕。開元二十六年，又改翰林供奉爲學士，別置學士院，專掌内命。翰林故事：翰林院者，在銀臺門内，以藝能伎術召見者之所處也。凡學士無定員，下自校書郎，上及諸曹尚書，皆爲之。入院一歲，則遷知制詔；未知制詔者，不作文書；久次者一人爲承旨。

右冀寧奉宣敕旨：「卿及諸學士名銜，【石川註】釋名：官吏階位曰銜。宜並抄録進來。」冀寧又向臣説云：聖意以臣等自到奉天，書詔填委，【張註】唐書本傳：從狩奉天，機務填總，遠近調發，奏請報下，書詔日數百，贄初若不經思，逮成，皆周盡事情，衍繹孰復，人人(所)〔可〕曉。旁吏承寫不給，他學士筆閣不得下，而贄沛然有餘。欲與改轉，以奬勤勞者。承命竦恧，顧慙非宜，進退徬徨，不知所措。

臣謬以儒學，選居翰林，【石川註】唐書百官志：玄宗初，置「翰林待詔」，掌四方表疏批答、應和文章，又以中書務劇，文書多壅滯，乃選文學之士，號「翰林供奉」，與集賢院學士分掌制(誥)〔詔〕書敕。又改翰林供奉爲學士，別置學士院，專掌内命。其後選用益重，至號爲「内相」。雖職異訏謨，【石川註】詩抑：訏謨定命。傳：訏，大；謨，謀。而恩參近侍。【張註】唐書本傳：始，贄入翰林，年尚少，以材幸，天子常以輩行呼而不名。在奉天，朝夕進見，然小心精潔，未嘗有過，由是帝親倚，至解衣衣之，同類莫敢望。雖外有宰相主大議，而贄常居中參裁可否，時號「内相」。當陛下用兵之會，乏決勝之籌，【張註】前漢高祖本紀：運籌帷幄之中，決勝千里之外。從陛下避狄之遊，靡出奇之計。【張註】前漢陳平傳：平自初從至天下定後，凡六出奇計，輒益封邑。見危闕授命之節，【石川註】論語：見危授命。知難無伏死之爭。【張註】左傳：臣，治煩去惑者也，是以伏死而爭。事君大猷，臣則皆曠，屑屑供職，【石川註】後漢書王良傳：屑屑，不憚煩也。揚子方言：屑屑，不安也。曾何足云。

夫君之有臣，以濟理也，理不失道，亂何由生！亂之浸興，由理乖也，君之及難，實臣罪也。是以主憂則臣辱，主辱則臣死。【郎註】吴越春秋：越王句踐反國，五年，檄召羣臣，仰天而歎曰：「主憂臣辱，主辱臣死。」今陛下躬罹逼脅，露處郊畿，【石川註】詩載馳序：露於漕邑。疏：露，暴露也。園廟震驚，【石川註】史記叔孫通傳：先帝園陵寢廟，羣臣莫能習。字典：帝王陵寢曰園。斯謂辱矣；寇讎密邇，亦云憂矣。臣竊謂凡今在位，任重者其罪大，職近者其責深。臣之職司，【張註】左傳：晉侯使鞏朔獻齊捷于周，王使單襄公辭焉，曰：「今叔父不使命卿，而鞏伯實來，未有職司於王室。」註：名位不達於王室。頗亦爲近，是宜當責，安可增榮！又聞初到奉天，已頒詔命，應是扈從將吏，一例並加兩階。今若翰林之中，獨蒙改轉，【張註】通鑑本註：唐自至德以後，勳階輕而職事官重，故云然。乃是行賞不類，命官以私。録微勞則臣等遷位過優，勸來者則從官加階太薄，先後失次，輕重不倫，凡百具寮，誰不解體！

夫行罰先貴近而後卑遠，則令不犯；行賞先卑遠而後貴近，〔一〕則功不遺。至如徇主忘家，固是臣子常分，追陪輦蹕，【張註】漢官儀註：皇帝輦，左右侍帷幄者稱警，出殿則傳蹕，止行人、清道也。【石川註】古今註：警蹕所以戒行徒。秦制：出警入蹕。曷足甄稱？陛下必以朝官之中，有來有否，事須旌別，以儆不從，【石川註】書畢命：旌別淑慝。則望先録大勞，次徧羣品，然後以例均被，臣亦何敢獨辭？〔二〕殊渥曲臨，實傷大體，不任靦懼之至。【石川註】詩釋文：靦，面醜也。謹奉狀以聞。謹奏。

蔡九霞曰：公隨至奉天，參帷幄之謀，功在社稷，乃引罪不遑，未敢輕叨恩擢。議論真摯，絶非辭榮讓爵習套。純臣心事，真可與日月爭光者也。

馬傳庚曰：通達政體，辭受有節，既不濫邀，亦非虚讓。

校勘記

〔一〕行賞先卑遠而後貴近　「卑」，明本作「要」。

〔二〕臣亦何敢獨辭　「何」，通鑑二二九作「不」。

奉天請罷瓊林大盈二庫狀〔一〕

【郎註】德宗於行宫廡下貯諸道貢獻之物，榜曰瓊林、大盈庫。贄以爲戰守之功，賞賚未行，而遽私别庫，則士卒怨望，無復鬬志，乃上此奏。帝悟，即命去其榜。【張註】通鑑：興元元年春正月，上于行宫廡下貯諸道貢獻之物，榜曰瓊林、大盈庫。【石川註】舊唐書公傳：賊泚解圍，諸（蕃）〔藩〕貢奉繼至，於奉天行在貯貢物於廊下，仍題曰瓊林、大盈。

右臣聞：作法於涼，其弊猶貪；作法於貪，弊將安救？【郎註】左〔傳〕昭四年：鄭子産作丘賦。

渾罕曰：「作法於涼，其弊猶貪；作法於貪，弊將若之何？」【張註】左傳杜註：涼，薄也。林註：言君子作法，什一取民，斂從其薄，其流弊猶至于貪。示人以義，其患猶私；示人以私，患必難弭。故聖人之立教也，賤貨而尊讓，遠利而尚廉。天子不問有無，諸侯不言多少，【郎註】此二語出大戴王制篇云。【石川註】荀子大畧：天子不言多少，諸侯不言利害，大夫不言得喪，士不言通財貨。百乘之室，不畜聚斂之臣。【郎註】事見大學。夫豈皆能忘其欲賄之心哉！誠懼賄之生人心而開禍端，傷風教而亂邦家耳。是以務鳩斂【石川註】爾雅釋詁：鳩，聚也。而厚其帑櫝之積者，【石川註】儀禮聘禮註：凡緘藏物者皆曰櫝。匹夫之富也；務散發而收其兆庶之心者，天子之富也。天子所作，與天同方：〔二〕生之長之，而不恃其爲；成之收之，而不私其有。付物以道，混然忘情。取之不爲貪，散之不爲費。以言乎體則博大，【張註】管子：土地博大，野不可以無吏。以言乎術則精微。亦何必撓廢公方，【張註】通鑑本註：撓，屈曲也。方，法也。崇聚私貨，降至尊而代有司之守，辱萬乘以效匹夫之藏。虧法失人，誘姦聚怨，〔三〕以斯制事，豈不過哉！

今之瓊林、大盈，自古悉無其制，傳諸耆舊之說，皆云創自開元。貴臣貪權，〔四〕飾巧求媚，乃言：「郡邑貢賦所用，盍各區分。税賦當委之有司，以給經用；貢獻宜歸乎天子，以奉私求。」【郎註】〔新唐書〕王鉷傳云：帝在位久，妃御服玩脂澤之費日侈，而横與别賜不絶于時，重取於左右藏。故鉷迎帝旨，歲進錢鉅億萬，儲禁中，以爲歲租外物，供天子私〔帑〕。帝以鉷有富國術，寵遇益厚。玄宗悦之，新是二庫，〔五〕【張註】續通典：大盈庫，内庫也，以中人主之。至德中，第五琦始悉以租賦進入大盈庫，天子以出納爲便，故不復出。蕩心侈欲，萌柢於兹。〔六〕迨乎失邦，終以餌寇。【石川註】唐書食貨志：玄宗驕於佚樂而用不知節，大抵用物之數，常過其所入。於是錢穀之臣，始事（峻）〔朘〕刻。王鉷爲户口色役使，歲進錢百億萬緡，非租庸正額者，積百寶大盈庫，以供天子燕私。記曰：「貨悖而入，〔七〕必悖而出。」〔八〕【郎註】大學云。豈非其明效歟？

陛下嗣位之初，務遵理道，敦行約儉，斥遠貪饕。【石川註】左傳文十八年註：貪財爲饕。雖内庫舊藏，未歸太府，【張註】通鑑：舊制：天下金帛皆貯於左藏，太府四時上其數，比部覆其出入。及第五琦爲度支鹽鐵使，京師多豪將，求取無節，琦不能制，乃奏盡貯於大盈内庫，使宦官掌之。天子亦以取給爲便，故久不出。由是以天下公賦爲人君私藏，有司不復得窺其多少，校其贏縮，殆二十年。宦官領其事者三百餘員，皆蠶食其中，蟠結根據，牢不可動。【石川註】通典：太府卿一人，少卿二人，領兩京諸市，平準，左、右藏，常平等九署。而諸方曲獻，不入禁闈。【郎註】德宗生日，四方貢獻皆不受，李正己、田悦各獻縑三萬匹，悉付度支，以代租賦。清風肅然，海内丕變。【張註】通鑑：大曆十四年五月癸亥，德宗即位。詔罷省四方貢獻之不急者，又罷梨園使及樂工三百餘人，所留者悉隸太常。先是諸國屢獻馴象，凡四十有二，上曰：「象費豢養而違物性，將安用之！」命縱於荆山之陽，及豹、貀、鬬雞、獵犬之類，悉縱之；又出宫女數百人。於是中外皆悦，淄青軍士至投兵相顧曰：「明主出矣，吾屬猶反乎！」議者咸謂漢文卻馬，【張註】前漢賈捐之傳：有獻千里馬者，詔曰：「鸞旗在前，屬車在後，吉行日五十里，師行日三十里，朕乘千里之馬，獨先安之！」於是還其馬與道里費，而下詔曰：「朕不受獻也。」晉武焚裘之事，【張註】晉書武帝紀：太醫司馬程據獻雉頭裘，帝以奇伎異服，典禮所禁，焚之於殿前，敕内外有犯者罪之。復見於當今。〔九〕近以寇逆亂常，鑾輿外幸，既屬憂危之運，【張註】書：心之憂危，若蹈虎尾，涉於春冰。宜增儆勵之誠。臣昨奉使軍營，出由行殿，〔一〇〕忽覩右廊之下，牓列二庫之名，戄然若驚，【石川註】史記晏平仲傳：晏子戄然。集韻：戄，驚也。老子：寵辱如驚。不識所以。何則？天衢尚梗，【張註】易：何天之衢。師旅方殷，瘡痛呻吟之聲，噢咻未息，【張註】莊子：呻吟裘氏之地。玉篇：噢咻，痛念之聲。【石川註】左傳昭三年：民人痛疾而或噢咻之。忠勤戰守之效，〔一一〕賞賚未行，而諸道貢珍，遽私别庫，萬目所視，孰能忍懷。〔一二〕竊揣軍情，或生觖望，【張註】史記荆燕世家：獨此尚觖望。註：觖者缺也。觖望，不滿所望而怨耳。試詢候館之吏，【張註】周禮地官：凡國野之道，五十里有市，市有候館，候館有積。兼采道路之言，果如所虞，積憾已甚，或忿形謗讟，【張註】晉書簡文帝紀：官無粃政，士無謗讟。或醜肆謳謡，頗含思亂之情，亦有悔忠之意。是知甿俗昏鄙，識昧高卑，不可以尊極臨，而可以誠義感。

頃者六師初降，【張註】通鑑本註：降讀如字。天子之行，必有六師以爲營衛，不敢指言自京師出居奉天，故微其辭曰六師初降。百物無儲，外扞兇徒，内防危堞，【石川註】左傳襄二十七年註：堞，短垣。晝夜不息，迨將五旬，凍餒交侵，死傷相枕，【張註】唐書渾瑊傳：泚治攻具，矢石四集如雨，晝夜不息，凡浹日。鑿塹圜城，城中死者可藉，人心危惴。畢命同力，竟夷大艱。良以陛下不厚其身，不私其欲，絶甘以同卒伍，【張註】前漢司馬遷傳：李陵素與士大夫絶甘分少，能得人之死力。輟食以啗功勞。【張註】前漢張良傳：

漢王輟食吐哺。註：師古曰：輟，止也。【石川註】三畧：良將之用兵，有饋簞醪者，使投諸河，與士卒同流而飲。列女傳母儀：越王勾踐伐吳，客有獻醇酒一器者，王使人注上流，使士卒飲下流，味不加喙而卒戰自五也。異日，又有獻一囊糧者，王又使以賜軍士，分而食之，食不踰嗌而戰自十也。無猛制而人不攜，【張註】晉書潘岳傳：功先勞而悅使兮，豈嚴刑而猛制哉！懷所感也；無厚賞而人不怨，悉所無也。【郎註】朱泚攻圍奉天經月，城中資糧俱盡，時供御纔有糲米二斛，每伺賊休息，夜縋人於城外采蕪菁而進之。帝召公卿將吏謂曰：「朕以不德，自陷危亡，固其宜也。公輩無罪，宜早降以救室家。」羣臣皆頓首流涕，期盡死力。故將士雖困急而銳氣不衰。今者攻圍已解，衣食已豐，而謠讟方興，軍情稍阻，豈不以勇夫恒性，嗜貨矜功，其患難既與之同憂，而好樂不與之同利，苟異恬默，能無怨咨？此理之常，固不足怪。記曰「財散則民聚，財聚則民散」，豈非其殷鑒歟！〔一三〕【石川註】詩蕩：殷鑒不遠，在夏后之世。衆怒難任，蓄怨終泄，其患豈徒人散而已，亦將慮有構姦鼓亂，干紀而强取者焉！【石川註】左傳襄二十三年：干國之紀。註：干，犯也。

夫國家作事，以公共爲心者，【張註】前漢張釋之傳：法者，天子所與天下公共也。人必樂而從之；以私奉爲心者，人必咈而叛之。故燕昭築金臺，〔一四〕【張註】綱目質實：黃金臺在順天府東南一十六里。又：一曰小金臺，延天下士。後人慕其好賢之名，亦築臺于此，爲京師八景之一，名曰「金臺夕照」。又，戴洵北京八景圖詩序：金臺有三，在大興縣東南曰西金臺。【石川註】文選李善註引圖經曰：燕昭王置千金於臺上，延天下之士。天下稱其賢；【郎註】韻語陽秋云：李白古風有「燕昭延郭隗，遂築黃金臺」之句。予考史記不載黃金臺，云昭王爲郭隗改築宮而師事之。殷紂作玉杯，【張註】通鑑前編：紂始爲象箸，箕子嘆曰：「彼爲象箸，必不盛于土簋，將作犀玉之盃。玉杯、象箸，必不羹藜藿，衣短褐，而舍于茅茨之下，則錦衣九重，高堂廣室。稱此以求，天下不足矣。」百代傳其惡；【郎註】韓〔非〕子：紂爲象箸，箕子怖，以〔謂〕〔爲〕象箸必不加於土鉶，必將爲犀玉之杯。蓋爲人與爲己殊也。周文之囿百里，時患其尚小；齊宣之囿四十里，時病其太大；蓋同利與專利異也。【張註】國語：榮公好專利而不知大難。爲人上者，當辨察茲理，洒濯其心，【郎註】左〔傳〕襄二十一年：臧武仲謂季孫曰：「紇也聞之：在上位者，洒濯其心，一以待人，而後可以治人。」奉三無私，【郎註】禮記孔子閒居篇云。【張註】禮記：天無私覆，地無私載，日月無私照，奉此三者以勞天下，此之謂三無私。以壹有衆；人或不率，於是用刑。然則宣其利而禁其私，天子所恃以理天下之具也。捨此不務，而壅利行私，【張註】左傳：毋蘊年，毋壅利。註：專山川之利。欲人無貪，不可得已。

今茲二庫，珍幣所歸，不領度支，【石川註】唐〔書〕六典：度支掌支度國用，租賦多少之數，物產豐約之宜，水陸道路之利，每歲計其所出而支其所用。通典：度支使自後雖無，亦有他官判，或云權判，亦云專判。是行私也；不給經費，非宣利也；物情離怨，不亦宜乎！智者因危而建安，明者矯失而成德。以陛下天姿英聖，儻加之見善必遷，是將化蓄怨爲銜恩，【張註】國語：積貨滋多，蓄怨滋厚。反過差爲至當，促殄遺孽，永垂鴻名，易如轉規，【張註】後漢馬援傳：謀如湧泉，勢如轉規。指顧可致。【張註】東都賦：指顧倏忽，獲車已實。然事有未可知者，但在陛下行與否耳。〔一五〕能則安，否則危；能則成德，否則失道；此乃必定之理也。願陛下慎之惜之！陛下誠能近想重圍之殷憂，【張註】綱目集覽：殷顧曰隱痛也。詩：憂心殷殷。註：殷本作慇，通作隱。慇慇然，痛也。追戒平居之專欲，器用取給，不在過豐，衣食所安，必以分下。【石川註】左傳莊十年：衣食所安，弗敢專也，必以分人。凡在二庫貨賄，盡令出賜有功，坦然布懷，與衆同欲。是後納貢，〔一六〕必歸有司，〔一七〕每獲珍華，先給軍賞，瓌異纖麗，一無上供。推赤心於其腹中，【郎註】見光武紀。【張註】東觀漢記：蕭王推赤心置人腹中。降殊恩於其望外。將卒慕陛下必信之賞，人思建功；兆庶悅陛下改過之誠，孰不歸德。如此則亂必靖，賊必平，徐駕六龍，【張註】綱目集覽：徐，安行也。續漢書曰：天子五路駕六馬，故曰六龍。易乾卦：時乘六龍以御天。註：處則乘潛龍，出則乘飛龍，故曰時乘六龍。謹按：春秋緯命曆序：皇伯登出扶桑日之陽，駕六龍以上下。許慎五經異義：春秋公羊說及王度記，皆云天子駕六馬。周禮：馬八尺以上曰龍。月令曰：駕蒼龍。故六馬曰六龍。旋復都邑，興行墜典，整緝棼綱。乘輿有舊儀，【石川註】蔡邕獨斷：天子至尊，不敢渫瀆言之，故託於乘輿。郡國有恒賦，天子之貴，豈當憂貧！是乃散其小儲而成其大儲也，損其小寶而固其大寶也。【張註】易：聖人之大寶曰位。舉一事而衆美具，行之又何疑焉！吝少失多，廉賈不處；【張註】史記貨殖傳：貪賈三之，廉賈五之。又：廉吏久，久更富，廉賈歸富。溺近迷遠，中人所非；況乎大聖應機，固當不俟終日。【石川註】易繫辭：君子見幾而作，不俟終日。不勝管窺願效之至。【張註】東方朔答客難：語曰：以管窺天，以蠡測海，以莛撞鍾。註：善曰：莊子：魏牟謂公孫龍曰：

「乃規規而求之以察，索之以辯，是直用管窺天，用錐指地，不亦小乎？」銚曰：竹管也。謹陳冒以聞。【張註】通鑑：上即命去其榜。讀史管見：德宗以專欲致禍，困而不喻，唯貨是黷，自古人君不足用爲善蓋鮮儷矣。非陸宣公精忠厚德，盡事君之義，其誰能不起遁光膠口之意哉！嗚呼！贄可爲人臣之式矣。謹奏。

蔡九霞曰：人君治國，其上散財，其次計財，其下則聚財也。散財者，以天下之財與天下共，則貨利流通，君民咸裕矣。計財者，析秋毫，竭流塞源，日與卿大夫持籌登壟以圖筦利之術，何暇恤民理政哉！至於聚財，則幾于掩民而掠矣。而且蓄之私藏，曰將以自豐，是君而賈也，有不起而思攫者乎？此奏剖別匹夫之富與天子之富不同，因而論聚財之將以生變，而散財之所當急行，反覆痛切，宜德宗之憬然悟、幡然悔也。

馬傳庚曰：仁者散財以得民，況當乘輿播越之際，豈可務財用以失人心乎！非公達於人情，明於政體，烏能有此深識名言！

校勘記

〔一〕奉天請罷瓊林大盈二庫狀　文粹二九作「請不置瓊林大盈二庫狀」。

〔二〕與天同方　「天」下，文粹多一「地」字。「方」，通鑑二二九作「德」。

〔三〕誘姦聚怨　「怨」，通鑑作「慝」。

〔四〕貴臣貪權　「貴臣」，通鑑二二八胡註作「聚斂之臣」。

〔五〕新是二庫　「新」下，通鑑胡註多一「置」字。

〔六〕萌柢於兹　「柢」，石川本註云：「舊唐作『禍』。」然今本舊傳同於底本。

〔七〕貨悖而入　此句之下，文粹多一「者」字。按：此句出禮記大學，原有「者」字。

〔八〕必悖而出　「必」，文粹作「亦」。按：此句出禮記大學，原作「亦」字。

〔九〕復見於當今　此句之下，郎本、全唐四六九多一「矣」字。

〔一〇〕出由行殿　「由」，石川本、全唐作「遊」，舊傳作「經」。

〔一一〕忠勤戰守之效　「忠」，郎本、全唐註云：「一作『辛』。」

〔一二〕孰能忍懷　「忍」，郎本、文粹、全唐作「忘」。「懷」，舊傳作「情」。

〔一三〕非其殷鑒歟　册府五五二作「豈其效歟」。

〔一四〕故燕昭築金臺　「金臺」上，郎本多一「黄」字。

〔一五〕但在陛下行與否耳　「行」上，文粹多一「能」字。

〔一六〕是後納貢　「是」，新傳作「令」。

〔一七〕必歸有司　「必歸」下，新傳多一「之」字。

奉天論解蕭復狀

【郎註】本傳云：復字履初，(徵)〔衡〕之子也。望閥高華，厲名節，不通狎流俗。扈狩奉天，拜吏部尚書、同中書門下平章事。宰相盧杞對上或(謂復)阿諛，復厲言：「杞詞不正！」帝謂左右曰：「復慢我。」因詔復充山南、江、淮、湖南、嶺南等道宣撫、安慰使。復爲相方嚴，數咈帝意，(復)〔故〕居位亟解。攷之本紀，興元元年正月，以蕭復爲山南東西、荆湖、淮南、浙江、福建、嶺南宣慰、安撫使，是贊奏雖上，復竟不留也。【張註】通鑑綱目：復常言于上曰：「宦官爲監軍，恃恩縱横。此屬但應掌宮掖之事，不宜委以兵權國政。」上不悦。又嘗言：「陛下踐阼之初，聖德光被，自楊炎、盧杞黷亂朝政，以致今日。陛下誠能變更睿志，臣敢不竭力。儻使臣依阿苟免，臣實不能。」又嘗與盧杞同奏事，杞順上旨，復正色曰：「盧杞言不正！」上愕然，退謂左右曰：「蕭復輕朕！」命復充山南、荆湖、江、淮等道宣慰、安撫使，實疎之也。既而劉從一及朝士往往奏留復。

右冀寧奉宣聖旨：緣國家賦税，多出江、淮，既未收復京城，恐遠路傳説過甚，所以欲得遣一大臣，往彼宣慰，以安遠近之情。初欲簡擇此使，並先共宰相商量，皆云蕭復久任江外刺史，諳彼事宜；又就宰相之中，名望最重，令其往彼宣慰，人必望風悦服。〔一〕其時蕭復亦自見此商議，更無異同。朕猶不能自斷，遂喚諸朝士般次對見，一一親向説宣慰之意，問其穩便已否，皆云至要，並無異辭。朕所以更不疑惑，已與擇得發日。及其臨行，從一等卻論奏，欲得且留蕭復，【郎註】德宗建中四年，以户部尚書蕭復爲吏部尚書，吏部郎中劉從一爲刑部侍郎，同中書門下平章事。又頻有朝官上封事，亦與從一等意同。朕忽見此翻覆，非常悵恨，數日思量，不測其故。意者必是蕭復計會，遣其論奏。【張註】通鑑本註：意者，以意度之也。此亦德宗猜防臣下之一事。蕭復又有何事，苦欲得住，其意深不可會。卿比來諳此人性行否？兼與朕子細思料。【張註】北史源思禮傳：爲政貴當舉(大)綱，何必須太子細也。若不肯去，其意何在者。

蕭復往年曾任常州刺史，【張註】唐書地理志：常州晉陵郡，屬江南道。通鑑音註：常州，古延陵季子之邑，後爲毗陵，唐爲常州，在京師東南二千八百四十三里，至東都一千九百八十三里。臣其時寄住常州，首尾二年，閲其理行。及到京邑，多與往來，〔二〕歲月滋深，情意相得。復之志性，臣則備諳。本是貴門，又聯戚屬，【張註】謹按：唐書蕭復傳：復，宰相蕭嵩之孫，衡之子。衡尚新昌公主。痛自修勵，慕爲清貞，矯枉太深，時或過當。【張註】前漢諸侯王表：可謂撟枉過其正矣。註：師古曰：撟與矯同。枉，曲也。正曲曰矯。【石川註】舊唐書蕭復傳：復，新昌公主之子，父衡，駙馬都尉。少秉清操，羣從兄弟競飾輿馬，以侈靡相(向)〔尚〕，復衣澣濯之衣，獨居一室，習學不倦。論經義則以守死善道，【石川註】論語：守死善道。皇疏：寧爲善而死，不爲惡而生。執心不回爲本，【石川註】詩鼓鐘：其德不回。傳：回，邪也。議人物則以魏元忠、【張註】武后時相。宋璟【張註】玄宗時相。爲師。【石川註】魏元忠在高宗、武后時，固守直道，數濱死不撓。宋璟，耿介有大節，在武后、中宗時，孤立禦姦邪，君子爲依賴焉；事玄宗朝，以致開元盛治。【郎註】元忠初相武后，有清直名。璟剛直之節，老而彌篤。己之所行，皆欲盡善，故涉好名之累，亦無應變之才，用雖不周，行則可保。【張註】綱目集覽：言不悔行也。正誤曰：今按行，去聲，集覽似以行爲平聲，大概言蕭復平日之行，不獨指不悔行一事。至如二三爽德，【張註】通鑒本註：左傳：晉侯使韓穿來言汶陽之田歸之於齊，季文子曰：「七年之間，一予一奪，二三孰甚焉？」【石川註】書咸有一德：德二三，動罔不凶。盤庚：有爽德，自上其罰汝。爾雅：爽，忒也。翻覆挾姦，復之爲人，必不至是。安有親承計議，退自變渝，私誘官僚，曲令干説？是同兒戲，【張註】漢書周亞夫傳：文帝曰：「鄉者霸上、棘門如兒戲耳。」非近人情，雖甚狂愚，猶應不敢，若稍恭慎，固當不爲。況乃見稱名流，獲踐清貫，【張註】通鑑釋文：貫，事也，清貫猶言清職也。【石川註】正字通：侍從之官曰清貫。備股肱之任，承渥澤之私，【張註】王僧孺啓：一遇休明，多逢渥澤。【石川註】韓非説難：周澤未渥也。詩傳：渥，厚積也。何心何顔，忍至於此！假令蕭復之意，或欲逗留，【張註】漢書音義：師古曰：逗謂留止也。如淳曰：軍法：行而逗留畏懦者要斬。在於從一之徒，寧肯附會！臣緣自到行在，常居禁中，【張註】蔡邕獨斷：漢制：禁中者，門户有禁，非侍御者不得入，故曰禁中。通鑑音註：天子行幸所至宿次之地，宿衛將士外設環衛，近臣宿直各有其次，與宫禁無異，故行宫内亦謂之禁中。向外事情，視聽都絶，忽承顧問，莫測端由。陛下必欲研窮斯理，不爲難察。初舉蕭復充使，本是從一等商量；後請蕭復不行，又是從一等論奏。一矛一楯，理必有歸，【張註】韓非子：人有鬻矛與楯者，譽其楯之堅，物莫能陷也；

俄而又譽其矛曰：「吾矛之利，物無不陷也。」人應之曰：「以子之矛，陷子之楯，何如？」其人弗能應也。或遣或留，意將安在。但垂睿詰，孰敢面謾。【郎註】季布傳云：樊噲面謾。音嫚。【張註】通鑑本註：詰，去吉反。說文：謾，欺也。蕭復若相屬求，則從一等何容爲隱？從一等儻自回互，【石川註】舊唐書從一傳：德宗居奉天，拜刑部侍郎平章事，上遇之甚厚，以容身遠罪而已，不能有所匡輔。則蕭復不當受疑。陛下奚憚而不辯明，乃直爲此悵恨也！

夫明則罔惑，辯則罔寃。惑莫甚於逆詐而不與明，寃莫痛於見疑而不獲辯。是使情僞相糅，忠邪靡分。茲實居上御下之要樞，惟陛下留意【郎註】此奏既上，帝亦竟不復辨也。幸察。謹奏。

馬傳庚曰：是一篇清轉文字，持論名通而筆意更極超雋。

校勘記

〔一〕人必望風悦服　「必」，郎本作「心」。

〔二〕多與往來　「多」，郎本作「亦」。

奉天薦袁高等狀

袁高、楊頊、〔一〕以上二人並曾任御史中丞。裴諝、〔二〕曾任金吾將軍。孫成、曾任京兆少尹。周皓、曾任丹延都團練、觀察使。裴胄、曾任宣州刺史。崔造、殷亮、李舟、以上並任郎官。何士幹、姚南仲、陸淳、沈既濟。以上曾任補闕、拾遺。

右臣近因奏對，言及任人，陛下累歎乏才，憫然憂見於色。【石川註】憫然，正字通：失志貌。臣退而思省，且喜且慙。所喜者，樂陛下急於求賢，明君致理之資也；所慙者，耻近侍不能薦士，微臣竊位之罪也。【張註】鹽鐵論：無其能而竊其位，無其功而有其祿，雖有富貴，由蹠、蹻之養也。輒自揣擇，思舉所知，【石川註】論語：舉爾所知。猶懼鑒識不明，【張註】江（掩）〔淹〕文：鑒識清（瞻）〔贍〕，理懷秀徹。品藻非當，【張註】法言：周官立事，左氏品藻。南粤志：品藻，苔名，一名品落，以落形如品也。【石川註】揚子品藻註：品第善惡，藻（節）〔飾〕其事。反覆參校，未果上聞。昨蒙宣示中書【石川註】六典：中書令之職，掌軍國之政令，緝熙帝載，統和天人，入則告之，出則奉之，以釐萬邦，以度百揆，以佐天子，而執大政者也。進擬量移官，【石川註】佩文韻府：唐人得罪遠貶，遇赦移近地，謂之量移，非遷官也。令臣審看可否者。因悟貶降之輩，其中甚有可稱。臣以素所諳知，兼聞公議，此狀之內，僅得十人，狀所不該，又有三四。或因連累左黜，或遭讒忌外遷，互有行能，咸著名蹟，寘之清列，皆謂良材。若但準例量移，及今仍舊出守，固非陛下愛賢之意，亦乖海内望理之心。儻蒙特恩追赴行在，試垂訪接，必有可觀。録用棄瑕，【石川註】魏志陸瑁傳：漢高棄瑕録用之。既符德號，【石川註】指興元元年，詔流移降黜、亡官失爵、配隸人等，有材能著聞者，特加録用，勿拘常例也。振淹【石川註】晉語：振廢淹。註：振，起也。淹，久也。求舊，【石川註】書盤庚：人惟求舊。亦闡大猷。【石川註】説文：闡，開也。謹録薦陳，庶備採擇。其餘差序遠近，並具別狀以聞。謹奏。

馬傳庚曰：筆意簡潔，詞旨清腴。

校勘記

〔一〕楊頊　「頊」，明本作「勉」。按：「楊頊」僅見舊書一九〇文苑下王仲舒傳，爲德宗初年名士。「楊勉」僅見新書宰相世系表一下，時代似較前者爲早。二人仕歷均乏記載。不知孰是，録以存異。

〔二〕裴諝　「諝」，明本、石川本作「謂」。按：「裴諝」於舊書一二六、新書一三〇有傳，云代宗末年曾任「右金吾將軍」，與本狀原註合。「裴謂」未見史籍記載。但元本作「諝」，張元濟校旁補「謂」字，似以「裴謂」爲正。故録以存異。

奉天論李晟所管兵馬狀【張註】通鑑：李懷光既脅朝廷逐盧杞等，内不自安，遂有異志。又惡李晟獨當一面，恐其成功，奏請與晟合軍，詔許之。晟與懷光會于咸陽西陳濤斜，築壘未畢，泚衆大至。晟謂懷光曰：「賊若固守宮苑，曠日持久，未易攻取；今去其巢穴，敢出求戰，此天以賊示明公，不可失也！」懷光曰：「軍適至，馬未秣，士未飯，豈可遽戰邪！」晟不得已，乃就壁。懷光屯咸陽屢月，逗留不進；上屢遣中使趣之，辭以士卒疲弊，且當休息觀釁，密與朱泚通。李晟屢奏，恐其有變，爲所併，請移軍東渭橋；上猶冀懷光革心，收其力用，寢晟奏不下。懷光欲緩戰期，且激怒諸軍，奏言：「諸軍糧賜薄，神策獨厚。厚薄不均，難以進戰。」上以財用方窘，若糧賜皆比神策，則無以給之，不然，又逆懷光意，恐諸軍觖望；乃遣陸贄詣懷光營宣慰，因召李晟參議其事。懷光意欲晟自乞減損，使失士心，沮敗其功，乃曰：「將士戰鬬同而糧賜異，何以使之協力！」贄未有言，數顧晟。晟曰：「公爲元帥，得專號令；晟將一軍，受指蹤而已。至於增減衣食，公當裁之。」懷光默然，又不欲自減之，遂止。時上遣崔漢衡詣吐蕃發兵，吐蕃相尚結贊言：「蕃法，發兵以主兵大臣爲信；今制書無懷光署名，故不敢進。」上命陸贄諭懷光，懷光固執以爲不可，竟不肯署敕；尚結贊亦不進軍。贄還言云云。【石川註】舊唐書李晟傳：懷光不欲晟獨當一面，以分己功，奏請與晟兵合。詔晟合懷光軍。晟至陳濤斜，軍壘未成，賊兵遽至，言於懷光曰：「賊堅保宮苑，攻之未必尅；今離其窟穴，敢出索戰，此殆

天以賊賜明公也！」懷光恐晟立功，曰：「不如蓄鋭養威，俟時而舉。」晟知其意，收軍入壘。每將合戰，必自異，衣錦裘、繡帽前行。懷光望見惡之，謂晟曰：「將帥當持重，豈宜自表飾以啗賊也！」晟曰：「晟久在涇原，軍士頗相畏服，故欲令其先識以奪其心耳。」懷光益不悦，陰有異志，遷延不進。晟因入説懷光曰：「寇賊竊據京邑，天子出居，公宜速進。晟願以所部爲公前驅，雖死不悔。」懷光益拒之。每晟與懷光同至城下，懷光軍輒虜驅牛馬，百姓苦之；晟軍無所犯。懷光軍惡其獨善，乃分所獲與之，晟軍不敢受。懷光將謀阻晟軍。時神策軍以舊例給賜厚於諸軍，懷光奏曰：「賊寇未平，軍中給賜宜均一。神策獨厚，諸軍皆以爲言，臣無以止之。」懷光計欲因是令晟自署侵削己軍，以撓破之。德宗憂之，欲以諸軍同神策，則財賦不給，無可奈何，乃遣翰林學士陸贄往懷光軍宣諭，仍令懷光與晟參議所宜以聞。贄、晟俱會於懷光軍，懷光言曰：「軍士稟賜不均，何以令戰？」贄未有言，數顧晟。晟曰：「公爲元帥，弛張號令，皆得專之。晟當將一軍，唯公所指，以效死命。至於增損衣食，公當裁之。」懷光默然，無以難，乃止。懷光屯咸陽，堅壁八十餘日，不肯出軍。德宗憂之，屢降中使，促以收復之期。懷光託以卒疲，更請休息，以伺其便，然陰與朱泚交通。按：晟請移軍東渭橋，舊唐書在公往懷光軍後，新唐書大抵依之，〔通〕鑑在公往懷光軍前。據公集，〔通〕鑑爲得。舊唐書懷光傳以制書無懷光名，蕃軍不前，故遣贄詣懷光軍。新唐書、〔通〕鑑亦依之。如是則公再使懷光軍也。但據權氏叙，唐書公本傳及公集，不見再使文。公往懷光軍者，蓋以懷光以糧賜不均爲言，訐陷晟，晟密疏之，故以宣慰爲名，察懷光動静也。意吐蕃事適在其時，兼對懷光而辯之也。

右賊泚稽誅，保聚宮苑，【張註】通鑑本註：朱泚自據長安，居白華殿，重兵多在苑中，故言「保聚宮苑」。勢窮援絶，引日偷生。懷光總仗順之師，乘制勝之氣，【張註】通鑑本註：謂醴泉之勝也。鼓行芟翦，易若摧枯，【張註】陸（賈）〔景〕典（論）〔語〕：若衝風之摧枯枝，（列）〔烈〕霜之委衰草。而乃寇奔不追，師老不用，諸帥每欲進取，懷光輒沮其謀。【郎註】本傳云：懷光爲朔方節度使。帝狩奉天，懷光率所（發）〔部〕奔命，自蒲（溽）〔津〕絶河，敗朱泚軍於醴泉。將抵奉天，又敗之於魯店，泚解圍去。加中書令。懷光爲人疏而愎，誦言欲見上，請誅宰相盧杞等。杞説帝令懷光乘勝滅賊，未可入朝。帝從之，詔懷光進討。懷光自以徑千里赴難，爲奸臣所隔不得朝，頗恚恨，去屯咸陽，堅壁八旬不出戰，屢詔使進軍，以伺釁爲解，陰連朱泚。【張註】通鑑本註：諸帥，謂李晟、楊惠元等。據茲事情，殊不可解。陛下意在全後，〔一〕委曲聽從，觀其所爲，亦未知感。若不別務規略，漸相制持，〔二〕唯以姑息求安，【張註】丹鉛録：檀弓曰：細人之愛人以姑息。註：姑，且也。息，休也。其義殊晦。按尸子云：紂棄犁老之言而用姑息之語。註：姑，婦女也。息，小兒也。其義始明白。終恐變故難測。此誠事機危迫之秋也，【石川註】諸葛亮前出師表：危急存亡之秋也。固不可以尋常容易處之。

今李晟奏請移軍，【郎註】本傳：懷光反迹寖露。晟懼爲所并，上言：「當先變制備，請假裨佐趙光銑等爲洋、利、劍〔三州〕刺史，各〔勤〕〔勒〕兵以通蜀、漢衿喉。」未報。晟與李建徽、楊惠元皆聯屯，適有使者到晟軍，晟乃令曰：「有詔徙屯。」即結陣趨東渭橋。適遇臣銜命宣慰，懷光偶論此事，臣遂訊問所宜。〔三〕懷光乃云：「李晟既欲別行，某亦都不要藉。」【張註】通鑑本註：要者，須其用；藉者，借其力。當時諸鎮有要藉官，所以名官之意亦如此。謹按：要藉官，唐時節度衙前之職。睿宗景雲二年，解琬爲朔方大總管，分遣隨軍要藉官河陽丞張冠宗、肥鄉令韋景駿、普安令于處忠校料三城兵募，則唐邊鎮有要藉官尚矣。又據新書忠義傳：朱泚統幽州行營，爲涇原、鳳翔節度使，詔蔡廷玉以大理少卿爲司馬，朱體微爲要藉。則要藉乃節度使之腹心也。朱滔、王武俊之相王，改要藉官曰承令。臣猶慮有翻覆，因美其軍盛强。懷光大自矜誇，轉有輕晟之意。臣又從容問云：「昨發行在之日，〔四〕【石川註】史記衛青傳：詣行在所。註：蔡邕曰：天子自謂所居曰行在所。未知有此商量；今者從此卻回，或恐聖旨顧問事之可否，決定何如。」懷光已肆輕言，不可中變，遂云：「恩命許去，事亦無妨。」【張註】通鑑本註：言上已許李晟去咸陽，則其移軍於事體無妨也。要約再三，非不詳審，雖欲追悔，固難爲辭。伏望即以李晟表出付中書，敕下依奏，【張註】通鑑本註：敕下李晟，依其所奏也。別賜懷光手詔，示以移軍事由。【張註】通鑑本註：事由，猶言事因也。其手詔之大意云：「昨得李晟奏，請移軍城東，以分賊勢。【張註】通鑑本註：東渭橋在京城東，故云然。朕緣未知利害，本欲委卿商量，適會陸贄從彼宣慰回奏云：見卿論叙軍情，語及於此，仍言許去，事亦無妨。遂敕本軍，允其所請。卿宜授以謀略，分路夾攻，務使叶齊，克平寇孽。」如此則詞婉而直，理順而明，雖蓄異端，【石川註】論語註：異端，不同歸也。何由起怨？

臣初奉使諭旨，本緣糧賜不均，〔五〕【郎註】晟本傳：懷光謀沮撓晟軍，即奏言：「神策兵給賜比方鎮獨厚，衆皆以爲言，惟陛下裁處。」懷光欲晟自削其軍，則軍怨易撓。帝遣陸贄臨詔懷光，令與晟議。懷光曰：「廩賜不均，軍何以戰！」贄數顧晟，晟曰：「公乃元帥，軍政得總之。晟將一軍，唯公所命。」懷光計塞，乃止。偶屬移軍，事相諧會。又幸懷光詭對，且無阻絶之言，機宜合并，若有幽贊，【石川註】幽贊，言神助也。易説卦：幽贊於神明。一失其便，後悔何追！〔六〕伏願聖聰，速垂裁斷。〔七〕謹奏。【石川註】通鑑：上從之。舊唐書公傳：縷陳懷光反狀，乃可晟之奏。而晟傳：以事（迕）〔迫〕，會有中使過晟軍，晟乃宣令云：「奉詔徙屯。」新唐依之。如此則似晟託得詔自移也。當以公傳、通鑑爲正。

鍾惺曰：賊泚困窮，牢栅中物。而懷光遽爾遲迴，首鼠觀望；李晟之軍受其節制，雖有忠謀至計，安所用哉！幸而晟得移營，翻然翺翔，不爲羈束，形見勢動，我得豫爲之備矣。此先事制人之高着。然而懷光氣勢甚盛，儻託爲君命不受之説，又事之可慮者也。宣公以談言微中，使彼不得借以爲端，禁中頗、牧，詎不信然！

馬傳庚曰：陳悉機宜，以筆代舌，中間叙論事情，交代清楚，頗不易爲。

校勘記

〔一〕陛下意在全後　「後」，宋本、明本、郎本、舊傳、通鑑二三〇作「護」。元本作「後」，但張元濟校旁補「護」字。按：作「護」義長。

〔二〕漸相制持　「相」，通鑑作「思」。

〔三〕臣遂訊問所宜　「訊」，宋本、明本、通鑑作「汎」，舊傳作「泛」。

〔四〕昨發行在之日　「發」下，舊傳多一「離」字。

〔五〕本緣糧賜不均　「賜」，舊傳作「料」。

〔六〕後悔何追　舊傳作「後何可追」。

〔七〕速垂裁斷　「速」，舊傳作「幸」。「斷」，舊傳作「察」。

奉天奏李建徽楊惠元兩節度兵馬狀

帝狩奉天，朔方節度使李懷光率所部奔命，連敗泚軍，泚解圍去。因懷光宣力，欲見上，請誅盧杞，杞説帝詔懷光乘勝討賊，未可入朝。懷光以千里赴難，不得見天子，意殊恚恨，乃頓兵咸陽，堅壁八旬，不出戰，託言伺釁，實陰結朱泚。時李晟與建徽、惠元皆聯屯，晟懼爲懷光所併，疏請移軍，贄恐建徽、惠元勢愈孤弱，必爲吞併，故上此奏。【張註】通鑑：晟自咸陽結陳而行，歸東渭橋。時鄜坊節度使李建徽、神策行營節度使楊惠元猶與懷光聯營，陸贄復上奏。【石川註】通考：節度使掌總軍旅，顓誅殺，賜雙旌、雙節，行則建節。

右懷光當管師徒，【張註】通鑑本註：當管，猶言見管也。足以獨制兇寇，逗留未進，抑有他由。所患太强，不資傍助。比者又遣李晟、李建徽、楊惠元三節度之衆，〔一〕附麗其營，【張註】綱目集覽：附，依；麗，著也，麗如字讀，或作離。莊子：附麗不以膠膝。註：麗音戾，亦附也，謂使離者相附也。無益成功，秖足生事。〔二〕何則？四軍接壘，羣帥異心，【張註】通鑑本註：李晟、李建徽、楊惠元之軍及李懷光之軍爲四軍。論勢力則懸絶高卑，【張註】通鑑本註：言懷光之軍最强，懷光之官最高，相去懸絶。據職名則不相統屬。【張註】通鑑本註：言懷光、晟、建徽、惠元四人並爲節度使，各總一軍，不相統屬。懷光輕晟等兵微位下，而忿其制不從心，晟等疑懷光養寇蓄奸，而怨其事多淩己。端居則互防飛謗，【張註】兵書：言行不同，竪私枉公，外相連誣，内相謗訕，有此不去，是謂敗亂。欲戰則遞恐分功，齟齬不和，【張註】説文：齟齬，齒不相值也。【石川註】揚雄太玄經：其志齟齬。嫌釁遂構，俾之同處，必不兩全。强者惡積而後亡，弱者勢危而先覆，【張註】通鑑本註：陸贄言李懷光、李建徽、楊惠元之禍敗，如燭照龜卜。覆亡之禍，翹足可期！【張註】通鑑本註：人立而翹一足，則不能久，翹足可期者，言禍來之速也。【石川註】史記商鞅傳：亡可翹足而待也。舊寇未平，新患方起，憂歎危切，〔三〕實堪疚心！太上消慝於未萌，【張註】通鑑本註：太上猶言極上也。慝，惡也。【石川註】禮曲禮：太上貴德，其次務施報。其次救失於始兆，況乎事情已露，禍難垂成，委而不謀，何以寧亂！李晟見機慮變，先請移軍就東，建徽、惠元勢轉孤弱，〔四〕爲其吞噬，理在必然！他日雖有良圖，亦恐不能自拔，拯其危急，唯在此時。今因李晟願行，便遣合軍同往，〔五〕託言晟兵素少，慮爲賊泚所邀，藉此兩軍，迭爲掎角。【郎註】左〔傳〕襄十四年：譬如逐鹿，晉人角之，諸戎掎之，與晉踣之。【張註】左傳林註：角者，當其頭也；掎者，踣其足也。仍先諭旨，密使促裝，詔書至營，即日進路，懷光意雖不欲，然亦計無所施。是謂先聲有奪人之心，〔六〕【郎註】左〔傳〕文七年：夏，秦康公送公子雍于晉。趙宣子曰：「我若受秦，秦則賓也；不受，寇也。既不受矣，而復緩師，秦將生心。先人有奪人之心，〔軍之善謀也；逐寇如追逃，〕軍之善政也。」潛師夜〔遁〕〔起〕，遂敗秦師。【張註】左傳林註：先發而制人，所以奪敵之戰心也。先，悉薦反。疾雷不及掩耳者也。【郎註】疾雷不及掩耳，迅電不及瞑目。【張註】通鑑本註：淮南子之言。謹按：淮南子兵略訓：善用兵者，擊其猶猶，陵其與與，疾雷不及塞耳，疾霆不暇掩目。又，六韜：智者從之而不失，巧者一決而不猶豫，是以疾雷不及掩耳，迅電不及瞑目。

夫制軍馭將，所貴見情，離合疾徐，各有宜適。當離者合之則召亂，當合者離之則寡功，當疾而徐則失機，當徐而疾則漏策，得其要，契其時，然後舉無敗謀，措無危勢。今者屯兵而不肯爲用，〔七〕聚將而罔能叶心，自爲鯨鯢，【郎註】左〔傳〕宣十二年：楚子曰：「古者明王伐不敬，取其鯨鯢而封之，以爲大戮，於是乎有京觀，以懲淫慝。」【張註】左傳註：鯨鯢，大魚，以喻不義人吞食小國。變在朝夕。

留之不足以相制，徒長厲階。【石川註】詩桑柔：誰生厲階。註：厲，惡也。析之各競於擅能，或建勳績。事有必應，〔八〕斷無可疑。解鬭不可以不離，救焚不可以不疾。理盡於此，惟陛下圖之。【郎註】李晟既徙屯東渭橋，後數日，懷光果并李建徽、楊惠元兵，惠元死之。贊之料敵，其明如此。【張註】大學衍義補：所言制軍御將，離合疾徐，得其要，契其時，百世之下，皆所當知也。

以前件事宜，臣昨晚自行營回，面奉進止。以臣所商量，許李晟移就城東，灼然穩便。但慮懷光不免悵望，【張註】通鑑本註：悵，怨也。因此生詞，轉難調息，【張註】通鑑本註：生詞，猶今人言生言語也。調息，猶今人言調停也。則不如不去，令臣更審細思量奏來者。臣以事機得失，所繫安危，千慮百思，通夕忘寐。誠以貪因循而不能矯失者，終有大患；處臲卼而不思出險者，【張註】易：困于臲卼。疏：臲卼，動搖不安之貌。書秦誓作杌隉。必無久安。罄陳芻蕘，惟所省擇。謹奏。【石川註】舊唐書楊惠元傳：建中四年冬，自河朔赴國難。明年二月，懷光叛逆，惠元義不受污，脱身奔竄。懷光怒，令其將冉宗追及於好時，惠元計窮，父子三人投人家井中，冉宗出而害之。建徽獨免。

蔡九霞曰：兩帥相疑便不宜同處一地，況順逆之心既異，强弱之勢又不敵，可不思出險防變乎！李晟先見，公贊成之，因復爲楊、李二帥計，乃未幾而懷光果并二軍。公之料事，其明如此。

馬傳庚曰：見機慮患，警敏過人，措置得宜，獨操勝算。通篇議論警快，無一閒筆。

校勘記

〔一〕比者又遣李晟李建徽楊惠元三節度之衆　「楊」，舊傳、舊書一一四陽惠元傳、同書一四五李忠臣傳、新紀、新傳、新書一五六陽惠元傳、同書一五四李晟傳、同書二二四李懷光傳和李忠臣傳、同書二二五朱泚傳均作「陽」。

〔二〕秖足生事　「足」，舊傳作「憂」。

〔三〕憂歎危切　「危」，舊傳、通鑑二三〇作「所」。此句，明本、郎本作「憂危所切」。按：作「所切」義長。

〔四〕李晟見機慮變先請移軍就東建徽惠元勢轉孤弱　新書陽惠元傳作「晟既慮變，請與惠元東徙，則建徽孤立」，大異。

〔五〕便遣合軍同往　「軍」上，新書陽惠元傳多一「兩」字。

〔六〕是謂先聲有奪人之心　「聲」，宋本、元本、明本、張本、舊紀、通鑑作「人」，郎本、全唐四六九註亦云：「一作『人』。」

〔七〕今者屯兵而不肯爲用　此句之上，舊傳多一「而」字。

〔八〕事有必應　「必」，明本作「少」。

駕幸梁州論進獻瓜果人擬官狀〔一〕

【石川註】通鑑德宗紀：李懷光性粗疎，數與人言盧杞、趙贊、白志貞之姦佞，曰：「吾見上，當請誅之。」杞懼，曰：「使之乘勝取長安，則一舉可以滅賊。今聽其入朝，必當賜（晏）〔宴〕，留連累日，使賊入京城，得從容戒備，恐難圖矣！」上以爲然。詔取長安。懷光自以竭誠赴難，咫尺不得見天子，意殊怏怏，曰：「吾今已爲姦臣所排，事可知矣。」舊唐書懷光傳：懷光數上表，暴揚杞等罪惡，上不得已，爲貶杞、贊、志貞，以慰安之。興元元年二月，詔加太尉，兼賜鐵券。遣中使齎券喻旨，懷光怒甚，投券於地，曰：「凡人臣反則賜鐵券，今授懷光，是使反也。」詞氣益悖，衆爲之懼。時懷光部將韓遊瓌掌兵在奉天，懷光乃與遊瓌書，約令爲變，遊瓌密奏之，爲門者所捕。懷光宣言曰：「吾今與朱泚連和，車駕當須引避。」由是上遽幸梁州。

右欽溆奉宣聖旨：自發洋州已來，累路百姓進獻果子、胡瓜等，雖甚微細，且有此心，今擬各與散試官，【張註】通鑑本註：散官即文散階、武散階也。通典：天授二年，凡舉人無賢不肖，咸加擢拜，大置試官以處之。試官蓋起此也。註：試者，未爲正命。凡正官皆稱行、守：其階高而官卑者稱行，階卑而官高者稱守。官階同者並無行、守字。太后務收物情，其年二月，十道使舉人，并州石艾縣令王山耀等六十一人，并授拾遺、補闕；懷州録事參軍崔獻可等二十四人，并授侍御史；并州録事參軍徐昕等二十四人，并授著作郎；魏州内黄縣尉崔宣道等二十二人，并授衛佐、校書、御史等。故當時諺曰：「補闕連車載，拾遺平斗量，欋推侍御史，椀脱校書郎。」試官自此始也。【石川註】通典：武后臨朝，務悦人心，不問賢愚，選集者多收之，職員不足，乃令吏部大置試官以處之。試者未爲正命。

卿宜商量可否者。

伏以爵位者，天下之公器，而國之大柄也。【張註】莊子：名，公器也，不可多取。唯功勳、才德，所宜處之，非此二途，不在賞典，恒宜慎惜，理不可輕！〔二〕輕用之，〔三〕則是壞其公器，而失其大柄也。器壞則人將不重，柄失則國無所持，〔四〕起端雖微，流弊必大。緣路所獻瓜果，蓋是野人微情，有之不足光聖猷，【張註】晉書庾冰傳：上不能光贊聖猷，下不能緝熙政道。無之不足虧至化，【張註】後漢仲長統傳：張太平之紀綱，立至化之基址。量以錢帛爲賜，足彰行幸之恩，饋獻酬官，〔五〕恐非令典。謹奏。

馬傳庚曰：議論正大，識見不凡。爵位是公器，獻瓜果乃微情，以此酬賞，輕重不倫，宜公之亟諫。

校勘記

〔一〕駕幸梁州論進獻瓜果人擬官狀　文粹二九作「駕幸梁州在路論百姓進獻瓜果請賜帛不與官

狀」。
〔二〕理不可輕　通鑑二三〇作「不可輕用」。
〔三〕輕用之　此句之上，明本、郎本、張本、全唐四六九多一「若」字，文粹多一「苟」字。
〔四〕柄失則國無所持　「持」，全唐作「恃」。
〔五〕饋獻酬官　「饋獻」，郎本、文粹、全唐作「因饋」。

又論進瓜果人擬官狀

德宗幸梁州，一路百姓進獻果子、胡瓜等物，命以散、試官酬之。贄以爵位爲國之大柄，不可以饋獻微情輕褻名器。帝以試官虛名，無損于事，與亦何妨。贄復上此奏。

右欽淑齎中書所與進瓜果人擬官狀示臣，【張註】文獻通考：唐制：凡命官，遷除、磨勘、移易、差遣，中書皆命詞給告。仍奉宣聖旨：朕所到處，欲得人心喜悅，試官虛名，無損於事，宰臣已商量進擬，〔一〕與亦無妨者。

臣愚以爲：信賞必罰，霸王之資。〔二〕【張註】六韜：凡用賞者貴信，用罰者貴必，賞信罰必，于耳目之所見聞，則所不見聞者，莫不陰化矣。輕爵褻刑，〔三〕衰亂之漸。【張註】禮記：政之不行也，教之必成也，爵祿不足勸也，刑罰不足恥也，故上不可以褻刑而輕爵。信賞在功無不報，必罰在罪無不懲。非功而獲爵則爵輕，非罪而肆刑則刑褻。爵賞刑罰，國之大綱，【張註】法言：昔者堯有天下，舉大綱命舜、禹。一綱或棼，萬目皆弛，雖有善理，末如之何。天寶季年，嬖倖傾國，爵以情授，賞以寵加，天下蕩然，紀綱始紊。〔四〕逆羯乘釁，遂亂中原，遣戍歲增，策勳日廣。【石川註】左傳桓二年：舍爵策勳。註：書：勳勞於策。財賦不足以供賜，而職、官之賞興焉；職員不足以容功，而散、試之號行焉。青朱雜沓於胥徒，【張註】王粲羽獵賦：叢華雜沓，焕衍陸離。吴都賦：雜沓從萃。註：皆紛擾貌。通鑑本註：周禮六官之屬，大夫、士之下有府史、胥徒。鄭氏註曰：胥(役)〔徒〕，民之給徭役者，若今衛士矣。胥，讀如諝，謂其有才智爲什長。金紫普施於輿皁，【郎註】安禄山反，肅宗方用兵征討，是時府庫無蓄積，朝廷專以官爵賞功。諸將出征，皆給空名告身，自開府、特進、列卿、大將軍，下至中郎、郎將，聽臨事註名。其後又聽以信牒授人官爵，有至異姓王者。諸軍但以職任相統攝，不復計官爵高下。及清渠之敗，復以官爵收散卒。由是官輕而貨重，大將軍告身一通纔易一醉。凡應募入軍者，一切衣金紫，至有朝士僮僕衣金紫稱大官而執賤役者，名器之濫，至是而極焉。【張註】綱目集覽：金紫，金章紫綬也。左傳：王臣公，公臣大夫，大夫臣士，士臣皂，皂臣輿，輿臣隸。司馬温公百官公卿表序：唐初，職事官有六省、一臺、九寺、三監、十六衛、十六府之屬，其外又有勳官、散官。勳官以賞戰多，散官以褒勳舊。肅宗之後，四方靡沸，兵革不息，財力屈竭，遂并職事官通用爲賞。將帥出征者，皆給空名告身，自開府至郎將，聽臨時註名，有至異姓王者。于是金帛重而官爵輕矣。文獻通考分註：張巡在雍丘，才領一縣千兵，而大將六人，皆開府、特進。德宗避難于奉天，渾瑊之童奴曰黃岑，力戰即封渤海郡王。至于僖、昭之世，遂有「捉船郭使君，看馬李僕射」之號。【石川註】揚雄甘泉賦：鱗以雜沓兮。正字通：沓，疊也。唐書（輿）〔車〕服志：紫爲三品之服，金玉帶銙十三；緋爲四品之服，金帶銙十一；淺緋爲五品之服，金帶銙十；深緑爲六品之服，淺緑爲七品之服，皆銀帶銙九；深青爲八品之服，淺青爲九品之服。薰蕕無辨，【張註】左傳：一薰一蕕，十年尚猶有臭。涇渭不分，【張註】詩：涇以渭濁，湜湜其沚。釋文：涇，濁水也。渭，清水也。李嶠爲李景諶讓天官尚書表：朱紫多紊，涇渭莫辨。二紀于茲，【石川註】書畢命傳：十二年曰紀。莫之能整。當今所病，方在爵輕，設法貴之，猶恐不重，若又自棄，將何勸人！〔五〕聖旨以爲試官虛名，無損於事，臣伏恐陛下思之未熟，偶有是言；儻或謂之信然，臣竊以爲過矣！

夫立國之道，惟義與權；誘人之方，惟名與利。名近虛而於教爲重，利近實而於德爲輕，凡所以裁是非、立法制者，則存乎其義。至於參虛實，揣輕重，並行而不傷，迭用而不悖，因衆之欲，度時之宜，消息盈虛，使人不倦者，則存乎其權。專實利而不濟之以虛，〔六〕則耗匱而物力不給；〔七〕專虛名而不副之以實，〔八〕則誕謾而人情不趨。〔九〕【張註】通鑑本註：誕謾，虛言也。故國家之制賞典，錫貨財，賦秩廩，所以彰實也；差品列，異服章，所以飾虛也。【張註】左傳：君子、小人，物有服章，貴有常尊，賤有等威，禮不逆矣。居上者必明其義，達其變，相須以爲表裏，使人日用而不知，【石川註】易繫辭：百姓日用而不知。則爲國之權得矣。

謹按命秩之載于甲令者，【張註】史記惠景間侯者年表：長沙王者，著令甲，稱其忠焉。註：瓚曰：漢時決事，集爲令甲三百餘篇。如淳曰：令有先後，故有令甲、令乙、令丙。師古曰：若今第一篇、第二篇。*有職事官焉，【張註】綱目集覽：有職掌者，謂之職事官。有散官焉，【張註】文、武散官，詳見首卷。有勳官焉，【張註】通典：上柱國、柱國、上護軍、護軍、上輕車都尉、輕車都尉、上騎都尉、騎都尉、驍騎尉、飛騎尉、雲騎尉、武騎尉。大唐採置，自上柱國以下，並爲勳官。【石川註】集覽：勳官凡十二轉，起正二品至從(九)〔七〕品，自上柱國至武騎尉。有爵號焉。【郎註】百官志云云。【張註】唐書：凡爵九等：曰王，曰嗣王、郡王，曰國公，曰開國公，曰開國縣公，曰開國縣侯，曰開國縣伯，曰開國縣子，曰開國縣男。雖以類而分，其流有四，然其掌務而授俸者，唯繫於職事之一官，以序才能，以位賢德，此所謂施實利而寓之虚名者也。其勳、散、爵號三者所繫，大抵止於服色、資蔭而已，【張註】通鑑本註：服色謂紫、緋、淺緋、深緑、淺緑、深青、淺青及黄，其色各以品爲差。資蔭謂隨資品得蔭其子若孫及曾孫也。以馭崇貴，以甄功勞，此所謂假虚名以佐其實利者也。虚實交相養，故人不瀆賞；輕重互相制，故國不廢權。今之員外、試官，【張註】通典：中書令李嶠，初自地官尚書貶通州刺史，至是召拜吏部侍郎。嶠志欲曲行私惠，求名悦衆，冀得重居相位，乃奏請大置員外官，多引用勢家親識。官員倍多，府庫由是減耗。又，員外官其初但云員外，至永徽六年以蔣孝璋爲尚藥奉御，員外特置，仍同正員，自是員外官復有同正員者。其加同正員者，唯不給職田耳，其禄俸賜會與正官同；單言員外者，則禄俸減正官之半。頗同勳、散、爵號，雖則授無費禄，受不占員，然而突銛鋒、排患難者則以是賞之，【張註】通鑑本

註：銛，利也。綱目集覽：突，觸利刃也。西京賦：胸突銛鋒。竭筋力、展勤效者又以是酬之，其爲用也，可謂重矣。今或捧瓜一器，挈果一盛，亦授試官，以酬所獻，則彼突銛鋒而竭筋力者必相謂曰：「吾以忘軀命而獲官，此以進瓜果而獲官，是乃國家以吾之軀命同於瓜果矣。」瓜果，草木也，視人如草木，誰復爲用哉！〔一〇〕且員外試官，無俸禄之資，無攝管之柄，無見敬之貴，無免役之優，唯假空名以籠浮俗，浮俗所以若存若亡而未甚厭棄者，徒以上之所惜耳。今陛下若又輕用之，以爲無損於事，人寤斯旨，復何賴焉！後之立功，〔一一〕曷用爲賞？〔一二〕陛下若欲賞之以職事，則官員有限，而勳伐無窮，固不勝其用矣。陛下若欲賞之以貨財，則人力已殫，而帑藏皆匱，固不充其費矣。既未有實利以敦勸，又不重虛名而濫施，人無藉焉，何以爲國！且植瓜樹果，多是野人貧者，所資唯在衣食，假以冗號，亦奚用焉？必欲使之歡欣，不如厚賞錢帛，人不失利，國不失權，各得所宜，兩全其實，【石川註】左傳襄十五年：不若人有其寶。何有不可，顧傷大猷！願留睿思，更少詳度。謹奏。

蔡九霞曰：人主之權所以號令天下者，唯此虛名爲鼓舞要結之具，使天下習而不知，德宗却喝破虛名二字，是以之予人則不尊，以之賞人則不勸，治天下其何賴焉！此奏極力將虛名、實利說得交錯盤繞，古今來慎重名器之說，無有如此明切痛快者。

馬傳庚曰：此篇大旨與前篇相同，而語意更暢透。首言爵賞不可太輕，次言輕賞即無以勸人，中後言賞人不專恃爵位，亦可濟以錢帛，若一概以爵職，則彼立功勳者與獻瓜果何異！人誰肯懷！且輕用之，上既不甚愛惜，下亦不以此爲貴，立國將無權矣。況野人並不求賞官，只須賞錢。斟酌合宜，透徹無比。

＊按：此註「瓚」、「如淳」、「師古」三人註文，史記惠景間侯者年表中均無。

校勘記

〔一〕宰臣已商量進擬　「已」下，文粹二九多一「下」字。

〔二〕霸王之資　此句之下，新傳多一「也」字。

〔三〕輕爵褻刑　「爵」，文粹作「罰」。

〔四〕紀綱始紊　此句之下，新傳多一「矣」字。

〔五〕將何勸人　「人」，新傳作「焉」。

〔六〕專實利而不濟之以虛　此句之下，郎本、文粹、全唐四六九多一「名」字。據前後文，有「名」字義長。

〔七〕則耗匱而物力不給　此句之下，新傳多一「矣」字。

〔八〕專虚名而不副之以實　此句之下，郎本、文粹、全唐多一「利」字，據前後文，有「利」字義長。

〔九〕則誕謾而人情不趨　此句之下，新傳多一「矣」字。

〔一〇〕誰復爲用哉　全芳備祖後集八瓜部果類作「何勸哉」，新傳作「人或勸哉」。

〔一一〕後之立功　此句之下，通鑑二三〇多一「者」字。

〔一二〕曷用爲賞　此句之上，通鑑多一「將」字。此句之下，通鑑又多一「哉」字。

陸贄集卷十五

奏草五

興元論解姜公輔狀

【郎註】本傳云：公輔素有高材。德宗幸奉天，擢爲諫議大夫、同中書門下平章事。帝徙梁，長女唐安公主道薨。主性仁孝，許下嫁韋宥，以播遷未克也。帝悼之甚，詔厚其葬。公輔諫曰：「即平賊，主必歸葬，今宜從儉，以濟軍興。」帝怒其賣直，欲罷公輔，故贄力救解之。帝終不聽，遂下遷太子左庶子。【張註】通鑑：上欲爲唐安公主造塔，厚葬之，諫議大夫、同平章事姜公輔表諫，以爲「山南非久安之地，公主之葬，會歸上都，此宜儉薄，以副軍須之急」。上使謂陸贄云云。【石川註】舊唐書德宗紀：興元元年三月，唐安公主薨。姜公輔傳：唐安公主，上之長女，性聰敏仁孝，上所鍾愛。上悲悼甚，詔所司厚其葬禮。公輔諫曰：「非久克復京城，公主必須歸葬，宜儉薄以濟軍士。」德宗怒。

右欽溆奉宣聖旨：緣唐安【張註】唐書地理志：蜀州唐安郡，屬劍南道。公主喪亡，【張註】唐書諸公主列傳：韓國貞穆公主，昭德皇后所生，幼謹孝，帝愛之。始封唐安，將下嫁秘書少監韋宥，未克而朱泚亂。從至城固，薨，加封謚。不可向此間遷厝，權令造一塔安置，待收復京城，即擬將歸，以禮葬送。所造塔役功費用，亦甚微小，都不合是宰相所論之事。姜公輔忽有表奏，都無道理，但欲指朕過失，擬自取名。朕本拔擢，將爲腹心，今卻如此，豈不負朕至深！卿宜商量如何穩便者。公輔頃在翰林，【張註】唐書姜公輔傳：以制策異等，授右拾遺，爲翰林學士。與臣久同職任。臣今據理辨直，則涉於私黨之嫌；希旨順承，〔一〕則違於匡輔之義。【張註】蜀志諸葛亮傳：詔策曰：受遺託孤，匡輔朕躬。涉嫌止貽於身患，違義實玷於君恩。徇身忘君，臣之耻也；【張註】通鑑本註：玷，玉病也。別嫌獎義，主之明也。臣今不敢冒行所耻，亦賴陛下明聖而鑒焉。

古語有之：「順旨者愛所由來，逆意者惡所從至。【石川註】魏志衛覬傳。晏諫，三代之興也，利于國者愛之，害于國者惡之；及其衰也，順于己者愛之，逆于己者惡之。故人臣皆爭順旨而避逆意，非忘家爲國，捐身成君者，誰能犯顔色，觸忌諱，【張註】前漢馮唐傳：鄙人不知忌諱。又：臣誠愚，觸忌諱，死罪。建一言，開一説哉！」〔二〕是以哲后興王，知其若此，求諫如不及，納善如轉圜。【張註】前漢梅福傳：昔高祖納善若不及，從（善）〔諫〕若轉圜。註見十二卷。諒直者嘉之，訐犯者義之，【石川註】〔論語註〕：訐，謂攻發人之陰私也。愚淺者恕之，狂誕者容之。仍慮驕汰之易滋，而忠實之不聞也，於是置敢諫之鼓，【郎註】古曰，欲顯諫者，則擊其鼓。又淮南子云：堯置敢諫之鼓。植告善之旌，【張註】

史記孝文帝紀：古之治天下，朝有進善之旌。註：應（邵）〔劭〕曰：旌，旛也。堯設之五（逵）〔達〕之道，令民進善也。如淳曰：欲有進善者，立于旌下言之。【石川註】管子：舜有告善之旌而主不蔽也。懸戒慎之鞀，立司過之士。【郎註】即記過之史。【張註】呂氏春秋：湯有司過之士，武王有戒慎之鞀，猶恐不知己過。猶懼其未也，又設官制，以言爲常。由是有史爲書，【張註】以下六句並左傳文。杜預註：謂太史，君舉則書。瞽爲詩，【張註】杜註：瞽，盲者，爲詩以諷刺。工誦箴諫，【張註】杜註：工，樂人也，誦箴諫之詞。大夫規誨，【張註】杜註：規，正諫，誨其君。士傳言，【張註】杜註：士卑不得徑達，聞君過失，傳告大夫。庶人謗。【張註】杜註：庶人不與政，聞君過則誹謗。漢書賈誼傳：有記過之史，進善之旌，敢諫之鼓。瞽史誦詩，工誦箴諫，大夫進謀，士傳民語。尚恐其怠也，每歲孟春，遒人以木鐸徇于路，而振警之。官師相規，工執藝事以諫。【張註】書胤征。大學衍義補曰：按工執藝事以諫，如伶州鳩諫周景王之匱財罷民，匠師慶諫魯莊公之丹楹刻角是已。其或不恭，邦有常刑。【張註】書胤征。【石川註】書傳：遒人，宣令之官。木鐸，金鈴木舌，所以振文教。然非明智不能招直言，【張註】說苑：晏子曰：「明君在上，下有直詞。」非聖德不能求過行。招直則其智彌大，求過則其德彌光。唯衰亂之朝，闇惑之主，則必諱其過行，忿其直言，以阿諛爲納忠，以諫爭爲揚惡。怨讟溢於下國，而耳不欲聞；【張註】詩：奄有下國。腥德達于上天，而心不求寤。【張註】書：刑發聞唯腥。【石川註】書酒誥：弗惟德馨香，祀登聞于天。腥聞在上。迨乎顛覆，猶未知非，情之昏迷，乃至於是！故明者廣納以成德，闇者獨用而敗身。成敗之途，千古相襲。與敗同轍者罔不覆，與成同軌者罔不昌。以陛下日月之明，江海之量，自當矯夏癸、殷辛拒諫飾非之慝，【張註】史記殷本紀：紂智足以拒諫，言足以飾非，以爲天下皆出己之下。協大禹、成湯拜言改過之誠。矧又時運方屯，物情猶鬱，乃是陛下握髮吐哺之日，宵衣旰食之辰。士無賢愚，咸宜録用，言無大小，皆務招延，固不可復有忤逆之嫌，甘辛之忌也。【石川註】甘辛，詩谷風所謂「誰謂荼苦，其甘如薺」之意也。以辛爲甘，言忌刻之甚也。夫君人者，以衆智爲智，以衆心爲心。恒恐一夫不盡其情，一事不得其理，孜孜訪納，唯善是求，豈但從諫不咈而已哉！【張註】書：從諫弗咈。乃至求謗言，聽輿誦。葑菲不以下體而不採，【張註】詩：采葑采菲，無以下體。傳：葑，須也。菲，芴也。下體，根莖也。箋：此二菜者，蔓青與葍之類也，皆上下可食。然而其根有美時，有惡時，采之者不可以根惡時並棄其葉。釋文：葑，草木疏云：蕪菁也。郭璞云：今菘菜也。菲，妃鬼反。爾雅云：菲，葱菜。郭以菲芴爲土瓜。故英華靡遺；【張註】鹽鐵論文繁于春華。班固答賓戲：浮英華，湛道德。註：英華，草木之美。禮斗威儀曰：帝者德其英華。芻蕘不以賤品而不詢，故幽隱必達。今公輔官在諫議，任居宰衡，【張註】唐書宰相表：建中四年十月丁巳，京兆府户曹參軍、翰林學士姜公輔爲諫議大夫、同中書門下平章事。獻替彌綸，【石川註】易繫辭：彌綸天地之道。疏：彌縫補合，經綸牽引。乃其職分，【張註】左傳：君所謂可，而有否焉，臣獻其否，以成其可；君所謂否，而有可焉，臣獻其可，以去其否。比於芻蕘葑菲，豈不優而且重哉！此理之常，奚足怪也！縱使引喻非當，不猶愈於輿誦乎？矯激過深，不猶愈於謗言乎？晉文聽輿人之誦而霸業興，【郎註】左〔傳〕僖二十八年云云。虞舜設誹謗之木而帝德廣，斯實聖賢之高躅，陛下何疾焉。

聖旨又以造塔役費微小，非宰臣所論之事，下臣愚戇，竊謂不然。當問理之是非，豈論事之大小。若造塔爲是，役雖大而作之何傷；若造塔爲非，費雖小而言者何罪。夫小者大之漸，微者著之萌。故君子慎初，聖人存戒。知幾者所貴乎不遠而復，【張註】易：不遠復，無祇悔。【石川註】易繫辭：知幾其神乎？幾者動之微。制理者必在於未亂之前。【張註】周官：制治于未亂。本立輔臣，置之左右，朝夕納誨，意在防微，微而弼之，乃其職也。〔三〕涓涓不遏，終變桑田；燄燄靡除，卒燎原野。【張註】家語：焰焰不滅，炎炎若何；涓涓不壅，終爲江、河。書：若火之燎于原，不可嚮邇，其猶可撲滅。【石川註】說文：涓涓，小流也。葛洪神仙傳：麻姑云：「接待以來，見東海三爲桑田。」此翻用之。流煽已甚，禍災已成，雖欲救之，固無及矣。書曰：「不矜細行，終累大德。」【石川註】書旅獒文。疏：矜，憐惜之意。易曰：【張註】易繫辭。「小人以小善爲無益而不爲也，以小惡爲無傷而不去也，故惡積而不可掩，罪大而不可解。」然則小之不可不慎也如此，陛下安得使之勿論乎？虞書載咎繇之言曰：「兢兢業業，一日二日萬幾。」兢兢，慎也；業業，危也；幾者，動之微也。〔四〕唐、虞之際，主聖臣賢，庶績咸熙，萬邦已協，而猶上下相戒，既慎且危，慮事之微，日至萬數。然則微之不可不重也如此，陛下又安可忽而勿念乎？舜之爲君，始作漆器，羣臣固爭，咸謂非宜。【張註】說苑：堯釋天下，舜受之，作爲食器；斬木而裁之，猶漆黑之。諸侯侈，國之不服者十有三。【石川註】韓非子：虞舜作爲食器，漆墨其上，諸侯以爲益侈。政要：昔舜造漆器，〔爲〕〔禹〕雕其俎，當時諫者十餘人。政要必有所本，未之考。漆器之爲用也甚堅，其爲費也蓋寡，然猶相繼諷諫者，【石川註】家語：諫君有五義，五曰諷諫，吾從其諷諫乎？註：依違，遠罪避害者也。豈不欲杜其漸而慎其初歟？【張註】通鑑：太宗問諫議大夫褚遂良曰：「舜造漆器，諫者十餘人。此何足諫？」對曰：「奢侈者危亡之本，漆器不已，將以金玉爲之。忠臣愛君，必防其漸。若禍亂已成，無所復諫矣。」是知君臣之間，義同一體，事罔大小，相須而成。故舜命其臣曰：「作朕股肱耳目。」【張註】書益稷。夫股肱之奉元首，〔五〕不以煩細而闕於運行；耳目之助心靈，〔六〕不以幺微而廢於視聽。【張註】爾雅：幺，幼。註：豕子最後生者，俗呼爲幺豚。故後人有幺麽之稱。說文：幺，小也。是以臣子之於君父也，盡其敬而敬焉，盡其愛而愛焉。敬則願及於尊榮，〔七〕愛則懼陷於過惡。萬邦黎獻，莫不皆然。【張註】書益稷。而況位列朝廷，任當輔弼，【張註】荀子臣道篇：君雖不安，遂以解國之大患，謂之輔；有能抗君之命，功伐足以成國之大利，謂之拂。故輔、拂之人，國君之寶也。拂讀爲弼。主辱與辱，主安與安，此而不言，誰復言者？禮曰：「近而不諫，則尸利也。」【郎註】表記：近而不諫，則尸利也。若宰相者，可謂近矣，事或乖誤，得無諫乎？武丁賢君也，傅說賢相也，而武丁引金作礪以命其相，【張註】書：若金用汝作礪。說喻木從繩以戒其君。〔八〕【張註】書：惟木從繩則正。是則輔弼之任，匡救攸屬，巨細之事，悉宜盡規。陛下所言役費微小，非宰相所論之事；又謂指朕過失，擬自取名。此誠異乎愚臣之所聞，是以願披肺腸而不敢自默者也。

若以諫爭爲指過，則剖心之主，不宜見罪於哲王。【張註】綱目集覽：王子比干，商紂之臣也。紂無道，比干强諫。紂怒曰：「吾聞聖人之心有七竅。」遂剖比干而觀其心。正誤曰：今按：此謂紂也。比干進諫，紂剖其心。陸贄謂若以諫爭爲指過，則紂殺比干爲是，不宜見罪於武王也。哲王指武王。泰誓數紂之罪有曰：「剖賢人之心。」若以諫爭爲取名，則匪躬之臣，不應垂訓於聖典。【張註】易蹇卦：王臣蹇蹇，匪躬之故。註：執心不回，志匡王室者也。劉氏云：匪躬之故，謂非私其一身之事故也。獻替列職，竟使奚爲？左右有人，復將焉用？臣竊謂指過以示直，固不如改過以見稱；進諫以取名，固不如納諫之爲美。假有意將指過，諫以取名，但能聞善而遷，見諫不逆，則所指者適足以彰陛下莫大之善，所取者適足以資陛下無疆之休。因而利焉，所獲多矣。儻或怒其指過而不改，則陛下招惡直之譏；黜其取名而不容，則陛下被違諫之謗。是乃掩己過而過彌著，損彼名而名益彰。果而行之，所失大矣。一獲一失，可不慎乎？伏願嘉忤旨之忠，祛逆耳之吝，【張註】史記留侯世家：忠言逆耳利於行。平積憤之氣，弭逆詐之情。然後試以愚言，反覆參校，庶臻至理，且亮微誠。謹奏。

蔡九霞曰：此奏雖爲公輔論解，然説到公輔身上者甚略，只論臣下犯顔觸忌之難，與君上求言納諫之切，以引君當道，最得入告之體。至謂事之微小不可忽，即宮中、府中事無大小，悉以諮之之意。若嫌其賣直沽名，一念人君最易犯之病，故極力剖析，雖剛愎之主，讀之自然聳聽易慮。

馬傳庚曰：理明詞達，警快絶倫。

校勘記

〔一〕希旨順承　「承」，通鑑一二三〇作「成」。

〔二〕順旨者愛所由來至開一説哉　此句出魏志二一衛覬傳，載衛覬於魏明帝時所上疏，但原疏二「旨」均作「指」，「忘家」作「破家」，「捐身」作「殺身」。

〔三〕乃其職也　「職」，舊書一三八、新書一五二姜公輔傳均作「所」。

〔四〕動之微也　「動」，郎本作「危」。

〔五〕夫股肱之奉元首　「奉」下，郎本多一「於」字。

〔六〕耳目之助心靈　「助」下，宋本、明本、郎本多一「於」字。

〔七〕敬則顧及於尊榮　「及」，宋本、元本、明本、郎本作「極」。

〔八〕説喻木從繩以戒其君　「説」上，郎本多一「傅」字。

又答論姜公輔狀

德宗答贄前奏云：「公輔才行與宰相不相當，久欲停罷，後因公輔辭退，又曾面許。公輔知必移改，所以固論造塔事，賣直取名。據此用心，豈是良善！卿今疑朕不能納諫，殊乖本意。」贄因復上此奏，帝終不聽。

右欽溆奉宣聖旨：省卿所奏公輔事宜，雖甚知卿盡忠，然似未會朕意。朕意以公輔才行，共宰相都不相當，在奉天時早欲停罷，後因公輔辭退，朕已對面許訖。尋屬懷光背叛，【郎註】李懷光事已見上註。遂且因循，容到山南。公輔知朕必擬移改，所以固論造塔事，賣直取名。據此用心，豈是良善！朕所以惆悵者，祇緣如此。卿今疑朕不能納諫，殊乖本意者。

臣以戇執，務在朴忠，推理而言，有懷必盡。睿意玄妙，非凡所窺，如臣懵昧【石川註】說文：不明也。之材，且無希伺之志，奏報失旨，宜其固然。所冀錄微款而矜至愚，實天下幸甚！古人有言曰：「明主者可以理奪。」【郎註】魏志：許允爲吏部郎，選郡守。明帝疑其非次，允入，將加罪。其妻阮氏曰：「明主可以理奪，難以情求。」又曰：「主聖則臣直。」〔一〕【郎註】〔漢書〕薛廣德傳：張猛曰：「臣聞主聖臣直，乘船危，就橋安。」【張註】呂氏春秋：魏文侯燕飲，令諸大夫論己。或言君之智也。至于任座。任座曰：「君不肖君也。」文侯不悅。次及翟璜，曰：「君，賢君也。臣聞其主賢者，其臣之言直。」今陛下稟天縱之才，〔二〕備明聖之資，臣若抱理莫伸，守直不固，上虧至化，罪莫大焉。輒復據直道而理其前言，惟陛下留意幸察。

臣竊以領覽萬幾，必先虛其心；鏡鑑羣情，必先誠其意。蓋以心不虛則物或見阻，意不誠則人皆可疑。阻於物者，物亦阻焉；疑於人者，人亦疑焉。萬物阻之，兆人疑之，將欲感人心致於和平，盡物理使無紕繆，是猶卻行而求及前人也，【郎註】劉向曰：猶卻行而求及前人也。【張註】韓詩外傳：知惡往古之所以危亡，而不務襲蹈其所以安存，則未有以異乎却走而求逮前人也。無乃愈疎乎？孔子曰：「不遷怒，不億不信。」豈非懼於肆情逞憾，以至于失中違道者哉！臣之區區，志欲匡輔，是以前者奏疏，願陛下平積憤之氣，弭逆詐之情，然後試以愚言，反覆參校，庶臻至理，且亮微誠。今陛下以素欲廢罷公輔之心，而謂其所行皆非良善，則是遷怒而積憤之氣未平也。陛下揣公輔知必移改之意，而謂其所言皆欲取名，則是億不信而逆詐之情未弭也。逆詐未弭，積憤未平，固宜公輔獲戾於蓄疑，【張註】書：蓄疑敗謀。下臣見尤於乖意，謂之至當，則或不然。夫臣之獻言，以助理也；君之求諫，以弼違也。【張註】書：予違汝弼。註：違，戾也。言苟助理，何必以人而廢言；諫苟弼違，何必責意而拒諫。若彼言無足用，意雖善而奚爲；諫有可從，人雖咎而寧捨。古先聖王所以採葑菲，詢芻蕘，傳謗言，用仇怨，急於聽納，乃至於斯，其意無他，惟義所在。願陛下不以憎嫌而遺其片善，不務精察而謂之大明。忠言者，利於行【郎註】家語六本篇云。而咈於情，唯計慮至熟，乃能無忤。幸紓宸鑒，【張註】粱簡子。文帝愍囚徒疏：宸鑒每以垂心，國諧是焉攸切。更審所宜。謹奏。【張註】通鑑綱目：上意猶怒，罷公輔爲左庶子。

蔡九霞曰：平積憤，弭逆詐，前奏已露其旨。但前奏止論事雖微小，公輔亦所當言，并剖晰指過取名之説，未暇摘發德宗病根。而德宗所諭，適犯此病，故又摘發一番。無如病根已深，終難轉圜。何哉？

馬傳庚曰：言明且清簡，當中皆有至理，筆意絶不平直。

校勘記

〔一〕主聖則臣直　「聖」，張本、石川本作「賢」。「主賢臣直」出吕氏春秋，見張註。

〔二〕今陛下稟天縱之才　「縱」，明本作「榮」。「才」，明本、郎本、張本作「性」。

興元論請優獎曲環所領將士狀

【郎註】本傳云：環，陝州人。德宗初，吐蕃寇劍南，詔環以邠、隴兵五千馳救，虜遂破走，威名大振。環所領一軍，多幽、隴舊卒，時方在陳、許，正當賊衝。孤軍無後援，恐其爲賊所乘，遂上此奏。【張註】通鑑釋文：曲，姓也，漢有代郡太守曲謙。通鑑音註：曲環時以隴西行營兵戍陳、許。

右曲環所領一軍，悉是朱泚部曲，或頃在鳳翔所管，或本從河朔同來，後因汴、宋用兵，權抽赴彼應援，所以行營將士，猶舉幽、隴爲名，今之元兇，乃其舊帥。岐下則楚琳助亂，【郎註】鳳翔節度使、同平章事張鎰，不習軍事，聞上在奉天，欲迎大駕。後營將李楚琳，爲人剽悍，軍中畏之，嘗事朱泚，爲泚所厚。行軍司馬齊映與同幕齊抗言於鎰曰：「不去楚琳，必爲亂首。」鎰命楚琳出屯隴州。楚琳亂事不時發，鎰方以迎駕爲憂；謂楚琳已去矣，楚琳夜與其黨作亂，鎰縋城走，賊追及殺之。楚琳自爲節度使，降于朱泚。隴州刺史郝通奔于楚琳。岐下即鳳翔也。薊門則朱滔黨姦，【郎註】盧龍節度使朱滔與魏博田悅、鎮冀王武俊、淄青李納合從以叛。薊門即燕、薊也。獨此偏師，漂然河上，【張註】詩：河上乎翱翔。其營幕則寄于他土，【張註】史記李牧傳註：崔浩曰：古者出征爲將帥，軍還則罷，理無常處，以幕（帟）〔帟〕爲府署，故曰幕府。其家屬則陷于匪人。又屬汴路姦虞，浚城陷覆，【張註】通鑑：李希烈攻李勉于汴州，驅民運土木、築壘道以攻城。勉城守累月，外救不至，將其衆萬餘人奔宋州。希烈陷大梁。【石川註】舊唐書德宗紀：建中四年，李勉將唐漢臣喪師於扈澗，汴軍自此不振。十月，李希烈陷襄城，哥舒曜走洛陽。糧餉屢絶，資裝久殫，士卒常情，固難安處。是宜潰歸舊管，否則散適樂郊。【石川註】詩碩鼠：適彼樂郊。箋：郭外曰郊。而曲環撫之，悉無離叛，孤軍自守，亦不苟從，處危能安，聞難輒赴，甚推齊肅，累著功勳。近日將帥之中，罕有如環之比。考其才節，絶有過人。但緣羈寓多時，窮匱轉甚，繼陳章奏，言及酸辛。〔一〕【張註】江淹上建平王書：履影弔心，酸鼻痛骨。告急朝廷，則力未能救；求哀郡府，則人莫見憂。覽其辭情，可爲流涕。若失於應接，則終以危亡。良將義徒，實在深惜。願陛下不以常人遇之，不以常事遣之。方今勢可相資，唯有江左完實，恐須密敕韓滉，切令贍恤此軍，【郎註】本傳云：滉爲鎮海軍節度使。帝在奉天及狩梁州，貢獻不絶。貞元元年遷江淮轉運使。故贄欲令滉贍恤之。器甲衣糧，咸使周足。因賜劉洽手詔，【張註】趙升朝野類要：手詔者，或非常典，或是寫意，及不用四六句者也。亦委加意保持，【郎註】洽即玄佐也。時爲汴宋節度使，與曲環爲鄰，故贄欲詔洽保持之。若得自存，必有成績。非艱難無以表特操，非英聖不能全異才，有功見知，人必悦勸。臣不勝區區爲國獎善拯危之意，謹啟事以聞。謹奏。【石川註】舊唐書曲環傳：勤身恭儉。建中三年十月，加檢校左常侍，充邠隴行營節度使。李希烈陷汴州，環與諸軍守固寧陵、陳州，大破希烈軍於陳州城下，殺逆黨三萬五千人，擒其驍將以獻。希烈遁歸蔡州。

鍾之衣曰：獎勸將士，所以鼓動其心，俾知捷於立効也。況才在異等，實居艱危，尤所宜留恤者乎！義則君臣，恩猶父子，御將之道，將在是矣。

馬傳庚曰：前半寫曲環是出色將帥，中後言其窮困守節，宜加優獎，詞極婉摯，意極周密。不以常人遇之，不以常事遣之，二語括盡環無數出色處。

校勘記

〔一〕言及酸辛 「及」，明本作「極」。

興元論解蕭復狀

右欽漵賫蕭復表示臣，兼奉宣聖旨：朕比緣李懷光兇狂，權且就此迴避。山南既與京畿接近，指麾兵馬，日望收城。今蕭復勸朕令幸江陵，【張註】唐書地理志：江陵府江陵郡本荆州，屬山南道。通典：江陵郡，今之荆州。春秋以來，戰國之都，謂之郢都。西通巫、巴，東接雲夢，亦一都會也。秦置南郡，漢高帝改爲臨江郡，景帝改爲臨江國。其地居洛陽正南。蜀先主得之，後屬吴，常爲重鎮。隋并梁，置江陵總管府。唐爲荆州，或爲江陵郡。去西京千七百七十三里，去東京千三百十二里。表狀之中，張皇頗甚，【石川註】説文：張，大也。朕不會其意。昨問從一，【郎註】即宰相劉從一。從一亦甚驚怪，不知事由。蕭復奏事官李充，【張註】通鑑音註：方鎮遣牙職入奏事，因謂之奏事官。朕適喚對共語，亦似不是純良。此人莫是李承昭家子弟否？卿宜審看蕭復表中意趣，斟酌奏來者。

臣伏覩其表，兼揣其情，蓋以遠路傳聞，事多失實。大臣獻納，務且竭誠，雖有過當之虞，失中之策，【張註】前漢景帝紀：酷吏奉憲失中。但宜勿用，不足爲尤。何則？駐蹕奉天，迍難已甚，【張註】玉篇：迍迍，邅也。集韻：迍邅，難行不進貌。況又不駐，艱危可知。【郎註】德宗既狩奉天，又自奉天復幸梁州。蕭復備位樞衡，奉使宣撫，忽聞變故，寧免驚憂。梁、岷之間，窮隘特甚，輦輓攸止，資奉實難。凡在戀主之誠，【張註】魏書張袞傳：犬馬戀主，敢不盡言。各懷徯后之志，【石川註】書仲虺之誥：徯予后。是以延賞奉迎於西蜀，【郎註】張延賞累拜荆南、劍南、西川節度使。德宗在奉天，貢獻相望于道。及次梁，倚劍、蜀爲根本，即拜中書門下平章事。【石川註】舊唐書張延賞傳：延賞，成都尹，劍南、西川節度、觀察使。蜀土殘弊，蕩然無制度。延賞薄賦約事，動遵法度，僅致庶富焉。建中末，駕在山南，延賞貢獻供億，頗竭忠力。韓滉望幸於東吴。【郎註】本傳云：滉爲鎮海軍節度使。帝狩梁州，獻縑十萬疋。滉聞京都未平，乃築石頭五城，修塢壁，起建業，抵京峴，樓雉相望。以爲朝廷有永嘉南走事，置館第數千於石頭城。【張註】謹按：望幸，望車駕之臨幸也。封禪文：太山、梁父設壇望幸。顏延之詩：望幸傾五州。此乃臣子之常情，古今之通禮。〔一〕蕭復所請，亦類於斯。事雖非宜，意則可恕。李充頃任御史，臣嘗與之同僚，其人是故福建觀察使【張註】唐書方鎮表：大曆六年，廢福建節度使，置都團練、觀察、處置使。通鑑音註：福建，古閩越地。唐閩州治閩縣及侯官縣。開元十三年，改爲福州。李椅之男，共承昭房從已遠，【張註】謹按：唐書宗室世系表：〔允〕〔充〕出蜀王房。蜀王，代祖元皇帝子。承昭出虢王房。虢王，高祖子。通鑑音註：從，一從、再從、三從兄之親也。才頗通敏，性亦温恭，宗族之中，足稱佳器。【張註】南史豫章王嶷傳：詒司徒袁粲。粲謂人曰：「後來佳器也。」梁武帝贈蕭子顯詔：神韻峻舉，宗中佳器。伏願更廣詢訪，方驗臣言不誣。謹奏。

孫鑛曰：宣公此疏，既爲德宗釋其惑，又爲蕭復釋其愆，情事兩伸，忠懇流溢。

馬傳庚曰：不激不隨，持論得體。

校勘記

〔一〕古今之通禮　「禮」，全唐四七〇作「理」。

又答論蕭復狀

右欽溆奉宣聖旨：卿所奏蕭復事，朕已具悉。假使更無别意，終是不識事宜。今巡行諸道，〔二〕轉恐事多乖失。緣孟皞年老，今欲除蕭復爲福建觀察使，便令赴任，去就亦應得所，卿意以爲何如者。

伏以將相之任，所委皆崇，中外迭居，亦是常理。然君臣有禮，進退不可以不全；理體有宜，本末不可以不稱。頃盜興都邑，駕適郊畿，陛下悔征賦之殷繁，念黎元之困悴，誕降慈旨，深示憫傷，特遣大臣，普詢疾苦，本期還報，將議優蠲，衆情顒顒，【石川註】廣韻：仰也。日望上達。今若未終前命，遽授遠藩，〔三〕則是膏澤將布而復收，【張註】史記樂書：成王作頌，沐浴膏澤而歌咏勤苦。渙汗已發而中廢，【張註】易：渙汗其大號。【石川註】漢書劉向傳：言號令如汗，汗出而不反者也。事既失望，人何以觀！斯乃進退之禮不全，本末之宜不稱，謂爲得所，臣實疑之。儻慮處事乖方，不欲淹留在外，則當諭以詔旨，促其歸程；遠郡巡歷未周，〔三〕但令副介分往。〔四〕待其復命，親訪物情，革弊垂恩，用符德號。使務既畢，能否益彰，徐擇所宜，以圖進退。庶於事體，允得厥中。謹奏。

沈九如曰：量力受任，臨時制宜，俾知竭節盡忠，奮不避難，斯待人臣之體也。若進以猜嫌，不能斷決，豈社稷之福哉！

馬傳庚曰：論蕭復非只爲蕭復一人計，上全國體，下慰民情，識見遠到。

校勘記

〔一〕今巡行諸道　「令」，明本、郎本、張本作「更令」。又，張本註云：「他本無『更』字。」即張氏所見別本「令」又有單作「令」者。

〔二〕遽授遠藩　「遽」，張本作「還」。

〔三〕遠郡巡歷未周　「郡」，明本、郎本作「近」。

〔四〕但令副介分往　「介」，明本、張本作「使」。

興元論續從賊中赴行在官等狀【郎註】德宗疑從賊中來行在官恐有姦計。贄謂今盜據宮闕，來赴行在者，當量加恩賞，豈可復猜慮拘囚！乃上此奏。

右欽溆奉宣聖旨：近日往往有卑官從山北來，【張註】通鑑本註：梁州在山南，岐、雍在山北。皆稱自京城偷路奔赴行在。大都此輩，多非良善，有一邢建，論説賊中體勢，語最張皇，【張註】通鑑本註：皇，大也。察其事情，頗是窺覘，今且令留在一處安置。〔一〕如此之類，更有數人，若不根尋，恐有姦計。卿宜商量如何穩便者。

臣伏以任總百揆者，【張註】書：納於百揆。蔡註：百揆者，揆度庶政之官，猶周之冢宰也。通典註：堯初，天官爲稷。至堯試舜天官之任，謂之百揆。舜又命禹爲百揆。皆天官也。與一職之守不同；富有萬國者，與百揆之體復異。蓋尊領其要，卑主其詳；【張註】莊子：要在於主，詳在於臣。尊尚恢弘，【張註】後漢書馮異傳：恢弘聖緒，横被四表。蜀志諸葛亮傳：誠宜開張聖聽，以光先帝遺德，恢弘志士之氣。卑務近細。是以練覈小事，糾察微姦，此有司之守也。維御萬樞，選建庶長，總綱而衆目咸舉，明邇而羣方自通，此大臣之任也。愚智兼納，洪纖靡遺，蓋之如天，容之如地，【張註】左傳：良君將賞善而刑淫，養民如子，蓋之如天，容之如地。垂旒黈纊而黜其聰察，匿瑕藏疾而務於包含，【郎註】左〔傳〕宣十五年：川澤納汙，山藪藏疾，瑾瑜匿瑕，國君含垢，天之道也。【張註】左傳註：藏疾，山之有林藪，毒害者居之。匿亦藏也，雖美玉之質，亦或居藏瑕穢。不示威而人畏之如雷霆，不用明而人仰之如日月，【張註】左傳：民奉其君，愛之如父母，仰之如日月，敬之如神明，畏之如雷霆。此天子之德也。以卑而僭用尊道，則職廢于下；以尊而降代卑職，則德喪于上。職廢則事不舉，德喪則人不歸。事不舉者，弊雖切而患輕；人不歸者，釁似微而禍重。茲道得失，所關興亡。聖王知宇宙之大，不可以耳目周，故清其無爲之心，而觀物之自爲也。知億兆之多，不可以智力勝，故壹其至誠之意，而感人之不誠也。異於是者，乃以一人之聽覽，而欲窮宇宙之變態；以一人之防慮，而欲勝億兆之姦欺。役智彌精，失道彌遠。故宣尼【張註】通典：平帝元始初，追謚孔子曰褒成宣尼公。述陶唐之盛曰：「惟天爲大，唯堯則之。」周詩美文王之德曰：「不識不知，順帝之則。」是皆覆育萬物，渾然大同，【張註】書：是之謂大同。禮記：故外户而不閉，是謂大同。無好無惡，不忌不克之謂也。【張註】左傳：詩曰「不識不知，順帝之則」，文王之謂也。又曰「不僭不賊，鮮不爲則」，無好無惡，不忌不克之謂也。

項籍納秦降卒二十萬，慮其懷詐復叛，一舉而盡坑之，【張註】史記項羽紀：諸侯吏卒異時故繇使屯戍，過秦中，秦中吏卒遇之多無狀。及秦軍降諸侯，諸侯吏卒乘勝多奴虜使之，輕折辱秦吏卒。秦吏卒多竊言曰：「章將軍等詐吾屬降諸侯，今能入關破秦，大善。即不能，諸侯虜吾屬而東，秦必盡誅吾父母妻子。」諸將微聞其計，以告項羽。項羽乃夜擊坑秦卒二十餘萬人新安城南。其於防虞，亦已甚矣。漢高豁達大度，【石川註】史記高（帝）〔祖〕紀：高祖仁而愛人，喜施，意豁如也，常有大度。天下之士至者，納用不疑，【張註】班彪王命論：高祖信誠好謀，達於聽受，從諫如順流，趨時如響赴。當食吐哺，納子房之策；拔足揮洗，揖酈生之説。悟戍卒之言，斷懷土之情，高四皓之名，割肌膚之愛。舉韓信於行陣，收陳平於亡命。英雄陳力，羣策畢舉，此高祖之大畧，所以成帝業也。其於備慮，可謂疏矣。然而項氏以滅，劉氏以昌，蓄疑之與推誠，其效固不同也。秦皇嚴衛雄猜，〔二〕而荆軻奮其陰計；【張註】史記刺客傳：秦王朝服，設九賓，見燕使者咸陽宫。荆軻奉樊於期頭函，而秦舞陽奉地圖匣以次進。至陛，秦舞陽色變振恐，羣臣怪之。荆軻顧笑舞陽，前謝曰：「北蕃蠻、夷之鄙人未嘗見天子，故振慴。願大王少假借之，使得畢使於前。」秦王謂軻曰：「取舞陽所持地圖。」軻既取圖奏之。秦王發圖，圖窮而匕首見。因左手把秦王之袖，而右手持匕首揕之。未至身，秦王驚，自引而起。荆軻逐秦王，秦王環柱而走。羣臣皆愕，卒起不意，盡失其度。而秦法，羣臣侍殿上者，不得持尺寸之兵。諸郎中執兵皆陳殿下，非有詔召不得上。方急時，不及召下兵，以故荆軻乃逐秦王；而卒惶急無以擊軻，而以手共搏之。是時，侍醫夏無且以其所奉藥囊提荆軻也。光武寬容博厚，而馬援輸其款誠。【張註】後漢馬援傳：隗囂使援奉書洛陽。援至，引見於宣德殿。世祖迎，笑謂援曰：「卿遨遊二帝間，今見卿，使人大慚。」援頓首辭謝，因曰：「當今之世，非獨君擇臣也，臣亦擇君矣。臣與公孫述同縣，少相善。臣前至蜀，述陛戟而進臣。臣今遠來，陛下何知非刺客姦人，而簡易若是！」帝復笑曰：「卿非刺客，顧説客耳。」援曰：「天下反覆，盜名字者不可勝數。今見陛下，恢廓大度，同符高祖，乃知帝王自有真也。」豈不以虛懷待人，人亦思附；任數御物，物終不親！情思附則感而悦之，雖寇讎化爲心膂有矣；意不親則懼而阻之，雖骨肉結爲仇慝有矣。【張註】史記鄒陽傳：意合則胡、越爲昆弟，不合則骨肉出逐不收。臣故曰：茲道得失，所關興亡。

伏惟陛下，睿哲文思，光被四表；孝友勤儉，行高百王。然猶化未大同，俗未至理者，良以智出庶物，【石川註】易彖傳：首出庶物。有輕待人臣之心；思周萬幾，有獨馭區寓之意；〔三〕謀吞衆略，有過慎之防；明照羣情，有先事之察；嚴束百辟，有任刑致理之規；威制四方，有以力勝殘之志。由是才能者怨於不任，忠藎者憂於見疑，【張註】通鑑本註：藎，徐刃翻。詩：王之藎臣。毛詩傳曰：藎，進也。綱目集覽：呂氏曰：忠愛之篤，進進無已。李公覲註：藎，在忍反，忠也。著勳業者懼於不容，懷反側者迫於攻討。〔四〕馴致離叛，構成禍災，兵連于外，變起于內。歲律未半，【石川註】月令：孟春月，律中太簇。孟秋月，律中夷則。乘輿再遷，國家艱屯，古未嘗有。以陛下至聖之德，而遘茲殷憂之期，天其或者欲大啟睿心，【張註】陸士衡辯亡論：以奇蹤襲於逸軌，叡心因於令圖。儆小失而崇丕業耳。【張註】史記司馬相如封禪文：天下之壯觀，王者之丕業。臣謂陛下當奉若天意，追咎已然，凡所致寇之由，悉已詳知其故，將革前弊，以消羣疑。今承德音，尚襲流誤，若未悔禍，何由弭災！臣獲蒙過知，又辱下問，若務順旨，是爲欺天。庸敢指陳，庶裨闕漏。

往歲初奮師旅，四征不庭，義烈之徒，人思自效。捨逆歸款者，繼獻于闕下；【張註】論衡：麒麟須獻，乃達闕下。班固詩：上書詣闕下。陳謀諫失者，爭詣于禁門。【張註】前漢息夫躬傳：以醫技得幸，出入禁門。陛下能於此時，乘軍氣之方雄，因人心之願盡，輟沐吐哺，虚襟坦懷，海納風行，【張註】庾信馬射賦序：上則雲布雨施，下則山藏海納。晉書樂志：化若風行，澤猶雨散。不疑不滯，功者報之，義者旌之，直者奬之，才者任之。其或有志而無補於時，敢言而不當其理，亦必恕其妄作，録其善心，率皆優容，以禮進退。如此則海内風靡，翕然歸心，賢愚咸懷，小大畢力。蕞爾兇醜，【石川註】左傳昭七年：蕞爾國。註：小貌。曾何足平！臣固知久已理安，必無奉天之幸矣。

其所以孕禍胎而索義氣者，【張註】前漢枚乘傳：福生有基，禍生有胎；納其基，絶其胎，禍何自來！在乎獨斷宸慮，專任睿明。降附者意其窺覘，【張註】左傳：能官人則無覦心。註：無覬覦以求幸。劉琨勸進表：狡寇窺窬。文選註：窬與覦同。輸誠者謂其遊説，論官軍撓敗者猜其挾姦毁沮，陳兇黨强狡者疑其爲賊張皇，獻計者防其漏言，進諫者憚其宣謗。凡此之類，悉貽聖憂，咸使拘留，【張註】楚辭序：拘留不遷。謂之安置；或詰責而寘於客省，【張註】通鑑音註：時於右銀臺門置客省，或四方奏計未遣者，上書言事忤旨者，及蕃客未報者，皆館於其中，常數百人。或勞慰而延于紫庭，【張註】後漢皇甫規傳：臣生長邊遠，希涉紫庭。宋書符瑞志：鳳凰翔兮於紫庭。雖呵奬頗異其辭，然於圈閑一也。【張註】説文：圈，養畜之閑也。閑，闌也。既杜出入，勢同狴牢，【張註】揚子：狴犴使人多禮乎？註：狴犴，牢獄也。初學記：狴牢者，獄别名。解釋無期，死生莫測，守護且峻，家私不通，一遭縶維，【張註】詩：縶之維之，以永今朝。動歷年歲，想其痛憤，何可勝言。由是歸化漸稀，而上封殆絶矣。【張註】綱目質實：漢制：奏事皁囊封板，以防宣泄，謂之封事。通鑑音註：漢官曰：凡章奏皆啟封，其言密事，得用皁囊。徇義之心既阻，脅從之黨彌堅。而貴近之臣，往來之使，希望風旨，詭辭取容，唯揣樂聞，不憂失實，咸言聖謀深遠，策略如神，小寇孤危，滅亡無日。陛下急於誅惡，皆謂其事信然，窮兵竭財，坐待平一。〔五〕人心轉潰，寇亂愈滋，遂至轂下生戎，〔六〕宮闈不守。儻陛下能於此際，遽敷大號，謝過萬方，叙忠良見忌之冤，而舉其尤鯁亮者，加之厚秩；糾阿諛不實之罪，而數其極姦妄者，處之大刑。賞罰既明，忠邪畢辨，以此臨下，誰敢不誠；以此懷人，何有不服。過而能改，亂亦遄安。【石川註】詩巧言：亂庶遄沮。傳：遄，疾也。臣固知尋復京師，必無梁、岷之遊矣。【張註】綱目集覽：梁本漢之漢中郡，晉置梁州。唐以梁、凉聲相近，改名褒州，尋復故名。至德宗，陞興元府。岷，蜀中山名，岷山即汶山，在茂州，去青城石山三百里，俗呼鐵豹嶺。

陛下既闕慎于始，又失圖于中，收之西隅，【張註】後漢馮異傳：始雖垂翅回谿，終能奮翼黽池，可謂失之東隅，收之桑榆。【石川註】文選：繁欽箋：日在西隅。唯在茲日。豈可復使一事紕繆，一言過差哉！今賊泚未平，懷光繼叛，都邑城闕，猰貐迭居，【郎註】猰，公八、烏八二切。山海經曰：南海之外有猰貐，狀如貙，龍首，食人。德宗幸奉天，朱泚入居前殿，僭即皇帝位于宣政殿。後李懷光反，又屯兵咸陽。【張註】任昉述異記：猰貐，獸中最大者，龍頭，馬尾，虎爪，長四百尺，善走，以人爲食。關輔郊畿，豺狼雜處。【張註】說文：豺，狼屬，狗聲。狼，似犬，鋭頭白頰，高前廣後。朝廷僻介於遠郡，道路緣歷於連山，杖策從君，【張註】

後漢鄧禹傳：聞光武安集河北，即杖策北渡，追及於鄴。其能有幾？推心降接，猶恐未多，稍不禮焉，固不來矣。若又就加猜劾，〔七〕且復囚拘，使反者得辭，來者懷懼，則天下有心之士，安敢復言忠義哉！卵胎不傷，麟鳳方至；魚鼈咸若，龜龍乃遊。【張註】史記孔子世家：刳胎殺夭則麒麟不至〔郊〕，竭澤涸漁則蛟龍不合陰陽，覆巢毁卵則鳳凰不翔。何則？君子諱傷其類也。蓋悦近者來遠之資，懷小者致大之術也。

竊料邢建等輩，必非助逆之徒。假如過有張皇，迹涉疑似，亦望矜愚惜體，屈法裕人。並量器能，隨事甄貸，武者措之於戎伍，文者付之於宰司，大則授以職員，次但優其選序。必有須離行在，難處親軍，則或除諸道一官，或委諸使録用，就其常分，各稍加恩。古人有言：【張註】書泰誓。「撫我則后，虐我則讎。」惠澤所及，謳歌乃歸，流聞四方，孰不欣戴。昔趙殺鳴犢，聖人輟行；【郎註】史〔記〕孔子世家：孔子既不得用於衛，將西見趙簡子。至於河而聞竇鳴犢、舜華之死也，臨河而嘆，乃還息乎陬鄉，作爲陬操以哀之。【張註】前漢劉輔傳：昔趙簡子殺其大夫鳴犢，孔子臨河而還。註：張晏曰：趙簡子欲分晉國，故先殺鳴犢，又聘孔子。孔子聞其死，至河而還也。師古曰：戰國策記二人姓名云鳴犢、鐸犨，而史記及古今人表並以爲鳴犢、竇犨，蓋鐸、犢及竇，其聲相近，故有不同耳。今止舉殺鳴犢一人，不論竇犨也。燕尊郭隗，賢士繼往。【張註】史記燕召公世家：燕昭王謂郭隗曰：「齊因孤之國亂而襲破燕，孤極知燕小力少，不足以報。然誠得賢士以共國，以雪先王之耻，孤之願也。先生視可者，得身事之。」郭隗曰：「王必欲致士，先從隗始。況賢於隗者，豈遠千里哉！」於是昭王爲隗改築宮而師事之。樂毅自魏往，鄒衍自齊往，劇辛自趙往，士爭趨燕。況乎天子所作，天下式瞻，一言阻物，則天下莫不自疑；一事恤人，則天下莫不同悦。固不可以小失爲無損而不悔，亦不可以小善爲無益而不行。【石川註】易繫辭：小人以小善爲無益而弗爲也。小猶慎之，矧又非小！願陛下惟事無大小，皆以覆車之轍爲戒，【張註】通鑑音註：車覆於前，不可遵其轍，當易路而行；若遵覆車之迹，則後車又將覆矣。實宗社無疆之休！謹奏。

蔡九霞曰：天子蒙塵，諸臣奔赴行在，亦屬念不忘君，而乃疑其窺伺，是驅之從賊也。故擴其含弘之量，杜其猜疑之端，以施收拾人心之術。至援古證今，于使過用仇、招賢納才之道，條畫如列眉指掌，蓋變故之後，羣情驚疑離散，撫我虐我，關係向背不淺。使亡國復存，危勢復安，皆公此奏轉旋之力也夫？

馬傳庚曰：德宗忌刻猜疑，至於失國，猶不自悟。殊不知大度寬容，衆皆歸附；深心劾責，人誰肯懷？況在播遷，尤宜勸引。通篇俱用翻襯，詞旨警湛異常。

校勘記

〔一〕今且令留在一處安置　通鑑二三〇作「今已於一所安置」。

〔二〕秦皇嚴衛雄猜　「衛」，通鑑作「肅」。

〔三〕有獨馭區寓之意　「寓」原誤作「寓」，據諸本及他書改。

〔四〕懷反側者迫於攻討　「攻」，宋本、元本、通鑑作「及」。

〔五〕坐待平一　「平」，全唐四七〇作「乎」。

〔六〕遂至轂下生戎　「至」，明本、郎本作「致」。按：作「致」義長。

〔七〕若又就加猜劾　「劾」，明本、全唐作「刻」。

陸贄集卷十六

奏草六

興元賀吐蕃尚結贊抽軍迴歸狀

【郎註】渾瑊奏：「尚結贊屢約共取長安，既而不至，聞其衆大疫，已引兵去。」上以李晟與瑊兵少，欲倚之共復京城，聞其去，甚憂之，以問贄。贄以爲吐蕃貪狡，有害無益，得其引去，實可欣賀。乃上此奏。【張註】通鑑綱目：興元元年，吐蕃尚結贊請出兵，助唐收京城。遣秘書監崔漢衡使吐蕃，發其兵。四月，渾瑊率諸軍出斜谷，崔漢衡勸吐蕃出兵助之。尚結贊曰：「邠軍不出，將襲我後。」韓遊瓌聞之，遣其將曹子達將兵往會，吐蕃遣兵二萬從之。李楚琳遣將從瑊拔武功。泚遣其將韓旻等攻之。子達以吐蕃拒擊，斬首萬餘級，旻僅以身免。瑊遂引兵屯奉天，與李晟東西相望，以逼長安。五月，朱泚使田希鑒以金帛賂吐蕃。渾瑊屢與約，刻日取長安，既而不至，遂引兵去。上以李晟、渾瑊兵少，欲倚吐蕃以復京城，聞其去，甚憂之。【石川註】舊唐書吐蕃傳：在長安之西八千里，本漢西羌之地。尚結贊，吐蕃相。

右欽溆奉宣聖旨：適得渾瑊奏，【張註】通鑑考異：邠志曰：渾公出斜谷，曹子達赴渾公，吐蕃以二萬騎從之。既勝泚軍，大掠而去。泚使田希鑒以金帛賂之。蓋尚結贊雖引兵入塞，止屯邠南，但遣論莽羅衣將偏軍助瑊，破泚于武功，大掠而去。既受泚賂，遂引兵歸國。瑊于吐蕃歸國之時，有此奏耳。比日尚結贊頻使人計會，擬自領兵馬，剋期同收京城。緣春來蕃軍多有疾疫，近得探報，尚結贊等並抽兵退歸，不知遠近。朕意緣吐蕃士馬强盛，又以和好之義，自請將兵，助國討賊，朝夕望其成功，今忽抽軍退歸，〔一〕甚失準擬。渾瑊、李晟等諸軍兵馬，並不至絶多，若無蕃軍應援，深慮被賊衝突。【張註】詩：與爾臨衝。疏：臨者，在上臨下之名。衝者，從旁衝突之稱。英雄記鈔：袁紹自往征公孫瓚，令（麴）〔麹〕義以八百兵爲先登，揚塵大叫，直前衝突。卿試料量事勢如何者。

臣質性孱昧，【石川註】史記註：孟康曰：冀州人謂懦弱曰孱。不習兵機，但以人情揆之，時亦偶有所得。自承此旨，欣賀實深。竊謂蕃戎退歸，乃是社稷遐福，【張註】詩：降爾遐福。綱目：興元元年五月，吐蕃引兵歸國。綱目發明曰：書吐蕃引兵歸國，喜之也。昨日已附欽溆口奏訖。伏恐未盡愚款，尚勞聖憂，謹附披陳，庶解疑結。

彼吐蕃者，犬羊同類，狐鼠爲心，【張註】蕭穎士賀赦表：狐鼠憑依，俶擾天紀。貪而多防，狡而無耻，威之不格，撫之不懷，雖或時有盛衰，大抵常爲邊患，陰詐難御，特甚諸夷。陛下但舉建中已來近事準之，則戎心難知，固可明矣。頃者方靖中夏，未遑外虞，因其乞盟，遂許結好，

【石川註】舊唐書德宗紀：建中四年正月，鳳翔節度使張鎰與尚結贊同盟於清水。加恩降禮，有欲無違。【張註】唐書吐蕃傳：殿中少監崔漢衡往使。贊普猥曰：「我與唐舅甥國，詔書乃用臣禮卑我。」又請雲州西盡賀蘭山爲吐蕃境，邀漢衡奏天子。乃遣入蕃使判官常魯與論悉諾羅入朝，道贊普語，且引景龍詔書曰：「唐使至，甥先與盟，蕃使至，舅亦將親盟。」贊普曰：「其禮本均。」帝許之，以「獻」爲「進」，「賜」爲「寄」，「領取」爲「領之」。以前宰相楊炎不通故事爲解，並約地于賀蘭。而乃邀求寖多，翻覆靡定，託因細事，嘖有煩言。【石川註】左傳定四年：會同難，嘖有煩言，莫之治也。管子註：嘖，讙嘖。首尾凡歷四年，要約竟未堅決。立碑纔畢，復請改移。【郎註】吐蕃傳：德宗即位，累與吐蕃通使。朱泚之亂，吐蕃請助討賊。渾瑊用論莽羅兵破泚將韓旻于武亭川。初，與虜約，得長安，以涇、靈四州畀之。會大疫，虜輒引去。及泚平，虜先約求地，帝止償帛萬匹。虜以爲怨，乃數入寇。帝詔責之，對曰：「本以武亭功未償乃來，又堠碑仆，疆埸不明，故行境上。」其反覆如此。【石川註】立碑定唐、吐〔蕃〕境界也。猜矯多端，於斯可驗。逮至盜驚都邑，駕幸郊畿，結贊總戎在邊，因請將兵赴難。陛下推誠允納，〔二〕【張註】書：允迪厥德。厚賂招徠。逗留持疑，竟不時進。【張註】通鑑綱目：尚結贊言：「蕃法，發兵以主兵大臣爲信。今制書無懷光名，故不敢進。」上命贊諭懷光，懷光竟不肯署，尚結贊亦不進軍。無濟討除之用，但攜將帥之心。懷光遽至猖狂，【張註】莊子：浮遊不知所求，猖狂不知所往。淮南子：凡人之性，少則猖狂，壯則暴强。頗亦由茲促禍。及皇輿再駕，移蹕漢中，陛下猶望蕃兵，以寧内難。親倚之情彌厚，屈就之事亦多。豺狼野心，曾不知感，翻受朱泚信使，意在觀變推移。【張註】楚辭：

聖人不凝滯于物，而能與世推移。頻與諸軍剋期，至時皆不赴會，致令羣帥，進退憂虞；欲捨之獨前，則慮其懷怨乘躡；【張註】通鑑本註：乘其虛、躡其後也。欲待之合勢，則苦其失信稽延。既姦且驕，曷望成績。非唯變態難測，且又妨擾實深，戎若未歸，寇終不滅。

臣請復爲陛下根本其說，則人情物理昭然，皆可得而察焉。向者謀誘蕃兵，本是使臣失策。陛下急於戡亂，【石川註】書傳：戡，勝也。嘉彼效誠，唯恐後時，不暇詳議，遽降優詔，促令進軍。【張註】通鑑：興元元年正月，吐蕃尚結贊請出兵，助唐收京城。庚子，遣秘書監崔漢衡使吐〔蕃〕發其兵。遠近聞之，莫不危駭；將帥意陛下不見信任，且患蕃戎之奪其功；士卒恐陛下不恤舊勞，而畏蕃戎之專其利；賊黨懼蕃戎之勝，不死則悉遺之擒；〔三〕百姓畏蕃戎之來，有財必盡爲所掠。是以順於王化者，其心不得不怠；陷於寇境者，其勢不得不堅。怠我之師，堅寇之衆。戎心變詐，復未可量。以此益兵，但招其損耳；以此靖國，適資其亂耳。

抑昨蕃戎未退，臣又竊有過憂。流聞結贊好謀，【郎註】吐蕃傳云：次相尚結贊有謀，（大相）贊普卒用結贊爲大相。平涼之盟，謀陷唐大將渾瑊、馬燧、李晟，果如所料，其有謀可知。恐其潛蓄姦計。儻或幸朝廷播越之際，乘賊洮窮蹙之時，輕犯近郊，若升虛邑。【張註】易升卦：九三，升虛邑。程傳：剛正而巽，上順有援，如入無人之邑。耀兵牧馬，不卻不前，外奉國家，內通兇逆，兩峙誘脅之勢，俱納贈遺之資，旁觀戰爭，坐乘衰弊。如此則王師不得伐叛，烝黎不得寧居，賊必耗亡，我亦困竭，京甸所有，勢無孑遺，【石川註】詩雲漢：靡有孑遺。孑，孑然獨立貌。千里丘墟，【張註】綱目集覽：邱虛，空城也。得將安用！是乃戎有萬全之利，【石川註】漢書伍被傳：聖人萬舉萬全。我有不測之危。【石川註】史記爰盎傳：乘（大）〔六〕乘傳馳不測之淵。臣所以痛心傷神，晝驚夕惕者，慮其意及於此也。所賴天奪其魄，【張註】左傳：原叔必有大咎，天奪之魄矣。大戴禮：若夏、商者，天奪之魄，不生德焉。【石川註】左傳宣十五年：天奪（其）〔之〕魄。註：心之精爽，是謂魂魄。神降之災，覩機若瞑，【張註】呂覽：瞑者，目無由接也。淮南子：其視瞑瞑。遘厲自遁。【石川註】唐書吐蕃傳：朱泚之亂，吐蕃請助討賊，約得長安，以涇、靈四州畀之。會大疫，虜輒引去。實昊穹悔禍之應，列聖垂祐之期，廓清妖氛，慶必非遠。

何以知其然也？自賊泚之亂，始於暴兵，因徵役之繁興，乘衛禁之闕備，誘扇羣慝，遂謀大姦。逆天僭君，躬肆攻逼，【張註】註見制誥一卷。凡有血氣，皆知惋嗟，【張註】六書故：惋，駭恨也。矧伊忠良，孰不痛憤！獨惡無與，何能久存？加以聖德日新，改過不吝，布革弊之詔，弘恤隱之懷，【石川註】周語：先王勤恤民隱而除其害也。註：恤，憂也。隱，痛也。天下黎元，翕然遷善，易心改觀，厭亂思安。和風既揚，昏祲自斂，蠢茲狂悖，久合殲夷。頃屬懷光昏迷，緩師養寇；吐蕃干撓，生事惑人；故使義士無施，厲階猶梗。今懷光別保蒲、絳，【郎註】本傳云：懷光與朱泚稍稍攜貳，益不自安，乃引兵如河中。既至，復取同、絳二州，按兵觀望。【張註】通鑑綱目：始懷光方彊，朱泚與書以事之，約分帝關中。及懷光已反，其下多叛，泚乃賜以詔書，且徵其兵。懷光慚怒，內憂麾下爲變，外恐李晟襲之，遂燒營東走，掠涇陽等十二縣，雞犬無遺。至河中，或勸守將呂鳴岳焚橋拒之，鳴岳以兵少，恐不能支，遂納之。吐蕃遠避封疆，形勢既分，腹背無患，瑊、晟諸帥，才力得伸。又各士馬非多，資糧向竭，若不降賊，即須建功。此輩寵任已崇，貴位已極，建功則寵增而位固，降賊則名辱而身危。況賊之兇愚，滅亡可必；賊之孤劣，翦撲非難。孰肯捨固而就危，違寵而從辱，棄垂成之業，臣將滅之虜哉！既牽於利害之情，理不同惡；又迫於單乏之急，勢難久居。勢理相驅，安能無戰！渾瑊統戴休顏、韓游環乘其西北，李晟率駱元光、尚可孤攻其東南，同病相資，【石川註】吳越春秋闔閭內傳：同病相憐，同憂相救。自當合力。但願陛下慎於撫接，以奮起忠勇之心；勤於砥礪，【石川註】禮儒行：砥礪兼隅。以昭蘇遠近【石川註】樂記：蟄蟲昭蘇。註：昭猶曉也。蟄蟲以發生爲曉，更息曰蘇。之望。中興大業，【張註】綱目集覽：凡王室中否而再興，謂之中興。中，丁仲反。旬月可期，不宜尚眷眷於犬羊之羣，以失將士之情也。臣愚不任懇悃之至，輒以私懷忖度，謹冒昧以聞。謹奏。【張註】通鑑音註：古之人臣進言于君，率曰「冒死」，曰「昧死」，謂人君之威難犯，冒昧其死罪而言也。

鍾惺曰：晉嘗與白狄伐秦，秦亦與白狄伐晉，春秋譏之，謂其引豺狼入春囿也。安、史肇亂，河朔淪亡，外召回紇，共芟大難，然其無饜之求，飈戾之性，骨粻而血漿，齊民之受齧者慘矣。少陵「花門若留，原野蕭瑟」之詠，惻乎其有餘悲焉！

鍾之衣曰：鼓舞豪俊，戴起士心，所以振望於天下也。乃甘於同事犬羊，樹兵自潰邪！公之言可謂尊朝廷而厚天下士矣。

馬傳庚曰：指陳利害，筆意警策。惟不應誘其來，故其在此也可慮；蓋亟欲驅之去，斯其迴歸也可欣。一反一正，語意分明，欣賀之情，躍然紙上。

校勘記

〔一〕今忽抽軍退歸　明本、郎本、張本無「軍退」二字。

〔二〕陛下推誠允納　「納」，明本、張本作「迪」。石川本註云：「吴、陸、陳本（亦）皆作『迪』。」

〔三〕不死則悉遺之擒　「之」，通鑑二三一作「人」。

興元奏請許渾瑊李晟等諸軍兵馬自取機便狀〔一〕【郎註】德宗復遣使謂贄曰：「卿言吐蕃甚善，然瑊、晟諸軍當議規畫，令其進取。卿宜審細條疏以聞。」贄以爲：「賢君選將，委任責成，故能有功。不若假以便宜，待以殊賞，則將帥感悦，智勇得伸。」乃上此奏。

右欽溆奉宣聖旨：省卿所奏蕃軍退歸及關中體勢，理皆切當，甚慰朕懷。然渾瑊、李晟等諸軍，須有商量規畫，令其進取。朕見欲遣使宣慰，卿宜審細條疏，速奏來者。

臣聞將貴專謀，【石川註】尉繚兵令：法者專命而行。又：專一則勝，離散則敗。兵以奇勝。【石川註】孫子兵勢：戰者，以正合，以奇勝。軍機遥制則失變，〔二〕戎帥稟命則不威。是以古之賢君，選將而任，分之於閫，誓莫干也；【張註】史記馮唐傳：王者遣將，跪而推轂曰：「閫以内者，寡人制之；閫以外者，將軍制之。」公羊傳襄十九年：大夫以君命出，進退在大夫也。註：禮，兵不從中御外，臨事制宜。疏：司馬法曰「閫外之事，將軍裁之」是也。授之以鉞，俾專斷也。【張註】淮南子：國有難，王親操鉞，持頭授將軍其柄，曰：「從此上至天者，將軍制之。」復操斧，持頭授將軍其柄，曰：「從此下至淵者，將軍制之。」夫然，故軍敗則死衆，【石川註】禮曲禮：大夫死衆。戰勝則策勳，不用刑而師律貞，【石川註】易師：初六，師出以律。不勞慮而武功立。其於委任之體，豈不博大哉！其於責成之利，豈不精覈哉！【張註】史記馮唐傳：委任而責成功。自昔帝王之所以夷大艱、成大業者，由此道也。

其或疑於委任，以制斷由己爲大權；【張註】穀梁傳：知者慮，義者行，仁者守。疏：知者慮，司徒主教民也；義者行，司馬主斷制也；仁者守，司空主守也。昧於責成，以指麾順旨爲良將。鋒鏑交於原野，而決策於九重之中；【張註】賈誼過秦論：銷鋒鍉，鑄以爲金人十二。師古曰：鋒，戈戟刃也。鍉與鏑同，即箭鏃也。爾雅：廣平曰原。詩傳：郊外曰野。楚詞九辨：君之門以九重。註：關門、遠郊門、近郊門、城門、皋門、庫門、雉門、應門、路門。機會變於斯須，而定計於千里之外。違令則失順，從令則失宜；失順則挫君之嚴，失宜則敗君之衆。用捨相礙，否臧皆凶。【張註】通鑑本註：易曰：師出以律，否臧凶。王弼註曰：齊衆以律，失律則散。律不可失，失律而臧，何異于否。失令有功，法所不赦，故師出不以律，否臧皆凶。陸德明釋文曰：否音鄙，惡也。臧，作郎反，善也。上有掣肘之譏，【張註】綱目集覽：掣，曳也。掣肘，言其爲人牽制也。家語：孔子弟子宓子賤仕魯爲單父宰。恐魯君聽讒，不得行其政，請君之近史二人與俱至官。使書之，書輒掣其肘，書不善，又怒之。二史辭歸報魯君曰：「宓子使臣書而掣臣肘，書惡則又怒臣。」魯君以問孔子。孔子曰：「宓不齊，君子也，意者以此爲諫乎？」公寤曰：「寡人亂宓子之政而責其善者數矣。」遽使人告之曰：「從子之制。」後宓子遂得行其政，單父治焉。下無死綏之志。【張註】綱目集覽：綏，車中所把索也，如今騎馬者必執轡繩。死綏，謂執綏而殊死戰，不棄之而奔亡。荀子議兵篇：將死鼓，馭死轡。註：馭車者當死守轡策是也。南〔史〕梁韋叡傳：將軍死綏，有前無（郤）〔却〕。魏書註云：綏也，有前一尺，無（郤）〔却〕一寸。又，春秋有「交綏」之説，見左傳文十二年註引司馬法曰：逐奔不遠則難誘，縱綏不及則難陷。然則古名退軍爲綏。晉秦志：未能堅戰，短兵未（致）〔至〕，爭而兩退，故曰交綏。其於分畫之道，豈不兩傷哉！其於經綸之術，豈不都謬哉！自昔帝王之所以長亂繁刑，喪師蹙國者，由此道也。茲道得失，兵家大樞，當今事宜，所繫尤切。

蓋以寇盜充斥，【張註】左傳：士文伯曰：「敝邑以政刑之不修，寇盜充斥。」乘輿播遷，人心有觀變之搖，王室無自固之重。秦、梁迴繚，〔三〕千里迢遥；〔四〕【張註】通鑑本註：秦謂咸陽。長安，古秦中之地。梁謂梁州。【石川註】禮王制：自江至於衡山，千里而遥。臨之以威，則力勢不制；授之以策，則阻遠不精。頃者驟降詔書，教諭羣帥，事無大小，悉爲規裁。及乎章表陳誠，使臣復命，進退遲速，率乖聖謀。豈皆樂於違忤哉！亦由傳聞與指實不同，懸算與臨事有異故也。設使其中，或有肆情干命者，陛下能於此時戮其違詔之罪乎？臣竊恐未能也。〔五〕陛下復能奪其兵而易其將帥乎？〔六〕臣亦恐未能也。〔七〕是則違命者既不果行罰，從命者又未必合宜，徒費空言，祇勞睿慮，匪唯無益，其損實多。何則？時方艱屯，下淩上替，凡在執干戈而衛社稷者，【張註】禮記：能執干戈以衛社稷，雖欲勿殤，不亦可乎？皆自謂勳業由己，義烈發心，安於專行，病於羈制。陛下宜俯徇斯意，因而委之，遂其所安，護其所病，敦以付授之義，固以親信之恩，假以便宜之權，待以殊常之賞。其餘細故，悉勿關言。所賜詔書，務從簡要，慎其言以取重，深其託以示誠。言見重則君道尊，託以誠則人心感。尊則不嚴而衆服，感則不令而事成。其勢當令智者騁謀，勇者奮力，小大咸極其分，賢愚各適其懷，將自效忠，兵自樂戰。與夫迫於驅制，不得已而從之者，志氣何啻百倍哉！

夫君上之權，特異臣下者，唯不自用，乃能用人。其要在順於物情，其契在通於時變。今之要契，頗具於茲，儻蒙究思，或有可取。謹奏。【石川註】舊唐書李晟傳：晟自東渭橋移軍於光泰門外，以薄京城。臨高指麾，令設壕柵以候賊軍。俄而賊衆大至，賊驍將逼柵求戰，晟謂諸將曰：「吾恐賊不出，今冒死而來，天贊我也！」縱兵擊之。時華州營在北，兵少，賊併力攻之，晟以精卒救之。中軍鼓譟，〔晟將李〕演力戰，大破之，乘勝入光泰門；再戰，又敗之，僵屍蔽地，餘衆走入白華，夜聞痛哭之聲。翌日，將復出師，諸將請待西軍至，則左右夾攻。晟曰：「賊既傷敗，須乘勝撲滅，如待西軍，恐失機便。」晟大集諸將，號令誓師，陳兵於光泰門外。乃使王佖率騎軍，史萬頃領步卒，直抵苑墻。晟先是夜使人開苑墻，至是賊已樹木栅之，倚栅相戰。晟叱軍士曰：「安得縱賊如此，當先斬公等！」萬頃懼，先登，拔栅而入；佖騎軍繼進，賊即奔潰，獲賊將，大軍分道併入，鼓譟雷動。賊軍屢北。驅蹙至於白華。忽有賊騎千餘出於官軍之背，晟以麾下百餘騎馳之，左右呼曰：「相公來！」賊聞之驚潰，官軍追斬，不可勝計。朱泚、姚令言尚有衆萬人，遁走，兇黨相率來降。是日，晟軍入京城，勒兵於含元殿前，號令諸軍曰：「長安士庶，久陷賊庭，若小有震驚，則非伐罪弔人之義也。」乃遣京兆尹李齊運等告喻百姓，居人安堵，秋毫無所犯。尚可孤軍人有擅取賊馬者，晟大將高明曜虜賊女妓一人，司馬(伸)〔仙〕取賊馬二匹，晟皆立斬之，莫敢忤視。士庶咸悦，歔欷流涕。遠方居人，亦有經宿方知者。渾瑊傳：晟破賊之日，瑊亦進收咸陽。尋聞泚、令言奔敗，命諸軍分道邀擊，其衆離潰，相率來降。選勁騎三千，急追泚至涇州。朱泚傳：泚西走，衆緣路潰散。墜故窖，左右韓旻等斬泚，傳首以獻。令言尋斬獲。

蔡九霞曰：軍機呼吸，非因勢不宜，非出奇不勝，而謂可遥揣方畧乎？況德宗處危壘卵之時，惟晟、瑊一二將，矢志以建驅除掃蕩之勳。而又掣其肘，使不得展謀布畧；蓄其疑，使不得安意肆志，豈復有濟乎！愚故以晟、瑊恢復之功，皆公此奏之功也。若「惟不自用，乃能用人」一語，更可爲千百世帝王用人龜鑑。

馬傳庚曰：簡鍊名貴，卓識通才。

校勘記

〔一〕興元奏請許渾瑊李晟等諸軍兵馬自取機便狀　文粹三〇作「論渾瑊李晟等諸軍兵馬不要指授方略狀」。

〔二〕軍機遥制則失變　「變」，張本作「便」。按：作「便」與題合，義亦長。

〔三〕秦梁迴繚　此句之上，通鑑二三一多「況今」二字。

〔四〕千里迢遥　「迢」，宋本、元本、明本、郎本、張本、石川本、文粹均作「而」。按：「千里而遥」出禮記王制，疑作「而」是。

〔五〕臣竊恐未能也　「恐」下，張本多一「其」字。

〔六〕陛下復能奪其兵而易其將帥乎　後「其」，明本、郎本作「置」。石川本註云：「陳本（亦）作『置』。」

〔七〕臣亦恐未能也　「恐」下，張本多一「其」字。

興元請撫循李楚琳狀【郎註】初，楚琳作亂，殺鳳翔節度使張鎰，乃叛附朱泚。及奉天圍既解，楚琳遣使入貢，上不得已，除鳳翔節度而心惡之。議者言楚琳若不隄防，恐生窺伺。至是，楚琳使者數輩至，上皆不引見，留之不遣。贄遂上此奏。上釋然開寤，善待楚琳使者，優詔存慰之。

右件官，比緣性行無良，【張註】詩：毋縱詭隨，以謹無良。多爲時議所惡，頻被封章論奏，言其心挾兩端，【石川註】史記信陵君傳：名雖救趙，實持兩端。若不隄防，恐妄生窺伺，謂宜斥絶，用杜姦邪。近者鳳翔使來，絶不蒙恩召見，滯留數輩，並未放還。伏恐陛下不忍忿心，頗從輿議，以臣惷戇，竊謂非宜。

李楚琳乘時艱危，俶擾岐下，【張註】書：俶擾天紀。賊殺戎帥，【張註】唐書張鎰傳：帝幸奉天，鎰罄家貲，將自獻行在。而營將李楚琳者，嘗事朱泚，得其心。軍司馬齊映等謀曰：「楚琳必爲亂。」乃遣屯隴州。楚琳知之，稽故未行。鎰以帝在外，心憂惑，謂已亟去，不爲備。楚琳夜率其黨王汾、李卓、牛僧伽等作亂。齊映自竇出，齊抗托傭免。鎰縋城走，不及遠，與二子爲(侯)〔候〕騎所執，楚琳殺之。款結兇渠，【張註】通鑑：楚琳自爲節度使，降于朱泚。奉天之圍，頗亦有助，其於叛亂，海內彰聞。論者今始紛紜，一何知見之晚邪！但以乘輿未復，大憝猶存，勤王之師，悉在畿內，急宣速告，晷刻是爭。【張註】通鑑本註：言較晷刻而爭遲速也。

商嶺則道迂且遥，駱谷復爲盜所扼，〔一〕【張註】元和郡縣志：儻谷一名駱谷。駱谷在興道縣北三十里。按：駱谷在長安西南。駱谷關在京兆府盩厔縣西南一百二十里。武德七年，開駱谷道以通梁州，在今關外九里。貞觀四年，移于今所。駱谷道，漢、魏舊道也，南通蜀、漢。僅通王命，唯在褒斜，【郎註】斜，徐嗟反。漢中谷名，南谷名褒，北谷名斜，首尾七百里。【張註】通鑑本註：據九域志，商州之路，達金、洋皆數百里，而洋又遠于金。自商州西至長安復二百餘里，則其路迂遥，至長安蓋一千一百餘里。自駱谷關至洋州亦五百餘里。惟寶雞南入大散關，至梁州五百里而近。宋白曰：興元府東北至長安，取駱谷路六百五十二里，取斜谷路九百二十三里，驛路一千二百二十三里。綱目集覽：韋昭曰：漢中郡有褒斜谷。括地志：褒、斜二谷名。褒在漢中郡褒城縣北五十里。南口曰褒，北口曰斜。長四百七十里，同爲一谷。中間谷道，褒水所流。自漢中郡西北入斜谷路，至鳳州界，百五十里，有棧閣二千九百八十九間，板閣二千八百九十二間。一統志：褒、斜二谷名。褒谷在漢中府褒城縣東北一十里，出連雲棧直抵斜谷。張良説漢高帝燒絶棧道即此。此路若又阻艱，南北遂將敻絶。以諸鎮危疑之勢，居二逆誘脅之中，【張註】通鑑本註：二逆，謂朱泚、李懷光也。洶洶羣情，各懷向背。賊勝則往，我勝則來，其間事機，不容差跌。【張註】後漢蔡邕傳：專必成之功，而忽蹉跌之敗。儻或楚琳發憾，公肆猖狂，南塞要衝，東延巨猾，則我咽喉梗而心膂分矣，其勢豈不甚病哉！且楚琳本懷，唯惡是務，今能兩端顧望，乃是天誘其衷，【張註】通鑑本註：兩端顧望，謂李楚琳外奉朝廷，而陰事朱泚。【石川註】左傳僖二十八年：天誘其衷。註：衷，中也。故通歸塗，將濟大業。陛下誠宜深以爲念，厚加撫循。得其持疑，便足集事，儻能遷善，亦可濟師。【石川註】左傳桓十一年：莫敖曰：「盍請濟師於王？」註：濟，益也。今若徇褊狹之談，露猜阻之跡，懼者甚衆，豈惟一夫！【石川註】左傳僖二十四年：豎頭須曰：「國君而讎匹夫，懼者甚衆矣。」自昔能建奇功，或拯危厄，未必皆是潔矩之士，【石川註】大學：君子有潔矩之道。註：潔猶結也。矩，法也。君子有潔矩之道，謂常執而行之，動作不失之。温良之徒。驅駕擾馴，【張註】司馬相如難蜀父老文：博恩廣施，遠撫長駕。家語：黄帝服牛乘馬，擾馴猛獸。唯在所馭。【石川註】漢書武帝紀：馬或奔踶而致千里，士或有負俗之累而立功名。泛駕之馬，跡弛之士，亦在御之而已。朝稱兇悖，夕謂忠純；始爲寇讎，終作卿相。知陳平無行而不棄，【郎註】史〔記〕陳丞相世家：或説平受諸將金，漢王責魏無知。對曰：「臣所言者，能也；陛下所問者，行也。今有尾生、孝己之行，無益於勝負之數。」平又自楚謁，漢王使平參護諸將，諸將乃不敢復言。【張註】前漢陳平傳：絳、灌等或讒平曰：「平雖美丈夫，如冠玉耳，其中未必有也。聞平家居時，盜其嫂；事魏王不容，亡而歸楚；歸楚不中，又亡歸漢。今大王尊官之，令護軍。臣聞平使諸將，金多者得善處，金少者得惡處。平，反覆亂臣也。」漢王疑之，以讓無知。無知對曰：「臣之所言者，能也；陛下所問者，行也。今楚、漢相距，臣進奇謀之士，顧其計誠足以利國家耳，盜嫂受金又安足疑乎？」漢王乃謝，厚賜，拜以爲護軍中尉，盡護諸將。忿韓信自王而遂封，【郎註】史〔記〕淮陰侯〔傳〕：信既平齊，欲爲假王，漢王大怒，用陳平、張良計，乃遣良立信爲齊王。【張註】前漢韓信傳：信平齊，使人言漢王曰：「齊夸詐多變，反覆之國，南邊楚，不爲假王以鎮之，其勢不定。臣請自立爲假王。」當是時，楚方急圍漢王于滎陽，使者至，發書，漢王大怒，罵曰：「吾困于此，旦暮望而來佐我，乃欲自立爲王！」張良、陳平伏後躡漢王足，因附耳語曰：「漢方不利，寧能禁信之自王乎？不如因立，善遇之，使自爲守。」漢王亦寤，因復駡曰：「大丈夫定諸侯，即爲真王耳，何以假爲？」遣張良立信爲齊王。蒯通以折理獲全，〔二〕【張註】史記淮陰侯列傳：高祖從豨軍來，見信死，問信死亦何言。后曰：「信言恨不用蒯通計。」高祖曰：「是齊辨士也。」乃詔齊捕蒯通。通至，上曰：「若教淮陰侯反乎？」對曰：「然。」上怒曰：「（亨）〔烹〕之！」通曰：「嗟乎！冤哉！」上曰：「若教韓信反，何冤！」對曰：「秦之綱絶而維弛，山東大擾，異姓並起，英俊烏集。秦失其鹿，天下共逐之，于是高材疾足者先得焉。跖之犬吠堯，堯非不仁，狗固吠非其主。當是時，臣惟獨知韓信，非知陛下也。且天下鋭精持鋒，欲爲陛下所爲者甚衆，顧力不能耳，又可盡（亨）〔烹〕之邪？」高帝曰：「置之！」乃釋通之罪。雍齒以積恨先賞，【郎註】史〔記〕留侯世家：上見諸將偶語，以問留侯，對曰：「欲謀反耳！」上曰：「爲之奈何？」留侯曰：「上平生所憎，誰最甚者？」曰：「雍齒。」留侯曰：「今急，先封雍齒，則人人自堅。」乃封爲什方侯。羣臣皆喜曰：「雍齒尚爲侯，吾屬無患矣。」此漢祖所以恢帝業也。置射鈎之賊而任其才，【郎註】管子内言云：桓公自莒反于齊，使鮑叔牙爲宰，鮑叔辭曰：「臣，君之庸臣也。若必治國家，其惟管夷吾乎！」公曰：「彼親射寡人中鈎，殆於死，今乃用之，可乎？」曰：「彼其爲君動也。君若宥而返之，其爲君猶是也。」公從之，迺堅請夷吾於魯，授以國政。【張註】史記齊世家：高國先陰召小白于莒，魯亦發兵送公子糾，而使管仲別將兵遮莒道，射中小白帶鈎，小白佯死，管仲使人馳報魯。魯送糾者行至齊，則小白已入，高傒立之，是爲桓公。桓公之立，發兵攻魯，心欲殺管仲。鮑叔牙曰：「君將治齊，（即）〔則〕高傒與叔牙足也。君且欲伯王，非管夷吾不可。」于是桓公乃佯爲召管仲，欲甘心，實欲用之。管仲知之，故請往。鮑叔牙迎受管仲，及堂阜，而脱桎梏。桓公厚禮以爲大夫，任政。釋斬祛之怨以免於難，【郎註】左傳僖二十四年：呂郤畏偪，將焚公宮而弑晉侯。寺人披請見，公讓焉，曰：「女爲惠公來求殺予，命女三宿，女中宿至，何其速也？夫祛猶在，女其行乎！」對曰：「臣謂君之入也，其知之矣。若猶未也，又將及難。」公見之，以難告。晉侯潛會秦伯于王城，遂免於難。祛謂彼所斷晉侯之衣袂也。此桓、文所以弘霸功也。然則當事之要，雖罪惡不得不容；適時之宜，雖仇讎不得不用。【張註】通鑑音註：字書：仇、讎皆匹也。說文：仇，讎也。讎猶應也。左傳：怨耦曰仇。記曰：父之仇，弗與共戴天。蓋謂仇之初，匹也；至于耦而成怨，則爲仇讎，校也；兩人相對覆校是非也。殺父之人，一旦相對，覆校是非，則不共戴天矣。仇讎之義至此爲甚。後世率以爲言。陛下必欲精求素行，追抉宿疵，【張註】綱目集覽：抉，通作觖，古穴反，擿觖也，挑發貌。宿疵猶言舊病，謂往日之瑕疵，今復追尋而挑發之。漢書孫寶傳：故擿觖以揚我惡。則是改過不足以補愆，自新不足以贖罪。凡今將吏，豈得盡無疵瑕，人皆省思，孰免疑畏！又況阻命之輩，脅從之流，自知負恩，安敢歸化！斯釁非小，〔三〕所宜速圖。

孔子曰：「人而不仁，疾之已甚，亂也。」又曰：「小不忍，則亂大謀。」君陳曰：「無忿疾于頑。」又曰：「必有忍，其乃有濟。」伏願陛下，必以英主大略，聖人格言爲元龜，固不可納豎儒【石川註】史記留侯傳：豎儒幾敗而公事。師古曰：言其賤劣如僮豎。小忠，【石川註】韓非十過：行小忠則大忠之賊也。以虧撓興復之業也。【張註】綱目集覽：腐者爛敗貌，言儒者但能守陳腐之見，不達時宜。臣不勝憂國至計，謹啟事以聞。謹奏。【張註】通鑑：上釋然開悟，善待楚琳使者，優詔存慰之。

蔡九霞曰：楚琳在當日雖不足爲國家用，然暫就羈束，亦不致又添國家一害。不論時勢利害，但以叛亂之徒不宜復爲姑息，議論雖正，而誤國不淺。從來建議者，但取好題目，不計利害，往往皆然，孰有如公之大識見者乎！

馬傳庚曰：規時勢以立言，絶不鹵莽從事，老謀深算，卓識過人。

校勘記

〔一〕駱谷復爲盜所扼　此句之上，新傳多一「而」字。「駱」原誤作「雒」，據舊傳、新傳、通鑑二三〇及元和郡縣志、太平寰宇記改。

〔二〕蒯通以折理獲全　「折」，明本、郎本作「析」。按：作「析」義長。

〔三〕斯舋非小　「斯」，石川本註云：「葉本作『思』。」

興元論中官及朝官賜名定難功臣狀【張註】沈括筆談：賜功臣號始于唐德宗奉天之役。自後藩鎮，下至從軍，資深者例賜功臣。

右欽溆奉宣聖旨：比在奉天將士，並賜名「定難功臣」。今宰臣等商量，扈從中官，辛苦至甚，亦合依例，並賜此名。朕以南衙朝士之中，【張註】通鑑音註：唐正牙在南，故曰南牙。黃帝出軍訣曰：牙旗者，將軍之精。金鼓者，將軍之氣。周禮「司常」職云：軍旅會同，置旌門。夫以旌爲門，即旗門也。後世軍中遂置牙門將，又有牙兵，典總此兵，以押衙爲名。至于官府，早晚軍吏兩謁，亦名爲衙。呼謂既熟，雖天子正殿受朝謁，亦名正衙。【石川註】〔通典〕：凡尚書省事無不總，亦謂之南省。篇海：衙，早晚衙集也。有經奉天重圍，又似卿等，昨者奔赴行在，涉歷危險，亦極艱難。今不問中官、朝官，但經重圍，又到山南者，並擬賜名「定難功臣」。卿宜商量，豈不穩便者。

陛下惠霑暬御，〔一〕【張註】詩：（暬）〔暬〕御。傳：（暬）〔暬〕御，侍御也。仁洽庶寮，念隨難之憂危，恤從巡之勞苦，議增寵飾，將錫嘉名。【張註】離騷：肇錫余以嘉名。事雖未行，意則已就，凡在貴近，固知銜恩。睿旨淹詳，復詢庸賤，惟精惟慎，允謂防微。顧省何知，屬當下問。臣若自貪榮號，傍懼怨憎，因循順成，不極所見，心且知負，如天鑒何！【張註】詩：天鑒在下。是以不揆言之淺深，不計身之利害，但輸狂直，唯聖所裁。

臣聞賞以懋庸，名以彰行。賞乖其庸，則忠實之效廢；名浮於行，【石川註】書傳：浮，過也。則瀆冒之弊興。一足以撓國權，一足以亂風俗，授受之際，豈容易哉！頃以駐蹕奉天，迫於患難，竟攘兇逆，實賴武人，遂旌定難之勳，特賜功臣之目，名頗符實，事亦會時，所霑雖多，誰曰非允？至如宮闈近侍，班列具臣，雖奔走恪居，【石川註】左傳襄二十三年：敬共朝夕，恪居官次。

各循厥職，而驅除翦伐，諒匪所任。又屬皇輿再遷，天禍未悔，見危無補，曷謂功臣？致寇方深，孰云定難？縱使遭罹圍逼，跋履崎嶇，【張註】張衡南都賦：下蒙籠而崎嶇。潘岳西征賦：軌崎嶇以低昂。難則當之，定將安據？勞或有矣，功其謂何？大凡有生之倫，莫不各親其類。賤彼貴我，抑惟常情；黜異獎同，亦是常性。臣忝搢紳之列，【張註】綱目集覽：李奇曰：縉，插也。紳，大帶也。謂插笏于紳也。或曰：縉紳，士者之服，搢當作縉。索隱曰：縉當作搢。鄭衆註周禮云：搢當作薦，謂垂之于紳帶之間。【石川註】荀子禮論：縉紳而無鉤帶矣。註：縉與搢同，扱也。紳，大帶也。安貞謂縉紳猶言衣冠也。又當受賜之科，竊自校量，猶知不可，而況於公議乎？況於介胄之士乎？人之多言，靡所不至，必謂陛下溺愛近習，故徇其苟得之情；汎該羣司，以分其私昵之謗。【張註】左傳：子產聞盜爲門者庇羣司。書：官不及私昵。【石川註】左傳成二年：吾以分謗也。怨不在大，釁皆自微，【石川註】書五子之歌：怨豈(有)〔在〕明，不見是圖。必將沮戰士激勵之心，結勳臣憤恨之氣。所悦者寡，所慍者多，所與者虛名，所失者實事，所悦者臣下之夸志，所病者國家之大猷，利害皎然，不爲難辨。

且名者衆之所評也，是曰公器，亦爲爭端。【張註】莊子：名，公器也，不可多取。覈之至精，猶患相軋，【張註】莊子：名也者，相軋也。唐書釋音：軋，烏轄反。處或乖當，安能勿踰？以漢高之制服雄豪，太宗之削平區寓，天下既定，乃論功勳。有蕭、曹之殊庸，【張註】前漢蕭何曹參傳贊：蕭何、曹參皆起秦刀筆吏。漢興，依日月之末光，何以信謹守管鑰，參與韓信俱征伐。天下既定，因民之疾秦法，順流與之更始，遂安海内。位冠羣臣，聲施後世，爲一代宗臣。有房、杜之碩畫，【張註】唐書杜如晦傳：時天下新定，臺閣制度，憲物容典，率二人討裁。每議事帝所，玄齡必曰：「非如晦莫籌之。」及如晦至，卒用玄齡策也。蓋如晦長于斷，而玄齡善謀，兩人深相知，故能同心濟謀，以左右帝。當世語良相，必曰房、杜云。戰守經略，倬乎殊倫，猶謂豐、沛故人，【張註】前漢高帝紀：高祖，沛豐邑中陽里人也。註：應（邵）〔劭〕曰：沛，縣也；豐，其鄉也。蕭何曹參傳：蕭何，沛人也。高祖爲布衣時，數以吏事護高祖。曹參，沛人也。高祖爲沛公也，參以中涓從。張良傳：良曰：「今陛下已爲天子，而所封皆蕭、曹故人所親愛。」刀筆文吏，【張註】前漢蕭曹傳註：刀，所以削書也。古者用簡牒，故吏皆以刀筆自隨。唐書房玄齡傳：帝顧羣臣曰：「朕論公等功，定封邑，恐不能盡。無有諱，各爲朕言之。」淮安王神通曰：「義師起，臣兵最先至。今玄齡等以刀筆吏居第一，臣所未喻。諸將不服，頗相訐揚。【郎註】史記蕭丞相世家：高祖封何爲酇侯，功臣皆力爭，謂何未嘗有汗馬之勞。乃至攘袂指天，【張註】唐書房玄齡傳：初，將軍邱師利等皆怙跋，攘袂指畫自陳。拔劍擊柱，【張註】史記叔孫通傳：高帝悉去秦苛儀，法爲簡易。羣臣飲酒爭功，醉或妄呼，拔劍擊柱。偶語謀反，諠譁訟寃。矧今國步猶艱，【張註】詩：國步斯頻。王化未洽，方資武力，以殄寇讎，蓋非恩倖競進之時，文儒角逐之日。【張註】馬融廣成頌：狗馬角逐，鷹鸇競鷙。【石川註】晉書儒林傳序：漢祖勃興，未遑俎豆，逮于孝武，崇尚文儒。角逐，競也。戰國趙策：與（奏）〔秦〕角逐。當功而獎，尚恐未孚，獎又非功，固宜見誚。儻有節效尤著，理當褒崇，賞典甚多，何必在此！其餘別無績用，例徇驅馳，且俟賊平，甄録非晚。謹奏。

馬傳庚曰：與又論進瓜果擬官狀同，一爲慎惜名器起見。結搆議論，亦大畧相同，均屬有關政體文字，非只爲毬時策也。詞意清警，又其餘事。

蔡九霞曰：肯注意戮力疆埸一輩人，自看得奔赴行在者，雖勞無功。公固不以一身之榮寵而誤天下大計也！

校勘記

〔一〕陛下惠霑暬御　「暬」原誤作「贄」，據郎本及詩小雅雨無正阮元校勘記改。

興元論賜渾瑊詔書為取散失内人等議狀〔一〕

【張註】謹按：通鑑作「裹頭内人」。註：裹頭内人，在宫中給使令者也。内人給使令者，皆冠巾，故謂之裹頭内人。【石川註】内人，内給使也。六典：凡宫人無官品者，稱内給使。

右德亮承旨，并録先所散失内人名字，令臣譔詔書以賜渾瑊，遣於奉天尋訪，以得爲限，仍量與資裝，速送赴行在者。

頃以理道乖錯，禍亂薦鍾，陛下思咎懼災，裕人罪己，屢降大號，誓將更新。天下之人，垂涕相賀，懲忿釋怨，煦仁戴明，畢力同心，共平多難。止土崩於絶岸，【張註】史記主父偃傳：天下之患，在于土崩，不在于瓦解。收板蕩於橫流，【張註】板、蕩，詩篇。詩序：板，凡伯刺厲王也。上帝板板，下民卒癉。傳：板板，反也。癉，病也。箋：王爲政反先王與天之道，天下之民盡病其出善言而不行之也。詩序：蕩，召穆公傷周室大壞也。厲王無道，天下蕩蕩，無綱紀文章。箋：蕩蕩，法度廢壞之貌。殄寇清都，不失舊物。【張註】左傳：祀夏配天，不失舊物。實由陛下至誠動於天地，深悔感於神人，故得百靈降康，兆庶歸德。苟不如此，自古嘗有擲棄宮闕，〔二〕失守宗祧，繼逆於赴難之師，【郎註】李懷光之師本爲赴難而來，反與朱泚連謀，據河中以叛。再遷於蒙塵之日，【郎註】左〔傳〕僖二十四年：冬，天王出居于鄭。臧文仲曰：「天子蒙塵於外。」時德宗自奉天復幸梁州，故有再遷之說。不踰半歲，而復興大業者乎？

今渠魁始平，〔三〕法駕將返，【石川註】文選註：司馬彪曰：法駕六馬也。近自郊甸，遠周寰瀛，【張註】史記孟荀列傳：騶衍説中國九州不得爲州數；中國外所謂九州，有裨海環之，如此者九，乃有大瀛海環其外。百役疲瘵之甿，重傷殘廢之卒，〔四〕皆忍死扶病，傾耳竦肩，想聞德聲，【張註】顔延之庭誥文：德聲令氣，愈上每高。翹望聖澤。陛下固當感上天悔禍之眷，荷烈祖垂裕之休，念將士鋒刃之殃，愍黎元塗炭之酷。【石川註】書仲虺之誥：民墜塗炭。傳：陷泥墜火。以致寇爲戒，以居上爲危，以務理爲憂，以復宮爲急。〔五〕損之又損，尚懼汰侈之易滋；艱之惟艱，猶患戒慎之難久。〔六〕謀始盡善，克終已稀，【石川註】詩蕩：靡不有初，鮮克有終。始而不謀，終則何有！夫以内人爲號，蓋是中壺末流，【張註】爾雅：宮中衖謂之壺。天子之尊，富有宮掖，【張註】禮記昏義：古者天子后〔立〕六宮，三夫人、九嬪、二十七世婦、八十一御妻，以聽天下之內治。唐書后妃傳：唐制：后妃而下，有貴妃、淑妃、德妃、賢妃，是爲夫人。昭儀、昭容、昭媛、修儀、修容、修媛、充儀、充容、充媛，是爲九嬪。婕妤、美人、才人各九，合二十七，是代世婦。寶林、御女、采女各二十七，合八十一，是代御妻。自餘六尚，分典乘輿服御，皆有員次。如此等輩，固繁有徒，但恐傷多，豈憂乏使？〔七〕翦除元惡，曾未浹辰，【張註】通鑑音註：浹與周禮「挾日而斂」之「挾」同。鄭註：從甲至甲謂之浹，此言浹辰，從子至子也。史炤曰：自子至亥曰辰。浹辰，十二日。奔賀往來，道路如織，何必自虧君德，首訪婦人！又令資裝，速赴行在，萬目閱視，衆口流傳，恐非所以答慶賴之心，【石川註】書呂刑：一人有慶，兆民賴之。副維新之望也。【張註】書：咸與惟新。

夫事有先後，義有重輕，重者宜務之於先，輕者宜措之於後。故武王剋殷，〔八〕有未及下車而爲之者，有下車而爲之者，【張註】禮記：武王克殷反商，未及下車而封黃帝之後于薊，封帝堯之後于祝，封帝舜之後于陳；下車而封夏后氏之後于杞，投殷之後于宋，封王子比干之墓，釋箕子之囚，使之行商容而復其位，庶民弛政，庶士倍祿。蓋美其不失先後之宜也。自翠華播越，【張註】司馬相如上林賦：建翠華之旂。註：翠羽爲旂上葆也。【石川註】後漢書輿服志：乘輿羽蓋華（虫）〔蚤〕。東京賦：樹翠羽之高蓋。註：樹翠羽爲蓋，金作華形，莖皆低曲。萬姓靡依，清廟震驚，三時乏祀，當今所務，莫大於斯！誠宜速遣大臣，馳傳先往，【張註】前漢高帝紀：乘傳詣雒陽。註：如淳曰：律，四馬高足爲置傳，四馬中足爲馳傳，四馬下足爲乘傳，一馬二馬爲軺傳。急者乘一乘傳。師古曰：傳者，若今之驛，古者以車，謂之傳車，其後又單置馬，謂之驛騎。迎復神主，脩整郊壇，展禋享之儀，申告謝之意。〔九〕然後弔恤死義，慰犒有功，綏緝烝黎，優問耆耋，安定反側，寬宥脅從，宣暢鬱堙，褒獎忠直，官失職之士，復廢業之人。是皆宜先，不可後也。至如崇飾服器，繕緝殿臺，備耳目之娱，選巾櫛之侍，【張註】左傳：懷嬴曰：「寡君之使婢子侍執巾櫛。」唐書百官志：侍櫛二十人，正八品。侍巾三十人，正九品。是皆宜後，不可先也。宜後而先，則爲君之道喪；宜先而後，則理國之義差。古之興王，必慎於此。陛下將務興復，又安可不慎乎！

且散失内人，已經累月，既當離亂之際，必爲將卒所私。〔一〇〕其人若稍有知，不求當自陳獻；其人若甚無識，求之適使憂虞。自因寇亂喪亡，頗有大於此者，一聞搜索，懷懼必多。餘孽尚繁，羣情未一，因而善撫，猶恐危疑，若又懼之，于何不有！昔人所以掩絶纓而飲盜馬者，【郎註】劉向説苑：楚莊王賜羣臣酒，日暮燭滅，乃有人引美人之衣者，美人援絶其冠纓，告王趣火來視絶纓者。王曰：「賜人酒，使醉失禮，奈何欲顯婦人之節而辱士乎？」乃命皆絶去其冠纓。呂氏春秋曰：秦繆公車敗，失左驂，自往求焉，見野人殺將食之，繆公笑曰：「食駿馬肉而不飲酒，余恐其傷生也。」偏飲之而去。亦見史記秦紀。豈必忘其情愛邪？蓋知爲君之體然也。〔一一〕以小妨大，明者不爲。天下固多美人，〔一二〕何必獨在於此！【郎註】左傳成公二年：楚之討陳夏氏也，莊王欲納夏姬，申公巫臣曰：「不可！」王乃止。子反欲取之，巫臣曰：「是不祥人也。天下多美婦人，何必是！」子反乃止。

易曰：「危者安其位者也，亂者有其理者也。故君子安不忘危，理不忘亂，是以身安而國家可保也。」春秋傳曰：「或多難以固其國，或無難以喪其邦。」【郎註】左〔傳〕昭公四年：司馬侯謂晉侯曰：「或多難以固其國，啟其疆土；或無難以喪其國，失其守宇。」誠以處危則思安之情切，遭亂則求理之志深。切於思安，深於求理，國之固也，不亦宜乎！及夫居安而驕，恃理而怠，驕則縱肆其奢欲，怠則厭惡於忠言，奢欲日行，忠言日梗，國之喪也，不亦宜乎！昔衛獻出奔，久而復國，大夫迎於境者，執其手而與之言，迎於門者，頷之而已，【郎註】左〔傳〕襄公（五）〔二十六〕年：衛侯衎入，大夫迎於境者，執其手而與之言；道迎者，自車揖之；迎於門者，頷之而已。【張註】杜預曰：頷，搖其頭。言其驕怠之易生也。齊桓將圖霸功，管仲戒之以無忘在莒，【郎註】管子短語：桓公、管仲、鮑叔牙、甯戚四人飲。飲酣，桓公謂鮑叔牙曰：「何不起爲寡人壽乎？」鮑叔牙奉杯而起曰：「使公無忘出如莒時也，使管子無忘束縛在魯也，使甯戚無忘飯牛車下也。」桓公辟席再拜曰：「寡人與二大夫無忘夫子之言，則國之社稷必不危矣。」懼其情志之易變也。今臣亦願陛下企思危固國如不及，懲忘亂喪國如探湯，【石川註】論語：見不善如探湯。孔安國曰：探湯，喻去惡疾。以在莒爲書紳之規，【石川註】論語：子張書諸紳。疏：欲日夜存録不忘也。以衰衛爲覆車之鑒，【張註】前漢賈誼傳：鄙諺曰：「前車覆，後車誡。」則德爲帝範，理致時雍，【石川註】書堯典：時雍。時是雍和也。與夫貪逸欲而踐禍機，【石川註】漢書序傳：智小謀大，禍如發機。鮑照苦熱行：昌志登禍機。其利害亦云遠矣！所令譔賜渾瑊詔，未敢承旨，伏惟聖裁。謹奏。【郎註】此奏既上，德宗雖不降詔，竟遣使搜訪焉。

蔡九霞曰：患難未平，遽思内寵，德宗昏淫，於是可見。公言之甚切，乃雖不降，而仍遣中使求之，君之不能彊於爲善如此。

校勘記

〔一〕興元論賜渾瑊詔書爲取散失内人等議狀　文粹二一九作「初收城論詔渾瑊取散失内人等狀」。

〔二〕自古嘗有擲棄宫闕　「嘗」上，舊傳、册府五五二、文粹多一「何」字。按：有此「何」字義長。

〔三〕今渠魁始平　「渠魁」，新傳作「大難」。

〔四〕重傷殘廢之卒　「重傷殘廢」，舊傳作「重戰傷殘」。

〔五〕以復宫爲急　「宫」，宋本、元本、明本、册府、全唐四七一作「言」。

〔六〕猶患戒慎之難久　「慎」，舊傳、册府作「懼」。

〔七〕豈憂乏使　「使」，册府作「少」。

〔八〕故武王尅殷　「故」，新傳作「昔」。

〔九〕申告謝之意　「意」，文粹、全唐作「文」。

〔一〇〕必爲將卒所私　「必」，新傳作「或」。

〔一一〕蓋知爲君之體然也　「體」上，文粹多一「大」字。

〔一二〕天下固多美人　「美人」，舊傳、新傳、文粹作「褻人」，册府作「藝人」。

鑾駕將還宮闕論發日狀

【張註】舊唐書德宗紀：興元元年六月戊午，車駕還京，發興元。是日，大雨。及入斜谷，晴霽，從官將士懽然，以爲天助。

右先頒敕旨，已定行期，所司供承，亦聞粗備，但以霖潦方甚，【張註】爾雅：久雨謂之淫，淫謂之霖。左傳：凡雨自三日以往爲霖。禮記：水潦降。道路阻艱，衆情同憂，莫敢論奏。今發日漸逼，陰雲尚繁，小大噭噭，愁懼轉甚。臣雖闇鈍，亦竊揣量。豈不知元惡初平，餘氛未殄，乃是逆順將分之際，吉凶多變之時，須速鎮安，理宜促駕。向使霖潦爲害，人功可施，其備禦由於智能，其役用止於煩費，其所患不及於性命，其可憂但在於人臣，則當公私罄財，上下竭力，務寧大業，奚恤暫勞，各應叶奉聖規，安敢復忤成命！良以褒斜峻阻，【張註】史記留侯世家褒中註：正義曰：括地志云：褒谷在梁州褒城縣北五十里南中山。昔秦欲伐蜀，路無由入，乃刻石爲牛五頭，置金于後，僞言此牛能屎金，以遺蜀。蜀侯貪，信之，乃令五丁共引牛，塹山堙谷，致之成都。秦遂尋道伐之，因號曰石牛道。蜀賦以石門在漢中之西，褒中之北，是。又云：斜水源出褒城縣西北衙嶺山，與褒水同源而異流。漢書溝洫志云：褒水通沔，斜水通渭，皆以行船。素號畏途。【石川註】莊子達生：畏途者，十殺一人，則父子兄弟相戒也。緣側逕於巔巖，綴危棧於絕壁。【張註】丹鉛録：棧即閣也。劉禹錫云：棧閣凌虚，下臨晗呀，層崖峭絶，枘木亘鐵，因而廣之，限以鈎闌，狹徑深陘，從而拓之，方駕從容。棧閣之制，亦可想也。歐陽詹棧道銘云：秦之坤，蜀之艮，連高夾深，九州之險也。大抵漢中雖是平州，東北入長安，西南出劍門，皆是棧閣之路。或百里之内，歷險且千；或一程之中，涉水數四。若遇積雨滯浸，羣峰澍流，【張註】增韻：澍與注同，水流射也。巨石崩奔，訇殷相繼，〔一〕【張註】史記司馬相如傳：砰磅訇磕。正義曰：訇，呼宏反，皆水流鼓怒之聲也。深谷瀰漫，往來不通，悉非功力之所支，籌略之所遏。斯須之頃，跬步之間，【張註】小爾雅：跬，一舉足也；倍跬謂之步。類篇：司馬法：凡人一舉足曰跬，跬，三尺也；兩舉足曰步，步，六尺也。倉黄遘殃，皆不可測。匹夫單騎，尚且過防，況萬乘時行，千官景從，【張註】前漢刑法志：天子畿方千里，兵車萬乘。荀子：古者天子千官。漢書嚴助傳：奉千官之供。謹按：景讀曰影，言如影之隨形也。而可以蹈不存之險，【張註】史記司馬相如傳：駭不存之地。劉貢父曰：不存，猶言不虞。冒無禦之災乎？如或磴路滐崩，【張註】綱目集覽：磴與墱通，飛陛曰墱。西都賦曰：陵墱道而超西墉。註：墱，陛級也。説文：小水入大水曰滐。閣道淹圮，【張註】綱目集覽：崔浩曰：斜谷路險，不容行，架木爲棚而度，曰閣道。漢中郡國志：府西北入斜谷路，至鳳州界百五十里，有棧閣二千九百八十九間，板閣二千八百九十二間。揚子方言：淹，敗也，水敞爲淹。説文：圮，毀也。環衛之儀少缺，屬車之馬微驚，【張註】唐書車服志：屬車十乘：一曰指南車，二曰記里鼓車，三曰白鷺車，四曰鸞旗車，五曰辟惡車，六曰皮軒車，七曰羊車，與耕根車、四望車、安車爲十乘。行幸陳于鹵簿，則分前後；大朝會，則分左右。【石川註】漢書司馬相如傳：遇逸材之獸，犯屬車之清塵，輿不及還轅。師古曰：屬者，言相連續不絶也。縱有億徒，何所爲用！陛下欲無駭慮，其可得乎？又或霪滯更深，谿澗皆溢，逕路既絶，傳送無由，連山萬重，進退不可，【石川註】左傳僖十五年：進退不可，周旋不能。一曰乏食，將如之何？陛下欲無軫憂，【石川註】楚辭涉江：出國門而軫懷兮。註：軫，痛也。固亦難矣！人主舉措，宜圖萬全，必先事以防危，不臨危而求幸。幸而獲濟，貽媿已深；不幸罹災，追悔何及！孔子曰：「欲速則不達。」誠哉是言！臣今非敢阻陛下欲速之情，但頗以不達爲慮耳。儻迴睿旨，少俟開晴，則發期雖延，涉路無滯，不疾而速，允叶乾行，【石川註】易彖傳：利涉大川，乾行也。知幾其神，是謂天鑒。竊聞羣議，輒以上陳，慺慺懇誠，實冀昭納。謹奏。

馬傳庚曰：思患預防，識見遠到。藻不妄抒，筆有餘妍。篇中「先事防危」二語，惟片言之居要，乃一篇之警策。

沈九如曰：致辨於情理，搆深瑋之風，博採以謀篇，縶類而成艷，比于詞賦之家，亦長卿之上林、子雲之甘泉矣。

校勘記

〔一〕訇殷相繼　「殷」，明本、郎本作「隱」。按：「訇隱」出文選枚乘七發，註云：「大聲也。」「訇殷」即「訇磤」，見文選何晏景福殿賦，註云：「雷聲也。」義似有別。

請釋趙貴先罪狀〔一〕

【郎註】貴先本齊映部將，賊泚紿以迎駕，遂遭劫制，授以僞官。賊泚既平，諸將以其從逆，請誅之。贄謂貴先之罪，出於誘陷，乞加原貸，乃上此奏。

右欽溆奉宣聖旨：前者共卿商量趙貴先，欲恕其罪。朕朝來更問諸將，皆云貴先順從朱泚，則是逆人，合依常刑，【石川註】書胤征：邦有常刑。不可寬捨。衆人意既如此，應難釋放。卿宜知悉者。

臣愚以爲貴先從逆之罪，法當不容。貴先陷身之由，情則可恕。陛下所議矜宥，原其情也；諸將所請誅戮，據於法也。據法而除君之惡者，【石川註】左傳僖二十四年：除君之惡，唯力是視。人臣之常志；原情而安衆之危者，人主之大權。臣主之道既殊，通執之方亦異，言各有當，體各有宜。事或相駁而無傷，此之謂也。往以襄城告急，詔命隴右發兵，齊映率衆東行，賁先即其部將。于時軍至昭應，適遇駕幸奉天，齊映馳歸鳳翔，賁先獨主營幕，進無總帥，退閡亂兵，【張註】玉篇：閡，止也，與礙同。遂爲賊泚所招，紿以同迎鑾駕。泚既反狀未露，賁先安得勿從，已受邀留，遂遭劫制。身縻僞職，兵隸兇徒，雖居賊中，亦不見任。首末事迹，簡在天心。【石川註】書湯誥：簡在上帝之心。傳：以其簡在天心。臣亦親承德音，非獨聞於傳說。其於情狀，頗有足矜，所可受責之辜，唯在不能守節而死耳。賁先儻能守節，即是忠烈之徒，固獲褒旌，豈資寬捨！

凡所議讞，蓋緣獄疑。【張註】前漢景帝紀：諸獄疑，若雖文致于法，而于人心不厭者，輒讞之。註：師古曰：讞，平議也。通典：八議：一曰議親，二曰議故，三曰議賢，四曰議能，五曰議功，六曰議貴，七曰議勤，八曰議賓。諸八議者，犯死罪皆及應議之狀，先奏請議，議定奏裁，流罪以下減一等。其犯十惡者，不用此律。罪疑惟輕，【石川註】書大禹謨：罪疑惟輕。實編令典；【張註】書舜典。脅從罔理，亦載聖謨。【張註】書胤征。況復懷光未殲，希烈猶熾，遭罹誘陷，其類實繁！今京邑初平，皇猷更始，【張註】北史牛宏傳：皇猷遐闡，化覃海外。【石川註】禮月令：歲且更始。乃是汙俗觀化之日，【石川註】書胤征：舊染污俗。淮南子泰族訓：密子治亶父，巫馬期往觀化。聖王布德之時，【石川註】禮月令：命相布德。所用刑章，尤宜審慎，一輕一重，理亂攸生。宥之以恩，則自新者咸思歸命；【石川註】漢書賈誼傳：歸命天子。斷之以法，則懷懼者姑務偷生。衆心既偷，賊勢愈固。〔二〕不忍一朝之忿，【石川註】論語：一朝之忿忘其身。而貽累歲之憂。苟循匹夫之談，以興億衆之役，爲計若此，夫何利之有焉！曩者羯胡亂華，染汙士吏，肅宗興復，累降赦書，罪止渠魁，餘所不問。〔三〕【石川註】肅宗即位，大赦；至德二載，大赦。河朔遺孽，既聞德澤之弘被，且幸脅汙之見原，人人皆自怨尤，各悔歸國之晚。及乎三司按罪，【張註】唐書百官志：凡冤而無告者，三司詰之。三司謂御史大夫、中書、門下也。繼用嚴科，【張註】唐書刑法志：安、史之亂，僞官陸大鈞等背賊來歸。及慶緒奔河北，脅從者相率待罪闕下，自大臣陳希烈等合數百人。以御史大夫李峴、中丞崔器等爲三司使，而肅宗方喜刑名，器亦刻深，乃以河南尹達奚珣等三十九人爲重罪，斬于獨柳樹者十一人，珣及韋恒要斬，陳希烈等〔賜〕自盡於獄中者七人，其餘決重杖死者二十一人。以歲除日行刑，集百官臨視，家屬流竄。未降之流，復喜得計。【張註】通鑑：有自賊中來降者，言羣臣在鄴者，聞赦希烈等，皆自悼，恨失身賊庭，及聞希烈誅，乃止。上甚悔之。慶緒將消而再結，思明已附而重擕，【張註】唐書史思明傳：聞三司議陳希烈等死，思明懼曰：「希烈等皆大臣，上皇棄而西，既復位，此等宜見勞，返殺之，況我本從禄山反乎？」【石川註】至德元載十二月，史思明降；乾元元年四月，反。浸長厲階，至今爲梗。【郎註】唐〔書〕酷吏傳：崔器，深州人。肅宗至鳳翔，器兼禮儀使。二京平，爲三司使。器既殘忍，希帝旨，欲深文繩下，乃建議王官陷賊者，陳希烈、達奚珣等數百人，皆抵死。李峴執奏，遂以六等定罪，多所原貸。後蕭華自賊中來，因言王官重爲安慶緒驅脅，至相州，聞廣平王宣詔釋希烈等，皆相顧愧悔。及聞崔器議刑，衆心復搖。帝曰：「朕幾爲器所誤。」豈不以任法吏而虧權道，小不忍而亂大謀者乎！【石川註】論語：小不忍則亂大謀。昔漢高帝既定四方，見諸將往往偶語謀反，乃問張良曰：「爲之奈何？」良曰：「陛下所最恨者爲誰？」帝曰：「雍齒與我有舊，而數窘我。」良曰：「今急封雍齒，則人人自堅矣。」帝用良計，諸將果安，皆云：「雍齒且侯，吾屬何患？」【郎註】事見上註。【張註】見史記留侯世家。蓋以圖霸王者，不牽於常制；安反側者，罔念於宿瑕。今陛下有漢高之英，貴先無雍齒之釁，加戮不足威暴逆，矜全可以定危疑，明恕而行，【石川註】左傳隱三年：明恕而行，要之以禮。盛德斯在，何所爲慮，尚勞依違。【石川註】後漢書第五倫傳：盡節言事，無所依違。微臣區區上言，蓋爲將來張本，凡非首惡，【石川註】公羊傳僖二年：使虞首惡也。皆願從寬，庶使負累之徒，莫不聞風而化。〔四〕消姦兇誘惑之計，開叛亂降附之門，此其大機，不可失也。陛下前意，固爲善矣，伏惟不爲浮議所移。謹奏。

馬傳庚曰：首言貴先之罪，法所必誅；貴先之情，理宜可恕。次言貴先見赦，則負累者能安；貴先不容，則懷疑者愈叛。得失機關，全係乎此。末後又引肅宗、漢高，思明、雍齒等輩反正襯映，以期安定危疑。每議一事，偉論獨攄，用賞用刑，必籌全局，治術學識，超軼羣倫，真救時宰相也。

蔡九霞曰：情無可恕則執法，情有可恕則原情。原情者非廢法也，中有絜矩，意在正善於用法者也。故臣下不可不守法，君上不可不原情。蘇子所論皋陶曰「殺之」三，堯曰「宥之」三，正是此意。

校勘記

〔一〕請釋趙貴先罪狀　文粹三〇作「初收城後請不誅鳳翔軍將趙貴先狀」。

〔二〕賊勢愈固　「愈」，宋本、元本、明本作「思」，文粹作「斯」。

〔三〕餘所不問　「所」，明本作「听」。

〔四〕莫不聞風而化　「而」，文粹作「向」。

論替換李楚琳狀〔一〕

【郎註】德宗甫至漢中，即欲以渾瑊代楚琳鎮鳳翔，贄上奏以爲不可。

右欽溆奉宣聖旨：李楚琳不可久在鳳翔，〔二〕欲候朕到日，〔三〕簡擇一人替楚琳充節度使，楚琳别與一官，便隨朕歸京。既有迎駕諸軍，威勢甚盛，因此替换，亦是權宜。卿宜商量穩便否者。

臣聞王者有作，先懷永圖，謀必可傳，事必可繼，不因利以苟得，不乘便而幸成，故能上下相安，而理可長久也。彼楚琳者，固是亂人，乘國難而肆逞其姦，賊邦君而篡居其位，【郎

註】楚琳乘朱泚之亂，遂殺張鎰，自稱留後。詳見上註。按以典法，是宜洿瀦。【張註】禮記：臣弒君，子弒父，殺其人，壞其室，洿其宮而瀦焉。前漢王莽傳：古者叛逆之國，既已誅討，則瀦其宮室，以爲污池，納垢濁焉，名曰「凶虛」，雖生菜茹，而人不食。既屬多虞，不遑致討，乃分之以旄鉞，【張註】傳咸詩：乃授旄鉞，宣曜威靈。【石川註】蜀志後主傳註：授之以旄鉞之重。廣雅：鉞，斧也。周禮旄人註：旄，旄牛尾。詩干旄傳註：旄於干首。又繼之以寵榮，逮至南巡，頗全外順，道塗無壅，亦有賴焉。雖朝命累加，〔四〕蓋非獲已；然王言一出，則不可渝。縱闕君臣之恩，猶須進退以禮。今若因行幸之威勢，假迎扈之甲兵，易置以歸，是同虜執，〔五〕以言乎除亂則不武，以言乎務理則不誠。禍變繁興，爲日久矣，負釁居位，豈唯一人！以此時巡，後將安入！【張註】書：王乃時巡，考制度于四岳，諸侯各朝于方岳。孔安國曰：春東、夏南、秋西、冬北，故曰「時巡」也。以此撫御，誰其感懷！昔漢高僞遊，韓信見獲，功臣繼叛，天下幾危，征伐紛紜，以至没代。【郎註】史〔記〕陳丞相世家：人有告楚王韓信反者，平教高帝僞遊雲夢，因就擒信。乃南出雲夢，信果郊迎道中，高帝見信，即令武士執縛，自是諸侯反者九起。高帝因討陳豨，竟以疾崩。其徼倖之不可也如此，〔六〕陛下得不爲至戒哉！〔七〕

議者謂之權宜，〔八〕臣又未諭其理。〔九〕夫權之爲義，取類權衡。【張註】綱目集覽：公羊傳桓十一年：古人之有權者，祭仲之權是也。權者何？權者反於經，然後有善者也。解云：權之設，所以扶危濟弱，舍死亡無所設也。（借）〔若〕使君父臨溺河井，寧不執其髮乎？是其義也。通鑑本註：衡，以平物。權，則權物之輕重，揆之以衡平。衡者稱也，【張註】小爾雅：斤十謂之衡，衡有半，謂之秤，秤二謂之鈞。廣韻：秤正斤兩。權者錘也。【張註】博雅：權，錘。玉篇：權，稱錘也。周禮冬官考工記：宗后以爲權。註：以爲稱錘以起量。故權在於懸，則物之多少可準；權施於事，則義之輕重不差。其趣理也，必取重而捨輕；其遠禍也，必擇輕而避重。苟非明哲，難盡精微，故聖人貴之，乃曰：「可與適道，未可與立；可與立，未可與權。」言知機之難也。今者甫平大亂，將復天衢，輦路所經，首行脅奪，易一帥而虧萬乘之義，得一方而結四海之疑，乃是重其所輕，而輕其所重，謂之權也，不亦反乎！以反道爲權，【石川註】論語註：權道反而後至於大順也。以任數爲智，【石川註】數，權術也。呂覽有任數篇。君上行之必失衆，臣下用之必陷身，歷代之所以多喪亂而長姦邪，由此誤也。【張註】讀史管見：孔子曰「可與立，未可與權」，此章絶矣。「唐棣之華，偏其反而」，其義不與上相蒙也。說者乃貫之爲一，謂唐棣之華一反一正，以喻用權者當反經以合道，於是權之義不復明於天下，而變詐術數之事行矣。陸贄之學，其師承不可考，然觀其陳輕重之義，破反道之說，皆秦、漢諸儒所不能及者，宜其操守堅固，議論端實，猷爲通達而不畔於道也。使遇太宗，其效不在魏文貞下矣。通鑑本註：陸贄此論，所以正漢儒反經合道爲權之失。程氏曰：漢儒以反經合道爲權，故有權變、權術之說，皆非也。權只是經字。自漢以下，無人識權字。

夫以韓信才略，當時莫儔，且負嫌猜，已遭告訐，縱之足以亂區寓，除之可以安國家，幸而成擒，猶謂失策，當時被攻戰之害，【張註】謹按：此謂陳豨反也。前漢韓信傳：上械信至雒陽，赦以爲淮陰侯。由此日怨望，居常鞅鞅。後陳豨爲代相，監邊，辭信。信挈其手，與步于庭數匝，仰天而嘆曰：「予可與言乎？吾欲與子有言。」豨因曰：「唯將軍命。」信曰：「公之所居，天下精兵處也。而公，陛下之信幸臣也。人言公反，陛下必不信；再至，陛下乃疑；三至，必怒而自將。吾爲公從中起，天下可圖也。」陳豨素知其能，信之，曰：「謹奉教。」漢十年，豨果反，高帝自將而往，信稱病不從。百代流詭詐之譏。況楚琳卒伍凡材，廝養賤品，【張註】公羊傳宣十三年：廝役扈養。註：艾草爲防者曰廝，炊烹者曰養。史記陳餘傳：廝養卒。註：如淳曰：廝，賤者也。因時擾攘，得肆猖狂，非有陷堅殪敵之雄，【石川註】史記魏其武安侯傳：戰常陷堅。出奇制勝之略，頗同狐鼠，乘夜睢盱，【張註】張衡西京賦：緹衣韎韐，睢盱拔扈。註：字林曰：睢，仰目也。盱，張目也。晨光既升，勢自跧縮。【張註】説文：跧，蹴也。釋名：齊人謂車枕以前曰縮，言局縮也。今郊畿已乂，武衛方嚴，汧、隴鎮壓於其西，邠、涇扼制於其北，顧是岐下，若居掌中；以楚琳瑣劣之資，處掌中控握之地，縱令躑躅，【張註】易：羸豕孚躑躅。釋文：躑躅，不静也。程傳：跳躑也。何惡能爲？願陛下姑務含弘，普安反側，促駕遄止，録功犒勤，敷肆眚之恩，【石川註】書舜典：眚災肆赦。傳：眚，過。春秋文二十二年「肆大眚」註：赦有罪也。盪滌衆故，以新其心。布惟新之令。然後徵韋皐、【張註】通鑑綱目：初，朱泚鎮鳳翔，遣將牛雲光戍隴州，欲執留後韋皐以應泚，事泄，率衆奔泚，遇泚遣中使蘓玉齎詔書加皐中丞。玉謂之曰：「韋皐，書生也。君不如與我俱之隴州，皐不受命，君以兵誅之。」雲光從之。皐乃先納蘓玉，受其詔書；謂雲光曰：「大使苟無異心，請悉納甲兵，乃可入。」雲光易之，輸甲兵而入。皐伏甲誅之。築壇盟將士曰：「李楚琳賊虐本使，既不能事上，安能恤下，宜相與討之。」遣兄平、弇詣奉天。詔以隴州爲奉義軍，擢臯爲節度使。【石川註】通鑑：建中四年十一月，以隴州爲奉義軍，擢臯爲節度使。楚琳，俾入分文、武之職；擇元勳宿望，命出總岐、隴之師。則彼承詔欣榮，奔走不暇，安敢蠆介，復勞誅鉏？【張註】張衡西京賦：睚眦蠆芥。註：蔕芥，刺鯁。蠆與蔕同。措置得宜，萬無一跌，【張註】前漢鼂錯傳：跌而不振。註：師古曰：跌足，失據也。揚雄傳：客徒欲朱丹吾轂，不知一跌將赤吾之族也。何遽過動，不爲後圖！【石川註】左傳桓六年：以爲後圖。仰希睿聰，試更詳慮。謹奏。

馬傳庚曰：此篇與請釋趙貴先罪狀同一命意，議論亦略相仿佛，皆所謂爲大局起見也。篇中「易一帥而虧萬乘之義」二句，乃是題眼。

蔡九霞曰：一人耳，一事耳，危則羈靡之，稍安則削奪之，是又與共危而不可與共安也，能勿起人疑懼乎？故力陳其不可，至於闡發「權」字妙義，真得聖賢骨髓。不然則「權」之爲言，直離經畔道之説，孔子豈難之、慎之，而以爲未可與乎？公固學有原本，不僅通達事務已也。

校勘記

〔一〕論替換李楚琳狀　文粹三〇作「論請不替換鳳翔節度使李楚琳狀」。

〔二〕李楚琳不可久在鳳翔　「在」，郎本作「任」。此句之下，文粹多「終須别與移改」六字。按：有此六字，意思更加完整，疑是。

〔三〕欲候朕到日　文粹作「有人陳奏，請朕到鳳翔日。」按：文粹所作，意思完整，疑是。

〔四〕雖朝命累加　「朝」，文粹作「爵」。

〔五〕是同虜執　「是」，明本、通鑑二三一作「事」。「虜」，明本、通鑑作「脅」。

〔六〕其徼倖之不可也如此　「不可」下，文粹多一「爲」字。

〔七〕陛下得不爲至戒哉　「爲」上，文粹多一「以」字。

〔八〕議者謂之權宜　「謂」上，通鑑多一「或」字。又，通鑑無「宜」字。

〔九〕臣又未諭其理　「又」，通鑑作「竊」。

收河中後請罷兵狀

【張註】時貞元元年。【石川註】舊唐書馬燧傳：李懷光據河中，燧遣使招諭之，晉、隰、慈相次降。攻絳州，僞刺史王克同與大將達奚小進棄城走。是歲，天下蝗旱，物價騰踴，軍乏糧餉，而京師言事多請捨懷光，上意未決。燧以懷光逆節尤甚，河中密邇京邑，反復不可保信，捨之無以示天下。燧以數百騎朝於京師。燧曰：「臣雖不武，得蒭糧支一月，足以平河中。」上許之，乃合軍於長春宫。懷光將徐廷光守宫城，禦備甚嚴。燧度長春不下，則懷光自固，攻之曠日持久，所傷必甚，乃挺身至城下呼廷光，喻之曰：「公等皆朔方將士，祿山已來，首建大勳，奈何棄祖父之勳力，背君上爲族滅之計邪！」賊徒皆不對。燧又曰：「爾以吾言不誠，今相去不遠數步，爾當射我！」乃披襟示之。廷光感泣俯伏，軍士亦泣下，率衆出降。燧以數騎徑入城，處之不疑。衆大呼曰：「吾輩復得爲王人矣！」渾瑊曰：「予嘗謂馬公用兵與予不相遠，今觀其行兵，吾不迨遠矣！」燧率諸軍濟河，陳於城下。是日，賊將斬懷光首以城降。

昨日欽溆奉宣聖旨，示臣馬燧、渾瑊等奏平懷光收河東狀，〔一〕【郎註】馬燧傳：時天下旱蝗，軍中艱食，多請宥懷光者。燧乃入朝，爲天子自言之，云：「得三十日糧，請平河中。」帝許之。燧乃與渾瑊等合，因說降賊將徐廷光等，餘戍望風遁去。燧濟河，兵八萬陣城下。是日，賊將牛名俊斬懷光降。乃誅其黨，其他脅附悉赦之。不閱月，河中平。兼令臣商量，須作何處置，令欽溆奏來者。

兇梗殲盪，關畿廓清，實聖謀廣運之功，【石川註】書大禹謨：帝德廣運。傳：廣謂所覆者大，運謂所及者遠。亦宗社無疆之祚。應須處置大略，已附欽溆口陳，展轉傳言，恐未盡意，謹復薦其固陋，願陛下少留察焉。

臣聞禍或生福，福亦生禍。【石川註】老子：禍兮福之所倚，福兮禍之所伏。喪者得之理，得者喪之端。故晉勝鄢陵，范燮祈死；【郎註】左〔傳〕成十六年：晉、楚遇於鄢陵，范文子不欲戰，〔卻〕〔郤〕至不從。楚師敗績，文子使其祝宗祈死，曰：「君驕侈而克敵，是天益其疾也。愛我者唯祝我速死，無及於難也，范氏之福也。」〔十〕七年六月，范燮卒。不及一年，三〔卻〕〔郤〕誅，厲公弒，胥童死，果如文子之言。吳克勁越，夫差啟殃。【郎註】史〔記〕吳世家：吳王夫差既敗越，北會諸侯於黃池。六月，越王句踐伐吳，虜吳太子〔及〕〔友〕。其後累爲越所敗，夫差遂自剄死。【張註】淮南子：魏武侯問李克曰：「吳之所以亡者，何也？」李克對曰：「數戰而數勝。數戰則民罷，數勝則主憍，以憍主使罷民，而國不亡者，天下鮮矣。吳之亡猶晚矣。夫差之所以自剄于干遂也。」【石川註】左傳哀元年：吳王夫差敗越於夫椒，遂入越。越子保於會稽。越及吳平二十二年，越滅吳。是知福不可以久徼幸，得不可以常覬覦。【石川註】左傳桓二年：下無覬覦。註：下不冀望於上也。居福而慮禍，則其福可保；見得而忘喪，則其喪必臻。臣竊懼諂諛希旨之徒，險躁生事之輩，幸兇醜覆亡之會，揣英主削平之心，必將競效甘言，誘開利欲，謂王師所向莫敵，謂餘孽指顧可平，請迴蒲坂之戈，【張註】前漢地理志：河東有蒲坂縣。註：始皇東巡，見長坂，故以蒲坂名。一說晉文公以蒲賂秦，後秦還蒲，因名其地曰蒲坂。坂、反，古通用。【石川註】謂平李懷光師也。復起淮、沂之役。【郎註】謂欲以平李懷光之師，即爲討李希烈之計。【石川註】謂討李希烈也。斯議一啟，必有亂階。故微臣姑以生禍爲憂，而未敢以獲福爲賀也。

何則？建中之難，其事可徵。始以蓄憾而隘於含容，或以亟勝而輕於戰伐。故文喜之討，涇上之瘡痛未平；【郎註】朱泚傳云：建中初，以李懷光代段秀實兼節度涇原。涇士聞懷光暴，更相恟懼，留後劉文喜因劫衆以叛。詔懷光與朱泚討之。其裨將劉海賓與其徒殺文喜。【張註】通鑑：楊炎欲城原州，命李懷光居前督作，朱泚、崔寧各將萬人翼其後。詔下涇州爲城具，涇之將士怒曰：「吾屬爲國家西門之屏，十餘年矣。始居邠州，甫營耕桑，有地著之安。徙屯涇州，披荆榛，立軍府；坐席未暖，又投之塞外。吾屬何罪而至此乎！」劉文喜因衆心不安，據涇州，不受詔，上疏復求段秀實爲帥，不則朱泚。癸亥，以朱泚兼四鎮、北庭行營、涇原節度使，代懷光。劉文喜又不受詔，欲自邀旌節，據涇州叛，遣其子質于吐蕃以求援。上命朱泚、李懷光討之。久之不拔，徵發餽運，內外騷然。朝臣上書請赦文喜，上不聽，曰：「微孽不除，何以令天下！」於是衆知上意不可移。時吐蕃方睦于唐，不爲發兵，城中勢窮，諸將共殺文喜，傳首〔京師〕，而原州竟不果城。

崇義之征，漢南之芟夷繼甚。【郎註】叛臣傳：梁崇義爲羽林射生，事來瑱於襄陽。瑱誅，遂領其軍。代宗因就拜節度使。舉七州兵二萬，與田承嗣、李正己等相蟠結，遂拒詔不朝。德宗命李希烈討之，崇義兵大敗，乃赴井死，傳首京師。【張註】唐書梁崇義傳：崇義與田承嗣、李正己、薛嵩、李寶臣相輔車，根牙槃結。然獨以地褊兵少，法令最治。親厚數諷入朝，答曰：「來公有大功，畏閹竪讒，逡巡辭召。至代宗立，不待駕而朝，即見族。吾釁盈矣，若何欲見上乎？」建中元年，李希烈請討之，崇義懼，整飭軍旅。德宗欲示以信，詔金部員外郎李舟諭旨。舟至，以入朝勸崇義，崇義不悦。明年，更命給事中盧翰往，崇義益不安，跋扈甚。帝命李希烈率諸道兵進討。崇義殺希烈臨漢屯兵千餘，希烈怒，引兵循漢而上。崇義使翟崇暉、杜少誠戰蠻水，折北至涑口，大敗，二將降，希烈寵之，使降兵徇襄陽，約百姓按堵。崇義閉壁，守者斬關出，不可止，乃與妻赴井死，傳首京師。希烈誅其親族及軍從臨漢役者二千人。【石川註】左傳隱六年：芟夷薀崇之。

阻命之師，非不誅也；伐叛之師，非不克也；介焉之斷，非不堅也；【石川註】易豫：六二，介于石，不終日。註：辨必然之理，不改其操，介如石焉。赫斯之怒，非不遈也。【石川註】詩皇矣：王赫斯怒，爰整其旅。箋：赫，怒意。然以人不見恤，惟戮是聞，有辜無辜，不敢自保。是以抱釁反側者，懼鈇鉞之次加；〔二〕畏禍危疑者，慮猜譖之旋及。〔三〕遂乃螽結以拒討，狼顧以背恩，【張註】鹽鐵論：中國無狗吠之警，邊境無狼顧之憂。前漢食貨志：失時不雨，民且狼顧。註：民欲有畔意，若狼之顧望也。【石川註】史記蘇秦傳：秦欲深入則狼顧。註：狼性怯，走常還顧。彌兩河而亙淮夷，盪三輔而盜京邑，【張註】前漢百官公卿表：內史掌治京師。景帝二年，分置左〔右〕內史。右內史，武帝太初元年，更名京兆尹；左內史更名左馮翊。主爵中尉掌列侯，武帝太初元年，更名右扶風，與左馮翊、京兆尹是爲三輔。註：三輔黃圖云：京兆在尚冠前街東入，故中尉府；馮翊在太上皇廟西入；右扶風在夕陰街北入，故主爵府。長安以東爲京兆，長陵以北爲左馮翊，渭城以西爲右扶風也。鑾輅爲之再駕，【張註】前漢禮樂志：鑾路龍鱗，罔不肸飾。左傳：文王伐崇再駕而降爲臣。【石川註】禮月令：乘鑾路。釋文：路，本又作輅。左傳桓二年疏：路訓大也。君之所在，以大爲號，車曰路車。行宮至於合圍。于時海內大搖，物情幾去。天命莫保於寸晷，王威不出於一城，邦國之杌隉【石川註】書秦誓邦之杌隉。傳：不安，言危也。艱屯，緜緜聯聯，【石川註】綿綿，詩疏：微細之辭。聯，說文：絲連不絕也。若包桑【石川註】易否：九三，其亡其亡，繫于包桑。贅旒，【石川註】公羊傳襄十六年：君若贅旒然。註：旒，旂旒；贅，繫屬之辭；以旂旒喻者，爲下所執持東西。幸而不殊者屢矣。【張註】前漢五行志：君若綴旒，不得舉手。註：旒，旌旗之屬，隨風動搖也。劉琨勸進書：國家之危，有若綴旒。丹鉛録：易「繫于苞桑」，今之解者以苞桑爲固結之物，非也。蓋古人「朽索六馬」、「虎尾春冰」之類也。陸宣公收復河〔北〕〔中〕後請罷兵狀云：「邦國之杌隉，綿綿聯聯，若苞桑綴旒，幸而不殊者屢矣。」此得其解。勢之危窘，實足寒心。【張註】方岳貢曰：德宗征討諸鎮，亦有不得不然之勢。但猜疑躁急，使天下有人人自危之心，故兵拏不解，而變生意外耳。宣公鑒于往事，故詳言叛服之由，勸不窮兵，非教之姑息也。非有曩時熊羆翕習之師，【張註】左思蜀都賦：亦以財雄，翕習邊城。註：翕習，威盛貌。【石川註】書牧誓：如熊如羆于商郊。雷霆奮發之勢，【石川註】詩常武：如雷如霆，徐方震驚。武庫劍戟之利，帑藏財賦之殷。其所以施令率人，取威定亂，【石川註】左傳僖二十七年：取威定霸。比於建中之始，豈不至微至殺哉！然而陛下懷悔過之深誠，降非常之大號，【張註】通鑑本註：此謂興元赦書也。知黷武窮兵之長亂，知急征重斂之勦財，知殘人肆欲之取危，知違衆率心之稔慝，知烝庶困極之興怨，知上下鬱堙之失情，德音渙然，與之更始。所在宣敭之際，【石川註】集韻：敭，古作揚。書說命：對揚天子之休命。傳：稱揚之。聞者莫不涕流，雖或兇獷匪人，【張註】綱目集覽：獷，古猛反。說文：犬獷獷不可附也。前漢儒林敘傳：獷獷亡秦。註：獷，粗惡貌。亦必爲之歔欷。【郎註】本傳云：贄嘗爲帝言：「今盜徧天下，宜痛自咎悔，以感人心。」帝從之。故奉天所下制書，雖武人悍卒，無不感動流涕。後李抱真入朝，爲帝言：「陛下在奉天、山南時，赦令至山東，士卒聞者皆感泣，思奮臣節，臣知賊不足平。」【石川註】楚辭：曾歔欷余鬱邑兮。註：哀泣之聲也。誠之動物，乃至于斯。懷梟鴟以好音，【郎註】泮水詩云：翩彼飛鴞，集于泮林，食我桑椹，懷我好音。【石川註】詩傳：鴞，惡聲之鳥也。箋：

改其鳴聲，就我以善音。消祲沴爲和氣，【石川註】周禮：眡祲。鄭司農云：祲，陰陽氣相侵也。漢書孔光傳：六沴之作。註：沴，惡氣也。由是姦回易慮，【張註】書：崇信姦回。黎獻歸心。假王叛援之夫，削僞號以請罪；【郎註】如藩鎮傳「興元元年赦天下，王武俊大集其軍，黜去僞號」之類。觀釁首鼠之將，壹純誠以效勤。【張註】通鑑本註：謂馬燧、韓滉、陳少遊。讀通鑑者，因其事而觀其心迹，則知之矣。謹按：通鑑：建中四年十月，上幸奉天。十一月，馬燧遣其行軍司馬王權及其子彙將兵五千人入援，屯中渭橋。興元元年二月，河東將王權、馬彙引兵歸太原。音註：曰：以上幸山南，聲聞不接，故引兵歸。史言馬燧怠於勤王。又：淮南節度使陳少遊將兵討李希烈，屯盱眙，聞朱泚作亂，歸廣陵，脩塹壘，繕甲兵。浙江東、西節度使韓滉閉關梁，禁馬牛出境。築石頭城，穿井近百所，繕館第數十。修塢壁，起建業，抵京峴，樓堞相屬，以備車駕渡江，且自固也。少遊發兵三千，大閱於江北。滉亦發舟師三千，曜武於京江以應之。鹽鐵使包佶有錢帛八百萬，將輸京師。陳少遊以爲賊據長安，未期收復，欲彊取之，佶不可。少遊欲殺之，佶懼，匿妻子於案牘中，急濟江。少遊悉收其錢帛。佶有守財卒三千，少遊亦奪之。佶纔與數十人俱至上元，復爲韓滉所奪。音註曰：史言天子播遷，藩鎮阻兵，陵轢王人。【石川註】安貞謂燧非首鼠之徒，胡論刻矣。流亡凍餒者，希保於室家；屯戍戰爭者，冀全其性命。德澤將竭而重霈，君臣已絕而更交，天下之情，翕然一變。曩討之而愈叛，今釋之而畢來；曩以百萬之師而力殫，今以咫尺之詔而化洽。【張註】史記淮陰侯傳：遣辨士奉咫尺之書。師古曰：八寸曰咫。咫尺者，言其簡牘或長咫，或長尺也。孔融論盛孝章書：公誠能馳一介之使，加咫尺之書，則孝章可致，友道可宏矣。是則聖王之敷理道，服暴人，

【張註】通鑑本註：理道即治道，避高宗諱改之。任德而不任兵，明矣：，羣帥之悖臣禮，拒天誅，圖活而不圖亡，〔四〕又明矣。

尚恐陛下以臣言之略而未喻也，請復循其本而申備之。往以河朔、青齊，同惡相扇，【張註】通鑑本註：河朔謂王武俊、田緒、劉怦，青齊謂李納。擁戎據土，易代不庭。【張註】通鑑音註：不庭謂不朝者。杜預曰：下之事上，皆成禮于庭中。一曰：庭，直也。不庭，謂不直者。陛下耻王化之未同，忿姦慝之靡格，於是發六軍、神策、河陽、河東、澤潞、朔方之騎士，以徂征于北，【郎註】謂討田悦等。命永平、汴宋、幽、隴、江、淮、閩、嶺之將卒，以奮伐于南。【郎註】謂討希烈等。罄國家廩帑以贍軍，悉公私廐牧以張武，〔五〕算斂周於萬類，徵徭被於八荒，【張註】後漢張衡傳：翾鳥舉而魚躍兮，將往走乎八荒。註：八方，荒遠地也。淮南子曰：登太山，履石封，以望八荒。勞已甚矣，威亦盛矣。既而曠日縣歲，老師費財，兩河之寇患，有加無瘳，而邦本已殆覆矣。洎涇卒唱亂，泚戎搆災，豺狼整居於禁闈，【石川註】詩六月：整居焦穫。猰貐擇肉於馳道。【張註】三輔黄圖：馳道，案秦本紀：始皇二十七年，治馳道。註曰：馳道，天子道也。蔡邕曰：馳道，天子所行道也，〔若〕今之中道然。漢書賈山傳曰：秦爲馳道於天下，東窮燕、齊，南極吴、楚，江湖之上，濱海之觀畢至。道廣五十步，三丈而樹，厚築其外，隱以金椎，樹以青松。漢令：諸侯有制，得行馳道中者行旁道，無得行中央三丈也。不如令，没入其車馬。【石川註】周書寤敬解：無虎傅翼，將飛入宫，擇人而食。張衡東京賦：（贏）〔嬴〕氏（傅）〔搏〕翼，擇肉西邑。河朔問罪之衆，布路而歸：，【張註】左傳：皆自朝布路而罷。註：布路，分散。通鑑：上遣中使告難於魏縣行營，諸將相與慟哭，懷光遂赴長安，馬燧李芃引兵歸鎮，李抱貞退屯臨洺。宋郊仗順之師，守壘不暇。于斯之亂，海内沸騰，儻有問鼎之雄圖，【石川註】左傳宣三年：楚子觀兵于周疆，問鼎之大小輕重。註：示欲偪周取天下。晉書武帝紀：斷雄圖于議表。滔天之巨猾，【石川註】張衡東京賦：巨猾間釁，竊弄神器。吕向註：巨，大也。大猾王莽。幸災乘間，何所不爲！既而悦、納之儔，【郎註】謂田悦、李納。咸自斂縮，内無非望之議，外無軼境之侵。及聞天澤滌瑕，【張註】後漢班固傳：于是百姓滌瑕盪穢，而鏡至清。制書復爵，【郎註】奉天所下制云：其李希烈、田悦、王武俊、李納并所管將士官吏，並與洗滌，各復爵位。曾不蔕芥，【張註】賈誼賦：細故蔕芥，何足以疑！又，司馬相如賦：胸中曾不蔕芥。張揖云：蔕芥，刺鯁也。郭璞云：不蔕芥，言不覺有也。蔕，丑介反。望風款降，爭馳表章，唯恐居後。【郎註】詔拜田悦爲右僕射，封濟陽郡王，悦衆欣然聽命；拜王武俊官爵，王武俊即黜去僞號；李納聞帝下詔罪己，悉義屬命，封隴西郡王。各見本傳。迹其素志，於此可知。是皆假兵救怨之流，〔六〕戀主偷安之輩。〔七〕

懷生畏死，蠢動之大情；慮危求安，品物之常性。有天下而子百姓者，以天下之欲爲欲，以百姓之心爲心。【石川註】老子：聖人無常心，以百姓之心爲心。固當遂其所懷，去其所畏，給其所求，使家家自寧，人人自遂。家苟寧矣，國亦固焉；人苟遂矣，君亦泰焉。是則好生以及物者，乃自生之方；施安以及物者，乃自安之術。擠彼於死地，而求此之久生也，從古及今，未之有焉。措彼於危地，而求此之久安也，從古及今，亦未之有焉。是以昔之聖王，知生者人之所樂，而己亦樂之，故與人同其生，則上下之樂兼得矣。聖王知安者人之所利，而己亦利之，故與人共其安，則公私之利兩全矣。其有反易常理，昏迷不恭，則當外察其倔強之由，【張註】前漢陸賈傳：乃欲以新造未集之越屈強于此。註：屈強，謂不柔服也。內省於撫馭之失，修近以來遠，檢身而率人。故書曰：「惟干戈省厥躬。」又曰：「舞干羽于兩階，七旬有苗格。」孔子曰：「遠人不服，則修文德以來之。既來之，則安之。」此其證也。

如或昧於懷柔，務在攻取，不徵教化之未至，不疵誠感之未孚，惟峻威是臨，惟忿心是肆。視人如禽獸，而曝之原野；輕人如草芥，而勦之銛鋒。【張註】左傳：國之興也，視民如傷；其亡也，以民爲土芥。綱目集覽：草芥，芥菜也，其實至細。言草芥者，喻至微至賤也。叛者不賓，則命致討；討者不克，則將議刑。是使負釁者懼必死之誅，奉辭者慮無功之責。編甿以困於杼軸而思變，士卒以憚於死喪而念歸。萬情相攻，亂豈有定！一夫不率，【張註】通鑑本註：率，循也。不率，謂不循上之教令也。闔境罹殃；一境不寧，普天致擾。【石川註】詩北山：溥天之下，莫非王土。傳：溥，大也。〔孟子作普。〕兵拏禍結，變起百端。故孔子曰：「遠人不服而不能來也，邦分崩離析而不能守也；而謀動干戈於邦內，吾恐季孫之憂不在顓臾，而在蕭牆之內矣。」【石川註】〔論語文。〕孔安國曰：民有異心曰分，欲去曰崩。鄭玄曰：蕭之言肅也。蕭墻謂屏也。君臣相見之禮，至屏而加肅敬焉。此蓋必然之常理，至當之格言，足以爲明鑑元龜，貫百王而不易者也。事乃反覆，〔八〕得無懼乎？夫理有必然，則殊途歸於同轍；言有至當，則異代應如合符。【張註】說文：符，信也。漢制：以竹長六寸，分而相合。李康運命論：道德元同，曲折合符。頃以東北孽徒，職貢廢闕，陛下忿其違命，大舉甲兵，至令逆泚誘姦，乘釁而動。所備之寇，猶遠介於河山；【石川註】左傳昭二年註：介，隔也。不虞之戎，【石川註】左傳襄三年：不虞之不戒。已竊發於都輦。蕭牆之戒，不其信歟！

前典垂訓既如彼，近事明驗又如此。所以德音叙哀痛之情，悔征伐之事，【石川註】漢書西域傳：末年棄輪臺之池，而下哀痛之詔，豈非仁聖之所悔哉！引衆慝以咎己，布明信以示人，既往之失畢懲，莫大之幸咸宥，約之以省賦，誓之以息兵。由是億兆汙人，四三叛帥，感陛下自新之旨，悦陛下盛德之言，革面易辭，【張註】易：君子豹變，小人革面。具修臣禮。〔九〕其於深言密議，固亦未盡坦然，必當聚黨而謀，傾耳而聽，觀陛下所行之事，考陛下所誓之言。〔一〇〕若言與事符，則遷善之心漸固；儻事與言背，則慮禍之態復興。【張註】通鑑本註：陸贄斯言，亦可以謂之深切當時事情。自京邑底寧，乘輿旋返，屬懷光繼亂，天討又行，息兵之言，我則未復。山東羣帥，所以未敢生辭者，〔一一〕蓋爲河中之地，密近王城，迫於朝夕之虞，不得不翦除之爾。【張註】通鑑綱目：言事者多請赦李懷光。李晟上言：「赦懷光有五不可。河中距長安纔三百里，同州當其衝，多兵則未爲示信，少兵則不足隄防，忽驚東偏，何以制之，一也。今赦懷光，必以晉、絳、慈、隰還之，渾瑊既無所詣，康日知又應遷移，土宇不安，何以奬厲，二也。陛下連兵一年，討除小醜，兵力未窮，遽赦其罪，今西有吐蕃，北有回紇，南有淮西，觀我彊弱，必起窺覦，三也。懷光既赦，則朔方將士皆應叙勳行賞，今府庫方虛，賞不滿望，是愈激之使叛，四也。既解河中，罷諸道兵，賞典不舉，怨言必起，五也。」今若改轅移旆，【石川註】左傳宣十二年：改乘轅。復指淮西，則淮西元兇，必將誑脅其同惡之徒，間說於新附之帥，【張註】通鑑本註：新附諸帥，謂李納、王武俊、田緒等。謂之曰：「奉天息兵之旨，乃因窘急而言，朝廷稍安，必復誅伐。」是以朱泚滅而懷光戮，懷光戮而希烈征，希烈儻平，禍將次及。」則彼之蓄素疑而懷宿負者，能不爲之動心哉！心既動，則盈其喪身覆族之憂；憂既盈，則慮以脣亡齒寒之病。【張註】左傳：宮之奇曰：「諺所謂『輔車相依，脣亡齒寒。』」林註：言虞如牙車，如齒在裏，虢如輔頰，如脣在表，二國相須，去一不可。夫病同者，雖胡、越而相愍；憂同者，不邀結而自親。【石川註】戰國燕策：胡、越言語不相知，志意不相通，同舟而淩波至，共相救助如一也。河朔、青齊，固當響應，建中之禍，勢必重興。以國家再造之初，當羣孽息肩之後，【石川註】左傳襄二年：子駟請息肩於晉。迭來鳴吠，或肆奔衝，討之則我力未遑，縱之乃寇患斯甚。臣愚竊以爲禍非細，未審陛下何方以待之？若有其方，侮之可也；如其未有，願陛下勿輕易焉！

凡將圖終，必在慎始，【石川註】書太甲：圖惟厥終。又，仲虺之誥：慎厥終，惟其始。禍機一發，難可復追。臣請粗陳當今維馭之所宜，唯聖主省擇萬一。夫君之大柄，在惠與威，二者兼行，廢一不可。惠而罔威則不畏，威而罔惠則不懷。苟知夫惠之可懷，而廢其取威之具，則所敷之惠，適足以示弱也，其何懷之有焉？苟知夫威之可畏，而遺其施惠之德，則所作之威，適足以召敵也，其何畏之有焉？故善爲國者，宣惠以養威，蓄威以尊惠。威而能養則不挫，惠而見尊則有恩。是以惠與威交相蓄也，威與惠互相行也。人主之欲柔遠人而服强暴，不明斯術之要，莫之得焉。今皇運中興，天禍將悔，以逆泚之偷居上國，【張註】通鑑本註：唐都長安，故謂之上國。【石川註】左傳昭二十七年：使季子聘于上國。以懷光之竊保中畿，【張註】通鑑本註：開元八年，以河中爲中都，河東、河西二縣爲次赤縣，諸縣爲次畿縣。歲未再周，相次梟殄，【張註】通鑑本註：去年六月斬朱泚，今年八月平懷光。梟殄，謂梟其首而殄絶其類。【石川註】漢書高帝紀：梟故塞王欣頭櫟陽市。師古曰：縣首木上，曰梟首。實衆慝驚心之日，【張註】通鑑本註：衆慝，猶言衆惡也。羣生改觀之時。威則已行，惠猶未洽。誠宜上副天眷，下收物情，布恤人之惠以濟威，乘滅賊之威以行惠。宥河中染汙之黨，悉無所問；赦淮右僭逆之罪，咸與惟新。蠲貸疲甿，休罷戰士，符往歲息兵之令以彰信，丕大君含垢之德以布仁，俾萬姓皆曰：「大哉王言！」又曰：「一哉王心！」【張註】書咸有一德。如是則威不用而畏如神明，惠不費而懷如父母。凡在危疑懼討者，必將曰：「淮右僭逆之罪且赦矣，吾屬何患焉！」凡在脅從同惡者，必將曰：「河中染汙之黨且宥矣，吾屬何疚焉！」凡在倦苦思安者，必將曰：「吾君有戰勝之師，抑而不騁，信乎其恤隱矣。」凡在凋殘望理者，必將曰：「吾君有嫉亂之憤，忍而不攄，信乎其罷征矣。」天下之心若此，而禍亂不息，理道不行者無之。臣所未敢保其必從，唯希烈一人而已。揆其私心，非不願從也；想其潛慮，非不追悔也。【張註】通鑑本註：興元赦文，李希烈不與朱泚同科，亦在肆赦之數。但以猖狂失計，已竊大名，雖荷陛下全宥之恩，然不能不自靦於天地之間耳。【張註】通鑑本註：荷，(不)〔下〕可翻。靦，它典翻，慙顔也。綱目集覽：靦面，慙也。詩：有靦面目。註：靦，姡也。李氏曰：以爲媿耻者非。姡音下刮反，多詐也。縱未順命，斯爲獨夫，【張註】通鑑本註：孟子曰：殘賊之人，謂之獨夫。言人無親輔之者。內則無辭以起兵，外則無類以求助，其計不過厚撫部曲，偷容歲時，心雖陸梁，【張註】史記秦始皇紀：略取陸梁地。正義曰：嶺南之人多處山陸，其性强梁，故曰陸梁。張衡西京賦：怪獸陸梁。又，甘泉賦註云：走者陸梁而跳。勢必不敢。〔三〕陛下但敕諸鎮，各守封疆，彼既氣奪筭窮，是乃狴牢之虜，【張註】通鑑音註：狴，犴；牢，獄；所以拘囚有罪。不有人禍，則當鬼誅。【張註】通鑑本註：陸贄論李希烈事，曲盡情勢。【石川註】莊子：庚桑楚爲不善乎？幽間之中者，鬼得而誅之。朝廷務崇德以待之，臣固知其必不逃於所揣矣。古所謂不戰而屈人之兵者，斯之謂歟？【張註】孫子：百戰百勝，非善之善者也。不戰而屈人之兵，善之善者也。

今若不顧機宜，復興戎役，瀆威而蔑惠，捨易而即難，是棄明信而務忿心，假敵辭而資寇援。窮者不暇恤，勞者不得居，國之安危，或未可保。此乃成敗理亂之所繫，願陛下難之愼之。區區上干，憂惜在此。儻蒙過納狂瞽，不疑所行，謹當草具招諭之辭，詳陳備禦之畫。伏俟宣許，方敢以聞。謹奏。

馬傳庚曰：德宗好用兵，乘得勝之後，志意滿盈，必復興師動衆，兵連禍結，未有已時。公獨一意諫阻，反覆陳明，消慝未萌，情辭愷切。起首「禍」、「福」字，中間「威」、「惠」字，是一篇眼目，文中骨子。通體議論警透。

蔡九霞曰：興元一赦，使悍將叛卒感泣，所謂一紙賢於十萬師也。況希烈等待之如初，既已頒告天下，而復自背其言，無以安反側之心，而前此赦文皆爲虛語。公乘其未發而說破之，非止爲希烈地，實引德宗以誠心孚下之要。未幾而淮西自平，果不逃公所料。誰謂服叛不以理邪！

校勘記

〔一〕示臣馬燧渾瑊等奏平懷光收河東狀　「河東狀」，文粹三〇作「河中事狀」。全唐四七二註亦云：「一作『河中事狀』。」按：通鑑二三二胡註云：「河中，夾河爲兩城，西城河西縣，東城河東縣，河中府治焉。」是河東僅爲河中府屬縣并治所。馬燧、渾瑊平懷光，收復的是整個河中府，并非僅收復一個河東縣。而且，作「河東」與題及内容不合。因疑作「河中」是。

〔二〕懼鈇鉞之次加　「次」，張本作「誅」。石川本註云：「陳本（亦）作『誅』。」

〔三〕慮猜譖之旋及　「旋」，文粹作「交」。

〔四〕圖活而不圖亡　「亡」，通鑑二三二作「王」。

〔五〕悉公私廐牧以張武　「廐牧以張武」，明本、郎本作「芻廐以牧馬」。
〔六〕是皆假兵救怨之流　「怨」，郎本、全唐作「死」。
〔七〕戀主偷安之輩　「主」，宋本、元本、明本、郎本、全唐作「土」。按：作「土」當是。
〔八〕事乃反覆　文粹作「事之至此」。
〔九〕具修臣禮　「具」，通鑑作「且」。
〔一〇〕考陛下所誓之言　「言」，文粹作「心」。
〔一一〕所以未敢生辭者　「辭」，明本、郎本作「亂」。
〔一二〕勢必不敢　「敢」，通鑑作「致」。

陸贄集卷十七

中書奏議　一

請許臺省長官舉薦屬吏狀【郎註】德宗始任楊炎、盧杞，引植私黨，排陷忠良，天下怨疾。貞元後，懲艾其失，雖置宰相，至除用庶官，必反覆參詰，乃得下。及贄秉政，始請臺閣長官得自薦其屬，有不職，坐舉者，帝初許之。或言諸司所舉皆親黨，招賂遺，无實才，帝覆詔宰相自擇，贄遂上此奏。帝雖嘉之，然卒停薦士詔。【石川註】臺，中臺尚書。省，中書、門下。舊唐書公傳：貞元八年，以贄爲中書侍郎、門下同平章事。贄久爲邪黨所擠，困而得位，意在不負恩獎，悉心報國，以天下爲己任。

今月十七日，【張註】時貞元八年。顧少連延英對迴，【張註】續通典：唐制：内中有公事商量，即降宣頭付閤，開延英閤門，翻宣申中書，并牓正衙門。如中書有公事敷奏，即宰臣入牓子，奏請開延英，只是宰臣赴對。奉宣密旨：卿先奏令臺省長官各舉屬吏，近聞外議云：「諸司所舉，【張註】通鑑本註：諸司即謂臺省長官。皆有情故，兼受賄賂，不得實才。」此法甚非穩便，已後除改，卿宜並自揀擇，〔一〕不可信任諸司者。

臣以闇劣，【張註】魏書張袞傳：臣雖闇劣，敢忘前志？謬當大任，果速官謗，【張註】左傳：敢辱高位，以速官謗。林註：當官不能其職，則謗讟繁興，故云「官謗」。上貽聖憂。過蒙恩私，曲降慈誨，感戴循省，寢興不寧。緣是密旨特宣，不敢對衆陳謝，祇禀成命，所宜必行。恭惟聖規，又合無隱，【張註】庾信進玉律秤尺斗升表：仰禀聖規，參詳神思。苟有未達，安敢勿言？雖知塵煩，固不可已。

夫理道之急，在於得人，而知人之難，聖哲所病。【石川註】書皋陶謨：皋陶曰：「在知人。」禹曰：「帝其難之。」聽其言則未保其行，求其行則或遺其才。校勞考則巧僞繁興，而貞方之人罕進；徇聲華則趨競彌長，而沈退之士莫升。自非素與交親，備詳本末，探其志行，閱其器能，然後守道藏用者可得而知，沽名飾貌者不容其僞。故孔子云：「視其所以，觀其所由，察其所安，人焉廋哉！」夫欲觀視而察之，固非一朝一夕之所能也。是以前代有鄉里舉選之法，【張註】通典：周制：凡士之有善，鄉先論士之秀者升諸司徒，曰選士。司徒論選士之秀者而升諸學，曰俊士。既升而不征，曰造士。大樂正論造士之秀者升諸司馬，曰進士。司馬論進士之賢者，及鄉老羣吏獻賢能之書於王。王再拜受之，登於天府，藏於祖廟。內史書其貳而行焉。在其職也，則卿大夫鄉老舉賢能而賓其禮，司徒教三物而興諸學，司馬辨官材以定其論，太宰詔廢置而持其柄，內史贊與奪而貳於中，司士掌其板而知其數。論定然後官之，任官然後爵之，位定然後禄之。擇材取士如此之詳也。【石川註】漢孝武令郡國舉孝廉各一人。鹽鐵論：古之進士也，鄉擇而里選，論其才能，然後官之。長吏辟署之制，【郎註】漢制：其州、郡佐史，自長史以下，皆太守、刺史自辟。當時，如杜〔向〕〔喬〕則楊震所辟，李膺則胡廣所辟。唐制：採訪、節度官屬，自判官以下，得自辟舉，未報則稱攝，已命則同正。當時，如杜甫則嚴武所辟，韓愈則董晉所辟。他官類此。所以明歷試，廣旁求，【張註】書：旁求俊乂，啟迪後人。敦行能，〔二〕息馳騖也。【張註】爾雅：騖，務强也。註：馳騖，事務皆自勉强。劉峻廣絶交論：馳騖之俗，澆薄之倫。

昔周以伯冏爲太僕，命之曰：「慎柬乃寮，罔以巧言、令色、便僻、側媚，其惟吉士！」【石川註】書冏命傳：無得用巧言無實、令色無實、便辟足恭、側媚諂諛之人。是則古之王朝，但命其大官，而大官得自柬寮屬之明驗也。漢朝務求多士，其選不唯公府辟召而已，【張註】綱目集覽：公府謂太尉、司徒、司空三公之府。竹南漫録：漢時司徒、司馬、司空稱三公，又稱三府，府得自辟除也。又有父任兄任，皆得爲郎。【郎註】漢制：刺史二千石以上，視事滿三年，任同産若子一人爲郎。【石川註】漢書韋玄成傳：以父任爲郎，常侍騎。楊惲傳：楊忠弟惲以忠任爲郎。師古曰：任者保也。選入之初，雜居三署，【石川註】後漢書杜林傳：外總三署。註：三署，左、右中郎將及五官中郎將，皆管郎官也。臺省有闕，即用補之。【張註】通典：漢中郎將分掌三署。郎有議郎、中郎、侍郎、郎中，凡四等，皆秦官，無員，多至千人；皆掌門户，出充車騎。故卿、校尉、牧、守待價於此。公車特徵、賢良方正、敦樸有道、高節、公府掾曹、試博士者，亦充玆位。此其明驗也。魏、晉已後，暨于國初，採擇庶官，多由選部。【張註】晉書職官志：靈帝以侍中梁鵠爲選部尚書。及魏，改選部爲吏部，主選部事。唯高位重職，乃由宰相考庶官之有成效者，請而命焉。故晉代山濤爲吏部尚書，中外品員，多所啟授。【張註】晉書山濤傳：濤爲吏部尚書，每一官缺，輒啟擬數人，詔旨有所向，然後顯奏，隨帝意所欲爲先。故帝之所用，或非舉首。衆情不察，以濤輕重任意，或譖之於帝。故帝手詔戒濤曰：「夫用人惟才，不遺疏遠單賤，天下便化矣。」而濤行之自若，一年之後，衆情乃寢。濤所奏甄拔人物，各爲題目，時稱「山公啟事」。宋朝以蔡廓爲吏部尚書，〔三〕先使人謂宰相徐羨之曰：「若得行吏部之職則拜，不然則否。」羨之答云：「黃、散已下悉委。」〔四〕【張註】通鑑音註：黃、散謂黃門侍郎及散騎常侍、侍郎也。蔡廓猶憤恚，以爲失職，遂不之官。【郎註】南〔史〕宋蔡廓傳：廓初拜吏部尚書，謂左丞傅隆曰：「選皆出我乎？」隆言之執政徐羨之。曰：「黃、散已下，專以相委，過此則與衆參之。」廓聞之，曰：「我不能爲徐干木書紙尾。」遂不就。〔選〕案黃紙，録〔事〕尚書與吏部尚書連名，故云「書紙尾」。干木，羨之小字也。是則黃門、散騎侍郎，皆由吏部選授。不必朝廷列位，盡合稟在台司，此其明驗也。

國朝之制：庶官五品以上，制敕命之；六品已下，則並旨授。制敕所命者，蓋宰相商議奏可而除拜之也。【張註】沈括筆談：除猶易也，以新易舊曰除，如新舊歲之交謂之歲除。階謂之除者，自下而上，亦更易之義。旨授者，蓋吏部銓材署職，然後上言，詔旨但畫聞以從之，而不可否者也。【張註】通典：凡諸王及職事正三品以上，若文武散官二品以上，及都督、都護、上州刺史之在京師者册授。五品以上皆制授。六品以下，守五品以上，及視五品以上皆敕授。凡制敕授及册拜，皆宰司進擬。自六品以下旨授。其視品及流外官皆判補之。凡旨授官悉由於尚書：文官屬吏部，武官屬兵部，謂之銓選。通鑑本註：六品以下告身，皆畫「聞」字。開元中，吏部注擬選人，奏置循資格限。【郎註】唐〔書〕選舉志：開元十八年，侍中裴光庭兼吏部尚書，始作循資格，而賢愚一槩，必與格合，乃得銓授，限年躡級，不得踰越。於是久淹不收者皆便之，謂之「聖書」。【張註】通典：自高宗麟德以後，承平既久，人康俗阜，求進者衆，選人漸多。總章二年，裴行儉爲司列少常伯，始設長名姓歷牓，引銓註之法，又定州、縣官資高下昇降，以爲故事，其後莫能革焉。至玄宗開元中，行儉子光庭爲侍中，以選人既無常限，或有出身三十餘年而不獲禄者，復作循資格，官爲限域。凡官罷滿，以若干選而集，各有差等。卑官多選，高官少選。賢愚一貫，必合乎格者乃得銓授。自下昇上，限年躡級，不得踰越。久淹不收者皆荷之，謂之「聖書」。雖小有常規，而掄才之方失矣。自起居、【張註】唐書百官志：起居郎二人，從六品上。通典：起居：周官有左、右史，記其言事，蓋今起居之本。王莽時，置柱下五史，秩如御史，聽事侍傍，記其言行，此又起居之職。唐貞觀二年，移其職於門下，置起居郎二人。顯慶中，復於中書省置起居舍人，遂與起居郎分掌左、右。遺、補【石川註】六典：左、〔右〕補闕、拾遺，掌供奉、諷諫。及御史等官，【石川註】六典：侍御史，掌糾舉百僚，推鞫獄訟。殿中侍御史，掌殿庭供奉之儀式。監察御史，掌分察百僚，巡按郡縣，糾視刑獄，肅整朝儀。猶並列於選曹。【張註】通鑑本註：言起居郎、舍人、拾遺、補闕及御史，皆由吏部奏擬。選，須絹翻。綱目集覽：選曹：選，去聲。猶漢之選部也。註：銓曹事。銓綜之例，著在格令，【張註】晉書山濤傳論：委以銓綜，則羣情自抑。又，良吏傳序：蒞職者爲身擇利，銓綜者爲人擇官。至今不刊。未聞常參之官，悉委宰臣選擇，【石川註】六典：凡京司有常參官。註：謂五品以上職事官，八品以上供奉官。此又近事之明驗也。

其後舊典失序，倖臣專朝，捨僉議而重己權，廢公舉而行私惠。【石川註】唐書外戚傳：國忠以宰相領選，始建罷長名，於銓日即定留放。故事，歲揭版南院爲選式，選者自通，一辭不如式，輒不得調，故有十年不官者。國忠創押例，無賢不肖，用選深者先補官，牒文謬缺得再通，衆議翕然美之。是使周行庶品，【張註】左傳：王及公侯伯子男甸采衛大夫各居其列，所謂周行也。【石川註】詩卷耳：寘彼周行。箋：周之列位，謂朝廷臣也。苟不出時宰之意者，則莫致焉。〔五〕任衆之道益微，進善之途漸隘。近者每須任使，常苦乏人，臨事選求，動淹旬朔，姑務應用，難盡當才。豈不以薦舉淩遲，【張註】通鑑音註：師古曰：陵，邱陵也。陵遲，言如邱陵之逶遲，稍卑下也。又曰：陵夷，夷平也，言其頹替，若邱陵之漸平也。人物衰少，居常則求精太過，有急則備位不充，欲令庶績咸熙，【石川註】書堯典：庶績咸熙。固亦難矣！

臣實駑鈍，〔六〕一無所堪，猥蒙任使，待罪宰相。【張註】通鑑音註：待罪者，謙言也。謂身居其官而不稱職，則將有瘝曠之罪，故謂居職爲待罪。西都之臣率有是言。惟懷竊位之懼，〔七〕【石川註】論語：臧文仲，其竊位者與？且乏知人之明，自揣庸虛，終難上報，唯廣求才之路，〔八〕使賢者各以彙征，【張註】易：拔茅茹以其彙征，吉。啟至公之門，令職司皆得自達。臣當謹守法度，考課百官，【石川註】漢書京房傳：房奏考功課吏法。管子明法解：任其身而課其功。奉揚聰明，信賞必罰。庶乎人無滯用，朝不乏才。以此爲酬恩之資，以此爲致理之具。爰初受命，即以上陳。求賢審官，【石川註】詩卷耳序：求賢審官，知臣下之勤勞。管子權修：將用民能者，則授官不可不審也；授官不審，則民間其治。粗立綱制：凡是百司之長，【張註】通鑑音註：諸司長官，省、寺、監之長也。兼副貳等官，及兩省供奉之職，【張註】通鑑音註：兩省，以中書、門下言也。兩省官自左、右常侍以下，至遺、補、起居郎、舍人，皆供奉官也。并因察舉勞效，須加奬任者，並宰臣叙擬以聞。其餘臺省屬僚，請委長官選擇，指陳才實，以狀上聞。一經薦揚，終身保任。各於除書之内，具標舉授之由，示衆以公，明章得失。得賢則進考增秩，失實則奪俸贖金；亟得則褒升，亟失則黜免。非止搜揚下位，亦可閲試大官。前志所謂「達觀其所舉」，【郎註】魏文侯謂李克曰：「先生嘗有言：『家貧思良妻，國亂思良相。』今所置非魏成則翟璜，二子何如？」克曰：「君弗察故也。居視其所親，富視其所與，達視其所舉，窮視其所不爲，貧視其所不取，五者足以定之矣，何待克哉！」即此義也。自蒙允許，〔九〕即以宣行。〔一〇〕南宫舉人，【張註】杜田正謬：漢建尚書百官府，曰南宫，蓋取象天官書南宫朱鳥，猶唐書以中書省爲紫微，尚書爲文昌之類。後漢鄭宏爲尚書令，前後所陳，補益王政者，著之南宫，以爲故事。蓋南宫猶言南省也。纔至十數，或非臺省舊吏，則是使府佐僚，累經薦延，多歷事任。議其資望，既不愧於班行；考其行能，又未聞於闕敗。而議者遽以騰口，【張註】易：咸其輔、頰、舌，滕口説也。疏：滕，競與也。所競者口，無復心實，故云「滕口説」也。上煩聖聰，道之難行，亦可知矣！

陛下勤求理道，務徇物情，因謂舉薦非宜，復委宰臣揀擇。其爲崇任輔弼，博採輿詞，可謂聖德之盛者。〔一〕然於委任責成之道，聽言考實之方，閑邪存誠，【石川註】易文言：閑邪存誠。猶恐有闕。

所謂委任責成者，將立其事，先擇其人。既得其人，慎謀其始。既謀其始，詳慮其終。終始之間，事必前定。有疑則勿果於用，既用則不復有疑。待終其謀，乃考其事。事愆于素者，【石川註】左傳宣十一年：不愆于素。革其弊而黜其人；事協于初者，賞其人而成其美。使受賞者無所與讓，見黜者莫得爲辭。夫如是，則苟無其才，〔二〕孰敢當任；苟當其任，必得竭才。此古之聖王，委任責成，無爲而理之道也。【張註】禮記：王中心無爲也，以守至正。

所謂聽言考實，虛受廣納，弘接下之規；明目達聰，廣濟人之道。欲知事之得失，不可不聽之於言；欲辯言之真虛，不可不考之於實。言事之得者，勿即謂是，必原其所得之由；言事之失者，勿即謂非，必窮其所失之理。稱人之善者，必詳徵行善之迹；論人之惡者，必明辯爲惡之端。凡聽其言，皆考其實。既得其實，又察以情。既盡其情，復稽於衆。衆議情實，必參相得，然後信其說，獎其誠。如或矯誣，亦寘明罰。【張註】書：矯誣上天。左傳：晏子曰：「其蓋失數美，是矯誣也。」夫如是，則言者不壅，聽之不勞，無浮妄亂教之談，無陰邪傷善之說，無輕信見欺之失，無潛陷不辯之冤。此古之聖王，聽言考實，不出户而知天下之方也。【張註】老子：不出户知天下，不窺牖見天道。

陛下既納臣言而用之，旋聞橫議而止之，於臣謀不責成，於橫議不考實，此乃謀失者得以辭其罪，議曲者得以肆其誣。率是以行，觸類而長，【石川註】易繫辭：觸類而長。固無必定之計，亦無必實之言。計不定則理道難成，言不實則小人得志，國家所病，恒必由之。昔齊桓公將啟霸圖，問管仲以害霸之事。管仲對曰：「得賢不能任，害霸也；任賢不能固，害霸也；固始而不能終，害霸也；與賢人謀事，而與小人議之，害霸也。」【郎註】事見管子。【張註】說苑：桓公曰：「何如而害伯？」管仲對曰：「不知賢，害伯；知而不用，害伯；用而不任，害伯；任而不信，害伯；信而復使小人參之，害伯。」所謂小人者，不必悉懷險詖，【石川註】詩卷耳序：無險詖私謁之心。崔云：不正也。故覆邦家。〔一三〕蓋以其意性憸邪，〔一四〕趣尚狹促，以沮議爲出衆，以自異爲不羣，趨近利而昧遠圖，效小信而傷大道。故論語曰：「言必信，行必果，硜硜然，小人哉！」〔一五〕【石川註】硜硜然，皇侃疏：堅正難移貌。夫以能信於言，能果於行，唯以硜硜淺近，不克弘通，宣尼猶謂其小人，管仲尚憂其害霸，況又有言行難保，而恣其非心者乎！【石川註】書冏命：格其非心。此皆任不責成，言不考實之弊也。

聖旨以謂外議云「諸司所舉，皆有情故，兼受賄賂，不得實才」者。臣請陛下當使所言之人，詳陳所犯之狀，某人受賄，某舉有情。陛下然後以事質於臣，臣復以事質於舉主，若便首伏，則據罪抵刑，如或有詞，則付法閱責。〔一六〕謬舉者必行其罰，誣善者亦反其辜，【張

註】通鑑本註：謂反坐以罪也。自然憲典克明，邪慝不作。懲一沮百，理之善經。【張註】漢書尹翁歸傳：其有所取也，以一警百。中說：杜如晦問政，子曰：「推爾誠，舉爾類，賞一以勸百，罪一以懲衆，夫爲政而何有？」【石川註】左傳宣十二年：兼弱攻昧，武之善經也。何必貸其姦贓，不加辯詰；私其公議，不出主名。【張註】通鑑本註：主名，告主之名也。使無辜見疑，有罪獲縱，枉直同貫，人何賴焉！

聖旨又以長官舉人，法非穩便，令臣並自揀擇，不可信任諸司者。伏以宰輔常制，不過數人，【張註】通典：宰相，自先天之前，其員頗多。景龍中，至十餘人。開元以來，常以二人爲限，或多則三人。天寶十五年之後，天下多難，勳賢并建，故備位者衆，然其秉鈞持衡，亦一二人而已。通鑑：貞元九年，賈耽、陸贄、趙憬、盧邁爲相，百官白事，更讓不言。秋七月，奏請依至德故事，宰相迭秉筆，以處政事，旬日一易，詔從之。其後日一易之。人之所知，固有限極，必不能徧諳多士，〔一七〕備閲羣才。若令悉命羣官，理須展轉詢訪，是則變公舉爲私薦，易明敭【石川註】書堯典：明明敭側陋。以暗投。【張註】通鑑本註：公私明闇以相形，而文理自見。此作文之法。然「明揚」二字本之虞書，「闇投」二字本之漢書，作文又不可無來處。近世教人爲文者類此，文詎止於此而已！【石川註】漢鄒陽書：明月之珠，夜光之璧，以暗投人於道，衆莫不按劍相眄者。儻如議者之言，所舉多有情故，舉於君上，且未絶私，薦於宰臣，安肯無詐，失人之弊，必又甚焉。所以承前命官，罕有不涉私謗。雖則秉鈞不一，【石川註】詩節(彼)南山：秉國之均。箋：持國政之平。均、鈞同。或自行情，亦由私訪所親，轉爲所賣。其弊非遠，聖鑒明知。今又將徇浮言，【張註】書：汝曷弗告朕，而胥動以浮言。專任宰臣除吏。宰臣不徧諳識，踵前須訪於人。若訪於親朋，則是悔其覆車，不易前轍之失也。【郎註】晏子春秋：鄙諺曰：前車覆，後車誡。若訪於朝列，則是求其私薦，必不如公舉之愈也。二者利害，惟陛下更詳擇焉。〔一八〕恐不如委任長官，〔一九〕慎柬寮屬，所揀既少，所求亦精。得賢有鑒識之名，失實當闇謬之責。人之常性，莫不愛身，〔二〇〕況於臺省長官，皆是久當朝選，〔二一〕孰肯徇私妄舉，以傷名取責者乎！

所謂臺省長官，即僕射、【石川註】六典註：左、右丞相，本左、右僕射也。隋置左、右僕射，從二品，皇朝因之。舊唐書職官志：左、右僕射，掌統六官，綱紀庶務，以貳令之職。自不置令，僕射總判省事。御史糾劾不當，兼得彈之。尚書、左右丞、【石川註】通典：左丞，掌管轄諸司，糾正省內，勾吏部、户部、禮部十二司，通判都省事。右丞，掌管兵部、刑部、工部等十二司。侍郎【石川註】六尚書、門下、中書皆有侍郎。及御史大夫、【石川註】六典：御史大夫之職，掌邦國刑憲典章之政令，以肅正朝列。中丞爲之貳。中丞【石川註】通典：掌肅清風俗，彈糾內外，總判臺事。是也。〔二二〕陛下比擇輔相，多亦出於其中。〔二三〕今之宰相，則往日臺省長官也；今之臺省長官，乃將來之宰臣也。但是職名暫異，固非行業頓殊。【張註】謹按：通鑑作「行舉頓殊」。音註：行舉者，臺省長官舉之，宰相行之。豈有爲長官之時，則不能舉一二屬吏；居宰臣之位，則可擇千百具寮？物議悠悠，其惑斯甚。〔二四〕

聖人制事，必度物宜，無求備於一人，【石川註】論語：無求備於一人。無責人於不逮，尊者領其要，卑者任其詳。是以人主擇輔臣，輔臣擇庶長。【張註】通鑑本註：庶長，庶官之長也。庶長擇佐僚。所任愈崇，故所擇愈少；所試漸下，故所舉漸輕。進不失倫，選不失類。以類則詳知實行，有倫則杜絶徼求。將務得人，無易於此。是故選自卑遠，始升於朝者，各委長吏任舉之，則下無遺賢矣。【石川註】書大禹謨：野無遺賢。寘于周行，既任以事者，於是宰臣序進之，則朝無曠職矣。才德兼茂，歷試不渝者，然後人主倚任之，則海内無遺士矣。

夫求才貴廣，考課貴精。〔二五〕求廣在於各舉所知，長吏之薦擇是也；考精在於按名責實，【張註】淮南子：有道之主，循名責實，使有司任而弗詔，責而弗教。宰臣之序進是也。求不廣則下位罕進，下位罕進則用常乏人，用常乏人則懼曠庶職，懼曠庶職則苟取備員。是以考課之法，不暇精也。考不精則能否無別，能否無別則砥礪漸衰，砥礪漸衰則職業不舉，職業不舉則品格浸微。是以賢能之功，不克彰也。皆失於不廣求人之道，而務選士之精；不思考課之行，而望得人之美。是以望得彌失，務精益麤，塞源浚流，未見其可。

臣欲詳徵舊説，伏恐聽覽爲煩，粗舉一端，以明其理。往者則天太后踐祚臨朝，【張註】則天謂武后也。唐書后妃傳：后崩，遺制稱則天大聖皇太后。欲收人心，尤務拔擢，弘委任之意，開汲引之門，進用不疑，〔二六〕求訪無倦，非但人得薦士，亦得自舉其才。【張註】通鑑綱目：太后制百官及百姓皆得自舉。讀史管見：女而自媒，求貞女者賤之；士而自薦，求良士者輕之。武后之詔不足論矣。而陸宣公通達治體者也，乃引以爲美談，曰「當時有得人之稱，累朝賴多士之用」，何也？此爲德宗猜忌而發，非古今之通誼也。所薦必行，所舉輒試，其於選士之道，豈不傷於容易哉！然而課責既嚴，進退皆速，不肖者旋黜，才能者驟升。是以當代謂知人之明，累朝賴多士之用。【郎註】太后不惜爵位，以籠四方豪傑。自爲助，雖妄男子，言有所合，輒不次官之。至不稱職，尋亦廢誅，不少縱。務收實材真賢。故當時有「杷推」、「腕脱」之語。而一時所得，如姚崇、宋璟輩，皆足以建開元之太平。〔事見則天傳。〕【石川註】自中宗至玄宗，忠良臣多則天朝所舉也。此乃近於求才貴廣，考課貴精之效也。陛下誕膺寶曆，思致理平，雖好賢之心有踰前哲，而得人之盛未逮往時，〔二七〕蓋由鑒賞獨任於聖聰，搜擇頗難於公舉，但速登延之路，〔二八〕罕施練覈之方。遂使先進者漸益凋訛，後來者不相接續，施一令則謗沮互起，用一人則瘡痏立成。【張註】抱朴子：生瘡痏於玉肌。張衡西京賦：所惡成瘡痏。註：瘡痏，謂瘢痕也。此乃失於選才太精，制法不一之患也。【郎註】德宗天資猜忌，用人太精，東省閉閤累月，南臺惟一御史。則天舉用之法，傷易而得人；陛下慎柬之規，太精而失士。【張註】書：慎簡乃寮。是知雖易於舉用，而不易於苟容，則所易者適足廣得人之資，不爲害也。不精於法制，而務精於選才，則所精者適足梗進賢之途，不爲利也。

人之才行，自昔罕全，苟有所長，必有所短。【張註】通鑑：子思曰：「夫聖人之官人，猶匠之用木也，取其所長，棄其所短。」若録長補短，則天下無不用之人；責短捨長，則天下無不棄之士。加以情有憎愛，趣有異同，假使聖如伊、周，賢如楊、墨，求諸物議，孰免譏嫌。昔子貢問於孔子曰：「鄉人皆好之，何如？」子曰：「未可也。」「鄉人皆惡之，何如？」子曰：「未可也。不如鄉人之善者好之，其不善者惡之。」蓋以小人君子，意必相反，其在小人之惡君子，亦如君子之惡小人。將察其情，在審其聽。聽君子則小人道廢，聽小人則君子道消。今陛下慎選宰臣，必以爲重於庶品；精擇長吏，必以爲愈於末流。【張註】漢書游俠傳序：惜乎不入於道德，苟放縱於末流。人物志：無恒依似，皆風人末流。末流之質，不可勝論，是以略而不概也。及至宰臣獻規，長吏薦士，陛下則但納橫議，不稽始謀，是乃任以重者輕其言，待以輕者重其事。且又不辨所毁之虚實，不校所議之短長。〔二九〕人之多言，何所不至。是將使人無所措其手足，【石川註】論語：刑罰不中，則民無所措手足。豈獨選任之道失其端而已乎！

臣之切言，〔三〇〕固非爲己。所惜者致理之道，所感者見遇之恩。輒因陳謝，布露以聞，惟陛下幸察！謹奏。【張註】通鑑：上竟追前詔不行。【石川註】舊唐書公傳：上雖嘉其所陳，長官薦士之詔，寢之。

馬傳庚曰：察吏選才，本屬難事。公奏請臺省長官薦舉屬吏，而以屬吏之賢否，驗薦舉之得失，繫以黜陟，罔敢欺誣。立法精詳，毫無遺議。柰德宗誤信讒言，轉生疑慮，坐使良法不行，僉壬倖進，良可慨也！

蔡九霞曰：古無循資遷轉之法，惟是擇賢而任，故以擇賢之責，歸之相臣。宰相一人耳目，豈能遍知天下之才？故使長吏薦舉屬僚，真至公之道，而乃有薦舉涉私之疑。婁（非）〔斐〕一入，良法遂隳，公所由不勝憤激也。夫宰臣除進賢一事，別無報主之術。若不信宰臣，不信長吏，而信浮議，雖賢如公，何由表見乎？總之，宰相得人，自擇固公，薦舉亦不得不公。宰相非其人，薦舉固或行私，自擇豈不更易于行私哉！此又當寧所宜留意也。

校勘記

〔一〕卿宜並自揀擇　文粹二九無「並」字。

〔二〕敦行能　「敦」，張本註云：「文獻通考作『證』。」

〔三〕宋朝以蔡廓爲吏部尚書　「吏部尚書」下原有一「郎」字。明本、郎本、文粹、通考三七、全唐四七二均無此「郎」字。石川本同，註云：「諸本皆有『郎』字，唯陳本無『郎』字，從之。」據宋書五七、南史二九蔡廓傳，是時廓官實爲「吏部尚書」。因刪「郎」字。

〔四〕黃散以下悉委　「悉委」，文粹作「悉以委之」。宋書、南史蔡廓傳均作「黃門郎以下，悉以委蔡」，無散騎常侍、散騎侍郎之「散」字。

〔五〕則莫致焉 「莫致」上，文粹多一「進」字。

〔六〕臣實駑鈍 「駑鈍」，文粹作「駑頑」，舊傳、册府三一三作「頑鄙」。

〔七〕惟懷竊位之懼 「惟」，宋本、明本、郎本、舊傳作「雖」。

〔八〕唯廣求才之路 「唯」下，舊傳、册府多一「知」字。

〔九〕自蒙允許 「自」，舊傳、册府作「既」。

〔一〇〕即以宣行 「以」舊傳作「宜」。

〔一一〕可謂聖德之盛者 此句之下，明本、郎本、文粹多一「也」字。

〔一二〕則苟無其才 「才」，文粹作「人」。

〔一三〕故覆邦家 「故」，新傳作「以」，文粹作「敗」。此句之下，新傳多一「也」字。

〔一四〕蓋以其意性憸邪 「憸」，舊傳作「回」。按：「憸邪」意爲奸滑。前文已云，「所謂小人者，不必悉懷險詖，故覆邦家」，則此「憸邪」用辭嫌重。「回邪」出禮記樂記，疏云：「回謂乖違，邪謂邪僻。」則貶義稍輕，與前文合，疑是。

〔一五〕小人哉 「哉」原作「也」，據明本、郎本、全唐改。按：此句出論語子路，該書各本均作「哉」，無作「也」者。可知作「哉」是。

〔一六〕則付法閱責 「責」，宋本、明本、郎本、張本、文粹、通考作「實」。石川本同，註云：「陸、吴、陶本作『責』，文粹及陳、葉本作『實』，從之。」按：據前文，作「實」當是。

〔一七〕必不能徧諳多士　「必不」，通鑑作「豈」。「多士」，册府作「諸事」。

〔一八〕惟陛下更詳擇焉　「詳」，張本註云：「一作『慎』。」

〔一九〕恐不如委任長官　「委任」，文粹作「復委」。

〔二〇〕莫不愛身　「身」原作「人」，誤，據宋本、明本、郎本、舊傳、册府、文粹、通考、全唐改。

〔二一〕皆是久當朝選　「久當朝選」，宋本、明本、郎本、文粹作「當朝高選」，舊傳、册府、會要五一作「當朝華選」。石川本註引文粹「高」作「公」，即別本文粹作「當朝公選」。

〔二二〕即僕射尚書左右丞侍郎及御史大夫中丞是也　「御史」上原有一「侍」字。舊傳、新傳、册府、會要無此「侍」字。按：此舉均爲「臺省長官」。御史臺長官爲大夫，正三品；副長官爲中丞，正四品下。侍御史僅從六品下，非御史臺長官，名却排在大夫、中丞之上，顯然有誤。無「侍」字是，因删。

〔二三〕多亦出於其中　「出於」原作「不出」，連接前文，義較晦滯。石川本註謂「無『不』字近是」。此據舊傳、新傳、册府、會要改。

〔二四〕其惑斯甚　「斯」，會要作「頗」。

〔二五〕夫求才貴廣考課貴精　「求才」、「考課」下，新傳各多一「者」字。

〔二六〕進用不疑　「疑」，通鑑作「次」。

〔二七〕雖好賢之心有踰前哲而得人之盛未逮往時　「有踰」、「未逮」下，舊傳、册府各多一「於」字。

〔二八〕但速登延之路　「但速」，舊傳作「仍啟」。

〔二九〕不校所議之短長　「議」，舊傳、册府作「試」。

〔三〇〕臣之切言　「切」，文粹作「公」。

請遣使臣宣撫諸道遭水州縣狀

【張註】通鑑：貞元八年秋七月，河南、北、江、淮、荆、襄、陳、許等四十餘州大水，溺死者二萬餘人。通典唐開元禮：皇帝遣使賑撫諸州水旱蟲災，本司散下其禮，所司隨職供辦。使者未到之前，所在長官先勒集所部僚佐等及正長老人。本司先於廳事大門外之右設使者便次，南向；又於大門外之右設使者〔位〕，東向；大門外之左設長官以下及所部位，重行，北向，西上；於廳事之庭少北設使者位，南向；又於使者位之南三丈所設長官位，北向。其所部僚屬則位於長官之後，文東武西，每等異位，重行，北面，相對爲首。正長老人則位其南，重行，北面，西上。使者到，所司迎引入便次。長官及所部嚴肅以待。正長老人等並列於大門外之南，重行，北面，西上。至時，使者以下各服其服，所在長官及所部僚佐亦各服公服。行衆軍引長官以下出就門外位立，司功衆軍引使者就門外位立，持節者立於使者之北，史二人對舉制案，列於使者之南，俱少退，東向。行參軍贊拜，長官及所部在位者皆再拜。行參軍引長官等以次先入，立於門内之右，重行，西面。司功參軍引使者入，幡節前導，持案者從之。使者到庭中位立。持節者於使者東南，西面。行參軍引長官以下俱入就庭中位立定。持節者脱節衣，持案者以案進使者前，使者取制書，持案者退，復位。使者稱「有制」，行參軍贊再拜，長官及諸在位者皆再拜。使者宣制書訖，行參軍又贊拜，長官及諸在位者皆再拜。行參軍引長官進詣使者前，受制書，退，復位。訖，功曹參軍引使者以下出復門外位，行參軍引長官及諸在位者各出即門外位如初。行參軍引使者以下還便次，長官退，其正長老人等任散。

右頻得鹽鐵、轉運【張註】文獻通考：唐先天二年，李傑始爲水陸發運使，蓋使名之起。開元二十一年，裴耀卿以侍中充江南、淮南轉運使，崔希逸、蕭炅爲副，蓋副使始此。天寶以韋堅充勾當轉運使，第五琦充諸色轉運使，劉晏充諸路轉運使。其後韓滉、杜悰、杜讓能、崔昭緯皆以宰相充使。而諸道分置巡院，皆統於此。及州縣申報，霖雨爲災，彌月不止，或川瀆泛漲，或谿谷奔流，淹没田苗，損壞廬舍，又有漂溺不救，轉徙乏糧，喪亡流離，數亦非少。臣等任處台輔，職調陰陽，【石川註】書周官：茲惟三公，燮理陰陽。一物失宜，尸曠斯在，五行愆度，黜責何逃！陛下德邁禹、湯，恕人咎己，【石川註】左傳莊十一年：禹、湯罪己，其興也悖焉。臣等每奉詞旨，倍益慙惶，所以僶俛在公，【石川註】詩谷風：黽勉求之。箋：黽勉，勤力。小星：夙夜在公。不敢頻煩請罪。前者面陳事體，須遣使撫綏，陛下尚謂詢問來人，所損殊少，即議優卹，恐長姦欺。臣等旬日以來，更審借訪，類會行旅所説，悉與申報符同。但恐所聞聖聰，或未盡陳事實。夫流俗之弊，多徇諂諛。揣所悦意者，則侈其言；度所惡聞者，則小其事。制備失所，恒病於斯。【張註】通鑑本註：制備，謂隨事爲之制而豫備也。初聞諸道水災，臣等屢訪朝列，多云無害於物，以爲不足致懷，退省其私，言則頓異。霖潦非可諱之事，搢紳皆有識之人，與臣比肩，尚且相媚，況乎事或曖昧，人或瑣微。以利己之心，希至尊之旨，其於情實，固不易知，如斯之流，足誤視聽。所願事皆覆驗，則冀言無詐欺，大明照臨，天下之幸也。〔一〕【張註】禮記：大明生於東，月生於西。書：若日月之照臨，光於四方。

昔子夏問於孔子曰：「何如斯可謂人之父母？」孔子對曰：「四方有敗，必先知之，斯可謂人之父母矣。」【郎註】見孔子閒居。蓋以君人之道，子育爲心。雖深居九重，而慮周四表；【張註】通鑑音註：天門九重，人主之門亦曰九重。所謂禁衛九重、虎豹九關，皆言九門也。雖恒處安樂，而憂及困窮。近取諸身，如一體之於四支，其疾病無不恤也。遠取諸物，【石川註】易繫辭：近取諸身，遠取諸物。如兩曜之於萬類，其鑒照無不均也。故時有凶害，而人無流亡，恃天聽之必聞，【張註】書：天視自我民視，天聽自我民聽。知上澤之必至。是以有母之愛，有父之尊。古之聖王，能以天下爲一家，中國爲一人，用此術也。【張註】禮記：耐以天下爲一家，以中國爲一人者，非意之也，必知其情，辟於其義，明於其利，達於其患，然後能爲之。

今水潦爲敗，緜數十州，奔告于朝，日月相繼。若哀其疾苦，固宜降旨優矜；儻疑其詐欺，亦當遣使巡視。安可徇往來之浮說，忘惠卹之大猷！失人得財，是將焉用？況災害已甚，申奏亦頻，縱不蒙恩復除，【石川註】正韻：復，除也。自當準式蠲免。【石川註】六典：凡水旱蟲霜爲災害，十分損四以上，免租；損六以上，免租調；損七以上，課役俱免。若桑麻損盡者，各免調。若已役已輸者，聽免其來年。徒失事體，無資國儲。恐須速降德音，深示憂憫，分道命使，明敕弔災，寬息征徭，省察冤濫。應家有溺死，及漂没居産都盡，父子不存濟者，各量賜粟帛，便委使臣與州府以當處官物給付。其損壞廬舍田苗者，亦委使臣與州府據所損作分數等第聞奏，量與蠲減租税。如此則殁者蒙瘞酹之惠，存者霑煦嫗之恩，霈澤下施，孰不欣戴？所費者財用，所收者人心，若不失人，何憂乏用！臣等已約支計，所費亦不甚多，儻蒙聖恩允從，即具條件續進。

臣又聞聖人作則，皆以天地爲本，陰陽爲端。慶賞者順陽之功，故行於春、夏，刑罰者法陰之氣，故用之秋、冬。【張註】左傳：賞以春、夏，刑以秋、冬。事或愆時，人必罹咎。是以月令所載：夏行秋令，則苦雨數來，邱隰水潦；夏行冬令，則後乃大水，敗其城郭。【張註】禮記月令：孟夏行秋令，則苦雨數來，五穀不滋。註：申之氣乘之也。又：季夏行秋令，則邱隰水潦。註：戌之氣乘之也。又：孟夏行冬令，則草木蚤枯，後乃大水，敗其城郭。註：亥之氣乘之也。典籍垂誡，言固不誣，天人同符，理當必應，既有繫於舒慘，是能致於災祥。頃自夏初，大臣得罪，【郎註】吴通玄傳：通玄與弟通微，并竇參等，素與陸贄不相得。參從子申與通玄兄弟共讒謗贄，帝大怒，罷參宰相，賜通玄死於長城驛，乃杖殺申，尋亦殺參，諸竇并逐去。時貞元八年四月也。【張註】指竇參等。親黨坐累，其徒實繁。【石川註】舊唐書德宗紀：貞元八年四月，貶左金吾大將軍嗣虢王則之爲昭州司馬，貶中書侍郎平章事竇參爲郴州別駕，竇申景州司户，諸竇皆貶。邦憲已行，宸嚴未解，畏天之怒，中外竦然。若以月令推之，水潦或是其應。雖天所降沴，不在郊畿，然海内爲家，【石川註】漢書蕭何傳：天子以四海爲家。無論遐邇。伏願滌瑕以德，消沴以和，威惠之相濟合宜，陰陽之運行自序，臣等不勝覩災慚負之至！謹奉狀陳請以聞。謹奏。【張註】綱目：八月，遣使宣撫諸道。綱目發明曰：此亦可謂得救災之意矣。是時，陸贄當國，故其所行如此。德宗猶以恐生姦欺爲言。向非贄委曲開諭，帝亦未必能從。然則欲考相臣之事業者，當以其時所行之事觀之，則得矣。

馬傳庚曰：救災恤民，君之道也。況百姓何辜，咎由上致，置而不問，何以爲情！詞義謹嚴，議論警切。

蔡九霞曰：看得財用重，看得民心民命輕，則言被災者必疑，言災不甚者必信。嗟乎！民罹於災，望恩膏如大旱之〔望〕雲霓，而上人猶作此種心腸，民有蹈溝壑已耳！如此之君不少，勿徒爲德宗諱也。

校勘記

〔一〕天下之幸也　「之」，明本、郎本作「大」。石川本註云：「陳本（亦）作『大』。」

論淮西管內水損處請同諸道遣宣慰使狀

右奉進止：淮西管內貢賦既闕，所緣水損簡擇宣慰使，此道亦不要遣去者。

臣聞聖王之於天下也，人有不得其所者，若己納之於隍。【張註】張衡東京賦：人或不得其所，若己納之於隍。註：隍，城下坑無水者。故夏禹泣辜，【郎註】劉向說苑。【張註】通鑑前編：帝巡狩出見罪人，下車泣而問之。左右曰：「罪人不順道，君王何爲痛之？」禹曰：「堯、舜之人，皆以堯、舜之心爲心；寡人爲君，百姓各自以其心爲心，是以痛之。」殷湯引罪，【石川註】書湯誥：萬方有罪，在予一人。蓋以率土之內，莫非王臣。或有昏迷不龔，是由教化未至，常以善救，則無棄人。【郎註】老子云。自希烈亂常，汙染淮甸，職貢廢闕，責當有歸，在於編甿，豈任其咎！陛下息師含垢，宥彼渠魁，【張註】通鑑本註：渠，大也。魁，率也。惟茲下人，久罹脅制。〔一〕想其翹望聖化，誠亦有足哀傷，儻弘善救之心，當軫納隍之慮。今者遣使宣命，本緣卹患弔災，諸道災患既同，朝廷弔卹或異，是使慕聲教者【石川註】書禹貢：朔南暨聲教。絶望，懷反側者得詞，棄人而固其寇讎，恐非所以爲計也。

昔晉饑乞糴于秦，大夫百里奚曰：「天災流行，國家代有，救災卹鄰，道也，行道有福。」丕豹則請因而伐之。穆公用百里奚之言，拒丕豹之請，且曰：「其君是惡，其人何罪？」遂輸粟以救之。其後秦饑，乞糴於晉，大夫虢射曰：「無損於怨，而益於寇，不如勿與。」慶鄭曰：「幸災不仁，〔二〕貪愛不祥，怒鄰不義，不如與之。」惠公信虢射之謀，違慶鄭之議，遂閉糴以絶焉。是歲，晉國復饑，秦伯又饋之粟，曰：「吾怨其君，而矜其人。」【張註】事在左傳僖十三年、十四年、十五年。終於秦繆霸强，晉惠擒辱。【郎註】見左〔傳〕僖十五年。【石川註】春秋僖十五年：晉侯及秦伯戰於韓，獲晉侯。是知棄怨而施惠者，可以懷敵；計利而忘義者，罔不失人。此乃列國諸侯，猶務卹鄰救災，矧君臨天下，而可使德澤不均被者乎？

議者多謂淮右荐饑，國家之利，臣等愚見，以爲不然。必若興有征之師，問不庭之罪，因災幸濟，已爽德政。儻又難於用兵，望其艱窘自斃，利害之勢，或未可知。夫悍獸之情，窮則攫搏；【張註】左傳：困獸猶鬬。淮南子：熊羆之動以攫搏。暴人之態，急則猖狂。【石川註】家語顏回：獸窮則攫，人窮則詐。當其迫阨之時，尤資撫馭。苟得招攜以禮，【張註】左傳：管仲曰：「詔攜以禮。」便可底寧；備慮乖方，亦足生患。竊以帝王之道，頗與敵國不同，懷柔萬邦，唯德與義，寧人負我，無我負人，【張註】通鑑音註：後漢末，曹操避董卓之難，間行東歸，過故人呂伯奢。伯奢出，五子備賓主禮。操聞食器聲，以爲圖己，手劍殺八人而去；既而悽愴曰：「寧我負人，無人負我。」讀史管見：自漢初有「寧我負人，無人負我」之說。凡尚詐謀、爭功利者率用之，終亦自蹈其患，則未有知反其失如陸相之言者。嗟乎！「無我負人」，推而大也，忠恕之道也；「寧人負我」，守而固也，知命之事也。敬輿之學，其真洙泗之徒與！通鑑本註：反曹操之言，則有帝王氣象。故能使億兆歸心，遠邇從化。猶有兇迷不復，【石川註】易復：上六，迷復，凶，有災眚。必當人鬼同誅，此其自取覆亡，尚亦不足含怒。今因供稅有闕，〔三〕遂令施惠不均，責帥及人，恐未爲允。伏惟聖鑒，更審細裁，量其所擇。諸道使並未敢宣行，伏候進止。【張註】通鑑：八月，遣中書舍人京兆奚陟等宣撫諸道水災。

馬傳庚曰：弔災救患，本爲仁心；懷怨記讎，乃係私憤。因私害仁，已屬背義。況又誘彼主帥，責及編甿，致令生心，激成衆怒，殊爲不可！何如因其困乏，就便加恩，使自歸降，坐收其利。通篇反覆辯論，曲折詳明。

校勘記

〔一〕久罹脅制　通鑑二三四作「所宜矜恤」。

〔二〕幸災不仁　此句之上，宋本、明本、郎本多「背施無親」四字。按：左傳僖十四年載慶鄭曰有此四字。疑多此四字是。

〔三〕今因供税有闕　「税」，明本、郎本作「輸」。

謝密旨因論所宣事狀〔一〕

前日顧少連奉諭密旨：每於延英對卿，【張註】通鑑音註：唐自德宗以後，羣臣乞對延英，率於延英門請對。會要曰：元和十五年，詔於西上閤門西廊内，開便門以通宰臣自閤中赴延英路。宋申錫之得罪也，詔諸宰相自中書入對延英。緣有諸人，言不得盡。中間卿所奏去冬薦人，實緣對趙憬執論，【郎註】本傳：憬，隴西人。德宗以爲左丞，進平章事，與陸贄同輔政。所以有言相拒，亦不是阻卿之意。若有要便事，但依前者意旨，自手疏密封進來。卿又頻與苗粲進官，朕未放過，恐卿未知朕意。此人即苗晉卿之子。晉卿往年攝政，曾有不臣之言。又諸子皆與古帝王同名，意甚不善。【郎註】本傳：晉卿字元輔，潞州壺關人。天寶間，拜侍中。玄宗崩，肅宗疾甚，詔晉卿攝冢宰，力辭，不聽。代宗立，復攝冢宰，固辭，乃免。永泰初，薨，年八十二。晉卿有十子：發、丕、堅、粲、垂、向、呂、稷、望、咸。粲，德宗時官至郎中。陸贄欲進粲官，帝不許，贄乃上奏。帝然之，而粲官終不顯。緣非諸子之過，不欲明行斥逐，終是不合令在朝廷。卿宜密知此意。苗粲兄弟並改與在外閑僻處官，仍不得令近兵馬者。

猥蒙天慈，屢降深旨，慰眷稠疊，誨諭周詳，骨肉之恩，無以加此。士感知己，尚合捐軀；臣雖孱微，能不激勵！至於彌綸庶績，督課羣官，始終不渝，夙夜匪懈，【石川註】詩烝民：夙夜匪懈，以事一人。註：夙，早；夜，莫；匪，非也。是皆常分，曷足酬恩！〔二〕自揣凡庸之才，又無奇崛之效，唯當輸罄忠節，匡補聖猷。衆人之所難言，臣必無隱；常情之所易溺，臣不必不回。冏然貞心，【石川註】玉篇：冏，大明也。又，文選註：光也。持以上報，此愚夫一志而不易者也。惟明主矜亮而保容之。

頃以去冬薦人，頻於街衢披訴，既是準制許集，理合量才授官。進擬再三，未蒙允許。伏慮事轉淹滯，所以因對奏陳。懵於忖量，推理輒發。以趙璟與臣並命，俱掌樞衡，參奉謀猷，事當無間，不知避忌，輕瀆宸嚴。陛下特宥惷愚，曲加獎導，寵遇踰等，恩私倍常。顧惟何人，叨幸若此！【張註】說文：叨，貪也。後漢盧植傳：橫叨天功，以爲己力。偶有所見，敢不盡言！是彰無隱之誠，以申上報之分。

臣聞王者之道，坦然著明，奉三無私，以勞天下，平平蕩蕩，無側無偏。【石川註】書洪範：無偏無黨，王道蕩蕩；無黨無偏，王道平平；無反無側，王道正直。所謂三無私者：如天之無私覆也，如地之無私載也，如日月之無私照也。其或有過，如日月之有蝕焉，過也人皆見之，更也人皆仰之。日月不疾於蔽虧，人君不吝於過失。虧而能復，無損於明；過而能改，不累於德。昨者臣所奏事，惟有趙憬得聞，陛下已至勞神，委曲防護。是於心膂之内，尚有形迹之拘。【張註】通鑑音註：膂，力舉翻。字林：膂，脊骨也。人之一身，思慮之所以運者心，腰背之所以强者膂，故以爲喻。職同事殊，〔三〕鮮克以濟。恐爽無私之德，且傷不吝之明。【郎註】通鑑：范祖禹曰：凡此皆德宗心術之蔽也。故蕭復諫之於前，陸贄論之於後，而終不改，蓋自以爲得馭下之術，而不知大失爲上之道，是以愈疑而愈暗也。【張註】書：改過不吝。夫元首股肱，義實同體，諮詢獻納，一日萬幾。宣之使言，【石川註】周語：爲民者，宣之使言。猶未盡意，言若有阻，意何由通！啟沃既難，【石川註】書説命：啟乃心，沃朕心。機務斯壅。雖荷綢繆之顧，【石川註】〔文選〕：李陵詩：與子結綢繆。註：殷勤之意。實增曠廢之憂。仰希聖聰，更賜裁處。

苗粲少以門子【張註】左傳：鄭六卿及大夫門子，皆從鄭伯。註：門子，卿之適子，將代父當門者也。風俗通：周禮：卿大夫之子，名曰門子。早登朝班，歷拾遺、補闕、起居、員外、郎中。前後二十餘年，温恭有加，恪慎無怠。【石川註】詩那：温恭朝夕，執事有恪。端敏足以守職，文學足以飾身，詳其器能，堪處近侍。陛下以粲先父常有過言，名子之方，又乖義類，【石川註】左傳桓二年：名以制義。詩蕩：而秉義類。不忍明加斥黜，但令改授外官。伏以理國化人，在於奬一善使天下之爲善者勸，罰一惡使天下之爲惡者懲。【張註】淮南子：聖人因民之所喜而勸善，因民之所惡而禁姦，故賞一人而天下譽之，罪一人而天下畏之。是以爵人必於朝，刑人必於市，【張註】禮記：爵人於朝，刑人於市。疏：爵人於朝，殷法也；周則天子特假祖廟而拜授之。刑人於市，亦殷法，謂貴賤皆刑於市；周則有爵者刑於甸師氏也。惟恐衆之不覩，事之不彰。君上行之無愧心，兆庶聽之無疑議，受賞安之無怍色，當刑居之無怨言，此聖王所以宣明典章，與天下公共者也。獎而不言其善，斯謂曲貸；罰而不書其惡，斯謂中傷。曲貸則授受不明，而恩倖之門啟；中傷【張註】後漢龐參傳：孤立羣邪之間，自處中傷之地。【石川註】漢書佞幸傳：内深賊，持詭辨以中傷人。則枉直莫辯，而讒間之道行。此柄一虧，爲害滋大。凡是譖愬之輩，〔四〕多非信實之言，利於中傷，懼於公辯。或云歲月已久，不可究尋；或云事體有妨，須爲隱忍；【石川註】後漢書郅壽傳：人情細過，可裁隱忍。或云惡迹未露，宜假他事爲名；或云但棄其人，何必明言責辱。詞皆近於情理，意實苞於矯誣，傷善售姦，莫斯爲甚！伏惟聖鑒之下，必無浸潤之流。【石川註】論語：浸潤之譖。鄭玄曰：譖人之言，如水之浸潤，漸以成之。然於稱毀之言，不可不辯；賞罰之典，不可不明。陛下若以晉卿迹實姦邪，粲等法應坐累，則當公議典憲，豈令陰受播遷？陛下若察晉卿見誣，又知粲等非罪，則合隨才獎用，不宜降意猜防。今忽不示端由，但加斥逐，謂之掄材【石川註】説文：掄，擇也。則失序，謂之行罰則無名。徒使粲等受錮於聖朝，【石川註】左傳成二年：請以重幣錮之。註：禁錮勿令仕。晉卿銜憤於幽壤。【石川註】晉書禮志：若埋之幽壤，于情理未必咸盡。以臣蔽滯，未見其宜。夫聽訟辯讒，貴於明恕。明者在驗之以迹，恕者在求之以情。迹可責而情可矜，聖王懼疑似之陷非辜，不之責也。情可責而迹可宥，聖王懼逆詐之濫無罪，不之責也。惟情見迹具，詞服理窮者，然後加刑罰焉。

是以下無冤人，上無謬聽，苛慝不作，【張註】左傳：苛慝不作，盜賊隱伏。教化以興。晉卿起自文儒，〔五〕致位臺輔，【石川註】唐書苗晉卿傳：世以儒素稱。擢進士第。〔舊唐晉卿傳〕：肅宗至鳳翔，晉卿赴行在，即日拜爲左相。能以謙柔自處，〔六〕故爲三朝所推。【張註】唐書苗晉卿傳：晉卿再秉政，出入七年，小心謹畏，不甚斥是非得失，故能安保寵名。然練達事體，百官簿最，一省無遺，議者比漢胡廣。當諒闇之辰，【張註】禮記喪服四制：高宗諒闇，三年不言。鄭註：諒，古作梁。楣謂之梁。闇，讀如鶉鵪之鵪。闇，謂廬也。儀禮：翦屏柱楣，所謂梁闇是也。書云：王宅憂，亮陰。言居喪於梁闇也。攝冢宰之任。【張註】唐書苗晉卿傳：玄宗崩，肅宗疾甚，召晉卿攝冢宰，固讓之，曰：「大行遺詔，皇帝三日聽政，稽祖宗故事，則無冢宰之文，奉遺詔則宜聽朝。惟陛下順變以幸萬國。」帝不聽。後數日，代宗立，復詔攝冢宰，固辭乃免。通鑑音註：唐中世以來，天子崩，置攝冢宰，倣古者百官總己聽于冢宰之制，然非能盡行古道也。是將備禮，豈足擅權！〔七〕安肯露不臣之言，詔覆族之釁！雖甚狂險，〔八〕猶應不爲，矧伊老臣，寧忍及此！假有忍人之意，其如言發禍隨。求之以情既無端，驗之以迹又無兆，宜蒙昭恕，理在不疑。又自陛下御極已來，粲及兄丕，皆歷清近，若以舊事爲累，豈復含容至今！恐有無良之徒，【石川註】詩民勞「謹無良」箋：敕慎無善之人。憎嫉丕、粲兄弟，構成飛語，【石川註】史記灌夫傳：有蜚語，爲惡言。漢書註：無根而至也。務欲挫傷。大抵任重勢疑，易生嫌謗。以周公之聖，不免流言，【張註】書疏：孔穎達曰：流言者，宣布其言，使人聞知，若水流然。流即放也。霍光之忠，亦遭告訐。向非成王覺寤，【石川註】武王崩，管叔及羣弟流言以誣周公，成王疑之。

天大雷電，以風啟金縢之書，得公代武王之説，王覺悟，逆公。見書金縢。昭帝保明，【張註】前漢霍光傳：蓋主、上官桀、安及桑弘羊與燕王旦通謀，詐令人爲燕王上書，言：「光出都肄郎羽林，道上稱蹕，太官先置。又引蘇武前使匈奴，拘留二十年不降，還乃爲典屬國，而大將軍長史敞亡功爲搜粟都尉。又擅調益莫府校尉。光專權自恣，疑有非常。」候伺光出沐日奏之。桀欲從中下其事，桑弘羊當與諸大臣共執退光。書奏，帝不肯下。明旦，光聞之，止畫室中不入。上問：「大將軍安在？」左將軍桀對曰：「以燕王告其罪，故不敢入。」有詔召大將軍。光入，免冠頓首謝。上曰：「將軍冠。朕知是書詐也，將軍無罪。」光曰：「陛下何以知之？」上曰：「將軍之廣明，都郎屬耳。調校尉以來未能十日，燕王何以得知之？且將軍爲非，不須校尉。」是時帝年十四，尚書左右皆驚，而上書者果亡。則二主之德美不傳，二臣之寃誣莫辯。陛下追懷往事，得失豈不相遠哉！後之視今，固亦如此，【石川註】漢書京房傳：後之視今，猶今之視前也。凡所舉措，安可不詳！伏願稍留睿思，特加省察。斯實羣臣庶免於戾，豈唯苗氏一族存歿幸賴而已乎？

少連又向臣説云：聖旨察臣孤貞，猶謂清慎太過。都絶諸道饋遺，卻恐事情不通。如不能納諸財物，至如鞭靴之類，【張註】釋名：鞾本胡服，趙武靈王所作。靴與鞾同。受亦無妨者。伏以貨賄之利，耳目之娱，人間常情，孰不貪悦。況臣性實凡鄙，寧忘顧私，家本窶貧，安能無欲。所以深自刻慎，勉修廉隅者，蓋由負戴厚恩，尸竊大任。既不克導揚風教，致俗清淳，又未能減息征徭，濟人窮困，若無耻懼，更啟賄門，〔九〕是忘憂國之誡，仍速焚身之禍。【郎

註】左傳云：象以齒而焚其身。【張註】左傳註：焚，斃也。服虔云：焚，讀爲僨。僨，僵也。由是苟行特操，杜絶交私。誠知無補大猷，所冀免貽深累。陛下責臣以清謹太過，斯謂聖明。陛下慮事之不通，有乖理道。或恐貪惏之輩，【張註】離騷：衆皆競進以貪婪。註：愛財曰貪，愛食曰婪。婪與惏通。左傳：貪婪無厭。註：方言：殺人而取其財，曰婪。務逞無厭之求，巧陳異端，惑亂聖聽，稽諸事實，則甚不然。夫以胥吏末流，苞苴微貺，【張註】曲禮：凡以弓劍苞苴簞笥問人者。註：問猶遺也。苞苴裹魚肉，或以葦，或以茅。疏：苞者以草苞裹，苴者以草籍器貯物。孔（業）子曰：「吾於木瓜，見苞苴之禮行。」詩箋：以木實相遺者，必苞苴之。苟或違道，且猶知慙；況乎公卿大臣之間，方岳連帥之任，【石川註】書堯典：咨四岳。傳：掌四岳之諸侯。禮王制：千里之外設方伯，十國以爲連，連有帥。豈資納賄，然後致誠！若因財利交歡，是以姑息爲事，【石川註】禮檀弓：細人之愛人也以姑息。註：息猶安也，言苟容取安也。既乖直道，必有過求，遂之則法度浸隳，阻之則觖望彌甚。爲害如此，國何賴焉？高祖、太宗，著法垂制，監臨受賄，盈尺有刑。【張註】通典：諸監臨主司受財而枉法者，一尺杖一百，一疋加一等；十五疋，絞。不枉法者，一尺杖九十，一疋加一等；三十疋，加役流。無禄者各減一等，枉法〔者〕二十疋，絞；不枉法者，四十疋，加役流。諸監臨之官受所監臨財物者，一尺笞四十，一疋加一等；四疋徒一年，八疋加一等；五十疋流二千里。與者減五等，罪止杖一百；乞取者加一等，强乞取者准枉法論。陛下每發德音，敷宥下土，大辟之屬，皆蒙滌除，唯於犯贜，往往不赦。【張註】顧炎武日知録：漢時，贜罪被劾，或死獄中，或道自死。唐時，贜罪多於朝堂決殺，

其特宥者乃長流嶺南。睿宗太極元年四月制：官典主司枉法，贓一匹已上，並先決一百。而改元及南郊赦文每曰：大辟罪已下，已發覺未發覺，已結正未結正，繫囚見徒，罪無輕重，咸赦除之，官典犯贓不在此限。豈不以貪饕爲弊，殘蠹最深。至於士吏之微，尚當嚴禁；矧居風化之首，反可通行！【張註】通鑑本註：風化之首，謂宰相者風化之所自出。凡上之所爲，以導下也；上所不爲，以檢下也。上所不爲，而下或爲之，然後可以設峻防，寘明辟。若上爲之，而下亦爲之，固其理也，又可禁乎？今吏有受監臨之賄者，則以爲罪不可容。朝廷之制，四方所監臨也，而宰司公受其賄，是亦無耻而不恕者歟！孔子曰：「大臣不可不敬也，是人之表也。邇臣不可不慎也，是人之道也。」【張註】禮緇衣。表傾則影曲，道僻則行邪。若大臣、邇臣可以受財，則庶長、寀寮【石川註】釋詁：寀、寮，官也。疏：官地爲寀，同官爲寮。孰爲不可！朝廷取之於方鎮，方鎮復取之於州，州取之於縣，縣取之於鄉，鄉將安取哉！是皆出於疲人之肝腦筋髓耳。自大盜猾夏，耗斁生人，【石川註】詩雲漢：耗斁下土。傳：耗，惡；斁，敗也。天下常屯百萬之師，坐受衣食。農夫蠶婦，凍而織，餒而耕，殫力忍死，以供十倍之賦，日月引頸，望覩昇平之化，【張註】兔園册註：堯時，三年耕，餘一年之食，謂之昇平；九年耕，餘三年之食，謂之登平；二十年耕，餘七年之食，謂之太平。惠恤之恩，凡四十九年矣。荐屬多故，有加無瘳。持利權、食厚禄者，當憂隱忸怩，【石川註】書五子之歌：顏厚有忸怩。傳：心慚也。憫愧黎庶。而又交通私賄，扇起貪風，是令已困之甿，重遭過分之擾。陛下尚以爲鞭靴之類，受亦無妨。若使天下納賂，唯有二三宰臣，四方誅求，止於鞭靴細物，行之不足以傷化，絶之不足以利人，則臣固已微抑私心，將順睿旨矣。若使國家致理，必資饋遺通情，辭之足以失天下之心，受之足以濟天下之務，則臣固亦不避污行，助我聖功矣。臣所以未敢奉詔，冒昧塵煩者，審知此道不唯無益，〔一○〕必有甚損故也。亦冀陛下詳察其理，普澄其源，弘清淨無欲之風，守慈儉不貪之寶。【張註】左傳：子罕曰：「我以不貪爲寶。」【石川註】史記曹相國世家：治道貴清淨，而民自定。老子：清淨爲天下正。又：常使民無欲。又：我有三寶：一曰慈，二曰儉，三曰不敢爲天下先。是將感人心而天下服，何有事情不通之患乎！

夫貨賄上行，則賞罰之柄失；貪求下布，則廉耻之道衰。何者？善惡不分，功過無辯，以貨賄之多少，爲課績之重輕。守道闕供，或時致怨招累。求得當欲，可以釋罪賈榮。忍行刻剥者，見謂公忠；巧飾玩好者，獲稱才智。此謂賞罰之柄失也。上好利則下思聚斂，上求賄則下事侵蟊。不懷愧心，但逞私欲，遞相企效，習以成風，閭閻日殘，紀綱日壞，不可以禮義勸，不可以刑法懲。此由廉耻之道衰也。作法於涼，其弊猶貪，作法於貪，其弊斯亂。【郎註】左〔傳〕昭四年：鄭子産作丘賦，渾罕曰：「國氏其先亡乎？君子作法於涼，其弊猶貪，作法於貪，弊將若之何？」利於小者，必害於大；易於始者，必悔於終。賄道一開，展轉滋甚。鞭靴不已，必及衣裘；衣裘不已，必及幣帛；幣帛不已，必及車輿；車輿不已，必及金璧。目見可欲，何能自窒於心。【張註】老子道德經：不見可欲，使心不亂。已與交私，固難中絕其意。〔一〕【張註】通鑑本註：謂既受其私饋，則難以絕其私謁。是以涓流不止，谿壑成災；【張註】後漢周（紡）〔紆〕傳：涓流雖寡，浸成江、河。毫末既差，邱山聚釁。【張註】莊子：知天地之爲稊米也，知毫末之爲邱山也，則差數覩矣。【石川註】家語：涓涓不壅，終爲江、河；毫末不札，將用斧柯。自昔國家敗亡多矣，何嘗有以約失之者乎！【石川註】論語：以約失之者，鮮矣。臣竊料郡府之不願行賄於朝廷，猶鄉閭之不願輸貨於郡府也。但以行之者有利，不行者有虞，故爲安身保位之謀，不得不行耳。夫豈樂而行之哉！假如四方俱賂於朝廷，朝廷受其三而卻其一，有所受，有所卻，二端相反，則遇卻者或有意疑乎見拒而不通焉。四方俱賂於朝廷，朝廷俱辭而不受，則咸知不受者乃朝廷之常理耳。適所以服其心而誘其善，復何嫌阻之有乎！陛下若謂問遺可以通物情，絜矩不足敦理化，則自建中以來，股肱耳目之間，蓋常有交利行私者矣，乃其所也，【石川註】左傳襄二十一年：若上之所爲，而民亦爲之，乃其所也。陛下何尤焉。陛下嗣位之初，躬行節儉，郡國無來獻，【石川註】唐書德宗紀：帝即位年，罷諸州及新羅、渤海貢鷹鷂，罷山南貢枇杷、江南甘橘非供宗廟者，罷邕府歲貢奴婢、梨園樂工三百人、劍南貢生春酒。朝廷無私求，行李無黷貨之人，【張註】左傳：行李之往來。杜註：行李，使人。孔疏引周語「行理以節逆之」，賈逵云：理，吏也，小行人也。孔晁註國語：其本亦作李字。邇臣無受賂之事。【張註】通鑑：代宗優寵宦官，奉使四方者，不禁其求取。嘗遣中使賜妃族，還，問所得頗少，代宗不悅，以爲輕我命。妃懼，遽以私物償之。由是中使公求賂遺，無所忌憚。宰相嘗貯錢於閣中，每賜一物、宣一旨，無徒還者。出使所歷州縣，移文取貨，與賦稅同，皆重載而歸。上素知其弊。遣中使邵光超賜李希烈旌節，希烈贈之僕馬及縑七百匹，黄茗二百斤。上聞之怒，杖光超六十而流之。於是中使之未歸者，皆潛棄所得於山谷，雖與之，莫敢受。四方風動，【石川註】書大禹謨：四方風動。傳：動順上命，若草應風。幾致清平。【張註】兩都賦序：臣竊見海内清平，朝（延）〔廷〕無事。旋以刑峻賦繁，兵連禍結，理功中否，至化未凝。【石川註】中庸：至道不凝焉。註：凝，猶成也。洎大憝殲夷，皇運興復，征伐之役頗息於前時，清約之風亦虧於往日。【張註】通鑑：貞元四年二月，元友直運淮南錢帛二十萬至長安，李泌悉輸之大盈庫。然上猶數有宣索，仍敕諸道勿（命）〔令〕宰相知。泌聞之，惆悵而不敢言。又：初，上以奉天窘乏，故還宫以來，憂專意聚斂。藩鎮多以進奉市恩，皆云「稅外方圓」，亦云「用度羨餘」，其實或割留常賦，或增斂百姓，或減刻利祿，或販鬻蔬果，往往私自入，所進纔什一二。此則雖革一弊，亦喪一美焉。曩興師徒，人困暴賦，今罷征伐，人困私求，是乃殘瘁之餘，永無蘇息之望。使萬方黎獻，當陛下休明之代，不登富壽，【張註】家語：政之急者，莫大乎使民富且壽也。不洽雍熙，追懷前修，【石川註】離騷：固前修以菹醢。註：前世修名之人。實用心熱！而議者反以納賄通情之理，以惑陛下，斯不亦誣上行私之甚者乎！

夫天下，公器也；王綱，大權也。執大權者不任其小數，守公器者不徇於私情。任小數而御大權，則忿戾之禍起；徇私情以持公器，則奸亂之釁生。故春秋傳曰：「在上位者，洒濯其心以待之，而後可以理人。」【郎註】左〔傳〕襄二十一年：郲庶其〔以〕漆、閭〔丘〕來奔。季武子以公姑姊妻之，皆有賜於〔其〕從者。於是魯多盜。臧武仲曰：「子召外盜而大禮焉，是賞盜也。紇也聞之，在上位者，洒濯其心，一以待人，而後可以治人。」言私曲之不可以涖衆庶也。又曰：「國家之敗，由官邪也。官之失德，寵賂彰也。君人者，將昭德塞違，以臨照百官，百官於是乎戒懼，而不敢易紀律。」【郎註】此臧哀伯諫取郜大鼎之言。見左傳成公二年。言賄利之不可以化百官也。又曰：「長國家者，非無賄之患，無令名之難。諸侯之賄聚於公室，則諸侯貳。」【郎註】左〔傳〕襄二十四年：范宣子爲政，諸侯之幣重，鄭人病之。二月，鄭伯如晉，子産寓書於子西，以告宣子曰：「子爲晉國，四鄰諸侯，不聞令德，而聞重幣，僑也惑之。僑聞君子長國家者，非无賄之患，而无令名之難。夫諸侯之賄，聚於公室，則諸侯貳；若吾子賴之，則晉國貳。諸侯貳則晉國壞，晉國貳則子之家壞，何〔汲汲〕〔没没〕也。將焉用賄？」宣子說，乃輕幣。言貪欲之不可以懷諸侯也。古之懷諸侯者，蓋有其道矣，惟不務賄，然後得之。故禮記云，「凡爲天下國家有九經」，其一曰「理亂持危，朝聘以時，厚往而薄來，所以懷諸侯」也。是知懷撫之道，貴德賤財。於往也則厚其贈送之資，於來也則薄其贄幣之禮。訓人以尊讓，示人以不貪。始於朝廷，行於郡國。廉節之風漸廣，〔三〕侵漁之害不萌，【石川註】韓非孤憤：侵漁朋黨。漢書註：謂侵奪取之，若漁獵之爲也。里閭獲安，郡國斯乂，朝廷益尊。所謂化自上流，理由下濟，近者悦服，而遠者歸懷。是皆無賄之致也。及夫王綱浸壞，德化陵夷，【石川註】漢書禮志：陵夷而不反。師古曰：漸頽替也。然後滅公議而徇私情，盛誅求而崇饋獻。故禮記曰：「天子微，諸侯僭，於是相覬以貨，相賂以利，而天下之禮亂矣。」【郎註】見郊特牲。是知傷風害禮，莫甚於私；暴物殘人，莫大於賂。利於絶私去賄者，莫先於君主；務於愛人助理者，莫切於輔臣。然則君主輔臣之間，固不可以語及於私賄矣。況又躬行乎？

臣以受恩特深，志欲巨細裨補，苟懷疑慮，不敢因循。亦賴遭逢聖明，庶得竭盡愚直。所以每事獻替，不以犯忤爲虞。意懇詞繁，伏用慚悚。謹奏。

馬傳庚曰：因事進規，持論得體。前半論行政用人，總要光明正大；後半言禁私遏慾，務須杜漸防微。氣象光昌，詞意暢達。

蔡九霞曰：德宗雖失推誠之道，然待公爲極厚矣。使他人承此寵私，必且恃寵怙私，攬權竊柄，而公顧以無私進，其賢不肖相去何如也！至爲苗粲辨白，不惜嫌疑，惟恐人受誣含冤，雖忤主亦所不計，尤人所難！

校勘記

〔一〕謝密旨因論所宣事狀　「宣」，張本作「宜」。

〔二〕曷足酬恩　「曷足」，石川本註云：「吴、陶本作『又非』。」

〔三〕職同事殊　「職」，通鑑二二三四作「迹」。
〔四〕凡是譖愬之輩　「輩」，通鑑作「事」。
〔五〕晉卿起自文儒　此句之上，新書一四〇苗晉卿傳多一「且」字。
〔六〕能以謙柔自處　新書苗晉卿傳作「謙柔敦厚」。
〔七〕豈足擅權　「足」，郎本作「是」。
〔八〕雖甚狂險　「狂」，明本、郎本作「强」。
〔九〕更啟賄門　「更」，石川本作「各」。
〔一〇〕審知此道不唯無益　「不唯」下，宋本、明本、郎本多一「於」字。
〔一一〕固難中絶其意　「固難」，通鑑作「何能」。
〔一二〕廉節之風漸廣　「節」，明本、石川本作「耻」。

陸贄集卷十八

中書奏議 二

論嶺南請於安南置市舶中使狀

【張註】唐書方鎮表：天寶十載，置安南管内經略使，領交、陸、峯、愛、驩、長、福禄、芝、武峨、演、武安十一州，治交州。地理志：安南，中都護府，本交阯郡。國史補：南國船，外國船也，每歲至安南、廣州。師子國船最大，梯而上下，皆積寶貨，有蕃長爲主領。市舶録：劉向曰：舶深五十餘肘。西域以肘爲度。綱目集覽：蠻夷泛海舟曰舶，於海濱置吏以税海商，名曰市舶。又：後漢桓、靈時，凡詔所徵求，皆令西園騶密約敕，號曰中使。文選註：天子私使曰中使。【石川註】通考：交阯，南越之地，唐至德〔中〕改安南。

嶺南節度、經略使奏：【張註】晉書地理志：自北徂南，入越之道，必由嶺嶠，時有五處，故曰五嶺。唐書方鎮表：至德元載，置嶺南節度使。【石川註】通考：唐貞觀二年，邊州置經略使。「近日舶船，〔一〕多往安南市易，進奉事大，實懼闕供，臣今欲差判官就安南收市，【石川註】唐書百官志：節度使兼招討、經略使，則有副使、判官各一人。望定一中使與臣使司同鈎當，【張註】通鑑音註：唐置市舶使於廣州，以收商舶之利，時以宦者爲之。舶音白。庶免隱欺」。希顔奉宣聖旨宜依者。

遠國商販，唯利是求，綏之斯來，〔二〕擾之則去。廣州地當要會，【張註】唐書地理志：廣州南海郡，中都督府。一統志：廣州：春秋爲南粵地。秦於此置南海郡。漢屬交州刺史。三國吴遷交州治龍編，而於此置廣州。俗號殷繁，交易之徒，素所奔湊。今忽捨近而趨遠，棄中而就偏，若非侵刻過深，則必招懷失所，【張註】謹按：通鑑作「招攜失所」。音註：言所以招攜離者失其道也。左傳：招攜以禮。曾無内訟之意，【張註】通鑑本註：論語：孔子曰：「吾未見能見其過而内自訟者也。」註云：訟猶責也。言人有過莫能自責。更興出位之思。玉毁櫝中，是將誰咎？【張註】通鑑本註：用論語孔子之言。寶龜、寶玉，皆櫝藏之，在櫝而毁，典守者不得辭其過也。珠飛境外，【郎註】後漢書孟嘗傳。【張註】謝承後漢書：孟嘗爲合浦太守，郡境舊采珠以易米食。先時二千石貪穢，使民採珠，積以自入，珠忽徙去，合浦無珠，餓死者盈路。孟嘗行化，一年之間，去珠復還。安可復追。書曰：「不貴遠物，則遠人格。」今既徇欲如此，宜其殊俗不歸。況又將蕩上心，【張註】禮記月令：毋或作爲淫巧，以蕩上心。請降中使，示貪風於天下，延賄道於朝廷。黷汙清時，虧損聖化，法宜當責，事固難依。且嶺南、安南，莫非王土；中使、外使，悉是王臣。若緣軍國所須，皆有令式恒制，人思奉職，孰敢闕供！豈必信嶺南而絶安南，重中使以輕外使！殊失推誠之體，又傷賤貨之風。【石川註】中庸：賤貨而貴德。望押不出。【石川註】押，正韻：署也。六典：中書舍人六人，分押尚書六司。

馬傳庚曰：切中弊情，務持大體，論事警快，簡當不支。

校勘記

〔一〕近日舶船　「舶船」，通鑑二三四作「海船珍異」。

〔二〕綏之斯來　「綏」，通鑑作「緩」。

論宣令除裴延齡度支使狀

【郎註】班宏判度支，卒官。贄薦李巽，帝漫許之，而自用裴延齡。贄言延齡僻戾躁妄不可用，帝不聽。【張註】通鑑音註：沈存中曰：唐故事：中書舍人職掌詔誥，皆寫四本，一本爲底，一本爲宣。此宣謂行出耳，未以名書也。晚唐樞密使自禁中受旨，出付中書，即謂之宣。中書承受録之於籍，謂之宣底，如今「聖語簿」也。余謂宣者，因奉宣上旨而得名。或以口傳爲宣，或以行文書爲宣；口傳爲宣多命中臣。

右緣班宏喪亡，【郎註】本傳：宏，衛州汲人。天寶中，擢進士第。貞元初，爲户部侍郎。德宗以宏熟天下計，故進宏尚書，後判度支。宏清潔强力，晨入官舍，夕而出，吏不堪其勞，而己益恭。年七十三卒。【張註】通鑑：貞元八年秋七月甲寅，户部尚書判度支班宏薨。臣今日面取進止。今當此選，總有四人：杜佑、【石川註】唐書杜佑傳：佑嘗以户部侍郎判度支。佑精於吏職，數斡計賦，相民利病而上下之。盧徵、李衡、李巽。【石川註】舊唐書李巽傳：巽領度支、鹽鐵使。榷筦之法，號爲難重，唯大曆中僕射劉晏雅得其術，賦入豐羨。巽掌使一年，征課所入，類晏之多歲，明年過之，又一年加一百八十萬〔貫〕。並曾掌判財賦，各有績用可稱，【郎註】杜佑，京兆萬年人。嘗爲水陸運使。改度支兼和糴使。於是軍興饋漕，佑得剸決。以户部侍郎判度支。見本傳。盧徵，幽州人。三遷給事中、户部侍郎。李衡亦歷户部侍郎。皆繼劉晏掌財，有名於時。附見晏傳。李巽，趙州贊皇人。爲湖南觀察使，貞元五年，徙江西。巽長吏事，下不敢私。見本傳。【石川註】書堯典：九載績用弗成。資望人才，亦堪獎任。聖旨以淮南未可移動，【張註】唐書地理志：淮南道，蓋古揚州之域。方鎮表：至德元載，置淮南節度使。杜佑傳：建中初，出爲蘇州，改饒州，俄遷嶺南節度使，召拜尚書右丞，俄出爲淮南節度使。謹按：佑節度淮南，史失載年月，惟宰相表載：貞元十九年三月，淮南節度使杜佑，檢校司空、同中書門下平章事。此云淮南，指謂杜佑，則佑節度淮南，在貞元八年之前矣。盧徵又近改官，令臣擇一人與江西追取李衡者。臣以支計之司，【張註】晉書安平王孚傳：初，魏文帝置度支尚書，專掌軍國支計。當今所切，常須銜制黠吏，不可斯須闕人，待追李衡，數月方到，或恐綱條弛紊，錢物隱欺。李巽近追到城，請授給事中，【石川註】六典：給事中掌侍左右，分判省事。且令權判，若處理稱職，便除户部侍郎。【張註】唐書百官志：户部侍郎二人，正四品下。通典註：户部侍郎：蓋周官小司徒中大夫頗同其任。後周依周官。今侍郎，則隋煬帝置民部侍郎，唐因之，後改曰户部。通鑑音註：唐自中世以後，天下財賦皆屬户部、度支、鹽鐵，率以他官分判。户部侍郎判户部，乃得知户部一司錢貨穀帛出入之事。【石川註】六典：户部侍郎之職，掌天下户口、井田之政令，凡徭賦職貢之方，經費賙給之算，藏貨贏儲之准，委以咨之。如材不相當，則待李衡到，別商量處分。既免曠廢於事，又得閱試其能，兩人之中，必有可取。陛下累稱穩便，許依所奏施行。臣又退更詳思，以爲無易於此。

希顔適宣進止：李巽知度支，恐未相當，且空與給事中。朕更思量，司農少卿【張註】唐書百官志：司農寺少卿二人，從四品上。通典：司農卿：秦爲理粟内使，掌穀貨。漢景帝更名大司農令。武帝太初初，更名大司農，掌九穀六畜之供膳羞者，凡郡國諸倉、農監、都水六十五官皆屬焉。【石川註】舊唐書職官志：司農卿掌邦國倉儲委積之事，少卿爲之貳，凡京百司官吏禄給及常料皆仰給之。裴延齡，甚公清有才，宜令判度支，便進擬狀來。其李衡亦從追取者。

伏以周制六官，實司理本。【張註】通典：周成王參考殷官制爲周禮，以作天地四時之名，謂之六卿，立天官冢宰掌邦治，地官司徒掌邦教，春官宗伯掌邦禮，夏官司馬掌邦政，秋官司寇掌邦刑，冬官司空掌邦事，各有徒屬，周於百事。冢宰制國用，量入爲出。【張註】禮記王制：冢宰制國用，必於歲之(秒)〔杪〕。以三十年之通，制國用，量入以爲出。司徒掌邦賦，敷教恤人。【張註】周禮地官大司徒：施十有二教：一曰以祀禮教敬，二曰以陽禮教讓，三曰以陰禮教親，四曰以樂禮教和，五曰以儀辨等，六曰以俗教安，七曰以刑教中，八曰以誓教恤，九曰以度教節，十曰以世事教能，十有一曰以賢制爵，十有二曰以庸制祿。今之度支，兼此二柄，【張註】通典註：按：今户部之職，與地官之任雖亦頗同，若徵其承受，孝其沿襲，則户部合出於度支。度支主計算之官也。算計之任，本出於周禮天官之司會云。準平萬貨，均節百司，有無懋遷，【張註】書：懋遷有無化居。豐敗相補，利害關黎元之性命，費省繫財物之盈虛；加以饋餉邊軍，資給禁旅，刻吝則生患，寬假則容姦，若非其人，不可輕授。裴延齡僻戾而好動，躁妄而多言，遂非不悛，【石川註】左傳襄四年：羿猶不悛。註：悛，改也。堅僞無恥，【郎註】本傳：延齡資苛刻，又劫于利，專剥下附上，肆騁譎怪。其進對，皆他人莫敢言，而延齡言之不疑，亦人之所未聞者。豈獨有識深鄙，兼爲流俗所嗤。頃列班行，已塵清貫，【張註】晉書文苑傳：架彼辭人，共超清貫。更居要重，必斁大猷。是將取笑四方，貽殃兆庶。尸祿之責，固宜及於微臣；知人之明，亦恐傷於聖鑒。伏願重循前議，俯察愚誠，更於四人之中，選擇取其尤者，庶諧僉屬，不紊朝經。延齡妄誕小人，任之交駭物聽，臣雖熟知不可，猶慮所見未周，趙憬眼疾漸瘳，【郎註】本傳：憬，隴西人。貞元中，進中書侍郎、同平章事，與陸贄同輔政。後日即合假滿，待其朝謁，乞更參詳。【張註】通鑑考異：舊〔唐書〕憬傳曰：憬與陸贄同知政事。贄恃久在禁庭，特承恩顧，以國政爲己任，纔周歲，轉憬爲門下侍郎。憬由是深銜之，數以目疾請告，不甚當政事，因是不相協。去邪勿疑，天下幸甚。謹奏。【張註】通鑑：上不從，己未，以延齡判度支事。【石川註】舊唐書裴延齡傳：以延齡守本官司農少卿，權領度支。

馬傳庚曰：義挾風霜，詞成廉鍔，爲國去蠹，不得不然。其實痛詆延齡，祇緣公憤激發。聽言不悟，將奈之何！

沈九如曰：不畏强禦，氣流墨中，無縱詭隨，聲動簡外，宣公當之矣。

論齊映齊抗官狀

【郎註】本傳：映，瀛州高陽人。舉進士、博學宏辭，（科）〔中〕之。鳳翔張鎰辟爲判官。會德宗出奉天，鎰懦緩不知兵，部將李楚琳者，欲爲亂。映與齊抗請先事誅之，鎰不從，爲楚琳所殺，映遂奔奉天。

右希顔奉宣進止：卿等所進齊映替李衡，緣江南與湖南接近，齊映、齊抗，既是當家，同任方面，【張註】後漢書馮異傳：受任方面，以立微功。事非穩便，宜別商量者。

齊映、齊抗，同姓別房，【張註】謹按：唐書宰相世系表：齊氏出自姜姓，炎帝裔孫呂尚後，封於齊，因以爲氏。漢有平敬侯齊受，傳封四世，居高陽。晉有武邑侯齊琰，抗，琰之後也。又有瀛州齊氏曰齊玘者，映，玘之子也。同姓別房，猶言同姓不宗。既非五服之親，則與衆人無異，【張註】禮記大傳疏：同承高祖之後爲族兄弟，相報緦麻，服盡於此。親兄弟期，一從兄弟大功，再從兄弟小功，三從兄弟緦麻，爲四世，而緦服盡也。五世服，袒〔免〕，而無正服，減殺同姓。六世不服，袒免，同姓而已，故云親屬竭。謹按：儀禮喪服：五服：斬衰一、齊衰二、大功三、小功四、緦麻五也。其經皆去五分一，以爲帶。而即以斬衰之帶，爲齊衰之經，大功、小功、緦麻皆準此爲殺。故鄭註云：以五分一爲殺者，象五服之數也。聖朝推誠致理，未嘗先事示疑。曩之李皐、李兼，鄰接方鎮，【郎註】皐爲江西道節度使，洪州刺史，兼爲鄂、岳、沔都團練使，故云鄰接方鎮。今之韓潭、全義，【張註】韓全義也。密邇軍城，【郎註】潭爲夏、綏、銀節度使，全義爲長武城使，故云密邇軍城。此例甚多，無足爲慮。但以中朝要職，【張註】漢書劉輔傳註：孟康曰：中朝，内朝也。大司馬，左、右、前、後將軍，侍中，常侍，散騎，諸吏，爲中朝，丞相以下至六百石爲外朝。又：尚書令、僕，中書監、令，侍中，侍郎，給事中，皆當時要官。常苦乏人，至於映、抗良才，並當臺閣妙選。【張註】謹按：謂中書、門下兩省也。顧炎武日知録：閣，夾室也，以板爲之，後乃廣之，爲樓觀之通名。如石渠、天禄、麒麟之類。然西京但有閣，而未以爲官曹之稱。至後漢，始謂之臺閣。三國志評曰：魏世事統臺閣，重内輕外。裴松之註引魏略曰：薛夏爲秘書丞，嘗以公事移蘭臺。蘭臺自以臺也，而秘書署耳，謂夏爲不得移。夏報之曰：「蘭臺爲外臺，秘書爲内閣，臺閣一也，何不相移之有？」唐書職官志：光宅元年，改中書省爲鳳閣。垂拱元年，改門下省爲鸞臺。李肇國史補：宰相相呼爲堂老，兩省相呼爲閣老。臺閣之稱，固本之漢人也。臣等先請授映禮部，【石川註】六典：禮部尚書、侍郎之職，掌天下禮儀、祠祭、燕饗、貢舉之政令。聖旨令且向外商量，儻許移鎮江西，亦是漸加恩奬。齊抗文學足用，精敏罕儔，掖垣之駁議、司言，【張註】漢雜事：羣臣之書通於天子者四品：一曰章，二曰奏，三曰表，四曰駁議。駁者，執意不回，猶色之間雜。【石川註】唐含元殿後日宣政，中書在宣政右，門下在宣政左，如左右掖。駁議、司言，兩省屬官所掌。南宮之掌賦、承轄，【張註】通典：尚書省亦謂之省臺，都堂居中，左右分司，左丞掌轄吏部、户部、禮部十二司事，右丞掌轄兵部、刑部、工部十二司事。【石川註】南宫指户部尚書。正字通：轄猶管也。俾居其任，皆謂當才。若蒙追赴闕庭，試加顧問，察言稽行，必有可觀。可否之宜，伏候進止。【張註】通鑑音註：自唐以來，率以奉聖旨爲奉進止，蓋言聖旨使之進則進，使之止則止也。程大昌曰：今奏劄言取進止，猶言此劄之或留或却，合稟承可否也。唐中葉遂以處分爲進止，而不曉文義者習而不察，槩謂有旨爲進止。如玉堂宣底所載，凡宣旨皆云有進止者，相承之誤也。

馬傳庚曰：言簡而明，辭婉而直。

鍾惺曰：任同姓别房兄弟，即以現在同姓别房兄弟來證，乃知此老隨物付形，無所不有。

請減京東水運收脚價於緣邊州鎮儲蓄軍糧事宜狀

【郎註】食貨志：貞元初，吐蕃劫盟，召諸道兵十七萬戍邊。關中爲吐蕃蹂躪者二十年矣，北至河曲，人户無幾，諸道戍兵，月給粟十七萬斛，皆糴關中。宰相陸贄以關中穀賤，請行和糴，遂進此狀。帝乃命度支增估糴粟三十三萬斛，然不能盡用贄議。

右臣伏見陛下，每垂睿心，經略邊境。增築城壘，加置戍兵，至於春秋衣裝，歲時宴犒，先後遲速，悉由宸衷。其爲憂勤，可謂至矣。【張註】詩序：始於憂勤，終於逸樂。其爲資費，亦已多矣。蓋以安人固國，【張註】國語：夫固國者，在親衆而善鄰。不憚煩勞，此誠慎慮之深者也。〔一〕然於儲蓄大計，則未降意良圖，但任有司，隨月供應。近歲蕃戎小息，年穀屢登，所支軍糧，猶有匱乏，邊書告闕，相繼于朝。儻遇水旱爲災，粟糴翔貴，【石川註】漢書食貨志：穀賈翔貴。師古曰：翔言如鳥之回翔，謂不離於貴也。兇醜匪茹，【張註】詩：玁狁匪茹。註：茹，度也。寇擾淹時，或負輓力殫，或饋餉路絶，則戍兵雖衆不足恃，城壘雖固不克居。是使積年完聚之勞，適資一夕潰敗之辱。此乃理有必至，而事無幸濟者也。臣竊爲陛下惜之。

軍志曰：「雖有石城十仞，湯池百步，無粟不能守也。」【張註】前漢食貨志：神農之教曰：「有石城十仞，湯池百步，帶甲百萬，而亡粟，不能守也。」註：師古曰：八尺曰仞，取人申臂之一尋也。池，城邊池也。以沸湯爲池，不可輒近，喻嚴固之（基）〔甚〕。故晁錯論安邊之策，要在積穀；【張註】前漢食貨志：晁錯說上曰：「爵者，上之所擅，出於口而無窮；粟者，民之所種，生於地而不乏。夫得高爵與免罪，人之所甚欲也。使天下人入粟於邊，以受爵免罪，不過三歲，塞下之粟必多矣。」於是，文帝從錯之言，令民入粟於邊，六百石爵上造，稍增至四千石爲五大夫，萬二千石爲大庶長，各以多少級數爲差。充國建破羌之議，先務屯田。【張註】前漢趙充國傳：屯田奏曰：「臣聞兵者，所以明德除害也，故舉得於外，則福生於内，不可不慎。臣所將吏士馬牛食，月用糧穀十九萬九千六百三十斛，鹽千六百九十三斛，茭稾二十五萬二百八十六石。難久不解，繇役不息。又恐它夷卒有不虞之變，相因並起，爲明主憂，誠非素定廟勝之册。且羌(戎)〔虜〕易以計破，難用兵碎也。計度臨羌東至浩亹，羌虜故田及公田，民所未墾，可二千頃以上，其間郵亭多壞敗者。臣前部士入山，伐材木大小六百餘枚，皆在水次。願罷騎兵，留弛刑應募，及淮陽、汝南步兵與吏士私從者，分屯要害處。冰解漕下，繕鄉亭，浚溝渠，治湟陿以西道橋七十所，令可至鮮水左右。田事出，賦人二十晦。至四月草生，發郡騎及屬國胡騎伉健各千，倅馬什二，就草，爲田者遊兵，以充入金城郡，益積畜，省大費。」又謹條不出兵留田便宜十二事。歷代制禦四夷，常爲國之大事。〔二〕勇者奮其力，智者貢其謀，〔三〕攻守異宜，盛衰殊勢。柔服而不勞師旅者，則常聞之矣。【張註】左傳：伐叛，刑也。柔服，德也。屯師而不務農食者，未嘗有焉。今陛下廣徵甲兵，分守城鎮，除所在營田稅畝自供之外，【張註】續通典：史臣曰：營田之名，蓋緣邊多隙地，蕃兵鎮戍，課其播殖，以助軍須，謂之屯田。其後中原兵興，民户減耗，野多閒田。而治財賦者如沿邊例開置，名曰營田。行之歲久，不以兵，乃招致農民强户，謂之營田户。復有主務。敗闕犯法之家，設納田宅，亦係於此。自此諸道皆有營田務。仰給於度支者尚八九萬人。千里饋糧，【郎註】此語出孫子作戰篇，又見韓信傳。涉履艱險，運米一斛達于邊軍，遠或費錢五六千，近者猶過其半。【張註】唐六典：驢載每馱一百斤，其脚直一百里一百文，山阪處一百二十文。驢少處不得過一百五十文，平易處不得下八十文。其有負處，兩人分一馱。犯雪霜皸瘃之苦，【郎註】皸，居云切，足坼裂也。瘃，陟玉切，手足中寒瘡也。趙充國傳：軍士寒，手足皸瘃。冒豺狼剽掠之虞，四時之間，無日休息。傾財用而竭物力，猶苦日給之不充，其於儲蓄以備非常，固亦絶意而不暇思也。夫屯兵守土，以備寇戎，至而無糧，守必不固矣。遇寇不守，則如勿屯。平居有殘人耗國之煩，臨難有啟敵納侮之禍，【張註】書：無啟寵納侮。所養非所用，【石川註】韓非顯學：所養者非所用，所用者非所養，此所以亂也。所失非所虞，以爲制備之規，臣竊謂疎矣。

頃者吐蕃尚結贊率其醜類，越軼封疆，朔方、五原，相繼淪陷。【郎註】尚結贊始爲次相，後爲大相，甚有謀略，屢引兵入寇，邊城多陷，事見吐蕃傳。【張註】通典：朔方郡西至五原三百里。戰國時屬秦，爲上郡。漢武取河南地，爲朔方郡。晉亂，後夏赫連勃勃建都於此。後魏置夏州。通鑑音註：五原縣屬鹽州。武德初，寄治靈州故地，爲突厥所居。唐書吐蕃傳：吐蕃攻鹽、夏，刺史杜彦光、拓拔乾暉不能守，悉其衆南奔，虜遂有其地。天子以邊人殘没，下詔避正殿痛自咎。雖由將帥不武，亦因匱乏得辭。【石川註】舊唐書吐蕃傳：貞元四年五月，吐蕃三萬餘騎入涇、邠、寧、慶、麟等州，人畜没者約二三萬，計凡二旬方退。陳許行營將韓全義自長武城率衆抗之，無功而還。其事未遥，足爲深戒，昧理而好諛者，必曰：「當結贊入寇之日，遇賊泚作亂之餘，【張註】唐書德宗紀：興元元年六月甲辰，朱泚伏誅。貞元二年八月丙戌，吐蕃寇邠、寧、涇、隴四州。九月乙巳，寇好畤。十一月辛丑，吐蕃陷鹽州。十二月丁巳，夏州。戍卒未多，邊農尚寡。今則甲兵大備，稼穡屢豐，比於曩時，勢不同等。」臣請復陳近效，以質浮詞。今年夏初，寇犯靈武，【張註】通鑑：貞元八年夏四月壬子，吐蕃寇靈州，陷水口支渠，敗營田。詔河東、振武救之，遣神策、六軍二千戍定遠、懷遠城，吐蕃乃退。禦則寡力，守則乏糧，告急求哀，匪朝伊夕。有司爲之請罪，陛下爲之軫憂，遽擇使臣，奔波督運，積財以資用，高價以招人。賴蕃戎自旋，糧道獲濟。封略不壞，固非成謀。然則鹽、夏覆而靈武全，【郎註】貞元二年十一月，吐蕃陷鹽州；十二月，陷夏州。惟靈武獨全。事見吐蕃傳。唯在幸與不幸之間耳。是皆無不拔之勢，有可駭之危。其爲規制之方，所謂同歸於失矣。議者是當今而非既往，豈不曰昧理而好諛乎？

今戍卒之加於往時，臣固知之矣。今邊農之廣於往歲，臣亦知之矣。其所謂歸於失者，〔四〕在於措置乖當，蓄斂乖宜，利之所生，害亦隨至故也。陛下忿蕃醜之暴掠，懲邊鎮之空虛，繕甲益兵，庇人保境，此誠雄武之英志，覆育之仁心。刷憤耻而揚威聲，海内咸望有必攻之期矣。既而統師無律，制事失權，戍卒不隸於守臣，守臣不總於元帥。至有一城之將，一旅之兵，各降中使監臨，【張註】監軍，（監軍）漢武帝置。唐開元後並以中官爲之，謂之監軍使。大學衍義補：唐末時，諸節度有監軍。其領偏師者，亦置中使監陳。主將不得專號令。戰小勝則飛驛奏捷，自以爲功；不勝則迫脅諸將，以罪歸之。悉擇軍中驍勇以自衛，遣羸弱者使就戰，故每戰多敗。皆承別詔委任。分鎮亘千里之地，莫相率從。緣邊列十萬之師，〔五〕不設謀主。【張註】左傳：析公奔晉，晉人寘諸戎車之殿，以爲謀主。每至犬羊犯境，【張註】晉愍帝檄：石虎敢率犬羊，渡河縱毒。又，晉史論：犬羊之倡。方馳書奏取裁，行李往來，【石川註】左傳僖三十年：行李之往來，共其困乏。註：行李，使人。動踰旬日。比蒙徵發救援，寇已獲勝罷歸。小則蹂藉麥禾，大則驅掠人畜。是乃益兵甲而費財用，竟何補侵軼之患哉！

【郎註】時尚結贊以兵入吳山、寶雞，焚聚落，略蓄牧、丁壯。又剽汧陽華亭男女萬人。更攻連雲堡，降之，虜牛羊率萬計，涇、隴及邠之民蕩然盡矣。諸將曾不能得一俘，但賀賊出塞而已。事見吐蕃傳。夫將貴專謀，【石川註】三略：出軍行師，將在自專進退，內御則功難成。軍尚氣勢，【張註】周禮春官：凡四時之大甸獵，祭表貉，則爲位。註：貉，師祭也。於所立表之處，爲師祭，造軍法者，禱氣勢之倍增也。【石川註】左傳莊十年：曹劌曰：「夫戰，勇氣也，一鼓作氣，再而衰，三而竭。」司馬法：凡戰以氣勝。孫子兵勢：勇怯，勢也。善戰者求之於勢。訓齊由乎紀律，制勝在於機權。是以兵法有分閫之詞，【石川註】史記馮唐傳：上古王者之遣將也，跪而推轂曰：「閫以內者，寡人制之；閫以外者，將軍制之。」有合拳之喻，有進退如一之令，【郎註】淮南子兵略：故良將之用卒也，同其心，一其力，勇者不得獨進，怯者不得獨退，止如立山，動如一體。夫五指之更彈，不若拳手之一握；萬人之更進，不如百人之俱至也。拳或作捲。【石川註】後漢書馮緄傳：詔策緄曰：「進赴之宜，權時之策，將軍一之。」此與本文小異，姑録以俟博雅。有便宜從事之規。【郎註】李靖對太宗曰：「陛下每任將，使之便宜從事，則假以權重矣。何異於致齋、推轂？」【石川註】史記朝鮮傳：使公孫遂往征之，有便宜得以從事。魏(書)〔志〕夏侯惇傳：遷伏波將軍，領河南尹，使得以便宜從事，不拘科制。故能動作協變通，制備垂永久。出則同力，居則同心，患難相交，急疾相赴。兵之奉將，若四支之衛頭目；將之守境，若一家之保室廬。【張註】荀子：夫仁人之兵，上下一心，三軍同力。臣之於君也，下之於上也，若子弟之衛父兄，若手臂之扞頭目而覆胸腹也。然後可以扞寇讎，護甿庶，蕃畜牧，闢田疇。天子唯務擇人而任之，則高枕無虞矣。【張註】楚辭：堯、舜皆有所舉任兮，故高枕而自適。註：枕，去聲。吐蕃之比於中國，衆寡不敵，工拙不侔，然而彼攻有餘，我守不足。蓋彼之號令由將，而我之節制在朝；彼之兵衆合并，【張註】唐書吐蕃傳：其兵法嚴，而師無餽糧，以鹵獲爲資。每戰，前隊盡死，後隊乃進。而我之部分離析。夫部分離析，則紀律不一，而氣勢不全；節制在朝，則謀議多端，而機權多失。臣故曰措置乖當，此之謂乎？

陛下頃以邊兵衆多，轉餽勞費，設就軍和糴之法以省運，制與人加倍之價以勸農。此令初行，人皆悦慕。【張註】通鑑（音）〔本〕註：此李泌所行之法也。謹按：通鑑：貞元三年，上問泌以復府兵之策。對曰：「今歲徵關東卒戍京西者十七萬人，計歲（倉）〔食〕粟二百四萬斛。今粟斗直百五十，爲錢三百六萬緡。國家比遭饑亂，經費不充，就使有錢，亦無粟可糴，未暇議復府兵也。」上曰：「然則奈何？」對曰：「今吐蕃久居原、會之間，以牛運糧，糧盡，牛無所用，請發左藏惡（繪）〔繒〕，染爲綵纈，因黨項以市之，每頭不過二三匹，計十八萬匹，可致六萬餘頭。又命諸治鑄農器，糴麥種，分賜治邊軍鎮，募戍卒，耕荒田而種之，約明年麥熟倍償其種，其餘據時價五分增一，官爲糴之。來春種禾亦如之。關中土沃而久荒，所收必厚。戍卒獲利，耕者浸多。邊地居人至少，軍士月食官糧，粟麥無所售，其價必賤，名爲增價，實比今歲所減多矣。」上曰：「善！」即命行之。大學衍義補：唐貞元中，詔：「京兆府于時價外，加作和糴。差清（疆）〔彊〕官先給價，然後收納。續令所司，自搬運，載至太原。」先是京畿和糴，多被抑配，或物估踰於時價，或先斂而後給直，追集停擁，百姓苦之，及聞是詔，皆忻便樂輸。爭趨厚利，不憚作勞，耕稼日滋，粟麥歲賤。向使有司識重輕之術，弘久遠之謀，守之有恒，施之有制，謹視豐耗，善計收積，菽麥必歸於公廪，布帛悉入於農夫。其或有力而無資，願居而靡措，貸其種食，假以犂牛。【石川註】玉篇：犂，耕具也。自然戍卒忘歸，貧人樂徙，可以足食，可以實邊。無屯田課責之勞，而儲蓄自廣；無征役踐更之擾，而守備益嚴。【張註】史記吳王濞傳：卒踐更，輒與平賈。註：正義曰：踐更，若今唱更、行更者也，言民自著卒。更有三品：有卒更，有踐更，有過更。古者正卒無常人，皆當（送）〔迭爲〕之，是爲卒更。貧者欲雇更錢者，次直者出錢雇之，月二千，是爲踐更。天下人皆直戍邊三月，亦各爲更，律所謂繇戍也。雖丞相子亦在戍邊之調，不可人人自行三月戍，又行者出錢三百入官，官給戍者，是爲過更，此漢初因秦法而行之，後改爲謫，乃戍邊一歲。果能用之，足謂長算。既而有司隘吝，不克將順。【郎註】蒸民詩云。忘國家制備之謀，行市道苟且之意。【石川註】史記廉頗傳：以市道交。當稔而願糴者，則務裁其價，不時斂藏；遇災而艱食者，則莫捄乏糧，抑使收糴。遂使豪家、貪吏，反操利權，賤取於人，以俟公私之乏困，乘時所急，十倍其贏；又有勢要、近親、羈遊之士，或託附邊將，或依倚職司，委賤糴於軍城，取高價於京邑，坐致厚利，實繁有徒。欲勸農而農不獲饒，欲省費而費又愈甚。復以制事無法，示人不誠，每至和糴之時，多支絺紵充直。窮邊寒沍，【張註】左傳：涸陰沍寒。不任衣裘，絶野蕭條，無所貨鬻。且又虛張估價，不務準平，高下隨喜怒之心，精粗在胥吏之手。【張註】周禮天官冢宰註：胥，讀如諝，謂其有才知爲什長。綱目集覽：胥，給徭役者。吏，掌書者。既無信義率下，下亦以僞應之。度支物估轉高，【張註】通鑑本註：估，音古，價也。軍郡穀價轉貴。遞行欺罔，不顧憲章，互相制持，莫可禁止。度支以苟售滯貨爲功利，而不察邊食之盈虛；軍司以所得加價爲羨餘，而不恤農人之勤苦。【張註】通典：初，隗囂軍中(當)〔嘗〕置軍師。至魏武帝又置師官四人。晉避景帝諱，改爲軍司，凡諸軍使置之，以爲常員，所以節量諸宜，亦監軍之職也。雖設巡院，使相監臨，【郎註】食貨志：江、淮諸道各置巡院，歲盡，宰相計殿最以聞。【張註】通鑑本註：元和四年十二月十二日，敕：「遠處州使，率情爲法，臺司無由盡知。轉運使、度支悉有巡院，委以訪察當道使司及州縣，有兩税外榷率及違格敕文法等事狀報臺司。」蓋劉晏始置巡院，自江、淮以來達於河、渭，其後遂及緣邊諸道亦置之。既失綱條，【張註】書：若網在綱，有條而不紊。轉成囊橐。【張註】漢書張敞傳：劉調等通爲囊橐。【石川註】師古曰：言容止賊盜，若囊橐之盛物也。至有空申簿帳，僞指囷倉，【張註】通鑑本註：囷、倉皆以藏穀；圓曰囷，方曰倉。計其數則億萬有餘，【張註】詩：萬億及秭。禮記内則篇鄭註：萬億曰兆。孔穎達曰：萬億曰兆者，依如算法。億之數有大小二法：其小數以十爲等，十萬爲億，十億爲兆也；其大數以萬爲等，萬至萬，是萬萬爲億。又從億而數至萬億曰兆。考其實則百十不足。巡院巧誣於會府，【張註】通鑑音註：唐時，巡屬諸州，以節度使爲大府，亦謂之會府。會府承詐以上聞。幸逢有年，【張註】春秋桓三年：冬，有年。宣十六年：冬，大有年。公羊傳：有年何以書？以喜書也。穀梁疏：凡書有年者，冬，五穀畢入，計用豐足，然後書之。復遇無事，吞聲補舊，【石川註】馬融長笛賦：緜駒(有)〔吞〕聲。引曰偷安。若遇歲儉兵興，則必立至危迫。靈武之事，足爲明徵。【郎註】吐蕃屢攻靈武，將卒多以糧運不繼，數至危迫。臣故曰蓄斂乖宜，此之謂也。邊之大事，在食與兵。今食則無儲，兵則乏帥，謂之有備，其可得乎？

近者緣邊諸州，頻歲大稔，穀糴豐賤，殊異往時。【石川註】詩汾沮洳：殊異乎公路。此乃天贊國家，永固封略之時也。【石川註】左傳昭七年：封略之內，何非君土？而尚日不暇給，【張註】班固兩都賦序：大漢初定，日不暇給。曾無遠圖。軍府有歉食之詞，穡人有悔耕之意。天贊而不受其利，農傷而不恤其窮。及凶災流行，播殖墮廢，【石川註】左傳僖十三年：天災流行，國家代有。雖復悔恨，事何可追！臣是以屢屢塵煩，所惜在此。頃請擇人充使，委之平糴務農，陛下以理貴因循，未賜允許。又請乘時豐稔，邊城加貯軍糧。有司以經費無餘，【張註】通鑑音註：經費，謂國之經常調度。其事復寢。臣謬當任使，待罪樞衡，【石川註】北史序傳：執我樞衡。雖神武之謀，不資獻納，而職司之分，敢忘憂虞。【石川註】左傳哀五年：二三子間於憂虞，則有疾（病）〔疢〕。夙夜疢心，衋如焚灼。【張註】詩：憂心如惔。疏：如被火之燔灼。【石川註】書酒誥：衋傷心。傳：衋然痛傷其心。輒復效其鄙薄，庶或裨補萬分。不勞人，不變法，不加賦稅，不費官錢，不廢耳目之娛，不節浮冗之用，唯於漕運一事【張註】續通典：武德、永徽之後，姜行本、薛大鼎、褚朗皆言漕運未能通濟。後監察御史王師順請運晉、絳之粟於河渭之間，始置渭橋倉。開元初，李傑爲水運使，始大興漕事。十八年，裴耀卿以言漕運，拜江淮轉運使；以崔希逸、蕭炅爲副轉運，（鹽鐵）〔轉運〕有副使自此始。肅宗初，第五琦以錢穀見，始置江淮租庸使。乾元初，加鹽鐵使，始大興鹽鐵法，就山海井灶收榷其鹽，立監院官吏。至劉晏始以鹽鐵兼漕運。稍權輕重所宜，請爲陛下致邊軍十萬人一年之糧，以爲艱急之備。陛下誠能聽臣愚計，不受沮傷，百日之間，收貯總畢。轉運常行之務，既無失於舊規，太倉歲入之儲，亦不闕其恒數。圖慮至熟，更無所妨。謹具揚搉上陳，【張註】前漢叙傳：揚搉。古今註：師古曰：揚，舉也。搉，引也。左(師)〔思〕蜀都賦：請爲左右揚搉而陳之。註劉曰：韓非有揚搉篇。善曰：許慎淮南子註曰：揚搉，粗略也。惟陛下留意省察。

舊制以關中王者所都，萬方輻湊，【張註】綱目集覽：輻，輪轑也。凡輪有三十幅。共湊於一轂，以喻四方皆來。【石川註】淮南子主術訓：羣臣輻湊。註：若輻之湊轂，故曰輻湊。人殷地狹，不足相資，加以六師糗糧，【張註】文獻通考：唐太宗以前，府兵之制未壞，有征行便出兵，兵不征行，各自歸散於田野，未盡仰給大農，所以唐高祖、太宗運粟於關中，不過十萬。後府兵之法漸壞，兵漸多，所以漕粟自此多。是以有李傑、裴耀卿講論漕運，不得不詳。大抵兵與漕運常相關，所謂漕運，全視兵多少。百官祿廩，邦畿之稅，給用不充，所以控引東方，歲運租米。【張註】通鑑音註：唐自中世以後，貢賦皆仰東南。冒淮、湖風浪之弊，泝河、渭湍險之艱，【張註】山堂考索：唐漕制：凡陸行之程，馬日七十里，步及驢五十里，車三十里。水行之程，舟之重者泝河日三十里，江四十里，餘水四十五里；空舟泝河四十里，江五十里，餘水六十里；沿流之舟則輕重同制，河日一百五十里，江一百里，餘水七十里。轉運、徵斂、送納皆準程節其遲速，其三峽、砥柱之類，不拘此限。所費至多，所濟蓋寡。習聞見而不達時宜者，則曰：「國之大事，不計費損，故承前有用一㪷錢【張註】玉篇：㪷，俗斗字。後漢仲長統傳：令畝收三斛，斛取一㪷。管子乘馬篇：六步一㪷。運一㪷米之言，雖知勞煩，不可廢也。」

習近利而不防遠患者，則曰：「每至秋成之時，但令畿内和糴，既易集事，又足勸農，何必轉輸，徒耗財賦。」臣以兩家之論，互有短長，各申偏執之懷，俱昧變通之術。其於事理，可得粗言。夫聚人以財，【石川註】易繫辭：何以聚人，曰財。而人命在食。將制國用，須權重輕。食不足而財有餘，則弛於積財而務實倉廩；【張註】通鑑本註：毛晃曰：倉有屋曰廩。食有餘而財不足，則緩於積食而嗇用貨泉。【張註】綱目集覽：索隱曰：錢本名泉，言貨之流行如泉也。故周有泉府之官。景王乃鑄大錢布泉者，言貨之流布民間。若國家理安，錢穀俱富，烝黎蓄息，力役靡施，然後恒操羨財，益廣漕運，雖有厚費，適資貧人。三者不失其時之所宜，則輕重中權，而國用有制矣。

開元、天寶之際，承平日久，財力阜殷，禄食所頒，給用亦廣。【張註】唐書食貨志：自開元後，置使甚衆，每使各給雜錢。宰相楊國忠身兼數官，堂封外月給錢百萬。幽州平盧節度使安禄山、隴右節度使哥舒翰兼使所給，亦不下百萬。十四載，兩京九品以上月給俸加十之二，同正員加十之一。兵興，權臣增領諸使，月給厚俸，比開元制禄數倍。所以不計靡耗，勵贍軍儲。至使流俗過言，有用一斗錢運一斗米之説。【郎註】食貨志：玄宗時，民久不罷兵革，物力豐富，朝廷用度亦廣，不計道里之〔費，而民之〕輸送所出水陸之直，增以「函脚」、「營窖」之名，民間傳言用斗錢運斗米，其糜耗如此。然且散有餘而備所乏，雖費何害焉。斯所謂操羨財以廣漕運者也。貞元之始，巨盜初平，太倉無兼月之儲，關輔遇連年之旱。【石川註】舊唐書德宗紀：貞元元年正月，去秋螟蝗，冬旱，至是雪，寒甚，民饑凍死者踣於路。夏四月，關中饑民蒸蝗蟲而食。七月，關中蝗食草木都盡，旱甚，井多無水。而有司奏停水運，務省脚錢，至使郊畿之間，煙火殆絶，都市之内，餒殍相望。【張註】唐書食貨志：貞元初，關輔宿兵，米斗千錢，太倉供天子六宫之膳不及十日，禁中不能釀酒，以飛龍駝負永豐倉米給禁軍，陸運牛死殆盡。斯所謂覩近利而不防遠患者也。近歲關輔之地，年穀屢登，數減百姓税錢，許其折納粟麥。公儲委積，足給數年，田農之家，猶困穀賤。今夏江、淮水潦，漂損田苗，比於常時，米貴加倍。甿庶匱乏，流庸頗多。【張註】通鑑音註：流謂流徙，庸謂庸雇。關輔以穀賤傷農，宜加價糴穀，以勸稼穡；江、淮以穀貴人困，〔六〕宜減價糶米，以救凶災。今宜糴之處則無錢，宜糶之處則無米。而又運彼所乏，益此所餘。斯所謂習見聞而不達時宜者也。今淮南諸州，〔七〕米每斗當錢一百五十文，從淮南轉運至東渭橋，每斗船脚又約用錢二百文。計運米一斗，總當錢三百五十文。其米既糙且陳，【張註】通鑑本註：米僅剥穀爲糙。尤爲京邑所賤，今據市司月估，【張註】唐書百官志：兩京諸市署令一人，從六品上；丞二人，正八品上。掌財貨交易，度量器物，辨其真僞輕重。市肆皆建標築土爲候，禁榷固及參市自殖者。有果毅巡迣，平貨物爲三等之直，十日爲簿。通鑑本註：今之市令亦月具物價低昂之數以聞於上。每斗只糶得錢三十七文而已。耗其九而存其一，【張註】通鑑本註：以江、淮之米，合運漕之僦直，率〔一〕斗爲錢三百五十，而京師米價斗止三十七錢，〔是〕耗其九而存〔其〕一也。餒彼人而傷此農，制事若斯，可謂深失矣！

頃者每年從江西、湖南、浙東、浙西、淮南等道，都運米一百一十萬石，〔八〕送至河陰。

【張註】通鑑音註：河陰縣，東魏置，屬洛陽郡，北對河陽岍。括地志：今鄭州河陰縣，本漢平陰，地在洛州洛陽縣北。

其中減四十萬石，留貯河陽倉；餘七十萬石，送至陜州；又減三十萬石，留貯太原倉；【張註】綱目質實：太原倉在河南府陜州西南六里，隋初所置。唯餘四十萬石，送赴渭橋輸納。【張註】唐書食貨志：開元二十一年，玄宗將幸東都，問京兆尹裴耀卿漕事。耀卿因請「罷陜陸運，而置倉河口，使江南漕舟至河口者，輸粟於倉而去，縣官雇舟以分入河、洛。置倉三門東西，漕舟輸其東倉，而陸運以輸西倉，復以舟漕，以避三門之水險」。玄宗以爲然。乃於河陰置河陰倉，河西置柏崖倉，三門東置集津倉，西置鹽倉，鑿(三)〔山〕十八里以陸運。自江、淮漕者，皆輸河陰倉，自河陰西至太原倉，謂之北運，自太原倉浮渭以實關中。臣詳問河陰、太原等倉留貯之意，蓋因往年蟲旱，關輔荐饑，當崔造作相之初，【石川註】舊唐書崔造傳：貞元二年，同平章事。德宗以造敢言，爲能立事，不次登用。徵元琇罷運之失，【石川註】舊唐書崔造傳：造與琇素厚，罷使之後，以鹽鐵之任委之。而韓滉方司轉運，朝廷仰給其漕發，滉以司務久行，不可遽改。德宗復以滉爲江淮轉運使，餘如造所條奏。琇以滉性剛難制，乃復奏江淮轉運，江南米自江至揚子凡十八里，請滉主之；揚子以北，琇主之。滉聞之怒，掎摭琇鹽鐵司事論奏。德宗不獲已，罷琇。遂請每年轉漕米一百萬石，以贍京師。比至中塗，力殫歲盡，所以節級停減，【張註】通鑑音註：節級，猶今人言節次也。分貯諸倉。每至春水初通，江、淮所般未到，便取此米入運，免令停滯舟船。江、淮新米至倉，還復留納填數。輪環貯運，頗亦協宜。【郎註】食貨志：德宗以給事中崔造敢言，爲能立事，用爲相。造素嫌錢穀諸使顓利罔上，乃奏諸道觀察使、刺史選官部送兩稅至京師，廢諸道水陸轉運使及度支巡院、江淮轉運使，以度支、鹽鐵歸尚書省，宰相分判六尚書。以户部侍郎元琇判諸道鹽鐵、榷酒，侍郎吉中孚判度支諸道兩税。增江淮之運，浙江東、西歲運米七十五萬石，復以兩税易米百萬石，江(右)〔西〕、(朔)〔湖〕南、鄂岳、福建、嶺南米亦百二十萬石，詔浙江東、西節度使韓滉，淮南節度使杜(明)〔亞〕運至東、西渭橋倉。不必每歲加般，以增不急之費。所司但遵舊例，曾不詳究源由。邇來七年，積數滋廣。臣近勘河陰、太原等倉，見米猶有三百二十餘萬石，河陰一縣，所貯尤多。倉廩充盈，隨便露積，【張註】史記平準書：太倉之粟，陳陳相因，充溢露積於外。舊者未盡，新者轉加，歲月漸深，耗損增甚。縱絶江、淮輸轉，且運此米入關，七八年間，計猶未盡。況江、淮轉輸，般次不停，但恐過多，不慮有闕。今歲關中之地，百穀豐成，京尹及諸縣令，頻以此事爲言，憂在京米粟太賤，請廣和糴，以救農人。臣今計料所糴多少，皆云可至百餘萬石。又今量定所糴估價，通計諸縣貴賤，并雇船車，般至太倉，穀價約四十有餘，米價約七十以下。此則一年和糴之數，足當轉運二年，〔九〕一斗轉運之貲，足以和糴五斗，〔一〇〕比較即時利害，運務且合悉停。

臣竊慮運務若停，則舟船無用，舟船無用，則壞爛莫修，儻遇凶災，復須轉漕，臨時鳩集，【石川註】後漢書孔融傳：保朱虚縣，稍復鳩集。理必淹遲。夫立法裁規，久必生弊，經略之念，始慮貴周。不以積習害機宜，不以近利隳永制，不貴功於當代，不流患於他時，慮遠防微，是其均濟。臣今所獻，庶近於斯。減所運之數，以實邊儲；存轉運之務，以備時要。其於詳審，必免貽憂。舊例：從江、淮諸道運米一百一十萬石至河陰，來年請停八十萬石，運三十萬石。舊例：從河陰運米七十萬石至太原倉，來年請停五十萬石，運二十萬石。舊例：從太原倉運米四十萬石至東渭橋，【張註】雍録：東渭橋在萬年縣北五十里灞水合渭之地。一統志：渭橋有三：中渭橋在西安府西北二十五里，本名横橋，架渭水上。秦始皇作離宫於渭南、北，渭水貫都，以象天漢，横橋南渡，以法牽牛。東渭橋在西安府東北五十里，漢高祖造，以通櫟陽之道。西渭橋在西安府城西北二十里故長安城西，漢武帝造，跨渭水以通茂(林)〔陵〕，以其對便門，故亦名便橋。唐時名咸陽橋。來年請停二十萬石，運二十萬石。其江、淮所停運米八十萬石，請委轉運使於遭水州縣，每斗八十價出糶，計以糙米與細米分數相接之外，每斗猶減時價五十文，以救貧乏，計得錢六十四萬貫文；節級所減運脚，計得六十九萬貫，都合得錢一百三十三萬貫。數内請支二十萬貫付京兆府，令於京城内及東渭橋開場和糴米二十萬石，每斗與錢一百文，計加時估價三十已上，用利農人。【張註】通鑑本註：增價以糴以利農。其米便送東渭橋及太原倉收貯，充填每年轉漕四十萬石之數。並足，餘尚有錢一百一十三萬貫文，以供邊鎮和糴。臣已令度支巡院勘問諸軍州米粟時價，兼與當管長吏商量，令計見墾之田，約定所糴之數。〔二〕得鳳翔、涇隴、邠寧慶、鄜坊丹延、夏綏銀、靈鹽、振武等道，良原、【張註】九域志：良原在涇州西南六十里。續通典：隋分安鶉觚置良原縣，西南三十里有良原，因名。長武、【張註】通鑑音註：邠州宜禄縣有長武城。時郭子儀遣李懷光築長武城，據原道，臨涇水，俯瞰通道，吐蕃自是不敢輕犯。續通典：長武鎮在鳳翔府麟遊縣界，西至涇州四十里。平涼等城報，除度支旋糴供軍之外，別擬儲備者，計可糴得粟一百三十五萬石。其臨邊州縣，各於當處時價之外，更加一倍。其次每十分加七分，又其次每十分加五分，通計一百三十五萬石，當錢一百二萬六千貫文，猶合賸錢十萬四千貫，留充來年和糴。所於江、淮糶米及減運米脚錢，【張註】通鑑音註：脚錢，謂僦人負荷有雇脚之費。請並委轉運使便折市綾、絹、絁、緜四色，即作船般送赴上都。【張註】通鑑本註：絁，（繒）〔繒〕之似布者，今謂之紬。唐都長安，謂之上都。邊地早寒，斂藏向畢，若待此錢送到，即恐收糴過時。請且貸户部別庫物充用，本色續到，便令折填。其所貸户部別庫物，亦取綾、絹、絁、緜四色，並依平估價，務利農人。仍取度支官畜及車，均融般送。請各委當道節度，及當城兵馬使，【石川註】唐書百官志：建中四年，置諸軍行營兵馬都元帥。與監軍中使，【石川註】通典：隋末，以御史監軍事。大唐亦然，時有其職，非常官。開元二十年後，以中官爲之，謂之監軍使。并度支、和糴、巡院官同受領。便計會和糴，各量人户墾田多少，先付價直，立限納粟。不願糴者，亦勿强徵。其有納米者，每米六升，折粟一斗。應所糴得米粟，亦委此三官同檢覆，分於當管城堡之内，【張註】韻會：堡音保。堡障，小城也。揀擇高燥牢固倉窖等【張註】月令「穿竇窖」註：入地圓曰竇，方曰窖。史記貨殖傳：〔任〕氏獨窖倉粟。收納封閉。仍以貯備軍糧爲名，非緣城守絶糧，及承別敕處分，並不得輒有支用。待收糴畢，具所糴數，并收貯處所聞奏，并報中書門下。【石川註】

六典：晉百官志：管門下衆事，門下侍中之職。掌出納帝命，緝熙皇極，總典吏職，贊相禮儀，以和萬邦，以弼庶務。凡軍國之務，與中書令參而總焉。總計貯備粟一百三十五萬石，是十一萬二千五百人一年之糧。來秋若遇順成，【石川註】禮郊特牲：年不順成，八蜡不通。註：順成，穀熟也。又可更致百餘萬石。

邊蓄既富，邊備自修，以討則有齎，以守則可久，以加兵則不憂所至乏食，以斂糴則不爲貪將所邀。恢疆保境者得以遂其謀，蹙國蹠軍者【石川註】詩召旻：日蹙國百里。傳：蹙，促也。漢高帝紀：漢王跳。如淳曰：謂走也。無所辭其罪。是乃立武之根柢，【張註】後漢仲長統傳：百家言政者尚矣，大略歸乎寧固根柢，革易時敝也。安邊之本源，守土庇人，莫急於此。傾公藏而發私積，猶當悉力以務之，況今不擾一人，無廢百事，但於常用之內，收其枉費之資，百萬贏糧，坐實邊鄙。又有勸農賑乏之利，存乎其間，此蓋天錫陛下攘戎狄而安國家之時，不可失也。

陛下誠能過聽愚計，先聚軍儲，慎擇良圖，更貞師律，蠢爾兇醜，自當畏威。縱迷款塞之心，【張註】前漢書宣帝紀：匈奴呼韓邪單于款五原塞。註：師古曰：款，叩也。又：本始二年詔曰：款塞來享。註：應劭曰：皆叩塞門來服從也。必無猾夏之慮。【張註】劉仲達鴻書：猾無骨，入虎口，虎不能噬；處虎腹中，自內嚙之。書云：蠻、夷猾夏。取此義。伏惟少留睿思，詳省而明斷之。其所停減運脚，臣已與本司審細計料，并邊鎮分配和糴數，及米粟估價等數，各得別狀，條件分析，謹同封進，聽進止。【張註】食貨志：帝乃命度支增估糴粟三十三萬斛，然不能盡用贄議。通鑑：九月，詔西北邊貴糴以實倉儲，邊備浸充。（音註）考異曰：實録云：「凡積米三十三萬斛。」按陸贄論守備〔狀云〕：「坐致邊儲，數（餘）〔逾〕百萬，諸鎮收糴，今已向終。」又云：「更經一年，可積十萬人三歲之糧矣。」蓋實録所言，今年之數，贄狀通計來春也。

馬傳庚曰：籌及邊儲，本爲國計。然使民困轉輸，上虧帑藏，有一於此，均屬難爲。看他不加民賦，不費官錢，祇在漕運上通盤籌畫，節減運費，權其重輕，坐致邊儲，數逾百萬，是何等偉略經濟，非空空議論見長。

蔡九霞曰：邊儲不備，何以强兵？何以應猝然之患？持籌者支目前之不暇，遑計他日乎！即有爲此慮者，亦苦無餘資，否則議加賦已耳。公權衡價值之貴賤，屯貯之餘乏，變通轉移，其間可得餘錢以濟邊儲，方是不加賦而國用足之術。經國遠謨，誠不可及。

校勘記

〔一〕此誠慎慮之深者也　「慎」，明本、郎本作「致」。

〔二〕常爲國之大事　「常」，宋本、明本、郎本、張本、石川本作「實」。

〔三〕智者貢其謀　「貢」，明本、郎本、張本、石川本作「責」。

〔四〕其所謂歸於失者　全唐四七三無「其」字，「歸」上多一「同」字。

〔五〕緣邊列十萬之師　「緣」，石川本作「分」。

〔六〕江淮以穀貴人困　「人」原作「民」，據通鑑二三四改。按：石川本註云：「據前後例，作『人』爲是。」

〔七〕今淮南諸州　「淮南」，通鑑作「江淮」。

〔八〕都運米一百一十萬石　「石」，通鑑、新書食貨志三均作「斛」。按：北宋以前，石、斛均容十斗，量同。南宋之末，始改五斗爲一斛，二斛爲一石。此類異文，以下概不出校。

〔九〕足當轉運二年　「二年」上，新書食貨志多一「之」字。

〔一〇〕足以和糴五斗　「以」，新書食貨志作「當」。又，「五斗」上，新書食貨志多一「之」字。

〔一一〕約定所糴之數　「所」，明本、郎本作「初」。

陸贄集卷十九

中書奏議 三

論緣邊守備事宜狀

【郎註】贄以西北邊戍，調河南、江、淮兵，謂之「防秋」，士不素練，故戰數敗，諸將節制不一，無以應敵，乃歷陳其弊。帝雖愛重其言，不能用也。【張註】册府元龜：貞元八年，中書侍郎陸贄知政事，以河、隴陷蕃已來，西北邊嘗以重兵守備，謂之「防秋」，皆河南、江、淮諸鎮之軍也。更番往來，疲於戎役。贄以中原之兵不習邊事，及捍虜戰賊，動多敗衄，又苦邊將名目太多，諸軍統制不一，緩急無以應敵，乃上疏論其事。帝極深嘉納，優詔褒美之。

右臣歷覽前代史書，皆謂鎮撫四夷，宰相之任。【張註】史記陳丞相世家：宰相者，上佐天子理陰陽，順四時，下遂萬物之宜，外鎮撫四夷諸侯，内親附百姓。不揆闇劣，屢敢上言。誠以備邊禦戎，國家之重事；理兵足食，備禦之大經。兵不理則無可用之師，食不足則無可固之地。理兵在制置得所，足食在斂導有方。陛下幸聽愚言，先務積穀，人無加賦，官不費財，坐致邊儲，數逾百萬。諸鎮收糴，今已向終，分貯軍城，用防艱急，縱有寇戎之患，必無乏絶之憂。守此成規，以爲永制，恒收宂費，益贍邊農，則更經二年，〔一〕可積十萬人三歲之糧矣。足食之原粗立，理兵之術未精，敢試籌量，庶備採擇。

伏以戎狄爲患，自古有之，其於制禦之方，得失之理，備存史籍，可得而言。大抵尊即叙者，則曰「非德無以化要荒」，【石川註】書禹貢：五百里要服，五百里荒服。疏：要服，要束使服。荒服，政要荒忽。【張註】書：西戎即叙。孔安國曰：言荒服之外，流沙之内，羌、髳之屬，皆就次序。班固曰：即叙者，言就而叙之。國語：蠻、夷要服，戎、狄荒服。韋昭註：要者，要結好信而服從之。荒者，言荒忽無常者也。曾莫知威不立，則德不能馴也。樂武威者，則曰「非兵無以服凶獷」，【張註】晉書北狄傳論：蹈仁義者爲中寓，肆凶獷者爲外夷。曾莫知德不修，則兵不可恃也。務和親者，則曰「要結可以睦鄰好」，曾莫知我結之，而彼復解之也。【張註】史記劉敬傳：高帝罷平城歸。是時，冒頓爲單于，數苦北邊。上患之，問劉敬。劉敬曰：「天下初定，士卒罷於兵，未可以武服也。冒頓殺父代立，妻羣母，以力爲威，未可以仁義説也。獨可以計久遠子孫爲臣耳。陛下誠能以適長公主妻之，厚奉遺之，彼知漢適女送厚，蠻夷必慕以爲閼氏，生子必爲太子，代單于。陛下以歲時漢所餘彼所鮮數問遺，因使辯士風諭以禮節。冒頓在，固爲子壻；死，則外孫爲單于。豈嘗聞外孫敢與大父抗禮者哉！」高帝曰：「善。」取家人子名爲長公主，妻單于，使劉敬往結和親約。美長城者，則曰「設險可以固邦國而扞寇讎」，【石川註】易象傳：王公設險，以守其國。曾莫知力不足而人不堪，〔三〕則險之不能恃，城之不能有也。【張註】顧炎武日知録：井田始廢，車變爲騎，於是寇鈔易而防守難，不得已而有長城之築。竹書紀年：梁惠成王二十年，齊閔王築防以爲長城。泰山記：泰山西有長城，緣河徑泰山一千餘里，至瑯琊臺入海。此齊之長城也。史記秦本紀：魏築長城，自鄭濱洛以北，有上郡。竹書紀年：惠成王十二年，龍賈帥師築長城於西邊。此魏之長城也。後漢志：河南郡卷有長城，經陽武到密。此韓之長城也。水經註：盛宏之云：葉東界有故城，始犨縣，東至瀙水，達泚陽，南北數百里，號爲「方城」，一謂之長城。此楚之長城也。趙世家：成侯六年，中山築長城。又言：肅侯十七年，築長城。則趙與中山亦有長城矣。以此言之，中國多有長城也。其在北邊者，史記匈奴傳：秦宣太后起兵伐殘義渠。於是秦有隴西、北地、上郡，築長城以拒胡。此秦之長城也。魏世家：惠王十九年，築長城塞固陽。此魏之長城也。匈奴傳又言：趙武靈王北破林胡、樓煩，築長城，自代並陰山下，至高闕爲塞。而置雲中、雁門、代郡。此趙之長城也。燕將秦開襲破東胡，東胡却千餘里，燕亦築長城，自造陽至襄平，置上谷、漁陽、右北平、遼西、遼東郡以拒胡。此燕之長城也。秦滅六國，而始皇帝使蒙恬將十萬之衆，北擊胡，悉收河南地。因河爲塞，築四十四縣城，臨河通直道，因邊山險塹谿谷，起臨洮至遼東萬餘里。此秦并天下之後所築之長城也。自此以後，則漢武帝元朔二年，遣將軍衛青等擊匈奴，取河南地，築朔方，復繕故秦時蒙恬所爲塞。魏明元帝泰常八年二月，築長城於長川之南，起自赤城，西至五原，延袤二千餘里。太武帝太平真君七年五月，發同、幽、定、冀四州十萬人築（城）〔畿〕上塞圍，起上谷，西至河，廣袤皆千里。北齊文宣帝天保三年十月，起長城，自黃櫨嶺北至社干城四百餘里，立三十六戍。六年，發民一百八十萬築長城，自幽州北夏口至恒州九百餘里。八年，於長城内築重城，自庫洛拔而東，至於塢紇戍，凡四百餘里。周宣帝大象元年六月，發山東諸州民修長城，立亭障，西自雁門，東至碣石。隋文帝開皇五年，使司農少卿崔仲方發十三萬於朔方、靈武築長城，東拒黃河，西至綏州，南至勃出嶺，綿歷七百里。六年二月，復令崔仲方發丁十五萬，於朔方以東緣邊險要，築數十城。此又後史所載繼築長城之事也。尚薄伐者，則曰「驅遏可以禁侵暴而省征徭」，【張註】詩：薄伐西戎。又：薄伐玁狁。曾莫知兵不鋭，壘不完，則遏之不能勝，驅之不能去也。議邊之要，略盡於斯。雖互相譏評，然各有偏駁。聽一家之説，則理例可徵；考歷代所行，則成敗異效。是由執常理以御其不常之勢，徇所見而昧於所遇之時。

夫中夏有盛衰，夷狄有强弱，事機有利害，措置有安危，故無必定之規，亦無長勝之法。夏后以敘戎而聖化茂，【郎註】禹貢：西戎即敘。古公以避狄而王業興；【郎註】古公即太王，避狄於岐山之下。周城朔方而玁狁攘，【張註】詩：天子命我，城彼朔方，赫赫南仲，玁狁於襄。註：襄，除也。秦築臨洮而宗社覆；【郎註】盧生入海，得圖讖曰：亡秦者胡也。始皇乃北築臨洮，以御匈奴。後陳勝起，卒以亡秦。事見本紀。【張註】註見前長城。【石川註】史記正義：臨洮，古諸羌地也。陳涉、吳廣因戍役起兵，秦終亡。漢武討匈奴而貽悔，【郎註】武帝連年出師，以征匈奴，海内虚耗，户口減半，卒下哀痛之詔。【張註】前漢西域傳：自武帝初通西域，置校尉，屯田渠犂。是時軍旅連出，師行三十二年，海内虚耗。(正)〔征〕和中，貳師將軍李廣利以軍降匈奴。上既悔遠征伐，而搜粟都尉桑弘羊與丞相、御史奏言：「故輪臺以東捷枝、渠犂皆故國，地廣，饒水草，有溉田五千頃以上。募民壯健有累重敢徙者詣田所，就蓄積爲本業，益墾溉田，稍築列亭，連城而西，以威西國。」上乃下詔，深陳既往之悔，曰：「迺者貳師敗，軍士死略離散，悲痛常在朕心。今請遠田輪臺，是擾勞天下，非所以優民也。今朕不忍聞。當今務在禁苛暴，止擅賦，力本農，修馬復令，以補缺，毋乏武備而已。」由是不復出軍。而封丞相田千秋爲富民侯，以明休息，思富養民也。

太宗征突厥而致安，【郎註】突厥數入寇，太宗命李靖以兵三千，生擒頡利，邊境遂寧。【張註】漢書音義：夏曰獯鬻，殷曰鬼方，周曰玁狁，漢曰匈奴，魏曰突厥。世居金山，工於鐵作。金山狀如兜鍪，其俗呼兜鍪爲突厥，因爲國號。唐書突厥傳：頡利得華士趙德言，委信之，稍專國。又委政諸胡，斥遠宗族不用，興師歲入邊，下不堪苦。明年，部屬薛延陀自稱可汗，以使來。詔兵部尚書李靖擊虜馬邑，頡利走，九俟斤以衆降，拔野古、僕骨、同羅諸部，霫、奚渠長，皆來朝。於是詔并州都督李世勣出通漢道，李靖出定襄道，左武衛大將軍柴紹出金河道，靈州大都督任城王道宗出大同道，幽州都督衛孝節出恒安道，營州都督薛萬淑出暢武道，凡六總管，師十餘萬，皆授靖節度以討之。四年正月，靖進屯惡陽嶺，夜襲頡利，頡利驚，退牙磧口，大酋康蘇密等以隋蕭皇后、楊正道降。頡利窘，走保鐵山，兵猶數萬，令執失思力來，陽爲哀言謝罪，請内屬。帝詔鴻臚卿唐儉、將軍安修仁等持節慰撫。靖知儉在虜所，虜必安，乃襲擊之，盡獲其衆。頡利得千里馬，獨奔沙鉢羅，行軍副總管張寶相禽之。沙鉢羅設蘇尼失以衆降，其國遂亡。

文、景約和親而不能弭患於當年，【郎註】文、景雖與匈奴和親，然屢入寇邊郡。【張註】史記匈奴列傳：老上稽粥單于初立，孝文皇帝復遣宗室女公主爲單于閼氏，使宦者燕人中行説傅公主。説不欲行，漢彊使之。中行説既至，因降單于，單于甚親幸之。於是説日夜教單于候利害處。漢孝文皇帝十四年，匈奴單于十四萬騎入朝那蕭關，殺北地都尉卬，虜人民畜産甚多，遂至彭陽。使(騎)〔奇〕兵入燒回中宮，候騎至雍甘泉。於是文帝以中尉周舍、郎中令張武爲將軍，發車千乘，騎十萬，軍長安旁以備胡寇。大發車騎往擊胡。單于留塞内月餘乃去，漢逐出塞即還，不能有所殺。匈奴日已驕，歲入邊，殺略人民畜産甚多，雲中、遼東最甚。漢患之，乃使使遺匈奴書。復言和親事。後四歲，老上稽粥單于死，子軍臣立爲單于。既立，孝文皇帝復與匈奴和親。而中行説復事之。軍臣單于立四歲，匈奴復絶和親，大入上郡、雲中，各三萬騎，所殺略甚衆。孝景帝立，復與匈奴和親，通關(中)〔市〕，給遺匈奴，遣公主，如故約。終孝景時，時小入盜邊，無大寇。

宣、元弘撫納而足以保寧於累葉。

【郎註】匈奴五單于爭立，宣帝存撫呼韓邪單于，故迨于元、成，單于數入朝。【張註】前漢匈奴傳：呼韓邪之敗也，左伊秩訾王爲呼韓邪計，勸令稱臣入朝事漢，從漢求助，如此匈奴乃定。呼韓邪從其計，引衆南近塞，遣子右賢王銖婁渠堂入侍。郅支單于亦遣子右大將駒於利受入侍。是歲，甘露元年也。明年，呼韓邪單于欵五原塞，願朝。三年正月，漢遣車騎都尉韓昌迎，發過所七郡郡二千騎，爲陳道上。單于正月朝天子於甘泉宮，漢寵以殊禮，位在諸侯王上，贊謁稱臣而不名。單于就邸，留月餘，遣歸國。單于自請願留居光禄塞下，有急保漢受降城。漢遣長樂衛尉高昌侯董忠、車騎都尉韓昌將騎萬六千，又發邊郡士馬以千數，送單于出朔方雞鹿塞。又轉邊穀米糒，前後三萬四千斛，給贍其食。是歲，郅支單于亦遣使奉獻，漢遇之甚厚。元帝即位，郅支單于自以道遠，又怨漢擁護呼韓邪，遣使上書求侍子。漢遣谷吉送之，郅支殺吉。漢不知吉音問。呼韓邪單于使來，漢輒薄責之甚急。明年，漢遣車騎都尉韓昌、光禄大夫張猛送呼韓邪單于侍子，求問吉等，因赦其罪，勿令自疑。其後，都護甘延壽與副陳湯發兵即康居誅斬郅支。呼韓邪單于且喜且懼，上書願入朝見。竟寧元年，單于復入朝，禮賜如初。單于自言願壻漢氏以自親。元帝以後宮良家子王嫱字昭君賜單于。單于驩喜，上書願保塞上谷以西至敦煌，傳之無窮。蓋以中夏之盛衰異勢，夷狄之强弱異時，事機之利害異情，措置之安危異便。〔三〕知其事而不度其時則敗，附其時而不失其稱則成。形變不同，胡可專一？

夫以中國强盛，夷狄衰微，而能屈膝稱臣，歸心受制，拒之則阻其嚮化，滅之則類於殺降，〔四〕【張註】鶡冠子：行枉則禁，反正則舍，是故王者不殺降人。安得不存而撫之，即而叙之也？又如中國强盛，夷狄衰微，而尚棄信忤盟，〔五〕蔑恩肆毒，諭之不變，責之不懲，安得不取亂推亡，息人固境也？【張註】書：兼弱攻昧，取亂侮亡。推亡固存，邦乃其昌。其有遇中國喪亂之弊，當夷狄强盛之時，圖之則彼釁未萌，禦之則我力不足，安得不卑詞降禮，約好通和，啗之以利以引其懽心，結之以親以紓其交禍？縱不必信，且無大侵。雖非御戎之善經，蓋時事亦有不得已而然也。儻或夷夏之勢，强弱適同，撫之不寧，威之不靖，力足以自保，〔六〕勢不足以出攻，安得不設險以固軍，【張註】易：王公設險，以守其國。訓師以待寇，來則薄伐以遏其深入，去則攘斥而戒於遠追？雖非安邊之令圖，蓋勢力亦有不得已而然也。故夏之即叙，周之于攘，太宗之翦亂，皆乘其時而善用其勢者也。古公之避狄，文、景之和親，神堯之降禮，【郎註】突厥傳：頡利倚父兄餘資，兵鋭馬多，視中國爲不足，與書辭悖慢，多不敬。神堯高祖方經略天下，故每屈禮，多所舍貸。【張註】通典：高祖三年，薛舉猶據隴右，遣其將宗羅侯攻陷平涼郡，北與頡利結連。高祖遣光禄卿宇文歆齎金帛以賂頡利，歆説之，令與薛舉絶。初，隋五原太守張長遜因亂以其所部五城隸于突厥，歆又説頡利遣長遜入朝，以五原地歸於我。頡利並從之，因發突厥兵及長遜之衆，並會於太宗軍所。頡利承父兄之資，兵馬强盛，有憑陵中夏之志。高祖以中原初定，未遑外略，每優容之，賜與不可勝計。頡利言辭悖慠，求請無厭。皆順其時而不失其稱者也。秦皇之長城，漢武之窮討，皆知其事而不度其時者也。向若遇孔熾之勢，【石川註】詩六月：玁狁孔熾。傳：熾，盛也。行即叙之方，則見侮而不從矣。乘可取之資，懷畏避之志，則失機而養寇矣。有攘卻之力，用和親之謀，則示弱而勞費矣。當降屈之時，務翦伐之略，則召禍而危殆矣。故曰：知其事而不度其時則敗，附其時而不失其稱則成。是無必定之規，〔七〕亦無長勝之法，得失著效，不其然歟！至於察安危之大情，計成敗之大數，百代之不變易者，蓋有之矣。其要在於失人肆慾則必蹙，任人從衆則必全。此乃古今所同，而物理之所壹也。〔八〕

國家自禄山構亂，〔九〕肅宗中興，撤邊備以靖中邦，借外威以寧内難。【張註】通鑑：唐自武德以來，開拓邊境，地連西域，皆置都護府。開元中，置朔方、隴右、河西、安西、北（廷）〔庭〕諸節度使以統之，歲發山東丁壯爲戍卒，繒帛爲軍資，開屯田供糗糧，設監牧蓄牛馬，軍城戍邏，萬里相望。及安禄山反，兵精鋭者皆徵發入援，謂之行營。留兵單弱，數年之間，胡虜競蠶食，自鳳翔以西，邠州以北，皆爲左衽矣。【石川註】舊唐書肅宗紀：至德元（年）〔載〕八月，回紇、吐蕃遣使，願助國討賊。十一月，回紇赴難，與郭子儀同破賊黨於河上。二載九月，廣平王統安西、回紇、南蠻、大食之衆討賊，賊軍大敗，收（兩）〔西〕京。於是吐蕃乘釁，吞噬無厭；【郎註】吐蕃傳：德宗即位，累與吐蕃通使結盟。朱泚之亂，吐蕃請助討賊。渾瑊用論莽羅兵破泚將韓旻于武亭川。初與虜約，得長安以涇、靈四州畀之。會大疫，虜即引去。及泚平，責先約求地。帝止償帛萬匹，虜以爲怨，乃數入寇。【石川註】唐書吐蕃傳：安禄山亂，哥舒翰悉河、隴兵東守潼關。諸將各以所鎮兵討難，邊候空虚，吐蕃得乘隙暴掠，取嶲州及威武等城，入屯石堂。回紇矜功，馮凌亦甚。【郎註】肅宗即位，遣使來，請助討安禄山，遂同廣平王破賊，進復長安。恃功縱横，數與吐蕃入寇，代宗每優容之。納一馬取直四十縑，可汗遣使索償馬直一百八十(五)〔萬〕。德宗隱忍，賜以金帛。事見回紇傳。【張註】通鑑：肅宗至德二載，廣平王俶入東京，回紇縱兵大掠，父老盡率羅錦萬匹，以賂回紇，回紇乃止。寶應元年，上遣中使劉清潭使於回紇，修舊好，且徵兵討史朝義。制以雍王适爲天下兵馬元帥，以(葉)〔藥〕子昂、魏琚爲左右廂兵馬使，韋少華、李進爲行軍司馬，會諸道節度及回紇於陝州。适至陝州，回紇屯河北，适與僚屬往見之。可汗責适不拜舞，(葉)〔藥〕子昂對以禮不當然。回紇將軍〔車〕鼻曰：「唐天子與可汗約爲兄弟，可汗于雍王，叔父也，何得不拜舞？」引子昂等各鞭一百，遣适歸營，琚、少華遂死。代宗大曆七年，回紇使者擅出鴻臚寺，(採)〔掠〕人子女，所司禁之，毆擊所司，以三百騎犯金光、朱雀門。上遣中使諭之，乃止。其後屢出殺人，上皆不問。十三年，回紇入寇太原，留後鮑防逆戰，敗，回紇縱兵大掠。代州都督歸光晟擊破之于羊武谷，乃引去。上亦不問，待之如初。【石川註】左傳襄八年：憑陵我城郭。憑，迫也。中國不遑振旅，【張註】書：班師振旅。詩：伐鼓淵淵，振旅闐闐。【石川註】晉語「邲之役，三年不振旅」註：師敗衆散，故不能振旅而入。四十餘年。使傷耗遺甿，竭力蠶織，【石川註】詩瞻卬：婦無公事，休其蠶織。箋：蠶桑織紝之職。西輸賄幣，北償馬資，〔一〇〕【張註】通鑑：回紇自乾元以來，歲求和市，每一馬易四十縑，動呈數萬匹馬，皆駑瘠無用，朝廷苦之。尚不足塞其煩言，【郎註】左〔傳〕定四年：衛子行敬子言於靈公曰：「會同難，嘖有煩言。」杜預云：煩言，忿爭也。滿其驕志。復又遠徵士馬，列戍疆陲，猶不能遏其奔衝，止其侵侮。小入則驅略黎庶，深入則震驚邦畿。時有議安邊之策者，多務於所難，而忽於所易，勉於所短，而略於所長。遂使所易所長者，行之而其要不精；所難所短者，圖之而其功靡就。憂患未弭，職斯之由。【石川註】左傳襄十四年：職女之由。

夫制敵行師，必量事勢，勢有難易，事有後先。力大而敵脆，【張註】管子：無委致圍，城脆致衝。註：脆，不堅也。則先其所難，是謂奪人之心，暫勞而久逸者也。力寡而敵堅，則先其所易，是謂固國之本，觀釁而後動者也。頃屬多故，〔一二〕人勞未瘳，而欲廣發師徒，深踐寇境，〔一三〕復其侵地，攻其堅城，前有勝負未必之虞，後有餽運不斷之患，儻或撓敗，適所以啟戎心【石川註】左傳莊二十八年：疆埸無主，則啟戎心。而挫國威。以此爲安邊之謀，〔一三〕可謂不量事勢而務於所難矣。

天之授者，有分事，無全功；地之產者，有物宜，無兼利。是以五方之俗，長短各殊。【郎註】王制云：五方之民，皆有性也，不可推移。又云：廣谷大川異制，民生其間者異俗。長者不可踰，短者不可企。勉所短而校其所長，必殆；用所長而乘其所短，必安。〔一四〕以水草爲邑居，〔一五〕以射獵供飲茹，多馬而尤便馳突，輕生而不耻敗亡，【張註】史記匈奴傳：匈奴，其先祖居於北蠻，隨畜牧而轉移。其畜之所多則馬、牛、羊。逐水草遷徙，毋城郭長處耕田之業。兒能騎羊，引弓射鳥、鼠；少長，則射狐、兔：用爲食。其俗，寬則隨畜，因射獵禽獸爲生業，急則人習戰攻以侵伐，其天性也。其長兵則弓矢，短兵則刀鋋。利則進，不利則退，不羞遁走。此戎狄之所長也。戎狄之所長，乃中國之所短。而欲益兵蒐乘，角力爭驅，【張註】禮記：孟冬之月，天子乃命將帥講武，習射御角力。交鋒原野之間，決命尋常之內。【張註】周禮冬官鄭註：八尺曰尋，倍尋曰常。禽經云：雗上無尋，鷚上無常，雉上有丈，鷂上有赤。上言飛而上也。雗之上不能尋。鷚之上不能常。鷚，雉子也。倍尋曰常。雉上能丈，故計丈曰雉，左傳「都城百雉」是也。鷂之上能赤。赤，古與尺通。以此爲禦寇之術，可謂勉所短而校其所長矣。務所難，勉所短，勞費百倍，終於無成。雖果成之，不挫則廢。〔一六〕豈不以越天授而違地產，虧時勢以反物宜者哉！

將欲去危就安，息費從省，在其慎守所易，〔一七〕精用所長而已。若乃擇將吏以撫寧衆庶，修紀律以訓齊師徒，耀德以佐威，【石川註】周語：先王耀德不觀兵。能邇以柔遠，【石川註】詩民勞：柔遠能邇，以定我王。傳：柔，安也。禁侵掠之暴以彰吾信，抑攻取之議以安戎心，彼求和則善待而勿與結盟，彼爲寇則嚴備而不務報復，此當今之所易也。賤力而貴智，惡殺而好生，輕利而重人，忍小以全大，安其居而後動，俟其時而後行。是以修封疆，守要害，塹蹊隧，【張註】綱目集覽：隧者，依深險處開通行道也。壘軍營，謹禁防，明斥候，【張註】前漢李廣傳：廣行無部曲行陳，就善水草頓舍，人人自便，不擊刁斗自衛，然亦遠斥候，未嘗遇害。務農以足食，練卒以蓄威。非萬全不謀，非百克不鬭。寇小至則張聲勢以遏其入，寇大至則謀其大以邀其歸，〔一八〕據險以乘之，多方以誤之，【郎註】左〔傳〕昭三十年：吳子以伐楚問伍員。員對曰：「亟肄以罷之，多方以誤之。」罷音疲。【張註】左傳註：聲東擊西，使之迷誤。使其勇無所加，衆無所用，掠則靡獲，攻則不能，進有腹背受敵之虞，退有首尾難救之患。所謂乘其弊，不戰而屈人之兵，【郎註】孫子云：不戰而屈人之兵，善之善者也。此中國之所長也。我之所長，乃戎狄之所短；我之所易，乃戎狄之所難。以長制短，則用力寡而見功多；以易敵難，則財不匱而事速就。捨此不務，而反爲所乘，斯謂倒持戈矛，以鐏授寇者也。【郎註】梅福傳：秦倒持太阿，授楚其柄。曲禮云：進戈者，前其鐏。鐏，在困切，柄下之銅。今則皆務之矣！然猶守封未固，寇戎未懲者，〔一九〕其病在於謀無定用，衆無適從；所任不必才，才者不必任；所聞不必實，實者不必聞；所信不必誠，誠者不必信；所行不必當，當者未必行。故令措置乖方，課責虧度，財匱於兵衆，力分於將多，怨生於不均，機失於遥制。【張註】通鑑本註：自措置以下，所謂六失也。臣請爲陛下粗陳六者之失，惟明主慎聽而熟察之。

臣聞工欲善其事，必先利其器；武欲勝其敵，必先練其兵。練兵之中，所用復異。用之於救急，則權以紓難；用之於暫敵，則緩以應機。故事有便宜，而不拘常制；謀有奇詭，而不徇衆情。進退死生，唯將所命。此所謂攻討之兵也。用之於屯戍，則事資可久，勢異從權。非物理所愜不寧，非人情所欲不固。夫人情者，利焉則勸，習焉則安，保親戚則樂生，顧家業則忘死。故可以理術馭，不可以法制驅。此所謂鎮守之兵也。【張註】謹按：唐有鎮兵，即鎮守之兵也。夫欲備封疆，禦戎狄，非一朝一夕之事，固當選鎮守之兵以置焉。古之善選置者，必量其性習，辨其土宜，察其技能，知其欲惡。用其力而不違其性，齊其俗而不易其宜，引其善而不責其所不能，禁其非而不處其所不欲。而又類其部伍，安其室家。然後能使之樂其居，定其志，奮其氣勢，結其恩情。撫之以惠，則感而不驕；臨之以威，則肅而不怨。靡督課而人自爲用，弛禁防而衆自不攜。故出則足兵，居則足食，守則固，戰則强。其術無他，便於人情而已矣。今者散徵士卒，分戍邊陲，更代往來，以爲守備。是則不量性習，不辨土宜，邀其所不能，强其所不欲，求廣其數而不考其用，將致其力而不察其情。斯可以爲羽衛之儀，而無益於備禦之實也。何者？窮邊之地，千里蕭條，寒風裂膚，驚沙慘目，與豺狼爲鄰伍，以戰鬬爲嬉遊，晝則荷戈而耕，夜則倚烽而覘，【張註】前漢賈誼傳：斥候望烽燧，不得卧，將吏被甲冑而睡。註：師古曰：晝則燔燧，夜則舉烽。唐六典：烽候所置，大率三十里。若有山岡隔絶，須逐便安置，得相望見，不必要限三十里。其逼邊境者，築城而置之。每烽置帥、副各一人。其放烽有一炬、兩炬、三炬、四炬，隨賊多少爲差。日有剽害之慮，永無休暇之娱，地惡人勤，於斯爲甚；自非生於其域，習於其風，幼而覩焉，長而安焉，不見樂土而不遷焉，【石川註】詩碩鼠：適彼樂土。則罕能寧其居而狎其敵也。關東之壤，百物阜殷，從軍之徒，尤被優養，【張註】通鑑音註：時吐蕃連和，西邊無警，而河南、北諸鎮連兵拒命，關東騷然，故抽兵以戍關東也。慣於温飽，狎於歡康，比諸邊隅，若異天地。【石川註】莊子：壺子曰：「鄉吾示之以天壤。」聞絶塞荒陬之苦，【石川註】玉篇：陬，隅也。則辛酸動容；【張註】嵇康詩：臨文情辛酸。聆强蕃勁虜之名，則懾駭奪氣。〔二〇〕而乃使之去親族，捨園廬，甘其所辛酸，抗其所懾駭，將冀爲用，不亦疎乎？矧又有休代之期，無統帥之馭，資奉若驕子，【張註】史記汲黯傳：渾邪率數萬之衆來降，發良民侍養，譬若奉驕子。姑息如倩人，【張註】陳琳爲曹洪與魏文帝書：恠乃輕其家邱，謂爲倩人。進不邀之以成功，退不處之以嚴憲。其來也，咸負德色；【張註】前漢賈誼傳：借父耰鉏，慮有德色。其止也，莫有固心。屈指計歸，張頤待飼。僥倖者猶患還期之賒緩，恒念戎醜之充斥。【張註】左傳：寇盗充斥。註：充，滿。斥，見。言其多。王師挫傷，則將乘其亂離，布路東潰。【張註】通鑑音註：布路，分路也。情志且爾，得之奚爲？平居則殫耗資儲，以奉浮冗之衆；臨難則投棄城鎮，〔二一〕以摇遠近之心。其弊豈惟無益哉，固亦將有所撓也！復有抵犯刑禁，謫徙軍城，【張註】唐書刑法志：太宗十四年，詔流罪無遠近，皆徙邊要州，後犯者寖少。十六年，又徙死罪以實西州；流者戍之，以罪輕重爲更限。意欲增户實邊，兼令展效自贖。既是無良之類，且加懷土之情，【石川註】論語：小人懷土。註：重遷也。思亂幸災，又甚戎卒，適足煩於防衛，諒無望於功庸，雖前代時或行之，【張註】前漢武帝時，發天下七科謫，出朔方。張晏曰：吏有罪一，亡命二，贅壻三，賈人四，故有市籍五，父母有市籍六，大父母有市籍七。後漢書：明帝詔郡國中都官，死罪繫囚，減罪一等，勿笞，屯朔方、五原之邊縣。大學衍義補：此秦、漢以來謫有罪戍邊之始。固非良算之可遵者也。復有擁旄之帥，身不臨邊，但分偏師，俾守疆埸。【張註】左傳：疆埸之事。註：埸音亦。穀梁傳隱元年：聘弓鍭矢，不出竟埸。疏：謂之竟埸者，竟是疆界之名，至此易主，故謂之疆埸也。大抵軍中壯鋭，元戎例選自隨，【石川註】詩六月：元戎十乘。傳：元，大也。委其疲羸，乃配諸鎮。節將既居内地，精兵祗備紀綱。【郎註】左傳僖公二十四年：三月，秦伯送衛重耳於晉三千人，實紀綱之僕。今諸將皆以精兵自衛，故借用紀綱字。遂令守要禦衝，恒在寡弱之卒。寇戎每至，力勢不支，入壘者纔足閉關，在野者悉遭劫執，恣其芟蹂，盡其搜毆。比及都府聞知，【張註】通典：武德七年，改大總管府爲大都督府，總管府爲都督府。虜已剋獲旋返。且安邊之本，所切在兵，理兵若斯，可謂措置乖方矣。【張註】通鑑本註：此一失也。

夫賞以存勸，罰以示懲。勸以懋有庸，懲以威不恪。【石川註】左傳文九年：以懲不恪也。故賞罰之於馭衆也，猶繩墨之於曲直，權衡之於重輕，〔三〕輗軏之所以行車，【石川註】論語爲政註：輗，轅端横木縛軛，以駕牛者。軏，轅端上曲鉤衡，以駕馬者。銜勒之所以服馬也。【張註】説文：銜，馬勒口中，從金從行，銜行馬者也。徐曰：馬銜，所以制之行也，一説馬轡也。有銜曰勒，無銜曰羈。馭衆而不用賞罰，則善惡相混，而能否莫殊。用之而不當功過，則姦妄寵榮，而忠實擯抑。夫如是，若聰明可衒，律度無章，則用與不用，其弊一也。自頃權移於下，柄失於朝，將之號令既鮮克行之於軍，國之典常【張註】書：其爾典常作之師。又不能施之於將，務相遵養，【張註】通鑑本註：遵，率也，言相率以養惡也。周頌酌之詩曰：遵養時晦。毛氏註云：遵，率；養，取；晦，昧也。鄭氏箋云：養是暗昧之君，以老其惡。苟度歲時。欲賞一有功，翻慮無功者反側；欲罰一有罪，復慮同惡者憂虞。罪以隱忍而不彰，【張註】宋書王僧達傳：猶欲隱忍，法爲情屈。功以嫌疑而不賞，姑息之道，乃至於斯！故使忘身效節者獲誚於等夷，〔二三〕率衆先登者【郎註】左傳隱公十一年：潁考叔取鄭伯之旗蝥弧以先登。又，漢書樊噲傳云：先登陷陣。取怨於士卒，僨軍蹙國者【張註】綱目集覽：僨，音奮。張晏曰：僨，僵也，謂軍不嚴整，若僵朴也。蹙國，猶言亡國也。〔禮〕記射義篇「賁軍之將，亡國之大夫」註：賁，讀爲僨。僨，猶覆敗也。亡國，亡君之國者也。僨，又通作奔。詩行葦篇註：奔君之將。奔，音奮，覆敗也。不懷於愧畏，緩救失期者自以爲智能。褒貶既闕而不行，稱毀復紛然相亂，人雖欲善，誰爲言之！況又公忠者直己而不求於人，反罹困厄；敗撓者行私而苟媚於衆，例獲優崇。【張註】綱目集覽：撓，擾也，亂也。此義士所以痛心，勇夫所以解體也。又有遇敵而所守不固，陳謀而其效靡成。將帥則以資糧不足爲詞，〔二四〕有司復以供給無闕爲解。既相執證，理合辨明，朝廷每爲含糊，未嘗窮究曲直。措理者含聲而靡訴，誣善者罔上而不懲。馭將若斯，可謂課責虧度矣。【張註】通鑑本註：此二失也。

課責虧度，措置乖方，將不得竭其才，卒不得盡其力，屯集雖衆，戰陣莫前，虜每越境橫行，若涉無人之地，【石川註】莊子：橫行天下。遞相推倚，無敢誰何，【郎註】前漢賈誼過秦論曰：陳利兵而誰何〔云人〕。顏師古云：問之爲誰，又云何人，其義一也。虛張賊勢上聞，則曰兵少不敵。朝廷莫之省察，唯務徵發益師，無裨備禦之功，重增供億之弊。【張註】通鑑本註：重，直用翻。毛居正曰：供儗，儗有儲偫之意。供億，猶供儗也。億，度也，料度其所須之物，隨多少而供之，以待其乏也。閭井日耗，徵求日繁，以編户傾家、破産之資，兼有司榷鹽、税酒之利，總其所入，半以事邊。〔二五〕制用若斯，可謂財匱於兵衆矣。【張註】通鑑本註：此三失也。

今四夷之最强盛，爲中國甚患者，莫大於吐蕃。舉國勝兵之徒，【張註】通鑑本註：勝兵，謂人之才力堪執兵以戰者也。纔當中國十數大郡而已，其於内虞外備，亦與中國不殊。所能寇邊，數則蓋寡。且又器非犀利，【張註】前漢馮奉世傳：反虜無慮三萬人，法當倍用六萬人；然羌戎弓矛之兵耳，器不犀利，可用四萬人，一月足以決。魏志鄧艾傳上下相習，五兵犀利。甲不堅完，識迷韜鈐，【石川註】廣韻：兵鈐以閉房，神符以備非常。藝乏趫敏。【張註】顏延之賦：捷趫夫之敏手。註：趫，健也。動則中國懼其衆而不敢抗，〔二六〕靜則中國憚其强而不敢侵，厥理何哉？良以中國之節制多門，【張註】荀子桓、文之節制，不可以敵湯、武之仁義。【石川註】左傳昭十三年：晉政多門。註：政不出一家。蕃醜之統帥專一故也。夫統帥專一，則人心不分；人心不分，則號令不貳；號令不貳，則進退可齊；進退可齊，則疾徐如意；疾徐如意，則機會靡愆；機會靡愆，則氣勢自壯。斯乃以少爲衆，以弱爲强，變化翕闢，在於反掌之内。〔二七〕是由臂之使指，心之制形，若所任得人，則何敵之有！夫節制多門，則人心不一；人心不一，則號令不行；號令不行，則進退難必；進退難必，則疾徐失宜；疾徐失宜，則機會不及；機會不及，則氣勢自衰。斯乃勇廢爲尫，衆散爲弱，逗撓離析，兆乎戰陣之前。是猶一國三公，【郎註】左〔傳〕僖五年：士蔿既見晉侯，退而賦曰：「狐裘尨茸，一國三公，吾誰適從。」十羊九牧，【郎註】劉知幾傳：今史官註記類禀監修，或須直辭，或當隱惡，十羊九牧，其令難行。【張註】唐書魏元忠傳：今州牧縣宰，割剥自私，人不聊生，而更員外置官，古謂十羊九牧，羊既不得食，人亦不得息。欲令齊肅，其可得乎？開元、天寶之間，控禦西北兩蕃，【石川註】胡三省曰：開元、天寶以來，西則吐蕃，北則突厥。中興以來，所謂兩蕃，西則吐蕃，北則回紇。唯朔方、河西、隴右三節度而已，【郎註】唐〔史〕〔書〕兵志：自高宗永徽以後，都督帶使持節者，始謂之節度使，然猶未以名官。景雲二年，以賀拔延嗣爲涼州都督、河西節度使，自此而後，接乎開元，朔方、隴右、河西諸鎮，皆置節度使。如開元十六年，吐蕃入寇，隴右節度使張志亮、河西節度使蕭嵩克之；天寶二年，爲契丹入寇，朔方節度使王忠嗣敗之。是當西北兩蕃諸道者，止此三節度爾。猶慮權分勢散，或使兼而領之。【郎註】如王忠嗣爲河西、隴右節度使，兼權朔方、河東節度使之類。【張註】文獻通考：天寶初，置十節度經略使以備邊。河西節度斷隔吐蕃、突厥，統赤水、大斗、建康、寧寇、玉門、墨離、豆盧、新泉八軍，張掖、交城、白亭三守捉，屯涼、肅、瓜、沙、會五州之境，治涼州，兵七萬三千人。朔方節度捍禦突厥，統經略、豐安、定遠三軍，三受降城，安北、單于二都護府，屯靈、夏、豐三州之境，治靈州，兵六萬四千七百人。隴右節度備禦吐蕃，統臨洮、河源、白水、安振、威戎、漠門、寧塞、積石、鎮西十軍，綏和、合川、平夷三守捉，屯鄯、廓、洮、河之境，治鄯州，兵七萬五千人。又：節度使有以親王遥領者。如開元十五年，以慶王潭爲涼州都督，兼河西節度大使；忠王浚爲單于大都護、朔方節度大使之類是也。有以宰相遥領者。如兵部尚書、河西節度副大使、知節度事蕭嵩，除同中書門下平章事，節度如故；又李林甫遥領隴右節度，楊國忠遥領劍南節度是也。中興以來，未遑外討，僑隸四鎮於安定，【張註】通鑑：代宗大曆四年十二月，元載以吐蕃連歲入寇，馬璘以四境兵屯邠、寧，力不能振，而郭子儀以朔方重兵鎮河中，深居腹中無事之地，乃與子儀及諸將議徙璘鎮涇州，而使子儀以朔方兵鎮邠州，曰：「若以邊土荒殘，軍費不給，則以内地租税金帛助之。」諸將皆以爲然。徙璘爲涇原節度使。唐書地理志：涇州本安定郡，屬關内道。權附隴右於扶風。【郎註】時西北二邊寇盜充斥，故四鎮、隴右皆寓治於安定、扶風。四鎮，北庭，謂龜兹、于闐、焉耆、疏勒也。【張註】唐書地理志：鳳翔府扶風郡本岐州。李抱玉傳：代宗廣德中，羣盜徧南山五谷間，詔抱玉討平。即詔抱玉權鳳翔、隴右節度。大曆二年，加山南西道副元帥，兼節度使，屯盩厔。盩厔屬鳳翔府。方鎮表：初，隴右節度兵入屯秦州，尋屯岐州。及吐蕃陷隴右，德宗置行秦州，以刺史兼隴右經略使，治普潤，以鳳翔節度使領隴右支度、營田、觀察使。所當西北兩蕃，亦朔方、涇原、隴右、河東四節度而已，【張註】通鑑本註：言西北兩蕃者，以别奚、契丹兩蕃。開元、天寶以來，西則吐蕃，北則突厥。中興以來，所謂兩蕃，西則吐蕃，北則回紇。關東戍卒，至則屬焉。雖委任未盡得人，而措置尚存典制。自頃逆泚誘涇原之衆，【郎註】建中四年十月，朱泚反，率涇原士卒、姚令言等犯奉天。叛懷光汙朔方之軍，【郎註】李懷光始提朔方之軍以解賊圍，既而與朱泚連兵，據河中叛。割裂誅鋤，所餘無幾。而又分朔方之地，建牙擁節者【石川註】後漢書（公孫瓚）（袁紹）傳註：真人水鏡經曰：「凡軍始出，立牙竿必令完堅」；若有折，將軍不利。」牙門旗竿，軍之精也。即周禮司常職云「軍旅會同，置旌門」是也。凡三使焉，【郎註】自肅宗時已分朔方置邠、寧等州節度使。【張註】通鑑：大曆十四年，郭子儀以司徒、中書令領河中尹，靈州大都督，單于、鎮北大都護，關內、河東副元帥，朔方節度，關內支度、鹽池、六城水運大使，押蕃部落營田及河陽道觀察等使，權任既重，功名復大，性寬大，政令頗不肅，代宗欲分其權而難之，久不決。甲申，詔尊子儀爲尚父，加太尉兼中書令，所領副元帥、諸使悉罷之，以其裨將河東、朔方都虞候李懷光爲河中尹，邠、寧、慶、晉、絳、慈、隰節度使；以朔方留後兼靈州長史常謙光爲靈州大都督，西受降城、定遠、天德、鹽、夏、豐等軍州節度使；振武軍使渾瑊爲單于大都護，東、中二受降城，振武、鎮北、綏、銀、麟、勝等軍州節度使，分領其任。其餘諸軍，〔二八〕數且四十，【郎註】當開元時，天下之節度使有八：其一曰關內、朔方節度使，其二曰河東節度使，其三曰河北、幽州節度使，其四曰河西節度使，其五曰隴右節度使，其六曰劍南節度使，其七曰鎮西節度使，其八曰嶺南節度使。自後武夫戰卒，以功起行陣，列爲侯王者，皆除節度使。故至德宗朝，數且四十，是三倍於開元也。【張註】唐書兵志：〔河東道〕朔方經略、豐安、定遠、新昌、天柱、宥州經略、橫塞、天德、天安軍九，三受降、豐寧、保寧、烏延等六城，新泉守捉一，〔曰〕關內道。赤水、天斗、白亭、豆盧、墨離、建康、寧寇、玉門、伊吾、天山軍十，烏城等守捉十四，〔曰河西道〕。皆承特詔委寄，各降中貴監臨，【張註】通鑑音註：唐中人出監方鎮軍，品秩高者監軍使，其下者爲監軍監。人得抗衡，〔二九〕莫相稟屬。【張註】通鑑本註：史炤曰：衡，車上橫木。抗衡，謂兩相抗拒，有若車衡相抗也。余謂衡所揆平，首尾有所偏重則衡爲〔之〕低昂，商輕重者所必爭也。抗衡者，言無所低昂而平視之也。又，稟，稟令也。稟，必錦翻。每俟邊書告急，方令計會用兵，既無軍法下臨，唯以客禮相待。是乃從容拯溺，揖遜救焚，冀無阽危，固亦難矣。夫兵，以氣勢爲用者也；氣聚則盛，散則消；勢合則威，析則弱。今之邊備，勢弱氣消。建軍若斯，可謂力分於將多矣。【張註】通鑑本註：此四失也。

理戎之要，最在均齊。故軍法無貴賤之差，【石川註】如史記司馬穰（且）〔苴〕傳「監軍莊賈後於期，穰（且）〔苴〕斬之」是也。軍實無多少之異，【石川註】左傳隱五年「數軍實」註：車徒器械及所獲無多少之異，言其分之平均也。是將所以同其志而盡其力也。如或誘其志意，勉其藝能，則當閱其材，程其勇，校其勞逸，度其安危，明申練覈優劣之科，以爲衣食等級之制，使能者企及，否者息心，雖有厚薄之殊，而無觖望之釁。蓋所謂日省月試，餼廪稱事，【郎註】此見中庸。如權量之無情於物，萬人莫不安其分而服其平也。今者窮邊之地，長鎮之兵，皆百戰傷夷之餘，終年勤苦之劇。角其所能則練習，度其所處則孤危，考其服役則勞，察其臨敵則勇。然衣糧所給，唯止當身，例爲妻子所分，常有凍餒之色。而關東戍卒，歲月踐更，不安危城，不習戎備，怯於應敵，懈於服勞。然衣糧所頒，厚踰數等，〔三〇〕繼以茶藥之饋，益以蔬醬之資。豐約相形，縣絶斯甚。又有素非禁旅，本是邊軍，將校詭爲媚詞，因請遥隸神策，【張註】通鑑：貞元四年夏四月，更命殿前左右射生曰神威軍，與左右羽林、龍武、神武、神策號曰十軍。神策尤甚，多（在）〔戍〕京西，散屯畿甸。不離舊所，唯改虛名，〔三一〕其於廪賜之饒，【張註】綱目集覽：稟賜，稟，力錦反，與廪同。歐陽氏曰：古者給人以食，取之倉廪，故因稱廪給、廪賜。遂有三倍之益。【郎註】時邊兵衣糧多不贍，而戍卒屯防，藥茗蔬醬之〔屬沿關〕〔給最厚〕。諸將務爲詭辭，請遥隸神策軍，廪賜遂增舊三倍，〔窮蹙〕〔繇是〕塞上〔待其將〕〔往往稱〕神策行〔邊〕〔營〕，皆内統於中人矣。事見兵志。【石川註】詩瞻卬：如賈三倍，君子是識。此則儔類所以忿恨，忠良所以憂嗟，疲人所以流亡，經費所以褊匱。夫事業未異，而給養有殊，人情不能甘也。〔三〕況乎矯佞行而廪賜厚，績藝劣而衣食優，苟未忘懷，〔三〕孰能無愠！不爲戎首，【郎註】左傳：毋爲戎首，不亦善乎？則已可嘉，【張註】禮記「無爲戎首」註：爲兵主，來攻伐，曰戎首。而欲使其協力同心，以攘寇難，雖有韓、白、孫、吴之將，臣知其必不能焉。養士若斯，可謂怨生於不均矣。【張註】通鑑本註：此五失也。

凡欲選任將帥，必先考察行能，然後指以所授之方，語以所委之事，令其自揣可否，自陳規模：須某色甲兵，藉某人參佐，要若干士馬，用若干資糧，某處置營，某時成績，始終要領，【郎註】張騫傳「竟不得月氏要領」註：要，衣要。領，衣領。凡持衣者，則執要與領。要，一笑切。悉俾經綸。於是觀其計謀，校其聲實。若謂材無足取，言不可行，則當退之於初，不宜貽慮於其後也。若謂志氣足任，方略可施，則當要之於終，不宜掣肘於其間也。【郎註】呂氏春秋曰：宓子賤治單父，恐魯君聽讒，令己不得行其術，將行，請迎吏二人，俱至單父，使其書。將書，宓子掣其肘。書不善，則怒。吏患之，請歸，報魯君。太息曰：「宓子以此諫寡人，自今以去，單父非寡人有。」夫如是，則疑者不使，使者不疑。勞神於選才，端拱於委任。既委其事，既足其求，然後可以覈其否臧，【張註】易師：初六，師出以律，否臧凶。註：職事順成爲臧，逆爲否。否音鄙。行其賞罰。受其賞者不以爲濫，當其罰者無得而辭。付授之柄既專，苟且之心自息。【張註】左傳：晉政多門，貳偷之不暇。註：貳，不壹。偷，苟且。疏：政出多門，則其情不一；情既不一，則各懷苟且。是以古之遣將帥者，君親推轂而命之曰：「自閫以外，將軍裁之。」【郎註】馮唐傳：唐曰：「臣聞上古王者遣將也，跪而推轂曰：『閫以内寡人制之，閫以外將軍制之。』軍功爵皆決於外，歸而奏之。」【張註】史記馮唐傳註：韋昭曰：此郭門之閫也。門中橛曰閫。正義曰：閫音苦本反，謂門限也。前漢書作閫。又賜鈇鉞，示令專斷。【郎註】六韜：武王問太公以立將之道。太公曰：「凡國有難，將既受命，乃命太史卜吉日，以授斧鉞。君入廟門，西面而立。將入廟門，北面而立。君親操鉞，持首，授將其柄，曰：『從此上至天者，將軍制之。』復操斧，持柄，授將其刃，曰：『從此下至淵者，將軍制之。』」【張註】綱目集覽：鈇與斧通。鉞，大斧也。諸侯有大功，則賜鈇、鉞，得專斷也。故軍容不入國，國容不入軍，【郎註】司馬法云：古者國容不入軍，軍容不入國。軍容入國，則民德廢；國容入軍，則民德弱。【石川註】司馬法：古者國容不入軍，軍〔容〕不入國。在國言文而語溫，在朝恭以遜，在軍抗而立，在行逐而果。介者不拜，兵車不式。將在軍，君命有所不受。【郎註】孫子九變篇：凡用兵之法：城有所不攻，地有所不爭，君命有所不受。誠謂機宜不可以遠決，號令不可以兩從。未有委任不專，而望其剋敵成功者也。自頃邊軍去就，裁斷多出宸衷，選置戎臣，先求易制，多其部以分其力，輕其任以弱其心，雖有所懲，亦有所失。遂令分閫責成之義廢，死綏任咎之志衰，一則聽命，二亦聽命，爽於軍情亦聽命，乖於事宜亦聽命。若所置將帥，必取於承順無違，則如斯可矣；若有意乎平兇靖難，則不可也。夫兩疆相接，〔三四〕兩軍相持，事機之來，間不容息，蓄謀而俟，猶恐失之，臨時始謀，固已疎矣。況乎千里之遠，九重之深，陳述之難明，聽覽之不一，欲其事無遺策，雖聖者亦有所不能焉。設使謀慮能周，其如權變無及。戎虜馳突，迅如風飈，【張註】爾雅：扶搖謂之猋。郭璞註：暴風從下上，旋風也。月令：猋風暴雨。註：回風爲猋。本又作飄。驛書上聞，【張註】通鑑本註：驛傳遞馬。旬月方報。守土者以兵寡不敢抗敵，分鎮者以無詔不肯出師。逗留之間，寇已奔逼，託於救援未至，各且閉壘自全。牧馬屯牛，鞠爲椎剽；【張註】綱目集覽：椎剽。索隱曰：椎殺人而剽掠。嗇夫樵婦，罄作俘囚。雖詔諸鎮發兵，唯以虚聲應援，互相瞻顧，莫敢遮邀。賊既縱掠退歸，此乃陳功告捷。【張註】通鑑音註：魏、晉以來，每戰勝，則書捷狀，建之漆竿，使天下皆知之，謂之露布。其敗喪則減百而爲一，其捃獲則張百而成千。將帥既幸於總制在朝，不憂罪累；陛下又以爲大權由己，不究事情。用師若斯，可謂機失於遥制矣。【張註】通鑑本註：此六失也。

理兵而措置乖方，馭將而賞罰虧度，制用而財匱，建軍而力分，養士而怨生，用師而機失，此六者，疆埸之蟊賊，【張註】詩：去其螟螣，及其蟊賊。爾雅：食苗心，螟。食葉，螣。食節，賊。食根，蟊。軍旅之膏肓也。【郎註】晉侯疾病，求醫於秦。秦伯使醫緩爲之，未至，公夢疾爲二豎子，曰：「彼良醫也，懼傷我，焉逃之？」其一曰：「居肓之上，膏之下，若我何？」醫至，曰：「疾不可爲也！在肓之上，膏之下，攻之不可，達之不及，藥不至焉，不可爲也。」杜預云：肓，隔也。心下爲膏。說文：心下隔上也。事見左〔傳〕成十年。蟊賊不除，而但滋之以糞溉；膏肓不療，而苟啗之以滑甘；【張註】周禮天官食(醬)〔醫〕：調以滑甘。疏：木酸屬春，火苦屬夏，金辛屬秋，水鹹屬冬，中央土味甘屬季夏。於五行土爲尊，五味甘爲上。故甘總調四味。滑者，通利往來，亦所以調和四味，故云調以滑甘。適足以養其害，速其災，欲求稼穡豐登，膚革充美，【張註】禮運：四體既正，膚革充盈，人之肥也。固不可得也。臣愚謂宜罷諸道將士番替防秋之制，率因舊數而三分之：其一分委本道節度使募少壯願住邊城者以徙焉；其一分則本道但供衣糧，【張註】通典：開元二十一年，於邊境置節度經略使，式遏四夷。大凡鎮兵四十九萬人，戎馬八萬餘匹，每歲經費：衣賜則千二十萬疋段，軍倉則百九十萬石，大凡千二百十萬。委關內、河東諸軍州募蕃、漢子弟願傳邊軍者以給焉；又一分亦令本道但出衣糧，加給應募之人，以資新徙之業。又令度支散於諸道和市耕牛，雇召工人，〔三五〕就諸軍城繕造器具。募人至者，每家給耕牛一頭，又給田農水火之器，皆令充備。初到之歲，與家口二人糧，并賜種子，勸之播植。待經一稔，俾自給家。若有餘糧，官爲收糴，各酬倍價，務獎營田。既息踐更徵發之煩，且無幸災苟免之弊。寇至則人自爲戰，時至則家自力農，是乃兵不得不强，食不得不足。與夫倏來忽往，〔三六〕豈可同等而論哉！

臣又謂宜擇文武能臣一人爲隴右元帥，應涇、隴、鳳翔、長武城、山南西道等節度管內兵馬，悉以屬焉。又擇一人爲朔方元帥，應鄜坊、邠寧、靈夏等節度管內兵馬，悉以屬焉。

又擇一人爲河東元帥，河東、振武等節度管内兵馬，悉以屬焉。三帥各選臨邊要會之州，以爲理所。見置節度有非要者，隨所便近而并之。唯元帥得置統軍，餘並停罷。其三帥部内太原、鳳翔等府，及諸郡户口稍多者，慎柬良吏，以爲尹守，外奉師律，内課農桑，俾爲軍糧，以壯戎府。理兵之宜既得，選帥之道既明，然後減姦濫虚浮之費以豐財，定衣糧等級之制以和衆，弘委任之道以宣其用，縣賞罰之典以考其成；而又慎守中國之所長，謹行當今之所易，則八利可致，〔三七〕【張註】謹按：八利即指上理兵八句。六失可除。如是而戎狄不威懷，〔三八〕疆埸不寧謐者，未之有也。諸侯軌道，【張註】前漢禮樂志：文帝時，賈誼以爲漢興二十餘年，宜定制度，興禮樂，然後諸侯軌道，獄訟衰息。註：師古曰：軌道，言遵道，猶車行之依軌轍也。【石川註】左傳隱五年：君將納民於軌物者也。註：軌，法度。庶類服從，如是而教令不行，天下不理者，亦未之有也。

以陛下之英聖，〔三九〕人心之思安，四方之小休，兩寇之方靜，加以頻年豐稔，所在積糧，此皆天贊國家，可以立制垂統之時也。【石川註】孟子：創業垂統。時不久居，事不常兼，已過而追，雖悔無及。明主者，不以言爲罪，〔四〇〕不以人廢言，罄陳狂愚，惟所省擇。謹奏。【石川註】舊唐書公傳：德宗極深嘉納，優詔褒獎之。

馬傳庚曰：老謀深識，剴切詳明。通篇將「足食」、「理兵」二義指陳利害，闡發無遺。

蔡九霞曰：只因當時調内兵以防邊塞，既患人與地不相習，且兵無統帥，號令不行，應敵則必敗，守城則不堅，故欲其罷防秋之制，重統帥之權。使習於邊者，爲防邊之卒，則不畏苦而思遁；司厥閫者，得專閫之權，則不滋僞以卸責，最爲要務。而中間縷析事勢，指陳利弊，語語可佐，帷幄勝籌，誠古今兵鑑也夫！

*此註，石川本原作：「輗者，轅端横木以縛軛者。軏者，轅端上曲鈎衡者。」係節録論語集解所引包註。包註原有「大車，牛車」；「小車，駟馬車」之語。論語本文作：「大車無輗，小車無軏，其何以行之哉？」因知此註係董本據包註及論語本文增改而成，實非石川原註。

校勘記

〔一〕則更經二年　「二」，通鑑二三四考異作「一」。

〔二〕曾莫知力不足而人不堪　「人」，舊傳作「兵」。

〔三〕措置之安危異便　「便」，册府九九三作「決」。

〔四〕滅之則類於殺降　「滅」，册府作「威」。

〔五〕而尚棄信忤盟　「忤」，舊傳、册府作「奸」。

〔六〕力足以自保　「足」上，石川本註云：「陶、葉、吴本有『不』字。」

〔七〕是無必定之規　「必」，明本、郎本作「不」。石川本註引陸本、陶本亦作「不」。

〔八〕而物理之所壹也　「物」，册府作「情」。

〔九〕國家自禄山構亂　此句之下，舊傳多「河、隴用兵以來」六字。

〔一〇〕北償馬資　「償」，册府作「賂」。

〔一一〕頃屬多故　新傳作「今財匱於中」。

〔一二〕深踐寇境　「深踐」，新傳作「以犯獵」。

〔一三〕以此爲安邊之謀　「爲」，册府作「求」。「安邊」上，册府多「保國」二字。

〔一四〕必安　「安」，新傳作「彊」。

〔一五〕以水草爲邑居　此句之上，原有「强者乃」三字，下有董註云：「原註：『强者乃三字衍文』。」按：此「原註」諸本及他書均不見，蓋指年本註。郎本、新傳及周養初陸贄文均無此三字，因删。又，此句之上，新傳多一「且」字。

〔一六〕不挫則廢　册府作「不久自廢」。

〔一七〕在其慎守所易　「其」，宋本作「於」。

〔一八〕寇大至則謀其大以邀其歸　「謀其大」不辭，下原有董註云：「原註：『三字疑』。」按：「三字疑」

之註又見於郎本、全唐四七四。舊傳作「謀其人」，亦與前句「張聲勢」不協。周養初陸贄文作「明取捨」，似爲正解，但不詳所據。此處姑仍其舊。

〔一九〕寇戎未懲者　此句之下，新傳多「何邪」二字。

〔二〇〕則懾駭奪氣　「奪氣」，新傳作「褫情」。

〔二一〕臨難則投棄城鎮　「投」，郎本註云：「一作『拔』。」通鑑二三四、册府即作「拔」。

〔二二〕權衡之於重輕　「於」，明本作「揣」。

〔二三〕故使忘身效節者獲誚於等夷　「等」，册府作「華」。

〔二四〕將帥則以資糧不足爲詞　「詞」，册府作「憂」。

〔二五〕半以事邊　「半」，通鑑作「歲」。

〔二六〕動則中國懼其衆而不敢抗　「敢」，明本作「能」。

〔二七〕在於反掌之内　「反」，册府作「股」。

〔二八〕其餘諸軍　「諸」，宋本、明本、舊傳、新傳、册府、通鑑、全唐均作「鎮」，疑是。

〔二九〕人得抗衡　「人」，明本作「久」。

〔三〇〕厚踰數等　册府作「優厚踰等」。

〔三一〕唯改虚名　「虚」，通鑑作「舊」。

〔三二〕人情不能甘也　「不能」上，册府多「之所」二字。

〔三三〕苟未忘懷　「苟」，册府作「人」。

〔三四〕夫兩疆相接　「疆」，明本、郎本作「强」。石川本註云：「吴、陸本(亦)作『强』。」

〔三五〕雇召工人　此句之上，舊傳多一「兼」字。

〔三六〕與夫倏來忽往　此句之下，通鑑多一「者」字。

〔三七〕則八利可致　「致」原作「制」，誤，據明本、舊傳、新傳、册府、全唐改。

〔三八〕如是而戎狄不威懷　「威」，全唐作「畏」。按：作「畏」義長。

〔三九〕以陛下之英聖　「聖」，舊傳、册府作「鑒」。

〔四〇〕明主者不以言爲罪　「者」，宋本、明本、郎本、全唐作「當」。

商量處置竇參事體狀

【郎註】本傳：參無學術，多立親黨，尤愛族子申。參與吴通玄兄弟，并中舅嗣虢王則之，皆與陸贄有隙，遂共譖贄。帝得其姦，逐申爲道州司馬，參〔郴〕州別駕。宣武劉士寧餉參絹五千，湖南觀察使李巽以狀聞，又中人爲之驗左，帝大怒，以爲外交戎臣，欲殺之。贄雖怨，然亦以殺之太重，乃貶驩州別駕，逐其男，没入貲産奴婢。【張註】通鑑：初，竇參爲左司郎中，李巽出爲常州刺史。及參貶郴州，巽爲湖南觀察使，汴州節度使劉士寧遺參絹五千匹，巽奏參交結藩鎮。上大怒，欲殺參。陸贄以爲參罪不至死，上乃止。既而復遣中使云云。

右希顔奉宣進止：朝來共卿等商量竇參事，卿等所奏，雖於大體甚好，【張註】史記汲黯傳：治務在無爲而已。宏大體，不拘文法。然此人交結中外，意在不測。〔一〕朕試根尋，灼然審知情狀，所以有此商量。又聞竇參在彼處，【張註】通鑑：貞元八年夏四月乙未，貶中書侍郎、同平章事竇參爲郴州别駕。亦共諸處交通不絶。社稷事重，卿等只合與朕同憂，宜即作文書進來。此事非小，不可更遲者。

臣面承深旨，又奉密宣，皆以社稷爲言，又知根尋已審，敢不上同憂憤，内絶狐疑，【張註】離騷：心猶豫而狐疑。注：狐多疑而善聽。河水始合，狐欲渡，必帖耳先聽，無水聲而後過。故人過河冰者，要須狐行，然後敢渡。因謂多疑者爲狐疑也。豈願遲迴，更貽念慮！但以嘗經重任，〔二〕斯謂大臣，【石川註】舊唐書德宗紀：貞元五年，以御史中丞竇參爲中書侍郎、平章事，兼轉運使。參傳：領度支、鹽鐵、轉運使。久之，以度支爲辭，實專大政。進退之間，猶宜有禮，誅戮之際，不可無名。劉晏久掌貨財，當時亦招怨讟，及加罪責，事不分明，【張註】通鑑綱目：初，劉晏爲吏部尚書，楊炎爲侍郎，不相悦。元載之死，晏有力焉。及上即位，晏久典利權，衆頗疾之，風言晏嘗默表勸代宗立獨孤妃爲后。楊炎因言晏與黎幹同謀。崔祐甫言此事曖昧，況已更大赦，不當復究。炎乃建言：「尚書省國政之本，比置諸使，分奪其權，今宜復舊。」上從之，詔天下錢穀皆歸金部、倉部，罷晏轉運等使。尋貶忠州刺史。荆南節度使庾準希楊炎旨，奏晏與朱泚書，求營救，辭多怨望；炎證成之。上密遣中使縊殺之。天下寃之。叛者既得以爲辭，【張註】通鑑：劉晏死，李正己等益懼，相謂曰：「我輩豈得與劉晏比乎？」衆人亦爲之懷愍。〔三〕【郎註】本傳：建中元年七月，詔中人賜晏死；後十九日，賜死詔書乃下，且暴其罪。天下以爲寃。淄青節度使李正己表誅晏太暴，不加驗實，先誅後詔，天下駭惋，請還其妻子。不報。【石川註】舊唐書德宗紀：大曆十四年五月，吏部尚書劉晏判度支、鹽鐵、轉運等使。建中元年二月，貶晏爲忠州刺史。七月，賜晏自盡。楊炎傳：誣晏殺之，妻子徙嶺表，朝野爲之側目。通鑑：晏有精力，事無閑劇，必於一日中決之，不使留宿。多機智，變通有無，曲盡其妙。常以厚直募善走者，置遞相望，覘報四方物價，雖遠方，不數日皆達使司，食貨輕重之權，悉制在掌握，國家獲利，而天下無甚貴甚賤之憂。常以爲：「辦集衆務，在於得人，故必擇通敏、精幹、廉勤之士而用之。」場院要劇之官，必盡一時之選。後來言財利者，皆莫能及之。用刑曖昧，【張註】通鑑本註：曖，不明貌。損累不輕，事例未遥，所宜重慎。竇參頃司鈞軸，【張註】綱目集覽：鈞，陶瓦輪也；其中旋轉者，取周回調均之義。軸，車軸也，所以持輪者。鈞、軸皆在物之要者，故謂宰相秉鈞當軸，言其居中用事也。頗怙恩私，貪饕貨財，引縱親黨。【張註】唐書竇參傳：參無學術，不能稽古立事，惟樹親黨，多所詗察，四方畏之。於是淄青李納厚饋參，外示嚴畏，實賂帝親近爲間，故左右爭毀短之。申，其族子也，爲給事中，參親愛，每除吏，多訪申，申因得招賂，漏禁密語，故申所至，人目爲「喜鵲」。帝聞，以戒參，且曰：「是必爲累，不如斥之。」參以情訴曰：「臣無彊子姓，申雖疎屬，無他惡。」帝曰：「而雖自保，如外言何？」參固陳丐。【石川註】舊唐書竇參傳：參任情好惡，恃權貪利，多引用親黨，使居要職，以爲耳目，四方藩帥皆畏懼之。此則朝廷同議，天下共傳。至於潛懷異圖，【石川註】文選干寶晉紀總論：咸黜異圖。將起大惡，迹既未露，人皆莫知。臣等親奉威顏，議加刑辟，但聞兇險之意，尚昧結構之由。況在衆流，何由察悉，〔四〕忽行峻罰，必謂寃誣。羣情震驚，事亦非細。若不付外推鞫，【張註】唐書百官志：九日推鞫得情，處斷平允，爲法官之最。則恐難定罪名，乞留睿聰，更少詳度。竇參於臣素分，〔五〕陛下固所明知，【張註】唐書竇參傳：初，陸贄與參不平，吴通玄兄弟皆在翰林，與贄軒輊不得，申舅嗣虢王則之與通微等善，遂共譖贄。帝得其姦，逐申爲道州司馬。不浹日，貶參郴州別駕。有何顧懷，輒欲營救？良以事關國體，義絶私嫌，所冀典刑不濫於清時，【張註】曹植文：清時難再。【石川註】詩蕩：雖無老成人，尚有典刑。左傳僖二十三年：刑之不濫，君之明也。君道免虧於聖德。特希天鑒，俯亮愚誠。謹奏。

馬傳庚曰：明刑弼治，侃直不阿。

蔡九霞曰：參譖公忌公，而公以殺之太重，力爲救解。尊國體而畧私怨，何人有此度量！有此識見！

校勘記

〔一〕意在不測　舊書一三六竇參傳、通鑑二三四作「其意難測」。

〔二〕但以嘗經重任　「但以」間，舊書竇參傳多一「參」字。

〔三〕衆人亦爲之懷慼　「人」，通鑑作「議」。「懷慼」，通鑑作「憤邑」。

〔四〕何由察悉　「察」，舊書竇參傳作「備」。

〔五〕竇參於臣素分　「素」，通鑑作「無」。「素分」，舊書竇參傳作「素亦無分」。

奏議竇參等官狀

【郎註】帝又欲殺申、則之及族子榮。贄乃上奏，請〔貶〕榮〔還〕〔遠〕官，申、則之除名，詔可。時宦侍謗毀不已，參竟賜死于邕州。〔杖殺〕申，免榮死，諸竇並逐去。

【張註】通鑑：貞元九年三月，更貶參驩州司馬，男女皆配流。上又命理其親黨。

右希顏奉宣進止：竇參結朕左右，兼有陰謀，皆有凴據，事不曖昧。【張註】晉書杜預傳：臣心實了，不敢以曖昧之見，自取後累。只緣連及處多，不可推按。卿等宜更商量，若謂恐事體不穩，即且流貶向絶遠惡處。竇申、竇榮、李則之，首末同惡，無所不至，【張註】通鑑：竇參陰狡而愎，恃權而貪，每遷除，多與族子給事中申議之。申招權受賂，上頗聞之。左金吾大將軍虢王則之與申善，上皆察知其狀。貶則之昭州司馬，申道州司馬。又並微細，不比竇參，宜更商量處置。其竇參等所有朋黨親密，並不可容在側近，宜便條疏，盡發遣向僻遠無兵馬處；先雖已經流貶，更移向遠惡處者。

伏以竇參罪犯，誠合誅夷，聖德含弘，務全事體，特寬嚴憲，俯貸餘生。始終之恩，實足感於庶品；仁育之惠，不獨幸於斯人。所議貶官，謹具別狀。其竇榮、竇申、李則之等，既皆同惡，固亦難容。然以得罪相因，法有首從，首當居重，從合差輕。【張註】通鑑本註：首謂爲頭者，從謂隨從者。爲首者重，隨從者輕。參既蒙恩矜全，申等亦宜減降。又於黨與之内，亦有淑慝之殊，稍示區分，足彰勸勵。〔一〕竇榮與參，雖是近屬，〔二〕亦甚相親，然於款密之中，都無邪僻之事，仍聞激憤，屢有直言，因此漸構猜嫌，晚年頗見疎忌。若論今者陰事，則尚未究端由；【張註】唐書竇參傳：帝又欲殺申、則之及屬人榮、贄固爭。如據比來所行，必應不至兇險。恐須差異，以表詳明。臣等商量：竇榮更貶遠官，竇申、則之並除名配流。〔三〕謹具別狀進擬。庶允從輕之典，以洽好生之恩。【石川註】書大禹謨：罪疑惟輕。又：好生之德，洽於民心。

夫趨勢附權，時俗常態。【張註】魏志董昭傳：竊見當今年少，不復以學問爲本，專更以交游爲業。士不以孝弟清修爲首，乃以趨勢游利爲先。苟無高節出衆，何能特立不羣。【張註】前漢景十三王傳贊：夫惟大雅，卓爾不羣，河間獻王近之矣。張衡賦：何孤行之煢煢兮，孑不羣而介立。竇參久秉鈞衡，特承寵渥，君之所任，孰敢不從，或遊於門庭，或結以中外，〔四〕或偏被接引，或驟與薦延，如此之徒，十恒七八。若聽流議，皆謂黨私，自非甚與親交，安可悉從貶累。況竇參罷黜，迨欲周星，應是私黨近親，當時並已連坐。【張註】謹按：連坐，猶緣坐也。胡三省曰：緣坐者，緣親黨而坐罪也。人心久定，不可復搖，今者再責竇參，特緣別有結構。陛下親自尋究，審得事情，所與連謀，固知定數。今若普加譴斥，則恐翻類淪胥，【石川註】詩抑：無淪胥以亡。箋：率引爲惡。罪無指名，誰不疑懼，中外洶洶，殊非令猷。臣等商量：除同謀陰邪事狀分明者，其餘一切，更無所問。將爲穩便，未審可否？【石川註】舊唐書竇申傳：由是申等得流配嶺南。既賜參死，乃杖殺申，諸竇皆貶，榮得免死。

馬傳庚曰：別嫌明微，處置允當。

蔡九霞曰：首惡未可輕貸，從惡自當別白。若一概譴斥，其中淑慝混淆，波及堪憐矣！真仁人之言。

校勘記

〔一〕足彰勸勵　「勸勵」，舊書一三六竇申傳作「沮勸」。

〔二〕雖是近屬　「是」，舊書竇申傳作「非」。按：據下句「亦甚相親」，此處作「非」是。

〔三〕竇申則之並除名配流　「配流」，新書一四五竇申傳作「流嶺南」。

〔四〕或結以中外　舊書竇申傳作「或序以中表」。

請不簿録竇參莊宅狀【張註】通鑑：上又欲籍其家貲，贄云云。

右希顏奉宣進止：凡是官吏貪濁，取受錢物，猶並徵贓。竇參負朕至深，廣納賄貨，又更交結，謀行惡事，其莊宅錢物奴婢之類，豈不合收納入官？竇參身既遠貶，亦恐被人破除隱没，今欲使人鉤當收拾，卿等商量可否者。

謹按國家典法，没入官產，惟有兩科：一謂姦贓，一謂叛逆。【張註】通典：十惡：一曰謀反，二曰謀大逆，三曰謀叛，四曰惡逆，五曰不道，六曰大不恭，七曰不孝，八曰不睦，九曰不義，十曰内亂。【石川註】唐律名例：諸彼此俱罪之贓及犯禁之物，則没官。又賊盜：謀反及大逆者，斬，若部曲、資財、田宅，並没官。皆須先鞫犯狀，審得實情，憲司察冤，法寺論罪，會府覆奏，掖垣參詳，【張註】唐書刑法志：初，太宗以古者斷獄，訊於三槐九棘，乃詔：「死罪，中書、門下五品以上及尚書等平議之。」百官志：刑部尚書一人，侍郎一人。凡鞫大獄，以尚書、侍郎與御史中丞、大理寺卿爲三司使。如是悉無異詞，然後謂之獄成，而聞于天子。【張註】禮記：成獄辭，史以獄成告於正，正聽之；正以獄成告於大司寇，大司寇聽之棘木之下；大司寇以獄之成告於王，王命三公參聽之。其有抵于深辟者，制可既下，【石川註】史記始皇紀：制曰：「可。」蔡邕曰：羣臣有所奏請，尚書令奏之，下有司曰「制」，天子荅之曰「可」。所司【張註】通鑑音註：唐自永徽以後，大獄以尚書刑部、御史臺、大理司官雜按，謂之「三司」；又詔中書鞫之。猶三五覆奏，庶或宥之。【張註】唐書刑法志：河内人李好德坐妖言下獄，大理臣張蘊古以爲好德病狂瞀，法不當坐。治書侍御史權萬紀劾蘊古相州人，好德兄厚德方爲相州刺史，故蘊古奏不以實。太宗怒，遽斬蘊古，既而大悔，因詔「死刑雖令即決，皆三覆奏」。久之，謂羣臣曰：「決囚雖三覆奏，而頃刻之間，何暇思慮？自今宜二日五覆奏。決日，尚食勿進酒肉，教坊太常輟教習，諸州死罪三覆奏，其日亦蔬食，務合禮撤樂、減膳之意。」聖王愛人恤刑，乃至如此精慎。罪法既定，方合徵收。叛逆則盡没其家，【張註】唐書百官志：凡反逆相坐，没其家配官曹，長役爲官奴婢。一免者，一歲三番役。再免爲雜户，亦曰官户，二歲五番役。每番皆一月。三免爲良人。六十以上及廢疾者，爲官户；七十爲良人。謹按：没者，籍没也。通鑑音註：籍没者，籍所有田宅没而入官。姦贓則止徵所犯，蓋示懲戒，匪貪貨財。何嘗有罪未斷，有法未詳，而可以納其資産者也？伏惟聖德廣大，如天包含，懲忿於彝憲之中，【石川註】易象傳：懲（怒）〔忿〕窒欲。念終於常情之外，【石川註】書蔡仲之命：惟厥終，終以不困。已存惠貸，不寘嚴刑。今若簿録其家，竊恐以財傷義。猥蒙下問，實荷皇明，輒罄愚誠，所祈天鑒。謹奏。【張註】通鑑：時宦官左右恨參，尤深謗毁不已。參未至驩州，竟賜死於路。竇申杖殺，貨財、奴婢悉傳送京師。讀史管見：世傳陸敬輿有憾於竇參，擠而殺之，其説甚怪。此以小人之腹，度君子之心也。以其言觀之，有是邪？孔子有言：「以德報怨，何以報德？以德報德，以直報怨。」贄於竇申，非以德報怨也，以直行事耳。使參有死罪，贄佐天子制刑賞，稱物平施可也。貪不報之名，取忘怨之美，宜死而生之，又安得爲直乎？

馬傳庚曰：意在筆先，取勢極緊，無一筆放鬆，無一語鈍置。

蔡九霞曰：國家刑罰，期於當罪，豈利其所有！參既罪不應死，便不應没收，故復解之。非止寬恩，實思其義之所在耳。

陸贄集卷二十

中書奏議 四

請還田緒所寄撰碑文馬絹狀

馬一匹并鞍絹二千匹。【石川註】舊唐書德宗紀：興元元年四月，魏博行軍司馬田緒殺其帥田悦，以緒爲魏博節度、觀察使。田緒傳：緒，承嗣第六子，悦從弟，兇險多過。

右田緒使節度隨軍劉瞻送書與臣，【石川註】唐書百官志：隨軍四人。其書意緣奉進止，令爲其亡父承嗣撰遺愛碑文，故送前件馬絹等，以申情貺。

臣先奉恩旨，令撰碑文，于今半年，竟未綴緝。良以勸戒之道，忠義攸先；褒貶之詞，春秋所重。【張註】穀梁傳序：一字之褒，寵踰華衮之贈；片言之貶，辱過市朝之撻。爵位有僥倖而致，名稱非詐力可求，將使循軌轍者畏昭憲而莫渝，怙姦妄者顧清議而知耻。【張註】晉傳(元)〔玄〕士風論：先王之御天下，教化隆於上，清議行於下。仲尼修春秋而亂臣賊子懼，【石川註】孟子：孔子成春秋而亂臣賊子懼。註：懼春秋之貶責也。豈必臨之以武，脅之以刑哉！褒貶苟明，亦足助理。田承嗣阻兵犯命，靡惡不爲，竟逭天誅，【石川註】唐書藩鎮傳：帝自用李承昭爲相州刺史，未至，承嗣襲取之。帝諭罷兵，承嗣不奉詔，貶承嗣永州刺史。詔薛兼訓、李寶臣、李正己等犄角進，若承嗣不承命，以軍法從事。天子遣中人勞寶臣，不爲禮，寶臣乃貳，反與承嗣和。李正己又請天子許承嗣入朝。帝遣諫議大夫杜亞受其降，赦與更始。承嗣逗留不至，復畧滑州。李靈曜被擒，承嗣上書請罪，有詔復官爵。傳：逭，逃也。全歸土壤。【郎註】藩鎮傳：田承嗣，平州盧龍人，隸安禄山麾下。自天寶以來，叛服不常，盜有貝、博、魏、衛、相、磁、洺七州，而未嘗北面天子。凡再興師，會國威中奪，窮而復縱，故承嗣得肆其姦。年七十五死，贈太保。緒乃承嗣第六子，殺田悦以自立。此乃先朝所愧恨，義士所惋嗟。今田緒尚干宸嚴，【張註】江淹建平王辭闕表：託慕宸嚴，載惟感戀。請頌遺愛，微臣隘踴，實憤于心。謬承恩光，備位台輔，既未能滌除姦慝，匡益大猷，而又飾其愧詞，以贊兇德。納彼重賂，以襲貪風，情所未安，事固難强。是以屢嘗執翰，不能措詞，輒投所操，太息而止。【張註】劉（楨）〔楨〕詩：投翰長嘆息。緣承聖誨，姑務懷柔，昨見田緒使人，臣亦婉爲報答，但告云：「所爲碑頌，皆奉德音，既異私情，難承厚貺。候稍休暇，續當譔成。」既無拒絕之言，計亦不至疑阻。其來書謹封進，所送馬及絹等，令劉瞻便領卻迴訖。不敢不奏。謹奏。

馬傳庚曰：義正詞嚴，直截老當。

蔡九霞曰：清風高節，照耀千古，可想見大臣巖巖氣象。

請依京兆所請折納事狀〔一〕

京兆府先奏：當管蟲食豌豆，全然不收，請據數折納大豆。【張註】博雅：大豆，菽也。通鑑音註：折納，謂抑民使折估其所無。奉敕宜依。度支續奏稱：據時估豌豆【石川註】本草綱目：豌豆，種出西胡，其苗柔弱宛宛，故得豌名，百穀中最先登者。每斗七十價已上，大豆每斗三十價已下。京兆府所請將大豆替豌豆，望令據估計錢數折納，〔二〕則冀免損官司者。

求瘼救災，國之令典。【張註】左傳：救災卹鄰，道也。【石川註】南史循吏傳：日昃聽政，求瘼卹隱。求瘼在知其所患，救災在恤其所無。只如螟蜮爲殃，【張註】春秋莊十八年：秋，有蜮。杜註：蜮，短弧也。陸德明音義：本草謂之射工。孔疏：洪範五行傳曰：蜮如鱉，三足，生於南越。陸機毛詩義疏：一名射影，在江、淮水中，人在岸上，影見水中，投人影即殺之，故曰射影。公羊傳：蜮之猶言惑也。豌豆全損，檢覆若非虛謬，地稅固合免徵。直道而行，【石川註】論語：三代之所以直道而行也。大體斯在。府司折納充數，已爲剋下從權；度支準估計錢，乃是幸災規利。所得無幾，其傷實多。傷風得財，〔三〕非謂理道。且豌豆爲物，入用甚微，舊例所支，唯充畜料，準數迴給大豆，諸司誰曰不然。計價賸徵，義將安在！理無所據，事不可從，望依前敕處分，未審可否？

馬傳庚曰：簡鍊不支，勁氣直達。

校勘記

〔一〕請依京兆所請折納事狀　前「請」，明本、張本作「論」。

〔二〕望令據估計錢數折納　「據」上，明本、郎本多一「各」字。

〔三〕傷風得財　「風」，郎本作「民」。按：「民」爲唐諱，恐原作「人」，後改回。

議汴州逐劉士寧事狀

【張註】唐書劉玄佐傳：士寧忍暴，嘗手殺人杯案間；又强烝父諸妾，逼吏民妻女亂之，或臝而觀；每畋獵，數日乃還。其下厭苦不服。大將李萬榮者，故與玄佐同里相善，寬厚得士心。士寧忌之，奪其兵，使攝州事。嘗引衆二萬畋城南，未還，萬榮晨入府，召所留親兵告曰：「天子有詔召大夫，俾我代節度。人賜錢三萬。」士皆拜。於是分兵閉諸門，使告士寧曰：「詔書召大夫，宜速去，不然，事急且傳首以獻。」士寧知衆不與，將五百騎出奔，次中牟，亡者已半，至東都，惟僮妾數十人從之。既至京師，詔就第，禁出入。

右希顔奉宣聖旨：適得李萬榮奏：「劉士寧因出游獵，三軍將士遂閉城門不放入，發遣令赴朝廷。萬榮安撫軍州，今已寧帖。」卿等宜知悉者。

伏以劉士寧昏荒暴慢，惡貫久盈，【石川註】書泰誓：商罪貫盈。傳：惡貫已滿。聖情愛人，久爲含忍。親離衆叛，【郎註】左〔傳〕隱四年：衆仲對公曰：「阻兵無衆，安忍無親，衆叛親離，難以濟矣。」自取奔亡。不勞師徒，克靖方鎮，恭承宣諭，欣賀實深。然梁、宋之間，地當要害，【石川註】尉繚子踵軍令：分卒據要害。漢書註：師古曰：在我爲要，於敵爲害也。鎮壓齊、魯，控引江、淮，得其人則安、則强，失其人則危、則弱。今士寧見逐，雖是衆情，萬榮總軍，且非朝旨。此亦安危强弱之機也，【郎註】藩鎮傳：劉玄佐，滑州人。以討李靈耀功，爲汴宋節度使。後爲假子樂士朝所酖。以其子士寧爲留後。士寧忍暴，嘗手殺人杯案間；每畋獵，數日乃還。其下厭苦不服。大將李萬榮者，得衆心，士寧忌之，奪其兵，使攝州事。（建中）〔貞元〕九年十二月，嘗引衆二萬畋城南，未還，萬榮晨入府，召所留親兵告曰：「天子有詔召大夫，俾我代節度。人賜錢三萬。」士皆拜。於是分兵守諸門，使告士寧曰：「詔書召大夫，宜速去，不然，事急且傳首以獻。」士寧知衆不與，奔京師。詔就第，禁出入。萬榮斬其支附數十人。拜萬榮兵馬留後。陛下審之慎之。〔二〕或恐奏事之人，苟私所奉之將，妄陳體勢，輒欲徼求，承前授任失宜，多爲此輩所誤；假使心無詐罔，其如識乏經通，與之籌量，鮮不撓敗。今軍州既定，足得安詳。望且選一朝臣，馳往宣勞，更淹旬日，徐察事情，見情而後圖之，則冀免有差失。候至來日，續更面陳，謹先狀以聞。謹奏。

馬傳庚曰：細心特識，警敏過人。

鍾惺曰：大抵僉任爲李萬榮要求節鉞，不過乘其急而使我不暇察耳，徐察之，未有不事情敗露者。他日爲郜國事，黄臺瓜幾再摘矣。鄴侯勸從容究其端緒而思之，必釋然知太子之無他，亦是此意。

校勘記

〔一〕陛下審之慎之　此句之上，通鑑二三四多一「願」字。

請不與李萬榮汴州節度使狀

右希顔奉宣進止：萬榮安撫有功，聞亦忠義，甚得衆心，若更淹遲，卻恐事不穩便。今商量除一親王充節度使，【張註】通鑑音註：唐制：有節度大使、副大使、節度使。其親王領節度大使而不出閣，則在鎮知節度者爲副大使。其異姓爲節度使者，有節度副使。至後唐〔開〕〔天〕成二年七月，敕：頃因本朝親王，遥領方鎮，其在鎮者遂云副大使知節度事。但年代已深，相沿未改。今天下侯伯，並正節旄，其未落副大使者，只重節度使。且令萬榮知留後。【張註】文獻通考：唐中世以後，節度使往往自擇將吏，號爲留後。其節度制使從内出，【張註】續通典：唐故事：白麻皆内庭代言，命輔臣、除節將、恤災患、討不庭則用之。宰臣於正衙受付。若命相之書，則通事舍人承旨，皆宣讚訖，始下有司。翰林志：凡赦書、德音、立后、建儲、行大誅討、拜免三公宰相、命將，(日)並使白麻紙，不使印。雙日起草，候閤門鑰入，而後進呈。至隻日，並寮並班於宣政殿。樞密使引按，自東上閤門出。若拜免宰相，即便付通事舍人，餘付中書門下，並通事舍人宣示。若機務急速，亦雙日；甚速者，雖休暇亦追班宣示。謹按：唐除受制書，皆出於中書，皆宣署申覆然後行。此云從内出者，從内庭出，不經中書宣覆也。萬榮須與改官，卿等即商量進來者。

臣性習懦頑，藝識空乏，辱當獎任，待罪宰司，事關安危，不敢容默。雖服戎角力，諒匪克堪；而經武伐謀，【張註】左傳：兼弱攻昧，武之善經也。子姑整軍而經武乎？孫子：上兵伐謀，其次伐交，其次伐兵，其下攻城。或有所見。夫制置之安危由勢，付授之濟否由才。〔一〕勢如器焉，唯在所置，置之險地則覆，置之夷地則平。【張註】前漢賈誼傳：夫人之置器，置諸安處則安，置諸危處則危。材如負焉，唯在所授，授踰其力則踣，授當其力則行。故負重者不可以微劣勝，器大者不可以輕易處。有巨力而加重負，猶懼蹷跌之不虞；擇安地而寘大器，尚慮傾覆之難備。焉有委非所任，置非所安，而望其不顛不危，固亦難矣。

劉士寧窮兇極暴，衆所不容。李萬榮因人之心，閉城拒逐，爲國除害，亦有可嘉。誠宜星夜上聞，請擇節將。今所陳奏，頗涉張皇，但露徼求之情，殊無退讓之禮，據茲鄙躁，殊異純良。又聞本是滑人，【張註】通鑑本註：劉玄佐，滑州匡城人，萬榮與同里相善。偏厚當州將士，【張註】

通鑑本註：當州，猶言本州，謂滑州也。與之相得，纔止三千，諸營之兵，已甚懷怨。據此頗僻，【張註】通鑑本註：頗，偏也。亦非將材。且邀君而力取其位，不忠；逐帥而謀代其權，不義。犯此二者，而加之非材，得志驕盈，不悖則敗。悖謂犯上，敗謂僨軍，【石川註】禮射義：賁軍之將不入。註：賁，讀爲僨，覆敗也。俱爲厲階，莫見其可。今雖遽加寵命，務饜貪求，曲示保持，冀消兇慝，然其所行不遜，所得無名，縱之則反側而益疑，奪之則觖望而肆惡。夫善始而克終者猶寡，況始於不善，而求能以義自全者乎？又緣嘗自蓄謀，以危主將，及居人上，恒恐見圖，必於部校之間，多有疑阻之釁，【張註】通鑑音註：校猶部隊也。立軍之法：一人曰獨，二人曰比，三人曰參，比參曰伍。五人爲列，列有頭；二列爲（六）〔火〕，十人有長，立（六）〔火〕子；五（六）〔火〕爲隊，五十人有頭；二隊爲官，官百人立長；二官爲曲，曲二百人立侯；二曲爲部，部四百人立司馬；二部爲校，（二）〔八〕百人立尉；二校爲禆，（將）千六百人立將軍；二禆（將）〔爲〕軍，三千二百人有將軍、副將軍。上下猜貳，何能久安！縱未干紀亂常，【石川註】書君陳：敗常亂俗。傳：毀敗五常之道，以亂風俗之教。亦必喪師蹙境。所以承前方鎮之任，選建才德，而不副所委者，則有矣；其不由才德而授，終能殿邦固節者，未之有也。【石川註】詩采菽：殿天子之邦。傳：殿，鎮也。是猶置器欲安，而不擇可安之勢；負重欲濟，而不量可濟之才。處非所宜，不敗何待！

陛下若謂臣説體迂闊，有異軍機，引喻乖疏，不同事實，臣請指陳汴、宋一管，近代成敗之迹，皆陛下之所經見者，以爲殷鑒，惟陛下覽而察之。往者田神功【張註】綱目質實：田神功，南宮人。作鎮河南，【張註】謹按：此河南，總言河南道。一統志：河南，古豫州地。漢制：豫州刺史察潁川、河南等郡，而不常所治。唐開元中，置都畿、河南、河北三道採訪處置使，而都畿道治東都，河南道治陳留，河北道治衛郡。領汴、宋、徐、泗、兖、鄆、曹、濮八州之地，【張註】唐書方鎮表：寶應元年，復置河南節度使，治汴州，領州八：汴、宋、曹、徐、潁、兖、鄆、濮。大曆四年，河南節度增領泗〔州〕，以潁州隸澤潞節度。文獻通考：徐州：春秋爲宋地，後屬楚，謂之西楚。後魏置徐州。通鑑音註：泗州：晉、宋宿豫之地。後魏置南徐州。周大象二年，改泗州。兖（周）〔州〕：（隨）〔隋〕之魯郡。禹貢之兖州，東南據濟，西北距河，封域廣矣。至唐，始專以魯郡爲兖州。曹州：漢濟陰國。後魏置西兖州。後周改曹州，取古國名也。濮州：漢東郡甄城縣地。後魏置濮陽郡。隋爲濮州。汴、宋註見制誥八卷，鄆註見制誥七卷。【石川註】舊唐書田神功傳：上元二年二月，生擒逆賊劉展，送于闕下，以功遷檢校工部尚書，兼御史大夫，汴、宋等八州節度使。兵食兼足，職貢備修，【郎註】（藩鎮傳）〔本傳〕：田神功，冀州人。天寶末，賊以爲平盧兵馬使。率衆歸朝後，拜鴻臚卿。劉展反，賊圍宋州急，李光弼奏神功往救，賊解去。（從）〔徙〕河南節度、汴、宋八州觀察使。大曆二年，來朝，復還軍。八年，力疾入朝，卒。左肅青、齊，右弭滑、魏，南控淮、浙，北輔滎、瀍，【張註】禹貢疏：瀍水出河南穀城縣潛亭北。今河南府河南縣西北有古穀城，其北山實瀍水所出，至偃師縣入洛。殷如長城，【石川註】宋書檀道濟傳：道濟見收，脱幘投地曰：「乃復壞汝萬里之長城。」不震不聳。此由制置於可安之地，〔三〕付授得可濟之材，其爲利宜，斯謂大矣。及神功入覲，遘厲不還，【張註】唐書田神功傳：神功既寢疾，八年，自力入朝，卒。代宗爲撤樂，贈司徒，詔其弟曹州刺史神玉知汴州留事。先皇帝示眷悼之優崇，貪因循之便易，知神玉才不勝任，排衆議而竟授之。既而維御無方，經略失制，權歸豪將，勢散列城，禍機一興，内叛外破。委三軍於暴帥，陷五郡於匪人，【郎註】神功卒，代宗詔其弟曹州刺史神玉知汴州留事，復以爲汴宋節度留後。神玉卒，都虞候李靈曜殺兵馬使、濮州刺史孟鑒，交結田承嗣爲援，朝廷以爲汴宋留後。靈曜益驕慢，悉以其黨爲管内八州刺史、縣令，欲效河北諸鎮。詔命馬燧等討之。更勝迭負，田承嗣遣田悦將兵救靈曜。悦衆大潰。靈曜開門夜遁，汴州平，竟斬靈曜於京師。平盧節度使李正己先有淄、青、齊、海、登、萊、沂、密、德、棣十州之地，及靈曜之亂，諸道合兵攻之，所得之地，各爲己有，正己又得曹、濮、徐、兗、鄆五州，故云「陷五郡於匪人」。轉輸所經，塗路亟阻。【張註】通鑑：李正己遣兵扼徐州甬橋、渦口，運路皆絶。綱目集覽：甬橋，淮、泗地名也，屬〔徐〕州。甬，通作涌。李泌曰：「江、淮漕運，自淮入汴，以甬橋爲咽喉。」渦口在濠州鍾離縣西九十里。渦水受淮揚扶溝縣浪蕩渠，東入淮。此由制置於必危之地，付授於必蹶之才，其爲敗傷，亦已甚矣。【石川註】通鑑：大曆十一年十月，李忠臣、馬燧進擊靈曜，忠臣行汴南，燧行汴北，屢破李靈曜兵。大戰於汴城西，靈曜敗，入城固守，忠臣等圍之。田承嗣遣田悦救靈曜。忠臣遣裨將將輕騎數百，夜入其營，營中大駭；忠臣、燧因以大軍乘之，悦衆潰；悦脱身北走，將士死者相枕藉。靈曜夜遁，永平將杜如江擒之。燧知忠臣暴戾，以己功讓之，不入汴城，忠臣專其功。十二月，加淮西節度使、同平章事，仍領汴州刺史，治汴州。忠臣貪殘好色，以軍政委妹壻張惠光。惠光挾勢横暴，子爲牙將，暴横甚於父。李希烈乃忠臣之族子，因衆心怨怒，十四年三月，殺惠光父子而逐忠臣。以希烈爲蔡州刺史、淮西留後。近者劉玄佐驅攘巨猾，底復大梁，【石川註】舊唐書劉玄佐傳：李希烈攻陳州，佐遣大將劉昌言與諸軍救之，大敗賊黨。希烈棄汴州，佐率軍收汴，詔加汴宋節度使。即鎮於茲，幾將十載。雖不能勤身節用，以撫疲甿，【張註】唐書劉玄佐傳：玄佐性豪縱，輕財好厚賞，故下益困。【石川註】周禮遂人：以田里安甿。註：甿猶懵懵，無知貌也。畢力竭誠，以揚丕烈，然尚號令由己，部屬畏威，緝修戎旅，振耀聲勢，遠邇談矚，且爲完軍，制持東方，猶有所倚。及玄佐殂没，朝廷命吴湊代之，【郎註】藩鎮傳：大曆中，李靈曜據汴州反，劉玄佐乘其無備，襲取宋州，朝廷以爲刺史。德宗初，大破李納兵，斬首萬餘級，東南饟漕始通。又破李希烈之衆。入朝，復兼涇原四鎮。性豪縱，輕財好厚賞，故下益困。吴湊傳：宣武劉玄佐死，以湊領節度使，馳往代之。未至，汴軍亂，立玄佐子士寧。湊還爲右金吾衛大將軍。士寧兇頑，輒敢眦睚。【張註】張衡西京賦：睚眦蠆芥。註：善曰：廣雅曰：睚，裂也。説文曰：眦，目匡也。淮南子曰：瞋目裂眥。眥，在賣切。素非得衆，且甚不材，緩之旬時，必自離沮，隨機制馭，指顧可平。陛下念深黎元，姑務容養，【張註】唐書劉玄佐傳：玄佐死，軍中匿喪俟代，帝亦爲隱。踰三日，乃發喪。使至，帝問所欲立，曰：「陝虢觀察使吴湊可乎？」監軍孟介、行軍盧瑗以爲便，乃拜湊爲節度使。至氾水，玄佐柩將遷，士請具禮，瑗不許，衆皆怒。陵晨，甲而譟，起玄佐子士寧於喪，使坐重榻，墨其衣，尊爲留後；殺大將曹金岸、浚儀令李邁，醢之，唯瑗、介獲免。士寧乃出貯財分勞吏士。介以聞，帝召宰相計議。竇參曰：「汴人挾李納以邀命，若不許，勢且合，不可解。」遂以士寧爲左金吾衛將軍，嗣節度。適使姦徒得計，庸豎作狂，但肆醜厲之詞，豈懷任置之惠？運路幾絶，生人重殘，殷然垣翰之軍，【張註】詩：大師維垣，大宗維翰。註：垣，牆也。翰，幹也。鞠爲污染之俗。追思致患之本，豈不失於苟且哉！今若又授萬榮，則與士寧何異？負力而取，誰曰不然！【石川註】左傳隱元年：隧而相見，其誰曰不然。邀取而除，孰爲非據？苟邀則不順，苟允則不誠，君臣之間，勢必嫌阻。【張註】通鑑本註：邀，求也。非所當求而求之，爲苟邀也。允，從也。非所當從而從之，爲苟允。下以不順求之，上以不誠應之，其勢必至於嫌阻。與其圖之於滋蔓，【張註】左傳：毋使滋蔓，蔓難圖也。不若絶之於萌芽。【張註】前漢李尋傳：誅放佞人，防絶萌芽。忘久遠而樂因循，固非英主御天下長算遠慮之計也。

且爲國之道，以義訓人。將教事君，先令順長。用能弭爭奪之禍，絶窺覬之心。聖人所以興敬讓而服暴强，禮達而分定故也。【張註】禮記：禮達而分定。假使士寧爲將，慢上虐人，萬榮懷奉國之誠，稟嫉惡之性，棄而違之，斯可矣。討而逐之，亦可矣。謀其帥而篡其位，則不可焉。何者？方鎮之臣，事多專制，欲加之罪，誰則無辭！【石川註】左傳僖十年：欲加之罪，其無辭乎？若使傾奪之徒，便得代居其任，利之所在，人各有心，此源潛滋，禍必難救。非獨長亂之道，亦開謀逆之端，〔三〕四方諸侯，誰不解體？得一夫而喪羣帥，【石川註】左傳莊十二年：得一夫而失一國。其何利之有焉！矧茲一夫，猶未可保，徒亂風教，以生人心。

昨者所逐士寧，蓋起於倉卒，諸郡守將，固非連謀，一城師人，亦未協志。況又待之不一，撫之不均，黨助萬榮，其能有幾？仍各計度於成敗之勢，迴遑於逆順之名，安肯捐軀，與之同惡！今所以未即變者，皆爲萬榮所誘，許其賞給貨財，且相服從，以候制旨。陛下但於文武羣臣之内，選一和惠寬敏素爲軍旅所愛信者，命爲節度，仍降優詔，慰勞彼軍。奬萬榮以撫定之功，別加寵任；褒將士以輯睦之義，厚賜資裝。衆知保安，人且懷惠，舍此助亂，〔四〕更將何求？揆其大情，理必寧息。萬榮縱欲跋扈，【張註】綱目集覽：跋扈猶强梁也。顔師古曰：扈，竹籬也。水居者，於水未至，先作竹籬候魚之入；水退，小魚獨留，大跳跋籬扈而出，故言跋扈也。詩皇矣「無然畔援」箋云：畔援猶跋扈也。疏云：凶横自恣，陵人之貌。勢何能爲！三軍既自離心，列城又不爲援，緣其迫逐主將，諸道必復憎嫌，邇無所親，遠無所與，不勞天討，必自殲夷。陛下何所爲虞，而欲受其邀致？臣雖孱怯，竊有未安。昨因希顔宣旨卻迴，已與趙憬等同附口奏，展轉申吐，慮多闕遺。臣更通夕詳思，恐亦無易於此。不勝拳拳愚懇，謹復密啟以聞。如蒙聖恩察納，臣即與趙憬等商量應須處置事宜，具作條件聞奏。儻後事有愆素，【張註】左傳：不愆於素。杜預註云：不過素所慮也。臣請受敗撓之罪。謹奏。【張註】通鑑：上不從。壬戌，以通王諶爲宣武節度大使，以萬榮爲留後。

馬傳庚曰：逐帥謀代，不允所請，是特識也。從容易置，不動聲色，真良謨也。謀畧精深，識見遠到，不徒以議論警策見長。蓋以萬榮匪材委任，既已乖當，且授不以正，易啟奸謀，禍亂潛滋，正宜預禁。況彼不義不公，黨助有幾？乘機定亂，固自無難，要在措置得所耳。通篇層折分明，詞意暢透。

蔡九霞曰：唐之失著，莫大於藩鎮。自爲留後一事，向來耑務姑息，只因時方危亂，不得不因循。今朝廷之勢稍振，宜力矯其弊，而德宗猶襲故智。公故備陳其不可，而帝不能用，唐業之不復振，宜哉！

校勘記

〔一〕付授之濟否由才　「才」，明本作「材」。按：據後文，作「材」是。

〔二〕此由制置於可安之地　「於」，明本、郎本作「得」。按：據下句，作「得」疑是。

〔三〕亦開謀逆之端　「開」，通鑑二三四作「闢」。

〔四〕舍此助亂　「助亂」，明本、郎本作「不務」。按：作「不務」義長。

論度支令京兆府折税市草事狀

度支奏：「緣當年税草支用不充，諸場和市所得又少，所以每至秋夏，常有欠闕。請令京兆府折今年秋税和市草一千萬束，便令人户送入城輸納，每束兼車脚與折錢二十五文，既利貧人，兼濟公用。」希顏奉宣進止宜依者。

伏以制事之體，所貴有常；順人之情，尤重改作。革而能當，尚恐未孚，動且非宜，曷由無擾！臣等每承睿旨，常以百姓爲憂，審知事不可行，安敢默而無述？每年蓄聚芻稾，所司素有恒規，計料税草不充，即便開場和市，既優價直，復及農收，人皆樂輸，事不勞擾。陛下追想往年之事，豈嘗有緣草不足，上關宸慮者乎？延齡欲衒己能，頗隳舊制，苟收經費之用，以資贏羨之功，遂使儲備空虛，支計寥落，廄圉告闕，頻煩聖聽。去歲已然，今夏尤甚。此乃不遵舊制之過也。舊制何害，而變之哉！

臣等謹檢京兆府應徵地税草數，每年不過三百萬束，其中除留供諸縣館驛及鎮軍之外，【張註】柳宗元館驛使壁記：館驛之制，於千里之内尤重。自萬年至於渭南，其驛六。山堂考索：館，客舍也。古者國野之道，十里有廬，廬有飲食；三十里有宿，宿有路室，路室有（婁）〔委〕；五十里有市，市有候館。驛者，置騎以備迎送也。應合入城輸納，唯二百三十萬而已。百姓般運，已甚艱辛，常迫春農，僅能得畢。今若更徵一千萬束，仍令並送入城，即是一年之間，併徵三年税草，計其所加車脚，則又四倍常時。物力有窮，求取無藝，【張註】左傳：驕奢淫泆。疏：泆謂放恣無藝。又：布常無藝，徵斂無度。註：無藝，無法度也。【石川註】晉語：貪欲無藝。註：藝，極也。其爲騷怨，理在不疑。甸服且然，【張註】禹貢：五百里甸服。蔡註：甸服，畿内之地也，甸，田服事也。以皆田賦之事，故謂之甸服。四方安仰？假使時當豐稔，家悉阜殷，有草可輸，有車可載，然於途程往復，理須淹歷歲時，牛廢耕犂，人妨播植，東作既闕，西成曷期？【石川註】書堯典：平秩東作。傳：歲起於東，而始就耕謂之東作。又：平秩西成。傳：(秩)〔秋〕，西方萬物成。況烝黎之間，貧富不等；收穫之際，豐耗靡均。今忽併役車牛，雇車傭必騰貴；【張註】通鑑音註：雇者，以錢若物，酬其功庸，不徒役其力也。併徵稅草，買草價必倍高。是使豪富之徒，乘急令以邀其利；窮乏之輩，因暴斂以毁其家。非所謂均節財物，準平賦法之術也。

臣等又勘度支京兆比來雇車估價，及所載多少，大率每一車載一百二束，每一里給傭錢三十五文，百束應輸二束充耗。今京畿諸縣，去城近者七八十里，遠者向二百里，設令遠近相補，通以百里爲程，則雇車載草百束，悉依官司常估，猶用錢三千五百文，即是一束之草，唯計般運，已當三十有五文，買草本價，又更半之，而度支曾不計量，自我作古，徑以胸臆斟酌，限爲二十五文。謂之加徵，則法度廢隳；謂之和市，則名實乖反。倘可其奏，人何以觀！豈如官自置場，要便收市，欲少市則平其估以節費，欲多市則優其價以招人，買賣既和，貧富俱便。有餘者趨加饒易售之利，不足者免轉求貴賃之資，比之抑徵，固不同等。幸有舊制，足可遵行，何必捨易而即難，棄利而從害？臣誠暗滯，未見其宜。伏望戒敕度支，令依舊例和市，承前既有恒用，以後不得闕供。稍峻隄防，使知懔懼，妄作但不施用，歲計必免愆違。

陛下若以軍廄之中，馬畜漸衆，度支所營稾芻，纔可供給當年，或慮水旱不虞，別須蓄積爲備，今屬歲稔，亦是其時，但要收斂有方，不宜科配致擾。若度支併市，延齡必復辭難，須有區分，使之均濟。望委京兆尹勾當，別和市草五百萬束，以充貯備。其所和市，並隨要便，官自置場，每場貯錢，旋付價直。時估之外，仍稍優饒，交易往來，一依市利。勿令官吏催遣，道路遮邀，但不抑人，自當趨利。其市草價直，並於年支留府錢數内以給用不盡者充。每市滿十萬束，一度聞奏，便以府司郵遞車牛，并更雇脚，相添轉徙場所般載，送付苑中輸納。【張註】雍録：唐太極宮之北有内苑，有禁苑。太極宮居都城之北，内苑又居宮北，禁苑又居内苑之北。禁苑廣矣，西面全包漢之都城，東抵灞水，其西南兩面攙出太極宮前，與承天門相齊。承天門之西排立三門，皆禁苑之門也，曰光化，曰芳林，曰景耀。六典曰：禁苑在大内宮城之北，臨渭水，東距滻川，西盡都城，其周一百二十里。如蒙聖恩允許，臣即依此宣行。既免擾人，又不增費，以資儲蓄，足禦凶災。度支謹守恒規，亦自不闕常用。臣等商度，將爲合宜。謹録奏聞，伏聽進止。

馬傳庚曰：税草細事，然事有累及百姓，雖細而必争。前半揣悉民情，言真語切；後半道及和市，酌理準情。上儲國用，下恤民隱，經營妥洽，警切動人。

蔡九霞曰：延齡以剥民爲事，公以愛民爲事，故於延齡所奏，每事駁正。然好利之主，豈知剥民之即以剥國，而愛民之即以愛國乎？左延齡而右宣公，蓋不待論姦蠹一書矣。

論左降官準赦合量移事狀

【張註】通鑑綱目：贄以郊赦已近半年，而竄謫者尚未霑恩，乃爲三狀擬進。【石川註】唐書德宗紀：貞元九年十一月乙酉，有事於南郊，大赦。

右竄謫之徒，皆在遐僻。或迫於衰暮，顧景思還；或困於瘴癘，【張註】桂海虞衡志：瘴者，山嵐水毒與草莽沴氣鬱勃蒸熏之所爲也。邕州兩江水土尤惡，一歲無時無瘴，春曰青草瘴，夏曰黄梅瘴，六、七月曰新禾瘴，八、九月曰黄茅瘴，土人以黄茅瘴爲尤毒。翹心望徙。既闕霈澤，許以量移，企躍之情，遠想可見。若準所司舊例，須俟州府録申。盤勘檢尋，動踰年歲，上稽恤宥之旨，下虧慶賴之心。【張註】書：一人有慶，兆民賴之。臣等商量，恐須釐革。望令所司，據承貞元六年恩赦檢勘已量移未量移官，【張註】通鑑音註：檢勘者，謂考其功過，察其假名承僞，隱冒升降。及貞元六年恩後左降官等，除遷改亡殁之外，具名銜及貶責事由年月，速報中書門下，不須更待州府申請。臣等據所司報到，則便進擬，不出歲内，冀悉霑恩。未審可否？謹録奏聞，伏聽進止。

馬傳庚曰：落落大方，詞意賅括。

再奏量移官狀

右伏以國之令典，先德後刑。所後者法當舒遲，故決罪不得馳驛行下；所先者體宜疾速，故赦書日以五百里爲程。【張註】顧炎武日知録：後唐輿服志曰：驛馬三十里一置。史記「田横乘傳詣雒陽，未至三十里，至尸鄉厩置」是也。唐制亦然。其行或一日而馳十驛。韓愈詩「銜命山東撫亂師，日馳三百自嫌遲」是也。而唐制：赦書日行五百里，則又不止於十驛。古人以置驛之多，故行速而馬不弊。誠以聖王之心，務弘慶惠，必迴翔於行罰，而企躍於舒恩。不加罰於典法之外，不虧恩於德令之内，則受責者莫得興怨，荷貸者咸思自新。所謂威之斯懲，宥之斯感，懲以致理，感以致和，致理則尊，致和則愛，爲人父母，必在兼行。

陛下德配上玄，澤流下土，頃因郊祀，普降鴻恩，凡是貶責之人，並許量移近處。【張註】通鑑釋文：移，徙也，謂得罪遠謫者，遇赦則量徙近地。臣等任叨輔翼，【張註】禮記：保也者，慎其身以輔翼之，而歸諸道者也。職在宣行，尋具奏聞，請便進擬。聖心精一，【石川註】書大禹謨：惟精惟一。疏：欲安民，必須一意，故以戒精心一意。務欲均齊，令待所司檢尋，一時類例處分。其左降官内，或罪非可棄，才有足甄，亦許別狀商量，不拘常例獎用。臣等據所司檢勘左降官及流人送名到者，都比擬量移及別追用，分爲三狀，前月十二日封進。其流人量移狀，已蒙印出行下訖，餘兩狀至今未奉進止。竊以赦書宣布，【張註】通典唐開元禮皇帝遣使詣諸州宣赦書：其日，本司設使次於州之大門外，道南，西向。使者至，掌次者引就次，以赦書置於案。應集之官至州門外，服朝服，非朝服者公服。本司設使者位於廳階間，南向；設刺史位於使者位南，北面；設應集之位於刺史之後，文官在東，武官在西，每等異位，重行，北面，相對爲首。又設門外位，文官於門東，西向；武官於門西，東向，俱每等異位，重行，以北爲上。本司録州見囚，集於州門之外，北面，西上。贊禮者引應集之官俱就門外位。刺史朝服以出，行參軍引立於東南，西向。使者出次，贊禮者引立於門西武官之前，少北，東向。史二人對舉案，立於使者西南，俱東(西)〔面〕，立定。行參軍引刺史迎於大門外之南，北面，再拜。行參軍引刺史先入，立於內門之東，西面；州官立於其後。贊禮者引使者入門內而立，持案者從之。使者詣階間就位，南向立；持案者立於使者西南，東面。行參軍引刺史，贊禮者引應集之官，以次入就位，立定。持案者以案進使者前，使者取赦書，持案者退復位。使者稱「有赦」，刺史以下皆再拜；宣赦書訖，又再拜；舞蹈，又再拜。本司釋囚。行參軍引刺史進使者前，北面，受赦書，退復位。贊禮者引使者出，持案者從之，俱復門外位。行參軍引刺史，贊禮者引州官，以次出，復門外位。刺史拜送。贊禮者引使者還於次。行參軍引刺史入。贊禮者引州官還次。僅欲半年，若更淹遲，恐乖事體。又諸州刺史及臺省官等，繼有事故，頗多闕員，睿旨精於選求，至今常不充備。以眚掩德，見非古人；【郎註】左〔傳〕僖二十三年：孟明敗績。秦伯素服郊次，鄉師而哭曰：「孤違蹇叔，以辱二三子，孤之罪也。不替孟明，孤之過也。大夫何罪？且吾不以一眚掩大德。」録用棄瑕，允歸聖造。願廣含弘之美，庶增誘掖之途。謹奉狀陳聞，伏聽進止。

一輩市恩也。

馬傳庚曰：中間叙述詳明，首尾詞旨警湛。

蔡九霞曰：竄謫要荒，望恩實切。公爲此言，有不忍一物失所意，然意在早信赦令，非爲竄謫

三進量移官狀

右希顔奉宣進止：舊例：左降官每準恩赦，量移不過三百、五百里，今度進擬，稍似超越，又多是近兵馬處及當路州縣，【張註】通鑑本註：當路州縣，謂其地當入京之路者。事非穩便，宜更商量。

伏以罰宜從輕，赦宜從重，所以昭仁恕之道，廣德澤之恩也。夫尊位者其惠不可以不重，言大者其實不可以不豐。位尊而惠輕，則體非宜；言大而實寡，則人失望。陛下躬行盛禮，涣發德音，念謫居之荒遐，哀負累之沉棄，俾移近處，將合新恩。赦令初行，室家相慶，惠亦至矣，言亦大矣。竊料竄逐窮僻，喜聞霈澤降臨，固必破産以飾行裝，計日而俟休命。【張註】書：敢對揚天子之休命。荏苒淹息，〔一〕復經半年，儻又所移之官，還與舊任鄰近，竊恐

乖陛下垂愍之意，虧制書行慶之恩。口惠重而事實輕，【張註】禮記：口惠而實不至，怨菑及其身，是故君子與其有諾責也，寧有己怨。非所以揚鴻休而布大信也。

謹按承前格令，左降官非元敕令長任者，每至考滿，即申所司，量其舊資，便與改敍，縱或未有遷轉，亦即任其歸還。逮于開元末，李林甫固權專恣，凡所斥黜，類多非辜，慮其卻迴，或復冤訴，遂奏左降官考滿未別改轉者，且給俸料，不須即停，外示優矜，實欲羈係。從此已後，遂爲恒規。一經貶官，便同長往，迴望舊里，永無還期。縱遇非常之恩，許令移遠就近，雖名改轉，不越幽遐，或自西徂東，或從大適小，時俗之語，謂之「橫移」。馴致忌剋之風，【石川註】左傳僖九年：其言多忌克。積成天寶之亂，展轉流弊，以至于今。天下咸病此法深苛，〔二〕而不能改從舊典者，良以猜嫌之慮，易惑上心，將謂負譴之人，悉包樂禍之意，【石川註】左傳昭元年：包藏禍心。又，莊二十年：歌舞不倦，樂禍也。已經黜責，遂欲隄防。故高論則痛嫉林甫之陰邪，而密綱則習行林甫之弊法，憸邪爲蠹，乃至於斯！然則左降永絕於歸還，量移不離於僻遠，蓋是奸臣詭計，殊非國典舊章。且貶黜之中，情狀各異，犯有輕重，責有淺深，固非盡是回邪，皆須備慮。王者之道，待人以誠，有責怒而無猜嫌，有懲沮而無怨忌。斥遠以儆其不恪，甄恕以勉其自新。不儆則浸及威刑，不勉則復加黜削。雖屢進退，俱非愛憎。行法乃暫使左遷，【張註】綱目集覽：諸侯王表左官之律，韋昭以爲左猶下也。漢法地道，尊右，故謂貶秩爲左遷。

念材而漸加進叙。人知復用，〔三〕誰不增修！何憂乎亂常？何患乎蓄憾？如或以其貶黜，便謂奸凶，恒處防閑之中，長從擯棄之例，則是悔過者無由自補，藴才者終不見伸。凡人之情，窮則思變，含悽貪亂，或起於茲。【張註】通鑑本註：悽，悲也，痛也。雖則何患能爲，【石川註】左傳隱六年：鄭何能爲？亦足感傷和氣，謂非帝王開懷含垢之大體，聖哲誘人遷善之良圖也。

臣等昨進擬，商度非不精詳，既審事宜，亦尋舊例，參求折衷，【張註】史記孔子世家：折中於夫子。索隱曰：離騷云：令五帝以折中。註：王叔師云：折中，正也。宋均云：折，斷；中，當也。猶折斷其物而用之，與度相中當也。兼務齊平。大約所擬之官，各移近地一道，郡邑稍優於舊任，官資序進於本銜，並無降差，亦不超越。其有累經移改，已至闕畿，則但易以大州，〔四〕增其常秩。所冀人皆受賜，施不失平，上副鴻恩，【張註】荀勗詩：洪恩普暢，慶及羣臣。下塞延望。纔將得所，殊匪爲優，今若裁限所移不過三五百里，則有改職而疆域不離於本道，遷居而風土反惡於舊州，【張註】通鑑本註：離，力智翻。風土之同道而獨甚惡者，如廣府統廣、韶、端、康、封、岡、新、欒、瀧、竇、義、雷、春、高、循、潮等州，而春、循、新瘴氣特重於諸州是也。徒有徙家之勞，是增移配之擾。〔五〕又當今郡府，多有軍兵，所在封疆，少無館驛。應合量移之例，約有二百許人，道路須計其遠邇之差，州縣則校其高下之等，若必選非當路，復不近兵，則恐類例失倫，署置偏併，示人疑慮，體又非弘。幸希聖聽，更賜裁審。其擬官狀，並未敢宜革，〔六〕謹重封，伏聽進止。

馬傳庚曰：因事貶謫，考滿量移，降罰施恩，宜循舊例，若涉疑忌，便異寬平。據理直陳，持論允當。

蔡九霞曰：貶謫之臣，豈盡奸惡？久投遐遠，情實可矜。況既已奉赦，未許改遷近地，是赦猶不赦也。勸君以含垢，引人以自新，立言絶有關係。

校勘記

〔一〕荏苒淹息　「息」，宋本、明本、郎本作「卹」。

〔二〕天下咸病此法深苛　此句之上，郎本多一「今」字。

〔三〕人知復用　「人」，通鑑作二三四「又」。

〔四〕則但易以大州　元本、全唐四七五無「易」字。

〔五〕是增移配之擾　「是」，通鑑作「實」。

〔六〕並未敢宜革　「宜」，宋本、元本、明本、郎本、全唐作「改」。

請邊城貯備米粟等狀

右兵之所屯，食最爲急，若無儲蓄，是棄封疆。自昔敗亂之由，多因餽餉不足。臣以任當體國，【張註】周禮：體國經野，以爲民極。職合分憂，【石川註】晉書宣帝紀：黄初五年，加給事中、録尚書事，曰：「非以爲榮，乃分憂耳。」奏減河運脚錢，用充軍鎮和糴，幸蒙聖恩允許。又屬頻歲順成，【石川註】禮玉藻：年不順成，則天子素服，乘素車，食無樂。二年之間，沿邊諸軍，共計收糴米粟一百八十餘萬石，準元敕各委當道節度及監軍中使、度支知巡院官同勾當檢納，【張註】謹按：唐諸道各置知院官。胡三省曰：知院官，掌諸道巡院者也。仍以貯備軍糧爲名，非緣城守乏絶，及不承别敕處分，並不得輒有費用。若能堅守此制，有用隨即卻填，則是邊城常貯十五萬人一歲之糧，以爲急難之備，永無懸絶，足固軍情。

去歲版築五原，【張註】唐書地理志：鹽州五原郡，屬關内道。通鑑綱目：初，鹽州既陷，塞外無復保障；吐蕃常阻絶靈武，侵擾鄜坊。詔發兵城鹽州，又詔涇原、山南、劍南各發兵深入吐蕃以分其勢，(戍)〔城〕之二旬而畢；命節度使杜彦光戍之，由是靈武、銀夏、河西獲安。大興師旅，所司素無備擬，臨事支計缺然，〔一〕齎送悉貸此糧，乃得軍行辦集。過事之後，準敕合填，迨今二年，竟不支遣。加以諸鎮軍食，例皆闕供，及其告急上聞，宣旨下迫，則又請貸貯粟，以充將士月糧。既務廢隳，且無愧畏，所未匱竭，其能幾何？夫栽植至難，毁拔至易，古人以植楊爲喻，能不爲之歎惜哉！【郎註】戰國策：田需貴於魏王，惠子曰：「子必善左右。今夫楊，横植之則生，倒植之則生，折而植之又生，然使十人植楊，一人拔之，則無生楊矣。故以十人之衆，植易生之物，然而不勝一人者，何也？植之難而去之易也。今子雖自植於王，而欲去子者衆，則子必危矣。」況水旱流行，固宜有備。戎狄爲患，可不爲虞？將欲安邊，先宜積穀。今當歲稔，令益軍儲，反罄聚蓄之資，用供朝夕之費，儻遇災難，則如之何？惟陛下詳思後圖，不貽他日所悔，臣之願也，疆埸之幸也。不勝區區慮患之意，謹冒昧以聞。謹奏。

馬傳庚曰：前此議積邊儲，費了許多謀畫。頃屬就緒，漸欲隳功。公曾身任其勞，安忍坐視不問？言論警切，杜漸防微。

校勘記

〔一〕臨事支計缺然　「然」，郎本作「少」。

陸贄集卷二十一

中書奏議　五

論裴延齡姦蠹書一首

【郎注】本傳：德宗用竇參輔政，參擢延齡司農少卿；會班宏卒，遂領度支。陸贄極論其譎妄不可用，帝以爲排媢，愈益厚延齡。贄上疏具列其狀，言甚深切。帝得奏不悦，乃罷贄宰相，竟至斥逐。【張注】通鑑：延齡每奏對，恣爲詭譎，皆衆所不敢言，亦未嘗聞者，延齡處之不疑。上亦頗知其誕妄，但以其好詆毁人，冀聞外事，故親厚之。羣臣畏延齡有寵，莫敢言，惟鹽鐵、轉運使張滂，京兆尹李充，司農卿李銛，以職事相關，時証其妄，而陸贄獨以身當之，日陳其不可用。十一月壬申，贄上疏極陳延齡姦詐，數其罪惡。

十一月三日，具官臣某，惶恐頓首，【石川注】漢書儒林傳：具官待問，未有進者。師古曰：具官，謂備員而已。獻書皇帝陛下：

臣聞君子小人，用捨不並，國家否泰，恒必由之。君子道長，小人道消，於是上下交而萬物通，此所以爲泰也。小人道長，君子道消，於是上下不交而萬物不通，此所以爲否也。夫小人於蔽明害理，如目之有眯，【張註】説文：眯，草入目中也。耳之有充，【張註】詩：褎如充耳。箋：充耳，塞耳也。嘉穀之有蝨，梁木之有蠹也。【張註】説文：蠹，木中蟲。莊子：以爲門户則液樠，以爲柱則蠹，是不材之木也。史記范雎傳：秦之有韓也，譬如木之有蠹也。眯離婁之目，則天地四方之位不分矣。【張註】莊子：孔子見老聃而語仁義，老聃曰：「夫播糠眯目，則天地四方易位矣。」充子野之耳，【郎註】左〔傳〕昭八年：叔向曰：「子野之言，君子哉！」杜預註：子野，師曠字。則雷霆蠅黽之聲莫辨矣。【張註】説文：雷，陰陽薄動雷雨生萬物者也。霆，雷餘聲也，鈴鈴所以梃出萬物。詩：匪鷄則鳴，蒼蠅之聲。爾雅釋魚：鼁䵷，蟾諸，在水者黽。疏：鼁䵷，一名蟾諸，似蝦蟇居陸地；其居水者名黽，一名耿黽，一名士鴨，狀似青蛙，而腹大爲異。雖后稷之穡，禾易長畝，【石川註】詩甫田：禾易長畝。傳：易，治；長畝，竟畝也。而蝨傷其本，則零瘁而不植矣。雖公輸之巧，臺成九層，而蠹空其中，則圮折而不支矣。【張註】老子：九層之臺，起于累土。劉仲達鴻書：註孟子者曰：公輸子名班，魯之巧人也。世盡以爲一人，後閱太平廣記，魯班，燉煌人，莫詳年代。巧侔造化，于涼州造浮圖，作木鳶，每擊楔三下，乘之以歸。又，六國時，（而）公輸班爲木鳶，以窺宋城。似若兩人，未敢決。及讀古樂府豔歌行「誰能刻鏤此，公輸與魯班」，則明係兩人，以爲一人者誤矣。是以古先聖哲之立言垂訓，必殷勤切至，以小人爲戒者，豈將有意讎而沮之哉！誠以其蔽主之明，害時之理，致禍之源博，傷善之釁深，所以有國有家者不得不去耳。其在周易，則曰：「大君有命，開國承家，小人勿用，

【石川註】師「上六」疏：開國，其功大，使之爲諸侯；承家，其功小，使之爲大夫。必亂邦也。」在尚書則曰：「除惡務本，去邪勿疑。」在毛詩則曰：「無縱詭隨，以謹無良。」【張註】詩大雅民勞篇。【石川註】傳：詭隨，詭人之善，隨人之惡者。以謹無良，慎小以懲大也。「曾是掊克，【石川註】詩蕩傳：自伐而好勝人也。斂怨以爲德。」【張註】詩大雅蕩篇。【石川註】箋：斂聚羣不逞作怨之人，謂之有德，而任用之。「盜言孔甘，亂是用餤。」【張註】詩小雅巧言篇。「讒人罔極，交亂四國。」【張註】詩小雅青蠅篇。在論語則曰：「惡利口之覆邦家者。」【石川註】孔安國曰：利口之人，多言少實，苟能説媚時君，傾覆其國家。在春秋則曰：「聚斂積實，不知紀極。毀信廢忠，崇飾惡言，靖譖庸回，服讒蒐慝。天下之人，謂之四凶。」【張註】左傳：少皞氏有不才子，毀信廢忠，崇飾惡言，靖譖庸回，服讒蒐慝，以誣盛德，天下之民，謂之「窮奇」。縉雲氏有不才子，貪于飲食，冒于貨賄，侵欲崇侈，不可盈厭，聚斂積實，不知紀極，不分孤寡，不恤窮匱，天下之民，以比「三凶」，謂之「饕餮」。【石川註】左傳文十八年註：實，財也。崇，聚也。靖，安也。庸，用也。回，邪也。服，行也。蒐，隱也。慝，惡也。在禮記則曰：「小人行險以徼幸，長國家而務財用者，必自小人矣。小人使爲國家，而災害並至，雖有善人，無如之何。」臣頃因讀書，常憤此類，不圖聖代，目覩斯人！

户部侍郎裴延齡者，其性邪，其行險，其口利，其志凶，其矯妄不疑，其敗亂無耻，以聚斂爲長策，以詭妄爲嘉謀，以掊克斂怨爲匪躬，以靖譖服讒爲盡節，總典籍之所惡以爲智術，冒聖哲之所戒以爲行能，可謂堯代之共工，【張註】書堯典註：共工，官名，蓋古之世官族也。魯邦之少卯。伏惟陛下協放勛文思之德【石川註】放勛文思，書堯典傳：勛，功也。言堯放上世之功化。疏：文思，發舉則有文謀，思慮則能通敏。而鑒其方鳩僝功，【張註】通鑑本註：書堯典：帝曰：「疇咨若予采！」驩兜曰：「共工方鳩僝功。」帝曰：「吁！靜言庸違，象恭滔天。」體仲尼天縱之明而辨其順非堅僞，【張註】通鑑本註：家語：孔子爲魯司寇，攝行相事，七日而誅少正卯，戮之于兩觀之下。子貢進曰：「夫少正卯，魯之聞人也，夫子爲政而始誅之，或者爲失乎？」孔子曰：「天下有大惡者五，而竊盜不與焉。一曰心逆而險，二曰行僻而堅，三曰言僞而辨，四曰記醜而博，五曰順非而澤。此五者，有一于人，則不免君子之誅，而少正卯皆兼有之。其居處足以（攝）〔撮〕徒成黨，其談説足以飾褒榮衆，其彊禦足以反是獨立，此乃人之姦雄，有不可以不除。」則天討斯得，聖化允孚，小往大來，孰不欣幸！迹其姦蠹，日長月滋，陰祕者固未盡彰，敗露者猶難悉數。今請粗舉數事，用明欺罔大端，悉非隱微，皆可覆驗。陛下若意其負謗，則誠宜亟爲辨明。陛下若知其無良，又安可曲加容掩！願擇左右親信，兼與舉朝公卿，據臣所言，閲實其事。儻延齡罪惡無狀，即臣之奏議是誣，宜申典刑，以制虛妄。俾四海法朝廷之理，兆人戴陛下之明。得失之間，其體甚大，不當復有疑慮，使辨之不早，【石川註】易文言：臣弑其君，子弑其父，其所由來者漸矣，由辨之不早辨也。以竟失天下之望也。

前歲秋首，班宏喪亡，特詔延齡，〔一〕繼司邦賦。數月之内，遽衒功能，奏稱：「鉤獲隱欺，〔二〕計錢二十萬貫，〔三〕請貯别庫，以爲羨財，〔四〕供御所須，〔五〕永無匱乏。」陛下欣然信納，因謂委任得人。既賴羸餘之資，〔六〕稍弘心意之欲，興作浸廣，宣索漸多。【張註】唐書裴延齡傳：帝謂延齡曰：「朕所居浴堂殿，一棟將壓，念易之，未能也。」延齡曰：「宗廟至重，殿棟微矣。且陛下本分錢，用之亡窮，何所難哉！」帝驚曰：「本分錢奈何？」對曰：「此在經誼，愚儒不能知，臣能言之。按禮，天下賦三之：一以充乾豆，一以事賓客，一君之庖厨。陛下奉宗廟，能竭天下賦三之一乎？鴻臚禮賓，勞予四夷，用十一爲有羸。陛下所御饔飱簡儉，以所餘奉百官稟料餐錢，未盡也，則所不盡者爲本分錢。以治殿數十尚不乏，況一棟哉！」帝頷曰：「人未嘗爲朕言之。」又造神龍佛祠，須材五十尺者。延齡妄奏：「同州得大谷，木數（十）〔千〕章，度皆八十尺。」帝曰：「吾聞開元時，近山無巨木，求之嵐、勝間。今何地之近，材之良也邪？」延齡曰：「異材瑰産，處處有之，待聖主乃出。今生近輔，豈開元所當〔得〕也！」帝悅。延齡務實前言，〔七〕且希睿旨，不敢告闕，不敢辭難。鉤獲既是虛言，無以應命；供辦皆承嚴約，苟在及期。〔八〕遂乃搜求市廛，豪奪入獻；追捕夫匠，迫肋就功。以「斂索」爲名，而不酬其直；以「和雇」爲稱，而不償其庸。都城之中，列肆爲之晝閉；興役之所，百工比於幽囚。聚詛連羣，遮訴盈路，持綱者莫敢致詰，巡察者莫敢爲言。時有致詰爲言，翻謂黨邪醜直。天子轂下，囂聲沸騰，四方觀瞻，何所取則。蕩心于上，斂怨於人，欺天陷君，遠邇危懼，此其罪之大者也。

總制邦用，度支是司；【張註】唐書百官志：度支掌天下租賦、物産豐約之宜，水陸道涂之利，歲計所出而支調之，以近及遠。又，楊炎傳：炎爲相，言於帝曰：「財賦者，邦國大本，而生人之喉命，天下治亂輕重繫焉。先朝權

(治)〔制〕以中人領其職，五尺宦豎操邦之柄，豐儉盈虛，雖大臣不得知，則無以計天下利害。臣請出之，以歸有司。度宮中經費一歲幾何，量數奉入，不敢以闕。」帝從之。乃詔歲中裁取以入大盈，度支具數先聞。出納貨財，太府攸職。【張註】唐書百官志：太府寺掌財貨、廩藏、貿易，總京都四市、左右藏、常平七署。凡四方貢賦、百官俸秩，謹其出納。賦物任土所出，定精粗之差，祭祀幣帛皆供焉。凡是太府出納，皆稟度支文符，太府依符以奉行，度支憑按以勘覆，互相關鍵，【張註】說文：關，以木橫持門户也。方言：户鑰，自關而東，陳、楚之間，謂之鍵；自關而西，謂之鑰。用絕姦欺。其出納之數，則每旬申聞；其見在之數，則每月計奏。皆經度支鉤覆，又有御史監臨，【張註】唐書百官志：御史六人，次一人知西推、贓(續)〔贖〕、三司受事，號副端；次一人知東推、理匭等，有不糾舉者罰之；以殿中侍御史第一人同知東推，涖太倉出納；第(一)〔二〕人同知西推，涖左藏出納。號四推御史。旬旬相承，月月相繼，明若指掌，端如貫珠，財貨少多，無容隱漏。延齡務行邪諂，公肆誣欺，遂奏云：「左藏庫司【石川註】通典：晉有左、右藏令。北齊亦有左、右藏令。大唐因之，置左、右藏署令，左藏掌庫藏錢、布帛、雜綵。多有失落，【張註】續通典：唐制：左藏掌邦庫，右藏掌國寶、玉貨。近因檢閱使置簿書，乃於糞土之中，收得銀十三萬兩，其匹段雜貨百萬有餘，〔九〕皆文帳脱遺，〔一〇〕並同已棄之物。今所收獲，即是羨餘，悉合移入雜庫，以供別敕支用者。」【張註】通鑑本註：匹段雜貨，使在糞土之中，已應腐爛不可用，雖甚愚之人亦知其誕妄也。德宗不加之罪，延齡復何所忌憚乎！其時特宣進止，悉依所奏施行。太府卿韋少華【石川註】通考：太府少卿二人，領兩京諸市、平準、左右藏、常平等九署。

抗表上陳，〔一一〕殊不引伏，確稱：「每月申奏，皆是見在數中，請令推尋，足驗姦計。」〔一二〕兩司既相論執，理須辨鞫是非，臣等具以奏聞，請定三司詳覆。若左藏庫遺漏不謬，隱匿固合抵刑；如度支舉奏是虛，誣誑亦宜得罪。陛下既不許差三司按問，又不令檢奏辨明。度支言太府隱漏至多，而少華所任如舊。太府論度支姦欺頗甚，而延齡見信不渝。枉直兩存，法度都弛。以在庫之物爲收獲之功，以常賦之財爲羨餘之費，罔上無畏，示人不慚，此又罪之大者也。

國之府庫，〔一三〕用實貨財。物合入官，則納于其內；事合給用，則出乎其中。所納無非法之財，所出無不道之用，坦然明白，何曲何私？而延齡險猾售姦，詭譎求媚，遂於左藏之內，分建六庫之名，〔一四〕意在別貯贏餘，以奉人主私欲。曾不知王者之體，天下爲家，國不足則取之於人，人不足乃資之於國，〔一五〕在國爲官物，在人爲私財，何謂贏餘，復須別貯？是必巧詐以變移官物，暴法以刻斂私財，捨此二途，其將焉取？陛下方務崇信，不加檢裁，延齡既怙寵私，益復放肆。遂録積久逋欠，妄云察獲姦贓，總計緡錢八百餘萬。聽其言則利益雖大，考其事則虛誕自彰：【郎註】本傳：延齡素不善財計，乃廣鉤距，取宿姦老吏與謀，以固帝幸。因建言：「左藏，天下歲入不（皆）〔貲〕，耗登不可校，請列別舍，以檢盈虛。」於是以天下宿負八百萬緡析爲負庫，抽貫三百萬緡爲賸庫，樣物三十萬緡爲季庫，帛以素出、以色入者爲月庫。帝皆可之。然天下負皆窮人，償入無期，抽貫與給皆盡；樣物與帛固有籍，延齡但多其簿最吏員以詭帝，於財用無所加也。或是水火漂焚，或緣旱澇傷敗，或因兵亂散失，或遭寇賊敓數。【張註】說文：敓，彊取也。周書曰：敓攘矯虔。集韻：攘，古作數。或準法免徵，或經恩合放。或人户逃逸，無處追尋；或綱典拘囚，不克填納。或没入店宅，歲久摧殘；或收獲舟船，年深破壞。類皆如此，難以殫論。在人者並無可科徵，屬官者悉不任貨賣，但存名額，虚挂簿書。大抵錢穀之司，皆耻財物減少，所以相承積累，不肯滌除，每當計奏之時，常充應在之數。延齡苟稱察獲，遂請徵收，恢張利門，【張註】後漢李固傳：春秋褒儀父以開義路，貶無駭以閉利門。誘動天聽。貽誚侮於方岳，賈愁怨於烝黎，于兹累年，一無所得，其爲疏妄，亦曰殆哉！【石川註】書泰誓：不能保我子孫黎民，亦曰殆哉！陛下姑欲保持，曾無詰問，〔一六〕延齡謂能蔽惑，不復懼思，〔一七〕姦威既沮於四方，憸態復行於内府。由是蹂躪官屬，【石川註】漢書王商傳：百姓奔走相蹂躪。師古曰：蹂，踐也。躪，轢也。傾倒貨財，移東就西，便爲課績，取此適彼，遂號羨餘，愚弄朝廷，【石川註】左傳襄四年：愚弄其民。有同兒戲。【郎註】延齡資苛刻，又劫于利，專剥下附上，肆騁譎怪。其進對，皆他人莫敢言，而延齡言之不疑，亦人之所不聞者。帝頗知其詐，但以其不隱欲，聞外事，故斷用不疑。延齡(時)〔恃〕得君，謂必輔政，少所降下，至嫚駡近臣，時人側目。【張註】前漢周亞夫傳：文帝曰：「鄉者霸上、棘門，如兒戲耳。」諸州輸送布帛，度支不務準平，抑制市人，賤通估價，計其所折，即更下徵，重困疲甿，展轉流弊，既彰忍害，且示不誠。及其支送邊州，用充和糴，則於本價之外，例增一倍有餘。

布帛不殊，貴賤有異。剥徵罔下，既以折估爲名；抑配傷人，又以出估爲利。事多矛盾，交駭物情。窮邊穡夫，痛憤切於骨髓；下土編户，冤叫徹於蒼旻。而延齡以冒取折估爲公忠，苟得出估爲賸利，【張註】賸，廣韻：長也。按：長，讀如論語「長一身有半」之長。通鑑音註：賸，羸餘也。所謂失人心而聚財賄，亦何異割支體以徇口腹哉！【石川註】此語未考所出。政要君道：若損百姓以奉其身，猶割股以啖腹。殊不寤支體分披，口安能食；人心離析，財豈能存！此又罪之大者也。

平涼遠鎮，〔一八〕扼制蕃戎；【張註】通鑑音註：唐原州治古高平，當隴道之要。漢光武取隴右，先降高峻而後可以蹙隗囂。赫連勃勃據高平，乘間以窺隴東、嶺北，得以病姚興。誠要害之地也。五原要衝，控帶靈、夏。【張註】通典：五原郡，西北到靈武三百里，東北到朔方三百里。續通典：五原郡有五原，(所)故名。謂龍游原、乞地千原、青嶺原、岢嵐真原、横槽原也。五原故城在今榆林縣界。芟夷榛薉，翦逐豺狼，崎嶇繕完，功力纔畢，【張註】通鑑：貞元九年，詔發兵城鹽州，又詔涇原、山南、劍南各發兵深入吐蕃以分其勢，城之二旬而畢；命節度使杜彦光戍之。地猶夐絶，勢頗孤危。新集之兵，志猶未固，尤資贍恤，俾漸安居。頻敕度支，令貯軍糧，常使平涼有一年之蓄，〔一九〕鹽州積半年之儲，循環轉輸，不得闕數。近者二鎮告急，俱稱絶糧。陛下召延齡令赴中書，遣希顔宣旨質問。延齡確言饋餉不絶，儲蓄殊多，歲内以來，必無闕乏。希顔懼其推互，邀令草狀自陳，狀亦如言，略無疑畏。陛下覽其所奏，翻謂軍吏不誠，遂遣中官馳往檢覆，道路無轉運之迹，軍城無旬日之儲，將卒嗷嗷，幾將不守。

有如是之顛沛，有如是之欺謾，按驗既明，恩勞靡替，其爲蠱媚，曠代罕聞，【張註】左傳昭(九)〔元〕年：晉侯求醫于秦，秦伯使醫和視之，曰：「疾不可爲也。是謂近女室，疾如蠱。非鬼非食，惑以喪志。於文，皿、蟲爲蠱。穀之飛，亦爲蠱。在周易，女惑男，風落山，謂之蠱。皆同物也。」南都賦：侍者蠱媚。按：公劾延齡，借言蠱媚，以著其姦也。此又罪之大者也。

國之憲度，會府是司。【張註】周禮序官「司會」註：會，大計也。司會主天下之大計，計官之長，若今尚書。位列諸郎，猶應辰象。【張註】通鑑音註：後漢桓、靈間，三署見郎七百餘人，而郡國計吏多留拜爲郎。太尉楊秉上疏諫曰：「先王建國，順天制官，太微積星，名爲郎位，入奉宿衛，出牧百姓。」云云。按：自近代皆謂「郎官上應列宿，出宰百里」，爲尚書郎。故事：凡夫天文有武賁、郎位等星，皆太微帝座之後爲翊衛之象，則應(邵)〔劭〕、楊秉所言「三署郎」是也，而世人謂之尚書郎則誤矣。徵其失也，蓋自梁陶藻職官要録以漢「三署郎」故事通爲尚書郎，循名失實，疑誤後代。任居六事，【石川註】六事，指吏部、户部、禮部、兵部、刑部、工部也。以户部尚書判度支，故云六事。書甘誓：召六卿，王曰「六事之人」。實代天工。【石川註】書臯陶謨：無曠庶官，天工人其代之。傳：代天理官。內總轄於庶官，【張註】孫綽駁事箋：綱紀居管轄之任，以宏司外內。外敷化於列郡，【張註】漢書地理志：秦并兼四海，以爲周制微弱，故不立尺土之封，分天下爲郡縣。漢興，因秦制度。至武帝開地斥境，州凡十三部。本秦京師爲內史，分天下作三十六郡。漢興，以其郡太大，稍復開置，又立諸侯王國，訖於孝平，凡郡國一百三。按：州郡之制，自後漢訖隋，雖遞有增省，而州郡之名不改。通典：唐武德初，改郡爲州，太守爲刺史。貞觀初，分爲十道。開元二十一年，分爲十五道。天寶初，又改州爲郡，刺史爲太守。凡郡府三百二十有八。晉書孫楚傳：列郡大荒。舉措繫生靈之命，得失關理亂之源，爲人軌儀，安可容易！未有大官弛縱，而能使羣吏服從；朝典陵遲，而欲禁天下暴慢。是以天寶將季，楊國忠爲吏部尚書，亟於私庭銓集選士，【張註】唐書選舉志：初，諸司官兼知政事者，至日午後乃還本司視事。兵部、吏部尚書、侍郎知政事者，亦還本司分闕註唱。開元以來，宰相位望漸崇，雖尚書知政事，亦于中書決本司事以自便。而左、右相兼兵部、吏部尚書者，不自銓總。又，故事，必三銓、三註、三唱而後擬官，季春始畢，乃過門下省。楊國忠以右相兼吏部尚書，建議選人視官資、書判、狀迹、功優，宜對衆定留放。乃先遣吏密定員闕，一日會左相及諸司長官于都堂註唱，以誇神速。由是門下過官、三銓註官之制皆廢，侍郎主試判而已。果令逆竪得以爲詞。【郎註】本傳云：國忠既以宰相領選，因就第唱補，惟女弟觀之，笑聲徹諸外，士大夫皆耻之。安禄山上書，條上國忠大罪；及反，以討國忠爲名，騰榜郡縣。【張註】唐書安禄山傳：禄山反范陽，詭言奉密詔討楊國忠，騰榜郡縣。史策書之，足爲國耻。【石川註】通鑑：故事：兵、吏部尚書知政事，選事悉委侍郎以下，過門下省審，自春及夏，其事乃畢。及楊國忠以宰相領吏部尚書，欲自示精敏，乃遣令史先於私第密定名闕。天寶十二載春，國忠召左相陳希烈及給事中、諸司長官集尚書都堂選人，一日而畢，曰：「今左相、給事中俱在座，已過門下矣。」其間資格差繆甚衆，無敢言者。唐書外戚傳：禄山條上國忠大罪二十。而延齡放情亂紀，又甚國忠。懈於夙興，多闕會朝之禮；徇其鄙欲，大隳省署之儀。徙郎曹於里閭，視公事於私第。盡室飫官厨之饍，【張註】通鑑音註：宮厨所以奉上及宮中食饍。塡街持簿領之書。復有諸部參辭，四方【石川註】詩我將：儀式刑文王之典，日靖四方。傳：儀，善。刑，法。箋：靖，治也。儀則式象文王以日施政於天下。申請，決遣資其判署，去就俟其指撝。延齡或聚客大誇，不令白事；或縱酒憑怒，【石川註】左傳昭五年：震電馮怒。註：馮，盛也。莫敢入言。至有迫切而來，逾旬未省，輸納之後，累月不歸，資糧罄於滯淹，筋力困於朝集。【張註】通鑑：先是諸州長官或上佐，歲首親奉貢物入京師，謂之「朝集使」。皆以十月二十五日至京師，十一月一日户部引見訖，于尚書省與羣臣禮見，然後集于考堂，應考績之事。元日，陳其貢篚于殿庭。晨趨夕散，十百爲羣，里中喧闐，常若闤闠。【張註】古今註：闤，市垣也。闠，市門也。衢巷列居沽之肆，【張註】古今註：肆，所以陳貨鬻之物也。邑居成逆旅之津。【張註】國語：陽處父如衛，反，過甯舍於逆旅。甯，嬴氏。離次慢官，【張註】書胤征：畔官離次。虐人黷法，求之今古，鮮有其倫，此又罪之大者也。

總領財賦，號爲殷繁。【張註】通鑑音註：度支尚書：凡傜賦貢職之方、經費賙給之筭，藏貨盈縮之準，悉以咨之。自必識究變通，智權輕重，大不失體，細能析微，濟之以均平，涖之以勤肅，近無滯事，遠無壅情，綱條之下無亂繩，鑒照之内無隱匿，然後人不困而公用足，威不厲而姦吏懲。苟或未然，則非稱職。況延齡以素本僻戾之質，而加之以狂躁滿盈，既懵且驕，〔二〇〕事何由理！遂以國家大計，委於胥吏末流，當給者無賄而不支，應徵者受賕而縱免，【張註】史記滑稽傳：又恐受賕枉法。説文：賕，以財物枉法相謝也。紀綱大壞，貨賂公行，苟操利權，實竊邦柄。近者度支小吏，【張註】唐書百官志分註：度支令史十六人，書令史三十三人，計史一人，掌固四人。屢爲府縣所繩，鞫其姦贓，無不狼藉，【張註】周禮序官「條狼氏」註：狼狼扈道上。疏：謂不蠲之物在道，猶今言狼籍也。史記淳于髡傳：杯盤狼籍。通結動連於節將，交私匪止於苞苴，威福潛移，乃至於是！職司失序，固亦可知，此又罪之大者也。

風教之大，禮讓爲先。禮讓之行，朝廷爲首。朝廷者，萬方之所宗仰，羣士之所楷模，觀而效焉，必有甚者。是以朝廷好禮則俗尚敬恭，朝廷尊讓則時耻貪競，朝廷有失容之慢則陵暴之弊播於人，朝廷有動色之爭則攻鬭之禍流於下。聖王知其然也，故選建賢德，以爲公卿，使人具瞻，不諭而化。【石川註】詩節南山：赫赫師尹，民具爾瞻。傳：具，俱；瞻，視也。昔周之方盛，多士盈朝，時靡有爭，用能俾乂。故其詩曰：「慎爾出話，敬爾威儀，無不柔嘉。」【張註】詩大雅抑篇。【石川註】傳：話，善言也。箋：柔，安；嘉，善也。又曰：「有來雍雍，至止肅肅，相維辟公，天子穆穆。」【張註】詩周頌雝篇。【石川註】詩雝箋：雝雝，和也。肅肅，敬也。助王禘祭，百辟與諸侯也。疏：王肅云：天子穆穆然，以美德爲之主。言羣臣相與事上，敬而能和，言語動作，靡有不善也。周德既衰，小人在位，務相侵侮，以至危亡。故其詩曰：「方茂爾惡，相爾矛矣。」【張註】詩小雅節南山篇。【石川註】詩節南山傳：茂，勉也。箋：相，視也。言欲戰鬭，相殺傷也。又曰：「既之陰汝，反予來赫。」又曰：「涼曰不可，覆背善詈。」【張註】詩大雅桑柔篇。【石川註】詩桑柔箋：善猶大也。我諫止之以信言，女所行者不可，反背我而大詈，言拒己諫之甚。言小人得志，惡怒是憑，肆其褊心，【石川註】詩葛屨：維是褊心，是以爲刺。箋：褊急無德教。以相詬病也。陛下勤修儀式，以靖四方，慎選庶官，以貞百度。内選則股肱耳目，外選則垣翰藩維，【石川註】詩板：价人維藩，大師維垣，大宗維翰。傳：藩，屏；垣，牆；翰，幹也。濟濟師師，【石川註】書臯陶謨：百僚師師。傳：師師，相師法。咸欽至化，庶相感率，馴致大和。【石川註】易彖傳：保合大和。而度支憑寵作威，恃權縱暴，侵刻軍鎮，匱闕資糧。將帥每使申論，延齡率加毁訾，或指誣隱盜，或謗訐陰私，或數其出處賤微，或億其心志邪悖，詞皆醜媟，事悉加誣。〔二〕匹夫見淩，猶或生患，況將帥素加委遇，多著勳庸，縱有踰分取求，但宜執理裁處，苟當其所，孰敢不從？豈可對彼偏裨，恣行侵辱，使其慚靦於麾下，【張註】史記魏其武安傳：灌夫馳入吳軍，至吳將麾下。正義曰：謂大將之旗。【石川註】漢書高帝紀：諸侯罷戲下，各就國。師古曰：以戲爲麾，謂軍之旌麾也。憤恥於朝廷。惟口起羞，【石川註】書説命：惟口起羞。諒非細故，爲國聚釁，實由斯人。而又虐害羣司，幸其闕敗，蔑彼彝典，逞於兇懷，氣吞等夷，隸蓄郎吏。時有履道而不爲屈撓，守官而莫肯由從，〔三〕遭其詆訶，事則尤劇，或辱兼祖父，或毁及家門，皆名教所不忍聞，敘述所不堪紀。【張註】唐書裴延齡傳：延齡恃得君，謂必輔政，少所降下，至嫚罵邇臣，時人側目。其爲構陷，抑復多端，故示兇威，使人懾憚。人之狂險，乃至於斯。上虧大猷，下扇流俗，炰烋禮義之府，【張註】詩：女炰烋于中國。傳：炰烋，猶彭亨也。箋：自矜氣健之貌。【石川註】左傳僖三十三年：詩、書義之府也，禮、樂德之則也。蠛污清明之朝，【張註】前漢文三王傳註：蠛宗室。註：師古曰：蠛謂塗染也。此又罪之大者也。

度支舊管牛驢三千餘頭，車八百餘乘，循環載負，供饋邊軍，既有番遞之倫，永無科配之擾。延齡苟逞近效，不務遠圖，廢其葺修，減其芻秣，車破畜耗，略無孑遺。【張註】詩：靡有孑遺。傳：孑然遺失也。疏：孑然，孤獨之貌。言靡有孑遺，謂無有孑然得遺漏。每須載運軍資，則令府縣差雇；或有卒承別旨，須赴促期，遂於街市之間，虜奪公私雜畜，披猖頗甚，【張註】離騷：何桀、紂之昌被兮。註：昌與猖同，被與披同。費損尤多。吏因生姦，人不堪命。所減者則奏以爲利，所費者則隱而不論，破實徇虛，多如此類。度支應給宮内及諸司使芻稾薪炭等，除税草之外，餘並市供，所用既多，恒須貯備。舊例每至秋穫之後，冬收之時，散開諸場，逐便和市，免費高價，復資貧人，公私之間，頗謂兼濟。延齡悉隳舊制，但飾姦情，旋計芻薪價錢，以爲節減剩利。及乎春夏之際，稾秸已殫，【張註】稾秸，禮記作稾鞂。禮器註云：穗去實曰鞂。又引禹貢云：三百里納鞂服。按石經及監本俱作秸服，是古、今字，鞂、秸通也。霖潦之中，樵蘇不繼，【石川註】漢書韓信傳：樵蘇後爨。師古曰：樵，取薪也。蘇，取草也。軍廄輟莝，【張註】前漢尹翁歸傳：豪彊有論罪，輸掌畜官，使斫莝。註：師古曰：莝，斬芻。官厨待然，告闕頻煩於聖聰，徵催絡繹於省署。【張註】通鑑音註：絡繹，相繼不絶也。【石川註】絡繹、駱驛同。張衡南都賦：駱驛繽紛。註：往來衆多貌。崎嶇求買，【石川註】漢書司馬相如傳：崎嶇而不安。增韻：山路不平貌。何暇計量，麋損官錢，不啻累倍，聯蹇狼狽，【張註】集韻：狽，狼屬也，生子或欠一足，二足者，相附而行，離則顛，故猝遽謂之狼狽。後漢書儒林傳：狼狽折札之命。李密陳情表：臣之進退，實爲狼狽。率以爲常。此則睿鑒之所明知，物情之所深駭。事之舛繆，觸緒皆然。臣愚以謂若斯之流，不過歲費國家百萬緡錢，及事體非宜耳。其爲罪惡，未足傾危，事之可憂，不在於此，是以不復詳舉，以煩聽覽也。至如矯詭之態，誣罔之辭，遇事輒行，應口便發，靡日不有，靡時不爲，自非狀迹尤彰，足致其禍者，又難以備陳也。

延齡有詐僞亂邦之罪七，而重之以耗斁闕遺，愚智共知，士庶同憤。以陛下英明鑒照，物無遁情，固非延齡所能蔽虧而莫之辨也。或者聖旨以其甚招嫉怨，而謂之孤貞，可託腹心；以其好進讒諛，而謂之盡誠，可寄耳目；以其縱暴無畏，而謂之强直，可肅姦欺；以其大言不疑，而謂之智能，可富財用；將欲排衆議而收其獨行，假殊寵而冀其大成。儻陛下誠有意乎在茲，臣竊以爲過矣。夫君天下者，必以天下之心爲心，而不私其心；以天下之耳目爲耳目，而不私其耳目；故能通天下之志，盡天下之情。【石川註】文韜：以天下之目視則無不見也，以天下之耳聽則無不聞也，以天下之心慮則無不智也。夫以天下之心爲心，則我之好惡，乃天下之好惡也。是以惡者無謬，好者不邪，安在私託腹心，以售其側媚也。以天下之耳目爲耳目，則天下之聰明，皆我之聰明也。是以明無不鑒，聰無不聞，安在偏寄耳目，以招其蔽惑也。夫布腹心而用耳目，舜與紂俱用之矣。舜之意務求己之過，以與天下同欲，而無所偏私。

由是天下臣庶，莫不歸心。忠讜既聞，【石川註】魏志王修傳：忠讜不昭於時。玄德逾邁。【石川註】書舜典：玄德升聞。傳：玄謂幽潛。潛行道德。故虞書云：「臣作朕股肱耳目。」又云：「明四目，達四聰。」言廣大也。紂之意務求人之過，以與天下違欲，而溺於偏私。由是天下臣庶，莫不離心。險詖既行，昏德彌熾。【石川註】書仲虺之誥：有夏昏德。故商書云：「崇信姦回。」【石川註】書泰誓傳：回，邪也。姦邪之人，反尊信之。大雅云：「流言以對，寇攘式內。」【石川註】詩（文王）（蕩）箋：流言謗毀賢者，王若問之，則又以對寇盜攘竊爲姦宄者，而王信之，使用事於內。言邪僻也。與天下同欲者，謂之聖帝；與天下違欲者，謂之獨夫。其所以布腹心而任耳目之意不殊，然於美惡成敗，若此相遠，豈非求過之情有異，任人之道不同哉！太宗嘗問侍臣：「何者爲明君？何者爲暗主？」魏徵對曰：「君之所以明者，兼聽也；其所以暗者，偏信也。」又曰：「秦之胡亥偏信，趙高肆其姦欺，卒至顛覆。」證之此說，理致甚明，【郎註】貞觀二年，帝謂魏徵曰：「人主何爲而暗？」對曰：「兼聽則明，偏聽則暗。昔堯清問下民，故有苗之惡得以上聞。舜明四目，達四聰，故共、鯀、驩兜不能蔽也。秦二世偏信趙高，以成望夷之禍。梁武帝偏信朱异，以取臺城之辱。隋煬帝偏信虞世基，以致彭城閣之變。是故人君兼聽廣納，則貴臣不得擁蔽，而下情得以上通也。」帝曰：「善。」見本傳。簡册備書，足爲鑒戒。趙高指鹿爲馬，【張註】史記秦始皇紀：趙高欲爲亂，恐羣臣不聽，乃先設驗，持鹿獻于二世，曰：「馬也。」二世笑曰：「丞相誤邪！謂鹿爲馬。」問左右，左右或默，或言馬以阿順趙高。或言鹿者，高因陰中諸言鹿者以法。後羣臣皆畏高。愚弄厥君，歷代流傳，莫不痛憤。陛下每覽前史，詳考興亡，固亦切齒於斯人，傷心於其主。臣謂鹿之與馬，物類猶同，豈若延齡掩有而爲無，指無而爲有！陛下若不以時省察，得無使後代嗟誚，又甚趙高者乎？斯愚臣所以焦慮疚懷，以陛下爲過者，良有所以也。

夫理天下者，以義爲本，以利爲末；以人爲本，以財爲末。本盛則其末自舉，末大則其本必傾。自古及今，德義立而利用不豐，人庶安而財貨不給，因以喪邦失位者，未之有也。故曰：「不患寡而患不均，不患貧而患不安。」「有德必有人，有人必有土，有土必有財。」「百姓足，君孰與不足？」蓋謂此也。自古及今，德義不立而利用克宣，人庶不安而財貨可保，因以興邦固位者，亦未之有焉。故曰：「財散則人聚，財聚則人散。」「與其有聚斂之臣，寧有盜臣。」【郎註】此見大學。「無令侵削兆庶，以爲天子取怨於下。其有若此者，行罰無赦。」【郎註】此見月令。蓋爲此也。殷紂以貪冒失人而亡，【張註】通鑑前編：紂造鹿臺，爲瓊室玉門，其大三里，高千丈，七年乃成。厚賦稅以實鹿臺之財，盈鉅橋之粟，燎焚天下之財，罷苦萬民之力。收狗馬奇物，充牣宮室。以人食獸。廣沙邱苑臺，以酒爲池，懸肉爲林，男女裸相逐於其間。宮中九市，爲長夜之飲。百姓怨望。周武以散發得人而昌。【張註】通鑑前編：命南宮括散鹿臺之財，發鉅橋之粟，以賑貧弱氓隸，殷人咸喜曰：「王之于財也，聚者猶散之，況肯復籍乎！」則紂之多藏，適所以爲害己者之資耳，尚何賴於財賄哉！太宗亦云：「務蓄積而不恤人，甚非國家之計。」隋氏不道，聚斂無厭，所實洛口諸倉，【張註】通鑑：大業二年冬十月，置洛口倉于鞏東南原上，築倉城周回二十餘里，穿三千窖。十二月，置回洛倉于洛陽北七里，倉城周回十里，穿三百窖。通鑑音註：水經註：漢水過魏興安陽縣，又東至澇城南，與洛谷水合。水北出洛谷，〔谷〕北通長安，其水南流，注漢水。所謂洛口也。＊一統志：洛口，地名，在河南府城東一百三十里鞏縣西，隋煬帝聚米置倉于此，號曰洛口倉。卒爲李密所利。【張註】唐書李密傳：密説翟讓曰：「今羣豪競興，公宜先天下攘除羣凶。若直取興洛倉，發粟以賑窮乏，百萬之衆，一朝可附，霸王之業成矣。」讓曰：「僕起隴畝，志不及此。須君得倉，更議之。」二月，密以千人出陽城，北踰方山，自羅口拔興洛倉，據之，開倉賑食，衆襁屬至數十萬。此則前代已行之明效，聖祖垂裕之格言，是而不懲，何以爲理？

陛下初膺寶曆，志翦羣兇，師旅繁興，征求寖廣，榷筭侵剥，下無聊生。是以涇原叛徒，乘人怨咨，白晝犯闕，都邑甿庶，恬然不驚，反與賊衆相從，比肩而入宮殿。雖蚩蚩之性，靡所不爲，然亦由德澤未浹於人，而暴令驅迫，以至於是也。于時内府之積，尚如丘山，【張註】周禮：内府掌受九貢九賦九功之貨賄，良兵良器，以待邦之大用。唐六典：内府令掌中宮府藏寶貨，給納名數，凡朝曾五品以上，賜絹及雜綵、金銀器于殿廷者，並供之。竟資兇渠，以餌貪卒，【郎註】德宗出狩奉天，涇原士卒竊入内府盜資寶，終夜不絶。朱泚既據府庫之富，不愛金帛以悦將士。公卿家屬在城者，皆給月俸。神策及六軍從車駕及哥舒曜、李晟者，泚皆給其家糧。加以繕完器械，日費甚廣。及長安平，尚有餘蓄，見者皆追怨有司之暴焉。此時陛下躬覩之矣。〔三〕是乃失人而聚貨，夫何利之有焉！

車駕既幸奉天，逆泚旋肆圍逼，一壘之内，萬衆所屯，〔二四〕窘如涸流，【石川註】莊子：有中道而呼者，莊周顧視，車轍中有鮒魚焉。周曰：「激西江之水而迎子，可乎？」鮒魚曰：「吾得斗升之水然活耳，君乃言此，曾不如早索我於枯魚之肆。」庶物空匱。嘗欲發一健步出視賊軍，【張註】魏志田豫傳註：汝南遣健步詣征北。通鑑音註：健步，今之急脚子是也。其人懇以苦寒爲辭，跪奏乞一襦袴，【張註】禮内側：十年，出就外傅，居宿于外，學書計，衣不帛襦袴。唐書車服志：平巾幘者，武官、衛官公事之服也。金飾，五品以上兼用玉，大口綺，烏皮鞾，白練裙、襦。袴褶之制：五品以上以細綾及羅爲之，六品以下小綾爲之，三品以上紫，五品以上緋，七品以上緑，九品以上碧。陛下爲之求覓不致，竟憫默而遣之。【張註】通鑑本註：憫者矜其寒，默者無以爲辭也。又嘗宫壼之中，【石川註】釋宫：宫中衖謂之壼。註：衖，閤道門。服用有闕，聖旨方以戎事之急，〔二五〕不忍重煩於人，乃剥親王飾帶之金，【張註】唐書車服志：腰帶者，搢垂頭以下，名曰鉈尾，取順下之義。一品、二品銙以金，六品以上以犀，九品以上以銀，庶人以鐵。賣以給直。【郎註】食貨志：初，德宗居奉天，諸蓄空窘，嘗遣卒視賊，以苦寒乞襦袴，帝不能致，剥親王帶金而鬻之。與此所言不同，當以奏議爲正。是時行從將吏，赴難師徒，倉黄奔馳，咸未冬服，漸屬凝沍，且無薪烝，【石川註】詩鄭箋：麤曰薪，細曰蒸。烝、蒸同。饑凍内攻，矢石外迫，晝則荷戈奮迅，夜則映堞呻吟，凌風飈，冒霜霰，踰四旬而衆無攜貳，〔二六〕卒能走强賊、全危城者，陛下豈有嚴刑重賞使之然邪？唯以不厚其身，不藏其資，與衆庶同其憂患，與士伍共其有無，【石川註】史記秦本紀註：如淳曰：嘗有爵，而以罪奪爵，皆稱士伍。乃能使捐軀命而扞寇讎，餒之不離，凍之不憾，臨危而不易其守，見死而不去其君。【郎註】朱泚攻圍奉天經月，城中資糧俱盡，時供御纔有糲米二斛。每伺賊休息，夜縋人於城外采蕪菁根而進之。帝召公卿將吏謂曰：「朕以不德，自陷危亡，固其宜也。公輩無罪，宜早降以救室家。」羣臣皆頓首流涕，期盡夕力。故將士雖困急，而鋭氣不衰。所謂聖人感人心而天下和平，此其效也。

及乎重圍既解，諸道稍通，賦稅漸臻，貢獻繼至，乃於行宮外廡之下，復列瓊林、大盈之司。【郎註】其詳已見奉天請罷瓊林大盈二庫狀。未賞功勞，遽私賄玩，甚沮惟新之望，頗攜死義之心，於是興誦興譏，而軍士始怨矣。財聚人散，【石川註】禮大學：財聚民散。不其然歟！旋屬蝨賊内攻，【石川註】李懷光。翠華南狩，奉天所積財貨，悉復殲於亂軍。既遷岷、梁，日不暇給，獨憑大順，遂復皇都。【郎註】本紀：建中四年十月，涇原節度使姚令言反，犯京師。戊申，如奉天。朱泚復犯奉天。興元元年二月，李懷光反。如梁州。五月，李晟復京師。是知天子者，以得人爲資，以蓄義爲富，人苟歸附，何患蔑資，義苟修崇，何憂不富，豈在貯之内府，方爲己有哉！故藏於天下者，天子之富也；藏於境内者，諸侯之富也；藏於囷倉、篋匱者，【石川註】周禮考工記：圓曰囷，方曰倉。說文：匧，藏也。漢書楊王孫傳註：匱即櫃字。農夫、商賈之富也。【張註】韓詩外傳：王者藏于天下，諸侯藏于百姓，商賈藏于匧匱。柰何以天子之貴，海内之富，而猥行諸侯之棄德，匵守農、商之鄙業哉！

陛下若謂厚取可以恢武功，則建中之取既無成矣。若謂多積可以爲己有，則建中之積又不在矣。若謂徇欲不足傷理化，則建中之失傷已甚矣。若謂斂怨不足致危亡，則建中之亂危亦至矣。然而遽能靖滔天之禍，成中興之功者，良以陛下有側身修勵之志，有罪己悔懼之詞，罷息誅求，敦尚節儉，渙發大號，與人更新，故靈祇嘉陛下之誠，〔二七〕臣庶感陛下之意，釋憾迴慮，化危爲安。【郎註】事詳見奉天改元大赦制中贄本傳：贄嘗爲帝言：「今盗徧天下，宜痛自咎悔，以感人心。陛下誠不吝改過，以言謝天下，使臣持筆無所忌，庶叛者革心。」帝從之。故奉天所下制書，雖武人悍卒，無不感動流涕。陛下亦當爲宗廟社稷建不傾不拔之永圖，爲子孫黎元垂可久可大之休業，【石川註】易繫辭：可久則賢人之德，可大則賢人之業。懲前事徇欲之失，復日新盛德之言。【石川註】易繫辭：日新謂之盛德。豈宜更縱憸邪，復行刻暴？事之追悔，其可再乎！

臣又竊慮陛下納彼盗言，【石川註】詩巧言：盗言孔甘。墮其姦計，以爲搏噬拏攫，怨集有司，積聚豐盈，利歸君上。是又大繆，所宜慎思。夫人主昏明，繫於所任，咎繇、夔、契之道長，而虞舜享濬哲之名；【石川註】書舜典：濬哲文明。傳：濬深哲智。皇甫、棸、楀之嬖行，而周厲嬰顛覆之禍。【郎註】十月之交：皇父卿士，番維司徒，家伯維宰，仲允膳夫，棸子内史，蹶維趣馬，楀維師氏，豔妻煽方處。古註云：豔妻，褒姒。美色曰豔。煽，熾也。皇父、家伯、仲允，皆字；番、棸、蹶、楀，皆氏。厲王淫於色，七子皆用后嬖寵，方熾之時，並處位。言（妾）〔妻〕黨盛、女謁行之甚。故卒使周室大廢。【張註】謹按：十月之交，大夫刺幽王也。鄭氏謂刺厲王，以幽王司徒，鄭伯友也，非番也爲證。此據鄭説。自古何嘗有小人柄用，而災禍不及邦國者乎！譬猶操兵以刃人，天下不委罪於兵，而委罪於所操之主；蓄蠱以殃物，天下不歸咎於蠱，而歸咎於所蓄之家。【張註】隋書地理志：江南之地，往往畜蠱，以五月五日聚百種蟲，大者至蛇，小者至虱，合置器中，令自相啖，〔餘一種存者留之，蛇則曰蛇蠱，虱則曰虱蠱，行以殺人。〕因食入〔人〕腹内，食其五臟，死則其産移于蠱主之家，三年不殺他人，則畜者自鍾其弊。累世子孫相傳不絕。自侯景亂後，蠱家多絕，既無主人，故飛遊道路之中則殞焉。【石川註】唐律賊盜：諸造畜蠱毒及（赦）〔教〕令者，絞；造（蠱）〔畜〕者同居家口雖不知情，皆流三千里。理有必然，不可不察。

臣又竊慮陛下以延齡之進，獨出聖衷，延齡之言，多順宸旨，今若以罪實辟，則似爲衆所擠，故欲保持，用彰堅斷。若然者，陛下與人終始之意則善矣，其於改過不吝，去邪勿疑之道，或未盡善焉。夫人之難知，著自淳古。試可乃已，載於典謨。【石川註】書堯典：試可乃已。傳：鯀可試，無成乃退。陛下意其賢而任之，知其惡而棄之，此理之常，于何不可？儻陛下猶未知惡，但疑見擠，固有象恭挾詐之人，亦有黨邪害直之士，所資考覈，兩絕欺誣。陛下以延齡爲能，愚臣以延齡爲罪，能必有迹，罪必有端，陛下胡不指明其所效之能，以表忠賢，按驗其所論之罪，以考虛實，與衆同辯，示人不私。若能迹可稱，而罪端無據，則是黨邪害直之驗也，陛下當繩其傷善，以勵事君。罪端有徵，〔二六〕而能迹無實，則是象恭挾詐之驗也，陛下當糾其包禍，以戒亂邦。如此則上之於下，釋嫌構之疑；下之於上，絕偏惑之議。何必忠邪無辨，枉直莫分！薰蕕同藏，其臭終勝，【郎註】左〔傳〕僖四年：初，晉獻公欲以驪姬爲夫人，卜之不吉，筮之吉。公曰「從筮」。卜人曰：「筮短龜長，不如從長。且其繇曰：專之渝，攘公之羭。一薰一蕕，十年尚猶有臭，必不可。」杜預曰：薰，香草。蕕，臭草。言善易消，惡難除。家語：孔子曰：「薰蕕不可以同器而藏，堯、桀不可以共國而治。」此則小人道長之象也，實時運否泰安危之所繫，豈但有虧聖德，不利善人而已乎！

陛下若以必與己同者爲忠良，自我作者無改變，如此則上之所欲莫不諂，上之所失莫不從，水火相濟不爲非，【石川註】左傳昭二十年：以水濟水，誰能食之。金礪相須【石川註】書說命：若金用汝作礪。傳：鐵須礪以成利器。不爲是，恥過怍非不足戒，捨己從人不足稱，惟意是行，則匡輔或幾乎息矣。匡輔息則理不可致，仲尼所謂一言喪邦者，在於予之言而莫予違也。事關興亡，固不可忽！希旨順默，浸已成風，獎之使言，猶懼不既，【石川註】左傳隱（七）〔六〕年：善鄭以勸來者，猶懼不蔇。註：蔇，至也。既、蔇同。若又阻抑，誰當貢誠。伏恐未亮斯言，請以一事爲證。只如延齡凶妄，流布寰區，上自公卿近臣，下逮輿臺賤品，【張註】通鑑本註：芋尹無宇曰：「王臣公，公臣大夫，大夫臣士，士臣皁，皁臣輿，輿臣隸，隸臣僚，僚臣僕，僕臣臺。」喧諠談議，億萬爲徒，能以上言，其人有幾！陛下試令親信博採輿詞，參校比來所聞，足鑒人間情僞。【張註】通鑑：左補闕權德輿上奏，以爲：「延齡取常賦支用未盡者充羨餘，以爲己功。縣官先所市物，再給其直，用充別貯。邊軍自今春以來，並不支糧。陛下必以延齡孤貞獨立，時人醜正流言，何不遣信臣覆視，究其本末，明行賞罰。今羣情衆口，喧于朝市，豈京城士庶，皆爲朋黨邪？陛下亦宜稍回聖慮而察之。」上不從。

臣以卑鄙，任當台衡，【石川註】周禮大宗伯疏：武陵太守星傳云：三臺一名天柱，上臺司命爲太尉，中臺司中爲司徒，下臺司禄爲司空。書太甲：以伊尹爲阿衡。傳：衡，平也。既極崇高，又承渥澤，豈不知觀時附會，足保舊恩，隨衆沈浮，免貽厚責。謝病黜退，獲知幾之名；黨姦苟容，無見嫉之患。何急自苦，獨當豺狼，上違懽情，下餌讒口。良由内顧庸昧，一無所堪，夙蒙眷知，唯在誠直。綢繆帳扆，【張註】爾雅釋訓：幬謂之帳。註：今江東亦謂帳爲幬。又，釋宫：牖户之間謂之扆。覲禮：天子設斧依于户牖之間。註：依如今綈，素屏風也；有繡斧文，所以示威也。斧謂之黼。明堂位：天子負斧依南鄉而立。音義：依，本又作扆。一紀于兹，聖慈既以此見容，愚臣亦以此自負。從陛下歷播遷之臲卼，覩陛下致興復之艱難，至今追思，猶爲心悸。所以畏覆車而駭懼，慮燬室而悲鳴，【張註】詩鴟鴞：既取我子，無毁我室。詩序：鴟鴞，周公救亂也。蓋情激于衷，雖欲罷而不能自默也。因事陳執，雖已頻繁，天聽尚高，未垂諒察，輒申悃款，【石川註】楚辭卜居：悃悃款款朴以忠乎？註：志純一也。以極愚誠。憂深故語煩，懇迫故詞切。以微臣自固之謀則過，爲陛下慮患之計則忠。糜軀奉君，非所敢避；沽名衒直，亦不忍爲。願迴睿聽，爲國熟慮，社稷是賴，豈唯微臣！不勝荷恩報德之誠。謹昧死奉書以聞。【張註】史記始皇紀：臣昧死言。又：臣昧死請。

臣誠惶誠恐，頓首再拜。【張註】通鑑：陸贄以上知待之厚，事有不可，常力爭之。所親或規其太鋭，贄曰：「吾上不負天子，下不負所學，他無所恤。」裴延齡日短贄于上。趙憬之入相也，贄實引之，既而有憾于贄，(默)

〔密〕以贄所譏彈延齡事告延齡，故延齡益得以爲計，上由是信延齡而不直贄。贄與憬約至上前極論延齡姦邪，上怒形于色，憬默而無言。壬戌，贄罷爲太子賓客。

蔡九霞曰：初用延齡時，公論其不可，而帝不從。任延齡時，公又論阻其行事者屢矣，而帝不從。他人處此，唯有奉身而退耳，然非公志也。公身爲宰相，荷恩非不厚，見信非不專，且相從患難，共事危疑，非不勞且瘁。今時事稍定，復縱此亂邦之人，忍坐視不言乎！公生平奏疏，皆意切直而詞委婉，兹則一味切直矣，想料德宗決不能從而爲此背城之舉乎？公果因此而罷。事業不克竟，才畧不盡展，惜哉！惜哉！帝實負公，公未嘗負帝。公固浩然有歸志矣。

馬傳庚曰：小人得志，誤國殃民。始以權術結主知，繼遂猖狂肆己志，人罹其害，君售其欺。辨惑懲奸，非公誰敢極言直諫。此文而後，惟楊忠愍奏劾嚴嵩一疏足以並峙千古。

*按：此註引水經註，出該書二七沔水上，其中之安陽縣在今陝西西安南安康縣附近，洛谷水非河南之洛水，洛口亦非河南之洛口，誤。

校勘記

〔一〕特詔延齡　「詔」，石川本作「召」。

〔二〕鉤獲隱欺　「隱欺」，新書一六七裴延齡傳作「乾隱」。

〔三〕計錢二十萬貫　「十」，新書裴延齡傳、册府三一七作「千」。

〔四〕以爲羨財　「財」，舊書一三五、新書裴延齡傳作「餘」。

〔五〕供御所須　新書裴延齡傳作「供天子私費」。

〔六〕既賴贏餘之資　「賴」，册府作「賚」。

〔七〕延齡務實前言　「務」，新書裴延齡傳作「欲」。

〔八〕苟在及期　「及期」，册府作「朝夕」。

〔九〕其匹段雜貨百萬有餘　「百萬有餘」上，舊書裴延齡傳、册府多一「又」字。

〔一〇〕皆文帳脱遺　「皆」下，宋本、元本、舊書裴延齡傳多一「是」字。

〔一一〕太府卿韋少華抗表上陳　「卿」上，宋本、元本、全唐四六六多一「少」字。

〔一二〕足驗姦計　「計」，舊唐裴延齡傳作「詐」。

〔一三〕國之府庫　「之」，舊書裴延齡傳作「家」。

〔一四〕分建六庫之名　「分」，石川本作「肇」。

〔一五〕國不足則取之於人人不足乃資之於國　册府作「國不足則資之於人，人有餘則輸之於國」。

〔一六〕曾無詰問　「問」，舊書裴延齡傳、册府作「責」。

〔一七〕不復懼思　「思」，册府作「畏」。

〔一八〕平涼遠鎮　「平涼」原作「平原」。郎本作「平涼」。唐「平原」爲郡名，屬河北道，與吐蕃相距甚遠。「平涼」爲關内屬郡，爲扼制吐蕃重鎮。參閲通典州郡三平涼郡原州條和新書地理志一關内道原州平涼郡條。此處作「平涼」是，因改。

〔一九〕常使平涼有一年之蓄　「平涼」亦原作「平原」，據明本、郎本改。參閲前條校勘記。

〔二〇〕既懵且驕　「驕」，石川本註云：「陸本作『矯』。」

〔二一〕事悉加誣　「加誣」，明本作「如諸」。

〔二二〕守官而莫肯由從　「由」，明本作「脅」，石川本同，註云：「葉本作『面』。」郎本作「曲」。

〔二三〕此時陛下躬覩之矣　「時」，舊書裴延齡傳、册府作「則」。按：前文有一「時」字，此作「則」字疑是。

〔二四〕萬衆所屯　「衆」，舊書裴延齡傳作「乘」。

〔二五〕聖旨方以戎事之急　「之」，舊書裴延齡傳、册府作「爲」。

〔二六〕踰四旬而衆無攜貳　「四」字原脱，據郎本、舊書裴延齡傳補。按：通鑑二二八考異引奉天記云：「（建中四年）十月十日，賊泚自統衆攻奉天。」據陳垣二十史朔閏表，十日爲甲寅。舊紀同年十一月條云：「癸巳，懷光軍次醴泉，是夜賊解圍而去。」癸巳爲十一月二十日。其間剛好四十日即四旬。有「四」字是。

〔三七〕故靈祇嘉陛下之誠　「嘉」，舊書裴延齡傳、册府作「感」。

〔三八〕罪端有徵　此句之上，郎本多一「若」字。

論朝官闕員及刺史等改轉倫序狀

【郎註】帝性猜忌，不委任臣下，事無大小，必自邀而用之，宰相進擬，少所稱可。又，羣臣一有譴責，往往終身不復收用。好以辨給取人，不得誠實（人）〔之士〕。艱於進用，羣材淹滯。故贄上此奏。

右臣聞於經曰：「濟濟多士，文王以寧。」又曰：「無曠庶官，天工人其代之。」蓋謂士不可不多，官不可不備，敦付物以能之義，闡恭己無爲之風，【石川註】論語：恭己正南面而已矣。此理道得失之所由也。夫聖人之於愛才，不唯仄席求思而已，【張註】後漢逸民傳：光武側席幽人。【石川註】後漢書章帝紀：朕思遲直士，側席異聞。註：側席，謂不正坐，所以待賢良也。乃復引進以崇其術業，歷試以發其器能，旌善以重其言，優禄以全其操。歲月積久，聲實並豐。列之於朝則王室尊，分之於士則藩鎮重。故詩序太平之君子，能長育人才：，【張註】詩序：菁菁者莪，樂育材也。君子能長育人材，則天下喜樂之矣。【石川註】詩鳧鷖序：太平之君子，能持盈守成。書比梓人之理材，既勤樸斲，惟施丹雘：，【張註】書：若作梓材，既勤樸斲，惟其塗丹雘。註：雘，采色之名。【石川註】書梓材傳：爲政之術，如梓人治材爲器，已勞力樸治斲削，惟其當塗以漆、丹以朱而後成，以言教化亦須禮義然後治也。禮著造士：，【張註】王制：命鄉論秀士，升之司徒，曰選士。司徒論選士之秀者，而升之學，曰俊士。升於司徒者不征於鄉，升於學者不征於司徒，曰造士。註：造者，成也，言成就其才德也。易尚養賢。【石川註】易象傳：聖人養賢，以及萬民。蓋以人皆含靈，惟所誘致。如玉之在璞，【張註】戰國策：應侯曰：「鄭人謂玉未理者璞。」抵擲則瓦石，追琢則圭璋：，【石川註】詩棫樸：追琢其章。傳：追，雕也。詩卷阿：如圭如璋。箋：如玉之圭璋也。如水之發源，壅閼則汙泥，疏濬則川沼。是以書籍所載，歷代同途：祚屬殷昌，必時多儁乂：，【張註】蔡琰與周俊書：吴平，聖王之老成，明時之雋乂。運鍾衰季，則朝乏英髦。【張註】左傳：周公弔二叔之不咸。註：二叔，謂夏、殷叔世。疏云：國衰爲叔世，國將亡爲季世。【石川註】詩傳：髦，俊也。當在衰季之時，咸謂無人足任：，及其雄才御寓，淑德應期，賢能相從，森若林會。【石川註】書武成：若林，會牧野。傳：如林，言盛多。然則興王之良佐，皆是季代之棄才，在季而愚，當興而智。【石川註】漢高祖時蕭何、曹參、張良、陳平、韓信、周勃之輩，唐太宗時房玄齡、杜如晦、魏徵、王珪、李靖、尉遲敬德、岑文本、馬周之徒，皆出於秦、隋棄才之中也，歷代皆然。乃知季代非獨遺賢而不用，其於養育奬勸之道，亦有所不至焉。故曰人皆含靈，唯其誘致。漢高稟大度，故其時多魁傑不羈之材；【張註】前漢班彪王命論：高祖信誠好謀，達於聽受，見善如不及，用人如由己，從諫如順流，趨時如響赴。當時吐哺納子房之諫，拔足揮洗揖酈生之説，悟戍卒之言，斷懷土之情，高四皓之名，割肌膚之愛，舉韓信於行陣，收陳平於亡命。英雄陳力，羣策畢舉，此高祖之大略，所以成帝業也。【石川註】博雅：魁，大也。漢書司馬遷傳：少負不羈之才。註：言其材質高遠，不可羈繫也。漢書梅福傳：高祖聽言不求其能，舉功不考其素，故天下之士雲合歸漢，爭進奇異。合天下之知，并天下之威，是以舉秦如鴻毛，取楚若拾遺，此高祖所以亡敵於天下也。漢武好英風，故其時富瓌詭立名之士；【張註】前漢書公孫弘傳贊：上方欲用文武，求之如弗及，始以蒲輪迎枚生，見主父而太息。羣(臣)〔士〕慕(響)〔嚮〕，異人并出。卜式拔於芻牧，弘羊擢於賈豎，衛青奮於奴僕，日磾出於降虜，斯亦曩時版築飯牛之朋矣。漢之得人，於斯爲盛，儒雅則公孫弘、董仲舒、倪寬，篤行則石建、石慶，質直則汲黯、卜式，推賢則韓安國、鄭當時，定令則趙禹、張湯，文章則司馬遷、相如，滑稽則東方朔、枚皐，應對則嚴助、朱買臣，曆數則唐都、洛下閎，協律則李延年，運籌則桑弘羊，奉使則張騫、蘇武，將帥則衛青、霍去病，受遺則霍光、金日磾，其餘不可勝紀。是以興造功業，制度遺文，後世莫及。【石川註】懷瓌同懷詭，奇異之材也。張衡東京賦：瓌異譎詭。漢宣精吏能，故其時萃循良核實之能。【張註】前漢循吏傳：孝宣由仄陋而登至尊，興於閭閻，知民事之艱難。拜刺史守相，輒親見問，觀其所由，退而考察所行以質其言，有名實不相應，必知其所以然。漢世良吏，于是爲盛，稱中興焉。【石川註】漢書宣帝紀：孝宣之治，信賞必罰，綜核名實，吏稱其職，民安其業也。安貞謂前漢所載醇良吏，大抵宣帝時人也，核實之能者，魏相其最也。迨乎哀、平、桓、靈，昵比小人，【石川註】書泰誓：昵比罪人。疏遠君子，故其時近習操國柄，嬖戚擅朝權。【張註】前漢佞幸傳贊：哀、平之際，主疾無嗣，弄臣爲輔。鼎足不强，棟榦微撓。一朝帝崩，姦臣擅命，董賢縊死，丁、傅流放，辜及母后，奪位幽廢。咎在親便嬖，所任非仁賢也。後漢黨錮傳：桓、靈之間，主荒政謬，國命委於閹寺，士君子羞與爲伍。謹按：近習嬖戚如董賢、王莽、十常侍之類。【石川註】安貞謂前漢之衰，始於元帝優游不斷，任顯、恭、許、史；成於成帝惑飛燕兄弟，委任外戚。哀帝有武、宣之風，雖寵董賢，能張主威，以奪王氏權。平帝時，政自王莽出，帝擁虚器，同幽囚，終爲莽所弒。此二帝非如桓、靈昵比宦者，敗壞漢室也。蓋公欲言桓、靈，故合及哀平耳，讀者勿拘可也。是知人之才性，與時升降，好之則至，獎之則崇，抑之則衰，斥之則絶，此人才消長之所由也。

臣每於中夜，竊自深惟，朝之乏人，其患有七：不澄源而防末流，一也；不考實而務博訪，二也；求精太過，三也；嫉惡太甚，四也；程試乖方，五也；取舍違理，六也；循故事而不擇可否，七也。

夫多少相繆，非嘉量不平；【石川註】周禮㮚氏：嘉量既成，以觀四國。輕重相欺，非縣衡不定。【張註】前漢律曆志：量者，龠、合、升、斗、斛也，所以量多少也。以(子)穀秬黍中者千有二百實其龠，以井水準其槩。合龠爲合，十合爲升，十升爲斗，十斗爲斛，而五量嘉矣。註：師古曰：嘉，善也。又：衡權者，衡，平也，權，重也，衡所以任權而均物平輕重也。用之苟不得其道，則主者實病，而權量無尤。故按名責實者，【石川註】韓非定法：循名而責實。淮南主術訓：上操其名，以責其實。選吏之權量也。宰相者，主權量之用也。宰相之主吏，猶司府之主財。主吏在序進賢能，主財在平頒秩俸。【張註】唐書百官志：太府寺掌財貨、廩藏、貿易。凡四方貢賦、百官俸秩，謹其出納。通典：太府，光宅元年改爲司府，卿一人，少卿二人。假使用財失節，則司之者可以改易，而秩俸不可以不頒；主吏乖方，則宰之者可以變更，而賢能不可以不進。其行甚易，其理甚明。頃者命官，頗異於是，常以除吏多少，準量宰相重輕。宰相承寵私，則援引雖濫而必進；宰相見疏忌，則擬議雖當而罕俞。是使羣材仕進之窮通，唯繫輔臣恩澤之薄厚，求諸理道，未謂合宜。【張註】通鑑：初，至德以來，天下用兵，諸將競論功賞，故官爵不能無濫。及永泰以來，天下稍平，而元載、王縉秉政，四方以賄求官者，相屬于門。大者出于載、縉，小者出于卓英倩等，皆如所欲而去。及常袞爲相，革其弊，杜絕僥幸，四方奏請，一切不與，而無所甄別，賢愚同滯。崔祐甫代之，欲收時望，推薦引拔，常無虚日，作相未二百日，除官八百人。前後相矯，終不得其道。夫與奪者，人主之利權；名位者，天下之公器。不以公器徇喜心，不以利權肆忿志，不以寡妨衆，不以人廢官。或其阻執事而擁羣材：〔一〕所謂不澄源而防末流之患也。

經曰：「無以小謀亂大作，無以嬖人疾莊士。」【張註】緇衣：毋以小謀敗大作，毋以嬖御人疾莊后，毋以嬖御士疾莊士、大夫、卿士。蓋務大者不拘於小累，謀小者不達於大猷；嬖者或行異於莊，莊者必性殊於嬖；理勢相激，宜其不同。進賢援能，諒君子之事；遏惡揚善，非小人所能。君子以愛才爲心，小人以傷善爲利；愛而引之則近黨，傷而沮之則似公；近黨則不辨而遽疑，似公則不覈而縣信。是以大道每隳於横議，良才常困於中傷，失士啟讒，多由於此：所謂不考實而務博訪之患也。

夫人之器局，有圓方大小之殊；官之典司，有難易閑劇之别。【張註】通典：煬帝以大興、長安、河南、洛陽四縣令並增正五品，諸縣皆以所管閑劇及衝要之處以爲等級。名稱有虚實之異，課績有升降之差。將使官不失才，才不失序，在乎制法以司契，【張註】老子：聖人執左契而不責于人。故有德司契，無德司轍。林希逸云：左契如今之合同文字，一人得左，一人得右。有德者則司主此契而無求索之心。擇人而秉鈞。制之不得厥中，則其法可更，而其契不可亂也。擇之不當所任，則其人可去，而其秉不可奪也。如或事多錯雜，任靡適從，而但役智以求精，勞神而救弊，則所救愈失，所求愈麤。故書曰：「元首明哉，股肱良哉，庶事康哉。元首叢脞哉，股肱惰哉，庶事隳哉。」【石川註】書皋陶謨傳：叢脞，細碎無大畧。頃之輔臣，鮮克勝任，過蒙容養，苟備職員，致勞睿思，巨細經慮。每有闕官須補，或緣將命藉才，宰司慎擇上聞，必極當時妙選。聖情未愜，復命别求，執奏既不見從，則又降擇其次。如是至于再，至于三，所選漸高，所得轉下。或斷於獨見，罔徇僉諧；或擢自旁求，不稽公議。權衡失柄，進取多門，【張註】左傳：子産曰：「晉政多門。」等差不倫，聲實相反：此所謂求精太過之患也。

臣聞耀乘之珠，【郎註】田敬仲〔完〕世家：威王與魏王會田於郊。魏王問曰：「王亦有寶乎？」威王曰：「無有。」魏王曰：「若寡人國小也，尚有徑寸之珠照車前後各十二乘者十枚。」不能無纇；【張註】淮南子：夫夏后氏之璜，不能無考；明月之珠，不能無纇。【石川註】〔淮南子註〕：纇，盤若絲之結，纇也。連城之璧，【郎註】魏文帝謝鍾繇玉玦書：不捐連城之價。趙惠文王得和氏之璧，秦昭王聞之，使人遺趙王書，願以十五城易璧，故謂之「連城」。見史記藺相如傳。不能無瑕。【張註】尹文子：魏田父有耕于野者，得玉徑尺，以獻魏王。魏王召玉工相之，玉工望之再拜，賀曰：「大王得天下之寶，臣所未嘗見。」王問其價，玉工曰：「此無價以當之。五城之都，僅可一觀。」矧伊有情，寧免愆吝。仲尼至聖也，猶以五十學易無大過爲言。【石川註】論語：五十以學易，可以無大過矣。何晏曰：易窮理盡性，以至於命。年五十而知天命，以知命之年讀至命之書，故可以無大過也。顏子殆庶也，尚稱不遠而復，無祇悔爲美。【石川註】易繫辭：顏子之子其殆庶幾乎！有不善未嘗不知，知之未嘗復行也。易曰：不遠復，無祇悔，元吉。〔論語〕何晏註：言回庶幾聖道。況自賢人以降，孰能不有過失哉？珠玉不以瑕纇而不珍，髦彥不以過失而不用。故玄元之教曰：「常善救人，則無棄人。」【張註】老子：聖人常善救人，故無棄人；常善救物，故無棄物。文宣亦云：「赦小過，舉賢才。」齊桓不以射鉤而致嫌，故能成九合之功；【郎註】管子內言云：公孫無知既立，鮑叔牙奉公子小白奔莒，管夷吾、召忽奉公子糾奔魯。雍廪殺無知，(威)〔桓〕公自莒先入。魯人伐齊，戰于乾，時管仲射(威)〔桓〕公中鉤。魯公敗績。(威)〔桓〕公踐位，聽鮑叔之言，以相夷吾。故(威)〔桓〕公兵車之會六，乘車之會三，九合諸侯，以正天下。【張註】史記管晏列傳：管仲既用，任政于齊，齊桓公以霸，九合諸侯，一匡天下，管仲之謀也。秦穆不以一眚而掩德，故能復九敗之辱。【郎註】左

〔傳〕僖公三十三年：晉敗秦師于殽。秦伯鄉師而哭曰：「孤違蹇叔，以辱二三子，孤之罪也。不替孟明，孤之過也。大夫何罪！且吾不以一眚掩大德。」復使孟明爲政。文公二年，秦、晉戰于彭衙，秦師敗績。秦伯猶用孟明。三年，秦伯伐晉，濟河焚舟，取王(宮)〔官〕及郊，晉人不出，遂自茅津濟，封殽尸而還。遂霸西戎，用孟明也。【張註】謹按：左傳無九敗之事。楊慎丹鉛録曰：古人言數之多，止于九。公羊傳云：葵邱之會，桓公震而矜之，叛者九國。九國，謂叛者多耳，非實有九國也。宋儒趙鵬飛云：葵邱之會惟六國，鹹、牡邱皆七國，會(惟)〔淮〕八國，寧有九國乎？公羊本意謂一震矜而九國叛，猶漢紀云：叛者九起云爾。又，逸周書云：左儒九諫於王。孫(五)子：善攻者動于九天之上，善守者伏于九地之下。楚辭九歌乃十一篇，九辯亦十篇。宋人强合九辯二章爲一章以協九數，非也。竊意「九敗」亦當作此解，猶言屢敗耳，不必泥。【石川註】九敗，言敗多也。前史序項籍之所以失天下，曰：「於人之功無所記，於人之過無所遺。」【郎註】酈食其説齊王曰：「項王有背約之名，殺義帝之負；於人之功無所記，於人之罪無所忘。」【張註】傳註：師古曰：言項羽吝爵賞而念舊惡。管仲論鮑叔牙不可屬國，曰：「聞人之過，終身不忘。」【郎註】管子内言：管仲寢疾，(威)〔桓〕公往問之，曰：「仲父不幸，而不起此疾，政將安移之？鮑叔何如？」仲曰：「鮑叔，君子也。千乘之國，不以其道予之，不受也。雖然，不可以爲政。其爲人也好善，而惡惡已甚，見人惡，終身不忘。」然則棄瑕録用者，霸王之道；記過遺才者，衰亂之源。夫登進以懋庸，【張註】通鑑本註：懋，勉也。庸，功也。黜退以懲過，二者迭用，理如循環。【張註】史記高祖紀贊：三王之道若循環。進而有過則示懲，懲而改修則復進，既不廢法，亦無棄人，雖纖芥必懲，而才用不匱。【張註】後漢董扶傳：褒秋毫之善，貶纖芥之惡。故能使黜退者克勵以求復，登進者警飭以恪居，【張註】通鑑本註：恪居，謂恪居官次也。上無滯疑，下無蓄怨，俾人於變，以致時雍。陛下英聖統天，威莊肅物，好善既切，計過亦深，一抵譴責之中，永居嫌忌之地。夫以天下士人，皆求宦名，獲登朝班，千百無一。其於脩身勵行，聚學樹官，〔二〕非數十年間，勢不能致。而以一言忤犯，一事過差，遂從棄捐，没代不復，則人才不能不乏，風俗不能不偷。此所謂嫉惡太甚之患也。

臣聞：「君子約言，【張註】禮記：故君子約言。小人先言。」「君子之道闇然而日章，小人之道的然而日亡。」孔子曰：「始吾於人也，聽其言而信其行；今吾於人也，聽其言而觀其行。」〔三〕又曰：「舉直錯諸枉，則民服；舉枉錯諸直，則民不服。」然則舉錯不可以不審，言行不可以不稽。呐呐寡言者未必愚，【郎註】檀弓：趙文子其言呐呐然，如不出諸口。喋喋利口者未必智，【郎註】張釋之傳：嗇夫喋喋利口。【張註】晉灼曰：喋音（喋）〔牒〕。【石川註】史記作諜，索隱：多言也。鄙樸忤逆者未必悖，承順愜可者未必忠。故明主不以辭盡人，不以意選士。凡制爵禄，與衆共之。先論其材，乃授以職。【石川註】禮王制：司馬辨論官材，論定然後官之。所舉必試之以事，所言必考之於成。然後苟妄不行，而貞實在位矣。如或好善而不擇所用，悦言而不驗所行，進退隨愛憎之情，離合繫異同之趣，是猶捨繩墨而意裁曲直，〔四〕棄權衡而手揣重輕，【張註】經解：禮之於正國也，猶衡之於輕重也，繩墨之於曲直也。故衡誠縣，不可欺以輕重；繩墨誠陳，不可欺以曲直。通鑑本註：由與猶同。揣，初委翻。雖甚精微，不能無謬：此所謂程試乖方之患也。

天之生物，爲用罕兼，性有所長，必有所短，材有所合，亦有所睽，曲成則品物不遺，求備則觸類皆棄。是以巧梓順輪桷之用，故枉直無廢材；良御適險易之宜，故駑驥無失性。物既若此，人亦宜然。其於行能，固不兼具。前志所謂千年一聖，五百年一賢者，【郎註】李陵答蘇武書：賈誼、亞夫之徒，皆信命世之才。李善註云：孟子云：千年一聖，五百年一賢。賢聖未出，其中有命世者。【石川註】此語未考所出。揚子：五百歲而聖人出，有諸？因往以推來，雖千一不可知也。註：千一，千年一聖。後漢書儒林傳註：若千載一聖，人不復作。孟子：五百年有王者興。才難不其然乎！夫唯聖人，方體全德。賢之爲目，猶有未周。且以未周之才，彌五百年而有一，造次求備，曷由得人！若夫一至之能，偏稟之性，則中人以上，迭有所長，苟區別得宜，付授當器，各適其性，各宣其能，及乎合以成功，亦與全才無異。但在明鑒大度，御之有道而已。帝王之盛，莫盛唐、虞；臣佐之盛，莫盛稷、禹。稷、禹之比，無非大賢，然猶各任所能，不務兼備。故尚書序堯、舜命官之美，自稷、禹、咎、益以降，凡二十二人，所命典司，不踰一職，用能平九土，播百穀，敷五教，序五刑，【張註】馬融曰：五刑：墨、劓、剕、宮、大辟。史記五帝本紀註：正義曰：「按：墨，點鑿其額，涅以墨。劓，截鼻也。剕，刖足也。宮，淫刑也；男子割勢，女人幽閉也。大辟，死刑也。禮樂興和，蠻夷率服。洎鳥獸魚鼈，亦罔不寧。【張註】帝王世紀：禹爲司空，功被天下；棄爲后稷，播時百穀；契爲司徒，敬敷五教；皋繇爲士，典刑惟明；倕爲共工，莫不致力；益爲朕虞，庶物繁植；伯夷爲秩宗，三禮不闕；夔爲樂正，神人以和；龍爲納言，出內惟允。於是俊乂在官，羣后德讓，百僚師師。以五采章施於五色爲服，以六律、五聲、八音協次用之和。蒸民乃粒，萬邦作乂，庶績咸熙。蓋由舉得其人，任得其所，鑒擇付授，〔五〕審之於初，不求責於力分之外，不沮撓於局守之內。是以事極其理，人盡其材，君垂拱於上，臣濟美於下，功焯當代，名施無窮。及其失也，則升降任情，首末異趣，使人不量其器，與人不由其誠。以一言稱愜爲能，而不核虛實；以一事違忤爲咎，而不考忠邪。其稱愜，則付任逾涯，不思其所不及；其違忤，則責望過當，〔六〕不恕其所不能。是以職司之內無成功，君臣之際無定分：此所謂取捨違理之患也。

今之議者多曰：內外庶官，久於其任。【石川註】晉書李重傳：功在簡久，久其事，則政化成而能否著。又曰：官無其人則闕之。【石川註】魏志徐邈傳：無其人則缺。是皆誦老生之常談，而不推時變；【石川註】世說：何晏、鄧颺令管輅作卦，輅稱引古義深戒之，颺曰：「老生之常談。」守舊典之糟粕，而不本事情；【張註】莊子：桓公讀書于堂上，輪扁斲輪于堂下，釋椎鑿問桓公曰：「敢問公之所讀者爲何言邪？」公曰：「聖人之言也。」曰：「然則君所讀者，古人之糟魄已矣。」註：魄本作粕，已漉麤糟也。徒眩聰明，以撓理化。古者人風既朴，官號未多，但別愚賢，匪論資序，【石川註】書周官：唐、虞稽古，建官惟百，內有百揆四岳，外有州牧侯伯。夏、商官倍，亦克用乂。傳：禹、湯建官二百，亦能用治。不責人以朝夕之效，不計事於尺寸之差，不以小善而褒升，不以一眚而罪斥。故虞書「三載考績，三考，黜陟幽明」。【石川註】書舜典傳：三(考不)〔年有〕成，故以考功。是則必俟九年方有進退。【張註】通鑑音註：唐、虞「三載考績，三考，黜陟幽明」，其黜陟行于九年之後，非賒緩也。俗淳事簡，在位者各思盡其職，不爲奸欺。就有不稱者，一考而未黜，冀其能自盡也；其不能盡者，才力有所不逮耳。再考不稱而猶未黜，謂才有短長，臨事有過誤。前考已稱其職，而今考不稱者，必過誤也；前考不稱，而今考能稱其職者，能自勉也。三考皆不稱，則其人信不可用矣，于是乎黜之。此唐、虞忠厚之至也。然其所進者，或自側微而納于百揆，雖久於任，復何病哉！【石川註】書虞書：舜揚側陋，納于百揆。傳：揆，度也；度百事，總百官。漢制：部刺史秩六百石，【張註】前漢百官公卿表：監御史，秦官，掌監郡。漢省，丞相遣史分刺州，不常置。武帝元封五年，初置部刺史，掌奉詔條察州，秩六百石，員十三人。郡守秩二千石，【郎註】前漢百官公卿表：郡守，秦官，掌治其郡，秩二千石。顔師古云：漢制：號稱六百石者，其俸月七十斛；二千石者，百二十斛。【石川註】後漢百官志：每州刺史一人，六百石；每郡置太守一人，二千石。刺史高第者即遷爲郡守，【郎註】如朱博爲冀州刺史，決事如神，徙爲并州刺史，即遷琅琊太守之類。郡守高第者即入爲九卿，【郎註】太常、光禄、太僕、鴻臚、司農、少府、宗正、衛尉，謂之九卿。如朱博以高第入守左馮翊，遷爲大司農之類。【張註】通典：漢以太常、光禄勳、衛尉、太僕、廷尉、大鴻臚、宗正、大司農、少府謂之九寺大卿。從九卿即遷爲亞相、相國。【郎註】如魏相爲河南太守，入爲大司農，遷御史大夫，遂代韋賢爲丞相之類。【張註】前漢百官公卿表：御史大夫，秦官，位上卿，銀印青綬，掌副丞相。又：相國、丞相，皆秦官，金印紫綬，掌丞天子，助理萬機。秦有左、右。高帝即位，置一丞相。十一年更名相國。通典：故事：選郡守相高第爲御史大夫，任職者爲丞相。是乃從六百石吏而至台輔，其間所歷者三四轉耳。久在其任，亦未失宜。近代建官漸多，列級逾密。今縣邑有七等之異，【石川註】通典：大唐縣有令，而置七司，一如郡制。丞爲副貳。主簿上轄尉，分理諸曹。録事省受符歷，佐、吏行其簿書。*州府有九等之差，【張註】通典：開元中，定天下州、府，自京都及都督、都護府之外，以近畿之州爲四輔，其餘爲六雄、十望、十緊及上、中、下之差。縣有赤、畿、望、緊、上、中、下（六）〔七〕等之差。【石川註】別駕、長史、司馬謂之上佐一，録事參軍二，司功、司倉、司户、司兵、司法、司士六，凡九等。見通典。同謂省郎，即有前中後行、郎中、員外五等之殊，【張註】通典：尚書六曹：吏部、兵部爲前行，户、刑爲中行，禮、工爲後行。又：郎官謂之尚書郎，漢置四人，分掌尚書事。初上臺，稱守尚書郎中；滿歲，稱尚書郎；三歲，稱侍郎。隋開皇三年，又各置員外郎一人。員外郎其置自此始。煬帝改諸司侍郎但日郎。唐改隋諸司郎爲郎中，每曹又復置員外郎。唐書百官志：郎中，從五品上；員外郎，從六品上。並稱諫官，則有諫議大夫、【張註】唐書百官志：門下省左諫議大夫四人，正四品下；中書省右諫議大夫四人。通典：諫議大夫掌議，無常員，多至數十人，屬郎中令。至漢武帝元狩五年，始更置之。後漢增諫大夫爲諫議大夫。隋置七人，屬門下省。唐屬門下，後又屬中書。補闕、拾遺【張註】唐書百官志：門下省左補闕六人，從（四）〔七〕品上；左拾遺六人，從八品上。掌供奉諷諫。中書省右補闕六人，右拾遺六人，掌如門下省。通典：武后垂（供）〔拱〕中，置補闕、拾遺二官，以掌供奉諷諫。天授三年，舉人無賢愚，咸加擢用，高者試鳳閣侍郎、給事中，次或試員外郎、侍御史、補闕、拾遺、校書郎。當時頗爲濫雜，著於謠誦。自開元以來，尤爲清選。

三等之別；洎諸臺寺，【張註】唐書百官志：官司之別，曰省，曰臺，曰寺，曰監，曰衛，曰府，各統其屬，以分職定位。通典分註：龍朔三年，改尚書省爲中臺，門下省爲東臺，中書省爲西臺。咸亨元年，改尚書省爲文昌臺，門下省爲鸞臺，中書省爲鳳閣，御史臺爲肅政臺。其後官俱復舊。惟御史臺稱臺。寺者，太常、光禄、衛尉、宗正、太僕、大理、鴻臚、司農、太府九寺也。率類於斯，悉有常資，各須循守。若依唐、虞故事，咸以九載爲期，是宜高位常苦於乏人，下寮每嗟於白首。三代爲理，損益不同，豈必樂於變易哉？蓋時勢有不得已也。至如鯀陻洪水，【石川註】書洪範：鯀陻洪水。傳陻，塞也。績用靡成，猶終九年，然後殛竄。【石川註】書舜典：殛鯀于羽山。傳：殛、竄，皆誅也。後代設有如鯀之比者，豈復能九年而始行罰乎？臣固知其必不能也。行罰欲速，而進官欲遲，以此爲稽古之方，是猶却行而求及前人也。【張註】韓詩外傳：夫知惡往古之所以危亡，而不襲蹈其所以安存者，則無以異乎却行而求逮于前人。頃者臣因奏事，論及内外序遷，【張註】唐書本傳：舊制，吏部選以歲集。乾元後，天下兵興，率三年一調，吏員稽壅，則案牒叢淆，僞冒蒙真，吏緣以爲姦，廢置無綱，至十年不被調者，缺員或累歲不補。贄乃請以内外員三分之，每歲計闕集人，檢柅吏姦，天下便之。陛下乃言：「舊例居官歲月皆久，朕外祖【張註】唐書后妃傳：代宗睿真皇后沈氏，吴興人，生德宗。后父易直，德宗即位，贈太師。曾作祕書少監，【張註】唐書百官志：祕書省少監二人，從四品上。通典：祕書監掌經籍圖書，監國史，領著作、太史二局。一任經十餘年。」【郎註】后妃傳：代宗睿真皇后沈氏，吴興人，實生德宗。因史思明亂，失后所在。德宗即位，乃先下詔贈后曾祖士衡太保，祖介福太傅，父易直太師。少監之説不載。董晉將順睿情，遂奏云：「臣於大曆中，曾任祠部、【石川註】通典：掌封爵、皇之枝族及諸親內外命婦告身。**司勳【石川註】通典：掌校定勳績、〔論〕官賞、勳官告身等事。二郎中，【張註】唐書百官志：禮部：其屬有四：一曰禮部，二曰祠部。通典：魏尚書有祠部郎，歷代皆有，主禮制。龍朔二年，爲司禋大夫，掌祠祀、天文、漏刻、國忌、廟諱、卜祝、醫藥等及僧尼簿籍。各經六考。」【郎註】晉字混成，河中人。由主客員外郎爲祠部郎中，使回紇歸拜司勳郎中。見韓愈所作行狀。【張註】通典註：一歲爲一考。陛下之意，頗爲宜然。以臣惷愚，實有偏見。凡徵舊例，須辨是非，是者不必渝，非者不必守。況於舊例之内，自有舛駁之異哉！先聖之初，權臣用事，【石川註】李輔國、程元振。其於除授，頗多徇情，【張註】唐書元載傳：載智畧開果，久得君，以爲文武才畧莫己若，外委主書(倬)〔卓〕英倩、李待榮，内劫婦言，縱諸子關通貨賄。京師要司及方面，皆擠遣忠良，進貪猥。凡仕進干請，不結子弟，則謁主書。有一月屢遷，有積年不轉。迨至中歲，君臣構嫌，姑務優柔，〔七〕百事凝滯，【張註】唐書食貨志：中官魚朝恩恃恩擅權，代宗與宰相日夜圖之。及朝恩誅，帝復與載貳，君臣猜嫌不協，邊計兵食置而不議者幾十年。其於選授，尤所艱難。始以頗僻失平，【石川註】書洪範：側頗僻。繼以疑阻成否，【張註】通鑑：載所擬官多非法，恐爲有司所駁奏，凡別敕除六品以下官，乞令吏部、兵部無得簡勘，上亦從之。然亦厭其所爲，思得士大夫之不阿附者爲心腹，漸收載權。至使彝倫闕叙，【石川註】書洪範：彝倫攸叙。庶位多淹。是皆可懲，曷足爲法！【郎註】崔祐甫傳：永泰以來，天下稍平，而元載、王縉秉政，四方以賄求官者相屬於門，大者出於載、縉，小者出於卓英倩等，皆如所欲而去。及常衮爲相，思革其弊，杜絶僥倖，四方奏請，一切不與，而無所甄別，賢愚同滯。夫覈才取吏，有三術焉：一曰拔擢以旌其異能，二曰黜罷以糾其失職，三曰序進以謹其守常。如此則高課者驟升，無庸者亟退。其餘績非出類，守不敗官，則循以常資，約以定限。故得殊才不滯，庶品有倫。參酌古今，此爲中道。而議者暗於通理，一槩但曰宜久其任，得非誦老生之常談，而不推時變者乎？夫列位分官，緝熙帝載，【石川註】詩周頌：維清緝熙。箋：光明也。書舜典：熙帝之載。傳：載，事也。匪唯應務，兼亦養才。是以職事雖有小大閑劇之殊，而俱不可曠缺者，蓋備於時而用耳。故記曰：「天子以騶虞爲節，樂官備也。」【張註】射義：天子以騶虞爲節。騶虞，樂官備也。註：節者，歌詩以爲發矢之度也，一終爲一節。騶，厩官。虞，山澤之官。此二職皆不乏人，則官備可知。唯經邦贊國之任，則非有盛德不可以居。故記曰：「設四輔及三公，不必備，惟其人。」【張註】禮記文王世子曰：虞、夏、商、周有師保，有疑丞。設四輔及三公，不必備，惟其人，語使能也。議者昧於明徵，一槩但曰官無其人則闕，得非守舊典之糟粕，而不本事情者乎？

今內外羣官，考深合轉，陛下或言其已有次第，須且借留；或謂其未著功勞，何用數改。是乃循默者既以無聞而不進，著課者又有成績而見淹。雖能否或差，而沈滯無異。【張註】易：臀困于株木。註：沉滯卑困，居無所安。論衡：遵禮蹈繩，修身守節，在下不汲汲，故有沉滯之留。人之從宦，積小成高。至於內列朝行，外登郡守，其於更歷，多已長年。孜孜慎修，計日思進，而又淹逾考限，亟易星霜，顧懷生涯，能不興歎！殊異登延之義，且乖勸勵之方。夫長吏數遷，固非理道，居官過久，亦有弊生。何者？時俗常情，樂新厭舊，有始卒者，其唯聖人，【石川註】論語：有始有卒者，其唯聖人乎？孔安國曰：終始如一，唯聖人耳。降及中才，罕能無變。其始也砥礪之心必切，其久也因循之意必萌，加以盈無不虧，【石川註】易彖傳：天道虧盈而益謙。史記蔡澤傳：月滿則虧，物盛則衰。張無不弛，【石川註】禮雜記：張而不弛，文、武不能也。天地神化，且難常全，人之所爲，安得皆當！是以分分而度，至丈必差；銖銖而稱，至鈞必謬。【張註】前漢枚乘傳：夫銖銖而稱之，至石必差；寸寸而度之，至丈必過。石稱丈量，徑而寡失。註：鄭氏曰：石，百二十斤。師古曰：自言小小至於大數，則有輕重不同也。度音徒各反。莅職既久，寧無咎愆！或爲姦吏所持，或坐深文所糾，【石川註】漢書張湯傳：務在深文。偶以一跌，盡隳前功，至使理行不終，能名中缺，豈非上失其制，而推致以及於斯乎？故聖人愛人之才，慮事之弊，採其英華而使之，當其茂暢而獎之；不滯人於已成之功，不致人於必敗之地。是以銳不挫而力不匱，官有業而事有終。此理之中庸，故書以爲法。遷轉甚速，則人心苟而職業不固；甚遲，則人心怠而事守浸衰。然則甚速與甚遲，其弊一也。陛下俯徇浮議，謂協典謨，久次當進者，既曰務欲且留，缺員須補者，復曰官不必備，則才彦何由進益，理化孰與交修：此所謂循故事而不擇可否之患也。

伏惟陛下憂勤務理，夢想思賢，【石川註】書說命：恭默思道，夢帝賚予良弼。體陶唐、有虞聰明之德以敷求，法太宗、天后英邁之風以拔擢。然而得人之盛，尚愧前朝；底乂之功，未光當代。良以七患未去，三術未行，而又睿察太深，宸嚴太峻。常人才器，曷副天心，故雖獲超升，亦驟從黜廢。人物殘瘁，抑斯之由。而議者莫究致弊之端，但思革弊之策，反以廣於進用爲情故，以梗於除授爲精詳，【張註】通典註：六品以下，吏部註擬，謂之旨授；五品以上，則皆敕除。以避謗爲奉公之誠，以摘瑕爲選士之要，乃至稱毁紛糅，美惡混并，凡有遷升，必遭擿摭。聖德廣納，不時發明，小人多言，益敢陰詐。以是眩惑，目無全人，進用之意轉疑，汲引之途漸隘。【張註】宋書孝義傳序：軌訓之理未弘，汲引之塗多闕。綱目集覽：引，薦也；如井中汲水，引之而升也。舊齒既凋敗幾盡，下位或滯淹罕升，故令官序失倫，人才不長，資望漸薄，砥礪浸微，高卑等衰，殆不相續。

臣以竊位，屬當序才，懼曠庶官，亟黷宸扆。【張註】明堂位：天子負斧扆南鄉而立。註：扆，狀如屏風，以絳爲質，高八尺，東西當户牖之間，綉爲斧文，亦曰斧扆。昧識不足以周物，微誠不足以動天，徒勤進善之心，轉積妨賢之罪。【石川註】潘岳詩：在疚妨賢路。慙惶交慮，焚灼盈懷。凡除吏者，非謗刺之所生，必怨咎之所聚，宰臣獲戾，多起於茲。屢屢上干，何所爲利，但以待罪鈞轄，職思其憂，兼迫於感恩願效之誠，不得不冒昧言之耳。其於裁擇用捨，惟陛下圖之。謹奏。【石川註】通鑑：德宗不聽。

蔡九霞曰：爲國家惜才一念，是宰相報主稱職之第一務，若坐視人才淹滯，任使乏員，宰臣將何所報稱乎？處揆席者有是念，未必能爲是言；爲是言，未必能明晰利弊通達古今若此。故推公爲經濟名臣之冠。

馬傳庚曰：國家佐治需賢，理宜登崇俊乂。是以周公勤吐握而碩彦咸升，燕王築金臺斯羣賢畢至，未有相須不殷，而相遇匪疎者也。矧夫人能供職，序屬當升，登進無聞，才能見扼矣。篇中七患，切中當時弊情，説得透徹。末後又示以三術，恰好與七患相互映論。深切于事，情識彌見其通達。

*按：「縣邑有七等之異」，當指通典所云「縣有赤、畿、望、緊，上、中、下七等之差」。此註以縣置七司釋之，誤。

**按：此註出於通典卷二三職官吏部司封郎中條，與以上「祠部」、以下「司勳」均無涉，誤。

校勘記

〔一〕或其阻執事而擁羣材　「或其」下原有董註云：「原註：此處有脱誤。」按：此原註又見郎本、全唐四七五。

〔二〕聚學樹官　「樹」，明本作「莅」，郎本、全唐註云：「一作『莅』。」

〔三〕聽其言而觀其行　「聽」原作「察」，誤，據明本、郎本改。按：此句出論語公冶長，該書各本均作「聽」。作「聽」是。

〔四〕是猶捨繩墨而意裁曲直　「猶」，通鑑二三四作「由」。參閱以下張註引通鑑本註。

〔五〕鑒擇付授　「付」原作「職」，誤，據明本、郎本、全唐改。

〔六〕則責望過當　「責望」，通鑑作「罪責」。

〔七〕姑務優柔　「柔」，石川本註云：「吴、陸本作『游』。」

陸贄集卷二十二

中書奏議 六

均節賦税恤百姓六條

【郎註】德宗建中元年，相楊炎，始用炎議作「兩税法」。命黜陟使與觀察、刺史約百姓丁産，定等級。夏輸無過六月，秋輸無過十一月，視大曆十四年墾田數爲定。廢「租庸調法」。比來新以舊科斂色目，一切罷之；二税外輒出一錢者，以枉法論。唐初，賦斂之法曰租、庸、調，有田則有租，有身則有庸，有户則有調。玄宗之末，版籍浸壞，多非其實。及至德兵起，所在賦斂，迫趣取辦，無復常準。民旬輸月送，不勝困弊，率皆逃徙爲浮户，其土著百無四五。至是，炎建議作「兩税法」，上用其言行之。後值朱泚之亂，天下户口三耗其二。貞元四年，詔天下兩税審等第高下，三年一定户口。初定「兩税」，貨重錢輕，乃計錢而輸綾絹。既而物價愈下，所納愈多，絹疋爲錢三千二百，其後一疋爲錢一千六百，輸一者過二，雖賦〔不〕增於舊，而民愈困矣。度支以税物頒諸司，皆增本價爲虚估給之，而繆以濫惡督州縣剥價，謂之「折納」。復有「進奉」、「宣索」之名，改科役曰「召雇」，率配曰「和市」，以巧避微文，比大曆之數再倍。又癘疫水旱，户口減耗，刺史析户，張虛數以寬責。逃死闕税，取於居者，一室空而四鄰亦盡。户版不緝，無浮游之禁，州縣行小惠以傾誘鄰境，新收者優假之，唯安居不遷之民，賦役日重。帝以問宰相陸贄，贄上疏請釐革其甚害者，大略有六事。見炎本傳并食貨志。

其一論兩税之弊須有釐革

國朝著令，賦役之法有三：一曰租，二曰調，三曰庸。【石川註】唐書高祖紀：武德二年，初定租、庸、調。古者一井之地，九夫共之，【張註】前漢食貨志：理民之道，地著爲本，故必建步立晦，正其經界。六尺爲步，步百爲晦，晦百爲夫，夫三爲屋，屋三爲井，井方一里，是爲九夫。八家共之，各受私田百晦，公田十畝，是爲八百八十晦，餘二十晦以爲廬舍。出入相友，守望相助，疾病(則)〔相〕救，民是以和睦，而教化齊同，力役生産可得而平也。公田在中，藉而不税。【張註】王制：古者公田，藉而不税。註：藉之言借也。借民力治公田，美惡取於此，不税民之所自治也。穀梁傳：古者什一，藉而不税。私田不善則非吏，公田不善則非民。【郎註】穀梁傳宣公十五年：初税畝。初者，始也。古者什一，藉而不税，初税畝，非正也。古者三百步爲里，名曰井田。井田有九百畝，公田居一。私田稼不善則非吏，公田稼不善則非民。【張註】穀梁傳註：非，責也。吏，田畯也。言吏急民使不得營私田，故非之。非民，民勤私也。事頗纖微，難於防檢，春秋之際，已不能行。【石川註】春秋宣十五年：六月，初税畝。註：公田之法，十取其一，今又履其餘，復十收其一。故國家襲其要【石川註】書文侯之命：侵戎我國家純。

而去其煩，丁男一人，授田百畝，〔一〕【張註】唐書食貨志：凡民始生爲黃，四歲爲小，十六爲中，二十一爲丁，六十爲老。授田之制，丁及男十八以上者，人一頃，其八十畝爲口分，二十畝爲永業；老及篤疾、廢疾者，人四十畝，寡妻妾三十畝，當户者增二十畝，皆以二十畝爲永業，其餘爲口分。永業之田，樹以榆、棗、桑及所宜之木，皆有數。田多可以足其人者爲寬鄉，少者爲狹鄉。狹鄉授田，減寬鄉之半。其地有薄厚，歲一易者，倍授之。寬鄉三易者，不倍授。工商者，寬鄉減半，狹鄉不給。但歲納租稅二石而已。言以公田假人，而收其租入，故謂之租。【張註】唐書食貨志：凡授田者，丁歲輸粟二斛，稻三斛，謂之租。通典：制每一丁租二石；若嶺南諸州，則稅米，上户一石二斗，次户八斗，下户六斗；若夷獠之户，皆從半輸。古者任土之宜，以奠賦法。【張註】通典：陶唐制：冀州厥賦爲上上錯，兖州厥賦貞，青州厥賦中上，徐州厥賦中中，揚州厥賦下上上錯，荆州厥賦上下，豫州厥賦錯上中，梁州厥賦下中三錯，雍州厥賦中下。禹定九州，量遠近，制五服，任土作貢，分田定税，十一而賦，萬國以康。【石川註】周禮司徒：以土宜之法，辨十有二土之名物，以任土事；辨十有二壤之物，而知其種，以教稼穡樹藝。以土均之法。以令地貢，歛財賦，以均齊天下之政。書傳：奠，定也。國家就因往制，簡而一之，每丁各隨鄉土所出，歲輸若絹若綾若絁【張註】説文：纏，粗緒也。徐鉉曰：今俗别作絁，非是。共二丈，綿三兩；其無蠶桑之處，則輸布二丈五尺，麻三斤。以其據丁户調而取之，故謂之調。【張註】唐書食貨志：丁隨所出，歲輸絹二疋，綾、絁二丈，布加五之一，綿三兩，麻三斤，非蠶鄉則輸銀十四兩，謂之調。通典：開元八年二月，制曰：諸州送物，作巧生端，苟欲副于斤兩，遂則加其丈尺，有至五丈爲疋者，理甚不然。闊尺八寸，長四丈，同文共軌，其事久行，立樣之時，已載此數。若求兩而加尺，甚暮四而朝三。宜令所司簡閲。有踰于比年常例，尺丈過多者，奏聞。二十五年定令：諸課户一丁租、調，準武德二年之制。其絹、絁爲疋，布爲端，綿爲屯，麻爲綟，若當户不成疋、端、屯、綟者，皆隨近合成其調。麻每年支料有餘，折一斤輸粟一斗，與租同受。古者用人之力，歲不過三日，【張註】王制：用民之力，歲不過三日。後代多事，其增十之。【石川註】漢書食貨志：古者使民不過三日。秦用商鞅之法，力役三十倍於古。隋書食貨志：後周太祖創制：凡人自十八以至五十有九，皆任於役，豐年不過三旬，中年則二旬，下則一旬。國家斟酌物宜，立爲中制，每丁一歲定役二旬，若不役則收其庸，日準三尺。以其出絹而當庸直，故謂之庸。【張註】唐書食貨志：用人之力，歲二十日，閏加二日，不役者日爲絹三尺，謂之庸。有事而加役二十五日者免調，三十日者租、調皆免。通正役不過五十日。通典：諸丁匠不役者收庸。無絹之鄉，絁布三尺。程大昌演繁露：今之丁錢，即漢世筭錢也。以其計口輸錢，故亦名口賦也。漢四年初爲筭賦。如淳曰：漢儀註：民年十五以上至五十六出賦錢，人百二十爲一筭，治庫兵車馬。至文帝時，人多丁衆，則遂取高帝本額，歲減三之二，則一口一年止輸錢四十也。賈捐之曰：文帝偃武行文，民賦四十，丁男三年而一事。如淳曰：常賦歲百二十，歲一事。文帝時，天下民多，故出賦四十，凡三歲而一事。即高帝時百二十至此而減爲四十者也。此之謂事，即古法一歲一丁供役無過三日者是也。民年十五以上，雖未成丁，亦輸口錢，所謂民賦四十者也。及已成丁，則每歲當供三日之役者，至此減爲三年而才受一年之役也。唐制：成丁而就役，不役則計日收其庸。末世所謂丁口錢本此。此三道者，皆宗本前哲之規模，【張註】賦税考論：唐因口分、世業爲租、庸、調之法。參考歷代之利害。其取法也遠，其立意也深，其斂財也均，其域人也固，其裁規也簡，其備慮也周。有田則有租，有家則有調，有身則有庸。天下爲家，法制均一，雖欲轉徙，莫容其奸。【張註】唐書食貨志：徙寬鄉者，縣覆于州，出境則覆于户部，官以閒月達之。自畿内徙畿外，自京縣徙餘縣，皆有禁。故人無摇心，而事有定制。以之厚生，則不隄防而家業可久；以之成務，則不校閲而衆寡可知；以之爲理，則法不煩而教化行；以之成賦，則下不困而上用足。三代創制，百王是程。雖維御損益之術小殊，而其義一也。〔二〕

天寶季歲，羯胡亂華，【張註】通鑑本註：謂安禄山、史思明。海内波摇，兆庶雲擾，版圖【石川註】周禮司會：掌在書契版圖者之貳。註：版，户籍也。圖，土地形象。隳於避地，【張註】顧炎武日知録：圖即里也。不曰里而曰圖者，以每里册籍，首列一圖，故名曰圖，是矣。今俗省作啚。賦法壞於奉軍。【張註】通典註：舊制：百姓供公上，計丁定庸、調及租。其税户雖兼出王公以下，比之二三十分唯一耳。自兵興以後，經費不充，于是徵斂多名，且無恒數。貪吏横恣，因縁爲奸，法令莫得檢制，烝庶不知告訴。其丁狡猾者，即多規避，或假名入(任)〔仕〕或託迹爲僧，或占募軍伍，或依倚豪族，兼諸色役，萬端蠲除。鈍劣者即(彼)〔被〕徵輸，困竭日甚。唐書食貨志：自開元以後，天下户籍久不更造，丁口轉死，田畝賣易，貧富升降不實。其後國家侈費無節，而盜起兵興，財用益屈，而租庸調法弊壞。建中之初，再造百度。【張註】書：不役耳目，百度維貞。執事者【張註】通鑑本註：執事者，謂楊炎。知弊之宜革，而所作兼失其源；知簡之可從，而所操不得其要。舊患雖減，新沴復滋，救跛成痿，【張註】前漢哀帝紀：痿痺。註：如淳曰：痿音蹷踒(之踒)弩。病兩足不能相過曰痿。展轉增劇。凡欲拯其積弊，須窮致弊之由，時弊則但理其時，法弊則全革其法。而又揆新校舊，慮遠圖難。規略未詳悉，固不果行；利害非相懸，固不苟變；所爲必當，其悔乃亡。若好革而不知原始要終，【石川註】易繫辭：原始要終。斯皆以弊易弊者也。至如賦役舊法，乃是聖祖典章，行之百年，人以爲便。兵興之後，供億不恒，【石川註】左傳隱十一年：寡人唯是一二父兄，不能(供)〔共〕億。註：共，給；億，安也。乘急誅求，【張註】左傳：誅求無時，是以不敢寧居。漸隳經制，此所謂時之弊，非法弊也。時有弊而未理，法無弊而已更，掃庸調之成規，創兩税之新制，【張註】唐書楊炎傳：初，定令有租賦庸調法，自開元承平久，不爲版籍，法度(玩)〔抏〕敝。而丁口轉死，田畝換易，貧富升降，悉非向時。又戍邊者蠲其租、庸，六歲免歸。玄宗事夷狄，戍者多死，邊將諱不以聞，故貫籍不除。天寶中，王鉷爲户口使，方務聚斂，以其籍存而丁不在，是隱課不出，乃按舊籍，除當免者，積三十年，責其租、庸，人苦無告，故法大敝。至德後，天下起兵，因以飢癘，百役並作，人户凋耗，版圖空虚。軍國之用，仰給于度支、轉運使，四方征鎮，又自給於節度、都團練使。賦斂之司數四，莫相統攝。朝廷不能覆諸使，諸使不能覆諸州。科斂凡數百名，廢者不削，重者不去，新舊仍積，不知其涯。百姓竭膏血，鬻親愛，旬輸月送，無有休息。吏因其苛，蠶食於人。富人多丁者，以宦、學、釋、老得免，貧人無所入則丁存。故課免於上，而賦增於下。鄉居地著者百不四五。炎疾其敝，乃請爲「兩税法」以一其制。凡百役之費，一錢之斂，先度其數而賦於人，量出制入。户無主客，以見居爲簿；人無丁中，以貧富爲差。不居處而行商者，所在州縣税三十之一，度所取與居者均，使無僥利。居人之税，秋、夏兩入之，俗有不便者正之。其租、庸、雜徭息省，而丁額不廢。夏税盡六月，秋税盡十一月，歲終以户賦增失進退長吏，而尚書度支總焉。帝善之，使諭中外。議者沮詰，以爲租庸令行數百年，不可輕改。帝不聽。立意且爽，彌綸又疎，竭耗編甿，【石川註】漢書註：編，列次名籍也。日日滋甚。

夫作法裕於人，未有不得人者也。作法裕於財，未有不失人者也。陛下初膺寶位，思致理平，誕發德音，【石川註】釋詁：誕，大也。哀痛流弊。念徵役之頻重，憫烝黎之困窮，分命使臣，敷揚惠化。【張註】通鑑綱目：建中元年二月，命黜陟使十一人分巡天下。誠宜損上益下，嗇用節財，窒侈欲以盪其貪風，息冗費以紓其厚斂。而乃搜摘郡邑，劾驗簿書，【張註】綱目集覽：簿書，簿籍文書也。每州各取大曆中一年科率錢穀數最多者，便爲兩稅定額。〔三〕【張註】唐書食貨志：田稅視大曆十四年墾田之數爲定。遣黜陟使按比諸道丁産等級，免鰥寡惸獨不濟者。敢有加斂，以枉法論。舊户三百八十萬五千，使者按比得主户三百八十萬，客户三十萬。歲斂錢二千五十餘萬緡，米四百萬斛，以供外；錢九百五十餘萬緡，米千六百餘萬斛，以供(官)〔京〕師。文獻通考：按：自秦廢井田之制，隳十一之法，任民所耕，不計多少，於是始舍地而稅人，征賦二十倍于古。漢高祖始理田租，十五而稅一，其後遂至三十而稅一，是皆度田而稅之。然漢時亦有稅人之法，一歲所賦不過十三錢有奇。至魏武初平袁紹，迺令田每畝輸粟四升，又每户輸絹二疋，綿二斤。晉武帝又增而爲絹三疋，綿三斤。然晉制：男子一人占田七十畝，女子及丁男、丁女占田皆有差別；出此户賦者，亦皆有田之人，非鑿空而稅之也。至元魏而均田之法大行，齊、周、隋、唐因之，賦稅沿革，微有不同，然大概計畝而稅之令少，計户而稅之令多；其時户户授田，雖不必履畝論稅，只逐户賦之，則田稅在其中矣。至唐始分爲租、庸、調，田則出粟稻爲租，身與户則出絹、布、綾、綿等物爲庸、調。然口分、世業每人爲田一頃，則亦不殊元魏以來之法，而所謂租、庸、調者，皆此受田一頃之人所出也。中葉以後，法制隳弛，田畝之在人者，不能禁其賣易，官授田之法盡廢，則向之所謂輸庸、調者，多無田之人矣。迺欲按籍而徵之(人)〔令〕，其與豪富兼並者一例出賦可乎？又況當大亂之後，人口死徙虛耗，豈復承平之舊？其不可轉移失陷者獨田畝耳，然則視大曆十四年墾田之數以定兩税之法，雖非經國之遠圖，乃救弊之良法也。但立法之初，不任土所宜輸其所有，乃計綾帛而輸錢，既而物價愈下，所納愈多，遂至輸一者過二，重爲民困。此乃掊克之吏所爲，非法之不善也。此乃採非法之權令，以爲經制；總無名之暴賦，以立恒規。是務取財，豈云恤隱。作法而不以裕人拯病爲本，得非立意且爽者乎？

夫財之所生，必因人力。工而能勤則豐富，拙而兼惰則窶空。是以先王之制賦入也，必以丁夫爲本，【張註】通鑑：唐租庸調之法以人丁爲本。無求於力分之外，無貸於力分之內。故不以務穡增其税，不以輟稼減其租，則播種多；不以殖產厚其征，不以流寓免其調，則地著固；〔四〕不以飭勵重其役，不以窳怠蠲其庸，則功力勤。【張註】史記貨殖傳：以故呰窳偷生，無積聚而多貧。註：徐廣曰：呰音紫。呰窳，苟且墮嬾之謂也。如是，然後能使人安其居，盡其力，相觀而化，時靡遁心。雖有惰遊不率之人，亦已懲矣。兩税之立，則異於斯。唯以資產爲宗，不以丁身爲本，資產少者則其税少，資產多者則其税多，【張註】通鑑(本註)〔考異〕：按陸贄論兩税狀云云，然則當時税賦，但以貧富爲等第，若今時坊郭十等户、鄉村五等户臨時科配也。曾不悟資產之中，事情不一：有藏於襟懷、囊篋，物雖貴而人莫能窺；【張註】通鑑本註：謂商賈居寶貨，待時而取利者。有積於場圃、囷倉，〔五〕直雖輕而衆以爲富。【張註】通鑑本註：謂力田而蓄穀粟者。有流通蕃息之貨，數雖寡而計日收贏；【張註】通鑑本註：蕃讀如繁。謂貸子錢而收利者。有廬舍器用之資，價雖高而終歲無利。【張註】通鑑本註：謂美居室、侈服用而夸一時者。如此之比，其流實繁，一槩計估筭緡，宜其失平長僞。由是務輕費而樂轉徙者，〔六〕恒脱於徭税；敦本業而樹居産者，【石川註】漢書：文帝詔：農爲天下之本，務莫大焉。每困於徵求。此乃誘之爲姦，敺之避役，【張註】文獻通考：陸宣公所言固爲切當，然必欲復租庸調之法，必先復口分、世業之法，均天下之田，使貧富等而後可。若不能均田，則兩税乃不可易之法矣。又歷代口賦，皆視丁中以爲厚薄，然人之貧富不齊，今有幼未成丁，而承襲世資，家累千金者，乃薄賦之；又有身齒已壯，而身居窮約，家無置錐者，乃厚賦之，豈不悖謬！今兩税之法，人無丁中，以貧富爲差，尤爲得當。宣公所謂計估筭緡，失平長僞，挾資轉徙者脱徭税，敦本業不遷者困斂求，乃誘之爲姦，敺之避役，此亦是有司奉行者不明不公之過，非法之弊。蓋力田務本，與商賈逐末皆足以致富。雖曰逐末者易于脱免，務本者困于誅求，然所困猶富人也，不猶愈于庸調之法不變，不問貧富而一概按元籍徵之乎？蓋賦税必視田畝，乃古今不可易之法。三代之貢、助、徹，亦只視田而賦之，未嘗別有户口之賦。蓋雖授人以田，而未嘗別有户賦者，三代也。不授人以田，而輕其户賦者，兩漢也。因授田之名而重其户賦，田之授否不常，而賦之重者已不可復輕，遂至重爲民病，則自魏至唐之中業是也。自兩税之法行，而此弊革矣，豈可以其出于楊炎而少之乎？力用不得不弛，風俗不得不訛，閭井不得不殘，賦入不得不闕。復以創制之首，【張註】通鑑本註：創制之首，猶言立法之初。不務齊平，但令本道本州各依舊額徵稅。軍興已久，事例不常，供應有煩簡之殊，牧守有能否之異，所在徭賦，輕重相懸。〔七〕既成新規，須懲積弊，化之所在，足使無偏，減重分輕，是將均濟。而乃急於聚斂，懼或蠲除，不量物力所堪，【張註】前漢食貨志：生之有時而用之亡度，則物力必屈。唯以舊額爲準。舊重之處，流亡益多；舊輕之鄉，歸附益衆。有流亡則已重者攤徵轉重，【石川註】說文：攤，手布也。有歸附則已輕者散出轉輕，高下相傾，勢何能止。又以謀始之際，不立科條，分遣使臣，凡十餘輩，【張註】通鑑：命黜陟使與觀察、刺史約百姓丁產，定等級。專行其意，各制一隅，遂使人殊見，道異法，低昂不類，緩急不倫。逮至復命于朝，竟無類會裁處，其於踳駮，【張註】通鑑本註：踳，乖也。駮，錯也。【石川註】左思魏都賦：謀踳駮於王義。註：踳讀曰舛。胡可勝言。利害相形，事尤非便。作法而不以究微防患爲慮，得非彌綸又疎者乎？

立意且爽，彌綸又疎，凡厥疲人，已嬰其弊。就加保育，猶懼不支，況復亟繚棼絲，【張註】說文：繚，纏也。左傳：猶治絲而棼之也。重傷宿痏，【張註】說文：痏，疻痏也。痏音鮪。其爲擾病，抑又甚焉！請爲陛下舉其尤者六七端，則人之困窮，固可知矣。大曆中，紀綱廢弛，百事從權，至於率稅少多，皆在牧守裁制。邦賦既無定限，官私懼有闕供，每至徵配之初，例必廣張名數，以備不時之命，且爲施惠之資，應用有餘，則遂減放。增損既由郡邑，消息易協物宜，故法雖久刓，【張註】漢書音義刓，烏丸反。刓角之刓，訛缺也。而人未甚瘁。及總雜徵虛數，以爲兩稅恒規，悉登地官，【張註】周禮地官：大司徒之職，掌建邦之土地之圖，與其人民之數。通典：初，户部居禮部之後。武后改置天、地、四時之官，以户部爲地官，由是遂居禮部前。神龍元年，復改地官爲户部。咸繫經費。計奏一定，有加無除。此則人益困窮，其事一也。本懲賦斂繁重，所以變舊從新，新法既行，已重於舊。旋屬征討，國用不充，復以供軍爲名，每貫加徵二百。【張註】唐書食貨志：淮南節度使陳少遊增其本道稅錢，每緡二百，因詔天下皆增之。當道或增戎旅，又許量事取資，詔敕皆謂權宜，悉令事畢停罷。息兵已久，加稅如初。此則人益困窮，其事二也。定稅之數，皆計緡錢；納稅之時，多配綾絹。往者納絹一疋，當錢三千二三百文；今者納絹一疋，當錢一千五六百文。往輸其一者，今過於二矣。雖官非增賦，而私已倍輸。此則人益困窮，其事三也。諸州稅物，送至上都，度支頒給羣司，例皆增長本價。而又繆稱「折估」，抑使剥徵。姦吏因緣，得行侵奪，所獲殊寡，所擾殊多。此則人益困窮，其事四也。稅法之重若是，既於已極之中，而復有「奉進」、「宣索」之繁，尚在其外。【張註】通鑑音註：遣中使以聖旨就有司宣取材物，謂之「宣索」。【石川註】唐書食貨志：德宗居奉天，儲蓄空窘，朱泚既平，帝屬意聚斂，常賦之外，進奉不息。方岳頗拘於成例，莫敢闕供。【張註】通鑑：初，上以奉天窘乏，故還宫以來，尤專意聚斂。藩鎮多以進奉市恩，皆云「稅外方圓」，亦云「用度羨餘」，其實或割留常賦，或增斂百姓，或減刻利禄，或販鬻蔬果，往往私自入，進纔什一二。李兼在江西有「月進」，韋皋在西川有「日進」。其後常州刺史濟源裴肅以進奉遷浙東觀察使，刺史進奉自肅始。及劉贊卒，判官嚴綬掌留務，竭府庫以進奉，徵以爲刑部員外郎，幕僚進奉自綬始。朝典又束以彝章，【石川註】晉書八王傳論：禮備彝章。不許別税。【張註】通鑑：詔兩税外輒率一錢者，以枉法論。綺麗之飾，紈素之饒，【張註】前漢地理志：織作冰紈綺繡純麗之物。註：師古曰：紈，素也。綺，文繒也，即今所謂細綾也。麗，華靡也。紈音丸。文選古詩：被服紈與素。註：善曰：范子曰：白紈素出齊。非從地生，非自天降，【張註】禮記：非從天降也，非從地出也。若不出編户之筋力膏髓，將安所取哉？【張註】通鑑音註：編，相聯次也。民謂之編民，亦謂之編户者，言比屋聯次而居，編于民籍，無高下之差。於是有巧避微文，曲承睿旨，變徵役以「召雇」之目，換科配以「和市」之名，廣其課而狹償其庸，精其入而麤計其直。以「召雇」爲目而捕之，不得不來；以「和市」爲名而迫之，不得不出。其爲妨抑，特甚常徭。此則人益困窮，其事五也。大曆中，非法賦斂，急備供軍，「折估」、「宣索」、「進奉」之類者，既並收入兩税矣，今於兩税之外，非法之事，復又並存。此則人益困窮，其事六也。【張註】通鑑：上畋于新店，入民趙光奇家問：「百姓樂乎？」對曰：「不樂。」上曰：「今歲頗稔，何爲不樂？」對曰：「詔令不信。前云兩税之外悉無他徭，今非税而誅求者殆過于税。後又云和糴，而實强取之，曾不識一錢。始云所糴粟麥納于道次，今則遣致京西行營，動數百里，車摧馬斃，破産不能支。愁苦如此，何樂之有！每有詔書優恤，徒空文耳！恐聖主深居九重，皆未之知也。」建中定税之始，諸道已不均齊，其後或吏理失宜，或兵賦偏重，或癘疾鍾害，或水旱荐災，田里荒蕪，户口減耗。

牧守苟避於殿責，罕盡申聞；所司姑務於取求，莫肯矜恤。遂於逃死闕乏税額，累加見在疲甿，一室已空，四鄰繼盡，漸行增廣，何由自存。此則人益困窮，其事七也。

自至德迄于大曆二十年餘，【郎註】肅宗至德二年，乾元二年，上元二年，寶應一年；代宗廣德二年，永泰一年，大曆十四年。兵亂相乘，【石川註】肅宗(正)〔至〕德中，安禄山子慶緒殺禄山自立。後史思明殺慶緒，合其軍。思明子朝義亦殺其父自立。其毒至代宗廣德元年。其後吐蕃數入寇。僕固懷恩反，引回紇、吐蕃。大曆時，田承嗣反，陝州軍亂，汴宋軍亂，天下擾擾如麻。海内罷弊。幸遇陛下紹膺寶運，【張註】北史周宣帝紀：朕以眇身，祗承寶運。憂濟生靈，誕敷聖謨，痛矯前弊，垂愛人節用之旨，宣輕徭薄賦之名。〔八〕率土烝黎，感涕相賀，延頸企踵，【張註】淮南子：天下丈夫、女子莫不延頸企踵，而願安利之者。咸以爲太平可期。既而制失其中，斂從其重，頗乖始望，已沮羣心。因之以兵甲，而煩暴之取轉加；繼之以獻求，而靜約之風浸靡。臣所知者，纔梗槩耳，而人益困窮之事，已有七焉。臣所不知，何啻於此！陛下儻追思大曆中所聞人間疾苦，而又有此七事重增於前，則人之無聊，不問可悉。

昔魯哀公問於有若曰：「年饑，用不足，如之何？」有若對曰：「盍徹乎！」哀公曰：「二，吾猶不足，如之何其徹也？」有若曰：「百姓足，君孰與不足？百姓不足，君孰與足？」【石川註】見論語。鄭玄曰：周法十一而税，謂之徹。徹，通也，爲天下通法也。孔子曰：「有國有家者，不患寡而患不均，不患貧而患不安。」蓋均而無怨，節而無貧，和而無寡，安而無傾。漢文恤患救災，則命郡國無來獻。【郎註】見文帝紀。【張註】前漢：賈損之罷珠厓對：「文帝時，有獻千里馬者，帝還其馬與道里費，而下詔曰：『朕不受獻也。其令四方無復來獻』。」【石川註】漢書文帝紀：元年六月，令郡〔國〕無來獻。施惠天下，諸侯四夷遠近驩洽。是以人爲本，以財爲末，人安則財贍，本固則邦寧。今百姓艱窮，非止不足，稅額類例，非止不均，求取繁多，非止來獻，誠可哀憫，亦可憂危。此而不圖，何者爲急？聖情重慎，每戒作爲。伏知貴欲因循，不敢盡求釐革，且去其太甚，亦足小休。望令所司與宰臣參量，據每年支用色目中，有不急者，無益者，罷廢之；有過制者，廣費者，減節之。遂以罷減之資，迴給要切之用。其百姓稅錢，因軍興每貫加徵二百者，〔九〕下詔停之，用復其言，俾人知信。下之化上，不令而行，諸道權宜加徵，亦當自請蠲放。如是，則困窮之中，十緩其二三矣。

供御之物，各有典司，任土之宜，〔一〇〕各有常貢，【張註】通典：天下諸郡每年常貢：京兆府貢葵草席、地骨白皮、酸棗仁。華陰郡貢鷂子、烏鶻、茯苓、細辛、茯神。馮翊郡貢白裏皺文皮。扶風郡貢龍鬚席。新平郡貢剪刀、蛇膽、蓽豆、澡豆、白火筋。安定郡貢龍鬚席。彭原郡貢五色龍鬚席、莞菁、菴閭子、亭長、假蘇、荆芥。汧陽郡貢龍鬚席。中部郡貢龍鬚席。洛交郡貢龍鬚席。朔方郡貢白氈。安化郡貢麝香。靈武郡貢鹿角膠、代（赬）〔赭〕、花蓯蓉、白鵰翎。榆林郡貢青鹿角、徐長卿、赤芍藥。延安郡貢麝香。咸寧郡貢麝香。銀川郡貢女稽布。平涼郡〔貢〕白氈。九原郡貢野馬胯皮、白麥麪、印盛鹽。會寧郡貢駝毛褐。五原郡貢鹽山。新秦郡貢青地鹿角、鹿角。單于都護府貢生野馬胯皮。安北都護府貢生野馬胯皮。太原府貢銅鏡、甘草、礬石、龍骨、蒲萄、粉屑、栢子仁。上黨郡貢人參、墨。河東郡貢綾絹扇、龍骨、棗、鳳棲梨。絳郡貢粱穀、(石)墨、白穀、梨。平陽郡貢蠟燭。西河郡貢龍鬚蓆、石膏、消石。(宏)〔弘〕農郡貢麝香、硯瓦。高平郡貢白石英、人參。太寧郡貢胡女布。昌化郡貢胡女布。文城郡貢蠟。陽城郡貢龍鬚蓆。定襄郡貢豹尾。樂平郡貢人參。鴈門郡貢白鴈翎、熟青、熟緑。樓煩郡貢麝香。安邊郡貢松子。馬邑郡貢白鵰翎，河南府貢瓷器。陜郡貢栢子仁、瓜蔞根。陳留郡貢絹。滎陽郡貢絹、麻黄。臨汝郡貢絁。睢陽郡貢絹。靈昌郡貢綾，並方文。潁川郡貢絹、蔗心蓆。譙郡貢絹。濮陽郡貢絹。濟陰郡貢蛇床子、絹。北海郡貢棗、仙文綾。淮陽郡貢絹。汝南郡貢鸂鶒綾。東平郡貢絹。淄川郡貢防風，進理石。臨淄郡貢絲、葛。魯郡貢鏡花綾、紫石英。彭城郡貢絹。臨淮郡貢綿、貲布。汝陰郡貢綿。東海郡貢楚布。濟陽郡貢阿膠、鹿角膠。瑯琊郡貢紫石英。高密郡貢貲布、牛黄、海蛤。東牟郡貢牛黄、水葱蓆。范陽郡貢綾。河内郡貢平紗。魏郡貢白綿紬、白平(綾)〔紬〕。汲郡貢綿。鄴郡貢紗、鳳翮蓆、胡粉百圓。廣平郡貢平紬。清河郡貢氈。信都郡貢絹、綿。平(源)〔原〕郡貢絹。饒陽郡貢絹。河間郡貢絹。東萊郡貢牛黄。景城郡貢細簟、細柳箱、糖蟹、鱧鮬。常山郡貢梨、羅。博陵郡貢細綾、兩窠細綾、瑞綾、大獨窠綾、獨窠綾。趙郡貢錦。鉅鹿郡貢絲布。博平郡貢紬。文安郡貢綿。上谷郡貢墨。樂安郡貢絹。北平郡貢蔓荆子。密雲郡貢人參。嬀川郡貢麝香。漁陽郡貢鹿角膠。柳城郡貢麝香。歸德郡貢(林)〔豹〕尾。安東都護府貢人參。武威郡貢野馬皮、白小麥。天水郡貢龍鬚蓆、芎藭。安西都護府貢硇砂、緋氈。北庭都護府貢陰牙角、速藋角、阿魏截根。交河郡貢氎布。晉昌郡貢草豉子、野馬皮、黄礬、絳礬、胡桐淚。西平郡貢牸羊角。隴西郡貢麝香、秦膠。燉煌郡貢碁子、石膏。酒泉郡貢肉蓯蓉、相脉、野馬皮。金城郡貢麝香、鼧鼥鼠。安鄉郡貢麝香。同谷郡貢蠟燭。和政郡貢龍鬚蓆，並青黃色。武都郡貢蠟燭、密蠟、羚羊角。臨洮郡貢麝香。懷道郡貢麩金、〔散金〕。寧塞郡貢麩金、大黃、戎鹽。合川郡貢麝香。張掖郡貢野馬皮、枸杞子葉。伊吾郡貢陰牙角，胡桐淚。廣陵郡貢（藩）〔蕃〕客錦袍、錦被、半臂錦、新加錦袍、青銅鏡、莞蓆、獨窠細綾、蛇床子、蛇床仁、鐵精、兔絲子、白芒、空青、造水牛皮甲並袋。安陸郡貢青紵。弋陽郡貢葛、生石斛。義陽郡貢葛。廬江郡貢絲布、石斛。蘄春郡貢白苧布、烏蛇脯。同安郡貢蠟、石斛。歷陽郡貢麻布。鍾離郡貢絲布。壽春郡貢絲布、生石斛。齊安郡貢紫苧布、䖟虫。淮陰郡貢貲布。漢陽郡貢麻貲布。江陵郡貢白方文綾、橘皮、梔子、貝母、覆盆子、石龍芮、烏梅肉。永陽郡貢苧練布。襄陽郡貢五盛碎石文庫路真、十盛花庫路真。南陽郡貢絲布。淮安郡貢絹。上洛郡貢麝香。安康郡貢麩金、乾漆、杜仲、椒目、黃蘗、枳實、枳殼、茶芽、椒子、雷丸。武當郡貢麝香。房陵郡貢麝香、雷丸、石膏、蒼礬石。漢東郡貢綾、葛、覆盆子。南浦郡貢金。澧陽郡貢柑子、橘子、龜子綾、恒山、五入簟、蜀漆。雲安郡貢蠟。竟陵郡貢白苧布。武陵郡貢紵練布。夷陵郡貢茶、柑子、五加皮、杜若、芒硝、鬼臼、蠟。南賓郡貢蘇薰蓆、綿紬。富水郡貢白苧布。巴東郡貢蠟。漢中郡貢紅花、胭脂。通川郡貢綿紬、蜂香、藥子。順政郡貢蠟。巴川郡貢牡丹皮、藥子。清化郡貢綿紬。洋川郡貢白椶。河池郡貢蠟。益昌郡貢絲布。咸安郡貢綿紬。盛山郡貢蠟、車前子。始寧郡貢綿紬。南平郡貢葛。符陽郡貢蠟、藥子。潾山郡貢綿紬，買子木·子。丹陽郡貢方文綾、水文綾。晉陵郡貢細青苧布。吳郡貢絲葛、白石脂、蛇床子、鯔魚皮，魥魚臘、（墜）〔鴨〕包、肚魚、春子、嫩藕。餘杭郡貢白編綾、橘子、蜜姜。會稽郡貢朱砂、（自）〔白〕編綾、交梭、輕調。餘姚郡貢附子。東陽郡貢紙、綿、葛粉。新定郡貢交梭、竹簟。信安郡貢綿、紙。吳興郡貢苧布。臨海郡貢鮫魚皮、乾薑、乳柑、金漆。永嘉郡貢鮫魚皮。新安郡貢苧布、竹簟。長樂郡貢蕉〔布〕、海蛤。清源郡貢綿。建安郡貢蕉〔布〕、練。臨汀郡貢蠟燭。漳浦郡貢鮫魚皮、甲香。(湖)〔潮〕陽郡貢蕉〔布〕、蚺蛇膽、鮫魚皮、甲香、石井、銀石、水馬。宣城郡貢白苧布。豫章郡貢葛、柑子。鄱陽郡貢麩金、簟。長沙郡貢葛。南康郡貢竹布。零陵郡貢葛、石鷰。臨川郡貢葛布、箭簳。桂陽郡貢白苧布。廬陵郡貢白苧布、陟(厘)〔釐〕。潯陽郡貢葛、生石斛。江華郡貢零陵香、白布。衡陽郡貢麩金。江夏郡貢銀。宜春郡貢白苧布。巴陵郡貢白苧布。邵陽郡貢銀。蜀郡貢單絲羅、高苧衫段。唐安郡貢羅。濛陽郡貢交梭。德陽郡貢彌布、紵布。通義郡貢麩金、柑子。梓橦郡貢綾。巴西郡貢雙紃。普安郡貢絲布、蘇薰席。閬中郡貢重連綾。資陽郡貢麩金、柑子。臨(印)〔邛〕郡貢絲布。通化郡貢麝香、齊香、扇香、顆香。交川郡貢麝香、當歸、羌活、野狐尾。越巂郡貢絲布，進刀子靶。南溪郡貢葛，六月進荔枝煎。遂寧郡貢樗〔蒲〕綾、乾天門冬。南充郡貢絲布。仁壽郡貢細葛。犍爲郡貢麩金。蘆山郡貢金、落雁木。瀘州郡貢葛。陽安郡貢綿紬、柑子。安岳郡貢葛、天門冬煎。洪源郡貢蜀椒。陰平郡貢麝香、白蜜。同昌郡貢麝香。油江郡貢麩金、羚羊角。臨翼郡貢麝香、氂牛尾、當歸。歸城郡貢麝香、氂牛尾、當歸。靜川郡貢麝香、當歸、羌活、氂牛尾。恭化郡貢麝香、當歸、羌活。維川郡貢麝香、氂牛尾。和義郡貢班布。雲山郡貢麝香、黑氂牛尾。蓬山郡貢麝香、當歸、羌活。黔中郡貢朱砂。盧溪郡貢光明砂。靈溪郡貢朱砂、茶牙。潭陽郡貢麩金。盧陽郡貢光明砂。清江郡貢黃連、蠟、黃子。涪陵郡貢連頭獠布。寧夷郡貢蠟。義泉郡貢蠟燭。龍溪郡貢蠟。南川郡貢布。南海郡貢生沉香、甲香、石斛、鼊皮、蚺蛇膽、詹沉香、藤簟、竹簟。始安郡貢銀。安南都護府貢蕉〔布〕、檳榔、魚皮、蚺蛇膽、翠毛。普寧郡貢朱砂、水銀。始興郡貢鐘乳、竹子布、石斛。臨賀郡貢銀。連山郡貢(綼)〔細〕布、鐘乳。

高要郡貢銀。平樂郡貢銀。新興郡貢銀、蕉〔布〕。南潘郡貢銀。陵水郡貢銀。高(京)〔凉〕郡貢銀、蚺蛇膽。海康郡貢絲電。臨江郡貢銀。潯江郡貢銀。蒙山郡貢麩金。開江郡貢班布。(修)〔循〕德郡貢銀。臨封郡貢銀、石斛。南陵郡貢銀、石斛。招義郡貢銀。日南郡貢象牙、犀角、沉香、金(簿)〔薄〕、黄屑。定川郡貢銀。懷德郡貢銀。寧浦郡貢銀。象郡貢銀。開陽郡貢石斛、銀。感義郡貢銀。平琴郡貢銀。合浦郡貢銀。連城郡貢銀。玉山郡貢玳瑁、鼊皮、翠毛、甲香。寧仁郡貢銀。懷澤郡貢細白苧布。龍城郡貢銀。同陵郡貢石斛、銀。海豐郡貢五色藤鏡匣、蚺蛇膽、甲煎、鮫魚皮、〔筌〕臺。晉康郡貢銀。恩平郡貢銀。朱崖郡貢銀、真珠、玳瑁。萬安郡貢銀。延德郡貢藤盤。過此以往，復何所須。假欲崇飾燕居，儲備賜與，天子之貴，寧憂乏財？但敕有司，何求不給？豈必旁延進獻，別徇營求。減德示私，傷風敗法，因依縱擾，爲害最深。陛下臨御之初，已弘清淨之化，下無曲獻，上絶私求。【郎註】德宗初即位，詔凡財賦皆歸左藏，一用舊式。近歲已來，稍渝前旨。今但滌除流誤，振起聖猷，則淳風再興，賄道中寢，雖有貪饕之輩，曷由復肆侵漁。【張註】綱目集覽：侵漁，言掊克其民，若漁獵然。州郡羨財，亦將焉往，若不上輸王府，理須下紓疲人。如是，則困窮之中，十又緩其四五矣。

所定税物估價，合依當處月平。【張註】前漢食貨志：諸司市嘗以四時中月實定所掌，爲物上中下之賈，各自用爲其市平。百姓輸納之時，累經州縣簡閲，事或涉於姦冒，過則不在户人，重重剥徵，理甚無謂。望令所司，應諸州府送税物到京，但與色樣相符，不得虚稱「折估」。如濫惡尤甚，給用不充，【張註】通鑑音註：開元八年，頒租庸調法于天下。好不過精，惡不過濫。濫者惡之極者也。唯罪元納官司，亦勿更征百姓。根本既自端靜，枝葉無因動摇。如是，則困窮之中，十又緩其二三矣。

然後據每年見供賦税之處，詳諭詔旨，咸俾均平。每道各令知兩税判官一人赴京，【張註】文獻通考：建中三年初分置汴東、西水陸兩税鹽鐵使。又：唐天寶後有判官之名，皆使自辟召，然後上聞；其未奉報者稱攝。與度支類會參定。通計户數，以配税錢，輕重之間，大約可準。而又量土地之沃瘠，計物産之少多，倫比諸州，定爲兩等：【張註】通鑑：貞元四年春正月庚戌，詔兩税等第，自今三年一定。州等下者，其每户配錢之數少；州等高者，其每户配錢之數多。多少已差，悉令折衷。仍委觀察使更於當管所配錢數之内，均融處置，務盡事宜。就於一管之中，輕重不得偏併。雖或未盡齊一，決當不甚低昂。既免擾人，且不變法，粗均勞逸，足救凋殘，非但徵賦易供，亦冀逋逃漸息。俟稍寧阜，更擇所宜。

馬傳庚曰：舊制租、調、庸三項，各有取義，立法最精。乃自軍興以來，國家斷隳經制，遂總雜征虚數，定爲兩税恒規。而兩税之中，仍有抑配、折估之擾；兩税之外，復多誅求、宣索之繁；民益困窮，幾難蘇息。公稔知積弊相沿，驟難更革，奏請去其太甚，漸減煩苛，然後配合重輕，酌定兩税額數。上不虧國，下不累民，調濟均平，救時良相。

校勘記

〔一〕授田百畝　「授」，通鑑二二三四作「受」。

〔二〕而其義一也　「一也」上，全唐四六五多一「則」字。

〔三〕便爲兩税定額　「額」，新書食貨志二作「法」。

〔四〕則地著固　「著」，明本作「利」。

〔五〕有積於場圃囤倉　「囤」，明本、郎本、石川本、新書食貨志、通鑑、通考三均作「囷」。疑作「囷」是。

〔六〕由是務輕費而樂轉徙者　「費」，明本、郎本作「賫」。石川本註云：「陸本（亦）作『賫』。」

〔七〕輕重相懸　「懸」，明本作「絶」，新書食貨志、通考作「百」。

〔八〕宣輕傜薄賦之名　「名」，明本、郎本作「言」。

〔九〕因軍興每貫加徵二百者　此句之上，宋本、明本、郎本多一「頃」字。

〔一〇〕任土之宜　「宜」，宋本、明本、郎本作「儀」。

其二請兩税以布帛為額不計錢數【張註】文獻通考：大曆四年敕：天下及王公以下，今後宜準度支長行旨條，每年税錢：上上户四千文，上中户三千五百，上下户三千，中上户二千五百，中中户二千，中下户千五百，下上户一千，下中户七百，下下户五百文。其見任官一品準上上户税，九品準下下户税，餘品並準此依户等税。若一户數處任官，亦每處依品納税。其内外官仍據正員及占額内闕者税。其試及同正員文武官，不在税限。百姓有邸店、行鋪及爐冶，應準式合加本户二等税者，依此税數勘責徵納。其寄莊户準舊例從八等户税，寄住户從九等户税。比類百姓事從不均，宜遞加一等税。其諸色浮客及權時寄住田者，無問有官無官，亦在所爲兩等收税；稍殷有者，準八等户税，餘準九等户税。如數處有莊田，亦每處税。諸道將士莊田，既緣防禦勤勞，不可同百姓例，並從九等輸税。按：以錢輸税而不以穀帛，以資力定税而不問身丁，人皆以爲行兩税以後之弊，今觀此，則由來久矣。

夫國家之制賦税也，必先導以厚生之業，而後取其什一焉。【張註】公羊傳：古者什一而藉。什一者，天下之中正也。其所取也，量人之力，【張註】通鑑本註：量音良。任土之宜，非力之所出則不征，非土之所有則不貢，謂之通法，歷代常行。大凡生於天地之間，而五材之用爲急；五材者，金、木、水、火、土也。【張註】周禮冬官考工記註：五材，金、木、水、火、土也。水、火不資於作爲，金、木自產於山澤，唯土爰播植，非力不成，衣食之源，皆出於此。故可以勉人功而定賦入者，唯布、麻、繒、纊與百穀焉。【張註】前漢灌嬰傳：睢陽販繒者也。註：師古曰：繒者，帛之總名。書禹貢：厥篚纖纊。傳：纊，細綿。爾雅翼：粱者，黍稷之總名。菽者，衆豆之總名。稻者，溉種之總名。三穀各二十種，爲六十；蔬、菓之屬助穀，各二十種，凡百穀。先王懼物之貴賤失平，而人之交易難準，又立貨泉之法，以節輕重之宜，【張註】通鑑作「泉布」，音註曰：班固曰：太公爲周立九府圜法，貨寶于金，利于刀，流于泉，布于布，束于帛。又，鄭氏周禮註曰：其藏曰泉，其行曰布。取名于水泉，其流〔行〕無不徧。謹按：前漢食貨志：太公爲周立九府圜法：黃金方寸，而重一斤，錢圜函方，輕重以銖；布泉廣二尺二寸爲幅，長四丈爲疋。故貨寶于金，利于刀，流于泉，布于布，束于帛。周景王時患錢輕，將更鑄大錢，單穆公曰：「不可。古者天降災戾，于是乎量資幣，權輕重，以救民。民患輕，則爲之作重〔弊〕〔幣〕以行之，于是有母權子而行，民皆得焉。若不堪重，則多作輕而行之，亦不廢重，于是乎有子權母而行，小大利之。」註：應〔邵〕〔劭〕曰：母，重也，其大倍，故爲母也。子，輕也，其輕少半，故爲子也。又，周禮天官外府：掌邦布之入出。註：布，泉也。泉始蓋一品，周景王鑄大泉而有二品，後數變易，不復識本制。至漢，惟有五銖久行。王莽改貨而異作，泉布多至十品，今存于民間，多者有貨布、大泉、貨泉。貨布，長二寸五分，廣寸，首長八分有奇，廣八分，其圜好徑二分半，足枝長八分，其右文曰「貨」，左文曰「布」，重二十五銖，直貨泉二十五。大泉徑一寸二分，重十二銖，文曰「大泉」，直十五貨泉。貨泉徑一寸，重五銖，右文曰「貨」，左文曰「泉」，直一也。斂散弛張，必由於是。

【石川註】周禮司市：以泉府同貨而斂賒。註：謂民貨不售，則爲斂買之；民無貨，則賒貰而予之。蓋御財之大柄，爲國之利權，守之在官，不以任下。【張註】管子：以珠玉爲上幣，以黄金爲中幣，以刀布爲下幣。三幣握之則非有補于暖也，食之則非有補于飽也，先王以守財物以御人事而平天下也。賈山至言：錢者，無用器也。而可以易富貴。富貴者，人主之操柄也，令民爲之，是與人主共操柄，不可長也。然則穀帛者，人之所爲也；錢貨者，官之所爲也。人之所爲者，故租稅取焉；官之所爲者，故賦斂捨焉。此又事理著明者也。是以國朝著令，稽古作程，所取於人，不踰其分。租出穀，庸出絹，調雜出繒、纊、布、麻，【郎註】事見上註。非此族也，不在賦法。列聖遺典，粲然可徵，曷嘗有禁人鑄錢，而以錢爲賦者也！

今之兩稅，獨異舊章。違任土之通方，效算緡之末法，【郎註】食貨志：漢武末年，國用匱乏，諸賈人末作貰貸賣買，率緡錢二千而算一。諸作有租及鑄，率〔緡〕錢四千而算一。【張註】史記平準書：異時算軺車賈人緡錢皆有差，請算如故。註李斐曰：緡，絲也，以貫錢也。一貫千（緡）〔錢〕，出二十算。緡音旻。前漢武帝本紀註：師古曰：謂有儲積錢者，計其緡貫而算之。通鑑音註：自建中初，楊炎定兩稅法，不令民輸其土之所產而督錢。不稽事理，不揆人功，但估資產爲差，便以錢穀定稅，【張註】顧炎武日知録：周官「大宰以九賦斂財賄」註：財，泉穀也。又曰：賦，口率出泉也。而漢律有口算，此則以錢爲賦，自古有之，而不出于田畝也。唐初，租出穀，庸出絹，調出繒布，未嘗用錢，而兩稅法行，遂以錢爲惟正之供矣。臨時折徵雜物，【張註】通鑑本註：謂折錢穀之價，以徵他雜物也。折，之舌反。 每歲色目頗殊，唯計求得之利宜，靡論供辦之難易。 所徵非所業，所業非所徵。〔一〕遂或增價以買其所無，減價以賣其所有，一增一減，耗損已多。 且百姓所營，唯在耕織，人力之作爲有限，物價之貴賤無恒，而乃定税計錢，折錢納物，是將有限之産，以奉無恒之輸。 納物賤則供税之所出漸多，多則人力不給；納物貴則收税之所入漸少，少則國用不充。 公私二途，常不兼濟，以此爲法，未之前聞。 往者初定兩税之時，百姓納絹一疋，折錢三千二三百文，大率萬錢，爲絹三疋，價計稍貴，〔二〕數則不多。 及乎頒給軍裝，計數而不計價，此所謂税入少而國用不充者也。 近者百姓納絹一疋，折錢一千五六百文，大率萬錢，爲絹六疋，價既轉賤，數則漸加。 向之蠶織不殊，〔三〕而所輸尚欲過倍，此所謂供税多而人力不給者也。

今欲不甚改法，而粗救災害者，在乎約循典制，而以時變損益之。 臣謂宜令所司勘會諸州府初納兩税年絹、布定估，比類當今時價，加賤減貴，酌取其中，總計合税之錢，折爲布帛之數，【張註】唐鑑：泉貨所以權物之輕重，流于天下則爲用，積于府庫不爲利也。 何以知其然耶？穀帛出于民，而官不可爲也；錢出于官，而民不可爲也。 取其所有，與其所無，則上下皆濟矣。 是故以穀帛爲賦，則民不得不耕織以奉公上，此驅之于農桑也。 如不取其所有，而取其所無，則民之所有，棄之必賤矣，官之所無，收之必貴矣。 穀帛輕則民爲之者少，錢重則物甚賤者多，是以利壅于上，民困于下。 至于田野荒，（抒）〔杼〕柚空，由取其所無故也。 然則以錢爲賦，官豈得其利乎！爲法者必使民去末而反本，則富國之道也。仍依庸、調舊制，各隨鄉土所宜。某州某年定出税布若干端，某州某年定出税絹若干疋，其有絁、綿、雜貨，亦隨所出定名，勿更計錢，以爲税數。如此則土有常制，人有常輸，衆皆知上令之不遷，於是一其心而專其業。應出布麻者，則務於紡績；供綿絹者，則事於蠶桑。日作月營，自然便習，各修家技，皆足供官。無求人假手之勞，無賤鬻貴買之費，無暴徵急辦之弊，無易常改作之煩。物甚賤而人之所出不加，物甚貴而官之所入不減。是以家給而國足，事均而法行。此直稍循令典之舊規，固非創制之可疑者也。然蚩蚩之俗，罕究事情，好騁異端，妄行沮議。臣請假爲問答，以備討論，陛下誠有意乎憐愍蒼生，將務救恤，但垂聽覽，必有可行。

議者若曰：每歲經費所資，大抵皆約錢數，若令以布帛爲額，〔四〕是令支計無憑。答曰：國初約法已來，常賦率由布帛，踰二甲子，制用不愆，〔五〕何獨當今則難支計？且經費之大，其流有三：軍食一也，軍衣二也，内外官月俸及諸色資課三也。【張註】唐會要：開元二十四年敕：百官料錢，宜各爲一色，都以月俸爲名，各據本官，隨月給付：一品三十〔一〕千，二品二十四千，三品十七千，四品十一千，五品九千二百，六品五千三百，七品四千五（十）〔百〕，八品二千四百七十五，九品一千九百一十七。至大曆十二年，加京官俸：三師，三公，侍中，中書令，每月各一百二十貫文；中書、門下侍郎，月各一百貫文；東宫三太，左、右僕射，各八十貫文；東宫三少，各七十貫文；尚書，御史大夫，太常卿，各六十貫文；常侍，（中）〔宗〕正〔卿〕，太子詹事，國子祭酒，各五十貫文；左、右丞及諸司侍郎，給、舍，中丞，賓客，殿中〔監〕，秘書監，司農等卿，（匠）〔將〕作等監，各四十五貫文；太子二庶子，太常少卿，各四十貫文；諫議，諸司少卿，少監，各三十五貫文；國子司業，内侍，東宫三卿，各三十貫文；郎中，侍御史，司天監，少詹事，諸王傅，國子博士，諭德，中（充）〔允〕，中舍，殿中、秘書、太常、宗正（卿）〔丞〕，各二十五貫文，殿中侍御史，著作郎，大理正，都水使者，總監，内常侍，内給事，各二十貫文；員外郎，通事、起居舍人，王府長史，各十八貫文；監察御史，臺主簿，補闕，王府司馬，司天少監，太子典内，太常博士、主簿，宗正主簿，門下録事，中書〔主簿〕，各十五貫文；拾遺，司議，太子文學，秘書，著作佐郎，國子、太學、四門，廣文博士，大理司直，詹事府丞及諸寺監丞，謁者監，中書、門下主事，各十二貫文；洗馬，贊善，諸寺監主簿，詹事府司直，各十貫文；評事，八貫文；諸校正，各六貫文；諸奉御，九成〔宫〕總監，諸王諮議及諸陵令，各六貫二百文；城門，符寶，國子助教，六局郎，王府掾屬，太常侍醫，文學，録事參軍，主簿，記室，（都）〔諸〕衛及六軍長史，兩市令，諸副總監，武庫署令，太公廟令，各五貫三百文；太子通事舍人，東宫三寺丞，太學，廣文助教，内坊丞，諸直長，内寺伯，千牛衛及諸率府長史，諸陵丞，諸陵署，諸王府判司，司竹，温泉監，尚書都事，都水及諸總監丞，司天臺丞，太子侍醫，諸司上局署令，王府國令，苑四面副監，公主邑司令，各四貫一百一十六文；國子、四門助教，律、醫學博士，協律郎，内謁者，諸衛、六軍、左右衛率府等衛佐，諸王府參軍，大農，都省，兵吏，禮（房）考功主事，春坊録事，司竹副監，諸司中局署令，都水主簿，諸司上局署〔函〕及監廟司丞，司天臺靈〔臺〕郎，保章，挈壺正，太（常）〔醫署〕鍼醫〔監〕及（醫）尚（衣）〔藥〕局司（衣）〔醫〕，各二貫四百七十文；太祝，奉禮，省中諸行主事，門下典儀，御史臺、殿中、秘書、内侍省、春坊、詹事府主事，諸寺監、諸衛、六軍、諸司録事，諸司中局署丞及大理獄丞，諸司〔府〕監〔作監〕〔録〕事，諸率府録事，殿中省醫佐、食醫，奉輦、司庫、司廩、奉乘，鴻臚寺掌客、司儀，太僕主乘，內坊典直，司天臺司辰、司曆、監〔侯〕，內侍省宫教博士，東宫三寺主簿，太常、太樂、鼓吹丞，醫正，按摩、咒禁、卜筮博士及鍼、醫、卜助教，國子書、算博士及助教，諸王府國丞、尉，諸總監主簿，各一貫九百一十七文。武官：左、右金吾大將軍，各四十五貫文；六軍大將軍，左、右金吾將軍，各四十貫文；諸衛大將軍，六軍將軍，各三十貫文；諸衛將軍，各二十五貫文；諸衛及六軍中郎將，諸率府率副，各一十〔一〕貫五百六十七文；諸衛及六軍郎將，諸王府典軍、副〔典軍〕，各九貫二百文；諸衛及六軍司陛千牛及左右備身，各五貫三百文；諸衛及六軍中侯，太子千牛，各四貫一百一十六文；諸衛及六軍司戈，太子備身，各二貫四百七十五文；諸衛及六軍執戟及長上，各一貫九百一十七文。京兆及諸府尹，各八十貫文，少尹，兩縣令，各五十貫文；奉先、昭應、醴泉等縣令、司録，各四十五貫文；畿令，各四十貫文；判司，兩縣丞，各三十五貫文；兩縣簿、尉，奉先等縣丞，各三十貫文；奉先縣簿、尉，諸畿令，各二十五貫文；畿簿、尉，各二十貫文；參軍，文學博士，録事，各一十貫文。應給百司正員文武官月料錢外，檢校官，同中書門下平章事，每月一百二十貫文；內侍省監，每月四十五貫文，每年約加一十五萬六千貫文。【石川註】諸色猶言雜科，陰陽、醫、筮、卜、圖畫、功巧、造食、音聲、天文之流。軍衣固在於布帛，軍食又取於地租，其計錢爲數者，獨月俸資課而已。制禄唯不計錢，故三代以食人衆寡爲差，【郎註】王制：農田百畝，百畝之分，上農夫食九人，其次食八人，其次食七人，其次食六人，下農夫食五人。庶人在官者，其禄以是爲差也。【張註】通典：周班爵禄之制：大國君十卿禄，卿禄四大夫，大夫倍上士，上士倍中士，中士倍下士，下士與庶人在官者同禄。次國君十卿禄，卿禄三大夫，大夫倍上士，上士倍中士，中士倍下士，下士與庶人在官者同禄。小國君十卿禄，卿禄二大夫，大夫倍上士，上士倍中士，中士倍下士，下士與庶人在官者同禄。皆禄足以代其耕也。天子之三公之田視公、侯，天子之卿視伯，天子之大夫視子、天子之元士視附庸。諸侯之下士禄食九人，中士食十八人，上士食三十六人，下大夫食七十二人，卿食二百八十八人。次國之卿食二百一十六人，君食二千一百六十人。小國之卿食百四十四人，君食一千四百四十四人。次國之卿命于君者，亦如小國之卿。**兩漢以石數多少爲秩。**【郎註】顔師古曰：漢制：三公號稱萬石，其俸月各三百五十斛穀，其稱中二千石者，月各百八十斛；二千石者，百二十斛；比二千石者，百斛；千石者，九十斛；比千石者，八十斛；六百石者，七十斛；比六百石者，六十斛；四百石者，五十斛；比四百石者，四十五斛；三百石者，四十斛；比三百石者，三十七斛；二百石者，三十斛；比二百石者，二十七斛；一百石者，十六斛。見百官公卿表。【張註】通典：漢制：禄秩自中二千石至百石各有等差。宣帝又益天下吏百石以下俸十五。至成帝陽朔二年，除八百石、五百石秩；綏和二年，又益吏三百石以下俸。凡吏比二千石以上，年老致仕者，三分故禄，以一與之，終其身。中二千石、二千石、比二千石、千石、六百石、四百石、比四百石、三百石、比三百石、二百石、比二百石、百石；自四百石至二百石，爲長吏；百石以下，有斗食、佐史之秩，是爲小吏。後漢大將軍、三公俸，月三百五十斛。至建武二年六月，增百官俸，其千石以上減于西京舊制，六百石以下增于舊秩，凡諸受俸皆取半錢穀。延平中定制：中二千石、真二千石、比二千石、千石、六百石、四百石、三百石、二百石、一百石；凡中二千石丞比千石，真二千石丞、長史六百石，比二千石丞比六百石。令、相千石者，丞、尉皆四百石；其六百石者，丞、尉皆三百石；長、相四百石及三百石者，丞、尉皆二百石。諸侯、公主家丞，秩皆比三百石。諸邊障塞尉、諸陵校尉，皆二百石。有常例者不署秩。蓋以錢者，官府之權貨；祿者，吏屬之常資。以常徇權，則豐約之度不得恒於家；以權爲常，則輕重之柄不得專於國。故先王制祿以食，而平貨以錢，然後國有權而家有節矣。況今餽餉方廣，倉儲未豐，盡復古規，或慮不足，若但據羣官月俸之等，隨百役資課之差，各依錢數少多，折爲布帛定數，某官月給俸絹若干疋，某役月給資布若干端，【張註】通鑑音註：唐制：布帛六丈爲端，四丈爲疋。所給色目精麤，有司明立條例，便爲恒制，更不計錢，物甚賤而官之所給不加，物甚貴而私之所稟不減，官私有準，何利如之。生人大端，衣食爲切，有職田以供食，【張註】通典：諸京官文武職事，各有職分田，並去京城百里內給。其京兆、河南府及京縣官人職分田，亦準此。諸州及都護府、親王府官人職分之田，亦各有差，皆于領(例)〔側〕州〔縣〕界內給。其校尉以下，在本縣及去家百里內領者，不給。諸職分陸田限三月三十日，稻田限四月三十日，以前上者並入後人，以後上者入前人。其麥田以九月三十日爲限，各前人自耕未種，後人酧其功直；已自種者，準租分法其價六斗以下者，依舊定不得過六斗。並取情願，不得抑配。通鑑音註：職分田起于後周，頃畝以品爲差；下至隋、唐，代有增減。有俸絹以供衣，從事之家，固足自給，以兹制事，誰曰不然。夫然，則國之用財，多是布帛，定以爲賦，復何所傷？

議者若曰：吏祿軍裝，雖頒布粟，至於以時斂糴，用權物價重輕，是必須錢，於何取給？答曰：古之聖人，所以取山澤之蘊材，作泉布之寶貨，國專其利，而不與人共之者，蓋爲此也。物賤由乎錢少，少則重，重則加鑄而散之使輕；物貴由乎錢多，多則輕，輕則作法而斂之使重。是乃物之貴賤，繫於錢之多少；錢之多少，在於官之盈縮。官失其守，反求於人，人不得鑄錢，而限令供税，是使貧者破産而假資於富有之室，富者蓄貨而竊行於輕重之權，下困齊人，上虧利柄。今之所病，諒在於斯。誠宜廣即山殖貨之功，峻用銅爲器之禁，【張註】唐書食貨志：左監門衛録事參軍事劉秩曰：「夫錢重由人日滋于前，而鑪不加舊。公錢與銅價頗等，故破重錢爲輕錢，銅之不贍，在採用者衆也。銅之爲兵不如鐵，爲器不如漆。禁銅則人無所用，盜鑄者少，公錢不破，人不犯死，錢又日增，是一舉而四美兼也。」又：大曆七年，禁天下鑄銅器。貞元初，諸道鹽鐵使張滂奏禁江、淮鑄銅爲器，惟鑄鑑而已。十年，詔天下鑄銅器，每器一斤，其值不得過百六十，銷錢者以盜鑄論。苟制持得所，則錢不乏矣。有糶鹽以入其直，有榷酒以納其資，【張註】唐書食貨志：唐有鹽池十八，井六百四十，皆隸度支。蒲州安邑、解縣有池五，總曰「兩池」，歲得鹽萬斛，以供京師。鹽州五原有烏池、白池、瓦池、細項池，靈州有溫泉池、兩井池、長尾池、〔五泉池〕、紅桃池、回樂池、弘静池，會州有河池，三州皆輸米以代鹽。安北都護府有湖落池，歲得鹽萬四千斛，以給振武、天德。黔州有井四十一，成州、嶲州井各一，果、閬、開、通井百二十三，山南西院領之。邛、眉、嘉有井十三，劍南西川院領之。梓、遂、緜、合、昌、渝、瀘、資、榮、陵、簡有井四百六十，劍南東川院領之。皆隨月督課。幽州、大同横野軍有鹽屯，每屯有丁有兵，歲得鹽二千八百斛，下者千五百斛。負海州歲免租爲鹽二萬斛以輸司農。青、楚、海、滄、棣、杭、蘇等州，以鹽價市輕貨，亦輸司農。又：唐〔初〕無酒禁。乾元元年，京師酒貴，肅宗以稟食方屈，乃禁京城酤酒，期以麥熟如初。廣德二年，定天下酤户以月收税。建中元年，罷之。三年，復禁民酤，以佐軍費，置肆釀酒，斛收直三千，州、縣總領，醨薄私釀者論其罪。尋以京師四方所湊，罷榷。貞元二年，復禁京城、畿縣酒，天下置肆以酤者，斗錢百五十，免其徭役。苟消息合宜，則錢可收矣。錢可收，固可以斂輕爲重；錢不乏，固可以散重爲輕。弛張在官，何所不可，慮無所給，是未知方。

議者若曰：自定兩税以來，恒使計錢納物，物價漸賤，所納漸多，出給之時，又增虚估，廣求羨利，以贍庫錢，歲計月支，猶患不足。今若定供布帛，出納以平，軍國之資，無乃有闕？答曰：自天寶以後，師旅數起，法度消亡。肅宗撥滔天之災，而急於功賞；先帝邁含垢之德，而緩於糾繩。【張註】通鑑音註：繩三合爲糾，糾言三合爲一也。由是用頗殷繁，欲亦靡弊。公賦已重，別獻繼興；別獻既行，私賂競長。誅求刻剥，日長月滋，積累以至于大曆之間，所謂取之極甚者也。【郎註】食貨志：自西京陷没，民物耗弊，天下蕭然。肅宗即位，遣御史鄭叔清等籍江淮、蜀漢富商右族貲畜，十收其二，謂之「率貸」。又召人納錢，給空名告身，授官勳邑號。而百姓殘於兵盜，米斗至錢七千。至代宗之時，財力益困竭。諸鎮擅地，結爲表裏，天子不能繩以法，專留意祠禱，歲費鉅萬計。帝性雖儉約，然生日、端午，四方貢獻至數千萬者，加以恩澤，而諸道爭尚侈麗爲自媚計，故天下愈彫耗。今既總收極甚之數，定爲兩税矣；所定別獻之類，復在數外矣；間緣軍用不給，已嘗加徵矣；近屬折納價錢，則又多獲矣；比於大曆極甚之數，殆將再益其倍焉。復幸年穀屢豐，兵車少息，〔六〕而用常不足，其故何哉?蓋以事逐情生,費從事廣,物有劑而用無節,夫安得不乏乎!苟能黜其情,約其用,非但可以布帛爲稅,雖更減其稅亦可也。苟務逞其情,侈其用,非但行今重稅之不足,雖更加其稅亦不足也。

夫地力之生物有大數,人力之成物有大限。取之有度,用之有節,則常足;取之無度,用之無節,則常不足。生物之豐敗由天,用物之多少由人。是以聖王立程,〔七〕量入爲出,【郎註】王制:以三十年之通,制國用,量入以爲出。雖遇災難,下無困窮。【石川註】禮王制:冢宰制國用,必於歲之(秒)〔杪〕,量入以爲出。三年耕,必有一年之食;九年耕,必有三年之食。雖有凶旱水溢,民無菜色。理化既衰,則乃反是,【張註】通鑑本註:理化,猶言治化也。量出爲入,不恤所無。故魯哀公問「年饑,用不足,如之何」,有若對以「盍徹」。〔八〕桀用天下而不足,湯用七十里而有餘,【石川註】管子:湯以七十里之薄兼桀之天下。是乃用之盈虛,在節與不節耳。〔九〕不節則雖盈必竭,能節則雖虛必盈。衛文公承滅國之餘,【張註】史記衛康叔世家:齊桓公率諸侯伐翟,爲衛築楚邱,立戴公弟燬爲衛君,是爲文公。建新徙之業,革車不過三十乘,豈不甚殆哉!而能衣大布,冠大帛,約已率下,通商務農,卒以富强,見稱載籍。【郎註】左(傳)閔二年:衛文公大布之衣,大帛之冠,務材訓農,通商惠工,敬教勸學,授方任能,元年革車三十乘,季年乃三百乘。【張註】左傳杜註:大布,粗布。大帛,厚繒。蓋用諸侯諒闇之服。漢文帝接秦、項積久傷夷之弊,繼高、呂革創多事之時,家國虛殘,日不暇給,【張註】前漢高帝紀:雖日不暇給，規模宏遠矣。註：師古曰：給，足也。日不暇足，言衆事繁多，常汲汲也。而能躬儉節用，靜事息人，服弋綈。【張註】前漢文帝紀：身衣弋綈。註：師古曰：弋，黑色也。綈，厚繒。履革舄，【郎註】東方朔傳：文帝貴爲天子，富有四海，身衣弋綈，足履革舄。【張註】師古曰：革，生皮也，不用柔韋，言儉率也。卻駿馬而不御，【郎註】賈捐之傳：孝文時，有獻千里馬者，詔曰：「鸞旗在前，屬車在後，吉行日五十里，師行三十里，朕乘千里之馬，獨先安之？」於是還馬與道里費，而下詔曰：「朕不受獻也，其令四方毋求來獻。」罷露臺而不修，【郎註】文〔帝〕紀贊曰：孝文嘗欲作露臺，召匠計之，直百金。上曰：「百金，中人十家之產也。吾奉先帝宮室，常恐羞之，何以臺爲？」屢賜田租，【張註】前漢文帝紀：二年，詔曰：「農，天下之大本也，民所恃以生也。而民或不務本而事末，故生不遂。朕今親率羣農以勸之。其賜天下今年田租之半。」十二年，詔曰：「道民之路，在于務本。朕親率天下農，而野不加辟，歲一不登，民有饑色，是吏奉吾詔不勤，而勸民不明也。且吾農民甚苦，而吏莫之省，將何以勸焉？其賜農民今年租稅之半。」十三年，詔曰：「農，天下之本，務莫大焉。今廑身從事，而有租稅之賦，是爲本末者無以異也，其除之。」以厚烝庶。遂使戶口蕃息，百物阜殷。乃至鄉曲宴遊，乘牝牸者不得赴會；【張註】史記平準書註：漢書音義曰：皆乘父馬，有牝馬閒其閒則相踶齧，故斥不得出會同。子孫生長，或有積數十歲不識市鄽。【張註】綱目質實：市廛，市買賣之所。易：日中爲市。又：都邑也。廛，市中空地。說文：二畮半，一家之居也。孟子：願受一廛而爲氓。亦作鄽。【石川註】史記律書：文帝時，會天下新去湯火，人民樂業，自年六七十翁亦未嘗至市井。御府之錢，貫朽而不可校；【張註】史記平準書註：如淳曰：校，數也。太倉之粟，紅腐而不可食。【張註】

漢書賈捐之傳註：師古曰：粟久腐壞則色紅赤也。國富於上，人安於下，生享遐福，沒垂令名，【石川註】賈捐之傳：後宮盛色則賢者隱處，佞人用事（則）諍臣杜口，而文帝不行，故謚爲孝文，廟稱太宗。左傳閔元年：猶有令名與其及也。人到于今，稱其仁賢，可謂盛矣。太宗文皇帝收合板蕩，再造寰區。武德年中，革車屢動，【郎註】高祖方經營天下，故連年出師。【石川註】孟子：革車三百兩。註：兵車也。繼以災歉，人多流離。貞觀之初，荐屬霜旱，自關輔綿及三河之地，【張註】通鑑音註：關謂蒲、潼、隴、蜀、藍田諸關，輔謂三輔。關內即漢三輔之地。史記貨殖傳：昔唐人都河東，殷人都河內，周人都河南。夫三河在天下之中，若鼎足，王者所更居也。米價騰貴，斗易一縑，道路之間，餧殍相藉。【石川註】舊唐書太宗紀：貞觀元年夏，山東諸州大旱，令所在賑恤，無出今年租賦。八月，關東及河東、隴右沿邊諸州霜害秋稼。是歲，關中至有鬻男女者。太宗敦行儉約，撫養困窮，視人如傷，【石川註】孟子：視民如傷。勞徠不倦。【石川註】詩鴻雁序：能勞來還定。百姓有鬻男女者，出御府金帛，贖還其家。【郎註】貞觀政要曰：二年，關中旱，饑，太宗謂侍臣曰：「水旱不調，皆爲人君失德。朕德之不修，天當責朕，百姓何罪而多困窮？聞有鬻男女者，朕甚愍焉。」乃遣御史大夫杜淹巡視，出御府金帛爲贖之，還其父母。嚴禁貪殘，慎節徭賦，弛不急之用，省無事之官，黜損乘輿，斥出宮女。【郎註】貞觀初，天少雨，中書舍人李百藥上言：「往年雖出宮人，竊聞太上皇宮及掖庭無用者尚多，豈惟虛費衣食，且陰氣鬱積，亦足致旱。」上曰：「婦人幽閉深宮，誠爲可愍。灑埽之餘，亦何所用？宜皆出之，任求伉儷。」於是遣尚書左丞戴胄、給事中杜正倫於掖庭西門簡出之，前後所出三千餘人。事見貞觀政要并李百藥傳。太宗嘗有氣疾，百官以大内卑濕，請營一閣以居，尚憚煩勞，竟不之許。【郎註】貞觀二年，公卿表曰：「依禮，季夏之月可以處臺榭。今盛暑未退，宮中卑濕，請營一閣以居之。」上曰：「朕有氣疾，豈宜卑濕，若遂來請，糜費良多。」固請，至于再三，竟不許。事見貞觀政要。是以至誠上感，淳化下敷，四方大和，百穀連稔。貞觀八年以後，米斗至四五錢，俗阜化行，人知義讓，行旅萬里，或不齎糧。【郎註】太宗即位元年，關中饑，米斗直絹一疋。二年，天下蝗。三年，大水。上勤而輔之，民雖東西就食，未嘗嗟怨。是歲，天下大稔，流散者咸歸鄉里，米斗不過三四錢。終歲斷死罪纔二十九人。東至於海，南及五嶺，皆外户不閉，行旅不齎糧，取給於道路焉。事見魏徵傳。【張註】通鑑：太宗之初即位也，常與羣臣語及教化。上曰：「今承大亂之後，恐斯民未易化也。」魏徵對曰：「不然。久安之民驕佚，驕佚則難教；經亂之民愁苦，愁苦則易化。譬猶饑者易爲食，渴者易爲飲也。」上深然之。故人到于今，談帝王之盛，則必先太宗之聖功；論理道之崇，則必慕貞觀之故事。此二君者，〔一〇〕其經始豈不艱窘哉！【石川註】詩靈臺：經始勿亟。傳：經，度之也。皆以嗇用愛人，竟獲豐福，是所謂能節雖虛必盈之效也。秦始皇據崤、函之固，藉雄富之業，專力農戰，【石川註】商子農戰：人主之所以勸民者，官、爵也；國之所以興者，農、戰也。始皇治國本商鞅法。廣收材豪，故能芟滅暴强，宰制天下。功成志滿，自謂有泰山之安，【石川註】漢書嚴助傳天下之安猶泰山而四維之也。貪欲熾然，以爲六合莫予違也。【石川註】莊子齊物論：六合之外，聖人存而不論。註：天地四方曰六合。賈誼過秦論：履至尊而制六合。於是發閭左之戍，【張註】前漢食貨志：發閭左之戍。註：應(邵)〔劭〕曰：秦時以適發之，名適戍。先發吏有過及贅壻、賈人，後以常有市籍者〔發〕，又後以大父母、父母常有市籍者。戍者曹輩盡，復入閭，取其左發之。師古曰：閭，里門也。言居在閭門之左者，一切發之。徵太半之賦，【張註】前漢食貨志註：師古曰：泰半，三分取其二。進諫者謂之宣謗，恤隱者謂之收恩，故徵發未終，而宗社已泯。【郎註】食貨志：始皇并天下，內興功作，外攘夷狄，收太半之賦，發閭左之戍。竭天下之資財，猶未足以贍其欲也。海內愁怨，遂用潰畔。漢武帝遇時運理平之會，承文、景勤儉之積，內廣興作，外張甲兵，侈汰無窮，遂至殫竭；大搜財貨，算及舟車，【郎註】食貨志：武帝時，商賈人軺車二算，船五丈以上一算。匿不自（告）〔占〕，（及）〔占〕不（來）〔悉〕，戍邊一歲，沒入緡錢。遠近騷然，幾至顛覆。賴武帝英姿大度，付任以能，納諫無疑，【石川註】以昭帝託霍光、金日磾，是付任以能之大者也。漢書梅福傳：孝武皇帝好忠諫，說至言。改過不吝，下哀痛之詔，罷征伐之勞，封丞相爲富民侯，【張註】前漢食貨志：武帝末年，悔征伐之事，乃封丞相爲富民侯。韋昭註：富民，沛蘄縣也。師古曰：欲百姓之殷實，故取其嘉名也。以示休息，【郎註】食貨志云。邦本搖而復定，帝祚危而再安。

隋氏因周室平齊之資，【郎註】周乃後周，即宇文泰之後。齊乃北齊，即高歡之後。齊至後主，爲周師所擒。【石川註】周武帝建德六年，滅北齊。隋文帝篡周而立。府庫充實，開皇之際，理尚清廉。是時公私豐饒，議者以比漢之文景。煬帝嗣位，肆行驕奢，竭耗生靈，不知止息，海內怨叛，以至於亡。【郎註】隋〔書〕食貨志：文帝既平江表，躬先儉約。開皇十七年，中外倉庫，無不盈積，至積於廊廡之下，遂停此年正賦，以賜黎元。煬皇嗣位，肆情騁志，窮極（行）〔巨〕麗。鑾和歲動，從行宮掖，常千萬人，皆仰給縣官。租賦之外，一切（促）〔徵〕斂，不顧元元。於是盜賊充斥，天下大亂。此三君者，其所憑藉，豈不豐厚哉！此皆以縱欲殘人，竟致蹙喪，是所謂不節則雖盈必竭之效也。秦、隋不悟而遂滅，漢武中悔而獲存，乃知懲與不懲，覺與不覺，其於得失相遠，復有存滅之殊，安可不思！安可不懼！

今人窮日甚，國用歲加，不時節量，其勢必蹙。而議者但憂財利之不足，罔慮安危之不持。若然者，則太宗、漢文之德曷見稱，秦皇、隋煬之敗靡足戒，唯欲是逞，復何規哉！幸屬休明，將期致理，急聚斂而忽於勤恤，固非聖代之所宜言也。

馬傳庚曰：均節財賦，量度出入，國之經也。無端計錢折税，暴斂重征，使物之貴賤無恒，而人之輸將日困，推原其故，皆出於私。何如準依舊制，立定恒規，將人無闕供，國不乏用，庶幾法制平而財用足矣。篇中帶論錢法，言錢之多寡視乎上之權衡，並無俟取給於民而後足也，最有識見。其餘議論，亦透達警湛。

校勘記

〔一〕所徵非所業所業非所徵　二「徵」，新書食貨志二、通考三均作「供」。

〔二〕價計稍貴　「計」，明本、石川本作「既」。

〔三〕向之蠶織不殊　「向之」，新書食貨志、通考作「計口」。

〔四〕若令以布帛爲額　「令」，明本、郎本作「今」。

〔五〕常賦率由布帛踰二甲子制用不愆　「踰」，明本、全唐四六五作「輸」，屬上句。

〔六〕兵車少息　石川本註云：「『車』恐當作『革』。」

〔七〕是以聖王立程　「聖」，郎本作「先」。

〔八〕有若對以盍徹　此句之下，石川本註云：「葉本有『乎』字。」按：魯哀公與有若之問對，出論語顏淵，該書各本此處均有「乎」字。

〔九〕在節與不節耳　「在」下，明本、郎本多一「於」字。

〔一〇〕此二君者　「二君」，宋本、明本、全唐作「三君」。按：前舉實爲衛文公、漢文帝、唐太宗三賢君事，疑作「三君」是。

其三論長吏以增户加税闢田爲課績

【張註】通典：唐考課之法：諸州縣官人，撫育有方，户口增益者，各準見户爲十分論，每加一分，刺史、縣令各進考一等。其州户不滿五千，縣户不滿五百者，各準五千、五百户法爲分；若撫養乖方，户口減省者，各準增户法亦每減一分，降考一等。其勸課農田，能使豐殖者，亦準見地爲十分論，每加二分，各進考一等。其有不加〔勸〕課以致減損者，每損一分，降考一等。若數處有功，並應進考者，並聽累加。

夫欲施教化，立度程，必先域人，使之地著。【張註】前漢食貨志：理民之道，地著爲本。故必建步立晦，正其經界。註：師古曰：地著，爲安土也。古之王者，設井田之法以安其業，【張註】通典：昔黃帝始經土設井，以塞〔諍〕〔爭〕端；立步制畝，以防不足。使八家爲井，井開四道，而分八宅，鑿井于中，一則不洩地氣，二則無費一家，三則同風俗，四則齊巧拙，五則通財貨，六則存亡更守，七則出入相〔司〕〔同〕，八則嫁娶相媒，九則有無相貸，十則疾病相救。是以情性可得而親，生産可得而均。既牧之于邑，故井一爲鄰，鄰三爲朋，朋三爲里，里五爲邑，邑十爲都，都十爲師，師十爲州。夫始分〔之〕于井則地著，計之于州則數詳，迄乎夏、殷，不易其制。立五宗之制以綴其恩。【郎註】大傳：別子爲祖，繼別爲宗，繼禰爲小宗。有百世不遷之宗，有五世則遷之宗。百世不遷者，別子之後也，宗其繼別子之所自出者，百世不遷者也。宗其繼高祖者，五世則遷者也。【張註】鄭康成註：別子之世適，族人尊之，謂之大宗。繼高祖者，亦小宗也。高祖與禰皆有繼者，則曾祖亦有也，則小宗四，大宗凡五。【石川註】周禮大司徒：令五家爲比，使之相保；五比爲閭，使之相受。陳琳檄文：所愛光五宗。註：謂上自高祖，下至玄孫也。五宗與本文異義。猶懼其未也，〔一〕又教之族墳墓，【張註】周禮地官大司徒：以本俗六，安萬民。二曰族墳墓。註：族猶類也。同宗者，生相近，死相迫。敬桑梓，【張註】詩：維桑與梓，必恭敬止。註：桑、梓，二木。古者五畝之宅，樹之墻下，以遺子孫，給蠶食具器用者也。容齋隨筆：小雅「維桑與梓，必恭敬止」，並無鄉里之說，而後人文字乃作鄉里事用。按古人「桑梓」之說，不過敬老之意。說苑：常樅謂老子曰：「過喬木而趨，子知之乎？」老子曰：「過喬木而趨，非敬老邪？」常樅曰：「嘻！是已。」此于詩爲興體，言桑梓猶當恭敬，而況父母爲人子所瞻依。將以固人之志，定人之居，俾皆重遷，然可爲理。厥後又督之以出鄉【石川註】孟子：死徙無出鄉。管子立政：使力作毋偷，懷樂家室，重去鄉里。鄉，師之事也。游惰之禁，【張註】周禮地官：凡宅不毛者有里布，凡田不耕者出屋粟，凡民無職事者出夫家之征。文獻通考：周家立此法以警游惰之民。所謂里布、屋粟、夫家之征，蓋倍蓰而取以困之也。糾之以版圖比閱之方。【張註】周禮天官小宰：以官府之八成，經邦治。三曰聽閭里以版圖。註：版，户籍；圖，地圖也。又，地官小司徒：頒比法于六鄉之大夫，使各登其鄉之衆寡，六畜車輦，辨其物，以歲時入其數，以施政教，行徵令。及三年則大比，大比則受邦國之比要。註：大比，謂使天下更簡閱民數及其財物也。鄭司農云：五家爲比，故以比爲名，今時八月案比是也。雖訓導漸微，而檢制猶密，歷代因襲，以爲彝章。其理也必謹於隄防，其亂也必慢於經界。【石川註】孟子：暴君污吏，必慢其經界。註：不正也。斯道崇替，與時興衰。人主失之則不可御寰區，守長失之則不可釐郡邑。理人之要，莫急於茲。

頃因兵興，典制弛廢。户版之紀綱罔緝，土斷之條約不明，【張註】宋書武帝紀：「大司馬桓溫，以民無定本，傷治爲深，庚戌土斷，以一其業。請準庚戌土斷之科，庶子本所弘，稍與事著。」于是依界土斷。通典：唐令：諸户以百户爲里，五里爲鄉，四家爲鄰，三家爲保。每里置正一人，掌按比户口，課植農桑，檢察非違，催驅賦役。在邑居者爲坊，別置正一人，掌坊門管鑰，督察姦非。並免其課役。在田野者爲村，別置村正一人；其村滿百家，增置一人，掌同坊正。其村居如滿十家者，隸入大村，不須別置村正。天下户爲九等，三年一造户籍，凡三本，一留縣，一送州，一送户部。常留三比在州縣，五比送省。諸里正，縣司選勳官六品以下、白丁清平强幹者充。其次爲坊正。若當里無人，聽于比鄰里簡用。其村正取白丁充。無人處，里正等並通取十八以上中男。殘疾免充。文獻通考：開元十八年敕：天下户等第未平，升降須實。比來富商大賈，多與官吏往還，遞相憑囑，求居下等。自後如有囑請，委御史彈奏。恣人浮流，莫克禁止。縱之則湊集，整之則驚離，恒懷倖心，靡固本業。是以賦稅不一，教令不行。長人者又罕能推忠恕易地之情，體至公徇國之意。迭行小惠，競誘姦甿，以傾奪鄰境爲智能，以招萃逋逃爲理化。捨彼適此者，既謂新收而獲宥；〔二〕倏忽往來者，又以復業而見優。唯懷土安居，首末不遷者，則使之日重，斂之日加。是令地著之人，恒代惰游服役，〔三〕則何異驅之轉徙，教之澆譌。此由牧宰不克弘通，各私所部之過也。及夫廉使奏課，【石川註】通典：官制有廉訪使。後漢書魯恭王傳註：廉，察也。會府考功，【張註】唐書百官志：觀察處置使掌察所部善惡。文獻通考：代宗寶應元年，考功奏請立京、外按察。京察連御史臺分察使，外察連諸道觀察使，各訪察官吏善惡。其功過稍大，事當奏者，使司案成便奏，每年九月三十日以前具狀報考功；其功過雖小，理堪懲勸者，按成即報考功，至校考日參事跡以爲殿最。但守常規，不稽時變。其所以爲長吏之能者，大約在於四科：一曰户口增加，二曰田野墾闢，三曰稅錢長數，四曰徵辦先期。此四者，誠吏職之所崇，然立法齊人，久無不弊。法之所沮，則人飾巧而苟避其網；法之所勸，則人興僞以曲附其文。理之者若不知維御損益之宜，則巧僞萌生，恒因沮勸而滋矣。

夫課吏之法，所貴户口增加者，豈不以撫字得所，人益阜蕃乎？今或詭情以誘其姦浮，苛法以析其親族，苟益户數，務登賞條。所誘者將議薄征，已遽驚散；所析者不勝重税，又漸流亡。州縣破傷，多起於此。長吏相效以爲績，安忍莫懲；【石川註】左傳隱四年：阻兵而安忍。齊人相扇以成風，規避轉甚。不究實而務增户口，有如是之病焉。所貴田野墾闢者，豈不以訓導有術，人皆樂業乎？今或牽率黎烝，播植荒廢，〔四〕約以年限，免其地租。【張註】文獻通考：大曆元年，詔荒田每畝税二升。五年始定法。苟農夫不增，而墾田欲廣，新畝雖闢，舊畬反蕪。【張註】詩：如何新畬。傳：田二歲曰新，三歲曰畬。爾雅釋地：田一歲曰菑，二歲曰畬，三歲曰新田。人利免租，頗亦從令，年限纔滿，復爲汙萊，【石川註】詩十月之交：田卒汙萊。陸德明曰：田廢生草曰萊。有益煩勞，無增稼穡。不度力而務闢田野，有如是之病焉。所貴税錢長數者，豈不以既庶而富，人可加賦乎？今或重困疲羸，力求附益，捶骨瀝髓，隳家取財，苟媚聚斂之司，以爲仕進之路。不恤人而務長税數，有如是之病焉。所貴徵辦先期者，豈不以物力優贍，人皆樂輸乎？今或肆毒作威，殘人逞欲，事有常限，因而促之，不量時宜，唯尚强濟，絲不容纖，粟不暇舂，【張註】説文：舂，擣粟也。古者雍父初作舂。矧伊貧虚，能不奔迸。不恕物而務先徵辦，有如是之病焉。然則引人逋逃，蹙人艱窘，唯茲四病，亦有助焉。此由考覈不切事情，而泛循舊轍之過也。

且夫户口增加，田野墾闢，税錢長數，徵辦先期，若不以實事驗之，則真僞莫得而辨。將驗之以實，則租賦須加，所加既出於人，固有受其損者。此州若增客户，彼郡必減居人。增處邀賞而税數有加，減處懼罪而税數不降。儻國家所設考課之法，必欲崇於聚斂，則如斯可矣，將有意乎富俗而務理，豈不剌謬歟！【石川註】説文：剌，戾也。

當今之要，在於厚人而薄財，損上以益下。下苟利矣，上必安焉，則少損者所以招大益也。人既厚矣，財必贍焉，則暫薄者所以成永厚也。臣愚謂宜申命有司，詳定考績，往貴於加者，今務於減焉。假如一州之中，所税舊有定額，凡管幾許百姓，復作幾等差科，每等有若干户人，每户出若干税物，各令條舉，都數年別一申使司，使司詳覆有憑，然後録報户部。若當管之内，人益阜殷，所定税額有餘，任其據户均減，〔五〕率計減數多少，以爲考課等差。其當管税物通比校，每户十分減三分者爲上課，十分減二分者次焉，十分減一分者又次焉。【張註】通鑑本註：此不以增户爲課最，而以户額增之税能減地著户之税額爲課最也。如或人多流亡，加税見户，比校殿罰，【張註】春秋繁露：考試之法：九分，三三列之，以爲一最，五爲中，九爲殿。法亦如之。【石川註】後漢書註：殿，後也，謂課居後也。其百姓所出田租，〔六〕則各以去年應輸之數，便爲定額，每歲據徵，〔七〕更不勘責檢巡。增闢者勿益其租，廢耕者不降其數，足以誘導墾植，且免妨奪農功，事簡體弘，人必悅勸。每至定户之際，但據雜産校量，田既自有恒租，不宜更入兩税。如此則吏無苟且，俗變澆浮，不督課而人自樂耕，不防閑而衆皆安土。斯亦當今富人固本之要術，在陛下舉而行之。

馬傳庚曰：增户闢田，加税先納，豈非美事？無如悉屬浮僞，長吏藉以邀功，重困疲甿，傾奪鄰境利，且未見害已甚焉。今欲捄時挽弊，在乎去僞歸真。往日貴加，今務從減，即以此爲考課法程，庶乎人務實而政亦平焉。

校勘記

〔一〕猶懼其未也　「也」，明本作「已」。

〔二〕既謂新收而獲宥　「獲宥」，通鑑二三四作「有復」。

〔三〕恒代惰游服役　「服」，通鑑作「賦」。

〔四〕播植荒廢　「廢」，新書食貨志二、通考三作「田」。

〔五〕任其據户均減　「户」下，通鑑多一「口」字。

〔六〕其百姓所出田租　此句之下，明本多「常賦」二字，郎本多「額納」二字。

〔七〕每歲據徵　「據徵」，宋本、明本、郎本作「據額徵納」。

其四論税期限迫促

建官立國，所以養人也；【石川註】書周官：唐、虞稽古，建官惟百。賦人取財，所以資國也。明君不厚其所資，而害其所養，故必先人事而借其暇力，先家給而斂其餘財。遂人所營，恤人所乏，借必以度，斂必以時。有度則忘勞，得時則易給。是以官事無闕，人力不殫，公私相全，上下交愛。古之得衆者，其率用此歟？

法制或虧，本末倒置，但務取人以資國，不思立國以養人。非獨徭賦繁多，夐無蠲貸，至於徵收迫促，〔一〕亦不矜量。蠶事方興，已輸縑税；【張註】釋名：縑，兼也；其絲細緻，數兼于布絹也。農功未艾，【石川註】穀梁傳疏：麋信云：艾，穫也。遽斂穀租。上司之繩責既嚴，【張註】禮樂記：省其文采，以繩德厚。註：繩，度也。漢書石奮傳：君不繩責長吏。下吏之威暴愈促，有者急賣而耗其半直，【張註】前漢食貨志：有者半賈而賣。註：師古曰：本直千錢者，止得五百也。無者求假而費其倍酬。所繫遲速之間，不過月旬之異，一寬税限，歲歲相承，遲無所妨，速不爲益，何急敦逼，重傷疲人？

頃緣定稅之初，〔二〕期約未甚詳衷，〔三〕旋屬征役多故，復令先限量徵，〔四〕近雖優延，尚未均濟。望委轉運使【石川註】唐書百官志：宰相事無不統，自開元以後，常領他職，故時急財用，則爲鹽鐵轉運使。與諸道觀察使【石川註】通典：至德之後，改採訪爲觀察，皆並領都團練使。舉其職例，則皆古之刺史云。商議，更詳定徵稅期限聞奏。各隨當土風俗所便，時候所宜，務於紓人，俾得辦集。所謂惠而不費者，則此類也。

馬傳庚曰：簡鍊名貴。

校勘記

〔一〕至於徵收迫促　「徵」，新書食貨志二作「督」。

〔二〕頃緣定稅之初　「稅」上，新書食貨志多一「兩」字。

〔三〕期約未甚詳衷　「衷」，郎本、全唐四六五作「悉」。

〔四〕復令先限量徵　「量徵」，新書食貨志作「以收」。

其五請以稅茶錢置義倉以備水旱【張註】文獻通考：按陸羽傳：羽嗜茶，著經三篇，言茶之原、之法、之具尤備，天下益知飲茶矣。時鬻茶者，至畫羽形置煬突間爲茶神。有常伯熊者，因羽論復廣著茶之功。其後尚茶成風，回紇入朝，始驅馬市茶。羽，貞元末卒。然則嗜茶、榷茶，皆起于貞元間矣。顧炎武日知録：茶字自中唐始變作茶，其説已詳之唐韻正。按困學記聞，茶有三：「誰謂茶苦」，苦菜也；「有女如茶」，茅秀也；「以薅茶蓼」，陸草也。今按爾雅，茶、蒤字凡五見，而各不同。釋草曰：「茶，苦菜。」註引詩「誰謂茶苦，其甘如薺」。又曰：「蔈、荂，茶。」註云：「即芀。」又曰：「蒤，虎杖。」註云：「似紅草而麄大，有細刺，可以染赤。」又曰：「蒤，委葉。」註引詩「以茠蒤蓼」。今詩本「茠」作「薅」。釋木曰：「檟，苦茶。」註云：「樹小如梔子，冬生葉，可煮作羹飲。今呼早采者爲茶，晚取者爲茗。一名荈，蜀人名之苦茶。」今以詩考之，邶國風之「茶苦」，七月之「采茶」，綿之「堇茶」，皆苦菜之茶也。又借而爲茶毒之茶。良耜之「茶蓼」，委葉之蒤也。唯虎杖之蒤與檟之苦茶不見于詩、禮。而王褒僮約云「陽武買茶」，張載登成都白菟樓詩云「芳茶冠六清」，孫楚詩云「薑桂茶荈出巴、蜀」。本草衍義：晉温嶠上表貢茶千斤，茗三百斤。是知自秦人取蜀而後，始有茗飲之事。

臣聞仁君在上，則海內無餒殍之人，豈必耕而餉之，爨而食之哉！【張註】前漢食貨志：晁錯曰：「聖王在上而民不凍饑者，非能耕而食之，織而衣之也。」蓋以慮得其宜，制得其道，致人於歉乏之外，設備於災沴之前，是以年雖大殺，衆不恇懼。【石川註】禮禮器：年雖大殺，衆不恇懼。夫水旱爲敗，堯、湯被之矣，陰陽相寇，聖何御哉？所貴堯、湯之盛者，在於遭患能濟耳。【張註】前漢食貨志：晁錯説文帝曰：「堯、禹有九年之水，湯有七年之旱，而國亡捐瘠者，以蓄積多而備先具也。」凡厥哲后，皆謹循之。故王制記虞、夏、殷、周四代之法，乃云：「國無九年之蓄，曰不足；無六年之蓄，曰急；無三年之蓄，曰國非其國也。」周官司徒之屬亦云：「掌鄉里之委積，以恤艱阨；縣鄙之委積，以待兇荒。」【張註】周禮遺人：掌邦之委積，以待施惠；鄉里之委積，以恤民之囏阨；門關之委積，以養老孤；郊里之委積，以待賓客；野鄙之委積，以待羇旅；縣都之委積，以待凶荒。註：委積者，廩人、倉人計九穀之數足國用，以其餘共之，所謂餘法用也。職内邦之移用亦如此也。皆以餘財共之，少曰委，多曰積。王制既衰，雜以權術。魏用平糴之法，【郎註】食貨志李悝爲魏文侯立平糴之法云云。【張註】通典：魏文侯相李悝曰：「糴甚貴，傷人；甚賤，傷農。是故善平糴者，必謹觀歲，有上、中、下熟。上熟其收自四，餘四百碩；中熟自三，餘三百碩；下熟自倍，餘百碩。小饑則收百碩，中饑七十碩，大饑三十碩。故大熟則上糴三而舍一，中熟則糴二，下熟則糴一，使人適足，價平則止。小饑則發小熟之所斂，中饑則發中熟之所斂，大饑則發大熟之所斂，而糶之。故雖遇饑饉水旱，糴不貴而人不散，取有餘而補不足也。」漢置常平之倉，【郎註】食貨志：大司農耿壽昌五鳳中白令邊郡皆築倉，以穀賤時增其價而糴，以利農，穀貴時減價而糶，名曰常平倉。民便之。利兼公私，頗亦爲便。隋氏立制，始創社倉，終於開皇，人不饑饉。【郎註】隋〔書〕食貨志：文帝開皇五年，工部尚書長孫平奏令諸州百姓及軍人，勸課當社，共立義倉。收穫之日，隨其所得，勸課出粟及麥，於當社建倉窖貯之。〔積〕〔即〕委社司，執帳檢校，每年收積，勿使損敗。若時或不熟，當社有饑饉者，即以此穀賑給。自是諸州備貯委積。貞觀初，戴胄建積穀備災之議。太宗悦焉，因命有司，詳立條制，所在貯粟，號爲義倉，【張註】通典：貞觀初，尚書左丞戴胄上言：「請自王公以下，爰及衆庶，計所墾田稼穡頃畝，每至秋熟，准見田苗以理勸課，盡令出穀。稻、麥之鄉，亦同此税，各納所在，爲立義倉。年穀不登，百姓饑饉，當所州縣，隨便取給。」太宗曰：「既爲百姓先作儲貯，官爲舉掌，以備凶年，非朕所須，横生賦歛。利人之事，深是可嘉。宜下有司，議立條制。」户部尚書韓仲良奏：「王公以下墾田，畝納二〔勝〕〔升〕，其粟、麥、粳、稻之屬，各依地土，貯之州縣，以備凶年。」制從之。自是天下州縣始制義倉，每有饑饉，則開倉賑給。豐則歛藏，儉則散給，歷高宗之代，五六十載，人賴其資。【郎註】唐〔書〕食貨志：尚書左丞戴胄建議：「自王公以下，計墾田，秋熟，所在爲義倉，歲凶以給民。」太宗善之，乃詔：「畝税二升，粟、麥、秔、稻，土地所宜。寬鄉歛以所種，狹鄉據青苗簿而督之。田耗十四者免其半，耗十七者皆免〔又〕〔之〕商賈無田者，以其户爲九等，出粟自五石至于五斗爲差。下下户及夷獠不取焉。歲不登，則以〔照〕〔賑〕民；或貸爲種子，則至秋而償。」國步中艱，【石川註】詩桑柔：國步斯頻。傳：步，行也。斯制亦弛。開元之際，漸復修崇。【郎註】食貨志：高宗以後，稍假義倉以給他費，至神龍中略盡。玄宗即位，復置之。【張註】通典：開元二十五年定式：王公以下，每年户別據所種田畝，別税粟二〔勝〕〔升〕，以爲義倉。

其商賈户若無田及不足者，上上户税五碩，上中以下遞減各有差。諸出給雜種，準粟者，稻穀一斗五(勝)〔升〕當粟一斗；其折納造米者，稻三碩折納糙米一碩四斗。天寶八年，凡天下諸色米都九千六百六萬二千二百二十碩。是知儲積備災，聖王之急務也。語曰：「百姓足，君孰與不足？百姓不足，君孰與足？」此言君養人以成國，人戴君以成生，上下相成，事如一體。然則古稱九年、六年之蓄者，蓋率土臣庶通爲之計耳，固非獨豐公庾，不及編甿。〔一〕記所謂「雖有凶旱水溢，人無菜色」，良以此也。

後代失典籍備慮之旨，忘先王子愛之心，所蓄糧儲，唯計廪庾，【張註】通鑑音註：應(邵)〔劭〕曰：水漕倉曰庾。胡公曰：在邑曰倉，在野曰庾。康曰：凡倉無屋曰庾。犬彘厭人之食而不知檢，【石川註】孟子：狗彘食人食而不知檢。溝壑委人之骨而不能恤，亂興於下，禍延於上，雖有公粟，豈得而食諸？【石川註】論語：雖有粟，吾得而食諸？故立國而不先養人，國固不立矣；養人而不先足食，人固不養矣；足食而不先備災，食固不足矣。爲官而備者，人必不贍；爲人而備者，官必不窮。是故論德昏明，在乎所務本末：務本則其末自遂，務末則其本兼亡。國本於人，安得不務！頃以寇戎爲梗，師旅亟興，惠恤之方，多所未暇。每遇陰陽愆候，年不順成，官司所儲，祇給軍食。支計苟有所闕，猶須更取於人，人之凶荒，豈遑賑救！〔二〕人小乏則求取息利，人大乏則賣鬻田廬。幸逢有年，纔償逋債，斂穫始畢，餱糧已空。執契擔囊，行復貸假，重重計息，食每不充。儻遇荐饑，遂至顛沛，室家相棄，骨肉分離，乞爲奴僕，猶莫之售，或行丐鄽里，或縊死道途。天災流行，四方代有，【郎註】左〔傳〕僖十三年：冬，晉薦饑，使乞糴于秦。秦伯謂百里：「與諸乎？」對曰：「天災流行，國家代有。」率計被其害者，每歲常不下一二十州。以陛下爲人父母之心，若垂省憂，固足傷惻，幸有可救之道，焉可舍而不念哉！今賦役已繁，人力已竭，窮歲汲汲，永無贏餘。課之聚糧，終不能致，將樹儲蓄根本，必藉官司助成。陛下誠能爲人備災，過聽愚計，不害經費，可垂永圖。

近者有司奏請税茶，歲約得五十萬貫，元敕令貯户部，用救百姓凶饑，【朗註】食貨志：初，德宗納户部侍郎趙贊議，税天下茶、漆、竹、木，十取一，以爲常平本錢。及出奉天，乃悼悔，下詔亟罷之。至朱泚平，佞臣希意興利者益進。貞元八年，以水災減税。明年，諸道鹽鐵使張滂奏：「出茶州縣若山及商人要路，以三等定估，十税其一。」自是歲得錢四十萬緡。然水旱亦未嘗拯之也。今以蓄糧，適副前旨。望令轉運使總計諸道户口多少，每年所得税茶錢，使均融分配，各令當道巡院主掌，每至穀麥熟時，即與觀察使計會，散就管内州縣和糴，便於當處置倉收納。每州令録事參軍專知，【石川註】唐書百官志：録事參軍掌付事、勾、稽、省署鈔目。仍定觀察判官一人【張註】唐書百官志：觀察使判官一人。與和糴、巡院官同鈎當。亦以義倉爲名，除賑給百姓已外，一切不得貸便支用。如時當大稔，事至傷農，則優與價錢，廣其糴數。穀若稍貴，糴亦便停。所糴少多，與年上下，準平穀價，恒使得中。每遇災荒，即以賑給：小歉則隨事借貸，大饑則録奏分頒，許從便宜，務使周濟。循環斂散，遂以爲常。如此，則蓄財息債者，不能耗吾人；聚穀幸災者，無以牟大利。【石川註】玉篇：牟，取也，奪也。富不至侈，貧不至饑，農不至傷，糴不至貴，一舉事而衆美具，可不務乎！俟人小休，漸勸私積，平糴之法斯在，社倉之制兼行，不出十年之中，必盈三歲之蓄。弘長不已，升平可期，【張註】前漢梅福傳：升平可致。使聖代黎人，〔三〕永無餒乏。此堯、湯所以見稱於千古也。願陛下遵之、慕之，繼之、齊之。苟能存誠，蔑有不至。

馬傳庚曰：籌畫精詳，精神滿足。中段摹寫黎民疾苦，瞥切動人。

校勘記

〔一〕不及編甿　此句之下，通鑑二三四多一「也」字。

〔二〕豈遑賑救　「豈」，新書食貨志二、通考三作「不」。

〔三〕使聖代黎人　「聖代」，宋本、明本、全唐四六五作「一代」。按：後文亦有「竊謂一代黔黎，必躋富壽之域」之語。疑作「一代」是。

其六論兼并之家私斂重於公税【張註】漢書武帝紀：元狩六年，詔又禁兼并之塗。註：李奇曰：謂大家兼役小民，富者兼役貧民，欲平之也。史記酷吏傳：鉏豪彊并兼之家。

國之紀綱，在於制度。士、農、工、賈，〔一〕各有所專。【張註】前漢食貨志：士、農、工、商，四民有業：學以居位曰士，闢土殖穀曰農，作巧成器曰工，通財鬻貨曰商。聖王量能授事，四民陳力受職，故朝亡廢官，邑無敖民，地無曠土。凡在食禄之家，不得與人爭利。此王者所以節材力，勵廉隅，是古今之所同，不可得而變革者也。【石川註】漢書董仲舒傳：受禄之家，不與民爭業。故公儀子相魯，之其家見織帛，怒而出其妻；食於舍而茹葵，愠而拔其葵，曰：「吾已食禄，又奪園夫紅女利乎！」古之賢人君子在列位者皆如是。是故下高其行而從其教，民化其廉而不貪鄙。夫皇皇求財利常恐匱乏者，庶人之意也；皇皇求仁義常恐不能化民者，大夫之意也。代理則其道存而不犯，代亂則其制委而不行。其道存則貴賤有章，豐殺有度，車服田宅，莫敢僭踰，雖積貨財，無所施設，是以咸安其分，罕徇貪求。藏不偏多，故物不偏罄；用不偏厚，故人不偏窮。聖王能使禮讓興行，〔二〕而財用均足，則此道也。其制委則法度不守，教化不從，唯貨是崇，唯力是騁，貨力苟備，無欲不成。租販兼并，下錮齊人之業；奉養豐麗，上侔王者之尊。户畜羣黎，隸役同輩，既濟嗜欲，不虞憲章，肆其貪惏，曷有紀極！【張註】

左傳：貪惏無饜。音義：方言云：楚人謂貪爲惏。楚詞：衆皆競進以貪婪兮。註：愛財曰貪，愛食曰婪。廣韻：惏與婪同。【石川註】左傳文十八年：聚斂積（食）〔實〕，不知紀極。天下之物有限，富室之積無涯。養一人而費百人之資，則百人之食不得不乏；富一家而傾千家之産，則千家之業不得不空。舉類推之，則海内空乏之流，亦已多矣。故前代致有風俗譎靡，甿庶困窮，由此弊也。

今兹之弊，則又甚焉。夫物之不可掩藏，而易以閲視者，莫著乎田宅。臣請又措其宅而勿議，且舉占田一事以言之。【張註】通典：董仲舒曰：古井田法雖難卒行，宜少近古，限民名田，以贍不足。註：名田，占田也。各爲立限，不使富者過制，則貧弱之家可足也。古先哲王，疆理天下，百畝之地，號曰一夫，蓋以一夫授田，不得過於百畝也。欲使人無廢業，田無曠耕，人力、田疇，二者適足。是以貧弱不至竭涸，富厚不至奢淫，法立事均，斯謂制度。今制度弛紊，疆理隳壞，恣人相吞，〔三〕無復畔限。富者兼地數萬畝，貧者無容足之居，【張註】前漢食貨志：董仲舒曰：秦用商鞅之法，改帝王之制，除井田，民得賣買，富者田連阡陌，貧者無立錐之地。依託强豪，〔四〕以爲私屬，貸其種食，【張註】按：貸，稱貸舉息也，音特。孟子又稱「貸而益之」。周禮地官泉府：凡民之貸者，與其有司辨而授之，以國服爲之息。註：有司，其所屬吏也。與之别其貸民之物，定其價以與之。音義「之貸」音特，「貸民」音吐代反。唐韻正謂「乞貸」之「貸」爲入聲，「出貸與人」之「貸」爲去聲，是也。賃其田廬，終年服勞，無日休息，罄輸所假，常患不充。有田之家，坐食租税，貧富懸絶，乃至於斯。厚斂促徵，皆甚公賦。今京畿之内，每田一畝，官稅五升，而私家收租，殆有畝至一石者，是二十倍於官稅也。降及中等，租猶半之，是十倍於官稅也。【張註】（苟）〔荀〕悅論：官收百一之稅，而人輸豪强泰半之賦。夫以土地王者之所有，耕稼農夫之所爲，而兼并之徒，居然受利。官取其一，私取其十，穡人安得足食，公廩安得廣儲，風俗安得不貪，財貨安得不壅！【張註】顧炎武日知録：漢武帝時，董仲舒言：「或耕豪民之田，見稅什五。」唐德宗時陸贄言：「今京畿之内，每田一畝，官稅五升，而私家收租」云云。仲舒所言則今之分租，贄所言則今之包租也。

昔之爲理者，所以明制度而謹經界，豈虛設哉！斯道浸亡，爲日已久，頓欲修整，行之實難，革弊化人，事當有漸。望令百官集議，參酌古今之宜，凡所占田，約爲條限，〔五〕裁減租價，務利貧人。法貴必行，不在深刻，〔六〕裕其制以便俗，嚴其令以懲違。微損有餘，稍優不足。損不失富，〔七〕優可賑窮。此乃古者安富恤窮之善經，不可捨也。【張註】通鑑本註：周禮地官：以保息六，養萬民：一曰慈幼，二曰養老，三曰賑窮，四曰卹貧，五曰寬疾，六曰安富。

校勘記

〔一〕士農工賈　「士」原作「商」，據郎本、張本改。

〔三〕聖王能使禮讓興行　「王」，郎本作「人」。

〔三〕恣人相吞　「吞」下，郎本多一「噬」字。

〔四〕依託强豪　「豪」，新書食貨志二、通考三作「家」。

〔五〕約爲條限　「爲」，通鑑二三四作「所」。

〔六〕不在深刻　「不」，通鑑作「慎」。

〔七〕損不失富　通鑑作「失不損富」。

右臣前月十一日延英奏對，因叙賦税煩重，百姓困窮，伏奉恩旨，令具條疏聞奏，今且舉其甚者，謹件如前。臣聞於書曰：【張註】書太甲。「無輕人事惟難，無安厥位惟危」，此理之所以興也。又曰：【張註】書無逸。「厥後嗣王，生則逸，不知稼穡之艱難」，此亂之所由始也。以陛下天縱聖哲，事更憂危，夙夜孜孜，志求致理。往年論及百姓，必爲悽然動容，每言：「朕於蒼生，肢體亦無所惜。」臣久叨近侍，亟奉德音，竊謂一代黔黎，必躋富壽之域。昨奏人間疾苦，十分才及二三，聖情已甚驚疑，皆謂臣言過當。然則愁怨之事，何由上聞？煦育之恩，何由下布？典籍所戒，信而有徵，一虧聖猷，實可深惜。臣又聞於書曰：【張註】書説命。「非知之艱，行之惟艱。」竊惟陛下所以驚疑於微臣之言者，但聞之未熟耳。此乃股肱耳目之任，仰負於陛下，誠所謂「知之非艱」，尚未足深累聖德也。今則既知之矣，願陛下勿復艱於所行，居安思危，億兆幸甚！謹奏。【張註】唐書食貨志：贄言雖切，以讒逐，事無施行者。十二年，河南尹齊抗復論其弊，以爲：「軍興，國用稍廣，隨要而稅，吏擾人勞。陛下變爲兩稅，督納有時，貪暴無容其姦。二十年間，府庫充牣。但定稅之初，錢輕貨重，故陛下以錢爲稅。今錢重貨輕，若更爲稅名，以就其輕，其利有六：吏絶其姦，一也；人用不擾，二也；靜而獲利，三也；用不乏錢，四也；不勞而易知，五也；農桑自勸，六也。百姓本出布帛，而稅反配錢，至輸時復取布帛，更爲三估計折，〔州縣〕升降成姦。若直定布帛，無估可折。蓋以錢爲稅，則人力竭而有司不之覺。今兩稅出于農人，農人所有，惟布帛而已。用布帛處多，用錢處少，又有鼓鑄以助國計，何必取于農人哉！」疏入，亦不報。

馬傳庚曰：抑强扶弱，調劑合宜。警策動人，指陳痛切。

陸贄集補遺

奏議 四篇

奉天論詔書宜痛自引過狀見韓愈順宗實録。册府五五一、通鑑二二九繫於建中四年。

方今書詔，〔一〕宜痛自引過罪己，〔二〕以感人心。〔三〕昔成湯以罪己致興，〔四〕後代推以爲聖人；楚王失國亡走，〔五〕一言善而復其國，〔六〕至今稱爲賢者。〔七〕陛下誠能不恡改過，以言謝天下，臣雖愚陋，爲詔詞無所忌諱，庶能令天下叛逆者回心喻旨。〔八〕

校勘記

〔一〕方今詔書　新傳作「今盜遍天下」，舊傳、通鑑二二九、册府五五一作「今盜遍天下，輿駕播遷」。

〔二〕宜痛自引過罪己　「引過罪己」，新傳作「咎悔」。

〔三〕以感人心　「感」下，舊傳、會要五七多一「動」字。

〔四〕昔成湯以罪己致興　「成湯」，權德輿翰苑集序作「禹、湯」，册府五五一、五五二作「湯、武」。「致」，權德輿翰苑集序、舊傳、通鑑、册府五五一作「勃」。

〔五〕楚王失國亡走　「楚王」，權德輿翰苑集序、舊傳、通鑑、册府五五一作「楚昭」，册府五五二作「楚昭王」。

〔六〕一言善而復其國　此句之上，舊傳、新傳、通鑑、册府五五一多一「以」字。

〔七〕至今稱爲賢者　「者」，册府五五二作「君」。

〔八〕庶能令天下叛逆者回心喻旨　此句之上，舊傳、通鑑、册府五五一多「可以仰副聖情」六字。「回心喻旨」，舊傳、通鑑、册府五五一作「革心向化」。

論宜停翰林學士狀見舊書一九〇下吴通玄傳，繫於貞元初。

承平時，工藝書畫之徒，〔一〕待詔翰林，〔二〕比無學士，只自至德後，天子召集賢學士于禁中草書詔，因在翰林院待進止，遂以爲名。奔播之時，道途或豫除改，權令草制。今四方無事，百揆時序，制書職分，宜歸中書舍人。學士之名，理須停寢。

校勘記

〔一〕工藝書畫之徒　「徒」，新書一四五吴通玄傳作「宂」。

〔二〕待詔翰林　此句之上，新書吴通玄傳多一「皆」字。

論翰林學士不宜草擬詔敕狀見李肇翰林志，繫於貞元三年。

伏詳令式及國朝典故：凡有詔令，合由於中書。如或墨制施行，所司不須承受。蓋所以示王者無私之義，爲國家不易之規。

貞觀中，有學士一十八人，太宗聽朝之餘，但與講論故籍，時務得失，悉不相干，實録之中，具載其事。玄宗末，方置翰林，張垍因緣國親，特承寵遇，當時之議，以爲非宜，然止於唱和文章，批答表疏，其於樞密，輒不預知。肅宗在靈武、鳳翔，事多草創，權宜濟急，遂破舊章，翰林之中，始掌書詔，因循未革，以至于今。歲月滋深，漸逾職分。頃者物議尤所不平，皆云學士是天子私人，侵敗紀綱，致使聖代虧至公之體，宰相有備位之名。陛下若俯順人情，大革前弊，凡在詔敕，悉歸中書，遠近聞之，必稱至當。若未能變改，且欲因循，則學士年月校深，稍稍替换，一者謗議不積，二者氣力不衰，君臣之間，庶全終始。事關國體，不合不言。

論翰林學士所掌制詔宜還中書舍人狀 見册府四七四，繫於貞元四年。會要五七繫年同。

學士私臣，玄宗初令待詔内庭，〔一〕止于唱和詩賦文章而已。詔誥所出，本中書舍人之職，軍興之際，促迫應務，權令學士代之。今朝野乂寧，合歸職分。其命將相制詔，請付中書行遣。

校勘記

〔一〕玄宗初令待詔内庭　會要五七無「令」字，「庭」作「廷」。

賦 七篇，見全唐文。

聖人苑中射落飛雁賦 以題爲韻次用。

於穆我皇，受天明命；與乾坤而合德，配唐、虞而齊盛。成功斯著，射中九霄之禽；文教已宣，道應千年之聖。想彼禽矣，雝雝可珍；配玉帛於前禮，齊山木於至人。棲必擇處，翔無失倫。候律南徂，洞庭之芳草猶碧；順時北向，上林之繁花已春。苟應弦以啟聖，同殺身以成仁。爾乃雲收遠天，水落上苑；風蕭蕭而勁夕，日杳杳而低晚。於是聖人悦年豐，修武功；有直斯矢，有弨其弓；因肅殺之候，遊苑囿之中。彼雁于飛，斜當禁掖；帶輕雲之微素，〔一〕映遥天之晴碧。雖逢蒙之絶藝，莫敢措心；固離婁之明眸，其纔能覿。我弓斯張，我矢斯射。算分數之遠近，則舍拔而應鏑。質毛紛其已墜，弦聲振猶未釋。聞之者足蹈手舞，覩之者目駭心惕。彼貫心稱妙，穿葉無怍；一則三年而後發，一則百步以爲約。豈如料必中於飛動，騁絶伎於寥廓。雁以遠而矢發，矢既發而雁落。

異哉！莫高者天，戾天者飛。彼摶空之逸翰，尚無所違；矧荒服之逆命，曷不咸歸？則知皇聖有作，夷夏無間。鄙楚莊之戲猿，笑晉平之失鷃。固將威九坛而清八荒，豈直落翔雲之一雁！

校勘記

〔一〕帶輕雲之微素　「微」，文苑一一四作「徵」，註云：「一作『微』。」

東郊朝日賦 以「國家行仲春之令」爲韻。

日爲炎精，君實陽德。明至乃照臨下土，德盛則光被四國。天垂象，聖作則。候春分之節，時則罔愆；〔一〕順周官之儀，事乃不忒。於是載青旗，儼翠華；蓋留殘月，旗拂朝霞。咸濟濟以皇皇，備禮容於邦家。天子躬整服以待曙，心既誠而望晹。倏而罷嚴，更闢禁城；五輅齊駕，八鑾啟行。風出郊而草偃，澤先路而塵清。卷餘靄於林薄，動神光於旆旌。初破鏡而半掩，忽成輪而上征。杲耀榮光，分輝於千品萬類；煙熅瑞色，均燭於四夷八紘。一人端冕以仰拜，百辟奉璋而竭誠。故曰天爲父，日爲兄。和氣旁通，帝德與日德俱遠；〔二〕清光相對，帝心與日心齊明。

時也春事既用，夾鐘律中。登觀臺而瑞集，覩芳甸而農衆。東爲陽位，故出拜於國東；仲居時中，乃展禮於春仲。既而盛禮畢陳，錫鑾回輪；家有罄室，巷無居人。備禮服之燦燦，殷游車之轔轔。人望如草，我澤如春。惟天德與聖壽，配朝日而長新。

伊茲禮之可持，歷前代而修之。漢拜庭中，成煩褻之細事；魏朝歲首，失禮經於舊時。國家欽若天命，率由時令；矯前王之失德，修古典而施敬。俾伯夷之掌禮，伴軒后以作聖。恭承命於春卿，遂觀光而興詠。

校勘記

〔一〕時則罔愆　「則」，登科一〇作「刻」。

〔二〕帝德與日德俱遠　「俱」，文苑五五作「祺」。

傷望思臺賦

桃野之右，蒼茫古原；草木春慘，風煙晝昏。攬予轡以躊躇，見立表而斯存；乃漢武戾嗣勦命地也，然後築臺以慰遺魂。

吁！自古有死，胡可勝論？苟失理以橫斃，雖千祀而猶冤。當武帝之季年，德不勝而耄及。浮誕之士疊至，詭怪之巫繼集。忠見疑而莫售，讒因隙而競入。忘嗜欲之生疾，意巫詛而是因。將搜蠱以滌災，縱庸瑣之姦臣。言何微而莫讐，〔一〕冤雖毒而奚伸？搆儲后以掛殃，矧具寮與齊人。旋激怒而誅充，竟奔湖而滅身。異哉漢后！因姦邪之是誘，俾冢嗣而罹咎。彼傷魂之冥冥，故築臺其何有。嗟爾戾嗣，盍入明以見志，遽興戈而自棄？諒君父之是叛，雖竄身其焉寘。嗚呼！一失其理，孝慈兩墜。不其傷哉！

夫邪不自生，釁亦有託。信其讒興，利則妖作。〔二〕悉鬼神之惩，變實人事之紛錯。故子不語於怪亂，道亦貴乎淡泊。蓋爲此也，水滔滔而不歸，日杳杳而西馳。時徑往兮莫追，人共盡兮臺隳。榛焉莽焉，俾永代而傷悲。

校勘記

〔一〕言何微而莫讐　「言」，文苑五一作「嫌」。

〔二〕利則妖作　「利」，文苑作「御」，註云：「疑」。

月臨鏡湖賦 以「風靜湖滿，輕波不動」爲韻。

月配陽，含虛而明；湖止水，體柔而平。光無不臨，故麗天並耀；清可以鑒，因取鏡表名。月包陰以成象，水禀月而爲精。兩氣相合，實不入而疑入；二美交映，伊本清而又清。色皎潔而秋天愈靜，波演漾而宵風乍輕。類泗濱之磬見，疑合浦之珠明。至明洞幽，至清無垢；同玄澤無遠不遍，〔一〕等達人以虛而受。滿不可恃，望之足戒以虧盈；形或未分，鑒之則辨其妍醜。輕靄不起，纖塵莫過。沉璧彩而爲鏡，碎金輝以成波。皓質未判，空聞田鶴之唳；香風乍度，暗傳蓮女之歌。萬象皆總，湛清光而不動；極望靡窮，凝虛皓而如空。照同心千里之外，洞游鱗百丈之中。櫂影乍浮，如上天邊之漢；桂華不定，多因蘋末之風。白晝誠窮，殘夜將短。臨遠峯而欲落，沉餘景而猶滿。月之德也朗而迥，〔二〕水之性也柔而靜。照有餘暉，光無匿影。滿而將缺，顧兔自殊於太陽；導之則流，無禽豈同於舊井。

原夫德無不應，理必相符。湖以柔而藏月，月因朗而彰湖。不私其明，明則有裕；無逆於物，物乃不孤。異投珠而按劍，等藏冰而耀壺。惟水月之葉美，與君子而同塗。

校勘記

〔一〕同玄澤無遠不遍　「玄」原避清聖祖玄燁諱作「元」，今據文苑六改回。

〔二〕月之德也朗而迥　「迥」，文苑作「迴」，疑是。

冬至日陪位聽太和樂賦以「文德光宅，天敬萬壽」爲韻。

樂自上古兮和洽是聞，日至南極兮陰陽肇分。名太和而順氣，取初陽而配君。則知天授聖而正曆，聖應天而放勳。〔一〕惟至也去陰就陽，惟樂也偃武修文。八佾初陳，雜鸞鳳而容裔；九奏既畢，〔二〕降佳氣之氤氳。爾其順元辰，體乾德；赫容衛之森肅，儼宸位之恭默。班禮樂于千品，陳贄幣於萬國。濟濟皇皇，威容孔彰。望北辰以列位，指南山而獻觴。慶雲協符，榮觀臺之加麗；〔三〕太陽臨照，熅魏闕而增光。於是太常導干羽而前曰：八音自設，千古靡隔；所以賞諸侯之功，暢聖君之澤。失其度則沾滯寢興，適其儀則上下咸格。清淨順氣而不擾，和樂自心而來宅。可以導情欲，可以滌煩劇。既而筍簴齊列，笙竽互傳；偕肅肅而合雅，亦啾啾而同元。備以四夷，識四海之無外；〔四〕成於九土，知九德之咸宣。崇易簡豈同於濮水，務德化寧比於鈞天。既損之而又損，蓋斯焉而取焉。故所以移風易俗，發號施令。周天地而不流，匝寰宇而無競。斥鄭、衛而不御，暢柔和而全正。〔五〕羣黎足蹈而手舞，百僚儀肅而心敬。則知一人作則，萬邦維憲。〔六〕來遠人以干舞，播聲頌而吹萬。則鄭之細，晉之思，不可以勸；湯之放，武之伐，而猶有怨。豈比我照二儀，形九有；舒太和之至德，居盛陽之元首。咸有典而有則，固可大而可久。明明我后，於斯萬壽。

校勘記

〔一〕聖應天而放動　「放」，文苑七三作「効」。

〔二〕九奏既畢　「既」，文苑作「斯」。

〔三〕榮觀臺之加麗　「加」，文苑註云：「一作『崇』。」

〔四〕識四海之無外　「外」，文苑作「我」，註云：「一作『外』。」

〔五〕暢柔和而全正　「柔」，文苑註云：「一作『虛』。」

〔六〕萬邦維憲　「維」，文苑作「爲」。

登春臺賦以「晴眺春野，氣和感深」爲韻。

春發生以煦物，臺居高而處明。俯而望焉，舒郁郁之和氣；登可樂也，暢怡怡之遠情。觸類斯感，衆芳俱榮。風出谷以天霽，雲歸山而景晴。俛視平皋，傍臨遠嶠。窮漢苑以周覽，匝秦城而迴眺。林巒彩翠，浮佳氣於遥天；宫觀參差，麗飛甍於夕照。望莫若兮望遠，感何深兮感春。登其臺則歷階而至極，應乎律故陰慘而陽伸。令行斯順，澤布惟均。視雖微而必審，思何遠而不親。懿夫情之誘人，人罔或舍；時之感物，物莫能假。臺有春而必望，春何情而不寫。條風始至，散灼灼之紅桃；穀雨初收，潤萋萋之緑野。天何言哉生衆彙，人有靈兮感元氣。既望春而可樂，亦升高而足貴。賞同沂水，聊舞雩以詠歌；登異觀臺，寧覘蠟而增欷。周望既極，含情則多。媚遲日之未下，愛清風之屢過。目眇眇以心遠，野悠悠而氣和。可以樂芳時之景物，壯皇室之山河。豈比夫羈士登樓而作賦，碩人在軸而爲歌者哉！

春無物而不滋，臺無遠而不覽。豈老氏之或論，伊潘生之所感。稽其趣時之規遠，創意之義深。春非臺而何樂，臺非春而罔尋。故望春者惟臺是履，登臺者惟春是臨。繄在物之可用，必從時之所任。儻自下而可託，庶升高而至今。

鴻漸賦以「鴻漸路適之」爲韻。

深不測者道，大無疆者空。空非羽而何適，道匪人兮孰通。通於道者是謂君子，適於空者莫如漸鴻。故聖人託象以明義，務勤以飭躬。將自邇而圖遠，必因卑而致崇。始其素卵新化，青春戲融。〔一〕一之日乳哺衡陽之曲，二之日翱翔彭蠡之中。且爰居以樂水，〔二〕亦從正而養蒙。毳毛其成，洞庭之芳草初緑；弱羽云就，武陵之繁華已紅。而見其進，未知其終。美夫姿淑偉麗，飛鳴有檢。動靡求棲，遊皆遠險。思奮志於寥廓，且藻容於菱芡。昇不越次，先冒履木之危；進而得中，孚及于磐之漸。〔三〕漸如何其，往有攸措。〔四〕方去渚而戾止，俄躋陵而遐顧。風水遥輔於羽毛，烟雲未通於道路。嗈嗈相召，驚月夜而亂趨；〔五〕肅肅連行，拂天池而徑度。信粱燕之莫儔，豈谷鶯之足慕。亦猶九層起於累土，千里始於投迹。琢玉者日就其功，爲學者月將其益。皆自微以成著，固何求而不適。

異夫出陸摶空，驤首矯翮。順寒暑以攸往，亘山川而罔隔。以言乎鳥也，尚不忘進；以言乎人也，如何勿思。思者所以志道，進者所以修辭。誠既往而莫返，冀將來而可追。蒙亦有望於斯漸，敢不肅然而勉之。

校勘記

〔一〕青春戲融　「戲」下，文苑一三七註云：「疑」。
〔二〕且爰居以樂水　「爰」，文苑作「愛」，註云：「疑作『爰』。」
〔三〕乎及於磐之漸　「乎」，文苑作「爰」。
〔四〕漸如何其攸措　文苑無「往有」二字，作「漸如何其攸措」。
〔五〕驚月夜而亂趨　「夜」，文苑作「次」，註云：「一作『光』。」「趨」，文苑註云：「一作『起』。」

試律　三首，見全唐詩。

曉過南宮聞太常清樂

南宮聞古樂，拂曙聽初鶯。煙靄遥迷處，絲桐暗辨名。節隨新律改，聲帶緒風輕。合雅將移俗，同和自感情。遠音兼曉漏，餘響過春城。九奏明初日，寥寥天地清。

禁中春松〔一〕

陰陰清禁裏，蒼翠滿春松。雨露恩偏近，陽和色更濃。〔二〕高枝分曉日，〔三〕虚吹雜宵

鐘。〔四〕香助鑪煙遠，〔五〕形疑蓋影重。願符千載壽，〔六〕不羨五株封。儻得迴天眷，〔七〕全勝老碧峯。〔八〕

校勘記

〔一〕禁中春松　文苑一八七於此題所附作者陸贄名下註云：「類詩作白行簡。」

〔二〕陽和色更濃　「更」下原註「一作『正』。」按：此原註又見文苑。

〔三〕高枝分曉日　「日」下原註「一作『月』」。

〔四〕虛吹雜宵鐘　「虛吹」下原註「一作『靈韻』」。登科一〇即作「靈韻」，文苑同，註云：「一作『虛吹』。」又，「鐘」，登科作「中」。

〔五〕香助鑪煙遠　「香」，登科作「嵐」，文苑同，註云：「一作『香』。」

〔六〕願符千載壽　「載」下原註「一作『歲』。」文苑於「千載」下註云：「類詩作『千歲』。」爲此原註所本。

〔七〕儻得迴天眷　「儻」下原註「一作『長』，一作『幸』」。文苑於「儻得」下僅註云：「類詩作『長得』。」

〔八〕全勝老碧峯　「碧」下，文苑註云：「一作『一』。」

賦得御園芳草〔一〕

陰陰御園裏，瑤草日光長。靃靡含煙霧，依稀帶夕陽。雨餘荑更密，風暖蕙初香。擁仗緣馳道，〔二〕乘輿入建章。溼煙摇不散，細影亂無行。恒恐韶光晚，何人辨早芳。

校勘記

〔一〕賦得御園芳草　文苑一八八無「賦得」二字。

〔二〕擁仗緣馳道　「仗」，文苑作「妓」。

逸句

遶階流漲漲，來砌樹陰陰。任江淮尉題廳。見語林。

散佚　二篇

祕書監陸公夫人墓誌銘

素按：陸贄祕書監陸公夫人墓誌銘始見宋歐陽修集古録卷八唐賀蘭夫人墓誌貞元七年條，原文作：「右賀蘭夫人墓誌，唐陸贄撰，或云贄書也。題曰祕書監陸公夫人墓誌銘，而贄自稱姪曾孫。此石在常州。一有『陸監名齊望』五字。右集本。」歐陽修文集卷一四一收集古録跋尾載同。「右集本」之「集」，當指本書點校説明提到的陸贄别集。可見别集本與石刻本不盡相同。關於陸贄與陸齊望之關係，詳參拙撰陸贄評傳，這裏不贅。此後，陳思寶刻叢編卷一四唐賀蘭夫人墓誌條，王象之輿地碑記目卷一常州碑記條，以及清御定佩文齋書畫譜卷二八陸贄條，倪濤六藝之一録卷一〇一唐賀蘭夫人墓誌條，均大致照録。該墓誌銘，明清所編常州府志未見記載，似已亡佚。

陸士衡文賦書法

素按：陸贄陸士衡文賦書法始見明都穆寓意編，原文爲：「南京梁中書藏陸宣公書陸士衡文賦，小字、章草。余不曾見。」汪砢玉珊瑚網卷二二南京梁中書藏條云：「陸宣公書陸士衡文賦，小字、章草。」不注出處，推測亦出寓意編。清御定佩文齋書畫譜卷二八陸贄條、卷九三歷代鑒藏條，卞永譽書畫彙考卷四南京梁中書藏條，倪濤六藝之一録卷三三〇陸贄條、卷三七八南京梁中書藏條，著録與珊瑚網同，則均録自珊瑚網。該書法，原著録者都穆未曾見過，後之轉録者則更無從得見，似已亡佚。

陸贄集附録卷一

順宗實録

唐　韓愈撰

紀云：陸諱贄，字敬輿，吴郡人也。年十八進士及第。又以博學弘詞，授鄭縣尉；書判拔萃，授渭南尉。遷監察御史。未幾，遷爲翰林學士。遷祠部員外郎。德宗幸奉天，贄隨行在。天下搔擾，遠近徵發，書詔一日數十下，皆出於贄。贄操筆持紙，成於須臾，不復起草，同職皆拱手嗟嘆，不能有所助。常啟德宗，言：「方今書詔，宜痛自引過罪己，以感人心。昔成湯以罪己致興，後代推以爲聖人；楚王失國亡走，一言善而復其國，至今稱爲賢者。陛下誠能不悋改過，以言謝天下，臣雖愚陋，爲詔詞無所忌諱，庶能令天下叛逆者回心喻旨。」德宗從之。故行在制誥始下，聞者雖武人悍卒，無不揮涕感激，議者咸以爲德宗尅平寇難，旋復天位，不惟神武成功，爪牙宣力，蓋以文德廣被，腹心有助焉。

累遷考功郎中、諫議大夫、中書舍人、兼翰林學士。丁母憂。免喪，權知兵部侍郎，復入翰林，中外屬意，旦夕俟其爲相。竇參深忌之。贄亦短參之所爲，且言其黷貨，於是與參不能平。尋真拜兵部侍郎、知禮部貢舉，於進士中得人爲多。八年春，遷中書侍郎平章事，始令吏部每年集選人。舊事：吏部每年集人。其後，遂三年一置選。選人猥至，文書多不了，尋勘真僞紛雜，吏因得大爲姦巧。選士一蹉跌，或至十年不得官，而官之闕者，或累歲無人。贄令吏部分内外官員爲三分，計闕集人，以爲常，其弊十去七八，天下稱之。

初，竇參出李巽爲常州刺史，且迫其行，巽常銜之。至參貶爲郴州别駕，巽適遷湖南觀察。德宗常與參言故相姜公輔罪，參漏其語，參敗，公輔因上疏自陳，「其事非臣之故」，德宗詰之，知參洩其語，怒，未有所發。會巽奏：「汴州節度劉士寧遺參金帛若干，士寧得汴州，參處其議，士寧常德之，故致厚貺。」德宗以參得罪，而以武將交結，發怒，竟致參於死，而議者多言參死由贄焉。

裴延齡判度支，天下皆嫉怨，而獨幸於天子，朝廷無敢言其短者。贄獨身當之，日陳其不可用。延齡固欲去贄而代之，又知贄之不與己，多阻其奏請也，謗毁百端。翰林學士吴通玄故與贄同職，姦巧佻薄，與贄不相能，知贄與延齡相持有間，因盛言贄短。宰相趙憬本贄所引同對，嫉贄之權，密以贄所戢彈延齡事告延齡。延齡益得以爲計。由是天子益信延齡，而不直贄，竟罷贄相，以爲太子賓客，而黜張滂、李充等權。言事者皆言其屈。贄固畏懼，至爲賓客，拒門不納交親士友。春旱，德宗數獵苑中，延齡疏言：「贄等失權怨望，言於衆曰：『天下旱，百姓且流亡，度支愛惜，不肯給諸軍，軍中人無所食，其事奈何！』以摇動羣心。其事非止欲中傷臣而已。」後數日，又獵苑中，會神策軍人跪馬前，云「度支不給馬草」。德宗意延齡前言，即迴馬而歸，由是貶贄爲忠州别駕，滂、充皆斥逐。德宗怒未解，贄不可測，賴陽城等救乃止。

贄之爲相，常以少年入翰林，得幸於天子，長養成就之，不敢自愛，事之不可者，皆爭之。德宗在位久，益自攬持機柄，親治細事，失君人大體，宰相益不得行其事職，而議者乃云由贄而然。

贄居忠州十餘年，常閉門不出入，人無識面者。避謗不著書，習醫方，集古今名方爲陸氏集驗方五十卷。卒於忠州，年五十二。上初即位，與鄭餘慶、陽城同徵，詔始下而城、贄皆卒。

舊唐書傳贊

後晉　劉昫等撰

史臣曰：近代論陸宣公，比漢之賈誼，而高邁之行，剛正之節，經國成務之要，激切仗義之心，初蒙天子重知，末塗淪躓，皆相類也。而誼止中大夫，贄及臺鉉，不爲不遇矣。昔公孫鞅挾三策説秦王，淳于髡以隱語見齊君，從古以還，正言不易。昔周昭戒急論議，正爲此也。贄居珥筆之列，調飪之地，欲以片心除衆弊，獨手遏羣邪，君上不亮其誠，羣小共攻其短，欲無放逐，其可得乎！詩稱「其維哲人，告之話言」，又有「誨爾」、「聽我」之恨，此皆賢人君子歎言不見用也。故堯咨禹拜，千載一時，攜手提耳，豈容易哉！

贊曰：良臣悟主，我有嘉猷。多僻之君，爲善不周。忠言救失，啟沃曰讎。勿貽天問，蒼昊悠悠。

新唐書傳贊

宋　歐陽修等撰

贊曰：德宗之不亡，顧不幸哉！在危難時聽贄謀，及已平，追仇盡言，怫然以讒倖逐猶棄梗。至延齡輩，則寵任磐桓，不移如山，昏佞之相濟也。世言贄自罷翰林，以爲與吴通玄兄弟爭寵，竇參之死，贄漏其言，非也。夫君子小人不兩進，邪諂得君則正士危，何可訾邪？觀贄論諫數十百篇，譏陳時病，皆本仁義，可爲後世法，炳炳如丹，帝所用纔十一。唐祚不競，惜哉！

陸宣公傳 録歷代名臣傳

清　朱軾　蔡世遠撰

陸贄字敬輿，嘉興人也。年十八，舉進士及第，中博學弘詞。調鄭尉。罷歸，刺史張鎰有重名，一見奇之，請爲忘年交。既行，餉錢百萬，曰：「請爲母夫人一日費。」贄不納，止受茶一串，曰：「敢不承公之賜。」以書判拔萃，補渭南尉。

德宗立，遣黜陟使庾何等十一人行天下。贄説使者，請以五術省風俗，八計聽吏治，三科登俊乂，四賦經財實，六德保罷瘵，五要簡官事。五術曰：聽謡訟審其哀樂，納市價觀其好惡，訊簿書考其爭訟，覽車服等其儉奢，省作業察其趨舍。八計曰：視户口豐耗以稽撫字，視墾田贏縮以稽本末，視賦役薄厚以稽廉冒，視(按)〔桉〕籍煩簡以稽聽斷，視囚繫盈虚以稽決滯，視姦盗有無以稽禁禦，視選舉衆寡以稽風化，視學校興廢以稽教導。三科曰：茂異，賢良，幹蠱。四賦曰：閲稼以奠税，度産以衰征，料丁壯以計庸，占商賈以均利。六德曰：敬老，慈幼，救疾，恤孤，賑貧窮，任失業。五要曰：廢兵之冗食，蠲法之撓人，省官之不急，去物之無用，罷事之非要。時皆韙其言。遷監察御史。

帝在東宫，已聞其名，召爲翰林學士。會馬燧討(賦)〔賊〕河北，久不決，請濟師；李希烈寇襄城，詔問策安出。贄言：「今幽、燕、恒、魏之勢緩而禍輕，汝、洛、滎、汴之勢急而禍重。田悦覆敗之餘，無復遠略，王武俊有勇無謀，朱滔多疑少決，互相制劫，不能越軼，此謂緩也。希烈果于奔噬，據蔡、許富全之地，益以鄧、襄掠獲之資，東寇則饟道阻，北窺則都邑震，此謂急也。代、朔、邠、（寧）〔靈〕昔之精騎，上黨、盟津今之選師，舉而委之山東，將多而勢分，兵廣而財屈，則屯戍失於太繁也。李勉，文吏也，而當汴必爭之地；哥舒曜，烏合也，扞襄城方鋭之賊，則守禦失於不足也。今若還李芃河陽以援東都，李懷光解襄城之圍，專以太原、澤潞兵抗山東，則梁、宋安矣。」又論關中形勢，以爲：「王者蓄威以昭德，偏廢則危；居重以馭輕，倒持則悖。王畿者，四方之本也。太宗列置府兵，分隷禁衛，諸府八百餘所，而在關中者殆五百焉。承平日久，武備寖微，故禄山竊倒持之柄，一舉滔天。乾元之後，繼有外虞，悉師東討，故吐番乘虛深入，先帝避之東遊。是皆失居重馭輕之權，忘深根固本之慮。追想及此，豈不寒心！今朔方、太原之衆遠在山東，神策、六軍之兵繼出關外，關、輔之間，徵發已甚，宫苑之内，備衛不全，萬一將帥之中，又如朱滔、希烈竊發郊畿，驚犯城闕，未審陛下將何以備之？臣願追還神策、六軍節將子弟，明敕涇、隴、邠、寧，更不徵發，仍罷間架等税，冀已輸者弭怨，見處者獲寧，則人心不摇而邦本固矣。」帝不能用。

其冬，涇原兵過京師作亂，朱泚反，帝如奉天，贄從幸。時天下騷擾，遠近徵發，書詔日數十下，皆出於贄。贄若不經思，操筆輒成，皆周盡事情，中竅會，旁吏承寫不及，同列咸拱手嗟歎。嘗與帝論致寇之由，皆羣臣罪，意指盧杞也。帝護杞，因曰：「此天命，非由人事。」贄上疏言：「陛下四征不庭，兵連禍結。行者有鋒刃之憂，居者有誅求之困，非常之虞，億兆同慮。惟陛下穆然凝邃，獨不得聞。至使兇卒鼓行，白晝犯闕。陛下有股肱之臣，有耳目之佐，見危不能竭其誠，臨難不能效其死，所謂羣臣之罪，豈徒言歟？臣又聞，天所視聽，皆由於人，人事理而天命降亂者，未之有也。自頃征討頗頻，刑網稍密，物力耗竭，人心驚駭，果如所虞，非關天命。臣聞理或生亂，亂或資理，有以無難而失守，有以多難而興邦。今生亂失守之事，則既往不可追矣，其資理興邦之業，在陛下克勵而謹修之而已。」

帝又問當今切務，贄言：「當今急務在於審察羣情。羣情之所甚欲者，陛下先行之；所甚惡者，陛下先去之。君臣同志，何有不從？遠邇歸心，孰與爲亂？」疏奏旬日，無所施行，贄又上疏曰：「臣聞立國之本，在乎得衆；得衆之本，在乎見情。在易，乾下坤上曰泰，坤下乾上曰否，損上益下曰益，損下益上曰損。夫天在下而地處上，於位乖矣，而反謂之泰者，上下交故也。君在上而臣處下，於義順矣，而反謂之否者，上下不交故也。上約己而裕於人，人必悦而奉上矣，是不謂之益乎？上蔑人而肆諸己，人必怨而叛上矣，豈不謂之損乎？是以古先聖王之居人上也，必以其欲從天下之心，而不敢以天下之人從其欲。陛下以明威照臨，以嚴法制斷，故遠者驚疑，近者畏懾，人各隱情，以言爲諱，至於變亂將起，億兆同憂，獨陛下恬然不知，方謂太平可致。陛下以今之所睹，驗往時之所聞，則事之通塞，人之情僞，盡知之矣。」因勸帝使羣臣參日極言得失，若以軍務對者，見不以時。上乃遣中使諭之曰：「朕本性甚好推誠，亦能納諫，將謂君臣一體，全不隄防，緣推誠信不疑，所以反致患害。諫官論事，例自矜衒，歸過於朕，以自取名；又多雷同，道聽塗説，試加質問，遽則詞窮，所以近來不多對人，非倦於接納也。」贄以書對曰：「天不以地有惡木而廢發生，天子不以時有小人而廢聽納。且一不誠則心莫之保，一不信則言莫之行。陛下所謂失於誠信，以致患害者，斯言過矣。誠信之道，不可斯須去身，願陛下慎守而力行之，非所以爲悔也。夫仲虺贊揚成湯，不稱其無過，而稱其改過；吉甫歌誦周宣，不美其無闕，而美其補闕。是則聖賢惟以改過爲能，不以無過爲貴，蓋以爲知者改過而遷善，愚者恥過而遂非，遷善則其德日新，遂非則其惡日積也。諫官不密，信非忠厚，其於聖德，固亦無虧。陛下善納諫不違，則傳之適足增美；若違諫不納，安能禁之勿傳？衆多之議，足見人情必有可行，亦有可畏，恐不宜一概輕侮，莫之省納。且陛下雖窮其辭，而未窮其理；能服其口，而未服其心也。夫上好勝必甘於佞辭，上恥過必忌於直諫，如是則下之諂諛者順旨，而忠實之語不聞矣。上騁辨必勦説而折人以言，上衒明必臆度而虞人以詐，如是則下之顧望者自便，而切磨之言不盡矣。上厲威必不能降情以接物，上恣愎必不能引咎以受規，如是則下之畏懦者避辜，而情理之説不伸矣。上情不通於下則人惑而不從其令，下情不通於上則君疑而不納其誠。誠不納則應之以悖，令不從則加之以刑。下悖上刑，不敗何待！故諫者多，表我之能好；諫者直，彰我之能從；諫者有失中，而君無不美，如此則納諫之德光矣。」帝頗採用其言。

會術者言國家厄運，數鍾百六，宜有所變更。帝議加尊號，贄曰：「尊號本非古制，行於安泰之日，已累謙冲，況今喪亂，尤非所宜。若以屯難，當有變革，不若引咎降名，以祇天戒。」帝納其言，但改興元年號，下赦令。贄言：「方今書詔，宜痛自引過罪己，以感人心。昔成湯以罪己勃興，楚昭以善言復國。陛下誠能不吝改過，以謝天下，使詔書之辭，無所忌諱，庶能令叛逆者回心喻旨。」帝以中書所撰赦文示贄。贄言：「動人以言，所感已淺，言又不切，人誰肯懷？今茲德音，悔過之意不得不深，引咎之辭不得不盡。」乃爲制曰：「小子長於深宮之中，暗於經國之務，不知稼穡之艱難，不恤征戍之勞苦。澤靡下究，情未上通，事既壅隔，人懷疑阻。猶昧省己，遂用興戎，遠近騷然，衆庶勞止。天譴於上而朕不悟，人怨於下而朕不知，馴致亂階，變興都邑。萬品失序，九廟震驚，上累祖宗，下負烝庶。痛心靦面，罪實在予。自今中外書奏，不得言『文武聖神』之號。李希烈、田悦、王武俊、李納等，咸以勳舊，各守藩維，朕撫御乖方，致其疑懼。皆由上失其道，下罹其災，朕實不君，人則何罪！宜併所管將吏等，一切待之如初。朱滔緣泚連坐，路遠必不同謀，念其舊勳，務在宏貸，如能效順，亦與維新。朱泚反易天常，竊盜名器，暴犯陵寢，所不忍言，獲罪祖宗，朕不敢赦。其脅從將吏、百姓等，官軍未到以前，並從赦例。赴奉天及收京城將士，並賜名『奉天定難功臣』。其所加墊陌錢、税間架、竹、木、茶、漆、榷鐵之類，悉宜停罷。」赦下，人心大悦。後李抱真入朝，言：「山東宣布赦書，士卒皆感泣，臣見人情如此，知賊不足平也。」

帝於行宫設瓊林、大盈二庫，别貯貢物。贄言：「天子與天同德，以四海爲家，何必撓廢公方，藏聚私貨，效匹夫之藏，以誘姦聚怨乎？且頃者六師初降，百物無儲，殆將五旬。死傷相枕，畢命同力。陛下絶甘輟食以啗功勞，無厚賞而人不怨，悉所無也。今者攻圍已解，衣食已豐，而謡讟方興，軍情稍阻。豈不以患難既與之同憂，而安樂不與之同利乎？誠能近想重圍之殷憂，追戒平居之專欲，凡在二庫貨賄，盡令出賜有功，每獲珍華，先給軍賞，如此則亂必靖，賊必平。徐駕六龍，旋復都邑，天子之貴，豈當憂貧！是散小儲成大儲，捐小寶固大寶也。」帝即命去其榜。

李懷光與朱泚通謀，李晟密奏恐爲所併，請移軍東渭橋，帝遣贄詣懷光營宣慰。贄還，言：「賊泚勢窮援絶，懷光乘勝芟翦，易若摧枯。而寇奔不追，師老不用，諸帥每欲進取，懷光輒沮其謀。若不别思制持，終恐變故難測。伏望即以晟表出付中書，敕下依奏，别賜懷光手詔，示以移軍東分賊勢，詞婉而直，理順而明，雖蓄異端，無由起怨。」帝從之。時李建徽、楊惠元猶與懷光聯營，贄復言：「晟軍既移，二人孤弱，可託言晟兵素少，慮爲賊泚所邀，藉此兩軍以爲掎角。」帝曰：「卿所料極善，恐懷光因此生辭，轉難調息，且更俟旬時。」不閱旬，懷光果襲奪建徽、惠元軍，殺惠元，行在震驚。

帝徙幸梁，供儲不豫，道乏食，民有獻瓜果者，帝欲官之。贄曰：「爵位須宜慎惜，不可輕用，賜以錢帛可也。若授以官，則彼突銛鋒、忘軀命者必曰：『吾之軀命，乃同瓜果。』視人如草木，誰復肯爲用哉！」

帝居艱難中，雖有宰相，大小事必與贄謀之，故當時謂之內相。帝行止必與俱。山南道險，從官相失，帝夜召贄不得，驚且泣，詔軍中得贄者，與千金。久之，乃至，帝大喜，太子以下皆賀。贄素直諫忤帝。盧杞雖貶，帝心庇之，贄極言杞奸邪致亂，帝貌從，心頗不悅。俄以勞遷諫議大夫，仍兼翰林學士。

鳳翔節度使李楚琳數遣使貢行在，帝惡其爲人，皆不見，欲以渾瑊代之。贄奏：「楚琳罪固大，但乘輿未復，大憝猶存，宜厚加撫循，便足集事。必欲精求素行，追抉宿疵，則是改過不足以補愆，自新不足以贖罪。凡今將吏，孰免疑畏？」帝悟，召見其使，優詔勞安之。

帝又欲加內外從官普號「定難功臣」。贄奏言：「宮官具僚，恪居奔走，勞則有之，何功之有？難則當之，何定之有？今乃與奮命者齒，恐沮戰士之心，結勳臣之憤。」帝乃止。

上又問贄：「近有卑官自山北來者，論説賊勢，語多張皇，頗似窺覘，若不追尋，恐成奸計。」贄上奏曰：「以一人之聽覽而欲窮宇宙之變態，以一人之防慮而欲勝億兆之姦欺，役智彌精，失道彌遠。項籍阬秦卒，防虞已甚。漢高豁達大度，天下之士至者，納用不疑。蓄疑之與推誠，其效固不同也。陛下知出庶物，有輕待人臣之心；思用萬幾，有獨馭區寓之意；謀吞衆略，有過慎之防；明照羣情，有先事之察；嚴束百辟，有任刑致理之規；威制四方，有以力勝殘之志。由是才能者怨於不任，忠藎者憂於見疑，著勳業者懼於不容，懷反側者迫於及討。馴致離叛，搆成禍災。願陛下以覆轍爲戒，天下幸甚。」

帝以李晟、渾瑊兵少，欲倚吐蕃以復京城。贄極言：「吐蕃遷延觀望，翻復多端，致令羣帥進退憂虞，彼若不歸，賊終不滅。」帝曰：「卿言甚善！然晟、瑊諸軍，當議規畫，令其進取。」贄以爲：「秦、梁千里，兵勢無常，遥爲規畫，未必合宜。彼違命則失君威，從命則害君事，進退羈礙，難以成功。不若假以便宜之權，待以殊常之賞，則將帥感悦，智勇得伸矣。」

京師平，帝命贄草詔賜渾瑊，使訪求奉天所失内人。贄諫曰：「今大難甫平，疲瘵之民，瘡痍之卒，尚未拊循，而首訪婦人，非所以副維新之望。蓋事有先後，義有重輕。宜遣大臣馳傳迎復神主，修飭郊邱，展禋祀之禮，申告謝之儀，恤死義，犒有功，崇進忠直，優問耆老。若内人，當離潰之後，或爲將士所私，天下固多褻人，何必獨此。」帝不復下詔，猶遣中使求之。

帝發梁州，問：「今至鳳翔，諸軍甚盛，可遣人代李楚琳？」贄曰：「如此則事同脅執。以言乎除亂則不武，以言乎務理則不誠。易一帥而虧萬乘之義，結四海之疑，不如俟到京邑，徵授一官，彼將奔走不暇，安敢復勞誅鉏哉！」

河中平，上問贄：「今復有何事宜區處者？」贄以河中既平，慮希旨生事之人請乘勝討淮西，李希烈必誘諭所部及新附諸帥曰：「奉天息兵之旨，乃因窘急而言，朝廷稍安，必復誅伐。」如是則四方負罪者自疑，河朔、青齊響應，兵連禍結，賦役繁興，建中之憂，行將復起，乃上奏曰：「陛下悔過降號，聞者流涕，故諸將效死，叛夫請罪，逆泚、懷光相繼梟殄。曩以百萬之師而力殫，今以咫尺之詔而化洽，是則聖王之敷理道，服暴人，任德而不任兵，明矣！今叛帥革面修臣禮，然其深言密議，固亦未盡坦然。必聚心而謀，傾耳而聽，觀陛下所行之事，考陛下所誓之言。若言與事符，則遷善之心漸固；儻事與言背，則慮禍之態復回。所宜布恤人之惠以濟威，乘滅賊之威以行惠。臣所未敢保者，唯希烈耳。想其私心，非不追悔，但以猖狂失計，已竊大名。縱未順命，斯爲獨夫，內則無辭以起兵，外則無類以求助。陛下但敕諸郡，各守封疆，彼已氣奪算窮，是乃狴牢之類。古所謂不戰而屈人之兵者，斯之謂歟！」詔以「李懷光嘗有功，宥其一男，歸其尸，使收葬。諸道與淮西連接者，非被侵軼，不須進討。李希烈若降，當待以不死。自餘一無所問。」越明年，希烈將陳僊奇果殺希烈以降。

時劉從一、姜公輔等材不逮贄遠甚，皆由下位建臺宰。而贄孤立一意，爲左右權倖沮短，又言事無所回諱，陰失帝意，久之不得宰相。還京，但爲中書舍人。丁母憂。免喪，權知兵部侍郎，復入翰林，中外屬意，旦夕俟其爲相。竇參深忌之，贄亦數言參罪失。貞元七年，罷學士，以兵部侍郎知貢舉，於進士中得人最多，爲唐代第一。明年，參黜，乃拜中書侍郎、同平章事。

贄既相，益以天下爲己任，面論敷奏，不遺餘力。帝自貞元後，懲楊炎、盧杞引樹私黨，排忠良，天下怨疾，雖置宰相，至除用庶官，反復參詰，乃得下。贄請令臺省長官各自薦其屬，有不職，坐舉者，帝初許之。或言諸司所引皆親黨，帝復詔宰相自擇。贄奏言：「臺省長官乃將來之宰相，今乃不能進一二屬吏，則後日位宰相，安能擇天下材乎？夫求賢貴廣，考課貴精。往者武后收人心，務拔擢，非徒人得薦士，士亦許自薦。然而課責嚴，進退速，當世稱知人之明，累朝賴多士之用。」帝雖嘉之，然卒停薦士詔。

舊制：吏部選，每歲集人。其後遂三年一選，選人稽壅，案牒叢淆，僞冒混真，吏因得大爲姦弊。選士一蹉跌，或至十年不得官，缺者或累歲不補。贄乃請以内外員爲三分，每歲計闕集人，檢梔吏姦，天下便之。

贄又言於上曰：「邊儲不贍，由措置失當，蓄斂乖宜故也。今戍卒不隸於守臣，守臣不總於元帥，至有一城之將、一旅之兵，各降中使監臨，皆承別詔委任。每有寇至，方從申覆；比蒙徵發救援，寇已獲勝罷歸。此措置失當也。頃設就軍和糴之法以省運，制加倍之價以勸農，此令初行，人皆悦慕。而有司競爲纖嗇，不時斂藏，遂使豪家貪吏反操利權，度支物估轉高，軍城穀價轉貴。此蓄斂乖宜也。舊制，關中歲運東方租米，至有斗錢運斗米之言。將制國用，須權重輕。食不足而財有餘，則弛財而務實倉廩；食有餘而財不足，則緩食而嗇用貨泉。近歲關、(補)〔輔〕屢豐，公儲委積；江、淮水潦，米貴加倍。運彼所乏，益此所餘，可謂習聞見而不達時宜矣。今江、淮斗米直百五十錢，運至東渭橋，僦直又約二百，而市司估糴三十七錢，耗其九而存其一，餒彼人而傷此農。每年江、淮運米百一十萬斛至河陰、太原，留七十萬斛，而以四十萬斛輸東渭橋。今二倉見米猶有三百二十餘萬斛，京兆諸縣斗米不過直錢七十，請令來年江、淮止運三十萬斛至河陰，以次運至京師。其江、淮所停八十萬斛，委轉運使每斗取八十錢於水災州縣糴之，以救貧乏，計得錢六十四萬緡，減僦直六十九萬緡。先令户部以二十萬緡付京兆，糴米以補渭橋之闕數，斗用百錢，以利農人。以一百二萬六千緡付邊鎮，使糴十萬人一年之糧。餘十萬四千緡，以充來年和糴之價。其江、淮米錢僦直，並委轉運使折市綾絹絲綿，以輸上都，償先貸户部錢。」詔行其策，邊備浸充。

時與趙憬、盧邁、賈耽同相。上嘗使人諭贄曰：「自今要重之事，勿對趙憬陳論，當密封手疏以聞。」又：「苗晉卿往年攝政，嘗有不臣之言。諸子皆與古帝王同名，今不欲明行斥逐，宜各除外官。」又：「卿清慎太過，諸道饋遺，一皆拒絶，恐事情不通，鞭靴之類，受亦無傷。」贄奏曰：「昨臣所奏，唯憬得聞。陛下委曲防護，是於心膂之内，尚有形迹之拘。職同事殊，鮮克以濟，恐爽無私之德。古者爵人於朝，刑人於市，唯恐衆之不睹，事之不彰。凡是譖訴之事，多非信實之言，利於中傷，懼於公辯。或云歲月已久，不可究尋；或云事體有妨，須爲隱忍；或云惡逆未露，宜假他事爲名；或云但棄其人，何必明言責辱。傷善售姦，莫斯爲甚。若晉卿父子實有大罪，則當公議典憲；若被誣枉，豈令陰受播遷！夫監臨受賄，盈尺有刑。士吏之微，尚當嚴禁，矧居風化之首，反可通行！賄道一開，展轉滋甚；鞭靴不已，遂及金玉。目見可欲，何能自窒於心？已與交私，豈能中絶其意乎？」至是，憬反疑贄排己，與有隙。

贄又嘗奏論備邊六失，以爲：「措置乖方，課責虧度，財匱於兵衆，力分於將多，怨生於不均，機失於遥制，宜罷諸道防秋。令本道但供衣糧，募戍卒願留及蕃、漢子弟，多開屯田，官爲收羅。寇至則人自爲戰，時至則家自力農。又擇文武能臣爲隴右、朔方、河東三元帥，緣邊諸鎮有非要者，隨便併之。減姦濫虛浮之費以豐財，定衣糧等級之制以和衆，宏委任之道以宣其用，懸賞罰之典以考其成，如是則疆埸寧謐矣。」帝不能盡用，心甚重之。

又以郊赦，竄謫者未霑恩，擬三狀以進奏曰：「王者待人以誠，有責怒而無猜嫌，有懲沮而無怨忌。斥遠以儆其不恪，甄恕以勉其自新，人知復用，誰不增修！如其貶黜，長從擯棄，含悽念亂，或起於兹矣。」

帝性猜忌，官無大小，必自選用，以辯給取人，不得敦寔之士。贄諫曰：「明王不以辭盡人，不以意選士，但在明監大度，御之有道而已。以一言稱愜爲能而付任逾涯，以一事違忤爲咎而罪責過當，則職司之内無成功矣。」

又奏請均節財賦，凡六條，其一論兩税之弊曰：「舊制租庸調法，天下均一，雖欲轉徙，莫容其姦，人無搖心，事有定制。兵興以來，版圖隳壞，更舊法以爲兩税，但取大曆中一年科率最多者以爲定數。唯以資産爲宗，不以丁身爲本。務輕資而樂轉徙者，恒脱於徭税；敦本寔而樹居産者，每困於徵求。又，大曆中供軍、進奉，既收入兩税，今於兩税之外，復又並存。望稍行均減，以救彫殘。」其二請兩税以穀帛爲額，不專以錢穀定税。其三論長吏以增户、減税、闢田爲課績。其四論税限迫促，請更定徵税期限。其五請以税茶錢置義倉，以備水旱。其六論兼并之家私斂重於公税，請爲占田條限，裁減租價。事皆不行。

初，竇參惡李巽，出爲常州刺史。及參貶，巽爲湖南觀察使，奏參交結藩鎮，受汴州節度劉士寧賂遺。帝怒，欲殺參。贄言：「朝廷大臣，誅之不可無名。昔劉晏之死，罪不明白，至使叛臣得以爲辭。參於臣素分，陛下所知，豈欲營救其人，蓋惜典刑有濫耳。」乃貶參驩州司馬。帝又欲理其親黨，籍其家資，皆以贄切諫而止。時宦官恨參尤深，日謗毁，竟賜死於路。

贄請以李巽權判度支，帝許之，又復欲用裴延齡。贄言：「度支準平萬貨，刻吝則生患，寬假則容奸。延齡誕妄小人，不可用。」弗聽。俄而延齡姦佞，天下皆嫉怨，以得幸天子，莫敢言。贄復上書苦諫，帝不懌。延齡謀去贄，譖毁百端。十年，罷爲太子賓客。明年夏旱，芻糧不給，軍校訴於上。延齡奏曰：「此皆陸贄輩怨望鼓煽軍人也。」帝遂發怒，欲誅贄，賴陽城等交章論奏，乃貶忠州别駕。順宗立，召還。詔未至而卒，年五十二，謚曰宣。

生平權古揚今，絜情度物，敷之爲文誥，俾狡猾者嚮風，則有制誥集一十卷。論思獻納，興利除害，吏事巨細，酌量精絶，則有奏草七卷。其在相位，推賢與能，舉直錯枉，内格君心，外圖治要，將以致久安長治，又有中書奏議七卷。

始入翰林，年尚少，以材得幸於天子，歌詩宴遊，朝夕侍從。及出居艱阻之中，雖有宰臣，而謀猷參決，多出於贄，議者謂興元戡難之功，雖爪牙宣力，蓋贄有助焉。天子常以行輩呼爲陸九而不名。解衣推食，同列莫敢望。及輔政，不敢自愛，事之不可者，皆爭之，所言悉剴拂帝短，懇到深切。或規其太過，贄曰：「吾上不負天子，下不負所學，遑他恤乎？」居忠州十餘年，常闔户，人不識其面。又懼謗不敢著書，地苦瘴癘，祇爲古今集驗方五十卷示鄉人云。其奏議至今傳。

論曰：若贄者，乃可謂知無不言，言無不盡者也。剛直如魏徵而性行較醇，方正如宋憬而謀畧更優。指陳時政，洞若觀火，皆本仁祖義而出之。昏佞漆膠，正直不容，貶竄在外十餘年以歿，何竟忘奉天被圍、梁州再幸時也？贄之自言曰：「上不負天子，下不負所學。」所學者，學爲忠與孝也，學爲明理而察物也，學爲治國而安民也。若贄者，始可以言學矣。贄不負德宗，而德宗負贄，悲夫！

讀宣公奏議說

明　瑯琊王世貞撰

唐世賢相，善謀、善斷、尚通、尚法、尚直、尚文，功業素表，非無可稱，然皆出于才質之美，而未嘗根于學問，殆不免乎朱子所謂村宰相者。獨魏鄭公，耻其君不爲堯舜，進諫論事，每以仁義爲勸，頗爲知學。夫何建成之事，君子病焉。吾所敬服者，惟陸宣公乎？論諫數百，炳若丹青，雖當擾攘之際，説其君未嘗用數。今觀奏議一書，若罪己改過之言，用人聽言之方，以及備邊馭將，財用税法，纖悉畢舉，其學之純粹，蓋三百年間一人而已。德宗僅能聽其一二，尚能削平朱泚，恢復舊物，使盡行其所學，貞觀之治尚足言哉！嗚呼！有王佐之臣，而知之不用，用之不終，於公固無所損益，然唐之天下則可悲矣！

年譜集略

清　江榕輯

按：留餘堂刻本載宣公年譜，臚列箋註，間有未合。謹依鑑、史、文集訂正如左。

按：公諱贄，字敬輿，姓陸氏，唐吴郡嘉興今屬浙江。人。曾祖諱敦信，高宗時拜左〔侍〕〔侍〕極、檢校左相，封嘉興子。祖諱齊望，代宗時爲祕書少監。明一統志人物並古迹。父諱侃，以蔭補溧陽令。母韋太夫人。權序。

玄宗天寶十三年甲午，公一歲。誕生五月三十日辰時，或云誕生十一月初八日子時。

代宗大曆六年辛亥，公十八歲。

刺史張鎰與語奇之，贈錢百萬，曰：「願以此奉太夫人一日之膳。」公辭不受，領新茶一串而已。是年登進士博學弘辭科，授鄭縣尉；又以書判拔萃科，調渭南尉。尋改監察御史。權序。以五術、八計、三科、四賦、六德、五要説黜陟使庾何等十一人，時皆韙其言。詳載本傳。

八年癸丑，公二十歲。

試禁中春松詩。

十四年己未，公二十六歲。

德宗即位，以春宮時素聞公名，詔對翰林，即日爲學士，數問公計策。

德宗建中四年癸亥，公三十歲。

是年八月，兩河未平，時朱滔據幽州、盧龍軍，李納據平盧、淄青，王武俊據鎮州、成德軍，田悦據魏博、天雄軍，帝命河東節度馬燧、河陽節度李芃，昭義軍節度李抱真，暨神策軍李晟，朔方節度李懷光，先後討之，逾二年，未有成功。又淮西李希烈寇襄城，希烈據淮西、彰義軍。帝詔河陽都統李勉救襄城，又詔行營節度哥舒曜、神策將劉德信將兵三千繼進。詔問公計將安出。公上兩河淮西利害狀，指陳得失，瞭如觀掌，惜帝不能用。各狀年月，俱查對御製歷代年表。又上關中事宜狀。時禁兵俱出四征，畿内寡弱，民窮思亂，故公連上奏。不省，隨有涇卒之變，乘輿播越。十月，涇原兵變，朱泚反，公從幸奉天，上遷幸之由狀。時公艱難扈從，啟沃謀猷，特見親信。德宗間以事詢公，惟呼行輩而不名，厚愛之至也。然公絶不自恃恩寵，小心精謹，未嘗有過。書詔一日數十下，皆公爲之，操紙立就，無不曲中事情，同職者莫能復有所助，惟拱手嘆服而已。

十一月，上當今切務狀。時李懷光戰敗朱泚，先是十月泚逼奉天。帝以逆賊雖退，京城未收，以切務問公，公因上奏。

又上答奏未施行狀、請數對羣臣兼許令論事狀。仍申前二奏之議。

十二月，上赦書事條狀，草興元大赦詔。詔下，兵民感泣，諸叛藩皆自去僞號。先是朱滔稱冀王，王武俊稱趙王，田悦稱魏王，李納稱齊王；李希烈僭帝位，國號大楚；朱泚僭帝位，國號大秦。時平賊者，賴有李晟、渾瑊、馬燧等諸將，而居中調度，實惟公是賴。德宗克復天位，再續唐祚，公之力也。讀公諸奏狀則了然矣。東坡稱爲智如子房，術過賈傅，不其信歟！

又上尊號加字二狀、此狀依允。論擬與翰林改轉狀。

由祠部員外轉考功郎中。

興元元年甲子，公三十一歲。

正月，論蕭復宣慰狀、請罷瓊林大盈二庫狀、薦袁高等狀。

二月，出使懷光營，因糧賜不均。上李晟所管兵馬狀、奏李建徽楊惠元兵馬狀。慮二帥爲懷光所併。帝猶豫，竟不及救。

三月，李懷光叛，公從幸梁州，梁州即山南。上瓜果擬官二狀。重名器也。

山南道險，公相失在後，帝驚且泣，號於軍中能得公者，賞千金。及進謁，太子、諸王皆賀。其一時見重如此。

上撫巡李楚琳狀。初，楚琳使屢至，皆不得見，狀上，帝乃召見。

四月，帶本職拜諫議大夫。論解姜公輔二狀、請優獎曲環所領將士狀、論解蕭復二狀、論續從賊中赴行在官等狀。

五月，上結贊回軍狀。帝惟恐軍回，公則深幸，謂京城不日可復，果不出公所料。雖有宰相主大議，公常居中，參决可否，時人號爲内相。

又上諸軍兵馬自取機便狀。

六月，李晟等收復京城。上替换李楚琳狀、論中官及朝官賜名定難功臣狀、此狀依允。論詔書爲取散失内人狀、狀上，帝遂不復降詔，而遣中使求之。論還宫發日狀、請釋趙貴先罪狀。

七月，從車駕還長安。

以公爲中書舍人。

貞元元年乙丑，公三十二歲。

公母韋太夫人在吴中，原註：失攷。帝遣中使迎致京師，道路皆爲之置驛，鄉里文士咸榮焉。八月，馬燧等平河中，懷光自縊死。河中平，上請罷兵狀，且論希烈不有人禍，則當鬼誅。希烈果神魂失據，明年四月，爲其下陳仙奇所殺。攷此下六年內，二年在憂服之中，餘則俱無一言。胡致堂曰：陸公自李泌相後，不復諫説，豈帝訪問之遺歟？以愚度之，正謂長源周旋三帝間，己爲後進，嫌有爭能之意耳。

五年己巳，公三十六歲。

丁韋太夫人憂，去職營葬於洛，帝遣中使監其事，又遣中使護溧陽之喪，會葬河南。四方賻遺數百萬，公一無所取。蜀（師）〔帥〕韋皋因布衣友善，每月致餽，公奏而後受之。

七年辛未，公三十八歲。

服闋覲見，天子改容叙弔。復入翰林，權知兵部侍郎，中外屬意，旦夕俟其爲相。被竇參等忌嫉，解內職。八月，真拜兵部侍郎，知禮部貢舉，取韓愈等二十二人，時號龍虎榜。試明水賦、御溝新柳詩。

八年壬申，公三十九歲。是年春，竇參黜。

四月，拜中書侍郎同平章事。上長官薦舉狀、論改轉倫叙狀、奏請均節賦税狀六條。

七月，論宣令除裴延齡度支使狀。時權文公爲左補闕，亦曾參奏延齡。

八月，請遣使臣宣撫諸道遭水州縣狀、論淮西遭水請同諸道遣宣慰使狀。

九月，上京東水運狀、論緣邊守備事宜狀、論嶺南市舶狀。

九(月)〔年〕癸酉，公四十歲。

三月，上竇參等三狀。時謂參死由公，乃小人好論議之過。

五月，上密旨宣事狀、論齊映齊抗官狀。

十二月，議汴州逐劉士寧事狀、請不與李萬榮汴州節度使狀。

十年甲戌，公四十一歲。

請還田緒所寄撰碑文馬絹狀、請依京兆所請折納狀、論度支令京兆府折稅市草狀、論左降量移三狀、論邊城貯備狀。

十一月，論裴延齡姦蠹狀。

十二月，罷爲太子賓客，被延齡等羣小讒忌，而帝亦好諛惡直故也。

十一年乙亥，公四十二歲。

四月，貶忠州別駕，禍幾不測，賴陽城、張萬福等救免。上怒未解，中外惴恐，無敢救者。城聞而起曰：「不可令天子信用奸臣，殺無罪人。」即帥拾遺王仲舒、(態)〔熊〕執易、崔邠等守延英門上疏，論延齡奸佞，贄等無罪。上大怒，欲加城等罪，太子爲之營救，乃解。金吾將軍張萬福聞諫官伏閤諫，趨往至延英門，大言賀曰：「朝廷有直臣，天下必太平矣。」遂遍拜城與仲舒等。萬福，武人，時年八十餘，從此名重天下。初，公守正疾邪，或規其太鋭，公曰：「吾上不負天子，下不負所學，遑恤其他？」既放，常閉户不出，郡人稀識其面。又避謗不著書，地多瘴厲，祗爲古今集驗方五十卷，新唐書作五十篇。行於世。時李吉甫爲忠州刺史，吉甫故公所貶也，不修怨於公，且結好，更以宰相禮事公。吉甫固不可及，抑公之盛德有以致之。後帝亦稍思公，會薛延爲刺史，諭旨慰勞。劍南節度韋皋屢表請以公代己，帝不從。

順宗永貞元年乙酉，公五十二歲。

順宗立，特詔起公。詔未至，公卒，贈兵部尚書，謚曰宣。葬忠州屏風山又名翠屏山。玉虚觀南。今屬四川重慶府。祠祀在州治之南。又嘉興府北府學西南有祠，有司歲時致祭。子一，諱簡禮，登進士第，累辟使府，官兵部郎中。

文晟按：陸氏出自嬀姓，爲田完之後。齊宣王少子通，封於平原般縣陸鄉，即陸終故地，因以氏焉。通謚曰元侯，生恭侯發，爲齊上大夫。發二子：萬、皐。皐生邕，邕生漢太中大夫賈。萬生烈，爲吴令、豫章都尉，既卒，吴人思之，迎其喪，葬於胥屏亭，子孫遂爲吴縣人。烈之孫曰閎，爲潁川太守。閎之孫曰康，見萬姓統宗。曰續。見陸氏譜系。懷橘之陸績，鬱林太守。康少子也。遜、抗、機、雲，康之族裔也。續爲揚州別駕，生三子，曰稠，曰逢，曰褒。稠爲荆州刺史。次子肅，丹徒令，號丹徒枝。其後曰敦信，稠十五世孫。相高宗。曰耽，敦信從孫。涇原節度使、檢校尚書。曰威，耽之子。兵部侍郎。褒之後曰玩，褒十一代孫。晉侍中、司空，贈太尉，號太尉枝。其後曰元方，玩十一代孫。相高宗。曰象先，元方子。相玄宗。曰景融，元方子。工部尚書。曰審傳，景融三世孫。工部侍郎。曰希聲，景融四世孫。相昭宗。褒之後曰瓘，褒十一代孫玩胞弟。晉中書侍郎，號侍郎枝。瓘五世孫文盛，齊散騎常侍。生宣猛，梁宣威將軍。宣猛生陳吏部侍郎潯。潯九世孫齊望，爲祕書監，生八子：泌，左散騎常侍；灋，主客郎中；潤，左司郎中；淮，兵部郎中；侃，一名灞。溧陽縣令；一作兵部郎中。湋，户部郎中；渭，户部侍郎；澧，侍御史。侃生宣公相德宗。灋生師德，侍御史。湋生則，杭州刺史。渭生賞，監察御史。宣公生簡禮，屢辟使府。譜系作兵部郎中。師德生墠，監察御史。墠生扆，相昭宗。宣公所著奏議，各狀愷切詳明，足稱金鑒，至今板行不絕。公誠天地之偉人哉！自古廟廊深邃之地，謀議不能盡傳，獨公奏議，千載如揭，萬世若新，未必非神人之所司，俾嘉惠於無窮也。乾隆十一年歲次丙寅，後學江榕蔭千甫敬輯。

按：公以道義之躬，發爲經濟，下筆千言立就，坡老稱古今文不起草者，公一人而已。蓋公之文，有體有用，一生事跡人品，觀奏議各狀足矣。故是編亦惟即所奏各狀，查考年月，雖未能詳知公本譜所載始末，而公之一生，已大槩不能外云。江榕又筆。

陸贄集附録卷二

陸宣公全集序

唐　權德輿撰

嘗讀賈誼書，觀其經制人文，鋪陳帝業，術亦至矣；待之宣室，恨得後時，遇亦深矣。然竟不能達四聰而盡其善，排羣議而試厥謀，道之難行，亦已久矣。東陽、絳、灌，何代無之？嘻！一薰一蕕，善齊不能同其器；方鑿圓(柄)〔枘〕，良工無以措巧心。所以理世少而亂日多，大雅衰而正聲寢。漢道未融，既失之於賈傅；吾唐不幸，復擯棄於陸公。

公諱贄，字敬輿，吴郡蘇人。溧陽令侃之子。年十八，登進士第，應博學宏辭科，授鄭(州)〔縣〕尉，非其好也。省母歸壽春，刺史張鎰以有名於時，一獲晤言，大加賞識。暨別，鎰以泉貨數萬〔爲〕賮，曰：「願以此奉太夫人一日之膳。」公悉辭之，領新茶一串而已。是歲，以書判拔萃，調渭南主簿。本傳作調渭尉。御史府以監察换之。

德宗皇帝春宫時知名，召對翰林，即日爲學士，由祠部員外轉考功郎中。朱泚之亂，從幸奉天。時車駕播遷，詔書旁午，公灑翰即成，不復起草。初若不經思慮，及成而奏，無不曲盡事情，中於機會。倉卒填委，同職者無不拱手歎伏，不能復有所助。嘗從容奏曰：「此時詔書，陛下宜痛自引過，以感人心。昔禹、湯以罪己勃興，楚昭以善言復國。陛下誠能不吝改過，以言謝天下，俾臣草辭無諱，庶幾羣盜革心。」上從之。故行在詔書始下，雖武人悍卒，無不揮涕激發。議者以德宗克平寇亂，不惟神武之功，爪牙宣力，蓋（以）〔亦〕資文德（服）〔腹〕心之助焉。及還京師，李抱真來朝，奏曰：「陛下出山南時，山東士卒聞書詔之辭，無不感泣，思奮臣節，臣知賊不足平也。」

公自行在帶本職，拜諫議大夫、中書舍人。精敏小心，未嘗有過。艱難扈從，行在輒隨，啟沃謀猷，特所親信。有時譏語，不以公卿指名，但呼陸九而已。初幸梁、洋，棧道危狹，從官前後相失，上夜次山館，召公不至，泣然號於禁旅曰：「得陸贄者，賞千金。」頃之公至，太子、親王皆賀。

初，公既職内署，母韋氏尚在吴中，上遣中使迎致京師，道路置驛，文士榮之。丁韋夫人憂，去職，持喪於洛。遣人護溧陽之柩附葬河南，（二）〔上〕遣中使監護其事。四方賻遺數百萬，公一無所取。素與蜀帥韋南康布衣友善，韋令每月置遺，公奏而受之。服闋，復内職，權知兵部侍郎。覲見之日，天子爲之興，改容叙弔，優禮如此。内外屬望，旦夕俟其輔政，爲竇參忌嫉，故緩之。真拜兵部侍郎，知貢舉，得人之盛，公議稱之。貞元八年，拜中書侍郎平章事。

公以少年入侍内殿，特蒙知遇，不可與衆浮沈，苟且自愛，事有不可，必諍之。上察物太精，躬臨庶政，失其大體，動與公違，姦諛從而間之，屢至不悦。親友或規之，公曰：「吾上不負天子，下不負吾所學，不恤其他。」公精於吏事，斟酌剖決，不爽錙銖。其經綸制度，具在德宗實録。及竇參納劉士寧之賂，爲李巽所發，得罪左遷，横議者以公與參素不協，歸罷相之議於公。户部侍郎判度支裴延齡以姦回得幸，害時蠹政，物議莫敢指言，公獨以身當之，屢言不可。翰林學士吴通玄忌公先達，每切中傷，陰結延齡，互言公短。宰相趙憬，公之引拔，昇爲同列，以公排邪守正，心復異之。羣邪沮謀，直道不勝。十年，退公爲賓客，罷政事。明年，夏旱，芻糧不給，軍校訴於上。延齡奏曰：「此皆陸贄輩怨望鼓扇軍人也。」貶公忠州别駕。上怒不可測，賴陽城、張萬福救之獲免。蜀帥韋令抗表請以贄代己，歲賂貲糧。公在南賓，閉門卻埽，郡人稀識其面。復避謗不著書，惟考校醫方，撰集驗方五十卷，行於世。江、(浹)〔峽〕十稔，永貞初，與鄭餘慶、陽城同徵還。公已薨歿，時年五十二。

公之秉筆内署也，推古揚今，雄文藻思，敷之爲文誥，伸之爲典謨，俾獷狡向風，懦夫增氣，則有制誥集一十卷。覽公之作，則知公之爲文也。潤色之餘，論思獻納，軍國利害，巨細必陳，則有奏草七卷。覽公之奏，則知公之爲臣也。其在相位也，推賢與能，舉直錯枉，將斡璿衡而揭日月，清氛沴而平泰階。敷其道也，與伊、説爭衡；考其文也，與典謨接軫。則有中書奏議七卷。覽公之奏議，則知公之事君也。

古人以士之遇也，其要有四焉：才、位、時、命也。仲尼有才而無位，其道不行；賈生有時而無命，終於一慟。惟公才不謂不長，位不謂不達，逢時而不盡其道，非命歟？裴氏之子焉，能使公不遇哉！說者又以房、魏、姚、宋逢時遇主，克致清平，陸君亦獲幸時君，而不能與房、魏爭列，蓋道未至也。應之曰：道雖在我，弘之在人。蜚蝗竟天，農、稷不能善稼；奔車覆轍，丘、軻亦廢規行。若使四君與公易時而相，則一否一臧，未可知也。而致君不及貞觀、開元者，蓋時不幸也，豈公不幸哉！以爲其道未至，不亦誣乎？

公之文集有詩文賦，集表狀爲別集十五卷。其關於時政，昭昭然與金石不朽者，惟制誥、奏議乎？雖已流行，多謬編次。今以類相從，冠于編首，兼略書其官氏景行，以爲序引，俾後之君子，覽公制作，效之爲文、爲臣、事君之道，不其偉歟！

進呈奏議劄子

宋　蘇　軾撰

元祐八年五月七日，蘇軾同吕希哲、吴安詩、豐稷、趙彦若、范祖禹、顧臨劄子奏：

臣等猥以空疎，備員講讀。聖明天縱，學問日新。臣等才有限而道無窮，心欲言而口不逮，以此自愧，莫知所爲。

竊謂人臣之納忠，譬如醫者之用藥，藥雖進於醫手，方多傳於古人，若已經效於世間，不必皆從於己出。伏見唐宰相陸贄：才本王佐，學爲帝師。論深切於事情，言不離於道德。智如子房而文則過，辯如賈誼而術不踈。上以格君心之非，下以通天下之志。但其不幸，仕不遇時。德宗以苛刻爲能，而贄諫之以忠厚；德宗以猜疑爲術，而贄勸之以推誠。德宗好用兵，而贄以消兵爲先；德宗好聚財，而贄以散財爲急。至於用人聽言之法，治邊馭將之方，罪己以收人心，改過以應天道，去小人以除民患，惜名器以待有功，如此之流，未易悉數。可謂進苦口之藥石，鍼害身之膏肓，使德宗盡用其言，則貞觀可得而復。臣等每退自西閣，即私相告言：以陛下聖明，必喜贄議論，但使聖賢之相契，即如臣主之同時。昔馮唐論頗、牧之賢，則漢文爲之太息；魏相條鼂、董之對，則孝宣以致中興。若陛下能自得師，莫若近取諸贄。

夫六經、三史、諸子、百家，非無可觀，皆足爲治。但聖言幽遠，末學支離，譬如山海之崇深，難以一二而推擇。如贄之論，開卷了然，聚古今之精英，實治亂之龜鑑。臣等欲取其奏議，稍加校正，繕寫進呈。願陛下置之坐隅；如見贄面，反復熟讀，如與贄言，必能發聖性之高明，成治功於歲月。臣等不勝區區之意。

淳熙講筵劄子

宋　蕭燧等撰

敕送到太中大夫、試刑部尚書、兼侍讀、兼吏部尚書蕭燧，中奉大夫、權兵部尚書、兼侍讀宇文價，通議大夫、給事中、兼侍讀、兼太子詹事葛邲，朝議大夫、試右諫議大夫、兼侍講蔣繼周，通奉大夫、充敷文閣（侍）〔待〕制、提舉佑神觀、兼侍講、同修國史洪邁，朝散大夫、起居郎、兼國史院編修官、兼權直學士院李巘，朝散郎、守起居舍人吴燠劄子奏：

臣等恭覩淳熙八年夏四月甲戌，經筵進讀真宗皇帝陛下正説終篇。六月壬申，有旨宣諭：「陸贄奏議，可與不可進讀？」侍讀臣希吕等言：「贄論諫數十百篇，皆本仁義。元祐中，蘇軾等乞繕寫進呈，置之坐右。將來開講，如令進讀，實有補於治道。」七月丙子，制曰：「可。且令日講五版。」

九年四月辛亥，詔講讀官同班奏事，聖語云：「朕每見贄論德宗事，未嘗不寒心，正恐未免有德宗之失。卿等可各條具闕失來上。」侍讀臣煇奏言：「陛下推誠待下，可謂曲盡其至。」侍講臣洽言：「德宗猜忌刻薄，唐書一贊盡之矣。」聖語云：「德宗强明，不肯推誠待下，雖更奉天離亂，終不悔悟。當彼艱難之時，所宜與贄朝夕論議，猶恐不濟，而每事但遣左右宣旨，罕嘗面諭，豈能深究利害？此所以知德宗之不振也！」侍講臣敦詩言：「德宗於軍旅間亦多是中人傳旨，實情安得上達？」聖語云：「德宗欲以此濟其猜忌刻薄。」煇又奏：「聖言及此，社稷之福。」於是合辭奏言：「臣等敢不仰遵聖訓，願竭愚衷。」

十三年三月癸卯開講時，奏議猶有三帙，凡二萬五千餘字。有旨諭講讀官，令自後每讀以半帙爲率。四月庚戌，臣燧等讀贄論度支令折税市草事狀。臣燧等言：「自古聚斂之臣，務爲欺誕，以衒己能，未有不先紛更制度者。」聖語云：「天下本無事，庸人擾之耳。」庚申，臣燧讀贄所論裴延齡書，聖語云：「陸贄論延齡姦惡，反覆曲折如此，延齡可謂至小人。」臣燧言：「延齡之姦最甚，世所罕有。」又有旨，特以十八日、二十二日御講筵。臣燧又讀贄所論裴延齡書。讀畢，臣燧言：「君子未嘗不欲去小人，然爲小人所勝。如蕭望之爲恭、顯所勝，張九齡爲李林甫所勝，裴度爲皇甫鎛所勝。」聖語云：「皇甫鎛亦延齡之徒也。」

惟臣等以庸瑣之才，幸得備員華光，日侍左右。仰惟陛下天縱典學，緝熙光明，一話一言，皆足以貽諸萬世。堯、舜之聖，不過如此，豈唐德宗所當同日而語。然宸心惕惕，每慮或蹈其失，以爲寒心。夫德宗親聞贄言而棄之如土梗，陛下追誦贄語而寶之如元龜，至以退朝之後，傾聽數千言而不爲倦厭，又特於雙日躬御邇英，蓋故事所未有，聖愚相去何止高天之與下地！臣等不勝大願，乞宣付史館，以彰著陛下不矜不伐、執古御今之意。無任昧死俟命之至。取進止。五月一日，三省、樞密院同奉聖旨，依奏。

經進唐陸宣公奏議表

宋　郎　曄撰

迪功郎紹興府嵊縣主簿臣曄言：

臣所註唐陸宣公贄奏議十五卷，繕寫成帙，謹詣登聞檢院投進者。不負所學，期納忠於一時。據直而言，果爲法於後世。可謂皆本仁義，非徒曲盡事情。雖殫見聞，奚探涯涘！臣誠惶誠懼，頓首頓首。

竊以言有逆順，道存是非。大臣知憂國而愛君，有懷必吐；小人喜乘時而射利，流弊無窮。顧忠邪之跡易明，豈聽納之際難辨。倘人主用心，或好順而惡逆，則羣下進説，必以是而爲非。此忠言多致於不行，而吾道每憂其難合。惟陸贄蘊經濟之略，值德宗當艱難之初，勢雖危疑，動必剴切，無片言不合於理，靡一事或失於機。策之熟，見之明，若燭照而數計；言之重，辭之複，冀陽長而陰消。惜乎枘鑿不侔，冰炭難入。方其多難，姑屈意以聽從；逮至小康，遽追仇而擯棄。主眷則異，臣心益堅。第知卹天下之安危，豈復計吾身之利害。論諫數百，雖晦蝕於建中、（正）〔貞〕元之間；勸講再三，迺發揮於元祐、淳熙之盛。幸聖賢之默契，宜今古之同符。

恭惟至尊壽皇聖帝，性本誠明，學全終始。既多識於前言往行，道積厥躬；猶不遺於片善寸長，近取諸贄。折衷一語，鼓動四方。斯蓋恭遇皇帝陛下，法乾行健，繼離嚮明。治已至，不忘於兢業；德雖盛，尤樂於討論。粤自潛藩，屢披奏牘。惟精惟一，固得於問安視膳之餘；嘉謀嘉猷，復取於攷古驗今之次。臣自慙魯鈍，有愧師承。妄加採摭之工，僭釋精英之論，庶期觀覽，易究端倪。畫蛇寧免於支離，坐井曷窺於小大，徒傾口耳，何補涓埃。伏望皇帝陛下置座之隅，以古爲鑑。廓日月之明，斷制庶政；恢江海之量，容納衆言。監瓜果而賞不妄加，念兵食而將不輕用。斯皆治道之急務，固亦聖主所優。爲使毫釐有濟於斯民，則竹帛愈光於前哲，其奏議註并目録共十一册，謹隨表上進以聞。臣冒犯天威，下情無任激切屏營之至。臣誠惶誠懼，頓首頓首，謹言。

紹(興)〔熙〕二年八月初七日進呈。

翠巖精舍題誌

中興奏議本堂舊刊，盛行于世。近因回禄之變，所幸元收謝疊山先生經進批點正本猶存，於是重新綉梓，切見棘闈天開策以經史時務。是書也，陳古今之得失，酌時務之切宜，故願與天下共之。幼學壯行之士，倘熟乎此，則他日敷奏大廷，禹、臯陳謨，不外是矣。

至正甲午仲夏，翠巖精舍謹誌。

雍正序

朕歷觀古來士之逢時遘會，建功立業，爲社稷之重臣，當國家之大任，所抱負者甚鉅，展布者非常，豈取辦於旦夕者哉！必其平日讀書論世，於古人之著作，經國之良模，講貫而熟復之，明體達用，然後遺大投艱，足以勝任而有餘。

川陜督臣年羹堯，才猷敏練，學識明通，聖祖皇帝畀以股肱心膂之寄。自蒞官秦、蜀以來，諳邊疆之形勢，念民力之作苦，每有章奏，皆指畫詳明，敷陳剴切。其惓惓忠愛之意，時流露於行墨之間，固素所蘊蓄者然也。既又以所刊陸贄奏議進呈。考贄之在唐，以忠誠結主知，中外號爲内相。宋儒稱其學問純粹，其經術事功，具載文集，有補於當時，可傳於後世。乃歷年既久，陳編故紙，漫漶已多，舛譌不少。此本校訂精核，魯魚無誤，朕披覽數過，深爲嘉賞，因序其大凡，弁諸首簡。亦以督臣之意，欲凡爲人臣者，朝夕諷誦，見諸躬行，踵其事以守官，資其議以敷政。體國經世之謨，安上治民之略，悉於是乎在，其爲功顧不偉哉！雍正御筆。

年羹堯恭紀

臣自少讀書，酷嗜唐陸贄奏議。迨通籍以後，久置篋衍。去年在關中，退食之暇，撿閲舊本，蠧粉散落，字畫缺訛，重加校訂，雕刊成帙。今春入覲天顔，對揚殿陛，指陳西陲風土，舉措事宜，荷蒙温綸採納，恩典頻頒，異數殊榮，罕有倫比。臣隨以新刻陸贄奏議進呈，比塵睿覽，即膺褒獎。臣拜手謝恩，星馳旋陜。於八月十二日，巽命重申，日邊啣出，臣焚香恭接，懽忭開械。御製叙文，俾冠首簡，大文炳蔚，榮光燭天。臣伏地莊誦，神悚心慙。

竊惟臣謬沾雨露，職守封疆，籌策未諳，片長莫展。祇以致治之道，酌古所以準今；馭世之規，觀前即以示後。陸氏一集所言，皆切治平，懷此葵忱，敢用上獻。詎期重以宸章，微言提要，金泥芝檢，日麗星輝。非獨臣渥被寵光，力圖報効，陸贄身後邀榮，亦感勒於九原矣。臣謹即付剞劂，用裝錦軸，家藏珍重，傳之世世。子孫更廣爲傳播，遠至山陬海澨，家家誦習，切墨引繩，行見羣工式序，庶績咸熙。陸氏遺編，得王言而增重，竟成一代之新書，永作千秋之金鑑也已。

雍正元年八月十六日，臣年羹堯恭紀。

奏請從祀疏

清　山東道監察御史前四川學政　吴　傑撰

奏爲請旨酌增從祀事：

竊惟孔庭從祀典禮，攸崇前代名臣，原不必盡升兩廡。若其事功彪炳，而又言純學粹，遠契心傳者，祀典既闕於列朝，盛舉宜行於聖代，以表前賢而勵後學，伸公論而慰人心。

臣伏考唐臣陸贄，貞元再造，功耀寰區。唐書稱其「論諫數十百篇，皆本仁義，炳如丹青」。宋儒楊時謂贄「當擾攘之際，説其君未嘗用術數，可爲論天下事法」。陸九淵又謂「賈誼就事上説仁義，陸贄就仁義上説事，是以贄之奏議，有稱爲仁義百篇、唐孟子者」。是其純粹精微，實能上宗鄒嶧而契洙、泗之心源。特贄年少得君，出入帷幄，值師旅倥傯之際，未遑講學著書。臣案從祀諸人，如諸葛亮、范仲淹、歐陽修等，原不必皆有講學之名。而贄學術粹然，本仁祖義，舉而措之，可致純王上理。觀贄自謂「上不負天子，下不負所學」兩言，固已印合道真，踐履無媿矣。贄謫忠州别駕，卒於任所，祠墓俱存。臣前督學四川，按試忠州，閤邑士民熙熙然景慕前賢，咸以未列從祀爲憾。伏見我皇上廣運并包，特崇祀典，如明臣黄道周、劉宗周等，均已准列從祀。尊儒重道，正學昌明，極千載一時之盛遇。而贄在唐世，權德輿已稱其道與伊、説爭衡，文與典謨接軫。厥後，宋臣司馬光作資治通鑑，採贄奏疏至三十九篇之多。蘇軾等又請校正贄奏議進讀，以爲三代以還，一人而已。是當時、後世，於贄備極推崇。而從祀闕如，蓋千百年彰微闡幽之鉅典，實有待於陛下。應請敕下禮臣，詳悉核議，是否有當，伏乞皇上訓示施行。謹奏。

三月初九日，奉硃批：「禮部議奏。欽此。」

禮部議奏疏

禮部謹奏：

爲遵旨議奏事，内閣抄出掌山東道監察御史吴傑奏請以唐臣陸贄從祀一摺，奉硃批：「禮部議奏。欽此」。查原奏内稱：「孔庭從祀典禮，攸崇前代名臣，原不必盡升兩廡。若其事功彪炳，而又言醇學粹，遠契心傳者，祀典既闕於列朝，盛舉宜行於聖代。臣伏考唐臣陸贄，貞元再造，功耀寰區。唐書稱其『論諫數十百篇，皆本仁義，炳如丹青』。宋儒楊時謂贄『當擾攘之際，説其君未嘗用術數，可爲論天下事法』。陸九淵又謂『賈誼就事上説仁義，陸贄就仁義上説事，是以贄之奏議有稱爲仁義百篇、唐孟子者』。是其純粹精微，實能上宗鄒嶧而契洙、泗之心源。特贄年少得君，出入帷幄，值師旅倥傯之際，未遑講學著書。臣案從祀諸人，如諸葛亮、范仲淹、歐陽修等，原不必皆有講學之名。而贄學術粹然，本仁祖義，舉而措之，可致純王上理。觀贄自謂『上不負天子，下不負所學』兩言，固已印合道真，踐履無媿矣。贄謫忠州别駕，卒於任所，祠墓俱存。臣前督學四川，按試忠州，閤邑士民熙熙然景慕前賢，咸以未列從祀爲憾。伏見我皇上廣運并包，特崇祀典，如明臣黄道周、劉宗周等，均已准列從祀。尊儒重道，正學昌明，極千載一時之盛遇。而贄在唐世，權德輿已稱其道與伊、説爭衡，文與典謨接軫。厥後，宋臣司馬光作資治通鑑，採贄奏疏至三十九篇之多。蘇軾等又請校正贄奏議進讀，以爲三代以還，一人而已。是當時、後世，於贄備極推崇。而從祀闕如，蓋千百年彰微闡幽之鉅典，實有待於陛下。應請敕下禮臣，詳悉核議。」等語。

臣等查康熙五十四年，題准以宋儒范仲淹從祀聖朝，位列東廡唐儒韓愈之次。雍正二年，遵旨議定以縣亶、牧皮、樂正子、公都子、萬章、公孫丑、漢諸葛亮、宋尹焞、魏了翁、黄幹、陳淳、何基、王栢、元趙復、金履祥、許謙、陳澔、明羅欽順、蔡清、本朝陸隴其二十人增祀文廟。乾隆二年，以元儒吴澄復祀太學，在東廡元儒趙復之次。道光二年、三年、五年，節經遵旨議准以明臣劉宗周從祀西廡，以本朝湯斌從祀東廡，明臣黄道周從祀東廡。本年，復遵旨議奏以明臣吕坤從祀西廡。各在案。

伏思先儒祔饗廟庭，必其人扶持名教，羽翼聖經，有裨學術人心，始堪升諸從祀之列，典至鉅也。茲查唐書本傳：「陸贄，嘉興人。年十八，第進士，中博學宏詞，授鄭縣尉。以書判拔萃，轉渭南簿。累官翰林學士、兵部侍郎。遷中書侍郎平章事。旋罷政事，貶忠州別駕。卒，贈兵部尚書，謚曰宣。」權德輿序其集，謂「贄從德宗幸奉天時，書詔旁午，灑翰即成，無不曲盡事情，中於機會。詔下，武夫悍卒，皆揮涕激發。贄自以年少，特蒙知遇，不可與衆浮沉，軍國利害，巨細必陳。在相位，推賢讓能，舉直措枉，道與伊、傅爭衡，文與典謨接軫」等語。至我朝御選古文淵鑑，稱其「燭理於微，論事舉要，深識遠慮，忠悃之情，溢於楮墨」。欽定提要稱其「於古今來政治得失之故，無不深切著明，足爲萬世龜鑑」。是贄之有功正學，不媿醇儒，似無遺議。惟恭查雍正二年，禮部等衙門遵旨議奏從祀諸儒，欽奉世宗憲皇帝諭旨：「先儒從祀文廟，關係學術人心，必詳加考證，折衷盡善。爾等所議從祀諸儒，雖皆有功經學，然戴聖、何休未爲純儒，鄭衆、盧植、服虔、范甯謹守一家言，轉相傳述，視鄭康成之淳質深通，似乎有間。至如唐之陸贄，宋之韓琦，勳業昭垂史册，自是千古名臣，然於孔、孟心傳，果有授受而能表章羽翼乎？其他諸儒，是否允協？務期至當不易。等因欽此。」嗣經各衙門再議，贄與琦俱未獲從祀。

臣等伏思漢、唐以來賢臣甚衆，而贄與琦獨廑聖念，稱爲千古名臣，是贄學術精粹，久在聖明洞鑒之中。特以事關巨典，是以復加咨訪。臣等竊考贄當日近參帷幄，遭時多故，機務填委，日夕不遑，既後又以避謗，不復著述，故其生平制詔章疏而外，别無明道詁經之書。然觀其奏議諸篇：請罷兵則述論語修文德之語，諫聚財則引大學戒悖入之言。闡周易否泰、損益之象，發詩、書補闕、改過之旨。以及履信思順、舍己從人等語，皆本於孔、孟。而散小儲以成大儲一言，本義引之以釋涣之九五。此外，凡所敷納，無非根據經術，發爲昌言，較之漢、唐諸儒依經訓義者，尤爲遠契心傳，直窺奥窔。再查現在從祀先儒，如諸葛亮、范仲淹、司馬光等，均無講學之名，亦無釋經之作，祇以學行精純，俱得列於兩廡。今贄文章道德，實無愧於諸人。綜厥生平，正以守己，忠以事君，綜天德王道之全，無術數權謀之雜。行之當世有實效，傳之後代無間言。使與七十子并世，當在德行、政事之科。擬諸三代下賢臣，實超蕭、曹、杜、房而上。應如該御史所奏，准其從祀文廟東廡，在隋臣王通之次。庶明體達用之儒，遇雖詘於當時，道大光於聖世。且俾海内士子知砥廉隅而懷忠藎，勉德業而勵修能，於學術人心，不無裨益。所有臣等擬議緣由，是否有當，伏乞皇上聖鑒。謹奏。

道光諭旨

道光六年三月二十八日奉上諭：「禮部奏議覆御史吴傑奏請陸贄從祀文廟一摺。唐臣陸贄，明體達用，學術精粹，其論數十百篇，皆本仁義，炳於丹青。凡所敷陳，悉原經術。綜其平生，推賢讓能，舉直錯枉，正以守己，忠以事君，道與伊、傅爭衡，文與典謨接軫。雍正年間有旨褒其勳業，稱爲千古名臣，洵能遠契心傳，有功正學。近年節經降旨，將原任尚書湯斌及明臣劉宗周、黄道周、吕坤從祀東、西兩廡。陸贄亦著從祀文廟東廡，列於隋臣王通之次，以崇儒術而闡幽光。欽此。」

耆英奏疏

協辦大學士、兩廣總督臣宗室耆英跪奏：爲敬繕唐臣陸贄守備事宜狀進呈御覽，恭摺具奏，仰祈聖鑒事。

竊惟居安不可忘危，有備始能無患。方今諸務底定，通市如常，邊圉靜謐，相安無事。然而制御之術，時宜講求，措置之方，亟須籌畫。臣按之當今，考諸往代，伏見唐臣陸贄奏議內有論緣邊守備事宜狀一疏，於理兵儲餉，再三致意。蓋兵不練者，見敵必怯；食不足者，固守無資。舍此不謀，徒事外飾，即使營壘修整，勝負有難必之虞；飛挽趲催，餽餉有不繼之患。古之善用兵者，推恩義以懷之，申號令以一之，練其膽使之敢於進，練其技使之效所長，登躡練於山，涉行練於水，搜伏練於林麓，巷戰練於街衢，而復暘雨風霆練其時，寒暑晝夜練其苦，於是結之以信，感之以恩，訓習既精，悉能用命，是誠無敵於天下也。雖然，食或未足，兵未可用。昔晁錯安邊之謀，要在積穀；趙充國破羌之議，先務屯田。或設廣惠之倉，或立和（糶）〔糴〕之法，因豐凶而計出入，乘緩急以備轉輸。是以軍實常充，士氣自倍。否則，戈矛雖利，不足恃其强；城堞雖堅，不足據其險。然則貞以師律，聚以軍儲，實安邊之本源，爲講武之根柢。此即陸贄所謂非萬全不謀，非百尅不鬬者也。亦即所謂安其居而後動，俟其時而後行者也。至其洞達難易、長短之勢，指畫八利、六失之規，雖云今昔異宜，要皆議論深切。臣反復熟誦，不覺感發奮興，有所資益。

伏思陸贄奏議，自宋臣蘇軾録進，元祐世已流傳。迨我朝雍正年間，經川陝督臣年羹堯恭繕進呈，蒙世宗憲皇帝御製序文，弁諸首簡，所期臣工則效者，至周且備。而是篇曲盡防邊要領，尤屬至理名言。臣簡練有心，觀摩未得，竊謂敷陳剴切，冀邀俯賜覽觀。雖非賢聖之同時，或有芻蕘之可採。謹將陸贄守備事宜狀敬繕恭進，合無仰懇敕下海疆諸臣，咸録一通，置諸座右。庶於制禦之術，酌古可以準今；措置之方，觀前即以示後。斟酌以求其當，變通以適其宜。於籌策邊防，不無裨益。臣愚昧之見，是否有當，伏乞皇上聖鑒訓示。謹奏。

道光二十六年九月十二日，奉硃批：「留覽。欽此。」

希音堂本張註序

清　張佩芳撰

經史以載道，傳、註所以明道也。易有十翼，尚書有傳，詩有序，禮記爲傳，春秋有左氏、公羊、穀梁，皆註也。漢、魏而下，以傳、註名家者，如孔安國、毛萇、鄭玄、何休、王弼、趙岐、杜預、顔師古、劉昭、裴松之輩，其最著者矣。註所未盡，遞相詮釋，則又有疏。于是孔穎達、邢昺、孫奭之徒，咸彬彬與傳、註並傳焉。仲尼没，聖人之道衰，諸子百家之説紛然錯出，文愈煩，詞愈支，而道亦愈離。一二好古深思之士，掇拾遺編，推測排闡，聖賢之奥義微辭，與夫大經大法，均理天下之至具，瞭然表著，如揭日月而行中天，幾千萬世，而不至幽晦而不彰，註、疏之功爲多。

唐陸宣公文集，權文公德輿所叙次，制誥十卷，奏草七卷，中書奏議七卷，名翰苑集，今傳本是已。宋紹（興）〔熙〕二年，嵊縣主簿諱曄者進奏議註十五卷，今獨其表存，而註不傳，亦不載其姓。當元祐、淳熙之間，大臣留心治具，引君當道，屢以奏議勸進講筵，而其主亦用傾心嚮慕，至以退朝之後，傾聽數千言不爲倦厭，幾幾典謨訓誥比隆矣。當斯時，德宗播遷，山南再幸，公間關扈從，隨事贊畫。興元詔下，聞者無不感奮。一切大禮、大赦、賑恤、優復、宣慰、招諭、遣將、命官，倉卒填委，咸盡事情，中機會，卒之鑾輿反正，國祚以安。觀於德宗之所以失，與其失而復得者，一代之興亡可考也。及既爲相，迺益殫所學，區大計，決大疑，以體國之忠，爲不刊之論，洞察時變，折衷古今。雖當時不能盡用，迨其後皆可見諸施行，而有裨于治道。視夫以空文自見者，迥不侔矣。

佩自受書，即嗜公集，十餘年來，不自分其不類，爰據新、舊唐書、通典、通鑑考其世，以詳其時事；其故事古語，間引他書，第釋事而不加義，倣李善註文選例也。自漢、唐諸儒專門著述沿至于今，詩賦詞章之學，陰陽占候之書，皆有註釋，稱詳博矣，然其可傳于後，而足與古人發明者蓋鮮。然則余之爲是，其不能無費辭也與，而又何敢自信哉！

山右張佩芳自序。

石川安貞註序

日本　石川安貞撰

余每讀書，至於魯男子學柳下惠以拒寡婦，虞升卿法孫臏以增其竈，未嘗不廢書而嘆也。曰：嗟呼！學者當如此，不然則人與骨皆朽，其所有者，古人之糟粕耳。在昔聖人之王天下也，仰觀俯察，以立贊化之道也。後聖相繼，疏其塞者，防其濫者，損益沿革，以從污隆，其朽者雖異乎其不朽者，一也。夫子殂而大道裂焉，孟子没而微言絶焉，自時儒生膠柱刻舟，兀兀守朽株，贊化之道不絶如綫也。漢高以睿明之姿，獨知尊夫子，而賤時儒守朽腐，必取其冠以溺之。及曹相國之議治，實千載之一時也。而終日揺揺如懸旌，無所建明，遂以機會授黄、老，可惜哉！厥後，專門所治，不能出訓詁章句外，於是贊化玄珠爲英邁特異人所得，儒林所守者徒其朽櫝耳，終至與俗士爲伍也，辱不亦大乎！至宋時，英邁特異人復出於儒林，於是乎不朽之田蕪穢不治者，稍稍爲新畬，後賢相繼，或疆畎之，或播種之，或耕耨之，贊化之道，庶幾復顯於世也。惜也後儒不能穫而藏之，況能食其美乎？乃一變入理窟，又變陷固陋，遂大爲朽腐，啟復古之侮，亦慘矣。夫復古之儒，拘拘所爲，亦唯求班、馬於唐，肆窺冥鴻於艸澤，欲繕修既朽之芻狗，以寢卧其下。嗚呼！亦腐哉！又有讀數種古書，率然談政理者。夫儒之談政理，有慈仁之心，明遠之識，而後乃窮聖經以知道之所本，涉歷代以察治亂之所由，考諸時政與人情，而後乃可以談政也。是豈容易哉！最下賦靡靡之詩，屬雕蟲之文，爲浮薄無賴，招蕪穢亦極矣。詩云「何爲虺蜴」，末學之謂也。

余結髮知讀書，深慨學術陵遲，竊恐其紊政敗俗，流毒於生民，以致聖教之塗炭也。欲與善士講窮此道，以除其弊也。而材拙德薄，不能有爲，荏苒過五十四年。一日自奮曰：邑邑過一生，恨莫大焉。善士未易遇，若賴古人善行不朽之道者，以開明此道，則末學之弊，其或可救也。今欲賴宋儒以救之，是以水救水，以火救火，益多其侮也。不如賴漢、唐英邁特異能行此道者以開明之。於是自漢至唐，上下求之，或有行事而無立言，或有立言而無行事，事言兩備者，唯陸宣公而已矣。其言曰：「誦老生之常談，不推事變；守舊典之糟粕，不本事情。三代爲治，損益不同，豈樂於變時勢，不得已也。」公得道之不朽者，如此其至矣。故建中陽九，其危猶累卵，而山東將士感激揮涙，赴義如歸。又早辨以分李中書軍，終滅二叛人，使德宗不失舊物者，公文德焉。依唯悃悃欵欵，以誠導君，忠厚之意，藹然盎於言辭，使讀者自消鄙倍之心也。又言言極政理之要，句句盡人情之曲，洞觀百世猶一日，其人今日讀之，則明日必非吴下阿蒙也。是豈區區守朽腐者之所能庶幾哉！最後以身當虎，則曰：「吾上不負天子，下不負吾所學，不恤其他！」是所謂臨大節而不可奪，君子人者也。天不欲亡斯文，遺此集以爲聖經羽翼也，生民之幸亦大矣。當今時，欲除朽腐之弊，以開明贊化之道者，捨公集而其安賴哉！於是欲梓以膾炙諸海内人也。寒士不能償其所費，擁膝沈吟者久矣。我藩二三知己，有聞而憫之，與謀助所費，促之上梓。余蹶然而起曰：此集之於余，其猶驥尾乎？不托之是無爲也。乃爲註解以托之。以余無似，爲此舉，極知其僭妄無所忌憚也。雖然，若有英邁特異人感其心，謂此瑣瑣者猶知爲之，吾輩焉可坐而不治之哉。於是退則講窮此道，以除朽腐得日新。猶公糟粕不守，緝熙有就，進則見之行事。亦猶公應機通變，明德不回，有大造於唐室。而使天下後世知道之不可離，猶魚之不可離水。則不啻與魯諸生、虞升卿旦暮遇之，亦與公千載比肩而立也。誠如此。

則贊化之道猶東方既明矣，朽腐孽狐何所其爲祥乎！宋儒末弊不救而可救也。當此時，余之僭妄，庶幾少有辭云爾。

寬政改元冬十一月，尾張石川安貞謹序並書。

陸宣公全集序

民國　董士恩撰

宣公集傳本夥矣。年羹堯氏之刊爲世重而無註，淮南局本宋人郎曄僅註奏議，清張佩芳之註較詳，餘無出二家外者。民國十三年春，士恩銜命迎班禪時，仲兄仙槎督甘肅軍務，睽離廿餘年得相見。兄言：「宣公吾家遠祖，文爲世所誦習，而註釋鮮善本，弟其覓取重刊。」兄病歸，旋棄世。十六年，士恩督榷菸酒，涇洪雲奇、武進管聯第在幕中，屬纂公集二家註，成書廿巨册。常熟胡文藻考查菸草專賣，歸自日本，以所得寬政間石川安貞註宣公集爲贈，視二家尤詳。擬增入，管君忽没，洪君出宰邑。遷延至廿八年津水災，所蓄圖籍在巨浸中，水退，殘敗不可理，公集餘數卷耳。卅年，洪君卸職歸，屬重編，隨時付刊。以年本爲主，首郎註，次張，次石川，删重複，附耆英所增詩賦以及年譜傳贊，爲二十六卷。

士恩，公之支裔，嗣舅氏，得致力於公之遺文，成先仲兄未竟之志，良以自幸。刊就，謹識涯略，爲讀者告，非敢序公集也。

彭城董士恩。

凡例

陸宣公集刊本頗多，遠及國外，兹彙集註釋，以便讀者。其所引據，列目於次：

明板陸宣公集。

年羹堯刻本陸宣公集。

又耆英翻刻，並增輯二卷。

淮南書局重刊至正本陸宣公奏議及制誥。

希音堂本陸宣公集。

留餘堂本陸宣公集。

會稽馬氏陸宣公奏議讀本。

日本刻本石川安貞註解陸宣公全集。

日本翻刻蜀刻本陸宣公奏議。

各本文字間有不同，以年氏最爲精覈，此刊正文及卷數次序悉依年本。

註解就淮南局重刊至正本郎曄所註，希音堂本張佩芳所註，及日本石川安貞所註，匯集而成。郎註列前，次張註，再次石川註。其相同者，量爲省節。

留餘堂本註釋不載姓氏，然與郎曄所註幾全相同，故不重録，惟題下之註間有郎本無者，則爲補入。

留餘堂本及會稽馬氏本於每篇之後多有評語，今併録入，仍冠以評者姓氏。至各本頂批、旁批不復録，以省煩瑣。

本書編次爲藏園老人傳沅叔代定，將耆英所輯之宣公詩賦改爲補遺一卷，其各本序跋並傳贊、年譜及後人題識、論説、奏疏、詩文等件，編爲附録三卷。

新、舊唐書皆有宣公本傳，而有清朱軾、蔡世遠合撰之宣公傳尤稱詳博，今就耆英本刊入，並依耆本之例，附以新、舊唐書傳贊。

北京圖書館所藏抄本忠州志載有關於宣公祠墓詩文甚夥，今擇録數篇，列附録内。

本書於民國十六年抄輯，翌年蕆事。胡文藻歸自東瀛，攜贈所得石川氏註解之本，從事增補，共成二巨帙。二十八年秋，天津大水，在巨浸中帀月，悉歸朽腐。三十年夏，二次抄輯，始付剞劂。原備參訂各本，亦因水災，殘缺不全，故脱誤在所不免，惟冀博雅君子是正焉。

陸贄集附録卷三

四庫全書提要

翰苑集二十卷，內府藏本。唐陸贄撰。贄事蹟具唐書本傳。案：藝文志載贄議論疏表集十二卷，又翰苑集十卷，（常）〔韋〕處厚纂。陳振孫書録解題載陸宣公集二十二卷，中分翰苑、牓子爲二集，其目亦與史志相同。惟晁公武讀書志所載乃祇有奏議十二卷，且稱舊有牓子集五卷，議論集三卷，翰苑集十卷，元祐中，蘇軾乞校正進呈，改從今名。疑是裒諸集成此書，與史志名目全不相合。今考尤袤遂初堂書目所列實作翰苑集。而錢（會）〔曾〕讀書敏求記載所見宋槧大字本二十二卷者，亦作翰苑集。則自南宋以後，已合議論表疏爲一集，而總題以翰苑之名。公武所見乃元祐本，恐非全册。而今世刊行贄集，亦有題作陸宣公奏議者，則又沿讀書志而失之者也。

宋祁作贄傳贊，稱其論諫數十百篇，譏陳時病，皆本仁義，炳炳如丹青，而惜德宗之不能盡用。故新唐書例不録排偶之作，獨取贄文十餘篇，以爲後世法。司馬光作資治通鑑，尤重贄議論，採奏疏三十九篇。其後蘇軾亦乞以贄文（較）〔校〕正進讀。蓋其文雖多出於一時匡救規切之語，而於古今來政治得失之故，無不深切著明，有足爲萬世龜鑑者，故歷代寶重焉。贄尚有詩文別集十五卷，久佚不傳，全唐詩所録僅存試帖詩三首及語林所載逸句。然經世有用之言，悉具是書。其所以爲贄重者，固不必在雕章繪句之末矣。

四賢閣記 以下録忠州志

宋　黄庭堅

忠州，漢巴郡之臨江、墊江縣（也）〔地〕。其治所在臨江，故梁以爲臨州。〔後周以爲南賓郡，唐貞觀八年始爲忠州。〕其地荒遠瘴癘，近臣得罪，多出爲刺史、司馬。故劉尚書以刺史貶，一年卒；陸宣公以別駕貶，十年卒；李忠懿公以刺史，居六年；白文公以刺史，居二年。其後州守以四公俱賢，圖像爲四賢閣，〔祀〕故相、贈司徒、鄭州刺史、南華劉晏士安，故相、贈兵部尚書、嘉興陸贄敬輿，中書侍郎平章事、贈司徒、安邑李吉甫宏憲，刑部尚書、贈右僕射、下邽白居易樂天。由開元以來，訖於會昌，四君子相望，凛然猶有生氣，忠民每以自負，而郡守至者必矜式焉。

紹聖三年正月，知州事營丘王君闢之字聖塗，下車問民疾苦，曰：「吏驁而民困，故聖塗爲州。」拊養柔良，知其饑飽，鋤治姦猾，幾于蕩平，治聲翕然。邑中豪吏故時（有）〔受賕〕

舞文弄法者，相與謀曰：「屬且無類。」即以智籠小駃吏，羣訴於部使者。聖涂不爲變，且嘆曰：「白頭老翁，安能碌碌畏吏（與）〔羞〕民邪？」亦會部使者，察其爲姦。而聖涂治成，時休車騎於郊野，咨問故老，詠四賢之逸事，而三君之政，寂寥無聞。蓋士安即賜死，而敬輿別駕不治〔民〕，宏憲雖在州六年，亦嘿耳。樂天由江州司馬除刺史，爲稍遷，故爲郡最暇豫有聲爾。又其在州時，詩多見傳誦，葺東樓以宴賓佐，登西樓以瞰鳴玉溪，遊龍昌寺以望江南諸山，張樂巴子台以會竹枝歌女，東坡種花，西澗種柳，皆相傳説識其處所。於是一花一竹，皆攷於其詩，復其舊觀，種荔枝數百株，移木蓮且十本，忠於一時遂爲三峽名郡。聖涂乃以書誇涪翁曰：「爲我記之。」

涪翁曰：聖涂急鰥寡之病，使遠方沐浴縣官之澤，可謂知務矣。掃除四賢之室，思欲追配古人，可謂樂善矣。樂天離忠州，於今（三）〔二〕百七十有九年，在官者鰓鰓然常憂瘴癘之病，已數數求去，故樂天之遺事，蕪没欲盡。聖涂，齊人也，蓋不熟巴峽之風土，又其擊强撥煩，材有餘地，而晚暮爲遠郡守，乃敢慨然不倦，興舊起廢，〔使〕郡中池觀花竹，鬱然如元和己亥時。追樂天而與之友，聖涂於是賢於人遠矣。

重修宣公祠記

宋　忠州知州　王　棣

唐陸宣公贄，進退出處，爲時重輕，而國之存亡，安危繫焉。不幸而竄斥，則所至之地，因以爲重，如昌黎韓公之於潮，東坡蘇公之於黄。至今兩州之民皆爭相矜誇，庸人孺子亦知所敬慕，其故何哉？理義人心之所同，卓然而不滅，不如是則無以經世立極，三綱淪而九法斁矣。唐世忠臣教然，如房、杜、姚、宋，皆遇明主，雲龍魚水之投，相與共致盛治，不爲難也。公生不逢時，而事德宗猜忌之君，趨向好惡，不啻冰炭枘鑿，然論諫仁義，納約自牖。雖其君失守宗祧，越在草莽，用公忠讜之言十無一二，猶能復唐社稷；使公之言盡行，則貞觀、開元之治可復見矣。禍亂甫平，追讐（蓋）〔盡〕言，竄斥遠地，如棄草芥，何嫉之若是之甚耶？蓋薰蕕不同器，枉直不並立故也。公之忠貫日月，而謫居忠州，殆天意乎！薨葬於忠，豈公自視名實相稱而治命然耶？

公，浙之嘉興人也。今蘇、秀二州，不聞公墓，其在忠明矣。忠以公爲重，尤非潮、黄之比。蓋韓、蘇二公留潮、黄之歲無幾也。謹按舊誌，公墓在玉虚觀南二十五步，今之紫極觀是也。近世有好異之徒，妄議公爲大臣，禮當歸葬，此臆度無根之論也。彼哉斯人，其狷瘠於忠者乎？郡博士東嘉錢本之獨辨其非，刻石表而誌之。值余承乏於茲，首先奠謁，因瞻視墓域有碑，遥望有字二三，近視則不可辨；又有石器尚存，黄冠輩恐士大夫時來致敬，不便己私，盡僕之於水，蓋欲泯其跡。由是觀之，妄議之言安之不墮黄冠之術乎？州民知四賢爲重，而自文公八景之詠，獨著於公之墓，不尤可貴者乎！余既創祠宇，揭堂名曰「懷忠之堂」，以彰公之志，且欲破妄議，以解後之惑者。因叙其顛末以告之。

重修懷忠堂〔記〕

元　苟斌

嘗觀大易，以「王臣蹇蹇，匪躬之故」，嘉蹇之六二，知宣公忠藎於國者無不然；以「不利君子貞，大往小來」，象否之六爻，知宣公遠倅是州者尤益驗。蓋公之出處進退，關時運之消長故也。公仕德宗朝，掌握機衡，出納王命，特蒙知遇，雖從奉天之難，知無不言，朝野賴之。甫平寇亂，奈何天厭唐德，時則有若裴氏之徒，恃左右腹心（意）之獲，兆剥床以膚之災，遂使忠良鳴則斥去，〔唐之不幸，〕豈〔僅〕公之不幸也哉！公既在忠，乃宅斯地，杜門修省，囊括待時，惟寓意於集驗方，以養其經世醫國之志。永貞初，有旨召還，惜乎天不憗遺一老以隆其治也。忠人因卜所築而藏焉。歷代祀之，習爲故典。至宋，知州王梂復構堂曰「懷忠」。

〔迨〕夫陵谷變遷，盡爲烏有，（竊）〔洪〕惟我元，統一天下。自皇華移治，垂六十年，至正改元，春，朝旨調官，達魯花赤伯顔至自湔江，知州王（也）〔崇簡〕先帖木兒至自汾晉，同知（杜）〔社〕禿滿至自下（坯）〔邳〕，州判李起嵓至自廣漢，首先奠謁，得斷碑於叢荒，廼僉議捐俸秩，〔咸〕與維新。蓋世雖有先後古今之殊，而忠義出於人心之所同然〔者〕，未嘗間也。堂既落成，名仍舊貫，屬予爲記。

客或難曰：公省母壽春，迎養京師，孝也。辭百萬之泉貨，卻四方之賻遺，廉也。勸君以銷兵散財，仁也。相君以舉直錯枉，義也。啟君以罪己收人心，禮也。吏事軍政咸（由）〔曲〕暢〔而旁通，智也。以故人皆思之，愈久而不忘，豈獨忠〕而已哉！余應之曰：不然！公之道德仁義，固不可〔以〕枚舉。然公以忠而居忠，喪於忠而葬於忠，時人焉得不因忠而懷其忠乎？客〔曰〕：若然，則公之靈果著忠。昔子雲演太玄，蜀有墨池之祠；子美不忘君，夔有草堂之封。噫！公之忠足以砥礪當世，公之文足以垂憲方來，使得遇時，則伊、傅、周、召，未必多讓，然不能如二子見許於時，無乃輿論之缺歟？抑有司未之請也？余因感其言，姑併記之，〔以〕爲來者勸。

唐陸宣公廟記

明　薛　瑄

有唐三百年，逢時建策，所以成翊戴宏濟之大功者，累有其人。至於學術純正，事君以格心爲先，論事以行義爲急，隱然有王佐之才者，余於中唐獨得一人焉，陸宣公敬輿是已。當建中艱危之際，公居近地，竭忠藎以籌畫機宜，代王言以感召人心，雖提兵討賊，諸將是賴，而其運謀帷幄，再造唐室之功居多。是皆載之信史，天下後世所知，余置不論。獨推公有王佐之才者，蓋三代之佐，皆以正君行義爲本，自漢以來爲輔相者，鮮克知此，而其所論，不過人才、政事，故無以清出治之源，明義利之分，以致主於王道。獨公之告德宗者有曰：「一不誠則心莫之保，一不信則言莫之行，誠信之道，不可以斯須去身，必慎守而力行之。」又曰：「民者邦之本，財者民之心，心傷則本傷，本傷則枝幹凋悴而根柢蹷拔矣。」知誠信不可不存，則心必正；知財利不可厚斂，則義必行。人君正心行義，使天下萬事粹然一出於天理之公，此王道也。惜乎公言雖大，所告不合，入相未久，即有忠州之行，而卒不得大行其志。遂使後世論唐之賢相，曰房、杜、姚、宋，而公不與。夫豈知公有王佐之才，使時君能用其言，三代之治可復，豈徒貞觀、開元之盛而已哉！故善論相業者，當觀其學術規模之大小，不當以事功成與否而高下之也。

史載公蘇州嘉興人，即今之嘉興府。城北有公遺廟，世傳以爲公之故宅，前代碑志備載其事。景泰二年，知府事江西舒君敬上章，以公乃唐之名臣，忠節著於當時，奏議行於後世，其遺廟雖存，自昔以來，官無祭饗，宜量給官錢，循舉春秋祀事，以褒表忠賢，激勵臣節。

詔從其請。又二年，爲景泰四年，舒君以書來，求記其事。

余惟世之爲守者，類以督辦爲能，而於世教風化所關者，漠不留意。獨舒君卓然以表忠勵俗爲急，乃論奏公之事蹟於朝，舉久缺之文，以秩登祀典，廟貌益崇，血食不泯，其所以爲天下後世人臣盡忠盡節之勸，而有補於世教風化甚大，是不可不記也。遂具述其事，俾刻之石，使千萬世知崇舉公祀，以樹風教於無窮者，自我天朝始。

重修宣公祠墓記

明　嘉靖錦衣衛指揮　陸　炳平湖人

世有碩賢鉅德，其道足以參贊兩儀，其才足以經綸四海，其訏謨讜論足以揭日月而照古今，生稱英傑，歿著神明，若唐忠宣陸公，豈非千古卓越者歟？公才本王佐，學爲帝師，遘會逢時，思致盛治。雄詞瓌藻，敷爲典、誥之文；偉畧閎猷，措爲伊、傅之業。至於啟沃匡救，聽言馭吏，經制修攘之法，罔不動合機宜，殆將以清河朔而辨華彝，斡機衡而廓宇宙。使當時能盡用其才，則於貞觀、開元之治何有哉！惜乎君臣之間，外同内異，始合終暌，故智如子房而不能釋趙憬之疑，辯如賈誼而不能弭裴延齡之謗，誠足以感武夫悍卒之心而不能開德宗之惑，才足以平僭亂、奠鐘簴而不免南賓之謫。史稱公雖逢時而不盡其道，命也。（非歟）嗟夫！道之難行久矣。昔德宗在春宮時，聞公名，召置禁庭，贊襄密勿，蓋千載之遇也，然用之不能盡其才。迨宋元祐、淳熙時，詔進奏議，日講經筵，可謂曠世之盛矣。然好之而不克由其道，豈公之道載在簡册，雖炳日星，必俟明聖之朝，人存政舉，而後得以顯行，彰著於天下邪！

公爲吴郡人，今嘉、湖皆有祠，余出賜金，既擴而新之矣。其在忠州者，公之墓所也。歷年久遠，漸就傾圮。都憲黄公光昇、巡院郭公民敬相與言曰：「公之祠墓，詎可廢哉！」於是指劃規制，授有司董其役。封墓樹碑，衛之以垣；中建堂宇，翼之以室；前開通衢，麗之以坊；輪奂咸新，俎豆具舉。經始於己未春仲，越庚申夏孟而落成焉。蓋表章先哲之功偉矣。既而繪圖至京師以示余。或曰：先是數有鼓角聲，鏜鏜然振動林薄，未幾而祠工興，非偶然也。嗚乎！公之精靈無日不昭著於（窮）〔穹〕壤，矧茲掩玉之地，安知不有風車雲馭，洋洋降（涉）〔陟〕者乎？余固公末裔也，遡本窮源，高山景行，實有九京不可作之歎。時炳竊禄於朝末，且薦蘋藻於墓，肅然瞻其圖像，想見其精英，恍然若步趨拜酹於岷、峨松柏之間也。故有感而紀其修建之歲月如此。至於崇先正以樹楷模，闡名言以資治理，則尚有俟於名世之學士大夫云。

祭宣公文

明　嘉靖三十七年巡撫　黄光昇

惟公秀毓吳、蘇，早登甲第。博學宏詞，道德仁義。讜論孤忠，翊戴唐室。遭值姦讒，謫居忠地。（較）〔校〕集方書，壽延萬世。嗚乎！公之南來，與劉、李、白居易而同途；公之赤心，與伊尹、周公而比迹。公之生氣，與像俱存；公之令聞，與日併明。欽承上命，節鉞西蜀。謁公之廟，南山其崇。拜公之墓，白雲其封。公之書詞，清新其融。千百載下，何幸躬逢。委官營度，以命羣工。遥陳一奠，神其感通。

祭列祖唐宣公文

明　陸　炳

維我列祖，盡瘁唐室，震盪播遷，賴其建白。收攝人心，旋軫京邑，中原載寧，厥惟公力。凶德參會，卒擯南荒，以厭佞倖，以擠忠良。一行不返，玉魄遥藏，古今傷悼，宇宙凄凉。嗟爾浙、蜀，路岐八千，遠莫能致，兼以迍邅。孝思式展，畏難式安，奕葉之承，報矢埃涓。孤塚離離，疇則周旋，靜言思之，泣涕連連。列祖之神，昭事上帝，監視後昆，引翼勿替。誕膺鴻休，寵眷滋至，綏佑惟勤，曷諼所自。遣姪道乾，匍匐展禮，土淺以封，穴殘以紀。祠圮以完，碑仆以起，凡厥廢墜，咸用經理。既落其成，載中宜槩，先兹虔告，神其寧只。

謁先宣公墓祠 七律二首

明　陸道乾

攀戀越磵度西川，千載松楸幸宛然。不記奉天無雨露，翻憐父老惜忠賢。悲傷實與秋風並，靈爽猶疑月夜前。最是檢書甘石竇，豈將詞藻赴湘淵。

千峯遶日掛晴暉，策馬迎風上翠微。石繞蒼籐孤塚在，苔封殘碣白雲依。山僧擁衲談遺事，野老携筇問素衣。無限追思烟樹裏，併將尊俎薦幽扉。

寄題忠州先宣公墓祠 七律一首

三十二世孫　陸維祺

每逢會族方承祭，一到崇祠便憶先。青草芊芊江萬里，翠屏寂寂墓千年。候隨來雁無飛翼，聲接啼鵑夢有天。繞膝共聞家訓切，好期携酒滴重泉。

寄題忠州先宣公墓祠〔五言〕排律〔一首〕二十韻有序

三十三世孫　陸敷樹

蓋聞殁而社祀，楊少尹榮於生前；葬必桐鄉，朱司農德於身後。一地切槖蔭之戴，千秋愴梓澤之思。緬惟我三十三世祖宣公，人生三代而還，道萃五常之合。位爲宰相，隨即左遷；功徧蒼生，不踰中壽。雖賜環之有命，未及親聞；洎纍土於殊區，憑誰易兆。巴山夜雨，久咽子規；字水春烟，猶虚麥飯。敷樹荒莊末裔，下里諸生。襄事祠堂，遥識祖容之藹藹；永懷丘壠，敢忘庭訓之諄諄。今且年近七旬，尚爾誠賒再拜。長男釋褐宦遊，未卜何方。有友乘槎歌頌，適郵此日。

世譜追平陸，庭趨仰溧陽。廉聲源自漢，相業盛於唐。書判宏詞早，絲綸灑翰忙。豹屯羣感泣，虎榜極推揚。當宁呼行輩，中涓護母喪。啣恩甘伏馬，觸佞效神羊。去去離台席，遥遥謫蜀疆。自來成奏議，繼此集醫方。不恃中書貴，還垂別駕芳。八年歌湛露，千載燭幽光。歷兆州濠外，擎碑禹廟傍。禁烟官祭恪，避雨贈言長。苗裔虚招鶴，丘園隔奠觴。路還新草緑，神怯晚花黄。矧值烽烟久，從疑疊石傷。懷忠堂可在，棟大植猶常。報本恩難釋，稱先語務莊。倩人題素壁，寄遠爇名香。族合家真古，門高後漸昌。可憐身老病，無計泝瞿塘。

重修宣公祠 七古一首

三十四世孫　陸登榮

唐家天子承先烈，山河錯繡海外截。一朝太阿遽倒持，四方雲擾金甌缺。天心眷顧未改移，嵩嶽斗南産英傑。宣公崛起黼王猷，上下不負志蚤决。翰苑文章真文章，秉鈞氣節真氣節。至尊蒙塵司樞要，補闕拾遺籌征調。長蛇封豕捲地來，解圍只須封一誥。開誠布公著謙光，青州將士相泣弔。鐘簴不遷舊物還，穆穆雍雍復清廟。垂拱方謀不下堂，欲把乾坤次第張。經綸初展調羹手，小人道長空徬徨。聚斂之臣裴氏子，頻將掊克結君王。相國憂勤心悄悄，凛然白簡勢飛霜。天地閉兮賢人否，遠謫忠州幾千里。陽城哭奏亦何爲，居忠十年淡如水。醫方醫國可醫民，杜門却掃究斯旨。公騎箕尾歸九天，坏土長封翠屏裏。清風百世道常存，禋祀千秋惹淚痕。劫灰燒盡餘焦土，野老何處獻金鐏。文翁造士揚帆下，鼻祖相承見耳孫。俸錢費盡新祠出，刺史董作百工掄。臺榭崇宏倚叠嶂，香烟繚繞擁孤村。從此東川添盛事，豐碑不朽勒雲根。

屏風山謁陸宣公墓 五律一首　録漁洋詩集

清　王士禛

賈傅長沙謫，靈均澤畔吟。千秋同涕淚，萬里更登臨。劍北崎嶇日，山東父老心。陽城如可作，爲我助霑襟。

龍虎榜姓氏

賈稜、陳羽、歐陽詹、李觀、馮宿、王涯、李博、張季友、

劉遵古、許季同、韓　愈、李　絳、庾承宣、元　結、胡　諒、崔　羣、邢

冊、裴光輔、萬　當。

附録説明

我們從三卷附録中删減了以下若干篇序跋、詩文：卷一：宋胡致堂（寅）、朱考亭（熹）的論贊二篇。卷二：明本金寔、項忠、錢福、沈伯咸、葉逢春、齊政的序六篇，陸基忠、李懋檜、劉垓的跋三篇；清希音堂本鄭虎文、劉大槐的序二篇；清淮南局本游震得、陸心源、程桓生的序三篇，莫友芝的題記一篇；清蜀刻本陸成本、陸以莊、李宗傳、周藹聯的跋四篇。卷三：明譚昌言的擬陸宣公從祀廟庭説一篇，明趙貞吉的陸宣公祠墓記一篇，宋陸蒙老的宣公橋七絶一首，宋林逢予的宣公墓七絶一首。還删掉了民國洪雲奇的校刊人董士恩小傳一篇。這些被删減的序跋、詩文，并非完全没有價值。如莫友芝的題記，考證宋郎曄的經進唐陸宣公奏議表所署年號「紹興」爲「紹熙」之誤，對我們的校訂工作有很大的幫助。祇是因爲，這些序跋、詩文，内容大多重複，對讀者的用處實在不大。特此説明，希望得到諒解。

王素　一九八八年九月於北京工體公寓